Assessment and Treatment of

Language Disorders in Children (2nd ed.)

아동언어장애의 진단 및 치료 2판

| 김영태 저 |

학지사

2판 서문

『아동언어장애의 진단 및 치료』 초판이 출간된 지 10년이 훌쩍 넘어 버렸다. 전공서를 저술한다는 것이 얼마나 조심스러운 일인지 생각도 못하고 무식한 용기로 출간을 한 후 그렇게 오랜 시간이 지난 것이다. 이 책은 언제부터인가 '빨간 책'이라고 불리며 언어병리학을 공부하는 학생들에게 읽히고 있었고, 시간이 가면 갈수록 수정과 보완에 대한 의무감이 무거워져만 갔다. 후배 교수님들과 출판사의 압력에 밀려 오늘 개정판 원고를 탈고했다. 보완할 부분이 많아 곧 또 다른 개정이 필요할 것임을 알지만 그래도 더 이상 버틸 힘이 없어서 우선 저지르고 말았다.

제1장에서는 아동의 언어습득 발달에 대화 능력, 이야기 능력, 읽기 능력 등 후기 언어습득기의 발달을 추가하였다. 제2장에서는 읽기장애를 추가하고, 여러 가지 동반장애의 정의 및 언어 특성에 대한 최근 문헌들을 좀 더 보강하였다. 제3장은 새로 추가된 장으로, 다문화가정이나 장애부모가정과 같이 언어환경의 결핍 가능성이 크거나 말이 늦거나 이중언어를 사용하는 아동, 즉 언어발달 지연의 위험군에 해당되어 특별한 관심이 필요한 아동에 대한 연구내용을 포함하였다. 제4장과 제6장에서 제13장까지는 큰 틀은 유지한 채 최근 문헌들을 보강하였다. 제5장에서는 2002년 이후에 개발된 많은 검사도구들을 추가하였다. 제14장에서는 보완 · 대체 의사소통(AAC)과 그림교환 의사소통 프로그램(PECS)을 심도 있게 다루었으며, 최근 국내외에서 개발된 AAC 프로그램이나 앱 등을 소개하였다. 제15장에서 제17장까지는 본 개정판에서 다룬 다양한 장애 유형에 대한 진단보고서와 치료계획서 및 치료보고서의 예를 많이 추가하여 참고할 수 있도록 하였다. 보고서나 계획서의 양식이 임상현장마다 다를 수 있고, 교육배경이나 치료에 대한 철학적 견해에 따라서도 차이가 있을 수 있기 때문에 견본으로 내세우기

가 조심스럽다. 그래도 공부하는 학생들이나 임상 경험을 쌓아 가는 초보 임상가들에게는 자신의 임상 능력을 키워 가는 데 필요한 기초자료라도 제공해 주는 것이 앞서 공부한 사람의 도리라는 생각이 들어 용기를 냈다.

이 과정에서도 많은 사람들의 도움을 받았다. 이전 초판에서 잘못된 부분을 꼼꼼히 찾아 주고 수정 제안을 해 주신 나사렛대학교 홍경훈, 김정미 교수님과 이중언어아동에 대한 도움을 주신 이화여대 임동선 교수님, 그리고 풍부한 임상 경험으로 많은 도움을 준 강민경, 연석정, 이현정, 이수정, 성시연, 한선경, 송승하 박사과정 선생님들에게 감사를 드린다. 또한 참고문헌과 교정을 성실하게 도와준 정지원, 최은정, 김지원, 박예지, 박은영, 문은정 석사조교들, 그리고 강혜미, 박찬미, 박향희, 이규정, 이루다, 이민희, 한지후 학생들에게도 고마움을 전한다. 마지막으로, 늘 격려해 주는 가족과 지금은 내 마음속에만 살아 계시며 힘을 주시는 부모님께 한없는 감사를 드리며 이 책을 바친다.

2014년 7월 7일

저자 김영태

1판 서문

강단에서 아동언어장애를 강의하기 시작한 지 올해로 12년이 된다. 언어병리학이 소개되고 학위과정이 생기기 시작한 초창기에는 연구보다는 강의에 주력하는 생활을 했어야 했다. 반복되는 강의를 하면서 때로는 정리되지도 않은 학설을 소개하기도 하고, 때로는 설익은 연구물을 발표하는 부끄러운 모습도 있었음을 고백한다. 그러나 10년의 연구생활을 정리하는 마음으로 이 책을 집필하다 보니 그동안의 시행착오들은 이미 내 연구의 밑거름이 되어 주었음을 깨닫게 된다. 그동안 강의와 연구의 기회를 주신 선배 교수님들과 연구지원 기관들에 감사를 드린다.

개인적인 일이지만, 이 책을 집필하는 2년 동안 어머니께서 위태로운 상황을 여러 번 겪으셨다. 시련 속에서 온 가족이 주님께 매달렸고, 어머니의 상태에 따라 모든 가족의 삶이 달라지는 신비로운 체험도 하게 되었다. 이 책을 마무리하는 지금 어머니는 여러 달의 입원생활을 끝내시고 집으로 돌아오셔서 기력을 회복하고 계시다. 이 책을 쓰며 눈물로 애원하고 강구하던 기도들이 이 책을 공부하는 학생들이나 아이의 언어문제를 극복하려고 최선을 다해 살아가고 있는 어머니들에게 작은 힘이라도 될 수 있으면 좋겠다.

이 책에서는 내가 그동안 분석해 온 한국 아동언어의 특성을 바탕으로, 아동의 자연스러운 발화를 분석하는 방법과 그 결과를 언어치료에 적용시키는 방법을 중점적으로 다루었다. 또한 아동의 언어발달과정, 아동언어장애의 특성, 그리고 아동언어장애 평가의 방향 등에 대한 연구들을 정리하였다. 언어치료에 대해서는 일반적인 이론을 우선 살펴보고, 기능성에 초점을 둔 특정 언어치료 프로그램들도 고찰하였다. 마지막으로, 언어장애아동을 치료하거나 교육하는 전문인들이 임상현장에서 참조할 수 있도록,

그동안 실습감독을 하면서 모아 온 사례들을 통하여 진단 및 치료보고서 작성법을 설명하였다.

'아동언어장애의 진단 및 치료' 전체를 다루기에는 아직 나의 역량이 너무 부족하고 연구자료도 많이 부족함을 뼈저리게 느낀다. 그러나 허점투성이의 이 책도 후학들에게 연구에 대한 열정을 일깨우는 작은 씨앗이 될 수도 있다는 생각에 스스로 위로를 삼아 본다. 책을 쓰도록 독려해 주신 동료 교수님들, 언제나 사랑받고 있음을 확신시켜 주고 힘을 주는 영인이와 가족들, 그리고 투병 속에서도 신앙으로 자식들에게 활력을 불어넣어 주시는 어머니께 감사를 드린다. 또한 집필작업을 도와준 이주연, 홍경훈, 한지영, 이윤경, 박현주 선생과 임상자료를 제공해 준 언어치료사 선생님들, 그리고 출판을 지원해 주신 교육인적자원부와 학지사 김진환 사장님께 진심으로 감사를 드린다.

2002년 8월 19일

저자 김영태

차례

제3부 자발화 분석을 통한 언어진단 방법

제1부
아동의 언어발달 및 언어장애 특성

'언어장애'라는 용어는 사람 간의 의사교환 과정 결함, 타인의 말을 이해하고 표현하려는 대뇌의 중추신경과정 결함 그리고 언어를 말로 실행하는 생리과정 결함 등을 모두 포함하여 통용되기도 하지만, 좁은 의미로는 타인의 말을 이해하고 표현하는 대뇌과정 결함만을 의미한다. 그러므로 아동언어장애는 구어를 이해하거나 표현하는 대뇌생리과정에서의 결함으로 인하여 언어습득이 지체되며, 그 습득과정이 정상적인 과정과 많은 편차를 보이는 의사소통장애의 유형이다. 이러한 언어장애아동은 자신의 의사를 언어적인 체계로 상징화 또는 기호화하는 데 어려움을 나타내거나, 타인의 언어를 이해하는 데에도 어려움을 나타낼 수 있다. 언어는 문맥 속에서의 특정한 목적을 위하여 언어학적인 형태로 부호화된 내용이나 의미로 구성되어 있다(Bloom & Lahey, 1978). 그러므로 언어는 그것이 내포하고 있는 인지적인 내용(의미론적 측면), 그 구조의 언어적 형식(구문론적 측면), 사회적 기능(화용론적 측면) 등의 다차원적 영역들로 이루어져 있으며, 이 영역들은 각각 독립적인 영역으로 존립하는 것이 아니라 서로 상호작용한다. 언어와 관련된 기본적인 개념들은 다음과 같다.

① 의사소통: 사람 간에 생각이나 의견, 감정 등의 의사를 교환하는 것으로, 의사(message)는 구어(spoken language), 문어(written language), 체어(gestured language)와 같은 언어학적인 방법과 의사소통 공간(proxemics), 운동감각(kinesthetics), 소리(vocalics) 등의 비언어학적인 방법으로 표현된다.

② 말(speech): 의사소통을 위해서 필요한 근육 활동으로, 언어학적인 기호를 조음 및 음향학적으로 산출하는 것을 의미한다.

③ 언어(language): 세상의 사물, 사건, 생각 등을 표현하기 위해 임의적으로 사용하는 기호로 말, 문자, 또는 몸짓에 의한 상징체계이다. 말소리로 이루어진 언어의 상징체계는 구어이며, 문자로 이루어진 언어의 상징체계는 문어이며, 몸짓으로 이루어진 언어의 상

징체계는 수화이다. 언어는 사람과 사람이 의사소통을 하는 일차적인 수단이 된다. 언어는 또한 전달하고자 하는 의미를 특정 문맥에서의 목적에 맞게 언어적인 틀에 담은 것으로, 내용, 형식, 기능이 잘 조화되어야 한다. 언어학적 단위로 흔히 분석되는 것은 음운론, 형태론, 구문론, 의미론, 화용론이다. 첫째, 음운론(phonology)은 한 언어에서 음소들이 결합하는 체계 또는 규칙으로, 음소(phoneme)를 그 기본 단위로 한다. 둘째, 형태론(morphology)은 한 언어에서 형태소들이 결합하여 낱말을 형성하는 체계 또는 규칙으로, 형태소(morpheme) 및 낱말(word)을 그 기본 단위로 한다. 셋째, 구문론(syntax)은 낱말의 배열에 의하여 구, 절, 문장을 형성하는 체계 또는 규칙이다. 넷째, 의미론(semantics)은 말의 의미(내용)나 이해와 관련되는 언어의 영역이다. 그리고 다섯째, 화용론(pragmatics)은 실제 상황적 맥락에서 화자와 상대방에 의해서 쓰이는 말의 기능(사용)과 관계되는 영역이다.

제1부에서는 아동이 언어를 어떻게 습득하며(제1장), 그 과정에서 결함이 있을 때 어떤 형태의 언어장애가 초래되는지(제2장), 언어장애 위험군 아동이 어떠한 언어발달 특성을 나타내는지(제3장) 살펴보도록 한다.

제1장 아동의 언어습득 및 발달

I. 아동의 언어습득 이론

아동의 언어습득을 설명하는 이론들은 ① 언어습득이 선천적으로 이루어지는가(생득론), 아니면 경험적으로 이루어지는가(경험론), ② 초기 언어습득을 하는 언어의 기초가 구문적 지식에 기반한 형식인가(구문론), 인지적 지식이나 정보처리의 성숙에 기반한 내용인가(의미론), 언어적 환경에 기반한 기능인가(화용론)에 대한 논의로부터 시작한다. 최근의 언어습득 이론들은 언어요소 간의 상호작용을 중요하게 설명하며, 지식과 경험이 공존하는 연속선상에서 설명하는 추세이다. 본문에서는 이론 하나하나의 이슈보다는 언어습득을 바라보는 이론의 변화에 따라 언어발달이나 언어장애의 증상을 분석하는 추세가 어떻게 변화하고 있는지를 살펴보도록 한다.

1. 언어습득의 언어학적 기초를 강조하는 구문론적 이론

1) Skinner 중심의 언어행동주의 이론

1950~1960년대에 주류를 이루었던 행동주의에 입각한 이 이론은 아동의 언어습득도 다른 행동들과 마찬가지로 자극-반응-강화 메커니즘에 의한 조건화 과정이라고 설명한다(Skinner, 1957; McLean & Snyder-McLean, 1978). 부모의 언어(자극)를 아동이 모방

할 때(반응), 부모는 칭찬이나 물리적 보상 등으로(강화) 아동이 그 행동을 다시 하도록 한다. 그러므로 아동은 모방을 통하여 성인사회의 언어를 습득하게 되는 것이다. 이 이론에 의하면 언어는 타고나는 것이 아닌, 학습된 행동이다. 그러나 이 이론만으로는 설명되기 어려운 아동의 언어행동들이 있다. 첫째, 이 이론대로 아동이 모방을 통해서만 언어를 습득한다면 아동은 듣는 모든 것을 모방해야 하는데 그렇지 않은 경우가 많이 있다. 둘째, 부모들은 아동의 모든 올바른 구어를 강화해야 하는데 실제로는 10% 내외 정도밖에는 강화하지 않는다고 한다. 셋째, 이 이론대로라면, 아동은 오직 그가 들어 본 것만을 말해야 하는데 많은 아동은 그들이 한 번도 들어 보지 못한 말을 하는 경우가 종종 있다. 넷째, 모방(자극)-강화가 언어를 습득하는 경로라면 이를 언어장애자에게 적용했을 때에도 효과가 있어야 하는데, 이러한 강화법은 행동수정의 과정으로서만 효과가 있을 뿐, 치료의 근거나 목표가 될 수는 없다.

2) Chomsky의 선천적 언어 능력 이론

Chomsky 중심의 변형문법에서는 모든 문장은 심층구조(deep structure)와 표면구조(surface structure)로 되어 있다고 설명한다(Chomsky, 1957, 1965). 언어의 표면구조는 인간의 타고난 언어 능력으로부터 발달된 심층구조를 기초로 하여 형성되는 것이다. 표면구조가 비록 심층구조와 다른 형태를 취한다 하더라도 기본적인 문법구조는 그대로 유지한다. 예를 들어, "형이 동생을 때렸다"와 "동생은 형에게 맞았다"는 두 개의 다른 표면구조를 보이지만, 두 문장은 '형'을 행위자로, '동생'을 행위의 대상자로 하는 공통된 심층구조를 갖는다고 볼 수 있다. 이 이론에 따르면 언어습득이란 여러 가지 형태로 나타날 수 있는 표면적 문법을 배우는 과정이라고 볼 수 있다. Chomsky는 인간에게는 문법구조에 대한 타고난 지식이 있으리라고 가정하였으며, 언어의 형식적인 문장구조는 구어환경 속에서 습득되는 것이 아니라 선천적 구문지식(inherent knowledge of syntax)으로부터 진화, 개발되는 것이라고 설명하였다. 그러나 이 선천적 구문지식 이론은 외부로부터 오는 언어자극의 역할을 과소평가하며, 이 이론의 기초가 되는 선천적 언어 능력은 매우 가설적인 개념이기 때문에 증명할 수가 없다는 한계를 가지고 있다. Chomsky는 의미와 구문을 비교적 독립적인 영역으로 간주하며, 그중에서도 구문을 더욱 기초적인 영역으로 생각하여 아동의 언어습득과정을 연구하기 위하여 구문분석에 역점을 둔다. 이러한 아동 구문분석의 목표는 아동이 타고난 기초적 구문지식을 설명할 수 있도록 표면적인 구문을 분석하는 것이다. 비록, 구문발달만으로 아동의 언어

습득이 완성될 수는 없지만 이 이론은 아동언어의 구조적인 면, 즉 음소발달, 형태소발달 및 문장발달을 체계적으로 분석하고 살펴볼 수 있는 학문적 기초를 마련하였다.

3) 생득론 대 경험론 이슈

언어행동주의 이론과 선천적 언어습득 이론의 논쟁은 '본성 대 양육(nature vs. nurture)' 이슈나 '생득론 대 경험론(nativism vs. empiricism)' 이슈로 연결된다. 생득론은 생성론(generativism)이라고도 쓰이는데 구문구조의 기초가 되는 언어지식이 타고나는 것이라는 입장이고, 경험론은 구성주의론(constructionism)이라고도 쓰이는데 구문구조의 기초가 되는 언어지식은 언어적인 경험이 쌓여서 구성되는 것이라고 설명한다(Owens, 2012).

경험론에 기반한 사회적 상호작용 이론(social interactionist theory)에서는 아동의 언어습득 환경을 중시하여 아기를 향한 엄마의 말(모성어, motherese, Child-Directed Speech: CDS)에 대한 연구가 많이 이루어진다. 성인이 아기 혹은 아동에게 말을 할 때는 다른 성인에게 말을 할 때와는 다르게 언어적인 조율을 거치는 경향이 있는데, 모성어는 이렇게 아동을 향해 조율된 성인의 말을 폭넓게 포함한다고 할 수 있다. 모성어의 특징은 문장의 길이나 구조가 단순화되고, 반복적이며, 운율적인 강세를 주고, 말의 높낮이를 과장되게 하는 경향이 있다. 또한 많은 의문문과 명령어 형태를 사용하는 경향이 있다(Ferguson, 1977; Fernald & Mazzie, 1991; Newport et al., 1977). 흥미롭게도 아기 쪽에서도 이러한 모성어를 선호하여 반응한다는 연구들도 보고되기는 하였으나(Fernald & Kuhl, 1987), 과연 이러한 단순화된 모성어의 언어가 아동의 향후 언어습득에 어떠한 영향을 미치는지에 대해서는 구체적인 증거가 부족하다(Hoff-Ginsberg, 1986; Berko-Gleason, 2005). 단지 풍부한 언어자극이나 책 읽기와 같은 언어환경이 아동의 언어습득에 긍정적인 영향을 미치는 것에 대해서는 대부분의 학자들이 동의한다. 많은 언어 연구자들은 언어습득을 설명하는 두 견해가 결국 연속선상에 있는 것이며, 언어습득을 위해서는 두 가지 모두, 즉 타고난 능력과 언어적인 경험이 다 필요하다고 본다(Berko-Gleason, 2005).

2. 언어습득의 인지적 기초를 강조하는 의미론적 이론

1970년대 전반기의 발달심리학자들은 Chomsky 학파의 구문습득 이론을 보완하기 위해서 아동의 문장을 구성하는 의미적 내용을 분석하기 시작하였다. Bloom(1970)의 논문으로 시작되는 인지언어적 접근법은 Piaget의 발달모델을 근거로 언어발달과 인지

발달 사이에 깊은 관계가 있음을 시사한다. 아동의 구문 대신 의미적 내용을 강조하는 견지에서 '의미론적 혁명(semantic revolution)' 이라고 불리기도 한다. 아동이 무엇에 대하여 언어적 기호를 통하여 표현하려면 이해하고 있는 인지적 내용이 있어야 한다. 인지언어학자들은 언어를 습득하기 위해서는 인지적 발달이 선행되어야 한다고 주장하며 언어습득을 연구할 때 아동언어의 내용에 역점을 둔다. Bloom(1970)은 아동언어의 의미를 분석하는 것은 아동의 구조적 문법을 이해하는 데 중요한 역할을 한다고 주장하였다. 그러므로 아동의 초기 언어를 이해하기 위해서는 문법적인 분석만으로는 부족하며 의미적인 의도나 말의 의미를 분석해야 한다고 제안한다. 아동언어습득의 인지적 기초에 대한 가설은 많은 연구자들에 의해 주창되었는데 Bloom 이외에도 Brown, Bowerman, Chafe Fillmore, Greenfield, Schlesinger 및 Slobin 등이 있다. 이들 인지적 언어습득 이론을 뒷받침하는 명제들은 ① 언어에 있어서의 의미관계 발달(semantic relations), ② 초기 언어에 있어서의 보편적 지식(universal knowledge base), 그리고 ③ 상징행동의 발달 등이다.

1) 의미관계 발달

아동의 초기 구문은 선천적으로 타고난 구문 능력의 표현이라기보다는 인지된 의미관계의 표현으로 보인다. 의미관계는 아동의 환경 속에서 보이는 실체나 사건 속에서의 관계를 아동이 어떻게 지각하고 이해하는지를 반영해 준다. 이러한 지각과 그에 따른 의미의 이해는 인지적 영역의 산물로 간주할 수 있다. 그러므로 아동의 언어는 세상에서 보이는 실체와 사건들 사이의 관계를 반영하는 것이며, 결국, 아동의 언어는 아동에게 형성된 지식을 기호화하는 것이다. 유명한 Bloom의 예로서 "엄마 양말" 의 경우에는 '명사+명사' 로의 구문분석보다는 '행위자+목적' 이나 '소유자+소유' 등의 의미분석이 아동의 의미적 의도를 더 잘 설명해 준다고 볼 수 있다. 한국 아동의 의미관계 발달에 관해서는 조명한(1981)이나 김영태(1998)의 연구 결과를 참조할 수 있다.

2) 초기 언어에 있어서의 보편적 지식

아동언어의 의미적 보편성은 많은 연구자료들에 의해 뒷받침되고 있다. 예를 들어, Slobin(1973)과 Bowerman(1973)은 비교언어 연구에서 여러 언어문화권의 언어습득기 아동에게서 공통되는 의미관계들이 나타났다고 보고하였다. 이러한 결과는 아동언어의 내용에는 인지적 기초에 의한 보편적 지식(universal knowledge base)이 있음을 시사한다. 이러한 인지적 보편성은 아동이 환경과 상호작용하는 감각-운동기에 잘 나타난다. 감각-운동기에 습득하는 인지적 스키마는 초기 의미적 어휘의 내용과 직접적인 관련이 있다. 예를 들어, 사물영속성(object permanence)을 이해하기 시작하는 시기에 그와 관련된 어휘들(예: "또", "더")이 사용되기 시작한다.

3) 상징행동의 발달

아동의 상징행동 발달과 언어발달 사이에는 밀접한 관계가 있다. Bates(1976)는 일반 아동이 초기낱말을 사용하는 시기와 단일 상징놀이가 시작되는 시기가 비슷하며, 2낱말 문장을 사용하는 시기와 두, 세 가지 복합 상징놀이가 시작되는 시기가 유사하다고 보고하였다. 이러한 현상은 놀이나 언어 모두 상징행동에 포함되므로 이러한 것들이 의사소통의 도구로 사용되기 위해서는 인지적 지식이 먼저 형성되어야 한다는 것을 의미한다. 더 나아가, 기초적인 인지적 지식이 성립되어 있다면 조음기관에 장애가 있더라도 다른 상징행동인 몸짓이나 제스처로 의사소통을 대치할 수 있다는 것을 시사한다.

3. 언어습득의 사회적 기초를 강조하는 화용론적 이론

1970년대 후반기는 언어가 사회적 문맥 속에서 어떠한 의도나 목적을 가지고 사용되며, 그러한 언어의 사회성이 아동의 언어습득에 어떠한 영향을 미치는가에 대한 학계의 관심이 높아진 시기이므로 '화용론적 혁명(pragmatic revolution)' 시기라고도 한다. Bruner, Bates, Halliday, Dore 등으로 대표되는 사회언어 이론의 학자들은 아동이 언어의 기능적 효과(예: 요구, 저항, 인사)를 경험함으로써 언어를 습득하게 된다고 가정하면서 부모-아동의 상호관계를 통한 언어의 기능에 연구의 초점을 맞춘다.

이 이론은 언어의 구조나 의미 자체보다는 기능을 중시하는 면에서 사회적 상호작용 이론(social interactionist theory), 화용이론(pragmatic theory), 기능주의 이론(functional theory) 등으로 설명된다. 이 이론에서는 아동의 언어습득이 사회적인 상호작용을 통하여 동기가 부여되기 때문이라고 보는 Vygotsky(1962)의 주장이 재조명되었다고 할 수 있다. 화용이론가들은 언어지식은 주위 사람들과의 상호작용을 통하여 이루어지는 것이므로, 언어의 형식(음운, 형태, 구문)과 내용(의미)은 화용적 경험 혹은 상호작용을 통하여 습득된다고 설명한다. 그러므로 부모의 언어 사용, 아동의 행동과 연계된 부모의 반응, 문맥의 활용 등이 중요하게 다루어진다(Owens, 2012).

아동이 말을 할 이유가 있을 때 언어는 습득된다. 즉 의사소통을 통하여 그의 환경에 영향을 미칠 수 있다는 것을 알게 될 때 아동은 언어를 사용하게 된다. 언어습득 이전에 아동은 의사소통의 영향력과 그 기능들에 대한 개념을 먼저 획득하여야 한다. 그러므로 이러한 접근법은 언어의 화용론(pragmatics)과 언어행동의 전제조건이 되는 구어이전의 언어(prelinguistic language)를 주요한 연구과제로 삼는다. 예를 들어, Halliday(1975)는 초기 아동의 언어에서 도구적, 통제적, 교류적, 개인적, 발견적, 그리고 가상적 의사소통 기능들을 관찰하여 보고하였다.

4. 언어의 언어학적, 인지적, 사회적 영역을 기초로 하는 다원적 언어습득 이론

1980년대 이후로 언어를 언어학적, 인지적 및 사회학적인 행동으로서 이해하며 언어습득과정도 언어를 구성하고 있는 영역들의 발달이 서로 상호적으로 이루어진다고 생각하는 다원적 언어습득 모델(transactional model of language acquisition)이 가장 널리 받아들여지고 있다(예: Bloom, McLean, Nelson). 이 이론은 지난 1950년대 이후의 언어습득 이론들을 통합한 결과라고 볼 수 있다. 첫째, Skinner와 Chomsky 학파의 이론들은 언어습득의 언어학적 기초를 마련하였으며, 아동이 언어의 형식(구문)을 어떻게 습득하는지를 설명한다.

둘째, 신 Piaget 학파(neo-Piagetian)의 이론에서 출발하는 인지언어 이론들은 언어습득의 인지적 기초를 마련하여 아동이 언어의 내용(의미)을 어떻게 습득하는지를 설명한다. 셋째, Bruner나 Bates 등의 사회언어 이론들은 언어습득의 사회적 기초를 마련하였으며, 아동이 언어의 기능(화용)을 어떻게 습득하는지를 설명한다. 또한 다원적 언어습득은 이러한 각각의 기초적 영역들이 서로 상호작용한다는 것을 강조한다. 즉 언어적 발달은 독립된 영역으로서가 아니라, 다른 인지적 또는 사회적 영역들과 조화되어 발달하는 것이다. 아동이 언어를 습득하는 것은 환경과의 상호작용을 통하여 이루어지며, 이러한 상호작용들은 아동이 그의 문화 속에서의 언어적 기호 습득을 위해서 필요한 인지적, 사회적 기초들을 가지고 있을 때 가능한 것이다. 그러므로 언어습득과정은 ① 인지적 지식 습득(내용), ② 사회적 기능 인식(기능), 그리고 ③ 언어의 구조(형식) 습득을 모두 포함한다고 볼 수 있다. [그림 1-1]은 이러한 다원적 언어습득 모델을 도식화한 것이다(McLean & Snyder-McLean, 1978).

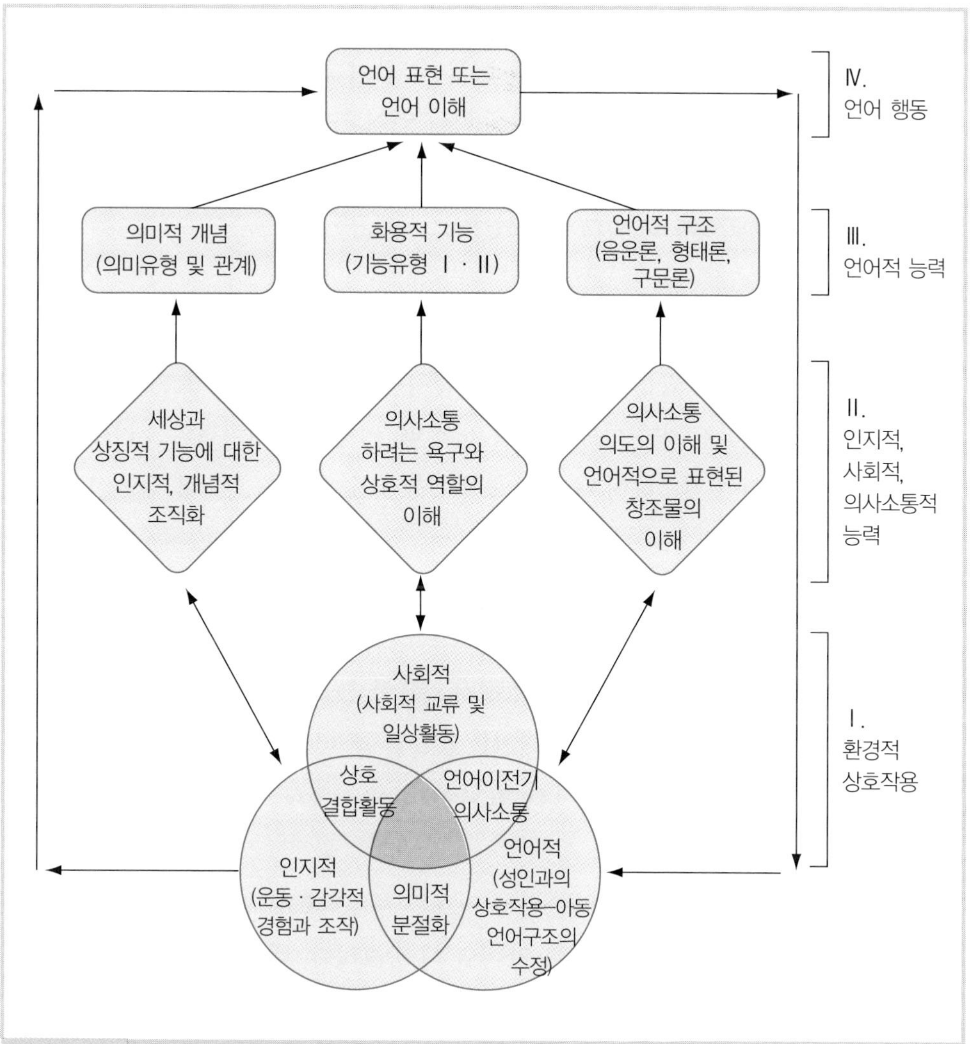

그림 1-1 다원적 언어습득 모델

출처: McLean & Snyder-McLean, 1978.

5. 언어습득의 신경학적 기초를 강조하는 언어정보처리 이론

언어정보처리 이론에서는 언어습득과정에서 신경학적 정보처리 능력의 발달이 중요한 역할을 한다고 본다. 여기서는 언어와 관련된 인지적인 구조나 개념보다는 인지적 기능에 관심을 갖는다. 이 이론에서 설명하는 정보처리 모델(information processing model)은 인지적 접근법으로부터 나온 언어습득 모델로, 언어습득을 아동의 음운 및 청각적 처리과정, 즉 소리자극이 입력되는 과정과 대뇌에서 형성한 낱말이나 문장을 소리로 실행하는 과정의 발달에 초점을 맞추어 설명한다. 집행기능(실행기능, executive function)이 언어장애와 직접적인 관련이 있는가에 대해서는 논란이 있기는 하나, 최근의 언어장애 위험군 문헌에서는 집행기능 결함의 여부에 따라 언어장애 진단이나 예후에 차이가 난다는 연구들이 보고되기도 하였다. 언어처리과정에서 필요한 집행기능 요소들은 다음과 같다(Groome, 1999, Owens, 2012에서 재인용).

① 청각적 집중(auditory attention): 이 기능은 무관한 소리자극은 무시하고 중요한 소리정보에 집중하며 그 집중력을 어느 정도 유지하는 것이다. 예를 들어, 텔레비전을 켜 놓은 상태에서 엄가가 아동에게 말을 할 때, 아동은 텔레비전의 소리를 무시하고 엄마의 소리에 집중하여 다음 단계의 기능을 수행할 수 있도록 집중시간을 유지하여야 한다.

② 청각적 변별(auditory discrimination): 이 기능은 소리자극들 간의 차이를 구별하는 것이다. 언어습득과 관련된 청각적 변별력은 어휘나 문법형태소에서 특히 중요하다. 예를 들어, '갔어요' 와 '샀어요' 에서 /ㄱ/와 /ㅅ/를 변별해서 들을 수 있어야 '가다' 나 '사다' 와 같은 어휘를 제대로 습득할 수 있게 된다. 또한 '갈게' 와 '같게' 에서는 종성 /ㄹ/와 /ㄷ/를 변별할 수 있어야 미래형 '-ㄹ' 를 습득하는 데 도움이 될 수 있을 것이다.

③ 조직화(organization): 이 기능은 들어온 정보를 체계적으로 저장하는 것이다. 이러한 기능은 나중에 저장된 정보를 끌어낼 때 중요하다. 아동은 언어습득과정에서 조정 전략(mediational strategy)과 연상 전략(associative strategy)을 사용하기도 한다. 조정 전략은 어떤 상징으로 정보를 연결하는 전략으로, 아동이 많이 사용하는 전략은 시각적 혹은 청각적으로 이미지화하여 나중에 정보를 끌어내기 쉽게 하는 것이다. 연상 전략은 연상될 수 있는 낱말로 연결하여 조직화하는 것이다. 예를 들어, '해-달' '길다-기차' 와 같이 연상되는 낱말이나 상징을 통해 조직화한다.

④ 청각적 기억(auditory memory): 이 기능은 이전에 듣거나 저장한 소리자극을 불러오는 것이다. 조직화된 정보는 단기기억(short-term memory)을 통해서 장기기억(long-term memory)으로 전환된다. 단기기억의 용량은 매우 한정되어 있어서, 일반적으로 정상성인의 경우 7개 이내의 정보를 부담 없이 기억하지만 10개까지의 정보도 기억한다(Baddeley, 1986). 한시적인 단기기억에 의해 저장된 정보는 연습이나 반복, 조직화 등을 통하여서 장기기억으로 저장된다. 이때 과거의 경험이나 지식 등과

연결하거나 의미적인 해석이나 확장 등을 통하여 깊숙이 처리된다. 아동이 낱말의 이름을 장기기억에서 인출해 내어 말을 할 때는 깊숙이 처리된 의미적 정보로부터 음운적 정보로 바꾸는 과정을 거친다. 아동의 집행기능으로서의 기억력, 즉 작업기억(working memory)을 평가할 때는 의미가 있는 유의미 낱말(의미적 처리)과 의미가 없는 무의미 낱말(비구어적 처리)을 모두 평가하는 것이 바람직하다.

언어습득을 인지적 정보처리 접근법으로 해석하는 모델 중의 하나가 경쟁 모델(competition model)(Bates & MacWhinney, 1989; MacWhinney, 1989, 1999)이다. 이 모델에서는 언어습득이 행동주의의 자극-반응 기제나 언어학적 규칙체계에 의해 이루어지기보다는, 언어처리과정(이해 및 산출)에 필요한 여러 층의 신경 연결망 발달에 의해서 이루어진다고 본다(Berko-Gleason, 2005). 이 이론에서는 언어습득의 구조적인 면과 기능적인 면을 모두 강조하며, 언어의 내재 능력(competition)보다는 수행력(performance)을 중심으로 설명하고 있다. 이 모델은 연결망 모델(connectionist model)이라고도 불리는데, 이는 이 모델이 정보처리 접근법 중에서도 평행분배처리체계(Parallel-Distributed Processors: PDPs)(Rummelhart & McClelland, 1987)로 설명하는 모델이기 때문이다.

II. 언어 및 의사소통 능력 발달

1. 감각-운동기의 인지적 기초 능력 발달

아동은 언어가 사물을 상징하며 그 언어를 사용하면 자신의 의사를 손쉽게 전달할 수 있다는 것을 인지적으로 깨달을 때 창조적인 언어를 사용할 수 있다. 이러한 인식은 0~2세의 감각-운동기(sensorimotor period)에 확립되는데, 이 시기에 아동은 물리적, 감각적 경험을 통하여 사물을 인식하게 되며, 말기에는 상징적 사고가 생겨 놀이나 언어 등을 통하여 자신의 의사를 표현하기 시작한다. 인지발달 이론의 기초를 확립한 Piaget 나 신 Piaget 학파의 연구자들은 감각-운동기를 여러 영역의 인지 능력이 발달하는 기초적인 단계로 보았다. 이들에 따르면, 감각-운동기는 6개의 하위 단계들로 이루어져 있으며, 개인에 따라 그 발달 속도가 다소 다르기는 하지만, 누구나 거쳐야 하는 보편적인 발달단계로 설명한다. 6개의 하위단계는 ① 반사기(use of reflexes: 0~1개월), ② 일차순환반응기(primary circular reactions: 1~4개월), ③ 이차순환반응기(secondary circular reactions: 4~8개월), ④ 이차순환협응기(coordination of secondary circular reactions: 8~12개월), ⑤ 삼차순환반응기(tertiary circular reactions: 12~18개월), 그리고 ⑥ 표상과 예측기(representation and foresight: 18~24개월)이다(Dunst, 1981 참조). 감각-운동기에는 여러 영역들의 인지 능력들이 발달하게 되는데, 그중에서도 특히 언어나 의사소통과 밀접한 관계가 있다고 보고된 수단-목적 및 인과성 개념, 사물영속성 개념, 모방력, 도식화 및 상징놀이에 대해서만 살펴보기로 한다.

1) 수단-목적 및 인과성 개념

'수단-목적(means-end)' 개념은 문제 해결을 위한 수단으로 여러 가지 사물들을 사용할 수 있다는 것을 이해하는 능력을 말한다. 언어도 자신의 욕구를 충족시키기 위한 수단으로 사용되는 것이기 때문에, 수단-목적 개념의 형성은 언어 사용에 있어서 필수적인 기초 능력이라고 볼 수 있다. 감각-운동기의 제5단계인 삼차순환반응기(12~18개월)에는 자신이 원하지만 멀리 떨어져 있는 것을 얻기 위하여 막대나 끈을 사용하는 등 새로운 수단을 개발하게 되고, 효과적인 결과를 초래하는 행동을 반복하게 된다. 이 시기에 아동은 제스처나 목소리 등 가능한 수단을 다 동원하여 의사소통을 하려는 시도를 보이게 된다. 특히, 관습적인(傳來的, conventional) 몸동작(예: 끄덕이기, 가리키기, 보여 주기 등)을 사용하여 자신의 의사를 전달하게 된다. 제6단계인 표상과 예측기(18~24개월)에는 통찰력, 즉 앞으로 일어날 결과를 미리 예측할 수 있는 능력이 발달되기 때문에, 아동은 사고과정을 통하여 많은 수단들 중에서도 원하는 목적을 달성하게 해 줄 가장 효과적인 수단을 사용할 수 있게 된다. 의사소통에 있어서도 한 낱말(이하 '단단어')을 사용하여 요구하기, 설명하기, 명명하기 등의 다양한 기능을 나타내기 시작한다.

'인과성(causality)' 개념의 인식은 다른 사물이나 사람이 어떤 행위의 원인이 될 수 있다는 것을 깨닫는 것이다. 처음에는(4~8개월) 자신을 모든 행동의 기본적인 원인이라고 보는 자기중심적인 인과성 개념만을 가지고 있어서 흥미로운 장난감이나 행위가 멈추었을 때 다른 사람을 이용하지 못하지만, 나중에는(12~18개월) 다른 사람도 행위의 원인이 될 수 있다는 것을 깨닫게 된다. 그러므로 흥미로운 장난감이 멈추면 엄마나 다른 사람의 손에다 그것을 갖다 주어 다시 작동하게 하는 행동을 보일 수 있다. 이러한 인과성 개념은 원인을 나타내는 초기 문장이나 질문하기 등의 기초 능력이 된다.

2) 사물영속성 개념

'사물영속성(object permanence)' 개념은 사물이 시각적으로 보이는 것이나 즉각적인 현상과는 무관하게 독립적으로 존재한다는 것을 이해하는 능력을 말한다. 제1단계(0~1개월)에서는 갖고 놀던 사물이 시야에서 벗어나기만 하면 더 이상 관심을 갖지 않다가, 차츰 고개를 돌려 추적하기 시작하고(1~4개월), 일부분이 가려진 사물도 전체로 인식할 수 있게 되며(8~12개월), 마지막에는(12~18개월) 완전히 가려진 사물도 그 존재를 인식할 수 있게 된다. 이러한 사물영속성 개념이 발달함으로써, 눈에 보이지 않는 사물이나 사람, 활동에 대하여 이야기 할 수 있게 되는 것이다. 초기 단단어로 흔히 사용되는 "또"나 "더"와 같은 어휘의 사용이나, "공 가져와"라는 말을 들으면 다른 방에 가서 공을 가져올 수 있는 것은 이러한 사물영속성 개념에 기초한 것이다.

3) 동작 및 소리 모방력

동작 및 소리 모방력은 동작이나 음성을 사용하여 제시된 행동을 모방할 수 있는 능력을 의미한다. 반사기(0~1개월)의 신생아들은 때로 다른 아기가 울면 따라 우는 경우가 있는데, 이러한 행동은 모방이라기보다는 반사행동이라고 보는 것이 더 타당하다. 일차순환반응기(1~4개월)에는 성인이 모방한 자신의 소리나 행동에 대해서만 모방이 가능하다가, 이차순환반응기(4~8개월)에는 이미 아동의 음성 목록에 있는 소리나 동작은 모방할 수 있게 된다. 이차순환협응기(8~12개월)에는 새로운 소리나 몸동작도 모방할 수 있게 되는데, 이때 모방할 수 있는 행동들은 가시적인(visible), 즉 아동 자신이 자신의 몸동작을 볼 수 있는 것들(예: 손뼉치기)에 국한된다. 삼차순환반응기(12~18개월)에는 자신의 몸동작을 볼 수 없는 것도 모방할 수 있게 되고, 표상과 예측기(18~24개월)에는 전에 모방하였던 소리나 몸동작을 기억하였다가 적절하게 표현할 수 있게 된다. 즉 감각-운동기의 마지막 단계에서는 익숙한 단서가 주어지면, 그 일련의 행동을 예견하여 그때 사용했던 낱말이나 몸동작을 재현할 수 있게 된다. 예를 들어, 익숙한 노래가 나오면 몸동작을 시작하거나 가사를 부를 수도 있고, 익숙한 그림책을 펴면 그때 나오는 말을 일종의 지연모방의 형태로 표현할 수도 있다.

4) 도식 및 상징놀이 개념

'도식'의 발달은 아동이 다양한 기능과 관련하여 사물을 구별해 내는 데서 시작된다. 처음에 아동은 모든 사물에 대하여 똑같은 행동(예: 빨기)을 무분별하게 적용하다가,

차츰 흔들고 두드리고 움직여 보거나 치는 행동을 여러 대상에게 적용하게 된다. 이러한 구별된 행동은 아동이 사물의 기능과 관련된 행동을 사용하고 사물에 대한 시각적 탐색을 시작했음을 보여 주는 것이다. 다음 단계에서 아동은 사회적 기능과 관련하여 사물과 행동을 조합하기 시작한다. 예를 들어, 인형을 껴안거나 머리를 만지거나 하는 행동을 보인다. 이러한 행동은 상징놀이를 보이기 위한 전단계의 형태를 띠는 것이며 명명하기의 기초적인 능력이 된다.

'상징놀이' 개념의 습득은 어떤 사물이나 행동을 다른 사물이나 행동으로 상징화할 수 있는 능력의 발달을 의미한다. 이렇게 상징화할 수 있기 위해서는 우선 일상 사물에 대한 기능적인 놀이 단계(11~13개월)를 보이게 된다. 예를 들어, 빗으로 머리를 빗는다거나 빗자루로 마루를 쓰는 것은 전형적인 기능놀이라고 볼 수 있다. 이러한 기능놀이가 가상놀이로 발전하게 될 때 순수한 상징놀이가 시작되었다고 볼 수 있는데, 처음에는 아동 자신에 대해서만 가상행동을 나타내는 자기중심적인 형태를 나타낸다(13~16개월). 이때는 아동 자신이 빈 컵으로 마시는 척을 한다거나 자는 척을 하는 행위들이 나타난다. 보편적인 상징놀이가 나타내는 초기에는 행위 하나하나를 도식화하는 단순상징행동을 보이다가(예: 빗으로 인형의 머리를 빗기는 척한다), 일련의 행위들을 연결하여 도식화하는 복합상징행동을 보이게 된다. 계획적인 상징놀이를 나타내는 24개월 정도에서는 자신이 할 가상놀이의 사물을 미리 찾는 행동을 보이거나 언어로 언급하는 행동이 나타나기도 하며, 사물을 대치하여 사용하기도 하고(예: 물컵을 비누로 사용), 사물을 움직이는 것처럼 가장하는 행동을 보이기도 한다(예: 인형이 걸어가는 것처럼 가장). 상징놀이를 연구하는 학자들은 상징놀이 발달단계와 언어 발달단계 사이에 밀접한 관계가 있음을 시사하고 있는데, 예를 들어, 자기중심적 가상놀이가 나타날 때 초기낱말들이 표현되기 시작하다가, 복합상징행동이 나타나는 시기 이후에는 낱말들을 연결하는 초기 문장이 나타나기 시작한다고 보고하였다. 상징놀이의 발달단계는 제13장에서 자세히 설명하도록 한다.

2. 초기 어휘 발달

아동의 언어습득을 걱정하는 부모들은 아동이 어떤 낱말들을 먼저 이해하거나 표현하는지에 대하여 관심이 높을 수밖에 없다. 초기 어휘의 발달은 아동의 기초적인 인지 능력과도 관련이 많다. 문헌에 나와 있는 초기 어휘의 특성을 살펴보면 다음과 같다

(Clark, 1973; Owens, 2002; Storkel, 2009).

① 초기 어휘는 아동의 경험과 관련이 많아서 소극적인 관찰보다는 적극적으로 직접 조작해 본 사물에 대한 낱말을 먼저 배운다.

② 상태를 나타내는 낱말보다는 행동이나 조작과 관계되는 낱말을 먼저 습득한다. 즉 사물의 특성이나 상태를 나타내는 형용사나 부사보다는 동사를 더 먼저 습득한다. 동사 중에서도 눈으로 그 변화를 직접 관찰할 수 있거나 조작할 수 있는 낱말이 그렇지 않은 낱말보다 먼저 습득된다.

③ 의사소통적인 기능이 높은 낱말을 먼저 습득한다. 즉 아동은 자신의 말이 의사소통하는 데 효과적인 것을 깨달을 때 그 말을 자주 사용하게 된다. 예를 들어, "비켜(요)" "아니(요)"와 같은 말을 하면 곧바로 자신이 싫어하는 상황에서 벗어날 수 있기 때문에 의사소통적인 효과가 크다고 볼 수 있다. 한 가지 유의할 점은 아무리 의사소통적인 효과가 크다 하더라도 자신이 발음하기 어렵고 발음해도 다른 사람들이 잘 알아듣지 못하는 말은 초기 표현어휘로 습득되기가 어렵다는 점이다. 그러므로 언어습득기에 가르치는 말들은 양순음(/ㅂ, ㅃ, ㅍ, ㅁ/), 치조음(/ㄴ, ㄷ, ㄸ, ㅌ/), 연구개음(/ㄱ, ㄲ, ㅋ, ㅇ/) 등과 같은 비교적 초기에 습득되는 음소들이 주로 들어간 낱말들이 적합하다.

④ 초기 어휘의 발달은 낱말이 사용되는 문맥의 영향을 받는다. 즉 언어습득의 초기 낱말 단계에서는 '지금－여기'에 대해서만 얘기하는 경향이 있다.

⑤ 아동이 새로 습득한 낱말을 사용할 때 부모의 반응이 중요하다. 비록 아동이 습득하는 모든 어휘가 부모의 강화에 의한 것은 아니지만 아동이 새로 시도해 본 말에 대하여 적절하게 반응하거나 칭찬해 주면 어휘습득의 가능성을 높일 수 있다. 또한 주로 사물의 이름을 명명하는 참조적인(referential) 반응보다는 사물의 특성이나 기능 등을 표현해 주는 표현적인(expressive) 반응이 더 바람직하다.

⑥ 조기 어휘는 주위에서 얼마나 자주 사용되는가(낱말빈도, word frequency)나 음성학적으로 유사한 낱말이 얼마나 많은가(낱말밀도, word density)에 영향을 받는다. 우선 낱말빈도에 있어서는 주위 사람들이 많이 쓰는 고빈도 낱말을 저빈도 낱말보다 먼저 습득한다. Hoff와 Naigles(2002)는 16개월 때 엄마가 사용하는 내용어의 빈도와 아동이 그 낱말을 말하기 시작하는 연령 사이에 높은 상관이 있다고 보고하였다. 즉 아동은 엄마가 많이 사용하는 낱말을 좀 더 일찍 산출하는 경향이 있었다.

그러나 낱말밀도는 다소 다른 양상을 보인다. 낱말밀도가 높은 고밀도 낱말의 기준은 한 음소만 생략하거나(예: 가 → 아), 대치하거나(예: 가 → 나), 첨가하거나(예: 가 → 강) 해도 다른 낱말이 되는 경우가 10회 이상(영어의 경우) 되는 낱말을 말하는데, 이렇게 음성학적으로 유사하게 들리는 낱말이 많을 때는 수용어휘 습득에는 도움이 되지만 표현어휘 습득에는 도리어 방해가 되는 것으로 보인다(Storkel, Armbruster, & Hogan, 2006). 즉 들었을 때 비슷한 발음의 낱말이 많이 떠오르는 경우는 아동이 그 낱말에 대한 이해력을 촉진할 수는 있어도 표현력의 습득하는 데는 방해가 될 수 있다. 아동은 흔히 발음이 비슷한 낱말 때문에 낱말을 말할 때 힘들어하는 경우가 있는데, 예를 들어 '치킨' 대 '키친', '카메라' 대 '캬라멜' 등의 오류가 흔히 나타난다. 그러므로 아동의 초기어휘는 고빈도, 저밀도 낱말이 먼저 습득된다고 할 수 있다.

⑦ 대부분의 언어에서는 첫 50낱말 목록 중에서 명사가 차지하는 비율이 가장 높다(Gentner, 1982). 그러나 양육자가 명사보다는 동사를 많이 사용하는 중국 만다린어의 경우에는 첫 어휘에서 동사가 명사보다 더 많이 나타나기도 한다(Tardif, 1996). Tomasello(1992)는 대부분의 언어에서 명사를 동사보다 쉽게 습득하는 것에 대하여 명사는 참조하는 대상이 매우 구체적이지만 동사는 전체 행동이나 상태의 변화 속에서 어떤 부분이 그 낱말이 참조하는 부분인지를 인식하기가 쉽지 않기 때문이라고 설명한다. 실제로 1~2세 아동에게 그 구체적 명시성을 달리한 문맥을 제공하였을 때 애매한 행동의 문맥에서보다는 구체적인 행동의 문맥에서 동사를 더 많이 학습했다는 연구 결과도 있다(Tomasello & Kruger, 1992). 그러므로 동사를 학습할 경우, 아동이 인식할 수 있는 단편적인 행동을 명명해 주거나(예: 공을 굴리며 "굴린다"), 아동이 예측할 수 있는 행동을 명명해 주는 것(예: 공을 떨어뜨리며 "떨어진다")이 바람직하다. 명사선호도에 대해서는 아동 간 차이가 매우 심한데, 이러한 현상에 대하여 참조적인 아동은 명사를 주로 습득하고, 표현적인 아동은 다양한 품사의 낱말을 습득하게 된다고 설명하기도 한다(Nelson, 1973; Snyder, Bates, & Bretherton, 1981). 또한 이러한 초기 명사 편중 현상은 빠른 이름 연결하기 전략(fast mapping)을 사용하기에는 동사보다 명사가 더 유리하기 때문이라고 설명하기도 한다(Owens, 2012).

⑧ 상반되는 반의어의 경우에 부정적인 개념을 나타내는 낱말(예: 작은, 짧은)보다는 긍정적인 개념을 나타내는 낱말(예: 큰, 긴)이 먼저 습득된다. 예를 들어, "큰-작은"

과 같은 어휘는 동시에 습득되기보다는 "큰-안 큰"으로 이해되다가, 나중에 "큰-작은"으로 표현하게 된다는 것이다.

3. 언어이전기 의사소통 능력 발달

사람은 신생아 때부터 다른 사람들과 의사소통할 수 있는 본능적인 기제를 나타낸다. 예를 들어, 신생아는 우는 것 외에도, 감정적인 연결 없이 웃고 미소지으며 때로는 찡그린다. 신생아의 이러한 행동들은 성인에게 감정적인 표현으로 '오해' 되어 성인을 아동에게 접근시키거나 관심을 갖게 한다. 차츰 신생아나 유아는 이러한 행동들을 의사소통을 유도하는 수단으로 사용하게 된다. 예를 들어, 성인이 유아를 바라보면 유아도 성인을 바라본다. 또한 성인의 눈길을 자신이 관심 있어 하는 물체에 가도록 하기 위해서 소리나 행동을 사용한다. 육체적(예: 기저귀 갈기)이거나 사회적(예: 안아 주기)인 욕구를 채우기 위하여 울음이나 칭얼거림, 또는 옹알이 소리를 한다. 이러한 기재들은 성인의 주의를 자신에게 끌거나, 자신의 육체적인 필요를 채우게 하거나, 자신이 관심 있어 하는 물건이나 활동에 성인의 주의를 끄는 역할을 해 준다. 타인과 의사소통을 하고자 하는 목표지향적인 행동이나 의도는 단계를 따라 발전하게 되는데, 언어발달에 기초가 되는 의사소통 행동의 발달을 단계별로 살펴보면 다음과 같다(Bates, 1974 참조).

1) 초보적 의사소통 행동 단계

초보적 의사소통 행동 단계(primitive communicative behaviors: 0~3개월)에서는 울음, 미소, 눈맞춤 따위의 초보적인 의사소통 행동들을 보이는데, 이러한 행동들은 아직 반사적이다. 신생아들의 의사소통 행동들은 주로 배가 고프다거나 기분이 좋을 때와 같은 생리적 상태의 표현이지만, 사실 이러한 행동들은 주변 성인들에게는 막강한 의사소통의 힘을 갖는다. 즉 신생아의 울음이나 웃음은 부모로 하여금 즉각적인 행동을 취하게 하므로 어떤 시기의 행동들보다도 강한 영향력이 있다고 보겠다. 이 기간 동안 신생아는 자신의 행동이 환경이나 다른 사람에게 어떤 영향을 미치게 되는지 미처 인식하지 못한다. 관심도 사물이나 사람 각각에게는 집중되더라도 사물과 사람을 함께 통합하여 연관짓지는 못한다. 예를 들어, 엄마가 태엽을 감아 준 장난감을 가지고 놀다가 그것이 멈췄을 때, 자신의 손을 뻗쳐 그것을 잡으려고는 하지만, 옆에 있는 엄마를 '행위자' 로 활용하지는 못한다. 즉 아직 수단-목적 관계나 인과성 개념이 형성되지 못해서 '행위자' 와 '목적(사물)' 의 관계를 이해하지 못한다.

2) 목표지향적인 의사소통 행동 단계

목표지향적인 의사소통 행동 단계(言響的, perlocutionary communicative behaviors: 4~7개월)가 되면 유아는 자신의 소리내기, 몸짓, 눈맞추기 등의 행동이 성인의 행동이나 환경에 영향을 미칠 수 있다는 것을 깨닫게 된다. 그러나 유아의 관심과 행동은 즉각적인 목표에 한정되어 있어서, 의사소통적인 신호도 즉각적인 목표성취에 제한된다. 아직까지 사물과 사람의 인식이 확실히 분리되지 않아서, 갖고 싶은 사물을 손을 뻗쳐 잡을 수 없을 때 칭얼대거나 웃음을 터뜨려 성인이 그 물건을 집어 주게는 하지만, 성인의 얼굴을 쳐다보거나 그 물건을 요구하는 좀 더 변별적인 행동은 나타나지 않는다. 이 시기의 전의도적(preintentional), 목표지향적인 유아의 의사소통 행동들은 다음과 같다.

① 눈길로 관심 있는 물건을 표현한다.
② 흥미로운 행동을 재현한다(예: 장난감을 작동시켰다 멈추면 다시 반복한다).
③ 좀 더 다양한 소리를 낸다(자음과 모음을 결합하여 반복한다).
④ 성인의 눈길을 따라간다.
⑤ 익숙한 사회적 게임(예: 짝짜꿍, 까꿍)에 나오는 말에 반응하곤 하는데 성인의 과장된 목소리, 운율 패턴, 그리고 문맥적 상황에서 단서를 찾는 것으로 보인다.
⑥ 습득한 음소나 낱말의 범위 내에서 성인의 소리나 말을 모방한다.
⑦ 말은 못하더라도 소리내기(vocalization)로써 성인과 차례를 바꿔 가며 소통한다.

이 시기에 부모들은 유아의 전의도적 행동에다 의사소통적인 의도를 연결시켜 줌으로써 유아가 의사소통의 가치를 인식하는 데 중요한 역할을 한다. Bell과 Ainsworth(1972)는 유아의 초기적인 발성이나 다른 의사소통적 신호에 민감하게 반응한 부모의 아동에게서 좀 더 발달된 의사소통 능력을 발견하였다.

3) 도구적인 전환기 행동 단계

목표지향적인 의사소통 단계와 의도적인 의사소통 단계 사이에는 점차적인 도구적 전환 시기(transitional instrumental communicative: 8~11개월)가 관찰된다. 이 시기에 유아는 미리 계획된 목적을 이루기 위해서 분명한 신호를 보내게 된다. 예를 들어, 유아는 안아 달라고 팔을 벌리거나 성인들의 관심과 웃음을 자아내기 위하여 여러 가지 우스꽝스러운 행동을 하기도 한다. 장난감을 가지고 놀다가 그것이 멈추면 성인의 손을 그리로 밀쳐 내는 것도 흔히 볼 수 있는 행동이다. 유아는 성인의 손이 장난감에다가 어떤 행동을 가하여 그것을 작동할 수 있다는 것은 이해하지만(도구적 사용), 장난감을 어른에게 가져가서 도움을 구할 만큼의 세련된 의도성은 나타내지 않는다. 이 시기에는 많은 시행착오를 거쳐서 자신이 보내는 신호와 결과 사이의 '수단-목적' 관계를 깨닫게 된다.

4) 언어이전의 의도적 의사소통 행동 단계

언어이전의 의도적 의사소통 행동 단계(言表內的, illocutionary communicative behaviors: 11~14개월)가 되면 유아는 의도적인 의사소통 행동을 보여 준다. 의도적인 의사소통이라 함은 유아 자신이 신호를 보내기 이전에 그 신호가 상대방에게 어떤 영향을 미쳐서, 어떤 행동적인 결과를 초래하리라는 인과관계를 충분히 이해하는 것을 의미한다. 그래서 그 목적이 달성되거나 그렇지 못하리란 확신이 설 때까지 계속해서 의사소통을 시도해 보는 것이다(Bates, 1976). 이 시기의 유아의 의사소통은 의도적이기 때문에 자신의 행동이 성인의 주의를 충분히 끌지 못했을 때 다른 여러 가지 방법을 써서라도 그 목적을 성취하려고 시도한다. 예를 들어, 과자 봉지에 손이 미치지 못할 때 손을 뻗쳐 보기도 하고, 말이나 소리를 내 보기도 하며, 엄마와 과자 봉지를 번갈아 쳐다봄으로써 그 의도를 명확히 보여 주기도 한다. 이 시기에는 관습적인 몸동작들이 많이 사용되는데 이들은 초기적 의사소통 행동보다 좀 더 발달된 행동형태로서 뚜렷하게 의사를 내포하는 행동을 의미한다. 예를 들어, 집게손가락을 펴서 정확하게 자신이 원하는 물건을 가리키거나, 흥미로운 장난감을 들어 부모에게 보여 주거나, 또는 고개를 숙여 인사하는 행동들을 보여 준다. 또한 이러한 관습적인 몸동작들은 억양을 변화시키는 발성 패턴을 동반하게 되고, 이러한 발성들은 곧 기능적인 초어(proto-words)로 발전하게 된다.

정상적인 아동에게 있어서 3세 정도가 되면 대화를 부드럽게 이끌어 나가는 대화의 규칙이나 과정들에 대한 이해가 많이 발달한다. 그러나 실제로 아동은 언어를 통한 의사표현이 있기 전인, 약 10~12개월 정도에 언어이전기적 의사소통 행위(話行, prelinguistic communicative acts)를 발달시킨다. 예를 들어, 아동은 가는 사람에게 손을 흔들어 인사('빠이빠이')를 한다거나, 고개를 상하 또는 좌우로 흔들어 긍정이나 부정의 의사표현을 한다. 이러한 의사소통 행위들은 언어를 통한 의도 표현의 전형이 되는 것이다(Bates,

Camaioni, & Volterra, 1975; Bruner, 1975, 1978). 아동의 화행은 그것들이 다른 사람에게 영향을 미칠 목적으로 사용된다는 의미에서 언표내적(illocutionary) 힘 또는 기능을 가졌다고 볼 수 있다. 이러한 행위들은 아직 명제적(propositional) 내용이나 언어학적인 형식을 갖추지는 못하고 다만 의사소통적인 의도만을 가지고 있다가 나중에야 언어로(예: "안녕" "네" "아니요") 기호화된다. Halliday(1975)는 10~18개월 정도에 나타나는 의사소통 행위들을 그 기능에 따라 다음과 같이 분류하였다.

① 도구적 기능(instrumental function): 자신의 물질적 필요나 욕구를 채우기 위한 의사소통 행위로서, "원해요/주세요(I want)"와 같은 의사를 내포하고 있다. 문헌에는 '물건 요구하기' 기능으로도 소개되어 있다.

② 조정적 기능(regulatory function): 다른 사람을 조절 또는 통제하기 위한 의사소통 행위로서, "하라는 대로 하세요(Do as I tell you)"와 같은 의사를 내포하고 있다. 문헌에는 '행동 요구하기' 또는 '지시하기'의 기능으로도 소개되어 있다.

③ 상호작용적 기능(interactional function): 다른 사람과 교류 또는 상호작용을 하기 위한 의사소통 행위로서, 인사하기, 타인을 공통적인 관심(joint attention)이나 활동(joint activity)에 끌어들이기 등의 기능을 나타낸다. 이것은 "나와 너(me-you)"의 의사를 내포하며 '주고받기' 기능이라고도 불린다.

④ 개인적 기능(personal function): 자신의 존재를 알리고자 하는 의사소통 행위로서, 자신의 감정, 태도, 흥미 등을 표현한다. "저 여기 있어요(Here I come)"와 같은 의사를 내포하고 있다.

⑤ 발견적 기능(heuristic function): 환경을 탐구하고 정리하려는 의사소통 행위로 "왜 그런지 말해 주세요(Tell me why)"와 같은 의사를 내포하고 있으며 '정보 요청하기'의 기능으로도 불린다.

⑥ 가상적 기능(imaginative function): 가상적인 상황을 만드는 의사소통 행위로서, "우리 -척해요(Let' s pretend)"와 같은 의사를 내포하고 있다.

이러한 의사소통 기능들을 다양하게 발달시키는 것은 언어습득에 있어서 매우 중요하다. 언어장애아동은 도구 및 조종적인 기능을 위해서만 언어를 사용하는 경우가 많은데, 이렇게 제한된 기능에 사용되는 어휘나 문장의 형태 또한 제한될 수밖에 없기 때문에, 언어발달을 더욱 지체시키는 결과를 초래한다. 그러므로 아동이 말이나 몸동작으로도 얼마나 다양한 의사소통 기능을 표현할 수 있는지를 살펴보고, 그러한 기능을 다양화시켜 주는 것은 매우 중요한 기초 작업이라고 할 수 있다.

언어이전기에서 단단어 시기에 이르는 아동의 의사소통 발달에 대해 배소영(1998)은 〈표 1-1〉과 같이 요약하였다.

표 1-1 생후 1년 간 의사소통 발달

연령(월)	2~3개월	4~7개월	8~11개월	12~13개월
의사소통 특성	· 사람을 보고 미소짓는다. · 가끔 소리나게 웃는다. · 입안 뒤쪽에서 소리가 난다.	· 소리내기를 좋아한다. · 여러 모음 비슷한 소리를 낸다. · 입 안쪽 소리(ㅂ, ㅃ, 비슷한)를 여러 모음과 함께 낸다. · 음절구분이 있는 소리를 낸다. · 성인의 특정 어구에 반응하고 좋아한다('빠꾸야, 쪼막쪼막').	· 운율변화가 있는 소리를 낸다. · 음절성 발음이 많다. ('바다, 바다다, 빠빠빠, 맘마, 어마, 어버') · '어, 어' 소리내며 욕구를 표현한다. · 자기 소리를 성인이 내면 가끔 모방하기도 한다. · 손가락 가리키기에 '어, 어'를 동반한다. · 특정 낱말에 대한 이해가 많이 생긴다. ('빠이빠이, 시계, 곤지곤지, 엄마, 할머니')	· 이해하는 낱말이 많아진다. · 상황과 연결해서 일관되게 표현하는 낱말들이 생긴다. 요구하며 '어마, 엄마', 싫다고 고개 흔들며 '아아이', 배고플 때 식탁 가리키며 '마마, 맘마' 등의 표현을 사용한다.

출처: 배소영, 1998.

5) 언어적 의사소통 행동 단계

언어적 의사소통 행동 단계(言表的, locutionary communicative behaviors: 14~16개월)는 아동이 말을 사용함으로써 자신이 원하는 의사소통의 목적을 달성하게 되는 시기이다. 초기 단계에서는 흔히 말과 몸동작이 함께 동반되기도 하는데 이때의 '말'은 발성을 통한 구화뿐 아니라, 수화나 언어 보조기(예: communication board, synthesized voice device, E-tran) 등을 통한 언어도 포함된다. 낱말의 습득과정에 대해서는 아래 '취학전기 언어학적 능력 발달'에서 자세히 살펴보기로 한다.

4. 취학전기 언어학적 능력 발달

언어습득에 있어서 언어학적 기초 능력이 전제되어야 함은 너무도 당연하게 들린다.

그러나 이러한 언어학적 기초 능력이 단지 말을 한다, 못한다로 평가되어서는 안 될 것이다. 말을 하기 위한 언어학적 기초 능력으로 우선 떠오르는 것은 그 언어의 소리들, 즉 음소의 습득과 이해할 수 있는 어휘 수의 확보일 것이다.

아동이 낱말을 습득하는 원리에 대하여 여러 가지 이론이 있는데, Bloom(1993)은 ① 상관성 원리(principle of relevance), ② 변별성 원리(principle of discrepancy), 그리고 ③ 확장성 원리(principle of elaboration)를 제안했고 Mace와 Roberts(1993)는 여기에 ④ 반응의 효율성 원리(principle of response efficiency)를 더 추가하였다. 첫째, 상관성 원리란 아동은 자신이 생각하고 있는 낱말을 배우게 된다는 것으로, 아동이 처음으로 학습한 낱말들은 아동이 어떠한 것에 관심을 갖고 중요하게 생각하는지가 반영된다는 것이다. 즉 아동의 초기학습낱말은 아동이 생각하는 것과 상관이 있다는 것이다. 둘째, 변별성 원리란 아동은 신기하게도 상대방이 어떤 정보가 필요한지를 변별할 수 있는 능력이 있어서 초기 낱말기에도 그 상황에 필요한 정보를 의사소통 상대방에게 제공하려 한다는 것이다. 그러므로 언어학습 문맥을 계획할 때는 필요한 정보가 확실한 의사소통 문맥을 제공하는 것이 중요하다. 셋째, 확장성 원리란 아동의 정신적 표상은 확장되기 때문에 그러한 생각을 표현할 언어도 확장할 필요성이 생긴다는 것이다. 넷째, 반응의 효율성 원리란 아동이 의사소통을 할 때 그 의도를 표현할 상징체계(예: 몸짓, 표정, 말 등)를 결정해서 사용해야 하는데, 처음에는 여러 가지 체계를 사용하더라도 차츰 상대방의 반응이 가장 빠르고 정확하게 나타나는, 즉 가장 효율적인 체계로 좁혀진다는 것이다. 대부분 몸짓보다는 말이 더 빠르고 정확하게 상대방의 반응을 유도해 내므로 말을 하게 될 테고, 여러 낱말 중에서도 가장 효율적인 낱말을 사용하게 될 것이다.

아동의 언어발달을 연구하는 몇몇 학자들은 언어 이해력이 반드시 언어 표현력보다 선행하는 것은 아니라는 반증을 제시하기도 하지만(Bloom, 1974; Chapman & Miller, 1975), 적어도 초기 언어습득 단계에서는 언어 이해력이 언어 표현력보다 다소 먼저 발달하다가, 발달단계가 높아갈수록 언어 이해력과 언어 표현력 간의 균형이 동등하게 이루어지는 것으로 보는 것이 타당하겠다. 본문에서는 기본적인 문장형태를 습득하는 언어학적 발달단계를 이해와 표현력 차원에서 살펴보기로 한다(McLean & Snyder-McLean, 1978 참조).

1) 언어 이해력의 발달

(1) 제1단계: 말소리 및 초분절적 특성에 대한 변별기(0~10개월)

이 시기에는 말소리(음소)를 구분하게 되고, 억양이나 강세 등과 같은 초분절적(suprasegmental) 특성들에 대하여 구분된 반응을 보이게 된다. 신생아의 청각적 변별 능력을 연구한 문헌에서는 신생아들은 이미 0~2개월에 음소를 변별하는 행동이 나타날 뿐 아니라, 음의 높이에 대해서도 변별할 수 있다고 보고하고 있다(Eimas, 1974; Morse, 1972 등). 음의 높이에 대한 변별력은 후에 억양을 구분하는 기초 능력이 되며, 음소 변별력은 후에 낱말을 습득하는 기초 능력이 된다고 볼 수 있다.

2~4개월 정도에는 목소리를 변별할 수 있는데, 예를 들어, 친숙한-낯선 목소리, 화난-다정한 목소리, 그리고 남-녀 목소리 등을 구분할 수 있다(Kaplan & Kaplan, 1970). 6~8개월 정도에는 억양 패턴을 변별하기도 하고 그 패턴을 목소리로 모방하기도 하다가, 8~10개월 정도가 되면 친숙한 음소-억양 패턴을 구분할 수 있게 된다.

(2) 제2단계: 어휘-의미적 이해기(10~30개월)

이 시기의 초기에는 친숙한 낱말이나 간단한 문장에 대해서 바르게 반응하는데, 이 시기의 아동이 낱말의 뜻을 이해할 때 사용하는 단서로서 첫째, 화자의 비구어적 단서(예: 성인의 몸짓, 얼굴표정, 눈길 등)를 들 수 있다. 예를 들어, 손가락으로 멀리 굴린 공을 손으로 가리키며 자기 쪽으로 당기는 흉내를 내며 하는 말은 '가져와' 라고 이해한다. 둘째, 상황적 단서도 많이 활용되는데 이는 현재 진행되고 있는 상황에 의해서 그 말의 의미를 이해하는 것이다. 예를 들어, 크레파스를 상자에 끼우면서 하는 말은 '끼우자' 나 '치우자' 로 이해하는 것이다. 또한 롯데월드에 갈 때 그 마스코트인 너구리상을 보면서 하는 말은 '롯데월드야' 나 '다 왔다' 와 같은 의미로 이해하는 것이다. 셋째, 운율이나 강세와 같은 초분절적 단서도 활용된다. 초분절적 단서로는 목소리의 크기, 문장 끝의 올림세나 내림세 등이 있다. 예를 들어, 과자를 쏟으면서 엄마의 눈치를 살피는 아동은 엄마의 목소리가 크면 "안 돼" 로 이해한다. 이렇듯 초분절적 단서에 의존하던 언어 이해력은 12개월 이후부터는 초분절적인 단서나 상황적인 단서 없이도 단단어를 이해하는 수준으로 발달하게 된다.

아동이 낱말을 이해하기 시작하는 초기에 나타나는 낱말 개념형성 가정이나 원리들은 다음과 같다(Owens, 2012에서 재인용).

① 참조 원리(reference principle): 아동은 사람들이 어떠한 사물을 나타내기 위해서 그 사물의 이름, 즉 낱말을 사용한다는 것을 깨닫는다. 즉 사람들이 낱말을 말할 때는 어떠한 사물이나 실체에 대해 말하는 것이라고 생각하게 된다. 참조 원리를 적용할 때, 각 사물은 각기 다른 이름이 있으며, 두 가지 사물이 한 이름을 가질 수 없다고 가정하게 되는데, 이를 상호배타 가정(mutual exclusivity assumption)이라고 한다. 예를 들어, 빵과 우유가 있을 때 "빵"이라는 이름을 말하면 둘 중 하나는 빵이고 나머지는 그렇지 않다고 생각하게 된다. 이러한 전략은 나중에 18개월 정도가 돼서 새 어휘를 습득해 나갈 때 도움이 된다. 아동이 새 낱말을 들으면 그것은 자신이 모르는 사물의 이름일 것이라고 가정(새낱말-비낱말 가정, novel name-nameless assumption)해서 새 낱말로 이해하고 습득하게 된다.

② 확장가능성 원리(extendability principle): 아동이 한 사물에는 한 낱말이 사용된다는 원리를 사용하다가 어떠한 경우에는 한 낱말이 비슷한 여러 개의 사물을 가리킬 수도 있다는 것을 알게 된다. 예를 들어, 네모난 빵, 둥그런 빵, 소시지 빵이 다 '빵'으로 불릴 수 있다는 것을 안다. 이 원리는 범주 가정(categorical assumption)을 사용하게 한다. 18개월 정도의 아동은 관련된 사물들을 의미하는 낱말이 있다는 것을 알아서, 자기 집 승용차도 '차' 지만 택시나 버스처럼 비슷하게 생긴 것들도 모두 '차' 라고 불리는 것을 알게 된다.

③ 사물 전체 참조 원리(whole object principle): 아동은 사람들이 어떠한 낱말을 사용할 때 그 낱말은 사물 전체를 의미한다는 것을 알게 된다. 예를 들어, '차' 라고 할 때 차의 유리나 지붕, 문, 바퀴와 같은 부분이 아니라 차 전체를 의미한다는 것을 알게 된다. 실제로 사물의 부분을 나타내는 유아의 낱말들은 매우 적다(Mervis, 1990).

④ 관습성 가정(conventionality assumption): 아동은 성인이 낱말을 말할 때 늘 일관성 있게 한다고 가정한다. 즉 한 사물에 대해 관습적으로 일관성 있는 형태로 말한다고 생각한다(Golinkoff et al., 1994; Markman, 1992).

아동의 초기 수용어휘를 연구한 연구자들은 아동의 수용어휘는 사람이나 사물명을 먼저 습득하고 차츰 행동어로 확대되며, 현존하는 이름에서 부재하는 사람이나 사물명으로, 또 단단어에서 낱말조합으로 확대된다고 설명한다(Benedict, 1979; Huttenlocher, 1974). 1,800명의 일반아동 부모를 대상으로 CDI(Fenson et al., 1993)를 실시하여 그 아동의 첫 50개 수용어휘를 분석한 Fenson 등(1994)은 초기 수용어휘(이해하는 낱말)는 대개 가족일원(예: 엄마, 아빠, 누나), 신체부위(예: 머리, 발, 손), 음식과 관련된 사물(예: 밥, 물, 컵), 장난감(예: 차, 공), 애완동물(예: 개, 고양이, 혹은 그들의 이름), 그리고 즐겨 하는 놀이나 행동(예: 까꿍, 코 잔다) 등 아동이 자주 접하는 특정한 낱말들이 많다고 보고하였다.

아동의 단단어 이해 능력은 차츰 다단어 문장의 이해 능력으로 확대되는데(약 16~18개월 정도) 이때 아동은 간단한 지시를 수행할 수 있게 되며, 문장에 나타나는 의미들의 관계를 이해하게 된다. 그러나 아직은 문법형태소나 낱말의 배열순서(어순)와 같은 구문론적인 지식에 의존하지는 않는다. 2세 아동에게 있어서 자주 사용되는 문장이해 전략은 실현 가능성 전략(probable event strategy)으로 문장 내 낱말의 순서나 정확한 뜻보다는 자신의 경험에 비추어 일어날 가능성이 있다고 생각되는 대로 이해하는 것이다(McClellan, Yewchunk, & Holdgrafer, 1986). 예를 들어, 장난감으로 수행하는 과제에서 "아빠가 차를 밀어요"는 잘 수행하지만 "차가 사람을 밀어요"라는 문장에 대해서는 "아빠가 차를 밀어요"와 같은 반응을 보인다. 이러한 현상에 대하여 Chapman과 Miller(1975)는 생물체 행위자 전략(animate agent strategy)으로 보았는데, 이는 3세 이전의 아동이 움직이는 생물체(예: 사람)는 주어로, 사물(예: 꽃, 차)은 목적어로 이해하는 현상을 의미한다. Miller 등(1980)은 아동이 21개월까지도 어순에 의한 문장이해를 잘 하지 못하는 것으로 보고하였다. 그러므로 어순 전략(word order strategy)은 3세 이후에 사용되는 전략으로 보인다(Lempert, 1985; Slobin & Bever, 1982).

(3) 제3단계: 구문-문법적 이해기(30~36개월)

언어 이해력의 마지막 단계는 문장 내에 포함된 문법형태소나 구문구조, 그리고 낱말 배열 순서 등에 의존하여 문장을 이해하게 된다. 처음에는 동사, 형용사, 부사 등 이해하는 낱말의 품사가 다양해지고 문법형태소들이 많이 습득되다가, 후기에는 문장의 어순 등을 이해하게 된다.

2) 언어 표현력의 발달

(1) 제1단계: 음성발달기(0~10개월)

말을 하기 위해서는 우선 소리(음성)내기가 이루어져야 하는데, 언어습득과 가장 관련이 깊은 초기 음성은 옹알이(cooing)이다. 옹알이도 발달단계에 따라 여러 가지 형태를 띠지만 가장 초기의 형태는 모음과 비슷한 소리나 목울림소리들이다. 이때, 아동은 혼자서도 소리를 내며, 어른이 소리내기를 따라하면 더 신이 나서 소리유희를 하는 것을 곧잘 볼 수 있다(대략 2~3개월 정도). 이러한 초기옹알이는 6~8개월이 되면 차츰 음절에 가까운 소리로 변화하며, 이때는 많은 양순음과 비음, 치조음 등이 모음과 섞여서 반복된 음절을 이루게 된다(예: 마마마마). 이 시기는 음절성 발음기(babbling, 후기옹알이기로 불리기도 함)라고 하는데 이때는 다양한 음절로 이루어진 소리들이 나타난다. 그러므로 음성발달기는 아동이 자신의 발성 및 조음기관을 탐험하고 조절하는 능력을 키워 나가는 중요한 시기가 된다.

(2) 제2단계: 첫 낱말 발화기(10~14개월)

아동이 10~14개월 정도가 되면 그 기능 면에서 옹알이와는 구별되는 첫 낱말을 사용하기 시작한다. 이러한 첫 낱말이 나타나는 시기는 아동에 따라서 다르게 나타날 수도 있으며, 특히 남아는 여아에 비하여 다소 늦은 편이다.

언어이전기의 소리나 제스처로부터 실제 첫 낱말을 말하는 시기로의 전환은 급격한 변화라기보다는 점차적인 변화이다. 약 9개월 정도가 되면 아동은 자신의 의사소통 목표가 달성될 때까지 사물과 사람을 번갈아 쳐다보는 매우 의도적인 행동을 보인다(Bates, 1979). 흔히 아동은 낱말을 사용하기 전에 관습적인 소리와 제스처의 목록을 많이 사용한다. 관습적인 소리나 제스처는 아동이 일관성 있게 사용하는 것으로, 흔히 그 사회에서 통용되기 때문에 누구라도 그 의도를 짐작하게 되는 행동이다. 예를 들어, 달라고 두 손을 모으는 행동이나 흥미로운 사물을 가리키는 행동은 소리를 지르거나 온몸을 흔드는 것보다 쉽게 그 의도가 전달된다. 이 시기에 나타나는 특이한 소리의 형태로 개인어(ideomorphs)나 초어(proto-words)가 있는데, 이는 성인어휘는 아니지만 아동이 일관성 있게 사용하는 자음-모음이 결합된 소리(일관적 음소결합 형태, Phonetically Consistent Forms: PCFs)이다. 예를 들어, 자동차를 밀며 "부릉" 하거나 동물의 이름 대신 그 짖는 소리(예: 꿀꿀, 멍멍)를 사용한다(Wetherby, Reichle, & Pierce, 1998). 또한 개인어의 예로 자기 집의 강아지를 "뿌뚜"라고 일관성 있게 부른다. 이러한 의도적인 의사소통 행동들은 사람이 행동의 주체가 될 수 있다는 인식이나 사물을 문제해결을 위한 도구로 쓸 수 있다는 인지적 개념에 기초한다.

초기 낱말은 흔히 특정 상황이나 문맥에 의존하는 경우가 많다. 예를 들어, 손을 흔들며 "빠이빠이"라고 한다든지, 업히면서 "어부바"라고 한다. 즉 아동의 첫 낱말들은 그 아동이 자주 접하는 경험적 상황과 연계되어 습득되는 것이다(Bloom, 1993). 이러한 첫 낱말들은 너무 한정된 문맥 속에서만 사용되기 때문에 엄밀한 의미에서 상징적이거나 참조적(referential)이라고 볼 수 없다. 진정한 어휘의 습득이란 특정한 문맥이 아니더라도 일반화시켜서 사용할 수 있는 탈문맥적(decontextualized or context-flexible) 사용이 가능할 때 이루어지기 때문이다. 흔히 이 시기의 낱말들은 상황 전체를 나타내며 상황이 바뀌면 그 낱말을 사용하지 못하는 경우가 많다. 탈문맥적 어휘의 사용은 약 13~16개월 정도에 나타난다(Wetherby, Reichle, & Pierce, 1998).

일부 낱말들은 처음부터 융통성 있게 사용되기도 하지만 대부분의 낱말들은 문맥의존적인 특징을 보이다가 탈문맥적으로 발전한다(Barrett, 1986; Barrett, Harris, & Chasin, 1991). 이러한 변화에 대하여 Rosch(1978)는 아동의 어휘개념은 그가 경험한 "전형적"이거나 "최고"의 예를 통하여 형성된다고 보았다. 어휘의 전형(prototype)은 첫 경험(예: "공"으로는 비치볼을 처음으로 봄)에 의해 형성되기 시작하는데, 그와 유사한 경험들(예: 테니스공, 농구공)을 하면서 그 전형의 범위를 구체적 경험에서 전반적 경험으로 점차 넓혀 나가게 된다는 것이다. 그러므로 아동은 참조물과 그에 해당하는 어휘를 다양한 예를 통해서 경험하고 인식하는 것이 매우 중요하다고 할 수 있다. 이러한 전형개념이론은 사물을 그 특성에 근거하여 분류하여 습득한다는 낱말특성자질이론보다는 아동의 어휘습득에 대하여 좀 더 나은 설명을 하고 있다. 낱말을 그 특성자질에 의해 습득한다는 이론에 의하면 "개"라는 개념은 [+4개의 다리, +털, +짖음, −야옹]과 같은 특성자질을 인식하면서 습득하게 된다는 것이다(Wetherby, Reichle, & Pierce, 1998).

탈문맥 과정에서 아동은 과대일반화(overextention or overgeneralization)나 과소일반화(underextention or undergeneralization) 현상을 보이는데, 이는 언어습득과정에서 나타나는 정상적인 오류형태이다. 과대일반화는 자신이 배운 낱말을 너무 넓은 범위까지 적용시켜서 사용하는 것으로 다리가 4개 있는 동물은 모두 "개"라고 부른다든지, 탈것은 모두 "차"라고 부르는 경우이다. 과소일반화는 자신이 경험한 제한된 상황에서만 그 낱말을 사용하는 것으로 자기 집 강아지만 "개"고 다른 종류의 개는 "개"라고 하지 않는다든지, 자가용만 "차"고 택시는 "차"가 아니라고 하는 경우이다. Barrett(1986)은 첫 낱말 중 아동이 사용하는 사물 이름의 10~30%에서 과대일반화 또는 과소일반화 현상이 나타난다고 보고하였다.

초기 낱말의 습득은 개인차가 크기는 하지만 매우 느린 편으로 일주일에 한 낱말 정도를 습득하게 된다. 이 시기에 나타나는 또 하나의 특징은 새로운 낱말을 습득할 때 계속 어휘가 축적되지 않고, 이전에 사용하던 낱말을 잊어버리는 경우가 많다는 것이다. 이러한 현상에 대하여 기억용량의 제한점으로 설명하는 이도 있지만, 그보다는 화용적인 의미를 부여해서 더 구체적인 낱말들로 대치해 가는 과정이라고 설명하기도 한다(Wetherby, Reichle, & Pierce, 1998).

(3) 제3단계: 어휘폭발기(어휘도약기)(18~24개월)

느린 어휘의 습득은 대략 18~24개월이 되면 갑자기 그 습득 속도가 빨라진다. 이러한 갑작스러운 어휘습득기를 어휘폭발기(vocabulary burst) 또는 어휘도약기(vocabulary spurt)라고 부른다(Bates et al., 1987). Bloom(1993)은 14명의 아동에 대한 종단연구를 통해 어휘폭발기는 적어도 일주일에 3낱말 이상 습득하게 되는 시기이며 평균적으로 생후 19개월 정도로 약 50낱말(34~75낱말)을 사용한다고 보고하였다. 1,800명의 일반아동 부모를 대상으로 CDI(Fenson et al., 1993)를 실시하여 그 결과를 분석한 Fenson 등(1994)은 2세까지는 90%의 아동이 어휘폭발기를, 17개월까지는 50%의 아동이 어휘폭발기를 경험한다고 보고하였다. 이러한 어휘폭발기는 탈문맥적이고 전형적인 낱말이 양적으로 늘어나는 시기라고 볼 수 있다.

아동이 단단어 표현어휘를 습득하는 과정에서 사용하는 전략들은 시도적 발화하기(환기적 발화, evocative utterance), 가설 확인하기(hypothesis-testing), 질문하기, 선택적 모방하기(selective imitation) 등이 보고되었다. ① 시도적 발화하기는 아동이 확실하지 않더라도 일단 낱말을 사용해 보는 것을 말하는데, 흔히 이러한 아동의 시도에 대해 성인들은 맞다거나 틀리다고 피드백을 주거나, 맞는 낱말을 말해 줌으로써 그 낱말의 습득을 돕게 된다. ② 가설 확인하기는 낱말을 말하면서 끝을 올려서 상대에게 확인을 받는 경우이다. 예를 들어, "코끼리↗"라고 하면서 자신의 낱말이 맞는지 확인한다. ③ 질문하기는 "뭐?" "응?" 등의 질문형태를 사용하여 성인에게 낱말의 이름을 직접적으로 묻는 것이다. ④ 선택적 모방하기는 성인의 말을 전체 혹은 부분을 따라 말하며 새 낱말을 습득하는 전략이다. 이러한 아동의 모방은 개인차이가 큰 것으로 보여서 어떤 아동은 모방을 통해 어휘, 형태, 구문까지 습득하기도 하지만, 어떤 아동은 성인의 말을 거의 모방하지 않는 경우도 있다(Owens, 2012).

(4) 제4단계: 문법으로의 전환기(약 24개월 이후)

어휘폭발기가 끝나는 약 24개월 정도가 되면 단단어를 서로 연결하여 사용하는 초기 문장이 발달한다. 이 시기는 단단어 발화에서 2낱말 발화로 가는 전환기로서, 2낱말의 사용이 나타나기는 하지만 그 어순이나 억양 패턴에 있어서 일관성이 없이 불규칙하므로 아직 문법규칙이 습득되었다고 볼 수는 없는 시기이다. 초기에 나타나는 2낱말 문장들은 마치 두 개의 단단어를 연결만 해 놓은 듯한 형태를 띠기 때문에 연결된 단단어 발화(successive single-word utterance)라고 부른다. 연결된 단단어의 운율적인 특징은 두 낱말의 강세가 같다는 점이다. 이러한 특징은 듣는 이로 하여금 문장이라는 느낌이 들지 않게 한다(Greenfield & Smith, 1976; Werner & Kaplan, 1963). 이러한 연결된 단단어 발화의 형태들은 차츰 고정된 위치에 나타나는 낱말을 늘려나가게 되어 좀 더 생산적인 문장 형태로 발전하게 된다. 초기의 고정된 낱말들은 중추 또는 축(pivot words)이 되는 것으로 앞 또는 뒤 낱말만 바꾸면 다양하게 쓰일 수 있는 병렬적인(juxtaposition) 문장을 형성한다. 예를 들어, "과자 더" "물 더" "지윤이 더"와 같은 문장들이다. Braine(1976)은 이러한 문장을 위치로 연계된(positional-associative) 초기 문장형태로 보았다.

아동이 새로운 낱말을 습득하기 시작할 때 빠른 이름 연결하기 전략(일견낱말 습득 전략, fast mapping)을 사용하는 경우가 많다. 이 전략은 아동이 사물에 대한 인지적 직관력이나 통찰력에 의존하여 새로운 낱말의 뜻을 추측하거나 학습하는 것으로, 어떤 낱말을 단 한 번 듣고도 그 낱말과 참조물(사물이나 동작 등)과의 관계를 빠르게 연결하는 것이다. 물론 이렇게 제한된(1~2회 정도) 노출만으로 실제적인 학습이 이루어지는 것은 아니며 다시 여러 가지 전략(예: 반복, 연습, 조직화)을 사용하여 장기기억에 저장함으로써 아동의 어휘지식으로 전환될 수 있다. 실제로 빠른 이름 연결하기 전략 사용의 능력을 평가할 때는 무의미 낱말을 사용하는 경우가 많다. 이 전략을 잘 사용할 수 있는 아동은 새로운 낱말을 습득하는 데 유리한 것으로 보인다.

이 전략 자체는 아동이 어떻게 그 낱말의 뜻을 추측하는가, 즉 수용어휘 습득 전략이라고 할 수 있으나, 때로는 낱말을 표현할 때에도 이러한 직관적 전략을 사용하는 것이 관찰된다. 예를 들어, 운전하는 사람의 그림을 가리키며, "운전하는 운전수"라고 하고 운동하는 사람의 사진을 가리키며, "운동하는 ____"라고 할 때 "운동수"라고 대답한다면, 이 아동의 반응은 틀렸어도 빠른 이름 연결하기 전략을 사용한 것을 알 수 있다. 낱말의 이해이든 표현이든, 아동이 새로운 낱말을 습득할 때 이러한 인지적 직관을 활용한 전략을 사용하는 것으로 보인다.

(5) 제5단계: 구문발달기(약 36개월 이후)

표현할 수 있는 단단어의 어휘 수가 50개 남짓 되면 아동은 단단어들을 연결하여 문장의 형태를 만들기 시작한다. 처음에는 전환기에 나타나는 여러 가지 불규칙한 형태의 문장들이 나타나다가 차츰 낱말과 낱말 간에 의미적인 관계가 있는 문장을 만들어 나가기 시작한다. 이때는 다양한 의미적 유형을 습득시켜 나중에 복잡한 문장을 만드는 기초적인 능력을 형성시켜 주는 것이 중요하다.

비록 우리나라 아동의 자세한 구문발달표가 제시된 바는 없지만 Owens(1999)가 미국 취학전기 아동의 표현언어 발달시기에 대해 선행문헌을 종합하여 요약한 〈표 1-2〉를 보면 구문적인 발달과정을 대략 짐작할 수 있다.

신생아기부터 취학전까지의 전반적인 언어발달 행동들을 요약해 보면 다음과 같다(김영태, 1994 참조).

① 0~6개월

- 소리에 놀라는 반응을 보인다.
- 같은 소리를 반복한다.
- 자주 목구멍 소리, 목구멍을 꾸르르 울리는 소리, 그리고 즐거운 소리를 낸다.
- 다른 생리적인 욕구들에 대하여 구별된 울음을 운다.

표 1-2 미국 취학전기 아동의 구문발달표

단계(Brown)	연령	문장 유형	문장 내/형태소
Early I (MLU 1~1.5)	12~21개월	• 단단어 • 올라가는 억양을 사용해서 '예/아니요' 질문을 함 • 의문사 'what/where' • 부정어+X • 의미 낱말 순서 규칙을 따름	• 대명사 'I' 'mine' • 관사/형용사+명사 • 접속사 'and'를 사용하지 않고 연속적으로 이름대기
Late I (MLU 1.5~2.0)	21~26개월	• '주어+동사+목적어' 출현 • 부정어 'no'와 'not'이 교대로 사용됨 • 'this/that+X?' 형태의 '예/아니요' 질문	• 접속사 'and' 출현 • 전치사 'in' 'on' 출현
Early II (MLU 2.0~2.25)	27~28개월	• '무엇/어디+명사' 형태의 의문사 질문 • be동사가 본동사로 사용됨	• 현재 진행형, 조동사 90% 정도 습득 • 대명사 'me' 'my' 'it' 'this' 'that' • 목적어 위치에서의 명사 사용이 정교해짐 [(관사/형용사/지시어/소유격)+명사]

Late II (MLU 2.25~2.5)	28~29개월	• '주어+동사+목적어'의 기본형이 가장 빈번하게 사용됨 • 부정어(no, not, don't, can't)가 명사와 동사 사이에서 사용됨	• 'in/on' & 복수형 '-s'가 90% 정도 습득 • 'gonna' 'wanna' 'gotta' 'hafta' 출현
Early III (MLU 2.5~2.75)	30~32개월	• '의문사(what/where)+명사+동사?' • 'what/where+be+명사?' 의도치법 사용 • '주어+조동사+동사+목적어' 형태 출현 • 조동사 'can' 'do' 'have' 'will' 사용	• 대명사 'she' 'he' 'her' 'we' 'you' 'your' 'yours' 'them' • 주어와 목적어 위치에서 명사 사용이 정교해짐 [관사+(수식어)+명사] • 수식어 'a lot' 'some' 'two' • 불규칙과거 동사 & 소유격('s) 90% 정도 습득
Late III (MLU 2.75~3.0)	33~34개월	• '주어+조동사+be+X' 출현 • 부정어(won't) 출현 • 의문문에서 조동사가 출현함; '예/아니요' 유형에서 주어가 전환됨	• 'but' 'so' 'or' 'if' 출현
Early IV (MLU 3.0~3.5)	35~39개월	• 조동사+ 'not' 형태의 부정어 출현(cannot, do not) • 의문사 질문에서 조동사와 주어가 도치됨	• 줄임말이 없는 연결사(본동사로 사용되는 be동사)가 90% 정도 습득 • 대명사 'his' 'him' 'hers' 'us' 'they' • 명사구 사용이 복잡해짐 • 관사/지시어+형용사/소유격/수식어+명사 • 'and'를 사용한 연결절이 출현 • 목적절 출현 'think' 'guess' 'show' 'remember' 등
Late IV (MLU 3.5~3.75)	39~42개월	• 평서문에서 2개의 조동사가 사용됨 • 'isn't, aren't, doesn't, didn't'가 더해짐 • '예/이니요' 질문에서 be동사와 주어가 도치됨 • 'when/how' 의문문이 더해짐	• 관사(the, a), 규칙과거형 동사(-ed), 3인칭 규칙변화(-s)가 90% 정도 습득 • 문장 끝부분에 부정사구 출현
Stage V (MLU 3.75~4.5)	42~56개월	• 평서문에서 간접목적어가 출현. • 'wasn't, wouldn't couldn't shouldn't'가 더해짐 • be동사의 다른 형태로 부정어가 출현 • 단순한 형태의 부가의문문 출현	• 대명사 'our' 'ours' 'its' 'their' 'theirs' 'myself' 'yourself' • 목적어를 동반한 관계절이 출현 • 동일 주어를 가진 부정사구

Post-V (MLU 4.5+)	56+개월	• 부분부정어(nobody, no one, nothing)를 만들어 냄 • 단단어 이상의 의문문에서 'why' 출현 • 60개월 이후 부정 의문문	• 불규칙 과거동사(does, has), 줄임말이 없는 조동사(to be), 줄임말이 없는 조동사와 연결사(본동사로서의 to be)가 90% 정도 습득 • 재귀대명사가 더해짐 • 복합 내포; 내포+접속사 • 주어를 동반한 관계절이 출현

출처: Owens, 1999.

- 유아에게 이야기를 하면 미소 짓는다.
- 목소리를 인식한다.
- 고개를 돌려 소리 근원지를 찾는다.
- 사람의 목소리에 조용해진다.
- 구어/말을 경청한다.
- /b, p, m/ 등의 음소들이 섞인 옹알이를 한다.
- 소리를 모방한다.
- 자신이 원하는 것을 나타내기 위해서 소리나 제스처를 사용한다.
- 음도나 강도를 변화한다.

② 7~12개월
- "안 돼" 소리의 의미를 이해한다.
- 자신의 이름을 이해하고, 그에 반응한다.
- 좀 더 많은 소리들을 듣고 모방한다.
- 일상용품 낱말을 인식한다(예: 컵, 신발, 주스).
- 길고 짧은 소리들을 사용하여 옹알이 한다.
- 옹알이 할 때, 노래 같은 억양을 사용한다.
- 다양한 소리들을 사용하여 옹알이 한다.
- 약간의 성인 구어 소리와 억양을 모방한다.
- 주의를 끌기 위하여 울음보다는 구어 소리를 사용한다.
- 아동에게 말을 하면 가만히 듣는다.
- 성인의 소리와 유사한 소리들을 사용한다.

- 옹알이 소리들이 자곤(jargon: 성인의 낱말 운율과 유사한 무의미 소리)으로 바뀐다.
- 처음으로 구어를 의도적으로 사용한다.
- 1개 이상의 낱말들을 사용한다.
- 주로 명사를 사용한다.
- 1~3개 낱말의 표현어휘를 확보한다.
- 간단한 지시를 이해한다.

③ 13~18개월

- 성인과 유사한 억양 패턴을 사용한다.
- 반향어(echolalia: 남의 말을 그대로 따라하는 것)와 자곤을 사용한다.
- 말의 흐름이 끊기는 것을 자곤으로 채워 넣는다.
- 거의 모든 종성 자음들과 약간의 초성 자음들을 생략한다.
- 대부분 불명료한 구어를 산출한다.
- 간단한 지시를 수행한다.
- 3~10개, 혹은 그 이상(대부분 명사)의 표현어휘를 습득한다.
- 2낱말 구를 사용한다.
- 몸짓과 소리내기를 병용한다.
- 원하는 물건을 요구한다.

④ 19~24개월

- 자곤보다는 낱말을 더 자주 사용한다.
- 50~100개, 혹은 그 이상의 표현어휘를 습득한다.
- 300개 이상의 수용어휘를 습득한다.
- 명사와 동사를 결합하기 시작한다.
- 대명사(나, 내)를 사용하기 시작한다.
- 아직 음성 조절 능력이 불안정하다.
- 질문 시, 적절한 억양을 사용한다.
- 아동의 구어는 낯선 사람에게 약 25~50%의 명료도를 나타낸다.
- "이게 뭐지?" 하는 질문에 대답한다.

- 이야기 듣는 것을 즐긴다.
- 5개 정도의 신체 부위를 안다.
- 몇몇 익숙한 물긴들을 정확하게 명명할 수 있다.
- 2단계 지시를 수행할 수 있다.

⑤ 2~3세

- 50~75%의 구어 명료도를 보인다.
- '하나'와 '전부'를 이해한다.
- 배설 욕구를 말로 표현한다(배설 전, 중, 혹은 후에).
- 이름을 명명하여 물건을 요구한다.
- 몇몇 '예/아니요' 질문(판정 의문문)에 반응한다.
- 일상용품들을 명명한다.
- 낱말을 듣고 그에 해당하는 그림을 지적할 수 있다.
- 여러 가지 신체 부위를 안다.
- 간단한 지시를 수행하고, 간단한 질문에 대답한다.
- 짧은 이야기들, 노래, 시 등을 즐겨 듣는다.
- 1~2낱말 질문을 한다.
- 3~4낱말 구를 사용한다.
- 문장 어미, 과거 시제, 미래 시제, 공존격 조사, 주격 조사, 아니야, 안 돼 등을 사용한다.
- 현재 진행형, 수동, 목적격 등의 형태소를 사용한다.
- 문맥상 일반적인 낱말들을 사용한다.
- 몇 가지 형태의 질문을 한다.
- 의문사들을 이해한다(예: 왜, 누가, 누구의, 얼마나).
- 창조적인 구어를 하기가 어려워질 때는 반향어를 사용한다.
- 500~900개 이상의 수용어휘를 습득한다.
- 50~250개 이상의 표현어휘를 습득한다.
- 다양한 문법적 오류를 범한다.
- 아동에게 말하는 대부분의 것들을 이해한다.
- 특히 첫 음절에 있어서 반복하는 현상을 자주 보인다.

- 큰 소리로 말한다.
- 음역(음도의 범위)이 증가한다.
- 모음을 정확하게 사용한다.
- 대부분의 초성(initial) 자음을 정확하게 조음한다.
- 어중(medial)에 있는 자음들은 흔히 생략한다.
- 종성(final) 자음을 생략 또는 대치시킨다.
- 약 27개 음소를 사용한다.

⑥ 3~4세
- 물건의 기능을 이해한다.
- 상대적인 의미를 이해한다(예: 서다-가다, 위-아래, 큰-작은).
- 2~3단계 지시를 수행한다.
- 단순한 질문에 대답도 하고, 단순한 질문을 하기도 한다(누가, 무엇, 어디, 왜).
- 질문을 자주 하고, 그에 대해 구체적인 반응을 요구한다.
- 간단한 구어적 유추를 한다.
- 언어로 감정을 표현한다.
- 4~5낱말 문장을 사용한다.
- 6~13음절 문장을 정확하게 따라할 수 있다.
- 물건의 이름을 말하면 이해한다.
- 성인과 친구들을 조정하려고 한다.
- 모방발화를 사용할 때도 있다.
- 6낱말 문장까지 사용한다.
- 명사와 동사를 가장 자주 사용한다.
- 과거와 미래를 인식한다.
- 1,200~2,000개 이상의 수용어휘를 습득한다.
- 800~1,500개 이상의 표현어휘를 습득한다.
- 말하는 동안 더듬거나, 말이 막히고, 호흡이 자연스럽지 못하며, 얼굴을 찡그리는 경우가 있을 수 있다.
- 구어 속도가 증가한다.
- 속삭여 말하기도 한다.

- 자음의 50% 정도를 올바르게 발음할 수 있다.
- 구어는 80% 정도의 명료도를 보인다.
- 아직도 오류는 나타내지만, 문장의 문법적인 측면에서 진전을 보인다.
- 일어난 순서에 따라서 두 가지의 사건을 이야기할 수 있다.
- 긴 대화에 참여할 수 있다.
- 모든 의문사를 사용한다.
- 미래 시제를 사용한다.
- 진행형을 사용한다.
- '왜냐하면'의 접속사를 사용한다.

⑦ 4세

- 모방을 하면서 5까지 센다.
- 셋까지의 개념을 이해한다.
- 계속해서 공간적인 개념들을 이해해 나간다.
- 1~3가지의 색을 인식한다.
- 2,800개 이상의 수용어휘를 습득한다.
- 10까지 외워서 센다.
- 짧고 단순한 이야기를 경청한다.
- 기능에 대한 질문에 대답한다.
- 문법적으로 정확한 문장들을 사용한다.
- 900~2,000개 이상의 표현어휘를 습득한다.
- 4~8개 낱말의 문장을 사용한다.
- 두 부분으로 되어 있는 복잡한 질문에 대답한다.
- 낱말의 정의에 대하여 질문한다.
- 분당 185개 낱말 정도를 말한다.
- 더듬는 횟수가 줄어든다.
- 리듬이나 노래, 무의미 음절 등을 즐긴다.
- 90% 정도의 자음 정확도를 나타낸다.
- 자주 나타내던 생략이나 대치와 같은 조음 오류가 많이 줄어든다.
- 어중에 나오는 자음을 자주 생략한다.

- 아동의 구어는 낯선 사람에게도 대체로 명료하게 들린다.
- 놀이터나 친구 집에서 있었던 경험을 이야기한다.
- 긴 이야기를 정확하게 연결한다.
- 이야기를 주의 깊게 듣고, 그에 대해 간단한 질문도 한다.
- 피동형의 문장을 사용한다.

⑧ 5~6세

- 여섯 가지의 기초적인 색깔과 세 가지의 기초적인 모양을 말한다.
- 집단에게 주어진 지시를 수행한다.
- 3단계 지시를 수행한다.
- 의문부사 '어떻게'를 이용하여 질문한다.
- '안녕'과 같은 인사말에 구어로 대답한다.
- 과거 및 미래 시제를 적절하게 사용한다.
- 접속사를 사용한다.
- 13,000개 정도의 표현어휘를 습득한다.
- 반의어를 말할 수 있다.
- 요일을 순서대로 말할 수 있다.
- 30까지 외워서 센다.
- 빠른 어휘의 증가를 계속해 나간다.
- 4~6개 낱말 정도로 문장의 길이가 준다.
- 때때로 음소를 바꾸어 발음한다.
- 정보를 교환하거나 질문을 한다.
- 상세한 문장을 사용한다.
- 문법적으로 완벽한 문장을 사용한다.
- 이야기를 정확하게 엮어 나간다.
- 노래나 자장가 등을 끝까지 부른다.
- 성인 및 다른 아동과 쉽게 의사소통한다.
- 대부분 적절한 문법을 사용한다.

⑨ 6~7세

- 약간의 철자, 숫자, 그리고 돈의 단위를 명명할 수 있다.
- 순서대로 수를 센다.
- '왼쪽'과 '오른쪽'을 이해한다.
- 차츰 좀 더 복잡한 묘사를 한다.
- 대화에 참여한다.
- 20,000개 정도의 수용어휘를 습득한다.
- 대략 6개 낱말 정도의 문장 길이를 나타낸다.
- 대부분의 시간적 개념을 이해한다.
- 철자를 외운다(ㄱ, ㄴ, ㄷ, ㄹ…)
- 100까지 외워서 센다.
- 대부분의 문법 표지(grammatical markers)를 적절하게 사용한다.
- 수동형의 문장을 적절하게 사용한다.

III. 대화 능력 발달

1. 대화 참여 기술의 발달

대화 참여 기술이란 ① 대화를 적절하게 시작하고, ② 상대방의 선행발화에 적절하게 반응하며, ③ 주제를 유지하면서 순서적으로 말차례를 주고받고, ④ 듣는 이의 피드백에 따라 반응을 수정하는 것을 포함하는 포괄적인 능력을 말한다. 그러므로 아동의 대화 참여 및 담화조정 능력을 살펴보기 위해서는 ① 대화를 시작하고 반응하며 말차례를 이어 가는 능력, ② 대화의 주제를 유지하거나 이끌어 가는 능력, 그리고 ③ 의사소통이 실패했을 때 상대방에게 말을 명료하게 해 달라고 요구하거나 자신의 말을 수정하는 능력을 살펴보는 것이 중요하다.

1) 말차례 주고받기 능력

여러 연구들에 따르면 말차례 주고받기를 구성하는 말차례(turn)는 상대방이 말을 시작하기 전까지 화자가 주제에 대해 말하는 발화(topically related utterance)로 정의된다(Cappella, 1979; Cappella & Planalp, 1981; Cherry & Lewis, 1976). 그리고 한 쌍의 말차례(a pair of turns)는 한 사람이 한 번씩 말차례를 주고받는 것으로 정의할 수 있으나(Garvey, 1984), 말을 주고받기(exchange) 위해서는 적어도 세 번의 말차례(예: 화자의 말, 상대방의 반응, 그에 대한 화자의 반응)가 바뀌는 것을 살펴보는 것이 좋다(Owens, 2010). 이러한 말차례는 흔히, 상대방의 반응을 요구하는 말(oblige; 예: 질문이나 명령)이나, 반응을 요구하지 않는 말(comment; 예: 자신의 느낌이나 의견을 말하는 설명), 그리고 그에 대한 반응(response; 예: 대답)으로 이루어진다(Coelho, Liles, & Duffy, 1991). Shadden(1992)은 반응을 요구하는 말에 대한 반응에도 ① 질문이 요구하는 것에만 적절하게 반응하는 말(adequate response), ② 질문이 요구하는 것 이상으로 대답하는 말(adequate-plus), ③ 질문이 요구하는 것도 채 대답하지 않거나 틀리게 말하는, 불충분한 말(inadequate), 그리고 ④ 질문이 요구하는 것을 피해서 애매하게 하는, 모호한 말(ambiguous; 예: "몰라" "아마도") 등으로 나누어 볼 수 있다고 제안하였다(Owens, 2010에서 재인용).

말차례에서 나타날 수 있는 오류는 상대방의 말이 끝나기 전에 끼어드는 중첩(overlapping), 지나친 자기중심의 발화를 하는 발화방향(utterance focus)의 오류, 상대방의 말에 대해 시간 내에 반응하지 못하거나(반응률 오류), 상대방의 말에 의미적으로 관계없는 말(의미연결 오류)을 하는 등의 오류가 나타날 수 있다.

① 중첩 및 순차적 말차례: 아동-성인 간 말차례 주고받기에서 Craig와 Gallagher(1982)의 기준에 따라 중첩된 말차례와 순차적 말차례로 구분할 수 있다. 중첩된 말차례는 중첩된 위치에 따라 문장초 중첩과 문장내 중첩의 형태가 나타난다(Craig & Gallagher, 1982). 문장초 중첩은 성인과 아동이 동시에 말을 시작하여 발화 처음부터 겹치는 것을 말하며, 문장내 중첩은 성인이 이미 발화를 시작한 이후 아동이 말을 시작하여 두 사람의 말이 발화 중간에서 겹치는 것을 말한다. 순차적 말차례는 말차례 주고받기가 적절히 이루어진 것으로 두 명의 대화 참여자가 교대로 한 번씩 말차례를 갖는 것을 말한다.

② 발화방향: 발화방향(utterance focus)은 시선(gaze), 상대방과의 거리 및 방향(proximity), 그리고 발화 외적요소 등에서 분석할 수 있다. Craig와 Gallagher(1982)는 〈표 1-3〉의 세 가지 범주항목 중에서 2개 이상의 범주항목에 해당될 때 상대중심 혹은 자기중심으로 구분할 수 있다고 제안하였다.

③ 반응률: 반응률이란 말차례 주고받기에서 대화 상대방의 선행발화 후에 아동이 반응할 만한 충분한 시간(약 3초)을 주었을 때 반응하는 정도를 말한다.

④ 선행발화 연계 반응률: 상대방의 선행발화 내용에 의미적으로 연계되었는지(semantic relationship) 여부에 따라 의미연계 반응을 살펴볼 수도 있다(Bloom, Rocissano, & Hood, 1976).

Sacks, Schegloff와 Jefferson(1974)이 제시한 성인의 말차례 주고받기 모델에 따르면 성공적인 말차례 주고받기의 특징들은 ① 두 사람 이상이 대화할 때 말하는 순서를 번

표 1-3 발화방향의 구분원칙

구분	범주항목	구분원칙
상대 중심	시선	(다음 항목 중 한 가지 이상) ① 대화 상대방에게 시선을 향하고 있다. ② 대화 상대방과 하는 활동에 시선을 두고 있다. ③ 대화 상대방이 선행발화에 언급한 대상에 시선을 두고 있다.
	방향 및 거리	(다음 항목 중 한 가지 이상) ① 아동 몸 전체의 방향이 활동이나 대화 상대방을 향해 있다. ② 아동과 대화 상대방 간의 거리가 가까워지거나 변화가 없다.
	발화 외적 요소	(다음 항목 중 한 가지 이상) ① 아동의 목소리가 자기주도적으로 말할 때보다 크다. ② 선행발화에 적절한 관습적 제스처가 나타난다. (고개 끄떡임, 지적하기, 보여 주기, 제공하기, 접촉하기 등) ③ 상대방을 고려하여 경어법을 사용한다.
자기 중심	시선	(다음 항목 중 한 가지 이상) ① 대화 상대방이 아닌 방향으로 시선을 향하고 있다. ② 대화 상대방과 하는 활동에 시선을 두고 있지 않다. ③ 대화 상대방의 선행발화에 언급한 대상에 시선을 두고 있지 않다.
	방향 및 거리	(다음 항목 중 한 가지 이상) ① 아동 몸 전체의 방향이 활동이나 대화 상대방을 향해 있지 않다. ② 아동과 대화 상대방 간의 거리가 멀어진다.
	발화 외적 요소	(다음 항목 중 한 가지 이상) ① 아동의 목소리가 자기주도적으로 말할 때보다 작다. ② 선행발화에 적절한 관습적 제스처가 나타나지 않는다. ③ 상대방을 고려하여 경어법을 사용하지 않는다.

* 3개의 범주항목 중 2개 이상이 해당될 때 '상대중심' 혹은 '자기중심'의 발화방향으로 분석함.
참고자료: Craig & Gallagher, 1982; 이효진, 김영태, 2001.

갈아 한 사람씩 말하며, ② 대화 참여자의 수가 변할 수 있고, ③ 화자의 말하는 순서가 변할 수 있고, ④ 말차례에서 발화의 수가 변할 수 있으며, ⑤ 화자와 청자 간 말차례의 중첩이 거의 드물고, 있다 하더라도 짧으며, ⑥ 말차례를 주고받을 때 나타날 수 있는 실수를 수정하거나 말차례를 얻기 위한 기술이 있다(이효진, 김영태, 2001에서 재인용).

아동의 대화 역시 기본적으로 순차적인 말차례로 이루어져 있으나 말차례의 크기가 정해져 있지는 않기 때문에 한 발화 후 차례가 바뀔 수도 있고 여러 발화 후 차례가 바뀔 수도 있다(Craig & Gallagher, 1982; Craig & Washington, 1986). 또한 아동은 대화에서 상대방의 말차례 마침지점(turn completion points)을 알아채기 어렵기 때문에, 성인의 말차례 주고받기에서의 양상과는 다를 수도 있다.

아동이 자신의 말차례를 취하는 시간에 대해서는 대개 1.5초로 보고 있는데(Craig & Evans, 1989, 1993; Craig & Gallagher, 1982), 한국 아동을 대상으로 하는 연구에서는 약 3초의 시간을 제시하는 경우가 많다(이효진, 김영태, 2001).

2) 대화 주제관리 능력

대화 주제관리 능력은 ① 대화 주제를 시작하는(topic initiation) 능력, ② 대화 주제를 유지하다가 잘 바꾸는(topic change) 능력, 그리고 ③ 대화를 자연스럽게 잘 끝내는(topic termination) 능력이 포함된다.

대화의 주제를 시작할 때는 아주 새로운 주제(new topic)를 꺼낼 수도 있고, 관련이 되는 주제(related topic)나 이전(주로 2~3단계 이전의 말차례)에 나왔던 주제(reintroduced topic)로 다시 돌아가는 경우도 있으며, 앞쪽에 나왔지만 유지되거나 확장되지 않았던 주제(consecutive topic)를 다시 꺼내는 경우도 있다(Bedrosian, 1982, 1988, 1993; Mentis & Prutting, 1991).

대화의 주제를 바꿀 때에도 기술이 필요하다. 취학전 언어장애아동 중에는 대화나 주제를 끝내는 사전 신호 없이 갑자기 끝내는 경우가 있다. 정상적인 화자의 경우에는 관련되지만 다른 주제로 바꾸는 주제 간 이동(topic shifting)이나, 주제의 큰 틀은 유지하되 초점만 약간 바꾸는 주제 내 점진적 이동(topic shading)으로 주제를 바꾸게 된다. 예를 들어, "사과 싫어하니?" 라는 말에 "우유 좋아하는데요." 라고 하면 주제 내에서의 이동이라고 할 수 있지만, "우유가 몸에 좋아요." 라고 한다면, 주제 간 이동이 일어났다고 할 수 있겠다. 많은 연구자들이 주제의 시작하거나 끝내는 유형과 방법에 대해 설명하고 있는데, 자세한 것은 Owens(2010)를 참고할 수 있다(김영태 외, 2012).

3) 의사소통 실패 해결 능력

두 사람 이상이 서로 대화를 할 때 의사소통의 실패(혹은 단절, communication breakdown)가 일어날 수 있는데, 이런 상황을 해결하는 능력을 습득하는 것 또한 대화기술에서 매우 중요하다. 의사소통의 실패는 말하는 사람이 잘못 말하거나 듣는 사람이 잘못 듣기 때문에 일어날 수 있다. 아래 〈표 1-4〉에 제시한 것처럼, 의사소통의 실패는 여러 가지 측면에서 나타날 수 있다.

의사소통의 실패 원인이 파악되면 그 문제를 해결하려는 시도가 있어야 한다. 그러므로 말하는 사람의 입장에서는 자신이 무엇을 잘못 말했는지 분석해서 수정해야 하며, 듣는 사람의 입장에서는 자신이 이해할 수 없었던 부분에 대하여 수정해서 다시 말해 줄 것을 요구하여야 한다. 전자에 해당하는 행위를 '발화 수정 전략' (〈표 1-5〉 참조)이라고 하고, 후자에 해당하는 행위를 '명료화 요구 전략' 이라고 할 수 있다(〈표 1-6〉 참조).

표 1-4 의사소통 오류의 형태

의사소통 오류 형태	정의
목소리 크기 오류 (reduced volume)	아동이 너무 조용히 이야기하는 경우
음운 오류 (phonological)	아동의 발음이 불명료하거나 음운 오류가 나타나는 경우
어휘 오류 (lexical)	아동이 산출한 낱말이 상대방이 이해할 수 없는 또는 상호작용 맥락에 적합하지 않은 경우
내용/정보 오류 (contents rejection)	아동발화가 의미적으로 부정확하거나 정확하지 않은 정보를 담는 경우
화용 오류 (pragmatic)	아동이 정확하지 않은 대명사나 주제를 전환하는 경우
비구어 오류 (nonverbal)	아동이 이해할 수 없는 제스처를 사용하는 경우
미완성 오류 (incomplete)	아동이 미완성 발화를 산출하는 경우
기타 오류 (other)	위 목록에 속하지 않는 오류

출처: 김태연, 2011.

표 1-5 발화 수정 전략 형태

세부 전략	정의
반복	이전 발화 전체 혹은 부분을 반복하는 것
개정	이전 발화의 문장 형태를 구조적으로 변화시키는 것
첨가	이전 발화에 특정 정보를 더하는 것
단서추가	이전 발화의 용어를 정의, 배경정보에 대한 설명, 발화 수정 자체에 대해 말하는 것

참고자료: Gallagher, 1977; Brinton et al., 1986; 김태연, 2011.

표 1-6 명료화 요구 유형

명료화 요구 유형	정의	예
일반적 요구	원래 발화의 의미를 다시 묻은 경우 끝을 올리는 억양으로 이전의 발화의 어떤 부분에 대해 반복해 줄 것을 요구함 주로 "응?" "뭐라고?" "못 알아듣겠다"	A: "나 어제 할머니 집에 갔어요." B: "응?" 또는 "뭐라고?"
확인을 위한 요구	화자의 발화의 일부 혹은 전체를 반복함으로써 원래 발화의 의미를 확인하는 것 주로 끝을 올리는 억양이므로 '예/아니요' 질문과 비슷함	A: "나 어제 할머니 집에 갔어요." B: "어제?" 또는 "할머니 집?"
발화의 특별한 부분 반복요구	원래 발화의 구성요소의 일부를 의문사로 바꾸어 질문하여 특별한 부분을 반복해 줄 것을 요구하는 경우	A: "나 어제 할머니 집에 갔어요." B: "어제 어디에 갔어?"

출처: 최인자, 2001.

2. 참조적 의사소통의 발달

자연스러운 대화를 나누기 위해서는 말하는 사람(화자)이나 듣는 사람(청자)이 상대방의 입장을 고려하여 표현하거나 이해할 수 있어야 한다. 그러기 위해서는 참조적인 의사소통 기술이 요구된다. 참조적 의사소통(referencial communication)을 성공적으로 수행하기 위해서는 화자와 청자 모두 정보와 그 정보가 언급하는 참조물의 관계를 이해할 수 있어야 한다. 이러한 능력은 학령기 동안 지속적으로 발달한다. 참조적 의사소통에서 청자의 역할은 화자의 정보를 이해하고 화자 정보의 적절성에 대해 피드백을 제공하는 것이다. 따라서 참조적 의사소통은 대화 상대방의 입장을 고려하여 특정한 정보를 제공하고 이해하는 능력이라고 할 수 있다(Bunce, 1991).

화자 능력에는 청자가 파악할 수 있도록 사물의 특징들을 변별하고, 일관적인 메시지로 이러한 특징들을 제시하며, 도움이 되지 않는 중복적인 정보를 제외하는 능력이 포함된다. 또한 좋은 화자는 청자가 자신에게 주목하도록 조절할 수 있어야 하며, 청자가 화자의 말을 이해하지 못한다고 하였을 때 자신의 말을 수정할 수 있어야 한다.

청자 능력은 화자의 말에 얼마나 적절한 반응을 하느냐, 즉 목표 참조물을 얼마나 정확하게 파악하는가로 측정한다. 화자의 표현이 정확하지 않거나 화자가 한 가지 참조물 이상의 것을 언급할 때 아동이 그러한 부적절성에 어떻게 대처하는가가 많은 연구의 관심이 되어 왔다. 특히 아동이 부적절하거나 불충분한 정보를 들었을 때 그에 대해 적절하게 질문을 할 수 있는지를 아는 것은 중요하다. 발달적으로 이것은 늦게 발달하는 능력이며 일상적인 대화에서 보다 높은 단계의 정보처리를 필요로 한다(Lloyd, 1994, 김영태 외, 1999에서 재인용).

참조적 의사소통을 성공적으로 수행하는 데 기초가 되는 능력에 대해 Asher(1979)는 크게 세 가지로 기술하고 있다. 첫째는 화자의 청자에 대한 분석 기술로, 청자의 관점을 분석하여, 청자의 관점에서 메시지를 구성할 수 있는 능력이다. 한 주제에 대해 갖고 있는 정보의 양은 사람마다 각기 다르므로 효율적인 의사소통을 위해서 화자는 청자가 정보를 얼마나 필요로 하느냐에 따라 그들의 메시지를 수정할 수 있어야 한다. 두 번째는 화자의 과제분석 기술로, 특정한 의사소통 과제에 대한 정보 처리 요구에 대처하는 능력이다. 즉 참조적 의사소통을 성공적으로 수행하기 위해서 화자는 자신이 말하려고 하는 정보가 참조물과 비참조물을 구별해 줄 수 있어야 한다는 것을 이해해야 한다. 세 번째는 청자의 정보분석 기술로, 화자가 산출한 정보를 들은 후에 그 정보를 분석하는 능력을 말한다. 최근의 연구들은 나이가 어린 아동은 정보가 불완전한 것을 인식하는 데 어려움을 보인다고 밝히고 있다. 이렇게 정보의 애매모호함을 파악하지 못하는 것은 청자역할일 때는 피드백을 제공하는 어려움과, 화자역할일 때는 피드백을 사용하는 어려움과 각각 관련이 있을 것으로 보았다.

화자의 참조적 의사소통 능력은 말하는 사람이 듣는 상대방으로 하여금 특정 대상을 정확하게 파악할 수 있도록 언어적으로 표현하는 능력을 말한다(Bowman, 1984). 상대방에게 말하는 내용을 정확히 전달하기 위해서는 ① 듣는 사람에게 어떠한 정보가 필요한가를 결정하는 전제기술이 필요하고, ② 결속표지와 같은 특정한 방식으로 그 정보를 전달하는 능력이 필요하고, ③ 상대방의 반응에 대해 적절한 피드백을 줄 수 있는 능력도 중요하다(Owens, 2012, 김영태 외, 2012에서 재인용).

전제(presupposition)는 문맥이나 상대방의 사전지식에 대해 말하는 사람이 어떻게 가정하고 있는지를 말하며, 이러한 가정에 의해서 말하는 방식이나 내용이 수정되는 것이다(Johnston et al., 1984). 예를 들어, 도둑질은 나쁘다는 것을 아는 아동에게는 "그걸 가져가면 도둑질이 되니까 안 되겠지?" 라고 할 수 있지만, 그렇지 못한 아동에게는 "그걸 가져가면 주인이 슬퍼하니까 안 되겠지?" 라고 하는 것이 더 효과적으로 전달될 것이다.

결속표지(cohesive device)는 가리킴말(deixis)을 써서 문장 속에 포함된 낱말을 이해하기 쉽게 만들기도 하고, 접속사나 연결어미를 써서 문장과 문장 사이의 관계를 명확하게 해 주기도 하며, 때로는 중복되는 부분을 생략(ellipsis)해서 불필요한 부분까지 다 듣지 않아도 되게 해 준다. 가리킴말은 다양한 품사에서 쓰일 수 있어서 대명사(나/너/우리/너희), 지시형용사(이/그/저), 시간부사(지금/아까/나중에), 장소부사(여기/저기), 그리고 동사(오다/가다)에도 사용된다(Owens, 2012). 문장과 문장 사이에 접속사나 연결어미를 사용하면 각각의 문장을 듣고 그 관계를 유추하는 것보다 훨씬 효과적이다. 이러한 접속사나 연결어미를 사용하면 추가(그리고, -고)나 반전(그러나 -지만), 원인(-니까)이나 이유(-려고) 등의 다양한 문장 간 관계를 좀 더 정확하게 전달해 준다. 마지막으로 중복되는 부분의 생략 역시 말의 의미를 전달하는 중요한 기술이다. 예를 들어, 수업시간에 "선생님, 화장실 가고 싶은데(화장실) 갔다 와도 돼요?" 라고 낱말을 생략하는 것이 도리어 자연스러울 것이다. 또한 아침에 부은 얼굴을 쳐다보며 "너 어제 저녁에 라면 먹고 잤지? 내가 (너 어제 저녁에 라면 먹고 잔 거) 다 알아." 에서처럼 중복되는 문장을 생략하는 것이 다 말하는 것보다 더 효율적으로 전달될 것이다.

마지막으로, 참조적 기술에서는 상대방의 반응에 대해 적절한 피드백을 제공하는 것도 중요하다. 상대방의 지식에 대한 전제를 바탕으로 말을 했는데 상대방의 대답이나 반응이 적절치 못하다면 말하는 사람은 자신의 전제를 바꾸어 다시 표현할 수 있어야 한다. 예를 들어, 위의 도둑질의 예에서 "그걸 가져가면 도둑질이 되니까 안 되겠지?" 에 대한 반응이 "그럼 도둑질 하지 않고 가져갈 거야." 라면 우리는 아동의 '도둑질' 개념에 대한 전제를 바꾸어 다시 말해야 할 것이다.

언어발달에 있어서 이해 능력이 산출 능력보다 선행한다. 그러나 참조적 의사소통에서는 화자기술이 청자기술보다 먼저 발달한다. 학령기 아동은 참조물을 적절하게 기술하는 데는 어려움이 없어도 청자가 이해하지 못하는 부분을 보완하여 다시 표현하는 데는 어려움을 보일 수도 있다. 나이가 어린 청자들은 매우 수동적이어서, 의사소통이 상호의존적이라는 것과 청자는 자기가 듣고 있는 정보에 귀 기울이고 반응해야 한다는 것에 대한 인식이 거의 없다. 또한 5~7세 아동은 참조적 의사소통 과제 수행 시 화자의 메시지가 보호하여 참조물 간의 일치가 이루어지지 않을 때도 그 잘못을 화자보다는 청자의 탓으로 돌리는 경향이 있다. 이것은 의사소통이라는 상황에서의 메시지 역동성을 잘 이해하지 못한다는 것을 반영한다. 대부분의 연구들은 참조적 의사소통 기술이 정상아동의 경우 10세가 되서야 비로소 완성된다고 보고하고 있다(Bunce, 1991, 김영태 외, 1999에서 재인용).

그동안 많은 연구자들이 정상아동과 장애아동의 참조적 의사소통 능력을 비교하였다. 예를 들어, Brownell과 Whiteley(1991)는 지적장애아동과 정상아동의 참조적 의사소통 능력을 비교한 결과, 참조물 그 자체만으로 구별이 되는 쉬운 과제에서는 두 집단의 아동이 차이를 보이지 않았으나 참조물의 변별적인 특징을 언급해야 하는 과제에서는 집단과 연령 그리고 과제의 난이도에서 모두 유의한 차이를 보였다.

단순언어장애아동과 정상아동의 참조적 의사소통 능력을 비교한 Bishop과 Adams(1991)는 참조적 의사소통 과제에서 아동이 제공하는 참조물 특징의 수, 아동이 알고는 있으나 제공하지 않은 참조물의 수, 중복되는 특징의 수, 참조물을 파악하는 데 도움이 되지 않는 정보의 수를 측정하였다. 그 결과, 정상아동의 경우, 아동이 알고 있는 특징의 수는 6세에 상한선에 이르렀으며 참조물과 관련된 특징의 수는 10세까지 증가하였다. 또한 중복적인 특징의 수는 8세까지 증가하다가 8세 이후에는 감소추세를 보였다. 비정보적인 특징의 수도 이와 같은 양상을 보였다. 평균적으로 단순언어장애아동은 정상아동보다 참조적 의사소통 과제에서 어려움을 보였다. 그러나 집단 내의 개인별 차이가 큰 것으로 나타났다.

또한 화용장애아동과 정상아동을 대상으로 참조적 의사소통 과제를 실시하고 그들의 수행을 비교한 결과, 정보의 정확성과 성인의 지시를 수행하는 과제에서는 두 집단이 통계적으로 유의한 차이가 나타나지 않았다. 그러나 명료화 요구하기 항목에서 두 집단은 유의한 차이가 있는 것으로 나타났다. 또한 통제집단의 아동은 일단 과제의 성격을 파악한 후에는 성인이 제공하는 부적절한 정보에 더 이상 속지 않으려는 행동들을 보인 반면, 화용장애 집단의 아동은 그것을 인식하지 못하였다. 따라서 연구자들은 화용장애아동이 참조적 의사소통 과제 수행 시 정상아동과 비교하여 질적으로 다른, 덜 효율적인 방법으로 수행을 하고 있는 것이라고 결론지었다(Leninonen & Letts, 1997, 김영태 외, 1999에서 재인용).

IV. 이야기 능력 발달

1. 이야기 표현의 발달

우리가 이야기(narratives)를 한다고 할 때는 옛날이야기처럼 꾸며 낸 이야기(꾸밈 이야기, fictional story telling)를 하는 것도 있지만, 자기가 직접 경험하거나 때로는 간접적으로 읽거나 보게 된 사건들에 대하여 설명하는 것(설명 이야기, explository narratives)도 포함된다. 이야기는 자기 스스로 시작하고, 조정하고, 탈문맥화시키는 담화(discourse)의 일종이다(Owens, 2010). 이야기는 대화와는 다르게, ① 문맥이 확장된 단위이며, ② 문장들 간에 시간적(temporal), 인과적(causal) 결합력이 있고, ③ 말하는 내내 사회적 독백(social monologue)을 하는 형태를 띠게 된다(Owens, 2010).

2세의 어린 아동도 과거 사건에 대해 얘기하기 시작하고, 3~4세에는 하나 이상의 사건에 대해 말할 수 있으며, 이야기의 구조적인 요소를 사용하기 시작하고, '어디' 정보에 해당하는 내용을 이야기에 포함시키게 된다. 5~7세가 되면 이야기에 '어디서' '언제', 그리고 '누가' 에 대한 정보를 포함시키며 이야기의 개인적인 감정과 의도를 이해할 수 있게 된다. 또한 시간 구조를 이해하면서 사건의 목적에 맞게 이야기를 논리적으로 진행할 수 있게 된다. 8~10세의 아동은 이야기의 구조적인 구성요소를 알맞게 사용하고 다른 사람에게 이야기를 어떻게 해야 할지를 이해하며, 이야기 속에서 나타나는 더 복잡한 감정을 이해하여 표현할 수 있다. 10세 이후 아동의 이야기는 더 복잡하고 자세해지며 구조적으로 논리적이고, 접속사나 연결어미 등의 결속표지를 많이 사용하게 된다. 또한 청자의 주의를 끌기 위한 더 많은 노력으로 이루어진다(이현진 외, 2007; Rathmann, Mann, & Morgan, 2007).

아동이 이야기를 구성할 때는 흔히 이야기 요소들을 단순히 나열하는 집중화(centering)와 그 요소들의 특징들을 의미 있게 관계짓는 연결(chaining) 책략을 사용한다. 2세 아동은 대부분 집중화 전략을, 3세 아동의 1/2 정도는 집중화와 연결 전략을 같이 사용하다가, 5세 정도가 되면 거의 3/4 정도의 아동이 두 전략을 같이 사용하는 것으로 보인다(Owens, 2010, 김영태 외, 2012에서 재인용).

Applebee(1978)는 이러한 이야기 구성의 발달단계를 다음의 6단계로 설명하였다. ① 덩이(heaps)단계에서는 서로 관계 없는 일련의 이야기들을 늘어놓는다. ② 연결

(sequences)단계에서는 유사한 속성이나 사건을 나열한다. ③ 기본적인 시간적 관계의 이야기(primitive temporal narratives) 단계에서는 중심사건과 관련된 사건들을 열거한다. ④ 구심점 없는 시간적 연결(unfocused temporal chains) 단계는 연결 전략이 처음으로 쓰이는 단계로, 인물이나 배경, 행동 등이 연결되기는 하는데 초점을 바꾸어(shifting) 가기 때문에 이야기의 구심점이 없어진다. ⑤ 구심점 있는 시간적 또는 인과적 연결(focused temporal or causal chains) 단계는 서로 연결되는 여러 사건을 겪는 한 인물에 대해 이야기한다. 그리고 ⑥ 마지막 단계인 이야기(내러티브, narratives) 단계에서는 이야기가 진행되면서 선행사건과 후행사건 간의 연계가 확실하게 지어지며, 새로운 주제를 의미 있게 연결하게 된다. 사건 간의 인과적 관계는 구체화되기도 하고 추상화되기도 한다. 초등학교 저학년 언어장애아동은 이러한 인과적 연계를 확보해 주는 요소(예: 절정)를 빠뜨리는 경향이 있다고 보고되기도 하였다.

3세와 4세 아동은 이야기 구성요소를 이야기에 포함시키고 과거 시제, 가상적 주인공, 시작과 종결을 이야기에 사용한다. 5세가 되면 적절한 배경정보를 포함하고 계기가 되는 행동과 줄거리를 전개하려는 시도를 보이게 되면서 더 많은 이야기의 논리적인 구성을 이루게 된다. 즉 아동은 연령이 높아짐에 따라, 과거 사건에 대한 자발적 언급이 증가하고, 산출하는 이야기가 길어지며, 이야기가 더 구조적으로 복잡해진다. 그리고 시간과 장소에 대해 이야기하는 것과 이야기 속 사건에 대해 평가하는 것과 같은 이야기 장치가 증가하는 과정을 겪게 된다(Miller & Sperry, 1988).

아동의 이야기를 분석할 때 흔히 거시적(전체) 구조와 미시적인(세부) 구조를 나누어 분석한다. 예를 들어 Fey 등(2004)은 이야기 구성 능력을 이야기의 미시적 구조(microstructure: 어휘, 문장 수준의 문법적 측정)와 거시적 구조(macrostructure: 이야기의 내용, 구성, 전반적인 질) 측면에서 여섯 가지 측정 기준을 설정하여 ① NDW(다른 낱말 수), ② MLC-U(발화당 C-unit 수), ③ C-unit의 전체 수, ④ C-unit당 절의 수(문법적인 복잡성), ⑤ 문법적인 정확성 측정을 위한 문법적인 C-unit의 비율, ⑥ 주관적 질적 평가 점수를 사용하였다. 이야기의 질적 평가(이야기 내용, 구성을 위한 구조, 언어 사용의 정교함)는 이야기의 전반적인 질에 대해 네 가지 부분(등장인물, 물리적인 환경, 종결, 언어적인 정교함)에서 4점 척도로, 이야기 구성의 복잡성에 대해 7점 척도로 평가하였다.

자신의 경험에 대한 이야기의 거시적 구조 발달을 평가하기 위해서는 절정구조 분석(high point analysis)이 사용되기도 한다(McCabe & Rollins, 1994; Owens, 2010). McCabe와 Rollins(1994)는 절정구조 분석을 통하여 3~6세 아동의 이야기가 어떻게 점점 복잡해져서 이야기의 절정(high point, 이야기의 가장 중요한 부분)까지 구사하게 되는지를 다음의 일곱 단계로 설명하였다. ① 하나의 사건으로 구성된 이야기(one-event narrative)는 3~6세 이전에 많이 나타난다. ② 논리적이거나 인과적인 관계가 없이, 단순히 2개의 과거사건을 말하는 이야기(two-event narrative)는 3세 중반쯤에 많이 나타난다. ③ 원래는 논리적이거나 인과적인 관계가 있는 2개 이상의 과거사건을 그런 관계가 없는 상태로 구사하는 이야기(miscellaneous narrative)가 3~6세에 걸쳐 드물게 나타나기도 한다. ④ 2개 이상의 사건으로 구성하지만, 현실적인 순서에 맞지 않는 이야기(leapfrog narrative), 즉 시간적으로 왔다 갔다 하는 이야기를 구사하는 양상도 4세 정도에서 보인다. ⑤ 2개 이상의 과거사건을 논리적이거나 인과적인 관계로 말하지만, 이야기의 절정을 빠뜨리고 하는 이야기(end-at-high-point narrative)도 3~6세에 걸쳐 계속 나타난다. ⑥ 2개 이상의 과거사건을 논리적이거나 인과적으로 말하고 절정도 포함하지만, 그 후의 사건(즉 문제해결이나 결말)을 빠뜨리고 하는 이야기(classic narrative)는 5세에서 보인다. ⑦ 마지막으로 6세 이상의 아동은 그 모든 요소(2개 이상의 사건, 절정, 그리고 결말)를 포함하는 이야기를 하게 된다.

국내에서 아동의 이야기 산출이나 이해력을 연구할 때 사용해 온 이야기 자료들은 다음과 같다.

- Norbury와 Bishop(2002)의 "Beach story"(은지 주말 이야기)
- Merritt와 Liles(1987)의 "Shipwrecked"(삼형제 이야기)
- Stein과 Glenn(1979)의 "The Tiger' s Whisker"(호랑이 수염 이야기)
- Mayer(1969)의 "Frog, Where Are You?"(개구리 이야기)
- 신혜원과 이은홍(2008)의 "나눠먹어야지"

학령기 아동을 대상으로 하는 국내 연구들은 아동의 이야기에서 나타나는 문법적인 복잡성을 최소종결단위(T-unit, Terminal unit or minimally terminable unit)나 의사소통단위(C-unit, communication unit)로 분석하는 경우가 많다. T-unit이나 C-unit은 주절(주어+서술어) 또는 종속절을 포함하는 절로 문장을 구분하기 때문에 절 또는 구, 적게는 낱말들의 결속적인 관계를 살펴보는 데 있어서 유용한 분석 방법이다. T-unit을 구분짓는 가장 간편한 지침은 한 문장 내에서 주어가 유지되면 1개의 T-unit이고, 바뀌면 바뀐 만큼의 T-unit 수가 된다는 것이다. 만약 "나는 이거 먹고 저거 먹었어."라고 한다면 1개의 T-unit으로 구성된 문장이지만, "나 이거 먹고 언니는 저거 먹었어."라고 한다면 2개의

T-unit으로 구성된 문장이고, "나 이거 먹고 언니는 저거 먹었는데 그건 매웠어."라고 한다면 3개의 T-unit으로 구성된 문장이다. T-unit의 분석 기준은 〈표 1-7〉을 참조할 수 있다(Paul, 2007, 권유진, 배소영, 진연선, 2009에서 재인용). C-unit은 T-unit의 변형으로 불안전한 구나 절도 포함시킨다(Owens, 2014).

국내 문헌에서 자주 사용하는 이야기 표현 기술의 발달 지표들은 ① 이야기의 전개가 얼마나 짜임새 있게 표현되는가를 분석하는 이야기 문법(story grammar), ② 이야기의 단위들이 전체 주제에 맞추어 얼마나 응집력 있게 표현되어 있는가를 분석하는 중앙응집도(central coherence) 혹은 주제응집도, 그리고 ③ 이야기의 문장과 문장들이 의미적으로 얼마나 잘 연결되어 있는지를 분석하는 결속표지(cohesive device)의 수 등으로 평가된다.

표 1-7 T-unit의 분석 기준

정의	유형	분석 시 주의사항
의사소통 단위이자 이야기 분석 단위 중 하나로, 주절 또는 종속절을 포함하는 주절 단위를 의미한다.	(1) 하나의 문장으로 이루어진 T-unit: 한국어의 특성상 주절의 표층 구조에서 주어가 생략된 경우에도 하나의 T-unit으로 인정한다.	(1) 조사 및 명사 등을 부적절하게 사용한 경우라도 의미 전달이 가능하면 하나의 T-unit으로 인정한다.
		(2) 인용절 내에서 2개의 분명한 주절이 연결된 경우는 2개의 T-unit으로 본다.
	(2) 하나의 주어에 여러 개의 서술어가 시간 및 상황적 순서로 연결되거나 순서 없이 나열 또는 대조로 연결된 T-unit: 주어가 다르고 나열, 대조, 선택 의미의 대등연결어미로 연결된 2개의 주절은 2개의 T-unit으로 분리한다.	(3) 아동이 자발적으로 수정한 경우 들려준 이야기 정보에 가까운 쪽을 분석에 사용하고 수정 전 정보는 괄호에 넣어 분석하지 않는다.
		(4) 하나의 T-unit 내에서 부분적으로 낱말, 구, 절을 반복해 발화한 경우 하나만 남겨 두고 반복된 발화는 괄호에 넣어 분석하지 않는다.
	(3) 하나의 단문에 관형절, 명사절, 인용절 등의 종속절이 포함된 T-unit: 하나의 T-unit으로 분석한다.	(5) 다음의 경우는 분석에서 제외한다. ① 일반적인 설명이나 질문으로 이루어진 T-unit: 이야기 중간에 앞에 나왔던 등장인물의 이름을 새로 묻거나 그림의 내용을 질문하는 경우
		② 동일한 내용으로 반복된 T-unit
		③ 설명이 부족하거나 구문의 오류가 심해서 의미를 알 수 없는 내용의 T-unit

출처: Paul, 2007, 권유진, 배소영, 진연선, 2009에서 재인용.

1) 이야기 문법

이야기를 이야기 문법(story grammar)으로 분석하는 것은 이야기의 조직화 정도를 이해하는 데 도움이 된다(Johnston, 1982). 이야기는 배경(setting) 설명과 개별사건(episode) 설명의 구조로 구성되어 있으며, 한 이야기 속에는 몇 개의 에피소드가 포함될 수 있다. Stein과 Glenn(1979)은 이러한 이야기의 조직화 구조를 다음과 같은 일곱 가지의 요소, 즉 이야기 문법으로 설명하였다. 이야기 문법의 요소별 특징과 예를 국내외 문헌을 참조하여 설명하면 〈표 1-8〉과 같다(Stein & Glenn, 1979; Owens, 2010; 김영태 외, 2012; 윤혜련, 김영태, 2005). 또한 〈표 1-9〉와 같이 이야기 요소를 점수화하여 역동적 평가에 활용할 수도 있다(구지혜, 김영태, 2009).

Glenn과 Stein(1980)은 이야기 능력이 발달하면서 배경을 설명한 후에는, 사건이 점점 많이 포함되면서, '개시사건 → 그에 대한 내적 반응 → 내적 계획 → 시도' 와 같은 일련의 사건들이 몇 번 이어지거나 확장되고, 마지막에는 결말과 주인공의 감정적 반응을 설명하며 이야기를 끝내게 된다고 하였다(Owens, 2010; 김영태 외, 2012 참조). 이러한 이야기 구조화는 연령에 따라 다른 패턴을 나타낸다(Kamhi & Catts, 2012에서 재인용).

표 1-8 이야기 문법 요소의 설명 및 예문

이야기 문법 요소	설명	예('개구리 이야기')
배경 진술(S) (setting statements)	등장인물(들)이나 그(들)의 행동 특성, 혹은 주인공이 등장하는 상황이나 배경을 설명하는 부분	어느 봄날, 민우는 냇가에 놀러갔다가
발단(개시사건)(IE) (initiating events)	등장인물에게 처음으로 대면되는 사건이 묘사되는 부분	개구리는 병 속에서 몰래 빠져 나와 창문 밖으로 도망쳐 버렸어요.
내적 반응(IR) (internal response)	개시사건에 대한 등장인물의 감정적 반응이나 생각, 혹은 의지를 묘사하는 부분	• 민우는 개구리가 없어진 것을 보고 깜짝 놀랐어요. • 가족들은 민우에게 화가 났어요.
내적 계획(IP) (internal plans)	등장인물이 자기목표를 이루기 위해 세우는 계획이나 전략을 묘사하는 부분	그래서 민우는 개구리를 찾기로 했어요.
시도(A) (attempts)	등장인물이 목표를 이루기 위해 시도하는 행동을 묘사하는 부분	민우는 창문을 열고 "개구리야 어디 있니?"하고 소리쳤지만
직접 결과(DC) (direct consequences)	성공하거나 실패하는 시도의 결과를 묘사하는 부분	개구리는 아무 데도 없었어요.
결말(R) (reactions)	결과에 대한 등장인물의 감정적 대응이나 생각, 혹은 행동을 묘사하는 부분	그래서 민우는 강아지를 데리고 집으로 돌아갔어요.

참고자료: Stein & Glenn, 1979; Owens, 2010; 김영태 외, 2012; 윤혜련, 김영태, 2005.

각 단계에 대한 특징을 요약하면 〈표 1-10〉과 같다.

표 1-9 이야기요소 점수 분석

이야기 요소	채점 기준
배경	2점: 시간과 장소에 대한 정보가 모두 포함된 경우 1점: 시간 또는 장소 중 한 가지의 정보가 포함된 경우 0점: 시간과 장소 중 포함된 것이 없는 경우
등장인물 정보	2점: 둘 이상의 등장인물을 대상으로 명칭 외의 추가정보가 한 가지 이상 포함된 경우 1점: 한 등장인물을 대상으로 명칭 외의 추가정보가 한 가지 이상 포함된 경우 0점: 등장인물을 지칭하는 명칭이나 대명사 외에는 제공되는 정보가 없는 경우
사건 순서	2점: 사건의 시간 관계를 나타내는 표현이 두 가지 이상 포함된 경우 1점: 사건의 시간 관계를 나타내는 표현이 한 가지 이상 포함된 경우 (모든 절 앞에 같은 표현이 반복적으로 포함되었을 경우에도 1점으로 채점) 0점: 사건의 시간 관계를 나타내는 표현이 포함되지 않은 경우
인과관계	2점: 사건 간 인과관계에 대한 설명이 두 가지 이상 포함된 경우 1점: 사건 간 인과관계에 대한 설명이 한 가지 이상 포함된 경우 0점: 사건 간 인과관계에 대한 정보가 전혀 포함되지 않은 경우 * 접속사인 '그래서'를 간투사처럼 반복적으로 사용하는 아동의 발화에서는 인과관계로 분석하지 않음

출처: 구지혜, 김영태, 2009.

표 1-10 이야기 구조화 발달단계

발달시기	이야기 구조화 단계	특징
학령전기	1. 단순 묘사 (description)	서로 연결되지 않는 문장들로 이루어져 있으며, 이야기의 순서도 잘 드러나지 않는다. 주로 사물이나 등장인물에 대한 단순한 명명이나 설명으로 끝나곤 한다.
	2. 단순 사건 연결 (action sequence)	시간적인 순서대로 사건을 나열하기는 하지만, 아직 인과적인 관계로 조직하지는 못한다. 즉 집중화(centering) 전략이 나타나서 주제를 모으기는 하지만, 아직 연결(chaining) 전략은 사용하지 못하는 것으로 보인다.
	3. 반응적 사건 연결 (reactive sequence)	사건들을 원인–결과에 따라 연결한다. 즉 연결 전략을 사용한다.
저학년기	4. 간략한 에피소드 (abbreviated episode)	집중화와 연결을 사용하며, 이야기에 발단–반응–결과 정도의 간단한 요소를 포함한다.
	5. 완전한 에피소드 (complete episode)	집중화와 연결을 사용하며, 이야기에 내적 반응, 내적 계획, 시도(즉 계획의 실행) 요소까지 포함하여, 발단–내적 반응–내적 계획–시도–결과의 완전한 에피소드를 만든다.

고학년기	6. 복잡한 에피소드 (complex episode)	완전한 에피소드에 좀 더 복잡한 요소들, 예를 들어 목적 달성에 방해가 되는 요소(obstacles)가 나타나고 그에 대한 여러 가지의 시도들이 나타난다.
	7. 일련의 에피소드 (multiple sequencial episode)	일련의 에피소드들로 이루어져서 1개 이상의 단원(chapter)을 형성한다. 이때 단원들은 시간적 순서로 조직화되며, 적어도 1개 이상의 완전한 에피소드를 포함한다.

출처: Kamhi & Catts, 2012.

학령전기 아동은 학령기 아동에 비해 주어나 서술어가 생략된 미완성 발화가 많고, 이야기를 시작하는 배경 진술과 관련된 표현이 제한적이라서, "옛날에-" 또는 "어느 날-"과 같은 한정된 구를 주로 사용한다. 또한 배경 진술의 내용이 충분하지 못하여 학령기에 비해 상대적으로 정보가 부족한 경향이 있다. 학령기 아동은 다양한 접속사나 연결어미를 사용하여 이야기의 흐름을 자연스럽게 하게 된다. 이야기 구조 발달단계에 따라 살펴보았을 때, 학령전기 아동의 이야기는 단순 사건 연결과 단순 묘사 중심으로 이루어지는 반면, 학령기 아동은 학년이 높아지면서 완전한 에피소드의 형태를 많이 사용하게 된다. 〈표 1-11〉은 우리나라 학령전기와 학령기 두 아동의 실제 이야기 다시 말하기의 예이다.

표 1-11 이야기 문법 분석의 예

일화	학령전기(6;3)		학령기(9;1)	
	T-unit	이야기 문법	T-unit	이야기 문법
1	민우는 냇가에서 개구리를 잡아서 잡고 자는데	배경	어느 날 민우는 시냇가에서 놀다 큰 개구리를 보았어요.	배경
	민우가 자는 사이에	배경	민우와 강아지가 잠들자	배경
	개구리가 도망가서	발단	개구리는 유리병에서 몰래 빠져나와 창문으로 도망쳤어요.	발단
2	아침에 일어나 보니까	배경	아침이 되어 민우가 깨자 유리병을 보았는데	시도
	개구리가 없어서	발단		
	개구리를 찾으려고 여기저기 뒤져봐도	시도	개구리가 사라졌었어요.	발단
	없어서	결과	그래서 (방 안) 혹시 방안에 있을까 봐 여기저기 열고 찾아봤는데	시도
	창문을 열고 "개구리야 어딨니"라고 소리쳤는데도	시도	개구리는 안 보였어요.	결과
	(없어) 없어서	결과	그래서 창문을 열고 소리쳤어요.	시도
			개구리야 어딨니?	시도
			그런데 개구리는 방 안에 없었어요.	결과

3	밖에 나와서 어딨냐고 소리치고	시도	민우는 강아지를 데리고 밖으로 나왔어요.	배경
	구멍이 있어서 구멍을 봤는데	시도	민우는 땅 위에 있는 구멍에 얼굴을 집어넣었어요.	시도
	거기서 두더지가 쏘쏙 튀어나와서 민우의 코를 물었고	결과	그런데 두더지가 민우의 코를 깨물었어요.	결과
4	이번엔 (돌이) 바위 밟고 나뭇가지 잡고 (올라가려) 올라가서 그러고 있는데	시도	그래서 이번에는 높은 곳에서 찾기로 했어요.	내적 계획
	나뭇가지 흔들려서	배경	그래서 (돌 위로) 바위 위로 올라가 나뭇가지를 잡았어요.	시도
	알고 보니까 (사… 뭐지? 사슴) 사슴이어서	결과	그런데 그 나뭇가지는 바로 사슴의 뿔이었어요.	결과
	사슴이 민우를 태우고 낭떠러지에서 (멈) 갑자기 멈춰서	발단	사슴은 민우를 태우고 (마구 날뛰었) 마구 뛰어갔어요.	발단
			낭떠러지 밑으로 도착하자 민우와 강아지를 밑에 있는 시냇물에 던졌어요.	발단
	민우는 낭떠러지 연못에 떨어져서	결과	그 바람에 민우와 강아지는 시냇물에 풍덩 (빠졌) 빠졌어요.	결과
5	나무통에서 무슨 소리가 들려서	발단	그런데 (옆) 옆 통나무에서 무슨 소리가 (들리는) 들리는 게 아니겠어요?	발단
	가 봤더니	시도	그러자 살금살금 보니까	시도
			자신의 개구리가 있는 거예요.	결과
	개구리가 노래를 부르고 있어서	배경	그래서 민우는 (개구) 자기 개구리를 데리고 집으로 다시 돌아갔어요.	결말
	자기 개구리를 찾아서 집에 갔어요.	결말		

출처: 구지혜, 김영태, 2009.

2) 주제응집도

이야기의 중점이 되는 사건(gist)들이 인과성 있게 연결될 때, 그 이야기는 응집성이 있다고 한다(Diehl et al., 2006). Frith(1989)의 연구와 Happé(1999; Frith & Happé, 1994)의 연구에서는 정상 성인과 아동이 입력되는 정보를 의미와 형태(gestalt)로 처리하는 것에 주목하면서, 이런 경향을 중앙응집도(central coherence) 혹은 주제응집도로 정의하였다. 응집성 있는 이야기를 산출하기 위해서는 ① 이야기를 전반적인 수준에서 파악하고 주제가 되는 사건들을 찾아내는 것과 ② 주제가 되는 사건들을 인과적으로 연결하는 것이 중요하다. 이야기의 응집성을 분석할 때는 흔히 발화를 T-unit 단위로 끊어서 그 안에서 중심내용이면서 주제와 연결되는 T-unit 수의 비율로 나타낸다. 주제와 응집된 T-unit을 분석하는 기준은 〈표 1-12〉를 참조할 수 있으며, 이야기 응집도는 다음과 같은 공식으로 산출할 수 있다.

이야기의 주제응집도＝[(주제와 연결된 T-unit 수 / 이야기에 나타난 전체 T-unit 수)×100]

아동이 여러 개의 에피소드를 이야기하는 경우에는 각 에피소드당 나타내는 주제응집도를 따로 산출하여 평균 수치를 산출할 수도 있다(최소영 외, 2013).

표 1-12 주제와 응집된 T-unit의 분석 기준

	분석 기준
1	주제응집도를 가지는 T-unit은 이야기의 다섯 가지 주제문장 내용의 전체 또는 부분을 포함하고 있어야 한다. 이때, 정확한 회상이 아니어도 같은 의미의 내용을 포함해야 하고, 상세한 부분이 생략되었어도 같은 의미를 표현해야 한다.
2	직접적으로 다섯 가지 주제문장을 표현하고 있지 않더라도, 이야기의 주제문장과 인과적인 연결성(causal connective)이 있으면 주제응집도를 가지는 T-unit으로 분석한다. 이때, 인과적인 연결성은 한 사건(A)이 뒤따르는 사건(B)에 필요시되는 것을 의미한다. 이런 인과적 연결성은 이야기의 응집성을 높여 준다(Diehl et al., 2006).
3	이야기에서 2개의 주제문장으로 제시된 정보를 아동이 1개의 문장으로 표현했을 경우에는 2개의 진술문으로 간주한다.
4	같은 개념의 반복, 원래 이야기와 관계가 없는 진술문, 순서가 잘못 회상되어 있는 진술문은 주제응집도를 가지는 T-unit으로 계산하지 않는다.

출처: Diehl et al., 2006; 윤혜련, 2005.

이야기 다시말하기 과제는 청각적으로 이야기를 들려준 후 다시 말하게 하는 청각적 과제와 이야기를 들려줄 때 그림도 같이 보여 주는 시·청각적 과제가 주로 쓰인다. 선행연구(Gibbons et al., 1986, 윤혜련, 2005에서 재인용)에서 4~7세의 아동을 대상으로 연구한 결과 아동이 시각적 자료를 동반해서 제시했을 때, 청각적인 자극만을 제시했을 때보다 더 많은 추론명제를 산출하였다고 하였다. 반면, 시각적 자극이 오히려 수행력을 저해하는 요소가 된다거나(Pratt & MacKenzie-Keating, 1985), 이야기 문법 회상률이나 완벽한 에피소드 회상에 있어서 청각적 정보만 주어졌을 때, 더 좋은 수행력을 보였다는 연구도 있다(Schneider, 1996).

3) 결속표지

결속표지(cohesive device)는 이야기의 연결을 얼마나 자연스럽게 하는가를 평가해 주는 기준이 될 수 있다. 결속표지에는 지시(reference), 대치(substitution), 접속(conjunction), 그리고 어휘적 결속(lexical cohesion) 등이 있다(Halliday & Hasan, 1976, 양수진, 2000에서 재인용; Owens, 2010; 김영태 외, 2012).

- 지시(reference): 선행 또는 후행 문장에서 언급되는 사물, 사람, 사건 등의 실체를 지시. 예를 들어, '이거' '그거' '이것들' '그것들' '여기' '거기' '지금' '다음'
- 대치(substitution): 청자와 화자가 공유하고 있다고 여겨지는 정보는 지시하되 공유 정보의 자리에 다른 낱말을 대신 사용함. 예를 들어, '-거' '같은 거(same)' '-해(do)' '그거(that)' '그렇게(so)' '-말구(not)'
- 접속(conjunction): 문장 간의 내용을 논리적으로 연결하는 의미체로서 문장 간의 관계를 밝힘. 예를 들어, ① 첨가 관계(-하고, 그리고), ② 반전 관계(-지만, 그러나), ③ 시간 관계(-한 후에, -한 다음에, -기 전에, -하고 나서, -하면서, 첫째, 둘째, -시간 후에), ④ 인과 관계(-때문에, -결과로, -경우에, -하기 위해서, 그래서)
- 어휘적 결속(lexical cohesion): 사람, 생물, 사물, 무생물, 추상적 의미체, 행동, 장소, 사실들을 의미하는 명사를 사용해 전, 후 문장과의 관계를 분명히 함.

이러한 결속표지의 사용은 언어에 따라 다소 차이가 있는 것으로 보인다. 예를 들어, 대용어는 불어와 북경어에서, 어휘적 결속은 독일어에서 많이 사용하며, 생략은 북경어와 독일어에서 많이 사용된다(Hickman et al., 1996, 양수진, 2000에서 재인용).

우리나라 4~8세 및 성인의 결속표지 사용 변화양상을 분석한 양수진(2000)의 연구

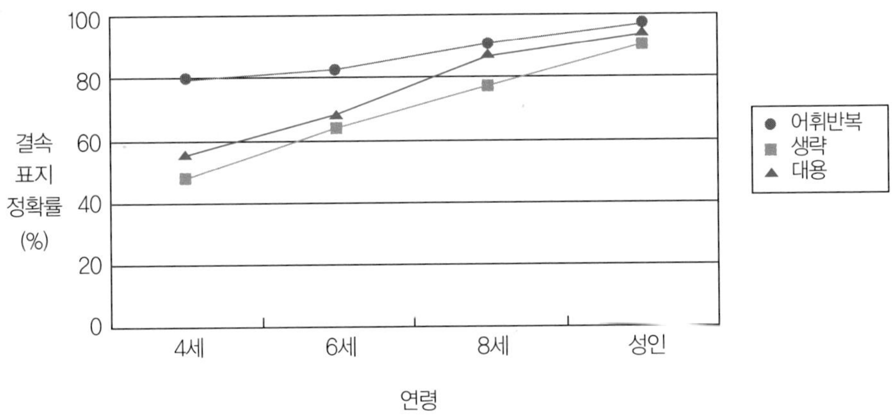

그림 1-2 연령과 결속표지 유형에 따른 결속표지 정확도

출처: 양수진, 2000.

에서는 결속표지의 정확률이 연령 및 유형 간에 유의한 상호작용이 있음을 보고하였다 ($F_{(6,130)}=2.39$, $p<.05$). 어휘반복의 사용은 4세에서도 이미 80% 정도의 정확률을 보인 반면, 생략이나 대용은 4세와 6세에는 40~50%대의 정확률을 보이다가, 8세에는 70~80%대로 증가하고, 성인기에는 모든 결속표지의 사용 정확도가 90% 이상을 나타냈다.

우리나라 접속표지에 대한 좀 더 자세한 하부유형은 〈표 1-13〉을 참조할 수 있다.

표 1-13 접속표지 하부유형

유형	접속관계		접속표지 개념과 예	
접속부사 & 연결어미	대등	나열	선행절과 후행절을 대등하게 연결	'그리고, 또는, 또한, 한편, –고, –며, –든지, –거나'
		대립	내용상 대립되는 연결	'그러나 그래도, 하지만, 그렇지만, –나, –아도, –지만, –나마, –건만, –련만'
		동시	동시적 상황을 표현	'그러면서, –고, –고서, –면서, –며'
	종속	계기	시간적으로 순차성을 보이는 연결	'그리고, 그러고 나서, –아서, –고, –(으)며, –(으)면서, –어/아'
		상황	후행절에서 설명이나 주장 따위를 내세울 수 있도록 적절한 문맥적 상황을 마련해 주는 기능	'그런데(근데), –는데, –은데, –되, –더니, –다시피'
		인과	원인이나 이유, 결과를 제시	'그래서, 그러니까, 그러므로, 그러면, 따라서, 왜냐하면, –아서/어서/러서, –니까, –므로, –느라고,–니, –게(끔), –도록, –(으)라고'
		전환	선행절의 상태나 동작이 변화 또는 중단되면서 후행절로 이어지는 경우	'그러다(가), –다가'
		목적	목적을 표현	'그러고자, 그러려고, –(으)러'
		첨가	선행절에 후행절 내용 첨가	'또, 더욱이, 더욱, 특히, –(으)ㄹ뿐더러, –(으)ㄹ수록'
		의도	의도를 전달할 경우	'–(으)려고, –고자'
		조건	조건을 제시할 경우	'–면, –라면, –거든, –더라도'
		인용	직접인용절을 표현할 경우	'–고, –라고, –이라고, –하고'
접속조사	종속	의		
	대등	나열	함께	'–과/와, –하고, –이랑'
			선택	'–이니, –이다, –이라든가, –이라든지, –이며, –에, –하며'
			대조	'–은커녕, –이고, –이나'
			첨가	'–에, –에다'
		상관없음		'–이나, –이든, –이든가, –이든지'

참고자료: 박소은, 2002; 이규호, 2006; 고영근, 구본관, 2008; 이선미, 2010.

2. 이야기 이해의 발달

이야기 이해 능력은 이야기를 듣고 나서, 그 이야기의 전체 구조와 세부 내용을 이해하는 능력을 의미한다. 문헌에서는 이야기 이해과정에서의 결함은 단일 요인이라기보다는 다양한 요인이 복합적으로 작용하여 나타나는 것으로 보고 있다(윤혜련, 김영태, 2005). 예를 들어, 일반적인 어휘 및 구문 등의 언어 이해 부족(Graybeal, 1981; Crais & Chapman, 1987), 불완전한 이야기 문법구조(Merritt & Liles, 1987), 미숙한 기능적 작업기억 능력(Daneman & Carpenter, 1983; Ellis Weismer, 1985), 그리고 이미 알고 있어야 하는 지식의 부족과 이를 바탕으로 하는 인지적 과정을 통한 추론 이해의 결함(Bishop & Adams, 1992; Norbury & Bishop, 2002) 등이 포함된다.

이야기 이해과정의 핵심적인 요소 중 하나는 추론 능력이다(Ellis Weismer, 1985; Crais & Chapman, 1987 등). 이야기 속에는 그 내용을 이해하기 위한 모든 정보가 반드시 표면적으로(explicitly) 명시되는 것은 아니기 때문이다(Scinto, 1983). 청자는 이야기를 들으면서 행간의 의미를 읽어야 하며 이야기 전체의 응집성(coherence)을 알기 위해 새로 입력된 정보를 자신이 가지고 있는 지식과 통합하여 파악하여야 하는데(Lund & Duchan, 1993), 이러한 과정에서 가장 핵심적인 역할을 하는 것이 추론 능력인 것이다. 만일 어떤 이야기를 듣고 표면적으로 드러난 사실(literal information)에 대해 이해하고 있으나 그 내용들이 통합된 추론정보를 이해하지 못한다면, 이것은 어휘 또는 구문 이해의 문제라기보다는 추론과정의 문제로 평가하여야 한다. 이와 같은 전제하에 언어장애아동의 이야기 이해 결함에 대한 많은 선행연구들에서는 이들의 이해문제가 단순히 어휘 또는 구문 이해의 결함으로부터 비롯된 것이라기보다는 추론 능력에서의 문제에서 야기된 것으로 해석하고 있다(Bishop & Adams, 1992; Ellis Weismer, 1985; Norbury & Bishop, 2002).

이야기의 추론 능력을 평가할 때는 다음과 같은 과제를 통하여 분석할 수 있다(Norbury & Bishop, 2002; Cain & Oakhill, 1999; 윤혜련, 김영태, 2005).

- 사실적 정보 이해 과제: 표면적으로 드러난 사실적 정보(literal/factual information)에 대한 이해를 요구하는 과제
- 텍스트 연결 추론 이해 과제: 이야기 안에 표면적으로 드러나 있지는 않으나 이야기 결속표지(예: 지시어, 생략, 대용어 등)와 같은 문법적인 연결장치(cohesive devices)를 통하여 의미를 텍스트의 연결 관계에 따라 추론(text-connecting inference)해야 하는 과제

- 빠진 정보 추론 이해 과제: 이야기 중에 구체적으로 표현되지 않은 내용으로서 이야기의 의미를 청자의 지식과 통합하여 추론(gap-filling inference)해야 하는 과제

Cain과 Oakhill(1999)은 아동에게 이야기를 들려주고 이야기 이해 능력을 평가하기 위한 질문의 형태로 사실적 정보 이해 과제 및 추론 이해 과제를 구분하였는데, 추론이해 과제는 텍스트 연결 추론(text-connecting inference) 및 빠진 정보 추론(또는 통합 추론, gap-filling inference)의 두 종류로 다시 분류하였다. 사실적 정보를 묻는 과제란 이야기에서 들려준 내용을 그대로 질문하는 것으로 질문에 사용된 어휘와 구문을 이해하고 있고 이를 기억하고 있으면 대답이 가능한 과제를 말한다. 텍스트 연결 추론 과제란 2개의 문장에 따로 명시되어 있는(explicitly mentioned) 내용을 연결하여 통합된 정보로 이해해야 하는 것을 뜻한다. 예를 들어, "파도가 너무 심해서 물놀이를 할 수 없었어요. 그래서 대신에 모래성 쌓기를 했어요."라는 문장을 듣고 심한 파도 때문에 모래성 쌓기를 했다는 것을 추론하여야 하는 과제이다. 빠진 정보 추론 과제란 텍스트에 표면적으로 표현되지 않은 정보에 대해서 청자가 자신이 이미 알고 있는 지식을 사용하여 통합적인 정보 추론을 해야 하는 과제를 뜻한다. 위의 예에서 "바닷가에 갔었어요."라는 말이 없어도 바닷가에서 모래성 쌓기를 했다는 것을 추론하여야 하는 과제이다.

6~8세 학령기 단순언어장애아동(SLI)의 이야기 이해결함의 특성을 살펴보기 위하여 생활연령을 일치시킨 또래 일반아동(CA-M)과 언어연령을 일치시킨 어린 일반아동(LA-M), 각 15명씩 총 45명의 이야기 이해 능력을 분석한 윤혜련과 김영태(2005)의 연구에서는 네 가지 이야기를 들려준 후 그 이야기에 대한 이해 능력을 검사하였다. 이해 과제는 사실적 정보, 텍스트 연결 추론, 빠진 정보 추론의 세 가지 과제로 구성하였다. [그림 1-3]에서 볼 수 있는 것처럼, 세 집단의 아동(단순언어장애아동, 또래 일반아동, 어린 일반아동) 모두 사실적 정보 이해를 가장 잘 했고, 다음으로 텍스트 연결 추론 과제를, 그리고 빠진 정보 추론을 가장 어려워하였다. 집단 간 차이 분석 결과, 이해 과제의 수행에 대한 피험자 간 집단의 주효과($F_{(2,42)}=19.855$, $p<.001$) 및 피험자 내 과제종류에 따른 주효과($F_{(2,84)}=196.233$, $p<.001$)가 유의하였다. 또한 집단과 과제종류 간의 상호작용 효과 역시 유의하였다($F_{(4,84)}=5.066$, $p<.01$). 단순언어장애아동은 생활연령이 같은 일반아동보다 추론 이해 과제(이야기 연결추론 및 빠진 정보 추론)에서는 유의하게 열등하였으나 사실적 정보 이해 과제에서는 차이를 보이지 않았다. 특히 단순언어장애아동은 텍스트 연결 추론 과제에서 두 통제집단보다 상대적으로 어려움을 나타냈다.

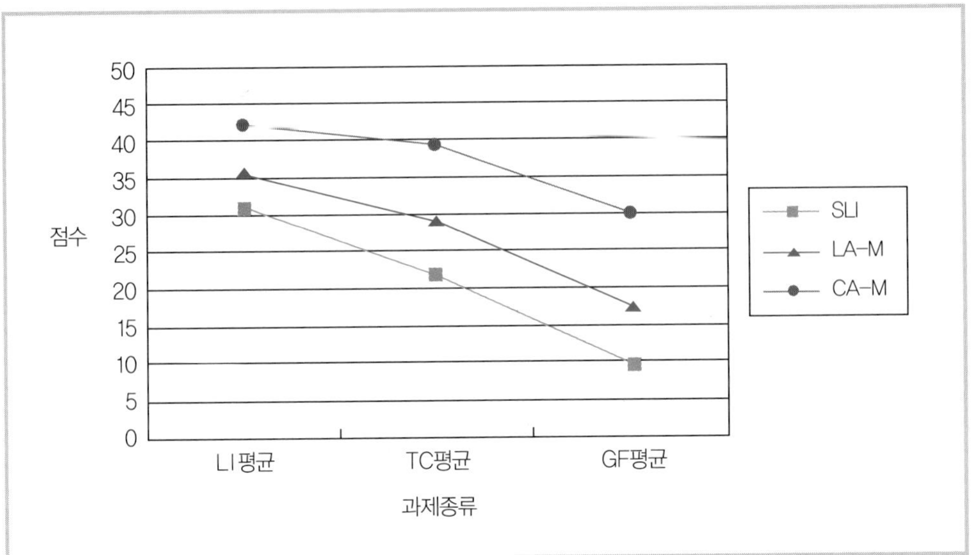

그림 1-3 집단 간 이해 과제의 종류에 따른 수행점수

* LI: 사실적 정보, TC: 텍스트 연결 추론, GF: 빠진 정보 추론
출처: 윤혜련, 김영태, 2005.

V. 읽기 능력 발달

1. 읽기발달을 위한 기초 능력: 음운인식 발달

아동의 읽기 능력은 학령기 학습에서 매우 중요한 역할을 한다. 읽기문제는 학습장애의 다양한 현상 중 가장 흔하게 나타나지만, 읽기문제 자체는 아동이 학교에 가서 학습문제를 보이기 전까지는 잘 드러나지 않는다. 따라서 학령기가 되어서야 비로소 읽기장애를 진단받기 때문에 조기 중재를 받을 기회를 놓치는 경우가 많다. 읽기문제를 보이는 아동을 조기에 선별하여 좀 더 일찍 적절한 중재를 시작한다면 이후 학령기 학습에 별 지장을 초래하지 않을 수도 있다는 연구들이 보고되고 있다(Berninger & Thalberg, 1987; Felton & Pepper, 1995). 읽기장애의 조기판별은 매우 중요한 사안으로 떠오르고 있으며, 이에 최근 문헌들은 읽기장애를 조기에 판별할 수 있는 여러 가지 방안들을 제시하고 있다. 특히 학령기 이후에 나타나는 읽기 실패와 관련하여, 학령전기의 어떠한 특성이 이후 읽기실패를 예측할 수 있는가에 대해 관심이 모아졌다. 학령전기 아동과 학령기 아동의 읽기관련 연구들에서 학령기 이전에 이미 읽기장애를 예측할

수 있는 위험변인들이 나타나며, 이에 대해 적절한 조기 선별 및 중재가 필요하다는 주장들이 대두되었다.

읽기는 학령전기부터 이미 시작되며 읽기관련 지식이나 기술들은 초기 학령기에 이루어진다. 읽기는 일반적으로 낱말재인(word recognition)과 읽기 이해(reading comprehension)라는 두 가지 요소로 구성된다(Swank & Catts, 1994; Gilbertson & Bramlett, 1998). 낱말재인은 시각적으로 제시된 낱말을 해부호화(해독, decoding)하고, 그것을 말소리로 바꾸고(phonological recoding), 그 말소리에 해당하는 어휘를 자신의 심성어휘집(mental lexicon)에서 탐색하여 의미와 연결짓는 것을 말한다(Stanovich, 1991). 읽기 이해는 어휘지식과 어휘 관계에 대한 의미적 지식을 알게 되는 것을 말하며 구문지식과 세상지식(world knowledge)을 통해 구어에 담긴 텍스트의 내용을 추론하는 것을 말한다. 실제 읽기교육은 글에 대한 내용이해를 목표로 하지만, 이러한 이해는 낱말재인 없이는 불가능하다. 따라서 낱말재인은 읽기를 처음 배우기 시작하는 초기읽기 단계에서 매우 중요하며, 주로 유치원과 초기 학령기에 이루어진다.

음운인식(phonological awareness) 능력이란 소리구조 혹은 낱말의 음운적 구조에 대한 개인의 상위언어적(metalinguistic) 능력으로, 낱자의 소리들을 변별할 수 있고, 각각의 소리들이 결합하여 낱말을 이루는 것을 이해하고, 음소나 음절을 분절하고 결합하거나 말소리를 분류하는 것과 같이 구어의 소리를 다양한 방식으로 조작할 수 있는 능력을 말한다(Wagner & Torgesen, 1987; Ball, 1993; Lombardino et al., 1997; Hallahan et al., 2005). 음운인식 능력은 읽기발달에 있어서 매우 중요한데, 특히 자소와 음소를 대응할 수 있는 음소인식 능력이 매우 중요한 역할을 한다(박향아, 2000). 또한 홍성인(2002)은 한국 아동을 대상으로 한 음운인식연구에서 음운인식이 어휘력이나 지능과 같은 요소들보다 낱말재인과 더 높은 상관관계를 가지고 있음을 보여 주었으며 음운인식 능력이 낱말재인을 가장 잘 예측할 수 있는 변인이라고 보고하였다.

초기읽기 기술은 읽기와 쓰기에 대한 개념적 지식과 과정에 대한 지식을 포함한다. 개념적 지식은 인쇄물의 기능에 대한 이해와 환경 속 인쇄물에 대한 인식을 포함하며, 과정에 대한 지식에서 가장 중요한 것은 어린 아동이 글자의 이름과 소리에 대한 지식을 습득하는 것이다(Rvachew & Grawburg, 2006).

읽기장애의 조기 판별을 위한 예측 요인 연구에서 학령기의 읽기장애를 예측하는 중요한 요인들로 인쇄물 처리지식, 낱말재인과 음운인식 능력, 언어 능력 및 기억력을 들었다(Scarborough, 1998, 2003). 최근 연구들에서 음운인식 능력이 읽기 기술의 발달과 강한 상관을 보이는 요인으로 밝혀지고 있으며, 특히 학령기 초기의 해독 능력과 밀접한 관련성을 보이는 것으로 설명되고 있다(Bradley & Bryant, 1983; Catts, 1991; Gilbertson & Bramlett, 1998). 또한 읽기와 관련된 예측요인 연구에서 음운인식이 읽기 성취의 강력한 예측요인이며 학령기 아동의 읽기 기술에 대한 안정적인 예측인자임이 밝혀졌다(Bradley & Bryant, 1983).

일반아동을 대상으로 한 음운인식발달연구를 살펴보면, 연령이 증가할수록 큰 음운단위에서 작은 음운단위로 음운인식이 발달한다는 공통점을 보인다(Ball, 1993; Lombardino et al., 1999). 영어 음운인식기술의 일반적 발달단계를 살펴보면, 음절 수준 인식이 가장 먼저 나타난다. 이때 음절분절과 생략지각력이 발달하게 된다. 그다음 단계는 초두자음(onset)과 각운(rime) 인식으로, 각운이 같은 낱말을 찾는 소리범주화 능력과 낱말을 듣고 첫소리가 같은 것을 찾는 변별 능력이 생긴다. 마지막으로 음소 수준에서는 각각의 음소를 합성하는 능력이나 낱말을 음소단위로 분석하는 분절 능력을 가지게 된다.

영어권 아동의 음운인식발달에서 음절에 대한 인식 능력은 4, 5세 무렵에 발달하지만, 음소에 대한 인식 능력은 6, 7세 이후에 가능한 것으로 나타났다. 이러한 음운인식 발달의 양상은 국내 연구에서도 일치하는 것으로 나타났다. 취학전 아동의 음운처리 발달과정에 관한 연구들(김영태 외, 2008; 김선정, 김영태, 2006; 이수정, 2007; 홍성인, 2000)은 음운처리 과정들이 연령에 따라 조금 빠르게, 혹은 조금 늦게 발달하는 패턴을 나타낸다고 보고하였다. 김영태 등(2008)은 3~5세 한국 일반아동 180명을 대상으로 하여, 아동의 초기읽기 기술(인쇄물인식, 낱글자 구별, 글자소 이름대기, 음절 읽기, 음운인식, 창안적 쓰기)에 대해 성별과 연령에 따른 발달적 차이를 살펴보았는데, 성별의 차이는 유의하지 않았으나, 연령의 차이는 유의하였다. 그 차이는 [그림 1-4]에서와 같이 초기읽기기술의 하위과제에 따라 다소 다른 발달시기를 보였다.

활자와 관련된 인쇄물을 경험할 기회가 많아지는 3세 전반에서 3세 후반 사이에는 활자 인식과 낱글자 인식이 급격한 발달을 보였다. 글자와 소리 간의 관계를 인식하고 조작하는 음운인식 능력은 음절 읽기와 함께 4세 후반에서 5세 후반 사이에 급격한 발달을 보였으며, 글자의 기본단위를 인식하는 철자(예를 들어, 'ㄱ ㄴ ㄷ ㄹ…… ㅏ ㅑ ㅓ ㅕ……') 이름대기는 창안적 쓰기와 함께 5세 전반에서 5세 후반에 급격한 발달을 보였다. 이러한 일련의 발달적 경향은 초기읽기 기술 변인들에서 여러 가지 시각적인 정보들 중에서 문자를 인식하고 변별하는 능력(활자 인식, 낱글자 인식)이 먼저 발달한 뒤, 글자

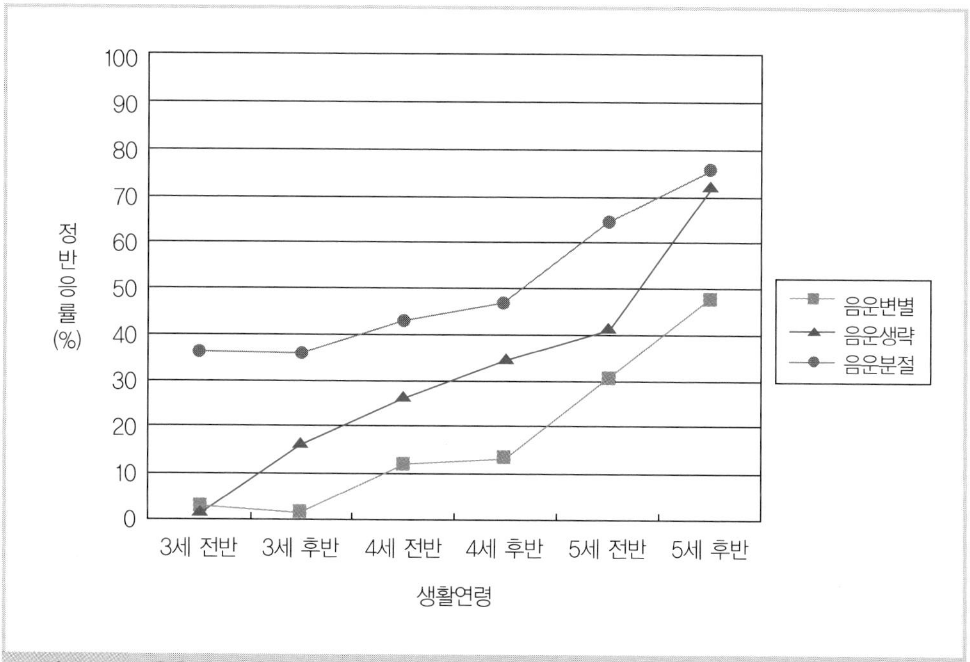

그림 1-4 음운변별, 음운생략, 음운분절 과제의 정반응률

출처: 김영태 외, 2008.

를 의미 있는 소리단위로 인식하고 조작하는 능력(음운인식, 음절 읽기)이 발달하는 것을 보여 준다. 마지막으로 아동은 글자의 기본단위인 글자소와 음소로 인식하고 조작하기 시작하면서(철자 이름대기, 창안적 쓰기) 진정한 의미의 읽기단계로 접어드는 준비를 하는 것을 보여 준다.

Frith(1985)는 읽기 습득이론에서 아동의 읽기는 알파벳 읽기에서 문자적 읽기로 발달한다고 하였으나, 김영태 등(2008)의 연구에서는 음절 읽기가 4세 후반부터 급격한 발달을 보이는 데 비해 글자소 읽기는 5세 전반에 접어들어야 발달을 보이는 것으로 나타났다. 이러한 결과는, 한국 아동이 음소단위보다 음절단위 읽기를 먼저 배운다는 것을 뒷받침한다. 이러한 특성은 글자소 읽기 오류 패턴에서도 자주 나타났는데, 아동은 'ㄱ' 이라는 글자소를 보고 /가/라고 읽는 반응을 보였으며, 소리단위로 읽는 것을 낯설어하는 모습을 보였다. 즉 자소결합에 의한 음절형성보다 음절단위 학습이 먼저 이뤄지는 한국 아동의 읽기 특성을 반영하는 결과로 볼 수 있다.

Liberman(1974)은 4~6세 아동의 음운인식발달을 연구한 결과, 5세 아동의 50%, 6세 아동의 90%에서 음절분석이 가능한 반면, 4세 아동은 음소분석이 되지 않았으며,

5세 아동의 17%에서 음소분석이 가능하였고 6세 아동의 70%에서 음소분석이 가능한 것으로 나타났다. 김영태 등(2008)의 연구에서 음절 수준과 음소 수준에서의 과제수행 정도로 음운인식 능력을 비교한 결과, 모든 연령집단에서 음절인식 점수가 음소인식 점수보다 높게 나타난 것을 알 수 있었다. 따라서 한국 아동의 음운인식 능력 발달은 음절 수준에서 음소 수준으로 나아간다고 할 수 있는데, 이는 Liberman의 연구 및 아동의 음운인식 발달단계를 설명하는 선행연구들(Catts & Hugh, 1993; Goswami, 2000)과도 일치한다. 그러므로 음운인식 능력이 큰 음운단위에서 점차 작은 단위의 인식으로 발달하는 언어 보편적인 특성을 가지고 있음을 알 수 있다.

초기읽기 기술의 발달특성에 대한 연구 결과는 초기읽기 기술들이 학령전기부터 꾸준히 점차적으로 발달한다는 것을 보여 준다(Felton & Pepper, 1999). 따라서 읽기장애 위험군 아동을 위한 조기 선별 및 중재가 학령전기에 적절하게 이루어져야 한다는 점을 시사한다. 초기읽기 기술의 발달적 경향은 읽기에 어려움을 가진 아동에게 음운인식 훈련을 시킬 때도 유용하게 적용될 수 있다. 즉 음운 수준에서는 낱말, 음절, 음소 수준으로, 음운과제에서는 단순한 과제(변별)에서 복잡한 과제(분절) 순서로 음운인식 훈련 프로그램을 계획하였을 때 좀 더 효과적인 중재가 이루어질 수 있다.

이수정(2007)은 초기읽기 진단 프로토콜(김영태 외, 2006)을 이용하여 생활연령 6세의 취학전 읽기장애 위험군 아동을 언어장애를 동반하지 않은 읽기장애 위험아동 13명과, 생활연령을 일치시킨 언어장애를 동반한 읽기장애 위험아동 13명, 일반아동 13명으로 나누고 각 집단의 음운인식 능력을 비교하여, 세 집단 간에 유의한 차이가 있는지 살펴보았다. 선행연구들에서 읽기 능력에 대한 예측력이 높다고 보고된 음운인식과제들 중 음운변별, 생략, 합성과 분절과제를 사용하였으며, 이 과제들을 음운 수준에 따라 음절 수준, 음소 수준으로 나누어 살펴보았다(Swank & Catts, 1994; Scarborough, 1998). 연구 결과, 언어장애 유무에 관련 없이 읽기장애 위험아동 집단은 생활연령을 일치시킨 일반아동 집단에 비해 전반적인 음운인식 능력이 낮은 것으로 나타났다. 취학전 아동 604명을 대상으로 종단연구를 실시한 Catts와 동료들은 낮은 읽기수행 아동(poor readers)의 70% 이상이 학령전기에 음운인식 또는 구어 발달에 결함을 가지고 있었다고 보고하였다. Swank와 Catts(1994)의 연구에서 높은 읽기수행 아동(good decoders)이 생략, 범주화, 합성, 분절 등 네 가지 음운인식과제 모두에서 낮은 읽기수행 아동보다 높은 수행력을 보이는 것으로 나타났으며, Swank와 Catts는 이러한 연구 결과를 바탕으로 높은 읽기수행 아동은 음운인식 능력을 가지고 있다고 주장하였다. 또한 읽기장애 위험군으로 분류된 학령전기 아동을 대상으로 음운인식 훈련을 실시한 결과, 읽기장애 위험군 아동은 음소 합성, 분절과 낱말읽기 기술에서 효과적인 향상을 보이는 것으로 나타났다(Yi-Wei, 2007). 이러한 연구 결과들은 음운인식 능력 및 초기읽기 능력을 평가하는 도구를 개발할 때 단순히 일반아동과 읽기장애 위험군 아동을 분류하는 데서 그칠 것이 아니라, 읽기장애 위험군에서도 하위 유형에 따라 적절한 준거를 마련할 필요가 있음을 시사한다.

2. 전읽기(preliteracy) 및 초기읽기(early literacy) 기술의 발달

앞에서 살펴본 바와 같이 읽기기술은 학교 입학 후에 그 발달의 문제가 나타나게 되지만, 실제로 3세 이후부터 꾸준히 발달하게 된다. 이러한 초기 문해기술에 해당하는 전읽기 및 초기읽기 기술들은 〈표 1-14〉에서와 같은 과제들을 통하여 그 발달 정도를 평가하게 된다. 이러한 초기읽기 기술은 한국 취학전 아동의 초기읽기 기술 프로토콜(김영태, Lombardino, 2006)을 통하여 좀 더 체계적인 분석이 가능할 것이다. 또한 제현순(2014)이 유아 및 지적장애아동을 위하여 빈도(고빈도, 저빈도)를 고려해 개발한 1음절 읽기과제를 통하여 분석할 수도 있다.

표 1-14 전읽기(preliteracy) 및 초기읽기(early literacy) 과제의 예

과제	목적	문항의 예	참고문헌
인쇄물 인식 능력	아동이 책에 대한 기초적인 개념이 있는지를 평가한다.	책제목이 어디에 있는지 보여 주세요.	Lombardino, 2011; 김영태 외, 2008
같은 상징 짝짓기	아동이 상징과 기호를 짝지을 수 있는지 평가한다.	내가 보여 주는 것과 같은 것을 집어 보세요.(=): (% * = - !)	Lombardino, 2011
낱글자 인식 및 구별 능력	글자에 대한 개념이 형성되었는지를 평가한다.	이거는 글자예요? 아니에요'? 내가 말하는 글자를 집어 보세요.	Lombardino et al., 1999; Scarborough, 1998; 김영태 외, 2008
낱말인식 능력	아동이 의미어(낱말)와 무의미어(비낱말)를 구분할 수 있는지를 평가한다.	내가 말하는 낱말을 지적해 보세요.	Lombardino et al., 1999
낱글자 이름대기 능력	아동이 낱글자의 이름을 아는지 평가한다.	이 글자의 이름을 말해 보세요.	Lombardino et al., 1999; Scarborough, 1998; Wagner et al., 1993

무의미 낱말 읽기 능력	아동이 음운규칙을 알고 있는지 평가한다.	('나구' 글자를 보여 주며) 이 이상한 말을 읽어 보세요.	Wimmer, 1996; 김영태 외, 2008
창안적 쓰기 (invented spelling) 능력	표준적 글자쓰기(예: 맞춤법)를 습득하기 이전에, 아동 나름대로 음소(phoneme)와 글자소(grapheme)를 대응시켜 만들어 내는 글자쓰기를 평가한다.	내가 말하는 말을 써 보세요. "꽃"('꽃' 뿐 아니라, '꼿, 꼳, 꼳, 꽅' 모두 맞게 평가)	Morris & Perney, 1984; Tangel & Blachman, 1992; Lombardino et al., 1999; Wimmer, 1996; Ball, 1993; 김영태 외, 2008; 조선하, 우남희, 2004
분절(segmenting) 능력	말을 낱말, 음절, 음소 등의 요소로 분화할 수 있는지를 평가한다.	"학교"를 "학"- "교"로 말하는 것처럼 하면, "아빠"는 ______. "다"를 "ㄷ"-"아"로 말하는 것처럼 하면, "고"는 ______.	Justice et al., 2002; Sawyer, 1987; Blachman, 1984; Liberman et al., 1974; Snowling, 2000; Swan & Goswami, 1997; 홍성인, 2001
합성(blending) 능력	개별 음소를 합하여 음절이나 낱말로 합성할 수 있는지를 평가한다.	"ㄱ"와 "ㅏ"를 합쳐서 말해 보세요.	Lombardino et al., 1999; Wimmer, 1996; Ball, 1993; 김영태 외, 2008
두운 및 각운(rime) 인식 능력	아동이 같은 자음소로 시작하거나 끝나는 2낱말을 인식하는지를 평가한다.	다음 중에서 같은 소리로 시작하는(끝나는) 말을 찾아보세요.	Snowling, 2000; Scarborough, 1998; Goswami, 1990; McClean et al., 1987; 김영태 외, 2008
생략(ellipsis) 능력	아동이 낱말에서 특정 음소를 빼고 말할 수 있는지를 평가한다.	"창문"에서 "ㄴ"을 빼고 말해 보세요.	Wagner et al., 1993; 홍성인, 2001; 김영태 외, 2008
읽기에 대한 동기	다양한 읽기 활동에 참여하는 정도를 평가한다.	참여 수준 '참여하지 않음'부터 '적극적으로 참여함' 선상에서 체크해 주세요.	Kaderavek & Sulzby, 1998; Justice, Invernizzi, & Meier, 2002; Owens, 2010
가정의 읽기 환경	가정에서의 읽기접근성과 참여도와 같은 가정의 읽기환경을 부모 설문을 통해 평가한다.	1주일에 며칠 정도 책을 읽어 주나요?	Allen & Mason, 1989; Dickinson & DeTemple, 1998; Justice, Invernizzi, & Meier, 2002; Owens, 2010

표 1-15 초기읽기 평가지

학령전 아동의 한국어 초기읽기 능력 검사
김영태, Lombardino(2006)

배경정보

아동 이름		성별	
검사일	년 월 일	검사장소	
생년월일	년 월 일	검사자	
생활연령	세 개월	연락처	

읽기 영역 프로파일

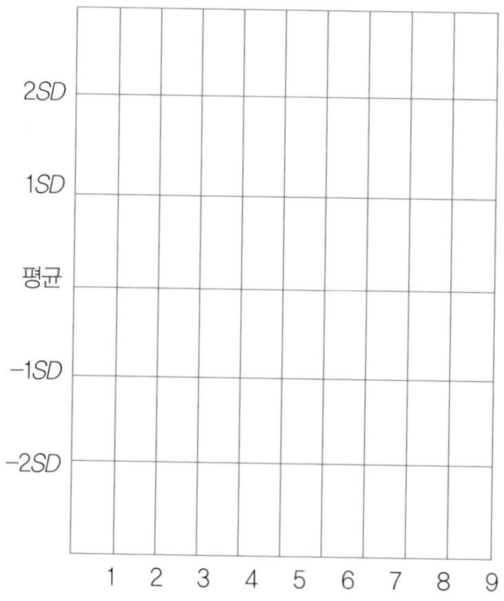

1. 초기읽기 능력 검사

1. 인쇄물 인식 능력	/ 6점	%ile
2. 낱글자 구별 능력	/ 6점	%ile
3. 글자소 인식 능력	/ 10점	%ile
4. 철자 이름대기	/ 10점	%ile
5. 음절 읽기	/ 20점	%ile
6. 두운 및 각운 변별 능력	/ 12점	%ile
7. 음절 및 음운 생략 지각력	/ 16점	%ile
8. 분절 능력	/ 8점	%ile
9. 창안적 쓰기 능력	/ 6점	%ile

2. 보조 검사

빠른 이름대기	초
숫자 회상 능력	점

검사 시 특이사항:

검사 결과 요약 및 제언:

표 1-16 초기읽기 능력 검사

1. 인쇄물 인식(print awareness) 능력

"선생님이 이제 책을 한 권 보여 줄 거예요. 그리고 선생님 질문에 대답해 보세요."

문항	아동의 반응	+/–
(1) (책을 거꾸로 건네주며) 어떤 책인지 보세요. (책을 똑바로 건네주며) 한 권 더 줄게요. 어떤 책인지 보세요.		
(2) 선생님한테 책 겉장(맨 앞)을 보여 주세요.		
(3) 이 책의 제목은 어디에 있는지 손으로 가리켜 보세요.		
* 책의 중간부분을 편다.		
(4) 책을 어느 쪽으로 읽어 갈까요?(보기 제시: →, ↓, ←, ↑)		
(5) 어디서부터 읽을까요? 맨 윗 줄을 가리켜 보세요. 마지막에 어디를 읽을까요? 맨 아랫 줄을 가리켜 보세요.		
(6) 여기는 다 읽었어요. 그다음에 어디로 갈까요? 넘겨 보세요.		

2. 낱글자 구별(word awareness) 능력

"이제 선생님이 몇 가지 그림들을 보여 줄 거예요. 그림 중에서 어떤 것이 글자인지 골라 보세요."

가. 통문자 형태 인식(whole-word awareness)

문항			아동의 반응	+/–
(1)	엘리베이터(도안)	아가		
(2)	신발	남/여 화장실(도안)		

나. 글자소 형태 인식(grapheme awareness): 네 가지 중에서 글자를 골라 보세요.

문항					아동의 반응	+/–
(1)	3 4 5	ㅏ ㅗ ㅔ	# @ +	? ! " "		
(2)	→Σφ	^ % &	☆♣♡	ㅂ ㅌ ㅆ		

다. 음절 형태 인식(syllable awareness): 네 가지 중에서 글자를 골라 보세요.

문항					아동의 반응	+/–
(1)	ㅓㅇ	ㅗㅇ	ㅇ ㅗ	ㅏㅇ		
(2)	발	ㅓㅂ ㄹ	ㄹ ㅏ ㅂ	ㅏㄹㅂ		

3. 글자소 인식(grapheme awareness) 능력

"이제 선생님이 말하는 글자들을 손가락으로 가리켜 보세요."

가. 자음

문항	아동의 반응	+/−
(1) ㉠ ㄴ ㅋ		
(2) ㅁ ㅍ ㉥		
(3) ㅅ ㉨ ㅉ		
(4) ㉢ ㄹ ㅌ		
(5) ㅇ ㉭ ㅊ		

나. 모음

문항	아동의 반응	+/−
(6) ㅜ ㅛ (ㅗ)		
(7) (ㅓ) ㅏ ㅕ		
(8) (ㅑ) ㅒ ㅠ		
(9) ㅟ ㅡ (ㅣ)		
(10) ㅢ (ㅘ) ㅙ		

4. 철자 이름대기(alphabetic naming)

"선생님이 보여 주는 글자의 이름을 말해 보세요."

가. 자음

문항	아동의 반응	+/−
(1) ㄹ		
(2) ㄴ		
(3) ㅍ		
(4) ㅅ		
(5) ㄲ		

나. 모음

문항	아동의 반응	+/−
(6) ㅏ		
(7) ㅠ		
(8) ㅡ		
(9) ㅗ		
(10) ㅘ		

5. 음절 읽기(syllable reading)

가. 무의미 일음절 읽기 (6)

"선생님이 보여 주는 글자를 읽어 보세요."

문항별 음절 조건		문항	아동의 반응	+/−
종성 없는 음절	V 구조	우		
	CV 구조	디		
종성 있는 VC 음절	제 음가로 실현되는 종성을 가진 VC 구조	옴		
	7종성 외의 종성을 가진 VC 구조	옽		
종성 있는 CVC 음절	제 음가로 실현되는 종성을 가진 CVC 구조	핸		
	7종성 외의 종성을 가진 CVC 구조	닻		

나. 무의미 이음절 읽기 (4)

“선생님이 보여 주는 글자를 읽어 보세요.”

문항별 음절 조건		문항	아동의 반응	+/-
종성 없는 음절	V 구조	아오		
	CV 구조	나대		
종성 있는 CVC 음절	제 음가로 실현되는 종성을 가진 CVC 구조	당남		
	7종성 외의 종성을 가진 CVC 구조	갓팥		

다. 유의미 일음절 읽기 (6)

“선생님이 보여 주는 글자를 읽어 보세요.”

문항별 음절 조건		문항	아동의 반응	+/-
종성 없는 음절	V 구조	이		
	CV 구조	해		
종성 있는 VC 음절	제 음가로 실현되는 종성을 가진 VC 구조	입		
	7종성 외의 종성을 가진 VC 구조	앞		
종성 있는 CVC 음절	제 음가로 실현되는 종성을 가진 CVC 구조	병		
	7종성 외의 종성을 가진 CVC 구조	숲		

라. 유의미 이음절 읽기 (4)

“선생님이 보여 주는 글자를 읽어 보세요.”

문항별 음절 조건		문항	아동의 반응	+/-
종성 없는 음절	V 구조	우유		
	CV 구조	모자		
종성 있는 CVC 음절	제 음가로 실현되는 종성을 가진 CVC 구조	장갑		
	7종성 외의 종성을 가진 CVC 구조	꽃밭		

6. 두운 및 각운 변별(rime awareness) 능력

가. 첫음절 같은 낱말 찾기(음절변별 과제: 두운)

"선생님이 낱말들을 들려줄 거예요. 잘 듣고 똑같은 소리로 시작하는 낱말이면 '같아요', 다른 소리로 시작하면 '달라요' 라고 말하세요."
(연습 문항) [아빠, 아기]: 오류 시 '아' 가 같은 소리라는 것을 알려 준다.

문항	아동의 반응	+/−
(1) 사자 사과		
(2) 기차 치마		
(3) 나무 나비		

나. 끝음절 같은 낱말 찾기(음절변별 과제: 각운)

"선생님이 낱말들을 들려줄 거예요. 잘 듣고 똑같은 소리로 끝나는 낱말이면 '같아요', 다른 소리로 끝나면 '달라요' 라고 말하세요."
(연습 문항) [오리, 다리]: 오류 시 '리' 가 같은 소리라는 것을 알려 준다.

문항	아동의 반응	+/−
(4) 휴지 바지		
(5) 모자 하마		
(6) 포도 시소		

다. 첫음소 같은 낱말 찾기(음소변별 과제: 두운)

"선생님이 낱말들을 들려줄 거예요. 잘 듣고 똑같은 소리로 시작하는 낱말이면 '같아요', 다른 소리로 시작하면 '달라요' 라고 말하세요."
(연습 문항) [개, 구]: 오류 시 'ㄱ' 가 같은 소리라는 것을 알려 준다.

문항	아동의 반응	+/−
(7) 나 소		
(8) 커 코		
(9) 국 달		

라. 끝음소 같은 낱말 찾기(음소변별 과제: 각운)

"선생님이 낱말들을 들려줄 거예요. 잘 듣고 똑같은 소리로 끝나는 낱말이면 '같아요', 다른 소리로 끝나면 '달라요' 라고 말하세요."
(연습 문항) [밥, 집]: 오류 시 'ㅂ' 가 같은 소리라는 것을 알려 준다.

문항	아동의 반응	+/−
(10) 밤 곰		
(11) 눌 돈		
(12) 컵 눈		

7. 음절 및 음운 생략(ellipsis) 지각력

가. 음절 (8)

"선생님이 말하는 낱말을 따라서 말해 보세요. 그런 다음 선생님이 말하는 소리만 빼고 다시 말해 보세요."
(연습 문항) 아동의 이름으로: 김철수 − 김=철수 / 김철수 − 수=김철

문항별 음절 조건			문항	아동의 반응	+/−
첫음절 생략 과제	종성 있는	합성어	반달−반		
		단일어	동전−동		
	종성 없는	합성어	새해−새		
		단일어	나무−나		
끝음절 생략 과제	종성 있는	합성어	강물−물		
		단일어	당근−근		
	종성 없는	합성어	무채−채		
		단일어	휴지−지		

나. 음소 (8)

"지금부터는 앞에서 한 것보다 더 작은 소리만 뺄 거예요." ('나'를 천천히 말해 준 후 아동에게 따라 하도록 한다.) 그럼 다음 '처음에는 어떻게 소리가 났었지요?' 그럼 '나'에서 첫소리 /ㄴ/를 빼면 어떻게 되나요?"

문항별 음소 조건		문항(정반응)	아동의 반응		+/−
			음가	이름	
음소 뺀 음절	초성 생략 과제	배−ㅂ(애)			
		춤−ㅊ(움)			
	종성 생략 과제	책−ㄱ(채)			
		방−ㅇ(바)			
음절 뺀 음소	초성 생략 과제	무−우(ㅁ)			
		담−암(ㄷ)			
	종성 생략 과제	집−지(ㅂ)			
		책−채(ㄱ)			

8. 음절 및 음소 분절(segmentation) 능력

가. 음절 (4)

"선생님이 하는 말을 따라해 보세요. 그리고 어떤 소리들로 되어 있는지 나누어서 말해 보세요."
(연습 문항) 아동의 이름으로: 김철수: 김 / 철 / 수

문항별 음절 조건		문항	아동의 반응	+/−
이음절 합성어	종성이 없는 합성어	코피		
	종성이 있는 합성어	김밥		
이음절 단일어	종성이 없는 단일어	비누		
	종성이 있는 단일어	빨강		

나. 음소 (4)

"지금부터는 더 작은 소리로 나누어 볼 거예요. 선생님이 하는 말을 따라해 보세요. 그리고 어떤 소리들로 되어 있는지 나누어서 말해 보세요."
(연습 문항) 나: ㄴ / ㅏ

문항별 음절 조건		문항	아동의 반응	+/−
무의미 일음절 낱말	종성이 없는 무의미 일음절 낱말	기		
	종성이 있는 무의미 일음절 낱말	턴		
유의미 일음절 낱말	종성이 없는 유의미 일음절 낱말	배		
	종성이 있는 유의미 일음절 낱말	목		

9. 창안적 쓰기(invented spelling) 능력

"이제 선생님이 말하는 글자를 ○○이가 연필로 써 보는 거예요. 잘 듣고 써 보세요."

문항별 음절 조건	문항(정반응)	아동의 반응	+/−
종성 없는 일음절 낱말	소(소)		
	비(비)		
제 음가로 실현되는 종성을 가진 일음절 낱말	책(책)		
	발(발)		
7종성 이외의 종성을 가진 일음절 낱말	앞(앞, 압)		
	옷(옷, 옺, 옻, 옫, 옽, 옿)		

10. 빠른 이름대기(rapid naming)

가. 이름 말하기

"선생님이 보여 주는 그림을 잘 보고 물건의 이름을 말해 보세요."
[그림] 별, 공, 컵, 눈, 발

나. 빠른 이름대기

"이제 방금 보았던 물건의 이름을 말할 거예요. 처음부터 끝까지 하나도 빠짐없이 이름을 말하는 거예요. 처음부터 끝까지 이름을 말하는데, ○○이가 할 수 있는 한 최대한 빨리 말하는 거예요. 그럼 '시작' 하면 바로 하는 거예요."

(시작 후 첫 줄에서 3회 이상 이름을 잘못 말하거나 건너뛰는 경우 말하기를 멈추게 한 후, 다시 시작한다.)

11. 숫자 회상(digit recalling) 능력

가. 바로 따라외우기

"선생님이 숫자들을 소리내어 말할 거예요. 잘 듣고 선생님이 말하고 난 다음에 그대로 따라서 말해 보세요. 선생님이 '9–3' 이라고 하면, 뭐라고 말해야 하지요?"

(틀리게 말하는 경우: "아니에요. 9–3이라고 해야 해요. 선생님이 9–3이라고 말했으니까, 그대로 따라하면 9–3이라고 해야 해요."

문항		아동의 반응	+/−
1	3 − 8		
2	2 − 6 − 5		
3	2 − 3 − 1 − 7		
4	8 − 5 − 3 − 4 − 9		

나. 거꾸로 따라외우기

"선생님이 여러 개의 숫자를 소리내어 말하면, 그것을 거꾸로 말해야 해요. 선생님이 '9–3' 이라고 하면, 뭐라고 말해야 하지요?"

(틀리게 말하는 경우: "아니에요. 3–9라고 해야 해요. 선생님이 9–3이라고 말했으니까, 그것을 거꾸로 말하면 3–9라고 해야 해요. 거꾸로 말하는 거예요. 3–9")

문항		아동의 반응	+/−
1	2 − 7		
2	5 − 9 − 4		
3	7 − 3 − 8 − 2		
4	9 − 7 − 1 − 2 − 5		

출처: 김영태, Lombardino, 2006에서 발췌 및 보완한 것임.

3. 낱말재인 능력의 발달

낱말재인(word recognition)은 문자로 쓰인 글을 보고, 그 기저가 되는 음운규칙을 적용하여 낱말을 인식하는 것이다. 그러므로 아동이 글을 읽고 그 내용을 이해하기 위해서는 낱말재인 능력이 필수적이다. 한글은 음절 문자이기 때문에 한글을 제대로 읽기 위해서는 자소-음소 대응(예: '국' 에서의 받침 "ㄱ"을 /ㄱ/로 소리내어 읽기)에 대한 음운인식뿐 아니라, 음절과 음절 사이에서 자소를 음소로 변환하는 과정에서 일어나는 소리의 변화(예: '국민' 의 받침 "ㄱ"을 /ㅇ/으로 소리내어 [궁민]으로 읽기)에 대한 음운규칙 인식도 요구된다(이광오, 1996). 그러므로 한글의 낱말재인에서는 음운인식에 관한 지식과 더불어 음운변동에 대한 지식과 그의 적용이 중요하다고 할 수 있다.

음운규칙의 발달이 완성된 성인을 대상으로, 한글 낱말을 재인할 때 음운규칙이 적용되는 정도를 고찰해 본 선행연구(이해숙, 김정오, 2003; 이광오, 1996; 임유경, 2006)는 필수적으로 적용되어야 하는 음운규칙이라 하더라도 그 적용 정도에 차이가 있다고 보고하였다. 이러한 결과를 통해 실제로 성인들이 사용하고 있는 현실 언어에서는, 음운규칙이 예외 없이 적용된다고 규범으로 정해져 있는 낱말이라 할지라도 모든 사람들이 같은 방식으로 발음하지 않음을 알 수 있다(임유경, 2006). 또한 이러한 연구는 동일한 음운규칙이어도 낱말의 의미 유무에 따라(유의미 낱말과 무의미 낱말) 음운규칙별로 적용되는 정도에 차이가 있음을 시사한다.

Coltheart(1978, 2006)는 낱말을 재인할 때 있어 2개의 경로, 즉 시각경로와 음운경로가 사용된다고 설명하였다. 시각경로에서는 철자로부터 추출된 시각적인 정보에 근거해서 심성어휘집(mental lexicon)에 있는 낱말에 바로 접근한다. 그러나 음운경로에서는 철자정보가 우선 자소-음소 대응 규칙에 의해 음운정보로 변환된 후 그 음운정보에 근거하여 심성어휘집에 있는 낱말에 접근한다. 이 두 경로는 병렬적으로 활성화되지만 숙련된 독자가 친숙한 낱말(고빈도 낱말)을 처리할 때는 자소에서 해당 어휘집으로의 연결강도가 강하고 속도가 빠른 시각경로를 우선적으로 사용하는 반면, 친숙하지 않은 낱말(저빈도 낱말)이나 무의미 낱말을 처리할 때는 비교적 느린 음운경로를 사용한다고 본다. 따라서 이중경로모형(dual route model)에 따르면 자소와 음소의 대응이 불규칙한 낱말(음운규칙이 적용되는 낱말)을 재인할 때 낱말의 의미 유무에 따라 경로의 선택이 달라진다. 즉 유의미 낱말(친숙성이 높은 낱말)은 시각경로를 통해 심성어휘집에 도달한 후 그 낱말의 음운정보(어휘정보의 일부)를 사용하여 발음하지만 무의미 낱말(친숙성이 낮은 낱말)

표 1-17 학년과 낱말의 의미 유무에 따른 음운규칙별 적용도 변화

학년	음운규칙명	유의미 낱말		무의미 낱말	
		평균(%)	표준편차	평균(%)	표준편차
2	1) 격음화	77.19	28.98	37.88	24.76
	2) ㄹ 뒤의 ㄷ, ㅅ, ㅈ 경음화	89.47	13.85	34.09	29.31
	3) 폐쇄음 뒤의 경음화	91.23	15.08	53.79	29.06
	4) 유음화	56.14	30.03	3.79	10.20
	5) 연음화	88.60	20.07	37.12	27.18
	6) 유음의 비음화	81.58	20.71	51.52	35.23
	7) 폐쇄음의 비음화	93.86	11.40	68.94	29.23
	8) 폐쇄음의 비음화 + 유음의 비음화	80.70	20.23	40.15	31.98
	총 음운규칙 적용도	82.35	6.19	40.90	16.94
	인원(명)	19		22	
5	1) 격음화	94.44	13.26	58.33	27.84
	2) ㄹ 뒤의 ㄷ, ㅅ, ㅈ 경음화	88.89	17.74	54.17	28.03
	3) 폐쇄음 뒤의 경음화	84.92	15.73	70.00	19.94
	4) 유음화	46.82	23.93	19.17	24.35
	5) 연음화	86.51	15.47	69.17	27.19
	6) 유음의 비음화	82.54	24.42	49.17	29.85
	7) 폐쇄음의 비음화	96.83	8.53	90.00	11.34
	8) 폐쇄음의 비음화 + 유음의 비음화	83.33	14.91	45.00	31.11
	총 음운규칙 적용도	83.04	7.91	56.88	12.15
	인원(명)	21		20	

출처: 임유진, 김영태, 2008.

은 자소-음소 대응 규칙을 사용하는 음운경로를 통해 발음하게 되므로 음운규칙의 적용도에 차이를 가져올 수 있다. 이러한 이중경로모형은 읽기장애를 다룬 제2장에서 좀 더 자세히 살펴볼 것이다.

임유진과 김영태(2008)는 우리말의 2음절 낱말에서 일어나기 쉬운 여덟 가지 음운규칙에 대한 초등학생들의 음운규칙 적용 능력을 분석하여 학년 간 차이가 있음을 보고하였다. 초등학교 2학년과 5학년 82명을 대상으로 무의미 낱말과 유의미 낱말 읽기를 실시한 결과, 두 학년 모두 유의미 낱말의 총 음운규칙 적용도가 무의미 낱말의 총 음운규칙 적용도보다 높았으며, 유의미 낱말은 학년 차이가 유의하게 나타나지 않았으나

무의미 낱말은 학년 차이가 유의하게 나타났다. 〈표 1-17〉에서 볼 수 있는 것처럼, 유의미 낱말에서는 2학년 및 5학년 아동이 '유음화'를 제외하고는 모두 70% 이상의 규칙적용률을 보였으나, 무의미 낱말에서는 학년 간, 규칙 간에 차이가 많이 나타났다. 즉 2학년 아동이 무의미 낱말에서도 50% 이상 정확하게 적용하는 음운규칙은 폐쇄음의 비음화, 폐쇄음의 경음화, 그리고 유음-비음화인데, 5학년이 되면 그 외에도 격음화, 'ㄹ' 뒤의 경음화, 연음화에서도 50% 이상 정확하게 적용하게 되었다. 5학년이 되어도 무의미 낱말뿐 아니라 유의미 낱말에서도 가장 낮은 적용률을 보이는 음운규칙은 '유음화'로 나타났다.

이와 같은 결과는 연령이 어린 아동일수록 자소-음소 일치 정보에 따른 낱말재인의 접근 방식을 취하는 반면 연령이 증가할수록 자동적인 시각적 직접 처리를 통해 낱말재인을 한다는 것을 시사한다(Bruck, 1990). 즉 저빈도 낱말과 유사한 무의미 낱말을 읽을 때, 연령이 보다 어린 2학년 아동은 자소-음소 일치 정보를 더 사용하여 낱말을 재인한다고 볼 수 있다. 반면 낱말 읽기 경험이 축적되고 음운규칙의 지식이 증가한 5학년 아동은 무의미 낱말을 읽을 때도 직접적인 시각 처리를 통해 낱말을 읽으려고 시도하므로 음운규칙의 적용이 높아진다고 할 수 있다.

Kamhi와 Catts(2012)는 낱말재인 능력을 평가할 때 다음과 같은 하위 능력들이 포함되어야 한다고 제안한다.

- 낱말 읽기 정확도(word-reading accuracy): 낱말 읽기는 단독으로 제시하거나 문맥을 같이 제시하여 얼마나 정확하게 읽는지를 평가한다. 읽기장애의 경우 문맥에 의존해서 읽기를 하는 경우가 많기 때문에 문맥이 없는 과제와 있는 과제에서의 수행력 차이를 보는 것도 중요하다. 〈표 1-18〉에서 제시한 2음절 낱말 읽기 과제는 문맥 없이 낱말 읽기의 정확도를 평가하는 과제의 예라고 할 수 있는데, 우리 아동의 경우 단단어 수준에서 자주 나타나는 여덟 가지 음운규칙을 어느 정도 정확하게 적용하여 읽는지 정도는 평가하는 것이 바람직하다.
- 음운 해독 기술(phonemic decoding skill): 음운 해독 기술은 앞서 기초적인 음운인식 발달에서 살펴본 것처럼, 음운인식에 기초하여 자소와 음소를 어떻게 대응해서 읽어 내는지를 평가하는 것이다.
- 읽기유창성(reading fluency): 읽기유창성은 막힘이나 주저함 없이, 얼마나 자연스럽게 읽을 수 있는가를 보는 것이다. 읽기유창성은 기본적으로 낱말을 인식해서 어

표 1-18 8개 음운규칙 적용 능력을 평가하는 2음절 낱말 읽기 과제

음운규칙 범주	음운규칙명	유의미 낱말		무의미 낱말	
		과제 낱말	음운규칙이 적용된 발음	과제 낱말	음운규칙이 적용된 발음
격음화	격음화	국화	구콰	석한	서칸
		낙하	나카	닥혼	다콘
		식혜	시켸	덕후	더쿠
		약혼	야콘	법함	버팜
		입학	이팍	납히	나피
		집합	지팝	읍해	으패
경음화	ㄹ뒤의 ㄷ, ㅅ, ㅈ 경음화	갈색	갈쌕	날정	날쩡
		결석	결썩	살두	살뚜
		벌집	벌찝	실대	실때
		빨대	빨때	을송	을쏭
		열쇠	열쐬	철삼	철쌈
		철새	철쌔	할조	할쪼
	폐쇄음 뒤의 경음화	급식	급씩	객발	객빨
		꽂게	꼳께	납도	납또
		박자	박짜	숙도	숙또
		박쥐	박쮜	입잠	입짬
		복도	복또	작종	작쫑
		책상	책쌍	흡새	흡쌔
유음화	유음화	난로	날로	돈란	돌란
		난리	날리	인라	일라
		논리	놀리	준락	줄락
		달님	달림	질낙	질락
		설날	설랄	철놀	철롤
		칼날	칼랄	할닙	할립
연음화	연음화	군인	구닌	길악	기락
		녹음	노금	닥인	다긴
		놀이	노리	볼입	보립
		발음	바름	잔오	자노
		음악	으막	찹앙	차방
		참외	차뫼	척음	처금

비음화	유음의 비음화	경례	경녜	낭리	낭니
		공룡	공뇽	뱅라	뱅나
		삼류	삼뉴	점린	점닌
		음료	음뇨	첨리	첨니
		정리	정니	탐루	탐누
		종류	종뉴	항루	항누
	폐쇄음의 비음화	국물	궁물	각낙	강낙
		밥맛	밤맏	곡만	공만
		식물	싱물	삭능	상능
		작년	장년	섭미	섬미
		직녀	징녀	속막	송막
		학년	항년	축누	충누
	폐쇄음의 비음화 + 유음의 비음화	식량	싱냥	극리	긍니
		입력	임녁	법래	범내
		목록	몽녹	삽론	삼논
		속력	송녁	습리	슴니
		착륙	창뉵	식로	싱노
		폭력	퐁녁	핵라	행나

출처: 임유진, 김영태, 2008을 수정 보완함.

느 정도 정확하게 읽게 된 후에 중요한 역할을 하게 되므로, 2~3학년 정도에 특히 중요한 읽기평가의 요소라고 할 수 있다(Kamhi & Catts, 2012).

4. 읽기 이해력의 발달

읽기 이해력(reading comprehension)은 글로 표현된 것을 소리내어 읽거나(음독: oral reading), 속으로 읽으면서(묵독, silent reading) 그 의미까지 파악하는 능력을 포함한다. 그리므로 읽기 이해력은 연령에 따라서 그 하위기술에 대한 의존도가 달라진다고 할 수 있다. 예를 들어, 유치원이나 1학년 아동에게는 기초 음운인식과 포닉스(소리-글자 대응: phonics) 능력이 중요하지만, 초등학교 고학년으로 가면서는 글의 구조나 이야기 전개에 대한 이해 능력이 중요하게 된다. Owens(2010)는 읽기 이해력을 평가하기 위해서는 읽기 이해의 기초가 되는 어휘력과 듣고 이해하기 능력, 그리고 이야기 기술 능력도 같이 분석할 필요가 있다고 제안하였다. 읽기 이해력을 평가할 때는 다음과 같은 다양한 과제들이 활용된다.

- 이야기 요약하기
- 이야기 중심내용 파악하기
- 이야기 결말 예측하기
- 이야기 속 참조적 표현 파악하기
- 이야기 내용 추론하기

초등학교 2~5학년의 읽기 이해력 발달을 분석한 황진애, 김영태와 이주연(2007)의 연구에서는 읽기 이해력의 구성요소를 중심내용 파악하기, 참조적 표현(대용어) 파악하기, 이야기 전개 추론하기로 구분하여, 그 발달 양상을 보고하였다. [그림 1-5]에서 볼 수 있는 것처럼, 전반적인 읽기 이해 정확도는 2학년과 3, 4, 5학년 사이에 통계적으로 유의한 증가를 보였으며, 중심내용파악 능력은 2학년과 4, 5학년 사이에, 참조 능력 및 추론 능력은 2학년과 3, 4, 5학년 사이에 유의한 증가를 보였다. 또한 읽기 이해력 구성요소들과 가장 높은 상관관계를 가지는 언어 능력은 수용어휘력 및 표현어휘력으로 나타났다.

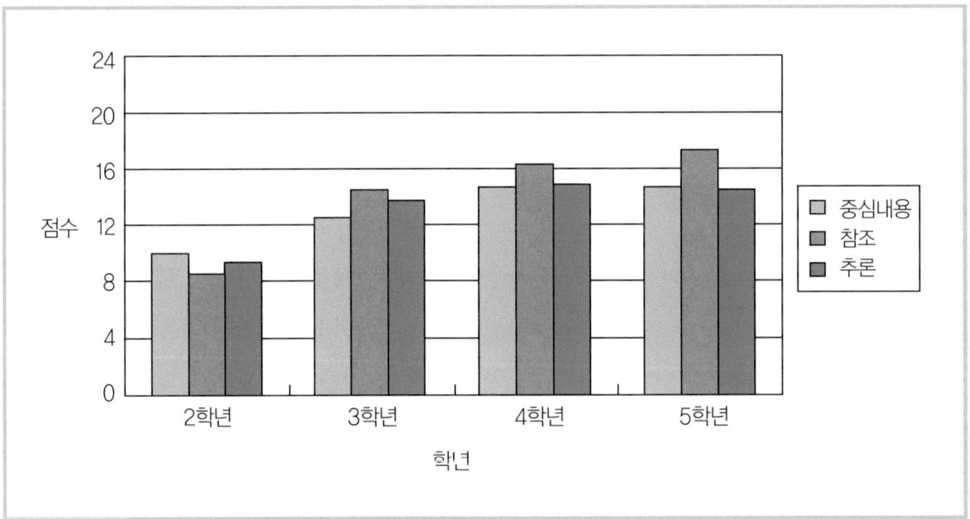

그림 1-5 학년별 읽기 이해력 구성요소 점수

출처: 황진애, 김영태, 이주연, 2007.

제2장 아동언어장애의 특성

아동언어장애는 언어의 영역별로 의미론, 구문론, 그리고 화용론적인 결함으로 나누어서 고찰해 볼 수 있다. 또한 동반장애의 유형에 따라 공통적인 언어 특성을 살펴볼 수도 있다. 본 장에서는 ① 언어의 영역에 따른 언어결함의 특성을 고찰하고, ② 언어 능력에만 결함을 보이는 단순언어장애(SLI)를 살펴본다. 또한 ③ 언어장애가 흔히 동반되는 지적장애, 자폐, 그리고 청각장애의 언어 특성을 고찰하도록 한다.

I. 언어영역별 장애유형의 특성

1. 의미론적 결함

언어의 의미론적 측면은 말의 의미와 가장 관련이 깊은 영역으로 말의 이해 및 내용에 관한 것이다. 그러므로 언어의 의미론적 측면을 연구하는 연구자들은 아동이 어떠한 문장의 구성적인 요소(즉 낱말이나 의미관계)를 이해하고 사용하는가에 관심을 갖는다. 흔히 의미론은 낱말이나 어휘와만 연관되는 것으로 생각하기 쉬우나 문장에 내포된 낱말들 사이에서 이루어지는 의미적인 관계도 이 영역에 포함된다. 언어의 의미론적인 측면을 고찰한 논문들은 주로 정상 또는 언어장애아동의 표현어휘 및 수용어휘 수, 어휘다양도, 의미관계 발달, 그리고 인지발달과의 관계 등을 분석한다. 언어의 의미론적 측면에 결함이 있는 아동은 다음과 같은 문제를 나타낼 수 있다(Freeman & Carpenter, 1976; Leonard, Bolders, & Miller, 1976).

- 낱말의 뜻이 은유적으로 쓰일 때 그것을 이해하지 못하며, 은유적인 표현도 제한되어 있다. 예를 들어, "내 얼굴에 먹칠을 하지 말아라"라는 말에 대해서 "닦으면 되지요"라고 말한다.
- 말하는 사람의 입장에서 표현되는 의미를 자기의 입장으로 전환시키는 데 어려움을 나타내므로 상대어(예: 여기-저기, 이-저)의 이해나 사용에 어려움을 보인다.
- 때때로 신어(신조어, neologisms)를 사용하기도 하는데, 이러한 신어는 목표낱말의 음절을 섞어서 사용하는 '구조적 신어', 유사한 뜻을 가진 다른 낱말을 사용하는 '의미적 신어', 그리고 유사한 소리가 나는 낱말을 사용하는 '음운적 신어' 등의 형태를 띤다.
- 가상적인 낱말의 사용을 이해하지 못한다. 예를 들어, 고유의 이름이 없는 사물에 가상적인 이름을 붙이거나, 고유의 이름이 있는 사물에 가상적인 이름을 붙여 명명하지 못한다. 예를 들어, "이게 의자라고 치고 여기에 앉자"라고 했을 때 "이건 돌이지 의자가 아니야"라고 할 수도 있다(Wood, 1981).
- 범주(category)를 나타내는 낱말에 대한 이해나 표현에 어려움을 나타낸다.
- 수용어휘 및 표현어휘의 수와 의미관계의 유형이 제한되어 있다. 몇몇 연구에서는 언어장애가 있는 아동은 일반 또래아동에 비해서 느린 속도로 의미관계를 배우지만, 그 발달상의 위계는 비슷한 것으로 보고하였다(Freeman & Carpenter, 1976; Leonard, Bolders, & Miller, 1976).
- 기능적인 낱말들(예: 사회어)은 그것이 지닌 의사소통적 영향력 때문에 쉽게 배우더라도 실체나 행위, 수식 등의 내용을 담은 낱말의 사용은 제한될 수 있다.
- 만지거나 조작할 수 있는 사물에 대한 낱말들에 비하여 동작이나 과정 또는 상태를 나타내는 낱말의 사용이 제한될 수 있다.
- 2~3세 아동의 의미발달과정에서 잠시 나타나는 과대 또는 과소 일반화 현상을 오래도록 보일 수도 있다.
- 낱말의 이름을 상기하는 데 어려움을 나타내기도 하는데, 이런 경우 낱말의 이름

보다는 그 낱말의 감각적, 기능적 특징만을 설명하기도 한다.

- 접속문의 의미를 이해하는 데 어려움을 나타낸다. 예를 들어, "철이와 영은이가 학교에 갔다"라는 문장에서 '철이'가 학교에 간 것은 이해하지만 '영은이'가 학교에 간 것은 이해하지 못할 수도 있다.

2. 구문론적 결함

언어의 구문론적 측면이란 말의 언어학적 구조와 가장 관련이 깊은 영역으로 형태소 및 낱말의 나열과 그들이 통합하여 구, 절, 문장 등을 이루는 방법을 의미한다. 낱말을 순서대로 나열하는 것이 가장 먼저 나타나는 문장의 형태이다. 대부분 18~24개월이 되면 2낱말 이상을 결합시켜 문장을 만들기 시작한다. 아동은 낱말의 적합한 나열 방법을 습득하는 것 외에도 문법형태소들을 습득하여야 한다. 그리고 점차로 접속사를 사용하는 복문의 형태도 습득하여야 한다. 구문론적인 결함의 예에는 다음과 같은 것들이 있다.

- 낱말이나 문장에서 그 뜻이나 문법적 유형을 바꾸어 주는 문법형태소들을 이해하거나 표현하는 데 어려움을 나타낸다. 이러한 문법형태소들에는 격조사(주격, 목적격, 처소격, 관형격 등), 어말 어미(존칭), 선어말 어미(시제, 부정 등)들이 있다. 예를 들어, 어떤 아동이 문장의 뜻을 어순에만 의존하고 주격 및 목적격조사 '가'와 '를'의 역할을 이해하지 못한다면 "토끼를 사자가 잡아먹었다"라는 문장에서 주어를 '토끼'로, 목적어를 '사자'로 생각할 것이다.
- 낱말의 순서를 바꾸어 문장을 만드는 경우가 많다.
- 문장의 평균발화길이(mean length of utterance)가 짧다. 이러한 아동은 최소의 낱말들, 주로 내용어만을 사용하여 문장을 만드는 경향이 있으며, 낱말이 결합된 문장이나 접속문의 사용에 어려움을 나타낸다. 이런 경우 구문론적인 결함도 동반하기 쉬운데, 언어장애아동은 문장이 아닌 2~3낱말 구의 형태를 오래 사용한다.
- 복문을 이해하거나 표현하는 데 어려움을 나타낸다. 특히 내포문에서 주절과 종속절의 관계를 이해하여 문장 전체의 뜻을 파악하는 데 어려움을 나타낸다. 이러한 아동은 흔히 중문이나 복문의 사용이 제한되어 있으며 단문만을 주로 사용한다. 예를 들어, "놀러 가도 된다고 엄마가 허락하셨다"라는 문장을 듣고도 엄마가 싫

어하기 때문에 놀러갈 수 없다고 한다.

3. 화용론적 결함

언어의 화용론적 측면이란 실제 상황적 문맥에서 말하는 사람과 듣는 사람 사이에 사용되는 말의 기능을 의미한다. 그러므로 화용론적 능력이란 말하는 사람에게 있어서는 듣는 사람의 의도를 인식하고 이해하는 능력을 의미하며, 듣는 사람에게 있어서는 말하는 사람의 의도를 인식하고 이해하는 능력을 의미한다. 정상적인 아동은 3세 정도가 되면 대화를 부드럽게 이끌어 나가는 대화의 규칙이나 과정들에 대한 이해가 많이 발달한다. 그러나 실제로 아동은 언어를 통한 의사표현이 있기 전인, 약 10~12개월 정도에 언어이전기 의사소통 행위, 즉 화행(話行, speech acts)을 발달시킨다. 이러한 화행은 아직 언어학적인 형식을 갖추지는 못하고 있지만 나중에 언어로 대치되는 언어의 전형이기 때문에 매우 중요하다.

화용론적인 결함은 언어의 화용론적인 측면에의 발달이 늦거나 특이한 형태를 나타내는 것이다. 이러한 결함은 언어의 다른 측면(특히 의미론)에의 결함을 동반하기도 하고 독립적으로 나타나기도 한다. 어떤 경우에는 의미론이나 구문론적 결함보다도 더 '비정상적' 이거나 '불손한' 느낌을 주기도 한다. 화용론적 결함을 나타내는 예는 다음과 같다.

- 말을 이해하고 표현하는 데 있어서 너무 직설적이고 융통성이 없다. 이러한 아동은 앞 문장에 내포된 잠정적인 정보를 이용하는 데 어려움을 나타낸다. 문맥의 단서보다는 현재의 문장에 표면적으로 드러나는 개개 낱말의 의미에만 치중하는 경향이 있다.
- 원인-결과 관계를 이해하는 데 결함을 나타내기 때문에 이야기 전체의 의미를 분석하거나, 종말을 추측하거나, 모순점을 찾으라는 과제에 대하여 어려움을 나타낸다. 예를 들어, "어떤 아이가 배가 고파서 시장에 갔는데, 거기에는 신발가게, 빵가게, 옷가게들이 있었대. 그 아이는 어떤 가게에 제일 먼저 들어갈까?" 라는 질문에 "신발가게요" 라고 한다면 아동이 낱말 하나하나는 이해하더라도 문장의 논리를 이해하지 못한 것이라고 볼 수 있을 것이다.
- 간접적인 표현이나 완곡한 표현을 이해하지 못한다.

- 의사소통 순서를 잘 지키지 못하여 상대방이 말하는 도중에 끼어들거나, 대답을 기다리지 않고 질문만 하기도 한다.
- 제한된 의사소통 기능만을 나타낸다. 예를 들어, 물건이나 행동을 요구하기는 하지만 자발적으로 정보를 요청하거나 의견을 표현하지는 않는다.
- 상대방의 비언어적 의도를 파악하는 데 어려움을 보인다. 특히, 얼굴표정이나 강세, 억양 등에 전달되는 비언어적인 의도를 파악하지 못한다.
- 상대방의 전제나 가정에 대한 인식이 부족하다.
- 인칭(예: 나-너), 위치(예: 여기-저기), 시간(예: 아까, 이따가) 등을 나타내는 상대어나 지시어, 관계어 등의 사용에 결함을 보인다.
- 의미론적 결함이 동반된 경우에는 상대방의 말을 부분적으로 또는 완전히 반복하는 반향어(echolalia)나 기계적인 상투어의 사용을 보이기도 한다.

II. 단순언어장애

2013년 미국정신의학협회(American Psychiatric Association)가 발표한 정신질환 진단 및 통계 편람(Diagnostic and Statistical Manual of Mental Disorders: DSM-5)에 따르면 언어장애(language disorder)는 말소리장애(speech sound disorder), 아동기 발병 유창성장애(childhood-onset fluency disorder), 사회적 화용 의사소통장애(social pragmatic communication disorder)와 함께 의사소통장애(communication disorder) 범주에 포함된다. 즉 의사소통장애 범주를 ① 언어장애, ② 말소리장애, ③ 아동기 발병 유창성장애, ④ 사회적 화용 의사소통장애, ⑤ 기타 의소통장애의 하위범주로 나누었다. 이전 버전인 DSM-IV-TR(2000)과 달라진 점 중 하나는 이전 버전에서 단순언어장애를 표현언어장애(expressive language disorder)와 표현-수용언어장애(expressive-receptive language disorder)의 하위유형으로 구분했던 것과 달리 새로운 버전에서는 이 둘이 언어장애라는 하나의 하위 유형으로 합쳐졌다는 것이다. 또한 행동문제 없이 화용적 의사소통 능력에만 결함을 보이는 아동을 '사회적 화용 의사소통장애'라는 별도의 범주로 구분했다는 것이다.

그러므로 새로운 언어장애의 진단 준거는 '이해와 산출에서의 결함으로 인하여 다양한 양식(예: 구어, 문어, 수화 등)에 걸친 언어의 습득과 사용에 있어서의 지속적인 어려움'

과 '현저하고 정량적으로' 평균보다 낮은 언어 능력을 포함한다. 새로운 사회적 화용 의사소통장애의 진단 특징은 ① 사회적 목적으로 의사소통을 하는 데 결함을 보이고, ② 대화 상대자의 필요나 문맥에 따라 조율하는 의사소통 능력에 결함을 보이며, ③ 대화와 이야기 규칙을 따르는 데 결함을 보이고, ④ 추론이나 상위언어 능력이 필요한 간접적인 표현이나 속담, 농담, 비유어를 이해하는 데 어려움을 보이는 것이다.

비록 단순언어장애(Specific Language Impairments: SLI)라는 용어가 광범위한 분야의 연구에서 사용되고는 있지만 아직까지 그 진단 기준의 견고성(robustness)과 타당성에 대한 전문가들의 합의가 이루어진 것은 아니다(ASHA, 2012). 선행연구들은 단순언어장애의 개념에 질적으로 명확하게 일치하는 집단을 찾아내기가 쉽지 않다는 것을 보여 준다. 이는 임상에서 쉽고 정확하게 사용할 수 있는 진단도구의 부재와도 관련되는데, 현재의 언어장애 진단도구들은 다양한 집단(예: 이중언어사용집단)에서 사용하기에 문화적으로나 언어적으로 적절하지 않을 수 있다(Girbau & Schwartz, 2008; Gutiérrez-Clellen & Simon-Cereijido, 2010; Lee, Kim, & Yim, 2013; Thorn & Gathercole, 1999; Windsor, Kohnert, Lobitz, & Pham, 2010). 본문에서는 아직은 보편적으로 사용되고 있는 '단순언어장애' 라는 용어로 언어장애를 설명하고자 한다.

단순언어장애아동은 언어 능력과 관련된 요인들, 예를 들면 지능이나 청력, 신경학적 손상과 같은 영역에는 전혀 문제가 없이 언어발달에만 문제를 보이는 아동을 말한다. 그러므로 지적장애나 자폐증, 뇌성마비, 청각장애 등과 같이 아동기에 관찰되는 발달장애로 인해 언어 이해나 표현에 문제를 보이는 아동은 단순언어장애라 할 수 없다.

단순언어장애를 판별하는 기준은 학자들마다 약간의 차이를 보이나 대체로 주요 내용에서는 일치를 보이고 있다. 그중 Leonard(1998)가 제시한 단순언어장애의 조건을 보면 다음과 같다. 첫째, 언어 능력이 정상보다 지체되어야 한다. Leonard는 표준화된 언어검사를 실시하였을 때 그 결과가 최소한 -1.25 표준편차(*SD*) 이하에 속하여야 한다고 제시하였다. 둘째, 지능이 정상 범주에 속하여야 한다. Leonard는 비언어성 지능검사로 측정한 지능지수가 85 이상이어야 한다고 제시하였다. 셋째, 청력에 이상이 없어야 하며, 진단 시 중이염을 앓고 있지 않아야 한다. 넷째, 간질이나 뇌성마비와 같은 뇌손상 및 신경학적 이상을 보이지 않아야 하며, 간질이나 신경학적인 문제로 인해 약물을 복용한 경험도 없어야 한다. 다섯째, 말 산출과 관련된 구강구조나 기능에 이상이 없어야 한다. 마지막으로, 사회적 상호작용 능력에 심각한 이상이나 장애가 없어야 한다.

이처럼 단순언어장애아동은 언어를 제외한 영역에서는 두드러진 문제를 나타내지 않으면서, 언어영역에서만 일반아동에 비해 발달에 지체 또는 일탈된 특성을 나타내기 때문에 언어발달장애아동을 치료하는 임상가들에게는 물론, 언어습득 및 발달에 관심을 갖는 학자들에게도 관심의 대상이 되어 왔다(진단 기준으로서의 단순언어장애 범주에 대한 다른 의견으로는 Rescola, 2009; Tomblin, 2011; Dollaghan, 2004, 2011 등 참조). 다음에서는 선행연구의 결과를 중심으로 단순언어장애아동의 언어특성을 언어영역별로 살펴보고자 한다.

1. 의미적 특성

1) 어휘적 특성

단순언어장애아동의 어휘발달 특성 중 가장 두드러진 것은 초기 낱말 산출의 지체이다. 일반아동은 대체로 생후 1년경에 첫 낱말을 산출하는 반면, 단순언어장애아동은 2세 가까이 되어서야 첫 낱말을 산출하는 경우가 많다(Trauner et al., 1995). 이처럼 초기 낱말 산출에서는 지체를 보이나, 산출한 낱말 유형은 나이가 어린 일반아동이 산출한 것과 거의 유사한 형태를 나타낸다. Leonard 등(1982)은 단순언어장애아동이 초기에 산출한 낱말들을 유형별로 살펴보았는데, 사물 이름과 같은 보통명사가 전체의 55%, 행동이나 사물의 속성을 나타내는 표현은 12% 정도로 일반아동이 초기에 산출한 낱말 패턴과 유사한 것이었다고 보고하였다. 그러나 단순언어장애아동은 동사를 습득하고 사용하는 데에 특히 어려움을 보인다고 보고한 연구들도 있다. Watkins 등(1993)은 학령전기 단순언어장애아동이 언어 표현 수준이 유사한 일반아동에 비하여 동사를 더 제한되게 사용하였다고 보고하였다. 그리고 Rice, Buhr와 Nemeth(1990)의 연구에서도 단순언어장애아동이 동사의 습득에 어려움을 보였다는 결과를 제시하였다. 연구자들은 동사가 다른 낱말에 비하여 구문적 속성이 강하기 때문에 단순언어장애아동이 습득 및 사용에 특히 어려움을 보이는 것이라고 설명하고 있다. 또한 선행연구들을 메타 분석한 결과에서도, 단순언어장애아동이 생활연령 일치 집단은 물론 언어연령 일치 집단보다도 동사 습득에서 어려움을 보이는 것으로 나타났다(Kan & Windor, 2010). 즉 단순언어장애아동은 의미 및 구문적 정보를 처리하는 데에 취약하기 때문에 새로운 동사의 의미를 유추하기 위하여 형태구문적 정보를 사용하는 데에 어려움을 보인다고 주장했다(Eyer et al., 2002).

단순언어장애아동은 초기 낱말 산출뿐 아니라 이후의 어휘발달에서도 지체를 나타낸다. 2~8세까지의 수용어휘 능력 발달 패턴을 살펴본 연구에서 단순언어장애아동 집단은 일반아동 집단보다 2년 정도 지체된 시작을 보였지만, 일단 낱말을 이해하기 시작한 이후부터는 일반아동과 유사한 습득 속도와 패턴을 보였다(Rice et al., 2006, 2010). 그러나 더 빠른 속도로 습득하지는 못했기 때문에 정상 또래와의 격차는 그대로 유지되었다(Rice, 2013). Leonard는 그의 동료들(1987, 1988, 1989)과 함께 단단어 시기에 있는 단순언어장애아동의 어휘학습 능력을 연구한 결과 단순언어장애아동은 새로 학습한 낱말을 새로운 사물에 확장해서 산출하는 능력이 뒤떨어졌다고 보고하였다. 이에 대해 Rice, Buhr와 Nemeth(1990)나 Rice, Buhr와 Oetting(1992)은 단순언어장애아동이 빠른 이름 연결하기 능력(fast mapping)이나 낱말 간의 연합(association)을 형성하는 능력이 일반아동에 비해 뒤떨어지기 때문이라고 설명하였다. 단순언어장애아동의 초기 어휘학습 능력에 대한 28개의 논문을 분석한 메타연구 결과, 단순언어장애아동은 동일 연령의 또래 집단보다는 낮은 수행을 보였으나, 언어 연령 일치 집단과는 전반적으로 유사한 수행 능력을 보였다(Kan & Windor, 2010). 또한 단순언어장애아동의 수용언어 능력이 낮을수록, 비언어성 지능이 낮을수록, 그리고 아동의 연령이 어릴수록 또래 집단과의 차이가 크게 나타났다. 새로운 낱말에 노출된 정도 또한 낱말 학습 결과에 영향을 주었다. 이는 단순언어장애아동이 확실한 음운 표상을 발달시키고, 형태-의미 연합(form-meaning association)을 이루기 위해서 또래보다 좀 더 많은 노출을 필요로 하는 것일 수도 있음을 보여 준다(Gray, 2004; Riches, Tomasello, & Conti-Ramsden, 2005). 연구에서 단순언어장애아동 집단은 연령을 일치시킨 또래 집단과 동일한 수준의 습득을 위하여 새로운 낱말에 2~3배 많이 노출되어야 했다(Gray, 2003; Rice et al., 1994). Alt와 동료들(Alt & Plante, 2006; Alt, Plante, & Creusere, 2004)은 취학전 단순언어장애아동의 경우 새로운 낱말 학습 과제에서 또래보다 더 적은 수의 의미적 특징들을 부호화한다는 것을 발견했다.

단순언어장애아동의 어휘발달과 관련해서 많이 보고되는 또 다른 특성은 이러한 아동이 낱말찾기(word-finding)에서 문제를 겪는다는 점이다(이윤경, 김영태, 2002; Leonard et al., 1983; McGregor & Leonard, 1995). 낱말찾기 장애는 어떤 상황이나 자극이 주어졌을 때 특정한 낱말을 빠르고 정확하게 산출하는 데 어려움을 갖는 것으로, 필요한 때 적절한 낱말을 찾아내지 못하기 때문에 머뭇거림이나 에둘러 표현하기, 구체적이지 않고 모호하게 표현하기와 같은 행동들을 많이 보이게 된다. Lahey와 Edwards(1999)의 이름대기 실험에서 단순언어장애아동은 정상발달하는 또래와 비교하여 의미와 관련된 오류

('신발' 대신 '발')를 더 많이 산출하였는데, 이러한 의미적 오류는 낱말찾기 결함(Word-Finding Deficit: WFD)을 가진 아동이 보이는 뚜렷한 특징이다(McGregor, 1997). 더 나아가 McGregor, Newman, Reilly와 Capone(2002), 그리고 McGregor와 Appel(2002)은 이름대기 오류와 ① 낱말 정의하기 및 ② 낱말을 표현하는 그림그리기의 관계를 조사하였다. 연구 결과, 둘 다 의미적 오류 및 "몰라요" 반응과 관련이 있었다. 연구자들은 낱말 정의하기를 통하여 아동의 의미 표상의 발달을 평가할 수 있다고 제안하였다. 이처럼 단순언어장애아동이 낱말찾기에 장애를 보인다는 연구 결과들은 단순언어장애아동이 나타내는 언어문제가 단지 습득에서의 지체 문제만은 아닐 수 있음을 시사해 준다.

2) 의미관계적 특성

단순언어장애아동의 의미관계 특성 연구는 어휘연구에 비하여 상대적으로 소수에 불과하나 낱말 산출 연구 결과와 마찬가지로 단순언어장애아동은 첫 낱말 습득은 물론 낱말조합도 일반 또래아동에 비해 지체된다고 보고하고 있다. Trauner 등(1995)은 일반적으로 일반아동은 18개월을 전후하여 낱말을 조합하기 시작하는 반면, 단순언어장애아동의 경우 37개월경에 이르러서야 낱말을 조합하기 시작하였다고 보고하였다.

낱말조합의 유형에 대한 연구에서는 단순언어장애아동이 일반아동에 비하여 더 적은 수의 의미관계를 산출하는 경향이 있다고 보고하였다. Leonard, Steckol과 Schwartz (1978)는 단순언어장애아동이 언어 표현 능력이 비슷한 일반아동에 비해 초기에 습득되는 의미관계는 더 많이 사용하는 반면, 좀 더 나중에 습득되는 의미관계는 적게 사용하였다고 보고하였다. 또한 일부 사례 연구(Leonard, Steckol, & Panther, 1983)의 결과도 단순언어장애아동의 의미관계 산출이 매우 제한되어 있었다는 유사한 결과를 보고하였다.

2. 구문적 특성

단순언어장애아동은 일반아동에 비하여 비교적 느린 약 3세경에 이르러서야 구문을 산출하기 시작한다(Trauner et al., 1995). 그러나 대체로 일반아동과 마찬가지로 주요 통사적 범주들, 예를 들면 명사나 동사와 같은 문법적 범주어를 사용해서 문장을 산출하는 데에는 큰 어려움이 없으며, 구문을 습득하는 시점이나 습득 패턴도 대체로 일반아동과 유사하다고 보고되었다(Curtiss, Katz, & Tallal, 1992).

연구자들은 단순언어장애아동의 초기 문법 발달 지표로서 2~8세 사이의 평균발화길이(Mean Length of Utternace: MLU)의 발달 패턴을 살펴보았다(Rice et al., 2006, 2010). 연구 결과, 정상발달아동은 3세경에 3.5의 평균형태소길이를 보인 반면, 단순언어장애아동은 5세경이 되어서야 3.5 정도의 평균형태소길이를 보임으로써 집단 간에 2세 정도의 차이가 있었다. 그러나 일단 단순언어장애아동의 발화길이가 증가하기 시작한 후에는 또래 집단과 유사한 발달 속도와 패턴을 보여, 집단 간 발달 패턴은 다르지 않았다(Rice, 2013).

반면, 일부 연구자들은 단순언어장애아동이 일반아동에 비해 특정 구문오류를 더 오래 지속할 뿐만 아니라 습득한 구문 능력을 다양하게 확장해서 사용하는 데 어려움을 보인다는 연구 결과를 제시하기도 하였다. Morehead와 Ingram(1973)은 단순언어장애아동이 일반아동이 산출하는 대부분의 구문형태를 산출하기는 하나 명사와 동사와 같이 주요한 문법적인 범주를 생략하는 경우가 더 많았다고 보고하였으며, Leonard 등(1988) 역시 단순언어장애아동은 구문을 다양하게 확장해서 사용하는 능력이 부족하였다고 보고하였다. 이상의 연구 결과들을 종합하여 보면, 단순언어장애아동은 구문산출 시기가 지체되어 있으며, 일반아동에 비해 특정한 구문 오류를 좀 더 오래 나타내기도 하나 그 발달 순서나 패턴은 대체로 일반아동과 유사하다고 볼 수 있다.

구문 이해에 대한 연구 결과들 역시 단순언어장애아동이 일반아동에 비해 어려움을 보인다고 보고하고 있다(Bishop, 1979). Paul과 Fisher(1985)는 특히 단순언어장애아동이 능동태에 비하여 수동태 문장을, 그리고 실현 가능한 문장(예: 엄마가 아기를 업는다)에 비하여 실현 불가능한 문장(예: 아기가 엄마를 업는다)을 이해하는 데 더 어려움을 보였다고 보고하였다. Van der Lely와 Harris(1990)는 단순언어장애아동이 전형적(canonical) 문장과 비전형적(noncanonical) 문장, 그리고 여격 문장 중에서 비전형적인 문장과 여격 문장을 더 잘 이해하지 못하였다고 보고하였다. 연구자들은 이러한 결과를 기초로 단순언어장애아동은 낱말순서 전략이 적용되지 않은 문장을 이해하는 데 특히 어려움을 보인다고 설명하였다.

3. 형태적 특성

단순언어장애아동이 일반아동과 가장 많은 차이를 보이는 것으로 보고된 영역이 바로 형태소 습득 및 산출과 관련된 측면일 것이다. 연구자들은 단순언어장애아동이 전반적으로 형태소 습득 및 산출에서 일반아동과 차이를 보이는가는 물론, 그들이 특히 어려움을 보이는 형태소가 무엇인지를 밝혀내는 데에 관심을 가져 왔다.

먼저 단순언어장애아동의 전반적인 형태소 습득과 산출 연구는 일치된 결과를 보고하고 있지 않다. 일부 연구자들은 단순언어장애아동을 일반아동과 비교하였을 때 전반적인 형태소 사용에서 차이를 보이지 않는다고 보고한 반면, 일부 연구자들은 단순언어장애아동의 전반적 형태소 사용 능력이 일반아동에 비해 지체되었다고 보고하였다. Morehead와 Ingram(1973)은 단순언어장애아동은 언어 표현 능력이 유사한 일반아동과 비교하였을 때 낱말 및 형태소 사용 비율에서는 차이가 없었다고 보고하였다. Johnson과 Schery(1976)도 287명의 단순언어장애아동을 대상으로 문법형태소의 사용을 분석한 결과, 이러한 아동들이 문법형태소를 반드시 사용해야 하는 맥락에서 문법형태소를 정확하게 사용한 비율이 정상 범위에 속하였다고 보고하였다.

반면 Steckol과 Leonard(1979)는 단순언어장애아동이 언어 표현 능력을 일치시킨 일반아동에 비하여 형태소 사용 비율이 낮은 편이었다고 보고하였으며, Leonard 등(1982)도 무의미 낱말을 이용하여 형태소 사용 능력을 비교한 결과 단순언어장애아동이 형태소 유형에서는 일반아동과 차이를 보이지 않았으나 사용량은 적었다고 보고하였다.

특정 형태소 사용과 관련된 연구들에서는 단순언어장애아동이 동사와 관련된 형태소, 특히 과거형 형태소 사용에서 어려움을 보인다고 제시하고 있다(Oetting & Horohov, 1997; Van der Lely & Ullman, 1995). 이들 연구들은 단순언어장애아동이 규칙동사와 불규칙 동사에서 과거형 형태소를 사용하는 데 어려움을 보이며, 오류빈도는 대체로 동사의 사용빈도와 밀접한 관계를 갖는 것 같다고 보고하였다. 동사의 과거형 형태소 사용 외에도 be동사나 조동사 사용에서도 어려움을 겪는 것으로 보고되었다(Leonard et al., 1982; Rice & Wexler, 1995). Fletcher와 Peters(1984)는 조동사의 사용과 동사의 어미 활용이 단순언어장애아동과 일반아동을 구분짓는 기준이 될 수 있을 것이라고 제안하였다.

이렇듯 영어권에서는 문장의 문법적 정형성(finiteness)을 나타내는 형태소인 3인칭 단수 -s, 규칙 및 불규칙 과거 시제형, 연결동사(copula) be, 조동사 be와 do에 주목해 왔다(Rice & Wexler, 1996, 2001). 이들 정형성 표지(finiteness marking)는 다른 언어 특성들보다 더 많이 지체되기 때문에 높은 민감성(sensitivity)과 특이성(specificity)을 지닌 언어장애의 임상적 표지로 제안되었다(Rice & Wexler, 2001). 2~8세 아동의 자발적 발화에서 정형성 표지의 발달 패턴을 살펴본 결과, 단순언어장애아동은 정형성 표지 습득에서 또래보다 2년 이상 지체되었고, 동일한 MLU나 어휘 수준을 가진 어린 연령의 집단보다도 낮은 수행을 보였다. 그러나 일단 정형성 표지의 습득이 시작되면 또래와 유사한 성장 패턴을 보였다. 단순 평서문(simple declarative clauses)에서의 정형성 발달은 정상발달아동의 경우 6세경, 단순언어장애아동의 경우에는 평균 8세 정도에 완성되는 것처럼 보인다(Rice, 2013). 또한 동사와 관련된 형태소 외에 3인칭 단수형 사용(Rice & Oetting, 1993)과 대명사 사용(Eyer & Leonard, 1995; Loeb & Leonard, 1991; Moore, 1995, 2001) 등에서 어려움을 갖는다는 연구 결과들도 보고되었다.

문법형태소의 이해연구는 산출연구에 비해 많지 않다. 이들 연구들은 그림에서 지적하기(picture identification) 과제를 사용하거나(Fellbaum et al., 1995), 판단(judgement) 과제를 사용하였다(Kamhi & Koenig, 1985). 정형성 형태소의 문법성 판단 과제 수행에 대한 종단연구(Rice & Wexler, 1996; Rice et al., 1999)에서도 정상발달아동 집단과 단순언어장애아동 집단 사이에 2년 이상의 차이가 있었으나, 발달 패턴에서는 유사한 성장 곡선을 보였다(Rice, 2013). 그러나 의문문의 문법성 판단과제에서 6세의 정상발달아동이 성인 수준의 수행 능력(90~95% 정확도)을 보인 것과 달리, 8세의 단순언어장애아동은 이보다 낮은 수준(75~80%% 정확도)으로 지체되어 있었고, 이 수준은 16세가 될 때까지 계속되어, 또래 수준을 따라잡지 못하는 것처럼 보였다(Rice, Hoffman, & Wexler, 2009). 이러한 연구 결과는 단순언어장애아동이 아동기 중반에는 단순한 문장들을 문법에 맞게 산출할 수 있으나, 좀 더 복잡한 문법 요소에는 취약한 채로 남아 있다는 것을 보여 준다(Rice, 2013). 이들 연구의 결과는 단순언어장애아동이 일반아동에 비하여 문법형태소를 이해하는 능력도 뒤떨어지며, 문법형태소 오류를 인지하는 데에도 어려움을 보인다는 것을 시사한다.

4. 음운작업기억 특성

단순언어장애아동은 음운 측면에서는 특징적인 차이를 보이지 않으나, 표현 능력의 지체로 인해 말소리 습득이 지연되거나 오류음운형태도 더 오래 나타내는 경우가 많다(Leonard, 1998). 그러나 말소리 습득 순서나 산출한 음운변동의 유형들은 대체로 자신들보다 생활연령이 어린 아동과 유사한 특성을 보인다(Ingram, 1981).

단순언어장애아동의 음운특성과 관련해서 고려해 볼 점은 음운발달 자체보다는 음운처리와 관련된 작업기억 능력이다. 음운작업기억(phonological working memory) 혹은 음운기억(phonological memory)이란 새로운 낱말을 들었을 때 청각적으로 제시된 음운정보를 음운적 표상으로 부호화할 수 있는 능력으로, 어휘 습득에 있어 중요한 역할을 하는 것으로 여겨진다(Archibald, 2008; Gathercole, Hitch, Service, & Martin, 1997; Gathercole, Willis, Emslie, & Baddeley, 1991, 1992; Graf Estes, Evans, & Else-Quest, 2007; Lee, Kim, & Yim, 2013). 더 나은 음운기억 능력을 가지고 있는 아동, 즉 청각적으로 제시된 새로운 낱말을 더 잘 기억하는 아동은 그렇지 않은 아동보다 어휘를 더 빨리 습득할 수 있기 때문이다(Gathercole, 2006).

2세에 말늦은 아동(late talker)이었던 아동을 4세에 다시 평가하여 정상화된 아동(Resolved Late Talker: RLT)과 언어장애를 보이는 아동(SLI)으로 나누어서 비교한 연구(Petruccelli, Bavin, & Brentherton, 2012)에서는 SLI 아동이 다른 비교집단(정상화된 아동 집단 RLT와 일반아동 TD)에 비해서 비단어 따라하기, 숫자 순행 및 역행 방향으로 따라하기, 그리고 문장 따라하기 과제에서 유의하게 뒤떨어지는 수행력을 보고하였다.

단순언어장애 기저의 원인으로 음운작업기억의 손상을 꼽는 연구자들은 단순언어장애아동의 언어처리 능력을 평가할 때는 작업기억, 특히 음운작업기억 검사를 포함시키는 것이 중요하다고 주장한다(Bavin & Bretherton, 2013). 음운작업기억 능력은 흔히 비단어 따라하기(nonword repetition) 과제를 통하여 평가된다. 다양한 언어권의 연구들이 단순언어장애아동이 비단어 따라하기 과제에서 또래보다 더 낮은 수행을 보인다고 보고하였다. 나아가 비단어 따라하기 과제는 문화적인 영향을 덜 받기 때문에 언어장애를 비교적 신뢰성 있게 진단할 수 있다고 제안하고 있다(Girbau & Schwartz, 2008; Gutiérrez-

표 2-1 비단어 따라하기 과제

2음절	3음절	4음절	5음절	6음절
느배 /nɯ pɛ/	버구디 /pʌkuti/	토보가이 /tʰobokai/	조매누버리 /comɛnupʌri/	루지다마리노 /rucitamarino/
마뚜 /mat͈u/	깨자티 /k͈ɛcatʰi/	이구낭뿔 /ikunaŋp͈ul/	램비애티머 /lɛbiɛtʰimʌ/	로미띠르저니 /romit͈irɯcʌni/
조나 /cona/	모구다 /mokuta/	프가태지 /pʰɯkatʰɛci/	누비재구미 /nupicɛkumi/	보매이낭깡비 /bomɛinaŋk͈aŋbi/
퍼티 /pʰʌti/	니아코 /niakʰo/	너바거노 /nʌbakʌno/	바즈다거니 /bacɯdakʌni/	리기도아캐마 /rikidoakʰɛma/

출처: 이현정, 2010; Lee, Kim, & Yim, 2013.

Clellen & Simon-Cereijido, 2010; Lee, Kim, & Yim, 2013; Thorn & Gathercole, 1999; Windsor, Kohnert, Lobitz, & Pham, 2010). 비단어 따라하기 능력 평가 시 〈표 2-1〉을 활용할 수 있을 것이다(이현정, 2010; Lee, Kim, & Yim, 2013).

5. 화용 및 담화적 특성

단순언어장애아동의 화용론적인 특성은 다른 언어영역에 비하여 상대적으로 뒤늦게 연구되기 시작하였지만 최근 들어 많은 연구들이 진행되었다. 먼저 단순언어장애아동의 초기 화행(speech act) 특성에 대한 연구 결과들은 단순언어장애아동이 언어 표현력의 제한으로 낱말 대신 제스처를 사용하는 경우가 있으나 의사소통 기능 면에서는 일반아동과 특별한 차이를 보이지 않는다고 보고하고 있다(Leonard et al., 1978; Rowan et al., 1983).

대화 및 담화 상황에서의 주제운용(topic manipulation)이나 대화특성과 관련된 연구들은 단순언어장애아동이 타인과 상호작용 시 대화를 개시하는 측면(Prelock et al., 1981)에서나 대화 시 대답하는 능력(Leonard, 1986)에서 일반아동과 별다른 차이를 나타내지 않았으며, 매우 적극적이고 자기주장적인 특성을 나타내었다고 보고하였다(Leonard, 1998). 또한 Fey와 Leonard(1984)는 단순언어장애아동이 성인이나 또래와 각각 짝을 지어 상호작용하였을 때 생활연령을 일치시킨 일반아동과 마찬가지로 적극적인 태도를 나타내었다고 보고하였다.

반면, 단순언어장애아동이 화용 능력의 결함으로 인해 또래관계에서 어려움을 겪는다고 보고한 연구들은 단순언어장애아동은 일반아동보다 또래와의 상호작용이 유의하게 적을 뿐만 아니라(Fujiki, Brinton, & Todd, 1996), 진행되고 있는 대화에 접근하거나 끼어드는 것에도 어려움을 보인다고 보고한다(Craig & Washington, 1993). 또한 대화 시 상대방의 명료화 요구에 따라 발화를 수정하는(repair) 능력이나 상대방의 불명료한 말에 대해 명료화를 요구하는 기능에서 일반아동에 비해 상대적으로 제한된 능력을 보인다고 한 연구들도 있다(Brinton & Fujiki, 1984; Brinton, Fujiki, Loeb, & Winkler, 1986; Fujiki, Brinton, & Sonnenberg, 1990). Fujiki와 Willbrand(1982)는 단순언어장애아동은 명료화 요구를 인식하긴 하였으나 명료화에 대해 발화를 수정하는 능력은 일반아동에 비하여 뒤떨어졌다고 보고하였으며, Watson(1977)도 단순언어장애아동이 일반아동에 비해 불확실한 정보에 대해 명료화 요구를 적게 나타내었다고 보고하였다.

또한 단순언어장애아동은 기술된 사건에 대해서 청자가 이미 알고 있다고 생각하는 전제(presupposition) 기능이나 이와 유사한 참조적(referential) 기능에서도 일반아동에 비해 어려움을 보이는 것으로 보고되었다(Leonard, 1998). Meline(1986, 1988)은 참조적 의사소통 과제를 이용하여 청자에게 정보를 제공하는 화자 기술을 연구하였는데, 단순언어장애아동이 일반아동에 비하여 정보를 정확하게 제공하지 못하였으며, 전제기술이나 참조적 기술을 잘 사용하지 못하였다고 보고하였다.

이처럼 대화에서의 발화 수정 전략 사용이나 명료화 요구 기능, 전제나 참조적 기능과 같은 능력의 제한은 단순언어장애아동이 말할 때 능동적인 대화자임에도 불구하고 대화를 효율적으로 진행하지 못하는 주요 요인이라고 볼 수 있다.

III. 읽기장애

1. 읽기장애의 정의 및 읽기 절차

읽기장애(Reading Disabilities: RD)란 정상 지능을 가지고 일반적인 사회문화적, 학업적 언어학습 지원을 받았음에도 불구하고, 그들의 생활연령에서 요구되는 읽기 및 쓰기의 수행을 보이지 못하는 것을 의미한다(Lombardino, 2012). 학령기 아동 중에 읽기장애를 가진 경우에는 학업 문제뿐만 아니라 교우관계에까지 영향을 받게 되는데, 이는 읽기의 어려움으로 인해 일상생활에서의 문제 해결 능력이 결여됨으로써 나타난다고 볼 수 있다(Chall, 1983). 읽기장애라는 용어는 신경생물학적인 원인에 초점을 맞춰 난독증(dyslexia)이라고도 불리고, 교육에 초점을 맞춰 읽기학습장애라고도 불린다.

국제 난독증 협회(International Dyslexia Association: IDA)에서는 난독증을 다음과 같은 요소에 초점을 맞춰 정의하고 있다(Lyon, Shaywitz, & Shaywitz, 2003, Kamhi & Catts, 2012에서 재인용).

- 난독증은 신경생물학적(neurobiological) 원인에 기인한다.
- 주요 증상은 정확하고 유창하게 낱말을 재인(word recognition)하는 데 어려움을 보이며, 철자(spelling) 및 해부호화(해독, decoding) 능력이 부족하다는 것이다.

• 이러한 증상은 흔히 아동의 인지 능력이나 학습 수준과는 무관하게 언어의 음운론적(phonological) 결함에 기인한다.
• 난독증으로 인한 읽기 이해력(독해력) 결함과 문해경험의 부족은 더 나아가 어휘 및 기본지식의 성장을 방해할 수 있다.

읽기 과정은 음독과 독해의 두 가지 요소로 구성되어 있다. 음독(oral reading)은 낱말 재인을 가능하게 하는 것으로서, 제시된 글자를 해독하여 소리나는 대로 읽을 수 있는 능력을 말하고, 독해(reading comprehension)란 제시된 글을 읽고 읽은 내용이 무엇인지 그 뜻을 알고 이해하는 것을 의미한다(Karlsen, Madden, & Gardener, 1984). 기본적인 읽기처리과정은 [그림 2-1]과 같이 도식화해서 설명되기도 한다. 시각을 통해 입력된 문자 자극은 문자소와 형태소 처리과정의 동시적인 처리를 통해 음운정보처리과정을 거치게 되고, 이를 소리내어 읽는 음독을 하게 된다. 또한 문자자극에 대해 형태소 처리과정을 거치게 되면 이는 의미정보처리과정을 통해 그 글의 뜻을 이해하는 독해를 가능하게 한다. 문자 자극을 음독하거나 독해하게 될 때에는 음운정보처리와 의미정보처리과정이 상호보완적으로 그 역할을 수행하게 되며 이는 글을 읽고 이해하는 데 도움을 주게 된다.

이와 같은 읽기처리과정 모델을 기초로 할 때, 읽기장애는 크게 글자 해독에 어려움

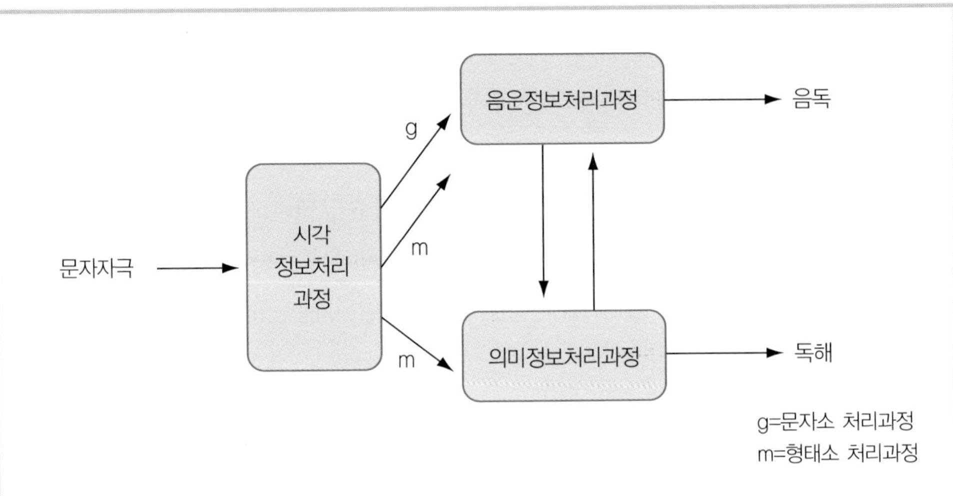

그림 2-1 기초적인 읽기처리과정 모델

출처: Snowling, 2000; Seymour, 1986.

을 보이는 좁은 의미의 난독증(single word blindness)과 전반적인 언어-읽기에 제한을 보이는 읽기학습장애(reading-language learning disabilities)로 나눌 수 있다. 일반적으로 읽기장애아동은 음운처리 능력(phonological processing skills)에 어려움을 보이며(Snowling et al., 2000), 제한된 음운처리 능력은 읽기장애아동의 낱말재인에 영향을 미친다. 또한 부족한 낱말재인 능력으로 인해 읽기유창성(reading fluency)이 상당히 지체되며(Nation & Snowling, 1998), 읽기 경험의 부족으로 인해 또래아동에 비해 낮은 어휘력을 가지고(McFalls, Schwanenflugel, & Stahl, 1996), 읽은 내용을 이해하거나 기억하는 것에 제한이 있다(Perfetti & Hogaboam, 1975)고 보고되고 있다.

2. 읽기장애의 특성

1) 음운론적 특성

읽기에 대한 연구에 있어 가장 일관성 있는 결론은 읽기가 음운론적 기술들과 매우 밀접하게 연결되어 있어서, 읽기장애아동의 음운론적 결함이 읽기 기술 결함에 중심적인 역할을 한다는 것이다(Blachman, 2000; Liberman & Shankweiler, 1991). 음운인식의 문제는 글자를 어떻게 해독하는가의 문제와 연결된다. 해독의 문제는 아동에게 글을 소리내어 읽도록 하면 여실히 드러나게 된다. 해독의 문제를 가진 아동은 소리내어 읽기 과제에서 매우 힘들어하고, 정확하지 않거나 느리게 읽는 양상을 보이게 된다. 이는 음소(phoneme)와 자소(grapheme)의 연결을 이해하고, 자동적으로 연결시켜 처리할 수 있는 음운인식 능력이 부족하기 때문에 나타난다. 읽기장애아동의 제한된 음운인식 능력을 살펴본 연구들은 음운인식 능력을 확인하기 위해서 음절 수 세기, 음절 추가하기, 음절 생략하기, 또는 친숙한 낱말에서 음소의 위치를 변별하기 또는 무의미 낱말에서 음소를 변별하기, 낱말에서 음소를 분리하기 등의 과제를 사용하였다(Bradley & Bryant, 1983; Bruck, 1992; Bowers & Swanson, 1991). 읽기장애아동이 음운인식 능력에 제한을 갖는 근본적인 이유에 대해서는 명확하게 밝혀진 것이 없다. 하지만 하나의 가능성은 이러한 아동이 음소 수준에서의 발화 지각에 손상이 있을 것이라는 가정이다. 읽기장애아동을 대상으로 한 몇몇의 연구를 살펴보면 읽기장애아동은 말소리의 변별 또는 분류와 관련된 과제에서 비정상적인 수행을 보이는 것이 확인되었다. 특히 유사한 음성학적 정보를 가진 음소(/p/ vs. /b/)에 대해서는 변별하기가 더 어려웠으며, 종종 조음상의 위치가 다른 음소(/b/ vs. /g/)에서도 변별하기의 어려움을 보였다(Masterson, Hazan, &

Wijatilake, 1995; Mody, Studdert-Kennedy, & Brady, 1997). 반면에, 읽기장애아동 중에서도 정상적인 발화 지각 능력을 가진 경우도 있다는 연구 결과도 있는데(Manis et al., 1997), 이들은 읽기장애의 하위 범주에 따라 발화 지각 능력에 차이가 있을 수 있음을 주장하였다. 그럼에도 불구하고, 발화 지각 능력에 손상을 가진 읽기장애아동이 음운인식 능력에서의 어려움이 더 컸으며, 이러한 차이는 특히 비단어 과제에서 더 크게 나타났다고 하였다. 이는 읽기유창성(reading fluency)과 연결하여 설명할 수 있는데, 즉 읽기장애아동은 음운인식 능력의 제한으로 인해 해독에서의 자동성이 확립되지 못하게 되고, 이로 인해 글을 유창하게 읽는 데 자신의 에너지를 대부분 소비하게 된다. 따라서 음운인식 훈련을 통한 해독의 자동성을 확보하는 것이 읽기장애아동의 읽기 능력을 향상시키는 첫걸음이 될 수 있을 것이다.

2) 통사 및 형태론적 특성

읽기장애아동이 읽기 이해에 대해 느끼는 어려움은 해독에서의 어려움뿐만 아니라 그 이상의 보다 일반적인 언어 능력의 결함에서 오는 경우가 많다. 글을 읽을 때 중요한 역할을 하는 언어 능력으로 통사 및 형태론적 능력이 거론되기도 한다. 즉 읽기 이해에 어려움을 가진 아동은 통사적 구조의 일부 측면들, 특히 형태론에 어려움을 가진다고 보고되고 있다(Rack, Snowling, & Olson, 1992). 읽기장애아동이 가장 흔하게 보이는 어려움이 음운인식과 관련된 것이라는 견해에 대해서는 대다수의 선행연구가 일관된 결론을 보여 준다. 심지어 통사 및 형태론적 능력을 평가하기 위한 과제일지라도 음운 변화를 고려해야 하는 과제의 경우 읽기장애아동은 더 많은 어려움을 보인다는 것이다. 반면에 읽기장애아동은 음운인식의 어려움뿐만 아니라 단순히 형태론적 관계를 이해하는 것에서부터 구어 문장을 이해하는 것에 이르기까지 전반적으로 어려움을 보일 수 있다는 연구도 있다(Elbow, 1990; Byrne, 1981). 그럼에도 불구하고 이러한 연구들에서도 읽기장애아동의 학년이 높아짐에 따라 통사론적 단서를 좀 더 숙달되게 사용할 수 있게 되고, 글을 읽고 이해하는 데 이러한 기술을 사용할 수 있게 된다고 하였다(Hallahan et al., 2007).

통사 이해의 어려움은 좀 더 다른 해석이 필요하다. 예를 들어, 읽기장애아동은 수동태, 관계절, 형용사절 등의 문장 구조에서 어려움을 보이는데, 이러한 주장 또한 읽기장애아동이 가지고 있는 작업기억(working memory) 능력에 따라 다른 결과를 보인다고 주장한다. 즉 작업기억에 대한 부담이 적은 과제의 경우 읽기 이해 또는 구문 이해 능력에서 일반아동과 유의한 차이를 보이지 않았으나, 작업기억에 대한 부담이 큰 과제에서는 읽기장애아동이 더 낮은 읽기 이해력 및 구문 이해력을 보였다(Bar-Shalom, Crain, & Shankweiler, 1993; Fowler, 1998).

읽기장애아동의 통사론과 형태론은 일반아동과는 다른 양상을 보이는 것이 분명하나, 형태론의 경우 음운인식 능력에 영향을 받게 되고 통사론의 경우 작업기억 능력에 영향을 받기 때문에 음운인식 능력 및 음운적 작업기억 능력을 포함하는 음운처리 능력은 읽기장애아동의 결함을 설명하는 데 중요한 부분으로 볼 수 있다.

3) 의미론적 특성

의미론은 언어의 내용을 말하는 것으로, 의미론적 단서들은 글을 읽을 때 문장의 내용을 이해하거나 해독하는 데 도움을 주게 된다. 예를 들어, 문장을 읽을 때, 문장에 포함된 낱말 전체의 뜻을 알고 있지 않더라도 알고 있는 다른 낱말을 이용해서 문장의 뜻을 유추할 수 있다. 하지만 읽기에 문제를 가진 아동은 이와 같은 의미론적 기술을 필요로 하는 과제에서 또래에 비해 제한된 수행을 보인다(Nation, Marshall, & Snowling, 2001). 읽기장애아동은 친숙한 고빈도 낱말을 읽을 때에는 일반아동과 큰 차이를 보이지 않더라도 저빈도의 낱말 또는 비단어를 읽을 때에는 매우 느리게 읽거나 낱말을 바꾸어 읽기도 한다. 심지어 낱말을 보고 읽는 과제에서뿐만 아니라 그림을 보면서 낱말 이름을 말하는 과제(그림 이름대기 과제)에서도 또래 아동에 비해 제한된 수행을 보이는데, 이는 그림을 보고 그 낱말을 판별하여 장기 기억체계에서 정확한 낱말을 찾아낸 후, 그 낱말을 이루는 적합한 음운 요소를 조합하는 데에서 실패하기 때문으로 보인다(Johnson, Paivio, & Clark, 1996). Swan과 Goswami(1997)가 그림 이름대기 과제를 실시하였을 때 읽기장애아동은 복잡하거나 익숙하지 않은 낱말에 대한 그림 이름대기 과제에서 또래에 비해 반응시간이 더 오래 걸렸으며, 심지어 읽기 수준을 맞춘 나이가 어린 아동보다도 더 어려움을 보였다. 또한 읽기장애아동의 오반응 패턴을 살펴보았을 때, 그림을 보고 비슷한 이름의 다른 낱말을 산출하거나 최소한의 음소만 바뀐 낱말로 대치하여 읽는 양상이 빈번한 것으로 나타났다. 이들은 그 원인이 음운처리의 결함에서 오는 것이며, 음운처리 능력의 제한이 의미론에도 큰 영향을 미칠 수 있음을 시사하였다.

읽기장애아동의 의미론적 문제는 고학년이 될수록 커질 수 있다. 왜냐하면 초기의 학습이 대부분 듣기를 통해 이루어진다면, 시간이 지나면서 듣기를 통한 학습은 읽기를 통한 학습으로 그 균형이 넘어가게 된다. 그렇기 때문에 읽기 능력이 성숙해지는 3~4학년 이후가 되면 점차적으로 학생들은 읽기를 통해 더욱 많은 것을 습득하게 되며, 대학에 입학할 즈음에는 대부분의 지식이나 어휘를 책을 통해 습득하게 되는 것이다. Kies(1993)의 연구에 따르면, 일반적으로 아동이 읽기를 통해 하루에 7개의 새로운 어휘를 습득할 수 있고, 이것은 1년간 3,000개의 양에 이르게 된다고 한다. 아동은 어휘력을 확장하기 위해 새로운 낱말을 대충 훑어보는 수준을 넘어 그 낱말이 저장될 수 있도록 정확한 표상을 형성하기 위해 각각의 철자의 조합을 분석하게 되고, 이러한 과정을 통해 그 낱말은 아동의 어휘망의 일부가 된다. 글을 읽으면서 어휘를 습득하는 과정에서도 철자를 면밀히 살펴보고 각 철자의 조합을 분석하는 능력이 필요하기 때문에 음운인식 능력에 제한을 보이는 읽기장애아동이 읽기 과정에서 또래아동과 같은 수준의 어휘력을 습득하는 것이 쉽지 않게 된다.

3. 읽기장애의 평가 및 치료

읽기장애아동에게 언어치료를 실시할 때는 읽기영역에서 아동이 보이는 어려움이 무엇인지 정확하게 파악하여 그 치료목표나 절차가 달라져야 한다. 읽기장애아동을 위한 평가나 치료에서 고려할 사항을 살펴보면 다음과 같다.

① 읽기장애아동을 치료하기에 앞서 언어치료사는 읽기 능력뿐만 아니라 전반적인 언어, 의사소통, 그리고 인지적인 능력을 정확하게 평가해야 한다. 읽기장애아동의 경우 유창하게 글을 읽지 못하더라도 언어나 의사소통의 능력에는 문제가 없는 경우가 대부분이다. 그러나 언어나 의사소통에서도 어려움을 보인다면 읽기에 어려움을 보이는 원인이 달라질 수 있기 때문에 그에 따라 치료 방법도 달라져야 할 것이다. 반면에 단순히 읽기 능력자체에만 어려움을 보이는 경우에는 읽기 하위영역 중 어느 영역에서 어떤 형태로 어려움이 나타나는지를 정확하게 평가하여 그에 맞는 치료목표와 절차를 정해야 한다.

② 아동을 평가할 때에는 읽기 하위영역 전반에 걸쳐 누락되는 영역이 없도록 해야 한다. 즉 보다 하위영역인 음운처리 능력에서부터 어휘력, 짧은 글 읽고 이해하기, 긴 글 읽고 이해하기 등의 영역을 단계별로 나누어 철저하게 평가를 실시해야 한다.

③ 만약 평가 결과 음운처리 능력에서부터 어려움이 나타나는 아동의 경우, 음운인식 능력을 향상할 수 있는 치료목표에 초점을 맞추어 치료가 진행되어야 한다. 음운인식 능력은 변별, 합성, 생략, 대치 과제 등을 음절 수준에서 음소 수준의 범위까지 각 단계별로 치료를 실시할 수 있다. 또한 낱말을 선정할 때는 아동에게 익숙한 고빈도의 유의미 낱말에서 시작하여 저빈도의 유의미 낱말 또는 무의미 낱말까지 다양한 목록을 실시해야 하며, 처음에는 청각적으로 음운을 인식하는 것부터 시작하되 차후에는 자소-음소를 대응하면서 스스로 소리와 글자를 자유자재로 변형할 수 있도록 훈련해야 한다.

④ 음운인식훈련에서 성공적인 중재 효과를 보이게 되는 경우 읽기유창성을 증진하기 위한 훈련을 실시한다. 아동이 1분 내에 읽을 수 있는 음절 수를 확인하여 이를 해당 학년 수준에서 비교한다. 이후 글을 읽으면서 나타나는 아동의 유창성을 저해하는 요인을 정확하게 파악하여 이에 대한 치료목표에 초점을 맞추어 중재를 진행한다. 예를 들어, 일반아동이 보이는 읽기 오류 중 종결어미 오류의 경우 해당 아동이 흔히 보이는 오류 형태를 분석하여 오류가 나타나는 종결어미를 목록화하고 반복적으로 읽을 수 있도록 훈련을 실시한다. 이때 아동이 정확하게 읽을 수 있게 되는 수준에서 읽기의 속도를 높일 수 있도록 하는 것이 중요하다. 정확하게 읽는 것이 안정화되기도 전에 무리하게 읽기 속도를 높여서 훈련하면 발달의 정체를 초래할 수도 있다.

⑤ 읽기장애아동의 경우 읽기 경험의 부족으로 인해 낮은 어휘력을 가지게 되는 경우가 많다. 이런 경우 해당 연령 또는 학년에 적합한 어휘 목록을 선정하여 이를 중심으로 아동에게 훈련을 할 수 있으면 더욱 효과적일 수 있다. 예를 들어, 학령기 아동의 경우 교과서 어휘를 목록화하여 이를 이용한 중재를 실시하면 아동의 학습적인 부분에 대해서도 긍정적인 효과를 보일 수 있다. 어휘를 학습할 때에는 반의어, 유의어 또는 동사의 변화형 등을 포함할 수 있도록 지도하는 것이 좋으며, 학습한 어휘에 대해서도 유창하게 읽기 훈련을 병행하면 효과적이다.

⑥ 읽기장애아동은 읽기 이해력에도 어려움을 보이게 되는데, 저학년의 경우에는 낱말재인에서의 어려움이 읽기 이해력에 영향을 미치게 되지만, 고학년이 될수록 그 외의 언어 능력 또는 배경 지식 등의 외부 기능의 역할이 커지게 된다. 따라서 연령 및 능력에 따라 다른 치료 방법이 적용되어야 한다. 예를 들어, 짧은 글에서부터 긴 글에 이르기까지 글을 읽고 단락별로 나누어 핵심어휘(keyword) 찾기, 단

락별로 주제 요약하기, 전체 글 요약하기 등의 훈련을 통해 글의 전체적인 내용을 이해하기 위한 연습을 실시할 수 있다.

IV. 언어장애를 동반하는 장애: 자폐범주성장애

자폐범주성장애(Autism Spectrum Disorders: ASD; 이하 자폐성장애)는 사회성 결함이 주 특징인 신경발달 장애로, 사회적 의사소통 및 상호작용의 지속적인 결함과 제한되고 반복적인 패턴의 행동이나 관심사를 보인다(American Psychiatric Association: APA, 2013). 이러한 언어 및 의사소통 장애는 사회성 결핍이나 인지적 결함과도 깊은 관련이 있다.

사회-의사소통에서의 결함은 다양한 문제행동을 발생시키므로 자폐성장애아동의 사회참여, 독립성 증진, 대인관계 발달 등을 위한 의사소통기술 교수는 매우 중요하다. 자폐성장애아동은 타인의 감정을 인식하는 데 취약하고, 사회적 의미를 띤 정보들을 처리하는 과정에서 결함을 나타내는데, 이러한 결함은 의사소통의 규칙을 인지하는 능력이나 사회적 문맥 속에서 언어를 습득하고 사용하는 언어 능력에도 영향을 미치게 된다.

절반 이상의 자폐성장애아동은 지적장애를 동반하는데, 자폐성장애아동이 언어를 습득할 수 있는지에 대한 예후는 그의 인지 수준과 관련이 깊다. 흔히 지적장애를 동반하고 있는 자폐성장애아동을 저기능 자폐성장애아동(low functioning autistic children), 지적장애를 동반하지 않은 자폐성장애아동을 고기능 자폐성장애아동(high functioning autistic children)으로 분류한다. 초기 연구에 의하면 자폐성장애아동의 50% 이상이 기능적인 언어습득에 실패하여 구어로 의사소통을 하기 어렵다고 한다(DeMyer et al., 1972). 최근 연구에서는 자폐성장애아동의 25% 정도는 정상언어 수준을 보인다고 보고하였다(Kjelgaard & Tager-Flusberg, 2001). 그러나 언어를 습득한 자폐성장애아동도 그 발달과정이나 특성이 일반 또래아동과는 큰 차이를 보인다. 자폐성장애아동의 초기언어 능력은 자폐의 장기적인 결과와 상관관계가 높다(McDuffie et al., 2005).

언어 표현이 가능한 아동의 경우, 언어습득이 지연되는 경우와 그렇지 않은 경우로 크게 나뉜다. DSM-5에서는 자폐성장애로 통합되었지만 DSM-IV에서는 따로 분류되었던 아스퍼거증후군(Asperger's syndrome) 아동은 언어습득 지연을 동반하지는 않지만,

사회적인 의사소통이 제한적이고 비언어적인 의사소통 능력에서 결함을 나타낸다. 언어습득이 지연되는 경우는 대부분 초어 시기가 또래아동보다 늦게 나타나며, 구어의 발달양상도 또래아동과는 다소 다르다. 일부 아동은 처음에는 함묵증을 보이다가 점차 반향어 형태의 구어를 사용하게 되는데, 그중 일부 아동은 이러한 반향어에서 창조적인 언어로 넘어가지 못하고 그대로 머무르지만, 일부 아동은 창조적인 언어를 습득하게 된다.

자폐성장애아동이 보이는 언어 능력의 다양한 양상에도 불구하고 사회-의사소통이나 화용론적 손상은 연령이나 능력 정도에 상관없이 보편적으로 나타난다(Tager-Flusberg, Joseph, & Flostein, 2001). 또한 대부분의 자폐성장애아동의 경우 수용언어 능력이 표현언어 능력에 비해 떨어진다(Hudry et al., 2010).

본문에서는 자폐성장애아동에게서 많이 나타나는 비정상적인 의사소통 및 언어발달 특성들을 살펴보고자 한다.

1. 사회 인지력 결함

자폐성장애아동은 사람 사이의 역동성이나 의사소통을 하는 상황에 대한 인지력이 부족하다. 이와 같은 특징을 설명하기 위한 이론적 근거로 '마음이론' 과 '실행기능' '중앙응집력' 이 있다. 이 세 가지 이론적 틀은 전통적인 자폐성장애나 고기능 자폐성장애 모두에게서 관찰되는 사회적 결함의 기저를 제공한다.

마음이론(Theory of Mind: ToM, 혹은 생각의 원리)은 믿음이나 관심, 의도, 관점, 감정 등과 같은 타인의 정신 상태(mental state)를 추론하고 이해하며, 이해한 결과를 다른 사람의 행동을 설명하고 예측하는 데 적용할 수 있는 능력을 일컫는다(Sansosti, 2010). 이 용어는 사회적 인지(social cognition), 마음읽기(mind-reading), 관점바꾸기(perspective-taking) 등의 용어로도 대체하여 쓰일 수 있다(Hutchins et al., 2012). 자폐성장애아동은 심리적인 정보보다는, 물리적이고 관찰 가능한 정보에 대한 선호가 더 큰 것으로 보인다(Baron-Cohen, 2002; Frith, 2003). 사람들 사이의 심리적인 정보를 파악하는 데 어려움을 겪으면서 다른 사람과 공통된 주제를 유지하는 데 어려움을 보이고, 상대방의 의도를 파악하지 못하는 등의 사회적 결함을 보인다. 또한 자신의 행동에 대한 상대방의 반응을 예측하지 못하여, '태풍' 이나 '곤충' 과 같이 자신이 몰두해 있는 주제에 대해 장황하게 말하거나, 자동문 앞에서 수십 번이라도 문을 여닫는 행동을 반복하는 등 상황에 따른 사회적 판단이 부적절하다.

실행기능(executive functioning), 혹은 집행기능은 작업기억, 계획하기, 융통성, 과제 개시, 수행 점검, 자기 통제, 행동 억제, 그리고 주의력 등을 포함하는 인지적인 전략의 집합체이다. 자폐성장애아동의 행동문제나 제한된 관심사는 대부분 실행기능 문제로 설명할 수 있다. 이들은 시행착오를 통해 학습하는 데 어려움을 보이면서 비효율적이고 부적절한 문제해결 전략을 반복하는 경우가 많다. 또한 특정 개념을 다른 곳에 일반화하여 적용하거나 어휘나 구문을 상황에 맞게 변용하여 사용하는 데 어려움을 보인다(Turner, 1997). 모든 자폐성장애아동이 실행기능의 문제를 보이는 것은 아니지만, 대부분은 실행기능과 관련된 내적 처리 과정이 구체적인 행동과 직접적으로 연결되지 않는 것으로 보인다(Sansosti, 2010).

Gray(1998)는 자폐성장애아동의 사회적 인지 문제가 그들의 취약한 중앙응집력(central coherence)에도 기인한다고 보았다. 중앙응집력은 다양하게 나누어진 정보를 동시에 처리하여 통합함으로써 의미 있는 전체를 형성하는 경향성을 뜻한다. Happé(1999)는 이와 같은 중앙응집력을 약함에서 강함에 이르는 연속체로 보았고, 대부분 정상발달아동은 중앙응집력이 강하기 때문에 정보나 경험의 핵심은 기억하지만 세부적인 것에 대해 기억하지는 못한다. 이에 비해 자폐성장애아동과 같이 중앙응집력이 약한 아동은 그림의 작은 부분이나 세부적인 것에 집중하여 정보를 순차적으로 처리하기 때문에 전체적인 그림을 이해하는 데 어려움을 보인다고 한다(Frith, 2003).

2. 공동관심 능력의 결함

초기 의사소통에서 가장 기본이 되는 능력 중 하나가 공동관심(함께 주목하기, joint attention)이다. 공동관심은 다른 사람과 함께 사물이나 활동을 공유하기 위해서 관심 있는 사물이나 사건에 다른 사람의 관심을 유도하려는 신호를 사용하는 것이다. 예를 들어, 관심 있는 물건을 다른 사람에게 보여 주거나, 다른 사람의 관심을 끌기 위하여 사물을 가리키는 등의 행동으로 나타난다. 공동관심은 생후 1세경부터 발달하기 시작하는데, 이때 ① 관심 공유하기, ② 감정 공유하기, ③ 의도 공유하기(Stern, 1985)와 같은 세 가지 기술을 성취하게 된다.

공동관심의 결함은 다른 사람과의 공유된 즐거움, 관심, 또는 성취를 자발적으로 찾지 않는 특징을 보이는데, 이것은 자폐성장애아동이 사회적 목적을 위하여 쉽게 의사소통하지 않는다는 것을 의미한다. 지금까지의 연구에 의하면 자폐성장애아동은 주로 무엇인가를 요구하거나 방어하기 위한 목적으로 의사소통을 하며, 다른 사람의 관심을 특정 사물이나 사건으로 유도하거나 명명하거나 설명하기 위한 의사소통은 거의 보이지 않거나 결함을 보이는 것으로 보고되고 있다(Charman & Stone, 2006).

발달지체아동과 비교할 때 자폐성장애아동은 시선 옮기기를 덜 보이며, 공동참여에 보이는 시간이 적고, 다른 사람이 쳐다보거나 가리키면서 관심을 유도하는 것을 따라가는 데 더 큰 어려움을 보이곤 한다(Charman & Stone, 2006). 정신연령을 일치시킨 다운증후군아동이나 일반아동과 비교할 때, 자폐성장애아동은 비사회적인 자극(방울, 음악상자)에 대해서는 차이를 보이지 않았지만 사회적 자극(이름 부르기, 박수 치기)을 향하는 데에는 더 많은 어려움을 보이는 것으로 나타났다(Dawson et al., 1998).

전형적인 발달을 보이는 아동이 사물이나 사건에 대해 관심을 갖는 장면에서 좀 더 긍정적인 감정을 많이 보이는 반면, 자폐성장애아동은 더 낮은 수준의 공유감정을 보이고 공유감정과 공동관심의 통합을 보이지 않는 것으로 나타났다(Kasari et al., 1990).

공동관심에 반응하기와 시작하기에 있어서의 결함은 언어발달에 지속적인 영향을 미친다. 자폐성장애아동은 사람과 사물 사이에서 관심을 조정하는 능력의 결함으로 인해 문화적으로 공유된 의미를 학습하는 데 어려움을 가지는 것으로 보인다(McArther & Adamson, 1996). 그리고 어휘 학습 과제에서는 새로운 사물을 나타내는 새 낱말을 학습할 때 화자의 응시 방향을 활용하지 않고, 자신이 쳐다보고 있는 사물에 새 낱말을 연결시키는 오류를 보이기도 한다(Baron-Cohen, Baldwin, & Crowson, 1997). 공동관심과 언어발달 간의 관계를 살펴본 종단연구에서는, 45개월경에 나타난 자폐성장애아동의 몸짓 공동관심(공동관심에 반응하기 및 응시하기, 보여 주기, 가리키기를 이용한 공동관심 시작하기)이 13개월 이후의 언어발달을 유의하게 예측하며(Mundy et al., 1990), 20개월경의 공동관심이 42개월의 언어발달을 유의하게 예측하는 것으로 나타났다(Charman, Baron-Cohen, et al., 2003).

아동과 양육자가 흥미 영역을 공유하는 공동관심적 상태는 다음과 같은 방법을 통해 이루어진다. ① 아동이 쳐다보고 있는 장면을 양육자가 본다. ② 아동은 양육자가 보고 있는 것을 본다. ③ 아동은 양육자가 그 장면을 보고 있는지 점검하기 위하여 장면과 양육자를 번갈아 쳐다본다. ④ 아동은 양육자의 관심 단서(응시하기, 보여 주기, 가리키기)를 따른다. ⑤ 아동은 양육자의 관심을 장면으로 유도하기 위하여 의사소통적 몸짓이나 발성을 이용한다. 이러한 과정을 통해 공유된 관심을 만들어 가는 데 있어서 아동의 역할이 얼마나 적극적인가에 따라 그 상태가 달라진다. 이와 같은 관심의 조정은 양육자가 아동의 경험과 관심의 초점을 해석하고 관련짓는 언어를 시범 보일 때 중요한 역할을 하게 된다(Wetherby, 2006). 또한 양육자는 언어를 시범 보일 때 공통된 관심의 초점을 확실하게 함으로써 자폐성장애아동의 공동관심 결함을 보상할 수 있다.

3. 구어습득의 중간 형태

1) 함묵증

함묵증(mutism)은 전혀 소리를 내지 않는 철저한 무언증으로부터 약간의 소리를 동반하는 형태까지 다양하다. 학자에 따라 표현어휘가 전혀 없을 경우만을 함묵증에 분류하기도 하고(Nishimura, Watamaki, Sato, & Wakabayashi, 1987), 매우 제한된 표현어휘를 가지고 있는 경우도 이에 포함시키기도 한다(Carr, Pridal, & Dores, 1984).

Schuler(1979)는 함묵증을 ① 어떠한 소리도 내지 않는 완전 함묵증(total mutism), ② 자기 자극이나 소리 유희를 위한 약간의 소리를 동반하는 기능적 함묵증(functional mutism), 그리고 ③ 욕구나 거부 등 즉각적인 표현을 하기 위한 어휘가 충분치 못하여 나타나는 준함묵증(semi-mutism) 등으로 나누었다. 이 중에서 준함묵증은 자폐보다는 언어장애아동에게서 많이 나타난다. Schuler는 함묵증의 종류와 그들의 언어 이해력과의 관계를 설명하였는데, 완전 함묵증은 언어 이해력이 거의 없고, 기능적 함묵증은 매우 제한되어 있으며, 준함묵증은 비교적 발달되어 있다고 하였다. 그 외에도 선택적 함묵증(elective mutism)이 있는데, 이것은 특정한 장소와 사람에게만 말을 하는 형태로, 자폐성장애아동의 초기 함묵 증세와는 완전히 다른 것이다.

자폐성장애아동의 언어이전기 함묵증이나 반향어에 대하여 분석한 연구들은 자폐성장애아동이 일반아동보다 옹알이를 적게 하고 옹알이의 형태도 다소 비정상적이었다고 보고하였다(Ricks, 1975; Rutter, Bartak, & Newman, 1971). Ricks(1975)는 자폐성장애아동이 첫 해에는 별로 옹알이를 하지 않다가 3~5세가 되어서야 옹알이를 시작하는데, 그들의 옹알이는 졸음 오는 음성과 같이 다소 단조로운 형태를 나타내었다고 보고하고 있다.

일부 자폐성장애아동은 평생 함묵증을 나타내는 경우도 있기는 하지만 언어를 습득하는 경우도 많다. 함묵증으로부터 언어로 발달되는 예후의 요인들로는 ① 함묵증이 유지된 기간, ② 지능 수준, ③ 사회적 반응도, ④ 음소 산출 능력, ⑤ 구어 모방 능력 등을 들 수 있다. 특히 함묵증이 유지된 기간과 지능은 매우 중요한 요인들로 간주되어 왔는데, 일반적으로 대략 5~6세까지 함묵증이 사라지지 않는다면 언어습득의 예후가 그리 좋지 못하다고 할 수 있다(Gillberg & Steffenburg, 1987; Lotter, 1974). 5~6세가 넘어서까지 함묵증을 나타내는 아동에게 의사소통 중심의 언어 훈련을 실시한 사례 연구들은 자폐성장애아동이 약간의 수화나 매우 제한된 어휘를 습득했을 뿐, 언어 기술을 습득하지는 못했다고 보고하였다(Layton & Baker, 1981; Bonvillian & Nelson, 1976).

지능 수준에 대해서는 대략 IQ 50~70 이상 되어야 예후가 좋다고 볼 수 있다(Gillberg & Steffenburg, 1987; Wolf & Goldberg, 1986; Lotter, 1974). Bartak과 Rutter(1976)는 IQ 70을 기준으로 지능이 높은 집단과 지능이 낮은 집단으로 나누어서 언어습득 시기, 즉 함묵증이 소멸되는 시기를 살펴보았는데, 지능이 낮은 집단의 아동은 4세 7개월에, 지능이 높은 집단의 아동은 2세 6개월에 함묵증이 소멸되었다고 보고하였다.

자폐성장애아동의 함묵증이 소멸되는 양상과 관련하여 매우 흥미로운 점은 그들이 갑자기 매우 명료하고 완벽한 문장을 구사하는 경우가 적지 않다는 점이다. 그러나 이러한 문장들은 대개 지연반향어의 형태로서 창조적인 문장은 아니다. 무발화 시기를 거쳐 나타난 자폐성장애아동의 언어는 대개 반향어의 형태를 띤다. 함묵의 기간은 구어 표현 능력의 결함보다는 인지 능력이나 언어 이해력의 결함과 더욱 관련이 깊은 것으로 보인다.

사회성 요인에 대해서 Bagley와 McGeein(1989)은 반응도가 높았던 함묵증아동이 그렇지 못했던 아동보다 청소년기의 사회성숙도 발달이 훨씬 나았다는 사례를 보고하였다. Nishimura와 그의 동료들(1987)은 7세에 표현언어 능력을 습득한 아동 집단과 그렇지 못한 아동 집단에 대하여 그들의 유아기 특성을 비교하였다. 두 집단 모두 IQ가 70 이하였으며 4세까지 함묵증을 나타낸 아동이었으나, 언어를 습득한 아동은 어릴 때 발성이 많았고 그들의 옹알이나 발성에 다양한 음소들이 포함되어 있었던 반면, 언어를 습득하지 못한 아동의 경우는 옹알이는 했어도 그 속에 포함된 음소들이 다양하지 못했던 것으로 보고되었다.

구어 모방 능력과 관련해서 Carr과 그의 동료들(1984)은 기능적인 언어는 없지만, 구어 모방 능력이 뛰어난 자폐성장애아동이 그렇지 못한 아동에 비하여 어휘 이해력에서 더 나은 진전을 보였다고 보고하였다. 또한 DeMyer 등(1972)의 연구에서는 실행증이 의사소통과 적응 행동, 그리고 모방을 통한 학습에 심각한 영향을 미치는 자폐증 증상 중의 하나라고 하였다(DeMyer, Hingtgen, & Jackson, 1981). 이와 같은 연구 결과가 크게 주목을 받아 오지 못하다가 최근 자폐성장애아동의 실행증과 연관된 구강 운동 문제 가능성이 제기되고 있다(Rogers et al., 2006).

2) 반향어

(1) 반향어의 특성

반향어(echolalia)는 전에 들은 낱말이나 문장을 의도나 의미 없이 반복하는 현상을 말한다. 일반적으로 반향어는 자동적이고 반사적이지만 의사소통 및 인지적 기능에 따라 다양한 양상을 띠기 때문에, 반향어와 의도적인 구어 반복을 구별하는 것은 그리 쉬운 일이 아니다. 반향어는 자폐뿐만이 아니라, 정신분열증, 연결피질성 또는 전두 운동성 실어증, 퇴행성 대뇌 질병, 간질 후 증상, 유아 실어증, 또는 심한 지적장애아동에게서도 나타날 수 있다.

Baltaxe와 Simmons(1981)는 자폐성장애아동의 반향어를 그들의 형태적 또는 통합적(gestalt) 사고 형태와 연관지어 설명하였다. 그들에 따르면, 자폐성장애아동은 화자의 문장을 분석되지 않는 통합체로 외워 버리기 때문에 창조적이고 융통성 있는 구어를 습득하지 못하는 것이라고 볼 수 있다. 즉 80% 이상의 자폐성장애아동에게서 나타나는 인지적 결함과 그들의 통합적 사고방식이 그들의 정상적인 언어발달을 방해한다는 것이다. 사실 일반인에게서도 통합적 언어 처리 과정이 나타나기도 한다. 예를 들어, 문장의 구성요소를 개별적으로 생각하지 않아도 되는 자동구어(예: 숫자 세기, 철자 외우기 등)를 사용할 때나 제2외국어를 외워서 사용하는 경우가 이에 속한다. 또는 후수정체섬유증식(retrolental fibroplasia)으로 인한 시각장애아동에게서도 이러한 언어 형태가 발견되기도 한다.

심하게 반향어를 하는 자폐성장애 또는 다른 장애아동의 경우에는 마치 앵무새가 반사적으로 구어를 반복하는 것 같은 느낌을 주기도 한다. 그러므로 일부 연구자들은 자동적인 즉각반향어의 원인을 대뇌기관(예: 피질하 영역, 전두엽)의 병리현상에서 찾으려는 시도를 하기도 하였으나, 아직 이러한 주장들을 지지해 줄만큼 충분한 증거가 제시되지는 못하고 있다.

일부 자폐성장애아동은 초기의 반향어 시기를 거쳐서 좀 더 창조적이고 융통성 있는 언어를 습득해 나가기도 한다. 이러한 경우는 아동이 차츰 언어학적인 규칙을 분석적으로 학습해 나간다고 볼 수 있다. 이러한 과정에서 반향어는 창조적인 언어로 나아가는 데 있어서 중요한 역할을 한다. 특히 화자의 문장을 그대로 반복하는 게 아니라 나름대로 바꾸어 반복하는 변조된(mitigated) 반향어는 초기 반향어와 창조적 언어의 중간 형태라고 볼 수 있다. 예를 들어, "너 밥 먹었어?" 라는 말을 "나 밥 먹었어?" 라고 변화시켜 반복하는 반향어는 "너 밥 먹었어?" 라고 똑같이 반복하는 것보다는 훨씬 발전된 형태라고 볼 수 있다.

(2) 자폐성장애아동의 반향어 형태 및 기능

뒤늦게 발화를 하기 시작한 자폐성장애아동은 대개 반향어로 시작한다. 이러한 반향어는 비교적 나아진 청소년기나 성인기까지 남는 경우도 많다. 자폐성장애아동에게서 흔히 발견되는 반향어의 형태는 즉각(immediate)반향어 또는 지연(delayed)반향어이다. 두 반향어는 강박적인 구어 반복의 형태를 띠지만, 기억 과정에서 다소 차이가 있다고 볼 수 있다. 즉 즉각반향어는 대뇌 과정을 거의 거치지 않고 바로 반복되어 나온 것이지만, 지연반향어는 일단 저장되었다가 어느 정도(몇 분에서 며칠까지) 시간이 경과한 후에 상기되어 표현되는 것이다. 두 형태의 반향어는 언어 이해 과정을 거칠 수도 있고 거치지 않을 수도 있는데, 반향어가 자동적이고 반사적일수록 이해 과정을 거치지 않았을 가능성이 높다. 그러므로 반향어는 일반적으로 언어 이해력의 결함에 의해서 나타나는 현상으로 해석되지만(Fay, 1969; Shapiro, 1977), 자폐증의 강박적이고 반복적인 행동 특성의 형태로 보기도 한다(Kanner, 1943).

Kanner는 자폐성장애아동의 반향어에 대해서 주의 깊은 관찰을 하였는데, 그에 따르면 자폐성장애아동에게서 흔히 나타나는 '너' 와 '나' 등의 대명사 반전(pronominal reversal) 현상도 지연반향어의 형태일 수 있으며, 화자의 질문을 그대로 반복하는 반향어는 그 질문에 대한 수긍의 반응일 수도 있다(Wetherby & Prizant, 2000에서 재인용). Kanner가 관찰한 한 자폐성장애아동은 목욕을 하고 싶을 때, "목욕하고 싶니?" 라고 말했고, 다른 아동은 자신의 장난감을 빼앗겼을 때, "이거 너 줄게" 라고 말하였다고 한다. 또한 그는 자폐성장애아동의 지연반향어를 은유적 언어(metaphorical language)의 형태로 보기도 하였나. 그에 따르면, 자폐성장애아동은 언어를 관습적으로 사용하지 않고 자기만의 개인적인 표현 수단으로 사용하기 때문에 다른 사람들과의 의사소통이 불가능하다. 즉 특정한 언어 표현은 다른 사람들의 경험과 공유될 수 있을 때 의사소통이 가능한데, 자폐성장애아동의 경우는 그러한 공유된 경험을 함께 나누는 사회성이 부족하기 때문에 개인적인 표현으로서만 언어를 사용한다는 것이다.

1970년대 중반까지 반향어에 대한 두 가지의 견해가 대립되어 있었다. 그중 하나는 반향어를 이상행동의 한 형태로 보는 견해로서, 이러한 입장에서는 반향어를 제거하는 것이 중요한 훈련 목표가 되었다. 두 번째는 반향어를 심각한 의사소통 결함의 결과로 보는 견해로, 반향어를 최소한의 사회적 접촉을 유지하려는 시도로 해석하였다. 이러한 이견은 1970년대 후반의 여러 학자들이 자폐성장애아동의 즉각 및 지연반향어의 기능에 대한 연구가 활발해지면서 새로운 전기를 맞게 되었다. 즉각반향어를 나타내는 자폐성장애아동의 1,009개 구어 샘플을 분석한 Prizant와 그의 동료는 즉각반향어를 다음과 같은 네 가지의 유형으로 구분하였으며, 그에 따라 일곱 가지의 기능을 나타낸다고 보고하였다(Prizant, 1987; Prizant & Duchan, 1981).

- 언어적 이해가 전혀 없이 비상호적으로 나타나는 반향어: 아무런 의도나 목적 없는(nonfocused) 형태로 나타난다. 이러한 반향어는 대개 고통이나 분노를 느낄 때와 같이 감정적으로 고조된 상태에서 많이 관찰되었으며, 자기자극적인 수단으로 사용되었다.
- 언어적 이해는 전혀 없지만 상호적으로 나타나는 반향어: 상호작용 시 자신의 차례를 채우는(turn-taking) 기능을 나타낸다.
- 언어적 이해는 있지만 비상호적으로 나타나는 반향어: 연습(reherarsal) 및 자기통제(self-regulatory) 기능을 나타낸다.
- 언어적 이해가 이루어지고 상호적으로 나타나는 반향어: 서술(declarative), 예-대답(yes-answer) 및 요구(request) 등의 기능을 나타낸다.

387개의 지연반향어를 연구한 Prizant와 Rydell(1984)은 지연반향어에서 다음과 같은 열네 가지의 기능들을 관찰하였다.

- 비목적적(nonfocused) 기능: 즉각반향어의 기능과 마찬가지로 아무런 목적도 관찰되지 않으며 자기자극적이다.
- 상황 연상(situation association) 기능: 물체나 사람 또는 행동에 의해서 초래되는 반향어이다(예: 칫솔을 보면, "잘 닦아라").
- 연습(rehearsal) 기능: 언어적 형식을 갖춘 문장을 연습하듯이 반복한다. 대개 낮고 작은 소리로 연습하는 경향이 있다.
- 자기 지시적(self-directive) 기능: 대개 활동을 하기 전이나 활동을 하면서 반향어를 하

는데, 연습에서처럼 다소 작은 소리로 한다. 자신의 행동을 통제하는 인지적인 기능을 갖고 있는 것으로 보인다.

- 상호적 명명하기(interactive label) 기능: 대개 제스처를 동반하여 활동이나 사물을 명명한다.
- 비상호적 명명하기(noninteractive label) 기능: 행동이나 사물에 대해 명명한다. 상호적인 명명과 유사하지만, 이 경우에는 스스로에게 말하는 것처럼 보이며 의사소통 의도가 보이지 않는다.
- 순서 지키기(turn-taking) 기능: 교대로 말하는 상황에서 자신의 구어 순서를 채우는 기능을 한다. 의사소통적 의도는 관찰되지 않는다.
- 발화 완성하기(verbal completion) 기능: 상대방에 의해서 시작된 일상적인 말에 반응하여 그 발화를 완성하는 기능을 나타낸다.
- 정보 제공하기(providing information) 기능: 상대방에게 새로운 정보를 제공해 준다(예: "동생이 아파요").
- 부르기(calling) 기능: 상대방의 주의를 끌거나 상호작용을 유지하려는 기능을 갖는다. 상대방이 쳐다보지 않으면 계속해서 부르는 경우가 많다.
- 수긍(affirmation)하기 기능: 상대방의 말을 수긍하는 기능을 갖는다. 대개 바로 전에 말한 것을 행동에 옮긴다(예: "장난감을 집어" 하면서 장난감을 챙긴다).
- 요구(request)하기 기능: 원하는 물건을 얻기 위하여 요구하는 기능을 나타낸다. 대개 원하는 물건을 바라보면서 말하며 그 물건을 얻을 때까지 계속한다.
- 저항(protest)하기 기능: 다른 사람의 행동에 저항하는 기능을 갖는다. 그러므로 다른 사람의 행동을 저지하는 결과를 가져올 수 있다(예: "안 돼").
- 지시(directing)하기 기능: 다른 사람의 행동을 지시하고 통제하는 기능을 갖는다(예: "하지 말랬지").

3) 음성 및 운율적인 발달 특성

(1) 음성적 특성

음성(voice)은 음도(pitch), 강도(loudness), 그리고 음질(quality) 등의 요소를 가진다. 말을 할 수 있는 많은 자폐성장애아동은 이러한 음성적인 측면에서 다소 비정상적인 특징을 나타낸다. 그중에서도 흔히 언급되는 요소가 음도이다. 자폐성장애아동의 음성은 대체로 음도가 높고, 음도의 범위가 좁아서 단조롭게 들린다(Goldfarb, Braunstein, & Lorge,

1956; Goldfarb, Goldfarb, Braunstein, & Scholl, 1972; Pronovost, Wakstein, & Wakstein, 1966). 예를 들어, Pronovost와 그의 동료들(1966)은 평균 기본주파수가 2,500Hz인 자폐성장애아동의 사례를 보고하기도 하였다. 또한 Baltaxe(1981)는 일반아동이 문장 형태를 음도 변화로 표현하는 데 비해, 자폐성장애아동은 강도의 변화로 표현한다고 보고하였다.

음성의 강도 측면에서 자폐성장애아동은 속삭임에서 큰 소리까지 매우 넓은 범위의 강도를 사용하는 것으로 보인다. 자폐성장애아동이 반향어를 할 때 속삭임에 가까운 매우 작은 소리로 하는 것에 대하여 몇몇 연구자들은 그러한 강도의 감소가 반향적 반응을 회피하려는 의도라고 해석하기도 한다(Fay, 1980). 때로 상황에 부적절하게 큰 소리로 말하는 자폐성장애아동의 사례도 보고되는데, 이것은 그들이 상황적 단서를 잘 인식하지 못하기 때문인 것으로 보인다.

끝으로 음질 측면에서는 목쉰 소리나 거친 소리, 과대 비음화의 경향이 보고되기도 하는데(Pronovost et al., 1966), 이러한 현상이 자폐성장애의 어떤 결함과 연관되는지는 아직 불명확하다. 또한 자폐성장애아동의 음질적인 결함은 음도 결함만큼 자주 나타나지는 않는다.

(2) 운율적 특성

구어의 운율적인 요소에는 억양(intonation), 강세(stress), 리듬(rhythm) 등이 포함된다. 음성이나 운율 같은 구어의 초분절적(suprasegmental)인 요소들은 의사를 전달하거나, 전달받는 데 있어서 중요한 매체가 된다. 예를 들어, 문장의 끝을 올리거나 내림으로써 의문문과 서술문이 구별될 수 있으며, 종속절은 빠르게 읽고 주절은 천천히 읽음으로써 문장 전체의 뜻을 좀 더 쉽게 이해할 수 있게 도와준다. 또한 핵심낱말이나 구에 강세를 둠으로써 화자의 의도나 강조점이 좀 더 명확하게 전달될 수도 있다. 일반아동의 경우 4세 정도에는 운율적인 기술이 안정되지만, 성인의 운율 패턴을 완전히 습득하는 것은 청소년기에나 가능한 것으로 보고되고 있다.

많은 연구들은 자폐성장애아동이 억양, 장단(특히, 모음의 길이 조절), 강세에 있어서 결함을 나타낸다고 보고하였다(Bagshaw, 1978; Fletcher, 1976; Goldfarb et al., 1972). Paccia와 Curcio(1982)는 반향어와 언어 이해력과의 관계를 연구하면서 언어 능력이 다소 발달된, 변조된 반향어의 경우에는 자폐성장애아동 스스로 문장 끝의 올림조나 내림조를 변화시킨다는 것을 관찰하였다. 만약, 상대방의 "뭐 먹었니↗"라는 질문에 대하여 "과자 먹었니↘" 라고 말한다면, 내림조를 사용한 변조반향어가 될 것이다. 그들은 이러한 결과로부터 운율적으로 변조된 반향어를 나타내는 자폐성장애아동은 그렇지 못한 아동에 비하여 좀 더 발달된 언어 능력을 나타낸다고 결론지었다. 그러나 운율 결함과 연령 및 IQ 간에는 유의한 상관관계가 없었다고 보고하였다.

자폐성장애아동은 일반아동이 언어이전기에 보이는 다양한 운율 패턴을 잘 나타내지 않는 것으로 보인다(Hicks, 1972). 이러한 운율 문제는 지능이 높은 자폐성장애아동에게서도 많이 나타나는데, 그들은 운율 결함으로 인해서 '감정이 없는, 단조로운 구어' 를 사용하게 되는 것 같다. 즉 자폐성장애아동의 제한된 음역은 기질적인 문제라기보다는 그들의 운율적인 결함에 기인하는 것으로 보인다. 또한 지나치리만큼 정확하게 조음하는 자폐성장애아동의 성향이 더욱 '부자연스러운' 구어를 만드는 원인이 되기도 한다.

자폐성장애아동은 신생아기의 발성에서도 일반아동과는 다소 차이가 있는 것으로 보인다. Ricks(1975)는 일련의 연구들을 통하여 일반, 지적장애, 그리고 자폐 유아의 여러 가지 소리들을 그들의 부모들에게 들려주어 구별하도록 하였다. 그들이 사용한 소리들은 각 유아가 요구할 때, 고집부릴 때, 반길 때, 그리고 기쁠 때 수집한 샘플들이었다. 일반유아 및 지적장애유아의 부모들은 각 소리의 의미를 잘 구별하였는데, 특히 자기 아이의 소리는 더 잘 구별하였다. 그러나 자폐성장애유아의 부모들은 자기 아이와 일반유아 및 지적장애유아의 '정상적인' 소리는 쉽게 구별하였으나, 다른 자폐성장애유아의 소리가 무엇을 의미하는지는 잘 구분하지 못하였다. 이러한 결과는 자폐성장애유아는 일반유아 및 지적장애유아에 비하여 비정상적인 소리 패턴을 나타내며, 자폐성장애유아 간에도 개인차가 큰 것을 의미한다.

자폐성장애아동의 억양 모방 능력에 대하여 연구한 Fletcher(1976)는 일반아동에 비하여 자폐성장애아동의 억양 모방 능력이 훨씬 떨어진다고 보고함으로써, 자폐성장애아동의 반향어는 초분절적 요소까지 그대로 따라하는 것은 아니라는 것을 시사해 주었다.

고기능자폐성장애아동은 상대적으로 높은 언어 능력에도 불구하고 일반아동과는 달리 자신과 다른 사람의 제스처, 얼굴표정, 눈 등에 담긴 비언어(nonlanguage), 운율, 목소리 세기나 톤과 같은 초분절언어의 이해와 사용에서 결함을 보인다(Cleland et al., 2010). 정서적 운율에 관한 몇몇 연구에서 자폐성장애아동은 운율을 통해 화자의 감정을 이해하는 데 있어 일반아동에 비해 낮은 수행을 보였다(Lindner et al., 2006, 정훈영 외, 2010;

Peppe et al., 2011). 반면, 자폐성장애아동이 일반아동과 동일한 운율이해 능력을 보인 연구들도 있다(Boucher et al., 2000; Grossman et al., 2010). 이처럼 자폐성장애아동의 정서적 운율이해 능력에 관해서는 연구자들 간에 일치된 의견을 보이지 못하고 있다. 자폐성장애아동은 자기 및 타인의 기본 감정 이해 능력을 습득하였더라도 사회적 맥락에 맞게 그것을 이해하는 데는 어려움을 보인다(Ozonoff et al., 1991). 실제 일상생활에서 감정을 이해할 때는 얼굴 표정, 목소리, 구어적 내용, 상황맥락 등 다양한 정보가 결합되기 때문에 자폐성장애아동은 이러한 정보를 결합하여 정보를 처리하는 데 어려움을 갖게 된다. 아스퍼거증후군아동의 경우 타인의 감정을 이해하는 데 있어서 구어적 내용에 초점을 두므로 구어적 정보와 비구어적 정보를 동시에 처리해야 하는 복잡한 사회적 상호작용에 있어 어려움을 겪는다(Lindner et al., 2006).

자폐성장애아동의 운율적인 결함을 연구한 결과들을 종합해 보면, 자폐성장애아동은 모든 운율적인 측면에서 전반적인 결함을 나타내지는 않으며, 그들의 운율적 결함에는 개인차가 크다는 것을 알 수 있다. 또한 자폐성장애아동은 연결된 구어를 운율을 동반한 언어학적 단위로 구분하는 데 어려움을 겪는 것 같다. 일반적으로, 언어이전기의 운율은 좀 더 감정적인 요소와 연관되기 때문에 우반구에서 통제되다가, 언어학적인 요소와 접목되는 언어습득기가 되면 좌반구로 그 기능이 넘어간다고 추정된다. 그러나 자폐성장애아동의 경우는 운율에 대한 반구 편측화가 잘 이루어지지 못하기 때문에 언어습득기 이후에도 계속해서 운율적인 결함을 나타내는 것이라고 추측해 볼 수 있다(Fay, 1980).

2005년부터 2012년까지의 자폐성장애아동의 운율 특성 실험연구 22편을 분석한 이수정과 김영태(2013)의 연구에서도 연령이나 과제 등에 따라 개인차가 있기는 하지만, 전반적으로 자폐성장애아동과 청소년들은 문장유형(특히 의문문)과 정서(특히 낮은 강도의 정서)를 구분짓는 운율을 이해하는 데 어려움을 보이는 것으로 나타났다. 또한 운율을 표현하는 데 있어서도 음도의 변화폭이 크고, 정서적 맥락에 적절한 음도 변화에 어려움을 보이는 것으로 나타났다. 자폐성장애아동 및 청소년의 운율 능력은 언어 능력이나 의사소통 능력과 상관도가 높다는 보고가 우세하였다.

4) 조음발달 특성

구어가 늦게 습득되는 자폐성장애아동의 경우에 음소 습득도 다소 늦어지는 경우가 보고되기도 하지만(Bartak, Rutter, & Cox, 1975; Rutter & Lockyer, 1967), 일반적으로 자폐성장애아동의 조음 능력은 다른 언어 능력에 비해서 우수한 편이다. Boucher(1976)는 인지 수준이 비슷한 감각성 실어증아동과 자폐성장애아동의 조음 능력을 비교해 본 결과 자폐성장애아동이 월등히 우수하였다고 보고하였으며, Bartolucci와 그의 동료들(1976)도 정신연령이 유사한 실어증아동에 비하여 자폐성장애아동의 음운발달이 훨씬 나았다고 보고하였다.

자폐성장애아동의 조음 능력과 관련하여 주의하여야 할 사실은 그들의 반향어는 자발어에 비하여 명료도가 훨씬 높다는 사실이다(Pronovost, Wakstein, & Wakstein, 1966; Ricks & Wing, 1975). 또한 일부 자폐성장애아동의 경우는 지나치게 정확한 조음 때문에 운율적인 구어의 흐름이 방해받기도 한다.

5) 구문론 및 형태론적 언어발달 특성

자폐성장애아동 언어의 형식적인 측면(구문론 및 형태론)은 의미론이나 화용론적 결함에 비하여 특기할 만한 결함을 나타내지 않는다고 볼 수 있다(Paul, 1987; Swisher & Demetras, 1985; Tager-Flusberg, 1981, 1985). 자폐성장애아동의 구문론적 능력을 분석한 연구들은 자폐성장애아동이 일반아동에 비하여 다소 짧은 발화, 간단한 문장구조, 그리고 제한된 문장형태를 사용하는 경향이 있으나, 지적장애아동이나 언어장애아동만큼 유의한 차이가 나타나지 않는다고 보고하였다(Bartak, Rutter, & Cox, 1975; Cantwell, Baker, & Rutter, 1978; Pierce, & Bartolucci, 1977). 그러나 다른 연구에서는 자폐범주성장애아동이 일반아동에 비해 문법형태소를 덜 사용하고(Bartolucci et al., 1980), 동사의 시제 오류가 많은 것으로 나타났으며(Tager-Flusberg & Joseph, 2003), 자폐범주성장애아동과 단순언어장애아동의 문법형태소 비교 연구에서는 동사어미의 생략 등과 같은 문법형태소에서 유사한 오류를 보이는 것으로 나타났다(Williams & Boucher, 2008).

(1) 구문론적 특성

자폐성장애아동의 반향어나 모방구어로부터 구문론적 결함을 연구한 Simon(1975)은 자폐성장애아동의 구어에서는 일반아동이 거치는 점진적인 MLU(평균발화길이)의 증가나 2~3낱말의 간단한 의미관계 문장들이 잘 나타나지 않는다고 보고하였다. 다시 말해서, 일반아동이 말을 배우기 시작할 때 나타내는 다소 불완전한 문장형태들이 자폐성장애아동에게서는 별로 나타나지 않는다는 것이다. 그러나 이러한 연구 결과는 후속 연구들에서 충분히 지지받지는 못했다. Calkins와 Tager-Flusberg(1986)에 의해 실시된 한 종단연구에서는 자폐성장애아동의 문법구조나 형태소의 발달은 언어 능력이 같은 다운증후군이나 일반아동에 비해 유의할 정도로 지체되거나 결함이 있지는 않지만, 약간의 차이점들은 있는 것으로 나타났다. 첫째, 자폐성장애아동은 일반아동 및 지적장애아동에 비하여 고정적이고 상투적인(formulaic) 형태의 언어 사용이 유의하게 많았다. 둘째, 자폐성장애아동은 구문론적 구조의 발달 측면에서 일반아동과 같은 발달단계를 거쳤으나, 일반아동 및 지적장애아동에 비하여 사용하는 문법구조가 다양하지는 못하였다. 그러므로 자폐성장애아동의 문법적인 구조는 심하게 지체되거나 결함을 나타내지는 않지만, 다양하지 못하고 제한되어 있는 것으로 보인다.

(2) 형태론적 특성

자폐성장애아동의 형태소 사용 능력을 분석한 연구들은 다소 상이한 결과를 보고한다. 예를 들면, Fein과 Waterhouse(1979)는 자폐성장애아동의 문법형태소 사용에서 아무런 결함도 발견하지 못하였으나, Bartolucci와 그의 동료들(1980)은 형태론적 결함을 보고하였다. 형태론적 결함을 관찰한 연구들은 자폐성장애아동이 일반아동에 비해서는 형태소의 사용이 매우 제한적이었으나, 실어증이나 지적장애아동에 비해서는 유의한 차이가 나타나지 않았다고 보고하였다(Bartolucci, Pierce, & Steiner, 1980; Cantwell et al., 1978). 그러므로 자폐성장애아동의 형태론 및 구문론적 능력은 다소 지체되어 있을 뿐, 비정상적인 패턴이나 특징을 나타내지는 않는다고 볼 수 있다.

자폐성장애아동의 문법형태소 발달을 종단적으로 살펴본 한 연구에서는 자폐성장애아동이 일반아동 및 다운증후군아동과 집단 간 차이를 보이지 않았지만 개인 간 차이가 매우 심하였기 때문에 자폐성장애 집단의 특성을 논하기가 어렵다고 설명하였다(Tager-Flusberg, & Baumberger, 1987). 과거형 형태소에 대한 관찰에서 자폐성장애아동은 때때로 과거형 형태소 '-ed'를 사용하기는 하였으나 제한된 동사에서만 계속해서 사용하는 경향이 있기 때문에, 대체적으로 과거형 형태소의 사용에 있어서 결함을 나타내었다. Tager-Flusberg와 동료들은 자폐성장애아동의 이러한 결함이 문맥과 관련되어 있음을 관찰하였다. 그들에 의하면, 자폐성장애아동은 현재 일어나고 있는 일이나 사건에 대해서 이야기할 때는 과거형 형태소의 사용을 잘 했으나, 현재의 활동 문맥이 아닌 상황이나 사건에 대하여 이야기할 때는 시제 형태소의 사용에 있어서 많은 결함을 나타내었다.

자폐성장애아동의 형태소 및 문법구조 발달에 대한 연구들은 자폐성장애아동이 문법구조나 형태소를 습득하는 데 있어서 특기할 만한 결함은 없으며, 정상적인 발달단계를 거친다는 데 대체로 일치되는 결과들을 보여 준다. 그러나 그들의 형태론 및 구문적 발달은 구체적인 문맥과 관련되어 있으며 융통성 있는 문장보다는 고정된 형식의 문장에 제한되어 있는 것으로 보인다.

6) 의미론적 언어발달 특성

언어의 내용과 관계되는 의미론적 측면은 자폐성장애아동이 흔히 어려움을 나타내는 언어의 영역이다. 형태론 및 구문론 측면과는 대조적으로, 자폐성장애아동의 의미론적 발달 특성은 단지 지체되었다기보다는 특이한 이상 형태를 나타낸다고 볼 수 있다. 의미론적 측면에서 자폐성장애아동이 특히 어려움을 나타내는 것은 범주적인 어휘와 관계어의 습득이라고 볼 수 있다.

일반아동은 사물의 물리적인 유사성이나 공통된 기능을 토대로 사물을 분류해 가는 과정을 거치기 때문에 과대일반화 단계가 자연스러운 발달과정이지만, 자폐성장애아동은 이러한 단계를 거치지 않는 것으로 보인다. 자폐성장애아동은 일반화 과정으로 넘어가지 못하고 특정 사물을 특정 낱말로만 명명하는 특정화 단계에 머무르는 경우가 많다. 자폐성장애아동의 어휘 습득 능력에 대해서는 다소 다른 연구 결과들이 보고되고 있다. 일부 학자들은 지능이 높은 자폐성장애아동에게서 일반아동과 유사한 어휘 습득을 보고하였으나(Simmons & Baltaxe, 1975; Tager-Flusberg, 1993), 다른 학자들은 사물의 기능에 기초한 일반화 능력(예: 연필과 종이, 치약과 칫솔)이 매우 제한되어 있다고 보고하였다(Fay & Schuler, 1980). 이러한 이견들은 자폐성장애의 다양한 양상에 그 원인이 있는 것 같다.

일반적으로 자폐성장애아동은 사물의 기능보다는 주로 물리적 유사점에 근거하여 범주화해 나가는 것으로 보인다. Waterhouse와 Fein(1982)의 연구는 이러한 이론을 뒷받침하여 준다. 그들은 그림어휘력 검사(PPVT)를 통하여 자폐성장애아동에게 명명된 그림을 지적하도록 하였다. 아동의 오류 항목을 분석한 결과, 두 집단 간에 유의한 차이가 나타났다. 일반아동은 이름이 생각나지 않는 그림에 대하여는 그 기능을 설명하는 경향이 있었는 데 반하여(예: "빗자루"에 대하여 "청소할 때 쓰는 것"이라고 함), 자폐성장애아동은 그 모양이 유사하거나(예: "못"을 "핀"으로), 같은 의미 범주의 낱말로(예: "칠면조"를 "새"로) 대치하여 반응하는 경향이 있었다. 그러므로 자폐성장애아동은 사물의 기능에 근거한 범주의 습득에 제한된 능력을 나타낸다고 볼 수 있다.

자폐성장애아동의 초기 어휘는 비생동적인(inanimate) 사물에 국한되며, 어휘의 대부분이 명사인 경향이 있다. 특히, 음식물이나 비생동적 사물을 명명하는 명사가 많이 나다나며, 다음으로는 색깔, 숫자, 철자 등의 낱말들이 나타난다. 그러므로 자폐성장애아동의 초기 어휘는 감각적으로 고정되어 있는 낱말들이라고 볼 수 있다. 이러한 현상은 일반아동의 초기 어휘 발달 양상과 대조되는데, 일반아동의 경우는 사회적, 사교적 또는 경험적인 낱말들이 먼저 나타난다(예: "안녕" "엄마" "없다").

자폐성장애아동은 관계어(relational words)의 습득에 있어서도 심한 결함을 나타낸다. 예를 들어, 방향(오다－가다, 주다－받다)이나 위치(안－밖, 위－아래, 로－에서), 지시(이－저, 여기－저기), 시간(전－후), 또는 상대적인 개념(많다－적다, 큰－작은, 빨리－늦게)을 나타내는 낱말들을 이해하거나 표현하는 데 어려움을 나타낸다.

낱말의 난이도에 따라 발달단계가 다르지만, 일반아동의 경우에는 늦어도 8~9세까지는 이러한 관계어들을 완전히 습득하게 된다. 이러한 관계어들을 습득하기 위해서는 각 낱말의 언어학적인 정보와 문맥적인 정보를 동시에 분석할 수 있어야 하는데, 자폐성장애아동은 분석적이기보다는 통합적이며, 상대적이기보다는 절대적으로 언어를 사용하는 경향이 있다. 또한 자폐성장애아동은 청자와 화자의 입장이 바뀐다는 것을 잘 인식하지 못하기 때문에 이러한 관계어의 습득에 어려움을 나타낸다고 볼 수 있다.

자폐성장애아동은 감정과 관련된 동사의 사용에 있어서도 제한된 능력을 나타낸다. 자폐성장애아동은 외적 행동을 나타내는 행위 동사들에 비해 내적 상태를 나타내거나(예: "하고 싶다") 상태의 변화를 나타내는(예: "바꾸다" "만들다") 상태 동사들을 습득하는 데 더 큰 어려움을 나타낸다.

Bartolucci와 Alberts(1974)는 자폐성장애아동이 또래아동에 비하여 시제를 나타내는 형태소의 사용에 있어서 더 많은 결함을 나타낸다고 보고하였는데, 이러한 결함 역시 자폐성장애아동이 문맥에 따른 상대적인 어휘를 습득하기보다는 절대적인 형태의 문장이나 구를 습득하는 경향을 뒷받침해 주고 있다.

자폐성장애아동의 문장 이해 전략에 대한 흥미로운 연구가 Tager-Flusberg(1981)에 의해 이루어졌다. 간단한 문장을 이해하여 수행하는 과업에서 3~4세의 일반아동 및 자폐성장애아동은 비슷한 능력을 나타내었으나, 그 오류를 분석해 본 결과는 다소 차이가 있었다. 일반아동은 자신이 모르는 문장이 나올 경우, 실현 가능성이 있는 형태로(probable-event strategy) 수행하는 경향이 있었다. 예를 들어, "사람이 트럭을 치었다"라는 문장에 대하여 일어날 가능성이 있는 "트럭이 사람을 치었다"의 문장으로 수행하였다. 그러나 그러한 가능성의 단서가 없는 문장에서는 낱말순서 전략(word-order strategy)을 사용하여 수행하였다. 즉 처음에 나오는 명사가 '행위자'가 되고 다음에 나오는 명사가 '목적'이 되게 수행하였다. 그러나 자폐성장애아동의 경우는 대부분 낱말의 순서를 이용하여 수행하였으며, 가능성 위주의 수행은 매우 제한적이었다. 이러한 결과는 낱말들의 의미적인 결합보다는 순서 또는 배열에 의존해서 문장의 뜻을 파악하는 자폐성장애아동의 경향을 잘 나타내 주고 있다.

일부 학자들은 자폐성장애아동의 의미론적 결함을 그들의 구어 회상 능력의 결함에 근거하여 설명하기도 한다. Hermelin과 O'Connor(1967)는 자폐와 지적장애아동의 낱말 회상 능력을 실험하였다. 두 집단의 회상 능력은 비슷하였으나 그 회상 전략에는 유의한 차이가 있었다. 지적장애아동은 유사한 낱말들을 연결하여 회상하는 경향이 있었는 데 비해(예: 동물들, 색깔 등), 자폐성장애아동은 낱말의 순서대로 외우는 경향이 있었다. 그러므로 자폐성장애아동은 낱말의 의미론적 정보를 이용하는 회상 전략을 사용하지 않는 것으로 나타났다. 이러한 결과는 자폐성장애아동이 문장을 이용하거나 표현할 때에도 낱말들 간의 의미론적 결합보다는 낱말의 순서에 따라 처리한다는 것을 알 수 있다.

7) 화용론적 언어발달 특성

화용론은 언어적 또는 상황적 문맥에 따라 언어를 이해하거나 표현하는 언어의 기능적인 측면을 일컫는다. 자폐성장애아동에게 있어서 이러한 화용론적 측면은 언어의 영역들 중에서 가장 심한 결함을 나타내는 영역이다. 많은 연구들이 자폐성장애아동의 화용적 언어 능력은 단지 발달적인 지체 현상이 아니라 특이한 이상 패턴을 나타낸다고 보고하고 있다.

일반아동은 화용론적 기능, 즉 목적과 문맥에 적절하게 언어를 사용하고 다른 사람의 의도를 이해하는 능력을 언어이전기나 발달 초기에 이미 습득하게 된다. 그러나 사회적 접촉이나 발달에 결함을 나타내는 자폐성장애아동에게는 이러한 언어의 기능을 익히는 것이 결코 쉬운 일이 아니다. 자폐성장애아동의 이러한 화용론적 결함을 ① 의사소통 의도 및 규칙, ② 의사소통 기능, ③ 대화 기능의 측면에서 살펴보도록 한다.

(1) 의사소통 의도 및 규칙

자폐성장애아동은 일반적으로 다른 사람과 의사소통을 하려는 의도가 부족한 것으로 보인다. 일부 연구자들은 고기능 자폐성장애아동이라 하더라도, 비슷한 수준의 언어 능력을 가지고 있는 실어증아동에 비하여 자발적인 대화나 대화를 시도하려는 횟수가 훨씬 적다고 보고하였다(Feldstein et al., 1982; Bartak, Rutter, & Cox, 1975). 또한 Ball(1978)은 수용언어 능력이 유사한 실어증아동에 비하여 자폐성장애아동의 제스처 사용 빈도가 훨씬 적었다고 보고하면서, 이러한 제한된 제스처의 사용은 인지 능력의 결함보다는 의사소통 의도가 적은데 기인한다고 설명하였다.

또한 자폐성장애아동은 의사소통의 기본적인 규칙을 잘 이해하지 못하는 경향이 있다. 그러므로 고기능(high functioning)의 자폐성장애를 가진 아동이나 성인도 상황에 적절하지 못한 언어의 사용으로 인하여 곤경에 빠지는 경우가 많다. 그들은 대화 시 화자와 청자가 교대로 말을 한다는 것을 이해하지 못하며, 어떻게 문장을 끝내야 할지, 언제 주제를 바꾸어야 할지에 대하여 혼동을 나타낸다. 그들은 의사소통에 있어서 화자와 청자의 역할이 수시로 바뀔 수 있다는 것을 인식하는 데 어려움을 겪는 것 같다. 그래서 화자의 역할만을 오래 유지하거나, 청자의 역할만을 오래 지속하는 것을 볼 수 있다(Baltaxe, 1977). 고기능 자폐성장애아동에게서 흔히 관찰되는 지나친 질문이나 다른 사람을 난처하게 만드는 표현(예: "저 아저씨는 왜 머리카락이 없어? 대머리야?"), 그리고 장황한 다변(verbosity)도 자폐성장애아동의 비정상적인 화용론적 특징들이다. Baltaxe(1977)는 반응 여부에 관계없이 계속해서 질문을 해 대는 자폐청소년에 대한 보고를 하였는데, 이러한 끊임없는 질문은 상호작용을 시도하거나 유지하려는 기능이 있는 것으로 해석되기도 하였다.

저기능(low functioning) 자폐아동은 비구어적인 차례지키기(turn-taking)에서도 어려움을 보인다. 이러한 결함은 그들의 감정, 사회-인지적 결함과도 연관이 있는 것으로 간주된다(Baron-Cohen, 1988; Hobson, 1986). 그러므로 자폐성장애아동의 치료계획에서 흔히 발견되는 '의사소통 차례 인식하기'는 자폐성장애아동에게 의사소통을 가르치기 위한 가장 기본적인 목표가 될 수도 있다. 많은 임상가들이 언어와는 상관없는 활동(예: 공 주고받기, 교대로 퍼즐 끼우기 등) 속에서 이러한 기술을 유도해 보려고 하지만, 이러한 활동들이 의사소통과 연관되기 위해서는 될 수 있는 대로 의미 있는 의사소통의 문맥 안에서 이루어지는 것이 바람직할 것이다. 예를 들어, 교대로 한 구절씩 노래를 부르거나 간식을 교대로 나누어 먹는 활동 등을 시도해 볼 수 있다.

교대활동의 결함과 자주 동반되는 결함은 시선 맞추기(eye contact) 행동이다. 많은 자폐성장애아동은 상호적인 활동이나 대화 시에 상대방과 시선을 잘 맞추지 않으며 도리어 피하는 경우가 많다. 어떤 학자들은 교대로 이야기하는 데 있어서의 결함이 시선 맞추기의 단서를 읽거나 표현하지 못하기 때문이라고 설명하기도 한다.

자폐성장애아동은 대화를 시작할 때 상대방의 주의를 끄는 행동에 있어서도 어려움을 나타낸다(Fay & Schuler, 1980). 일반인은 대화를 시작할 때 상대방의 이름을 부르거나 시선을 맞추어서 자신에게 집중하도록 하는데, 자폐성장애아동에게 있어서는 이러한 주의끌기(attention gathering) 기술이 부족한 것으로 보인다. 이러한 주의끌기의 결함은 대화를 하려면 먼저 상대방의 주의를 끌어야 한다는 의사소통 규칙에 대한 인식이 부족하거나, 언제 상대방의 주의가 자기에게 집중되어 있는지를 인식하는 능력이 부족하기 때문이라고 볼 수 있다(McTear & Conti-Ramsden, 1992).

(2) 의사소통 기능

Ball(1978)은 의사소통 기능(speech acts) 및 대화 규칙에 대한 연구에서 일반, 자폐성장애, 그리고 실어증아동의 능력을 비교하였다. 의사소통 기능 측면에서 자폐성장애아동은 수용언어 능력이 비슷한 일반아동 및 실어증아동에 비하여 정보 제공(informing) 및 통제(regulating) 기능이 유의하게 제한되어 있었으며, 대화 규칙 측면에서도 다른 집단에서는 나타나지 않는 부적절한 문장들이 많이 나타났다. 실어증아동과 자폐성장애아동의 화용적 능력을 비교한 Cantwell과 동료들(1978)도 유사한 연구 결과를 보고하였다. 자폐성장애아동은 비언어적 IQ 점수가 유사한 실어증아동에 비하여 부적절하고 자기중심적인 언어의 사용은 많았으나 사회적 언어나 자발어의 사용은 매우 적었다.

Wetherby와 Prutting(1984)도 자폐성장애아동이 일반아동에 비해서 제한된 의사소통 기능을 나타내었다고 보고하였다. 즉 물건 및 행동 요구하기와 저항하기와 같은 초기 의사소통 기능은 자주 사용하였으나, 정보 제공하기, 자랑하기, 평하기, 명명하기 등은 사용하지 않았다.

자폐성장애아동의 의사소통 기능에 대한 여러 연구들을 종합해 볼 때, 자폐성장애아동은 일반아동과 마찬가지로 다양한 의사소통 기능들을 짧은 시기에 습득한다기보다는 오랜 기간에 걸쳐서 단계적으로 습득해 나간다고 볼 수 있다. 대체로 언어이전기 자폐성장애아동에게서 흔히 나타나는 초기 의사소통 기능은 '물건이나 활동 요구하기'와 같은 도구적, 통제적 기능들이다(Fay & Schuler, 1980; Layton, 1987). 사회적 교류를 위한 의사소통 기능들(예: '승인하기' '평하기' '자랑하기')은 나중에 발달되는 기능들로, 언어이전기에 있는 자폐성장애아동에게서는 결코 관찰되지 않는 기능들이다.

고기능 자폐성장애아동의 화용론적 기능을 연구한 몇몇 학자들은 자폐성장애아동이 두드러지게 사용하는 의사소통 기능들은 그 문맥(상황 및 대상)에 따라 변한다고 보고하였다. 예를 들어, O'Neill(1981)은 7명의 고기능 자폐성장애아동의 언어표본을 집과 학교에서 수집하여 분석하였다. 그가 관찰한 기능들은 통제하기, 교류하기, 감정 표현하기, 정보 얻기, 정보 제공하기 등이었는데, 이러한 기능들의 출현 빈도는 그 상대방에 따라 달라졌다. 성인과 대화할 때는 '통제하기' 기능이 가장 두드러지고, 다음이 '교류하기' 기능인 반면, 친구들과 대화할 때는 '교류하기' 기능이 '통제하기' 기능보다 더 우세하였다. Bernard-Opitz(1982)도 유사한 현상을 보고하였다. 그가 관찰한 8세의 고기능 자폐성장애아동은 엄마와 대화할 때는 '요구하기'가 주된 기능이었으나, 낯선 사람과 얘기할 때는 주로 '서술하기' 기능을 사용하였다. 이러한 연구 결과들은 고기능 자폐성장애아동은 상대방에 따라 의사소통 기능을 적절히 조절할 수 있는 능력을 발달시킬 수 있지만 이러한 능력은 오랜 기간을 거쳐서 단계적으로 발달된다는 점을 시사해 준다.

(3) 대화 기능

고기능 자폐성장애아동과 아스퍼거증후군아동은 다른 사람과 대화를 시작하고, 유지하며, 종결하는 데 어려움을 보인다. 전반적으로 대화 개시가 적거나 부적절하다는 특징을 보이는데, 대화가 시작되었다 하더라도 '공룡' '곤충' '자동차' '로봇' 등과 같이 자신이 몰두하고 있는 주제에 대해 장황하게 말하면서 대화를 주도하는 경향이 있다. 또한 상대방의 표현에 대한 반응이 떨어져 주고받는 형식의 상호호혜적인 대화 유지가 어렵다.

Paccia-Cooper와 동료들(1981)은 자폐성장애아동의 주제유지 능력에 대한 흥미로운 연구를 하였다. 자폐성장애아동이 시작한 발화의 20% 이상이 상대방의 말을 중단시킨 부적절한 것이었으며 이는 일반아동이 중단시킨 횟수의 거의 2배에 가까운 것이었다. 또한 일반아동의 경우는 87%의 문장이 문맥 속에서 주제가 유지된 데 반하여, 자폐성장애아동의 경우는 단지 53%만이 주제와 연관된 것이었다.

대체로 자폐성장애아동은 상대방의 입장이나 감정에 대한 인식이 부족하기 때문에 언제 주제를 바꿀지, 상대방이 그 주제에 흥미를 갖고 있는지, 또는 상대방이 무엇을 원하는지에 대하여 민감하게 반응하지 못한다. 특히, 비언어적인 단서들(얼굴 표정, 자세, 시선 등)에 대한 이해나 사용이 부족하여 화용적 능력을 습득하지 못하는 경우가 많다. 공손한 표현이나 간접적인 표현, 은유적인 표현들에 대한 이해나 표현에 있어서도 결함을 나타낸다.

V. 언어장애를 동반하는 장애: 지적장애

2010년 미국 지적장애 및 발달장애 협회(American Association on Intellectual and Developmental Disabilities: AAIDD)는 지적장애(intellectual disability)를 "지적 기능성(intellectual functioning)과 개념적 · 사회적 · 실제적 적응기술로 표현되는 적응행동(adaptive behaviors)의 두 영역에서 현저한(significant) 제한을 보이는, 18세 이전에 시작되는 장애"로 정의하였다. 지적장애로 진단되기 위해서는 '지적 기능성(intellectual funtioning)이 평균보다 현저하게 낮다'는 첫 번째 기준을 충족시켜야 한다. 지적 능력은 일반적으로 지능지수(Intelligence Quotient: IQ)로 표현되는데, '평균보다 현저하게 낮은 지능 수준'이란 대략 평균으로부터 2*SD* 이하를 의미한다(AAIDD, 2010). 지적장애에 대한 조작적 정의의 두 번째 핵심 요인은 '적응행동에서의 현저한 제한성'이다. 적응행동이란 감각운동, 언어와 의사소통, 신변처리, 대인간 상호작용, 그리고 직업 능력 및 사회성 등을 포함한다. AAIDD(2010)에서는 이러한 적응행동을 개념적 기술(언어와 문해 기술, 금전 및 시간 개념 등), 사회적 기술(대인기술, 사회적 문제해결기술 등), 실제적 기술(일상생활 활동, 직업기술 등)의 세 가지로 나누어 제시하고 있다. 심각한 적응행동상의 제한성이란 이 중 한 영역에서의 점수, 혹은 이 세 영역의 기술들에 대한 전반적 점수가 평균보다 대략 2*SD* 이하의 점수를 보이는 상태를 의미한다.

2013년 새로 개성된 DSM-5에서도 '지적장애(지적발달장애)'라는 용어를 채택함과 더불어 장애진단 시 지능지수에 의존하기보다는 적응행동을 고려한 임상적 평가에 더욱 비중을 두어 중증도를 결정하도록 하고 있다. 이러한 적응행동의 결함은 일반적으로 지능지수와 높은 상관관계를 나타내며, 지능지수가 매우 낮은 경우는 이러한 모든 발달영역에서 현저한 결함을 나타낸다(Owens, 2002). 특히 언어 및 의사소통 문제는 모든 지적장애아동에게서 인지 능력의 결함으로 나타나는 가장 심각한 적응행동의 문제 중

하나이다. Miller 등(1981)은 지적장애아동이 나타내는 언어와 인지 능력 간의 관계를 ① 전반적으로 수용언어 능력이 인지 능력과 유사한 반면 표현언어 능력은 이에 비해 떨어지는 경우, ② 수용언어와 표현언어 능력이 모두 인지 능력보다 떨어지는 경우, ③ 수용언어와 표현언어 능력이 인지 능력과 유사한 수준을 나타내는 유형으로 구분하였다. Miller 등(1981)은 지적장애아동의 약 50%가량이 세 번째 유형에 포함된다고 보고하였다. 그러나 인지 능력과 언어 간의 관계는 시간에 따라 변할 수 있다는 것을 기억해야 한다(Cole, Mills, & Dale, 1989).

일반적으로 지적장애아동의 언어발달 형태는 지능지수가 매우 낮은 중도 이하의 아동을 제외하고는 정신연령이 10세가 되기 이전까지는 말속도, 발화길이 또는 발화량(quantity)에서만 차이가 있을 뿐 일반아동의 언어발달 형태와 매우 유사한 형태로 발달하다가(Weiss, Weisz, & Bromfield, 1986), 10세 이후가 되면서 발달형태에서 차이를 나타내며, 일반아동과 질적으로도 다른 언어형태를 나타내는 것으로 알려져 있다(Owens, 2002).

본문에서는 지적장애아동의 언어발달 형태에 대한 연구 결과들을 중심으로 일반적으로 지적장애아동이 나타내는 언어의 구문 및 형태론적, 음운적, 의미적, 화용적 특성을 살펴보고자 한다. 단, 이러한 특성들은 지적장애의 유형과 중증도, 언어과제 혹은 환경에 따라 개인차가 있을 수 있다는 것을 염두에 두어야 한다(Abbeduto, Furman, & Davies, 1989).

1. 구문 및 형태론적 특성

일반적으로 경도 지적장애아동의 경우 전반적인 구문구조의 발달 순서는 일반아동과 유사하지만, 발달 속도는 더 느린 경향이 있다. 문장 길이와 복잡성도 연령 발달에 따라 증가하며, 문장의 형태와 발달 순서도 일반아동과 거의 동일한 형태를 나타낸다. 다운증후군아동의 평균발화길이(Mean Length of Utterance: MLU)를 살펴본 연구에서 이들의 MLU 증가 속도는 정상아동보다 훨씬 느리지만 일반적으로 청소년기까지는 증가한다고 보고하였다(Rondal, 2001). 또한 다운증후군아동의 구문구조는 정상아동이 사용하는 구조와 매우 유사한 것으로 나타났다(Thordardottir, Chapman, & Wagner, 2002). 그러나 정신연령이 동일한 일반아동에 비하면 문장의 길이가 짧고 단순한 문장을 사용하는 특성이 나타났다(Boudreau & Chapman, 2000; McLeavey, Toomey & Dempsey, 1982;

Roberts, Hennon, Price, Dear, Anderson, & Vandergrift, 2007). 이러한 특성은 언어규칙을 일반화하는 능력의 결함 때문으로 보인다. 지적장애아동은 언어규칙을 사용하기는 하지만 문법적 규칙보다는 낱말들의 배열에 의존하는 경향을 나타낸다. 따라서 비록 언어규칙에 따른 언어사용을 나타내기는 하지만 일반아동에 비해 융통성이 부족한 언어적 구조를 나타낸다고 할 수 있다(McLeavey et al., 1982).

지적장애아동은 또한 일반아동에 비해 새로운 구문형태를 학습하는 시간이 오래 걸리며(McLeavey et al., 1982), 복잡한 구문형태의 학습은 가능하나 자발적 사용은 매우 제한적이다. 또한 지적장애아동은 동일한 정신연령의 일반아동에 비해 문장 따라하기 능력에서도 결함을 보이는 것으로 보고되었다(Merrill & Bilsky, 1990). Kernan(1990)은 다운증후군아동이 문장 따라말하기 과제에서 일반아동과 유사한 형태를 나타내지만, 언어외적인 상황 단서가 제공되지 않을 경우에는 일반아동에 비해 훨씬 큰 어려움을 나타냈다고 지적하였다.

지적장애아동의 형태론 발달에 대한 연구들도 이들이 일반아동과 동일한 습득 순서를 나타내는 반면 발달 속도가 지체되어 있다고 보고하였다(Owens, 2002).

2. 음운적 특성

인지 능력의 결함이 심각한 중도 이상의 지적장애아동은 일반적으로 일반아동에 비하여 발성이 적으며, 자음의 산출도 적은 특성을 나타낸다(Chapman, 1997; Ogletree et al., 1992). 그러나 다운증후군아동과 경도 지적장애아동은 동일한 생활연령의 일반아동과 유사한 형태의 음절성 발음(babbling)을 산출한다고 보고되었다(Stoel-Gammon, 1997; Steffens et al., 1992).

조음 문제는 지적장애가 없는 아동 집단에서보다 지적장애아동 집단에서 더 일반적이다(Long, 2005). 일반적으로 지적장애아동은 일반아동과 유사한 음운변동을 나타내지만 그 오류빈도가 훨씬 많나(Klink et al., 1986; Moran, Mondy, & Leonard, 1984). 지적장애아동이 가장 흔하게 나타내는 음운변동은 영어의 경우, 자음군의 축약과 종성 자음의 생략이다(Klink et al., 1986; Oller & Seibert, 1988; Van Borsel, 1988). 그 외의 음운변동은 더 어린 일반아동에게서 나타나는 오류형태와 유사하다(Prater, 1982). 그러나 Fragile X 증후군 남자 아동이 그보다 어린 일반아동과 유사한 오류를 나타내는 반면, 다운증후군아동은 정상발달에서 기대되는 수준과는 현저하게 다른 특성을 나타낸다

(Roberts, Long, Malkin, Barnes, Skinner, Hennon, & Anderson, 2005).

지적장애아동의 조음과 음운발달의 특성을 요약하면 다음과 같다(Shriberg & Widder, 1990).

- 일반아동에 비해 조음오류가 많다.
- 가장 빈번한 조음오류는 자음생략이다.
- 조음오류가 일관적이지 않다.
- 조음오류 형태는 일반아동 또는 기능적 조음장애아동과 유사하다.
- 다운증후군아동은 지각적 및 음향적으로 독특한 음조를 나타낸다.

구어기술은 읽기와도 밀접한 관계를 나타내며 읽기를 위해서는 음운인식(phonological awareness), 즉 운(rhyming), 분절(syllabication), 음소지각과 음소변별 능력이 선행되어야 한다. 다운증후군아동과 동일정신연령 일반아동의 음운인식과 읽기 능력을 비교연구한 Cossu와 동료들(1993)은 다운증후군아동이 일반아동에 비해 유의하게 낮은 음운인식 능력을 나타냈으나 읽기 능력은 유사하였다고 보고하였다. 그러나 Cupples와 Iacono(2000)는 다운증후군아동을 대상으로 이들의 음운인식 능력과 읽기 능력을 종단관찰한 결과 음운인식 능력과 읽기 능력 간에 높은 상관관계를 보였으며, 특히 초기의 음운인식 능력이 읽기 능력을 예측할 수 있는 요인으로 나타났다고 보고하였다.

3. 의미적 특성

지적장애아동은 지체의 유형이나 정도 또는 환경에 따라 차이를 나타내기는 하지만 일반적으로 동일 정신연령의 일반아동에 비해 낮은 수용언어 능력을 나타낸다. 또한 지적장애아동은 일반아동에 비해 낱말의 의미를 고정적으로 사용하는 경향이 있다(Owens, 2002). 예를 들어, '차가운' 이란 낱말을 온도와 관련하여 정의할 수 있으나 '차가운 성격' 과 같이 심리학적인 측면과 연결하여 그 의미를 이해하거나 사용하지 못하는 경우가 많다.

낱말의 의미는 ① 상황이나 문맥을 이용하여 그 의미를 빠르고 대략적으로 결정하는 과정과 ② 낱말을 자꾸 사용하면서 그 의미를 천천히 형성해 나가는 두 과정을 거쳐 습득된다. 다운증후군아동은 새로운 낱말의 의미를 추론하는 능력에 있어서는 동일

정신연령의 일반아동과 유사한 수준을 나타내지만(Chapman, Kay-Raining Bird, & Schwartz, 1990), 낱말 습득이 느리며, 다양한 의미적 단위를 사용하는 데 어려움을 보인다(황보명, 김경신, 2010 참조).

지적장애아동은 특히 관용어 또는 숙어와 같이 비유적 언어의 사용 및 이해에 어려움을 나타낸다. Ezell과 Goldstein(1991)은 9세의 다운증후군아동과 생활연령을 일치시킨 일반아동 그리고 언어 이해력을 일치시킨 나이 어린 일반아동을 대상으로 관용어 및 숙어의 이해 능력을 비교하였다. 비교 결과, 세 집단이 문자 그대로의 의미를 나타내는 문자적 의미의 이해(예: "hit the sack"의 경우 한 사람이 가방을 치는 그림)에서는 유의한 차이가 나타나지 않았으나, 관용적 의미의 이해(예: "hit the sack"의 경우 한 사람이 침대로 가서 자는 그림)에서는 유의한 차이가 나타났다. 다운증후군아동은 동일 이해 능력의 일반아동보다는 유의하게 높았으나 동일 생활연령의 일반아동보다는 유의하게 낮은 수준을 나타냈다. 이러한 결과는 다운증후군아동이 관용어를 이해할 때 상황이나 문맥적 단서에 크게 의존하는 경향이 있음을 보여 준다.

다운증후군을 포함한 경도의 지적장애아동은 동일 정신연령의 일반아동과 마찬가지로 다양한 어미와 접사를 습득하지만 상대적으로 이러한 자질을 적게 사용한다고도 보고되었다.

4. 화용적 특성

많은 지적장애아동은 사회적 기능에서 결함을 나타낸다. 따라서 언어의 사회적 사용, 즉 화용적 측면에서도 문제점이 드러난다. 화용적 능력의 결함은 발달 초기 몸짓의 사용에서부터 나타난다. 일반적으로 일반아동의 경우, 사물이나 행동을 요구하는 몸짓이나 상대의 주의를 끌기 위한 서술적 몸짓과 같은 의사소통적 몸짓의 산출이 8~12개월 사이에 나타난다. 다운증후군을 포함한 경도 및 중등도 지적장애아동은 이러한 의사소통적 몸짓의 산출이 동일 생활연령의 일반아동보다는 지체되어 나타나지만(Greenwald & Leonard, 1979), 동일 정신연령의 일반아동과는 유사한 수준으로 나타난다. 그러나 중도 이상의 지적장애아동은 이보다 훨씬 후기 단계까지 몸짓의 산출이 나타나지 않으며(Lobato, Barrera, & Feldman, 1981), 몸짓의 유형도 매우 제한적이다(Ogletree, Wetherby, & Westling, 1992).

경도 지적장애아동의 첫 낱말 산출시기는 정신연령에 준하므로 또래 일반아동보다 느리며 그들의 초기 낱말들은 일반아동과 마찬가지로 낱말 산출 이전에 사용하던 몸짓의 기능을 대체하는 경우가 많다. 낱말 산출 이후, 경도 지적장애아동은 자발적으로 질문에 대답할 수 있으며, 다른 사람의 말에 반응하고, 주장이나 요구를 표현하며, 사물이나 사람의 이름을 말하거나 부를 수 있고 또한 자발적인 모방과 연습을 하기도 한다. 그러나 일반아동은 구문이 발달하기 시작하면서 모방이 현저히 감소하는 반면, 다운증후군아동은 그러한 감소의 비율이 매우 낮게 나타난다(Owens & MacDonald, 1982; Sokolov, 1992). Owens(2002)는 이러한 두 집단 간의 차이는 지적장애아동이 언어를 학습할 때 계속적으로 외부적인 형태에 의존하는 전략을 사용하는 반면, 일반아동은 이들에 비해 비효율적인 전략에서 효율적인 전략으로의 전환이 쉽기 때문이라고 설명하였다.

경도 지적장애아동은 인지적 능력과 일치된 수준의 전제 능력(Owens, 2002)과 관점파악 능력을 나타낸다(Bender & Carlson, 1982). 즉 일반아동은 초기 2낱말 단계가 될 때 전제 능력(presuppositional skills)을 습득하기 시작하지만, 지적장애아동은 그보다 훨씬 늦게 전제 능력을 나타낸다. 전제 능력이란 대화 상대자와의 의사소통 시 현재 상황에서 불필요하거나 이미 알고 있는 정보가 무엇이며, 변화되거나 새로운 정보가 무엇인지를 깨닫고 적절하게 정보를 사용할 수 있는 능력을 말한다. 이러한 전제 능력은 '여기/저기', 또는 '이거/그거' 와 같이 대화 상대자의 지각적 관점에서 볼 수 있는 능력과 대화 상대자의 지식 또는 감정 상태를 파악할 수 있는 관점파악(perspective-taking behaviors) 능력을 갖추기 위한 전조적 역할을 한다.

지적장애아동은 일반적으로 참조적 의사소통 능력(referential communication skills)이 지체되어 있어, 정신연령이 동일한 일반아동에 비해 참조물을 구별하는 능력이 결여되어 있다(Brownell & Whiteley, 1992). 참조적 의사소통은 모든 지적장애 집단에게 어려울 수 있지만 그 패턴은 특정 증후군에 따라 다양하게 나타날 수 있다. 제시된 모양을 구어로 설명하여 청자로 하여금 해당 모양을 고르도록 한 실험에서, 다운증후군청소년은 너무 조금 설명하여 상대방에게 불충분한 정보를 제공한 반면, Fragile X 증후군을 가진 청소년은 참조물을 비일관적으로 사용하거나 동일한 참조물을 새롭게 설명하여 상대방을 혼란스럽게 하였다(Abbeduto et al., 2006). 지적장애아동은 적절한 참조물을 선택하거나 주제를 유지하는 능력에 비하여 상황적 정보가 부족할 때 상대에게 명확한 정보를 요구하는 명료화(clarification) 능력이 상대적으로 많이 결여되어 있으며(Abbeduto et al., 1991), 대화에서 부적절하거나 이미 언급되었던 한 가지 주제를 지나치게 반복적으로 이야기하는 구어적 보속현상(verbal perservation)을 나타내는 경향이 있다고 보고되었다(Owens, 2002). Owens는 이러한 구어적 보속현상은 지적장애아동이 상대와의 상호작용을 유지하거나 적절한 반응을 산출할 수 있을 때까지 스스로 시간을 벌기 위한 전략으로 볼 수 있다고 지적하였다. 이러한 보속현상은 지적장애 집단 내에서도 다양한 형태로 나타나는데, Fragile X 증후군을 가진 남성은 다운증후군을 가진 남성에 비하여 더 오래 지속되고 반복적이며 부적절하거나 주제 이탈적인 형태를 나타낸다고 보고되었다(Sudhalter et al., 1990; Wolf-Schein et al., 1987). 청소년들의 경우에도 Fragile X 증후군을 가진 남자 아동과 다운증후군을 가진 남자 아동 모두 또래보다 주제를 벗어난 반응을 하는 경우가 많으나, Fragile X 증후군을 가진 남자 아동이 다운증후군아동보다 주제를 벗어난 반응을 더 많이 보이는 것으로 나타났다(Sudhalter & Belser, 2001). Fragile X 증후군을 가진 남자 아동은 같은 Fragile X 증후군을 가진 여자 아동보다 반복적인 말을 더 많이 하는 것으로 보인다(Murphy & Abbeduto, 2007).

지적장애아동은 동일한 정신연령의 일반아동에 비해 대화 상대자의 정서상태를 판단하는 능력이 부족하기 때문에 대화 시 상대에게 부적절한 반응을 하기가 쉽고, 의사소통 능력이 있음에도 불구하고 소극적인 대화 참여 형태를 나타내는 경향이 있다(Marcell & Jett, 1985).

VI. 언어장애를 동반하는 장애: 청각장애

청각장애아동의 경우 구어 언어발달이 지연될 위험이 있다는 것은 잘 알려져 있다(Delage & Tuller, 2007; Elfenbein, Hardin-Jones, & Davis, 1994; Fitzpatrick, Crawford, Ni, & Durieux-Smith, 2011; Moeller, McCleary, Putman, Tyler-Krings, Hoover, Stelmachowicz, 2010; Norbury, Bishop, & Briscoe, 2001). 경도에서 중도 청각장애아동의 인구집단조사(population-based study)에서는 청각 손실 정도가 심할수록 전반적인 언어 수행이 저하되는 것으로 나타났다(Wake, Puolakis, Hughes, Carey-Sargeant, & Rickards, 2005). 그러나 청각 손실의 정도만이 아니라 환경적 요인(SES, 가족, 중재 등)이 청력 수준과 합쳐져서 영향을 미칠 수 있는 만큼(Harrison & McLeod, 2010), 일부 연구자들은 청각 손실 정도에 관계없이 발달적 위험을 야기할 수 있다고 주장한다(Blair, Peterson, & Viehweg, 1985;

Davis, Shepard, Stelmachowicz, & Gorga, 1981; Tharpe, 2008).

그러나 일부 청각장애아동의 경우 또래 정상청력아동만큼의 구어 언어 수행을 보인다는 것을 주목해야 한다. 이와 관련하여 아직까지 정확한 요인은 밝혀지지 않았으나, 조기 중재(Yoshinaga-Itano, 2003; Yoshinaga-Itano, Sedey, Coulter, & Mehl, 1998), 구어(audible speech)에 대한 접근성(Stles, Bentler, & McGregor, 2012), 가정환경에서의 발화의 양과 질(Fitzpatrick, Durieux-Smith, Eriks-Brophy, Olds, & Gaines, 2007; Sarant, Holt, Dowell, Rickards, & Blamey, 2009) 등이 제안되고 있다.

일반적으로 청각장애아동은 구문 및 형태론 영역에서 가장 큰 어려움을 나타낸다고 보고되어 왔다(Koehinger, Owen Van Horne, & Moeller, 2013). Schow와 Nerbonne(1996)은 청각장애아동의 구문 및 형태론적 측면에서 다음과 같은 일반적인 특성들을 갖는다고 정리하였다. 첫째, 청각장애아동은 낱말군(word class)에 대한 지식이 부족하여 명사나 동사와 같은 내용어는 과다하게 사용하는 반면, 문법적 기능어의 사용은 제한된다. 둘째, 청각장애아동은 구문구조에 대한 지식의 부족으로 정형화된 구문구조를 과다하게 사용하는 경향이 있다. 셋째, 청각장애아동은 문법형태소를 잘못 사용하거나, 문장의 주요 요소를 생략하거나, 또는 잘못된 낱말 순서로 문장을 산출하는 것과 같은 구문오류를 나타낸다. 마지막으로, 그들의 구문 능력은 어느 정도의 수준에 도달한 이후에는 발달이 진행되지 않는다.

청각장애아동이 내용어를 과다하게 사용하며 상대적으로 문법적 기능어 사용이 제한된다는 사실은 다른 연구자들에 의해서도 보고되었다(Brannon, 1968; Geers & Moog, 1978). 이와 같은 청각장애아동의 제한된 기능어의 사용은 내용어만 짧게 말하는 전보식 발화(telegraphic utterance)의 특성을 나타낸다. Geers와 Moog(1978)는 청각장애아동이 청력의 제한으로 인하여 문장의 미세한 부분을 잘 듣지 못하기 때문에 기능어를 적절히 학습하지 못하는 것이라고 설명하였다. 그러나 형태소를 듣기는 하지만 정보를 저장하고 처리하는 데에 어려움이 있는 단순언어장애아동과는 달리, 청각장애아동의 문법형태소 결함은 이들이 언어 자극에 대하여 비일관적인(때로는 듣고 때로는 듣지 못하는) 혹은 왜곡된 접근성을 가지기 때문으로 여겨진다(McGuckian & Henry, 2007).

청각장애아동은 형태 구문론적 습득에 전반적인 어려움을 겪는다(Blamey, Sarant, Paatsch, Barry, Bow, Wales, Wright, Psarros, Rattigan, & Tooher, 2001; DesJardin, Ambrose, Martinez, & Eisenberg, 2009; McGuckian & Henry, 2007). 전반적인 구문 능력을 보여 주는 평균발화길이(Mean Length of Utterance: MLU)를 측정한 소수 연구에서 청각장애아동이 발

화길이에서 유의한 지체를 보였다고 보고하였다(Brown, 1984; Hammer, 2010; Ramkalawan & Davis, 1992). 비록 일부 연구에서 청각장애아동이 또래 정상청력아동 수준의 MLU를 따라잡는 것처럼 보였으나, 이들 역시 표준화된 언어검사상에서는 또래보다 더 낮은 수준을 보였다(Blamey et al., 2001). 청각장애 집단과 정상청력 집단 간의 MLU 차이는 청소년기까지 지속되는 듯하다(예: Nippold, Mansfield, Billow, & Tomblin, 2008, 2009).

청각장애아동의 구문특성과 관련하여 연구자들이 가장 많은 관심을 보이는 부분은 이들의 구문구조이다. Quigley와 그의 동료들은 10~18세의 청각장애아동을 대상으로 자신들이 개발한 구문 능력검사(Test of Syntactic Abilities: TSA)를 이용하여 청각장애아동의 구문 능력의 발달 및 구문오류의 특성에 대해 연구하였다(Quigley & King, 1982; Quigley, Power, & Steinkamp, 1977; Quigley, Steinkamp, Power, & Jones, 1978). 그 결과 청각장애아동은 'S+V+O' 와 같이 영어에서의 정형화된 구문표현을 주로 산출하였으며, 부적절한 어순의 문장을 산출하는 오류를 빈번하게 나타내었다. 또한 청각장애아동은 일반아동에 비해 문법형태소 습득이 지체되며 문법형태소의 사용에도 오류를 많이 나타내었다. 이러한 특성은 일상적인 대화체의 경우 내용어에 비해 문법형태소에 상대적으로 강세가 주어지지 않는 데 기인한다고 할 수 있다.

Quigley와 그의 동료들에 의해 진행된 연구들은 지필검사를 통해 얻어진 결과에 기초한 것이기 때문에 구어 능력과는 차이가 있을 수 있다. 그러나 구어자료를 통해 구문 능력을 연구한 논문은 그리 많지 않다. Schirmer(1985)는 3~5세 사이의 중도에서 최중도 청각장애아동 20명을 대상으로 자유놀이시간 동안에 자발화를 수집하고, 그 구문적 특성을 분석하였다. 그 결과 청각장애아동은 일반아동에 비하여 구문 능력의 발달이 지체되어 있으나 그 발달체계는 유사하였다고 보고하였다.

우리나라 중고도 청각장애아동 8명과 생활연령(5;10)을 일치시킨 일반아동 8명, 그리고 언어연령(3;2)을 일치시킨 일반아동 8명, 총 24명을 대상으로 발화길이를 비교한 김영태와 이윤경(2000)의 연구에서는 다섯 가지 발화길이척도(MLU-낱말, MLU-형태소, MLU-어절, MSL-낱말, MSL-형태소) 모두에서 청각장애 집단은 생활연령을 일치시킨 일반아동 집단과 유의한 차이를 나타내었다($p<.01$). 즉 청각장애아동의 평균발화길이나 평균구문길이가 생활연령을 일치시킨 일반아동에 비해 유의하게 짧았다. 이러한 결과는 청각장애아동이 주로 단순한 구문의 문장을 산출하며, 구문구조면에서 오류를 많이 보일 뿐 아니라 발화길이도 또래 일반아동에 비하여 짧은 특성을 나타냄을 의미한다. 또

한 청각장애아동 집단은 언어연령을 일치시킨, 즉 어린 일반아동 집단과는 평균형태소 길이에서만 유의한 차이를 나타내었는데($p<.01$), 이는 청각장애아동이 언어연령을 일치시킨 일반아동에 비해서 낱말을 기초로 한 발화길이에서는 유의한 차이를 나타내지 않으나 형태소를 기초로 하여 산출한 발화길이는 유의하게 짧음을 나타내는 것으로, 청각장애아동이 형태소를 적게 사용한다는 것을 의미한다. 이러한 결과는 청각장애아동이 일반아동에 비하여 문법형태소 습득이 지체된다는 선행연구들(Quigley & King, 1982; Quigley, Power, & Steinkamp, 1977; Quigley et al., 1978)의 결과와 같은 맥락에서 고려할 수 있다.

청각장애아동의 언어특성에 대한 연구들은 청각장애아동이 구문론적 능력뿐 아니라 어휘 능력에 있어서도 그 능력이 제한된다고 보고하고 있다(Curtiss, Prutting, & Lowell, 1979; Skarakis & Prutting, 1977). Schafer와 Lynch(1980)는 15개월에서 34개월 사이의 농아동 4명을 대상으로 표현어휘의 양을 조사하였다. 그 결과 이들은 일반아동에 비하여 표현할 수 있는 어휘의 양이 현저하게 적은 것으로 나타났다. 농아동의 어휘산출 능력을 연구한 Griswold와 Cummings(1974)는 일반적으로 4세 정도의 일반아동이 산출하는 어휘의 양이 2,000개 정도 되는 반면, 농아동이 표현할 수 있는 낱말은 불과 158개로 어휘산출 능력에서 현저한 지체를 나타내었다고 보고하였다(Schow & Nerbonne, 1996에서 재인용). 이처럼 청각장애아동은 일반아동에 비하여 매우 적은 양의 어휘를 사용하는 것으로 보인다. Blamey(2003)는 농아동이 정상청력아동의 어휘 습득 속도의 약 절반 속도로 어휘를 배운다고 판단했다.

일부 연구자들은 청각장애아동이 산출하는 어휘가 낱말군(word class)에 따라서 어떠한 특징을 나타내는가에 대해서도 관심을 가지고 연구하였다. Simmons(1962)는 청각장애아동이 산출한 낱말을 낱말군에 의거하여 분석한 결과, 중등도 수준의 청각장애아동은 형용사, 부사, 기능어를 더 적게 산출하는 경향을 나타내었다고 보고하였다(Geers & Moog, 1978에서 재인용).

Brannon(1968)은 난청아동과 농아동, 그리고 일반아동 집단을 대상으로 어휘 표현 능력을 비교하였다. 그는 아동이 산출한 낱말을 14개의 낱말군(word classes)으로 구분하여 분석하였는데, 그 결과 난청아동은 일반아동에 비하여 산출한 총 낱말 수는 물론 새로운 낱말의 수가 유의하게 적었다. 또한 아동이 산출한 낱말들을 낱말군에 따라 분석한 결과, 중등도 수준의 청각장애아동은 형용사, 대명사, 조동사만을 일반아동에 비해 적게 산출한 반면, 최중도 청각장애아동은 거의 모든 낱말군에서 일반아동과 차이를 나타내었다. 농아동의 경우에는 명사나 관사를 많이 사용한 반면, 전치사나 수사, 부정사는 거의 사용하지 않는 것으로 나타났다. Brannon은 이러한 결과에 대하여 청각장애, 특히 농아동의 경우 추상적인 개념을 학습하는 데 결함을 나타내기 때문에 구체적인 참조물을 나타내지 않는 낱말들을 습득하는 것이 상대적으로 어려운 것이라고 설명하였다.

청각장애아동의 초기 화용 능력 발달은 더 어린 정상청력 아동과 차이가 없다고 알려져 왔으나(Curtiss, Prutiing, & Lowell, 1979; Skarakis & Prutting, 1977), 이후의 화용발달에 대해서는 연구가 매우 적다. Most(2002)는 청각장애아동이 의사소통 단절 시 수정에 어려움을 보인다고 하였다. 이 실험에 참여한 대다수의 청각장애아동이 자신의 발화를 반복했으며, 적은 인원만이 문장을 수정하거나 추가적인 정보를 제공하는 등의 전략을 사용했다. 최근에는 마음이론 등 화용 능력과 관련된 연구가 활발히 이루어지고 있다(Huttunen & Ryder, 2012; Remmel & Peters, 2009).

조기진단(early identification)과 조기인공와우이식술(early cochlear implantation)의 발달, 이 두 가지는 중도(severe) 및 농아동의 언어 및 읽기 발달에 극적인 영향을 미쳤다. 선행연구들은 인공와우이식이 청각장애아동의 구어 언어발달에 긍정적인 결과를 미친다는 것을 보여 주지만(Blamey et al., 2001; Ching et al., 2013; Geers, Nicholas, & Sedey, 2003; Geers, Strube, Tobey, Pisoni, & Moog, 2011; Svirsky, Robbins, Kirk, Pisoni, & Miyamoto, 2000; Tobey, Thal, Niparko, Eisenberg, Quittner, & Wang, 2013; Tomblin, Spencer, Flock, Tyler, & Gantz, 1999), 구체적으로 어떠한 요소들이 최적의 중재 접근법을 구성하는지는 아직까지 정확하게 밝혀지지 않았다. 결과에 영향을 주는 요소에는 농 발병 시기, 농 기간, 의사소통 양식(communication mode), 수술 전 잔존 청력, 비구어적 인지 능력, 높은 사회 · 경제적 지위 등이 포함된다(Cowan et al., 1997; Dowell et al., 2002; Fryauf-Bertschy et al., 1997; Geers et al., 2003; Gerard et al., 2010; Moog & Geers, 2003; Niparko et al., 2010; Sarant et al., 2001). 이들 외에도 이식 연령(Connor et al., 2006; Duchesne et al., 2009; Manrique et al., 2004; Nicholas & Geers, 2007), 양측 인공와우이식 여부(Boons et al., 2012; Ruggirello & Mayer, 2010), 부모의 개입 정도(Spencer, 2004) 등은 언어수행 능력과 깊은 관련이 있는 것으로 보인다.

청각장애유아의 성공적인 조기중재를 위해서는 정확한 의사소통 능력의 평가가 필요하다(윤미선, 최은아, 2010; Nikolopoulos, Archbold, & Gregory, 2005; Yoshinaga-Itano, 2003). 국내 생후 22~36개월 사이의 인공와우이식 청각장애유아를 대상으로 의사소통 의도를 분석한 연구에서, 인공와우이식유아는 동일 언어연령의 정상청력아동과 유의한 차이를 보이지 않아 전반적으로 언어발달연령에 맞는 의사소통의도 발달을 나타냈다(성영주, 윤미선, 홍경훈, 2010). 그러나 인공와우이식아동은 언어연령일치아동보다 말과 몸짓의 조합형태가 적게 나타났고, 말의 사용률은 낮고 발성 형태에 대한 의존도는 상대적으로 높은 특성을 보여 의사소통 능력에 질적인 차이가 있을 수 있음을 시사했다.

이식 후 아동의 읽기 능력 또한 향상되는 것으로 알려져 있다(Archbold et al., 2008; Ching et al., 2009; Svirsky et al., 2000; Tomblin, Spencer, & Gantz, 2000). 학령기 인공와우이식아동을 대상으로 한 국내연구에서도 인공와우이식아동은 생활연령을 일치시킨 정상청력아동 수준의 읽기 이해 능력을 보였다(Roh & Yim, 2013). 그러나 정상청력아동의 경우 사실정보 글의 읽기 이해 능력은 수용어휘력, 추론 글의 읽기 이해 능력은 마음읽기 능력과 상관관계를 보인 반면, 인공와우이식아동은 사실정보 및 추론 글의 읽기 이해 능력 모두 표현어휘력과 상관관계를 보여, 이들의 비효율적인 읽기 수행 가능성을 나타냈다.

인공와우이식 청각장애아동의 언어수행 능력은 다양한 언어영역(domain) 중에 어느 영역을 측정하는가에 따라 차이를 보이는데, 일반적으로 의미영역 과제보다 구문론 및 형태론과 관련된 언어수행 능력에서 결함을 나타낸다(Geers, Moog, Biedenstein, Brenner, & Hayes, 2009). 인공와우이식아동 가운데 일부는 정상적인 속도의 언어발달을 보이지만, 같은 집단 안에서도 현저한 개인차가 존재한다(Geers & Brenner, 2004; Kirk et al., 2002; Svirsky, Teoh, & Neuburger, 2004; Tomblin, Barker, Spencer, Zhang, & Gantz, 2005). 최근에는 이러한 개인차를 설명하고 이식 후 언어수행 능력을 예측하기 위하여 기저의 언어처리 능력(language processing ability)을 측정하고자 하는 연구들이 활발히 이루어지고 있다(Houston & Miyamoto, 2010; Spencer & Tomblin, 2009; Tomblin, Barker, Spencer, Zhang, & Gantz, 2005). 국내 학령전기 인공와우이식 청각장애아동을 대상으로 한 연구에서 인공와우이식아동은 또래 정상청력아동보다 낮은 음운인식 능력을 보였고, 이 음운인식 능력은 수용어휘 능력과 상관관계를 나타내었다(Hyun & Yim, 2013; Lee, Sim, & Yim, 2012).

인공와우이식의 장기적 결과를 종단적으로 살펴본 연구는 많지 않다. Dunn과 동료들(2014)은 4세 이전에 인공와우이식을 받은 아동 83명을 2세 이전 이식 집단과 2세 이후 이식 집단으로 나누어 7세부터 11세까지 매년 언어와 읽기 수행 능력을 조사하였다.

연구 결과 아동의 언어와 읽기 수행 능력은 연령이 증가할수록 꾸준히 향상하였으나 조기 이식의 이점은 아동의 연령이 증가할수록 점차 감소하여 두 집단 간에 차이가 없어지는 것으로 나타났다. 연구자들은 늦은 이식 시기의 부정적인 영향을 상쇄하는 요소가 무엇인지에 대한 추후연구가 필요하다고 제안하였다.

구어습득을 위한 수화 언어의 효과에 대한 기존의 연구들을 체계적으로 분석한 최근의 문헌연구는 구어 중재와 함께 수화를 사용하는 것이 조기에 청각장애로 진단받은 아동의 구어 언어발달에 효과적이라는 것을 보여 주었다(Fitzpatrick, Stevens, Garritty, & Moher, 2013). 제1언어로서의 수화 사용은 이후 학령기 및 성인 청각장애인들의 읽기 성취에도 긍정적인 영향을 미치는 것으로 보인다(Freel et al., 2011; Strong & Prinz, 1997). 수화는 형식과 내용을 갖춘 하나의 기호 체계, 즉 고유의 문법 체계를 가진 하나의 완전한 언어로, 농부모를 둔 농아동의 수화 습득 과정은 정상청력부모를 둔 정상청력아동의 구어 언어발달과 유사하나(Klima & Bellugi, 1972; Nash, 1973; Schlesinger & Meadow, 1972), 초기에는 수화 사용 아동의 첫 낱말 산출과 초기언어 발달이 구어로 첫 낱말을 산출하는 아동보다 더 빠른 것처럼 보인다(Bonvillian et al., 1983; Schlesinger, 1978).

국내에서의 수화 언어에 대한 연구는 수화의 최소단위인 수화소(chereme)를 중심으로 시작되어 이후 수화 언어의 형태론, 통사론, 화용론 등에 대한 연구와 공학 분야에서의 연구 등이 활발히 진행되고 있다(윤병천, 2005 참조). 이와 함께 원활한 사회적 의사소통과 교육의 편의를 위하여 수화를 표준화하고 이를 보급하기 위한 노력 또한 꾸준히 이루어지고 있다(김승국, 1983, 1993, 2010; 한국표준수화규범제정 추진위원회, 2008, 2009, 2010a, 2010b, 2010c).

제3장 언어장애 위험군 아동의 언어적 특성

I. 언어결핍환경 아동의 언어적 특성

아동의 언어습득 및 발달은 내적 요인과 외적 요인으로부터 영향을 받는다. 내적 요인은 아동의 인지 능력이나 성격과 같은 기질적 요인이며, 외적 요인은 가족이나 소속된 사회공동체에서의 언어 상호작용과 관련된 환경적 요인이라고 할 수 있다. 이 장에서 다루고자 하는 '언어결핍환경'은 후자의 외적 언어발달환경 요인에 대한 것이다. 이 장의 내용은 저자가 2010년부터 2년간 한국연구재단의 지원을 받아 수행한 연구보고서를 기초로 작성한 것으로, 학회 및 학술지에 논문으로 게재된 내용을 재구성하였다.

가정의 모국어 습득 환경과 주된 양육자인 어머니의 사용언어 및 의사소통 유형은 아동의 언어발달에 직접적인 영향을 미친다. 특히 아동이 어휘습득을 하는 데 있어서 아동에게 주어지는 언어자극의 정도는 매우 중요하다(Hoff-Ginsberg & Naigles, 2002; Windsor et al., 2007; 박지윤, 박상희, 석동일, 2007; Owens, 2010). 따라서 어휘발달 지연을 나타내는 아동 중에는 기질적으로 위험인자를 가지고 있는 경우도 있지만, 결핍된 언어환경만으로도 어휘발달의 지연을 나타내는 아동도 있다.

문헌에서 언급되는 환경 요인들로는 ① 부모의 사회 · 경제적 수준, ② 한국어가 미숙한 다문화 가정환경, ③ 장애부모 가정환경 등이 있다. 본문에서는 이러한 언어, 특히 의미발달에 영향을 미치는 요인들을 중심으로 언어결핍환경의 영향을 고찰하고자 한다.

1. 부모의 사회 · 경제적 수준 요인

언어발달의 사회 · 경제적 요인을 살펴본 연구들은 교육 수준이 낮고 사회 · 경제적 지위(SES)가 낮을수록 부모는 아이들에게 덜 말하는 경향이 있다고 보고한다(백미정, 2006; Hart & Risley, 1995; Fish & Pinkerman, 2003). 국외 연구들은 사회 · 경제적 지위가 미치는 관계를 규정하는 단계를 넘어서 심층적인 관계를 규명하는 단계에서 이루어지고 있다(DeGarmo, Forgatch, & Martinez, 1999). 특히, 부모의 사회 · 경제적 지위, 어머니와 아동 간의 상호작용, 어머니의 언어적 자극(input)과의 상관도를 분석하는 연구들이 세부적으로 진행되고 있다. 그러나 우리나라의 경우 아동의 언어발달과 관련하여 사회 · 경제적 지위나 어머니와의 상호작용 등 언어적 자극과의 관련성을 찾는 연구는 미비한 실정이다(백미정, 2006; 신경혜, 황상민, 1994).

우리 사회는 1997년 경제 위기 이후 사회 불평등 및 교육 불평등이 심화되고 있다. 실업난과 경제적 어려움과 이혼 · 별거 · 사별 등에 의한 가정해체, 사회양극화 등으로 아동 빈곤율이 급격히 증가하는 추세이다(보건복지부, 2006). 저소득가정아동의 수는 기초생활 수급가구 아동과 실질소득이 최저생계비를 약간 넘지만 여전히 가난한 차상위 가정아동, 그리고 실직과 가정해체로 양육을 포기한 경우나 미혼모 아동 등 요보호 아동까지 합치면 약 100만 명 정도로 추산된다. 이는 전체 아동의 약 9% 수준에 해당된다. 문제는 이 수치가 계속 늘어나고 있고(조흥식, 2006), 사회 불평등이 심화됨에 따라 교육기회의 불평등도 심화되고 있다는(이혜영, 2004) 것이다.

아동의 초기어휘발달에서 사회 · 경제적 지위의 영향을 연구한 연구들은 어휘발달에 미치는 사회 · 경제적 지위의 효과가 언어발달 초기에는 작으나, 시간이 지나면서 커진다고 보고한다. 또한 보다 많은 교육을 받은 부모에게서 태어난 유아는 교육을 덜 받은 부모 밑에서 태어난 유아보다 어휘 수가 많다고 보고한다(이성은, 1995; 이지연, 곽금주, 2008; 정현진, 2008; 채은화, 2007; 황현이, 2005; Hart & Risley, 1995; Hoff-Ginsberg, 1998).

많은 연구들은 어머니가 사회 · 경제적 지위에 따라 아이에게 다르게 말하고(Hoff-Ginsberg, 1997), 어머니가 아이에게 전달하는 언어적 특징들에 따라 아이의 어휘발달 정도가 달라진다고 한다(Hoff-Ginsberg & Naigles, 2002). 따라서 더 높은 수준의 사회 · 경제적 지위를 가진 어머니들은 낮은 수준의 사회 · 경제적 지위를 가진 어머니들보다

언어발달에 더욱 긍정적인 영향을 미치는 언어적 특징을 가진다(Hoff-Ginsberg, 1997). 특히, 사회보장제도와 사회보험이 미비하고 고소득층과 저소득층의 소득격차가 큰 우리나라에서 사회 · 경제적 지위에 따른 불이익은 아동의 언어발달에 보다 부정적으로 작용할 가능성이 높다.

우리나라 저소득가정아동의 의미발달을 분석한 강민경(2005)의 연구에서는 명사, 동사, 형용사로 이루어진 낱말 24개에 대한 낱말 이름대기 및 구어로 정의하기를 통하여 저소득가정의 5~6세 아동 60명과 동일 생활연령의 일반아동 간의 차이를 분석하였다. 그 결과 저소득가정아동은 이름대기 및 정의하기에서 일반아동에 비해 유의하게 낮은 수행력을 보였다. 또한 저소득가정아동은 바르게 이름을 댄 어휘 중 바르게 정의한 어휘의 비율에 있어서도 일반아동에 비해 유의하게 낮은 것으로 나타났다. 이러한 결과는 취학전 저소득가정아동의 어휘발달에 대한 초기 지원의 필요성을 보여 준다고 할 수 있다.

2. 다문화 가정환경 요인

외국 문헌에서 다루어지고 있는 다문화가정아동의 언어발달 연구들은 대부분 이중언어환경 연구들이다. 이들은 이중언어 노출로 인한 두 언어의 구조나 의미를 동시에 습득해야 하는 인지 · 언어적 부담으로 인해 초기 언어습득 과정에서 지체가 나타난다고 보고하고 있다(김영란, 김영태, 이은주, 2007; Kohnert, Bates, & Hernandez, 1999; Kohnert & Bates, 2002; Kohnert & Goldstein, 2005; Kohnert et al., 2005; Roseberry-McKibbin, 2007).

그러나 우리나라 다문화가정아동은 사회적 지원이 요구되는 저소득층의 결혼이민자 가정아동이 대부분을 차지하고 있다. 이들은 가정에서 어머니의 모국어 사용이 제한되는 경우가 많아서 이중언어환경보다는 언어자극결핍환경에 좀 더 가깝다고 할 수 있다(김영란, 김영태, 2011; 오소정, 김영태, 김영란, 2009).

우리 사회는 결혼이민자나 외국인 노동자의 자녀들도 모두 어우러져 살아가는 통합사회이다. 이러한 다문화가족 자녀들 중에는 단순히 불충분한 언어환경으로 인하여 어휘발달, 나아가 언어 및 의사소통의 문제를 가지게 되는 경우가 있다(Lindholm-Leary & Block, 2010). 2009년 행정안전부의 조사자료에 따르면, 다문화가족의 자녀는 10만 3천 명이며, 이들 중 12세 미만의 영 · 유아 및 초등학생이 86.3%(8만 9천 명)로 대다수를 차지하고 있고, 이는 매년 급증 추세('07년 4만 4천 명→'08년 5만 8천 명→'09년 10만 3천 명)에 있는 것으로 나타났다. 다문화가족의 자녀는 다른 아동에 비해 언어발달정도가 낮은 경향을 나타낸다. 다문화가족 자녀의 언어지능 수준(유아 81.22, 초등 88.15)은 국내 저소득층 자녀(유아 98.39, 초등 96.22)에 비해 낮은 수준으로 보고되고 있다('07년 복지부). 영유아기는 언어발달이 가장 빠른 속도로 이루어지는 시기로 영유아기 언어발달지체는 이후 학습 능력에 영향을 미치게 되며 누적적인 학습결손으로 이어지기 쉽다.

많은 다문화가정이 낮은 사회 · 경제적 환경을 동반하기 때문에 특히 다문화가정아동에 대한 언어연구에서 사회 · 경제적 수준을 통제하는 것은 매우 중요하다. 취학전 저소득층 다문화가정아동의 언어 능력을 살펴본 김영란과 김영태(2011)의 연구에서는 다문화가정아동 집단은 저소득층 일반가정아동 집단에 비해서도 수용언어 능력, 표현언어 능력, 수용어휘력 및 표현어휘력이 모두 유의하게 낮다고 보고하였다. 즉 다문화가정아동 집단의 언어취약성은 사회 · 경제적 수준 외에 다문화가정 고유의 언어환경적 특성의 영향을 받는다고 해석할 수 있다. 아직 우리 사회의 다문화가정 언어환경에 대한 체계적인 연구들이 많이 이루어지지는 않고 있으나, 일부 연구들에서는 이러한 아동의 전반적인 언어 능력이 지체되는 것으로 보고하고 있다(박상희, 2006; 박지윤, 2007; 오소정, 김영태, 김영란, 2009; 정은희, 2004; 황상심, 2007). 3~6세 다문화가정아동의 이해 및 표현 언어 능력을 살펴본 연구에서도 다문화가정아동이 일반가정아동보다 낮은 언어 능력을 보임을 보고하고 있는데, 이러한 차이는 특히 5세에서 두드러지게 나타났다(황상심, 2007). 반면 조음 능력은 유의한 차이를 보이지 않는다고 보고되었으며(오소정, 김영태, 김영란, 2009), 형태소로 측정한 평균발화길이는 연령이 증가할수록 일반아동과의 차이가 감소하고 있음이 보고되었다(박지윤, 2007).

농촌지역에 거주하는 2세 11개월에서 7세 4개월 사이의 다문화가정아동 47명을 대상으로 언어 이해, 표현언어 능력 및 어휘 이해력을 살펴본 연구에서는, 세 가지 영역 모두에서 일반가정아동보다 언어 연령 및 백분율이 낮게 측정되었다(황상심, 2007). 서울 · 경기 지역에 거주하는 6세 미만의 다문화가정아동 47명을 연구한 오소정, 김영태와 김영란(2009)은 2~6세 아동의 50%가 6개월 이상의 어휘발달 지체를 보였고, 3~6세 아동의 20% 정도가 전반적인 언어 능력에서 언어지체의 위험군임을 보고하였다.

다문화가정과 일반가정 5~9세 아동의 수용어휘 수준을 통제하여 '보통 수용어휘 수준'과 '낮은 수용어휘 수준' 4집단의 표현 어휘력을 비교한 배승아, 김영태와 오소정(2012)의 연구에서는 각 집단 12명씩의 아동에게 이름대기 과제를 실시하였다. 그 결과, ① 일반가정 집단의 정반응 빈도가 다문화가정 집단의 정반응 빈도보다 유의하게 높게 나타났고, ② 두 집단 모두 의미적 오류가 비의미적 오류에 비해 유의하게 많이 나타났으며, ③ 다문화가정 집단에서는 연관 오류가 가장 많이 나타난 반면, 일반가정 집단에서는 의미적 에두르기 오류가 가장 많이 나타났다.

품사별 어휘정확도 및 반응속도의 차이를 살펴본 오소정, 김영태와 임동선(2011)의 연구에서는 다문화가정아동 30명과 인지력 및 생활연령을 일치시킨 일반아동 30명을 대상으로 이해 및 표현어휘 과제에 대한 반응속도를 분석하였다. 그 결과, ① 전반적인 어휘정확도에서는 표현어휘에서만 유의한 차이가 나타났고, ② 품사별 정확도에서는 수용어휘 과제에서는 명사이해 정확도에서, 표현어휘 과제에서는 명사와 동사 표현 정확도에서 두 집단 간 유의한 차이가 나타났으며, ③ 반응속도 비교에서는 전반적인 수용, 표현어휘 과제뿐 아니라 품사별 과제에서도 두 집단 간에 유의한 차이가 나타나지 않았다. 즉 다문화가정아동과 일반가정아동은 어휘 능력에서는 차이를 보였으나 반응속도에서는 차이를 보이지 않았다. 이러한 결과는 다문화가정아동의 표현어휘 정확도 차이는 언어장애아동과는 달리 지각-운동 문제보다는 경험 등의 환경적 요인에 기인함을 시사한다고 할 수 있다.

3. 장애부모 가정환경 요인

비장애인과는 달리 장애를 가진 부모는 장애로 인해 갖게 되는 제한성 때문에 자녀들에게 적절한 양육 및 교육 환경을 제공하지 못할 가능성이 있고, 적절한 서비스의 접근성이 떨어진다는 문제를 안고 있다(Malacrida, 2007). Keltner, Wise와 Taylor(1999)의 연구에서는 어머니가 지적장애를 가진 집단은 2세 아동의 42%가 발달지체를 겪는 반면, 어머니가 지적장애가 없는 집단은 12%의 아동이 발달지체를 겪는 것으로 나타나, 아동의 발달에 영향을 미치는 요인 중 빈곤이 주된 요인이 아니라고 보았다.

우리나라의 연구에서는 장애 어머니의 자녀양육에 대한 어려움을 경감시키기 위해 양육도우미와 같은 외부 인력의 지원과 경제적 지원을 주로 언급하고 있는 반면, 국외의 문헌에서는 이와 더불어 자녀의 발달 증진을 위한 양육지원과 어머니로 하여금 직접 양육을 수행할 수 있는 기술교육의 측면에서 논의(Feldman et al., 1999; Heighway et al., 1988; McConnell et al., 2003)가 되고 있다.

언어발달을 위한 충분한 언어환경을 제공하기 어려운 시각 · 청각 · 뇌병변 등의 장애를 가지고 있는 부모의 자녀들은 성장기에 언어발달의 어려움을 겪을 수 있다. 2005년도 보건복지부 장애인실태조사에서는 재가여성장애인 중 87.1%가 결혼했다고 응답하였고, 이들 기혼여성장애인의 주된 장애유형은 뇌병변장애가 18.7%, 시각장애가 14.3%, 청각장애가 14.3%로 나타났다. 시각 · 청각 등 감각장애와 뇌병변장애를 갖고 있는 부모(평균소득 100% 이하)의 6세 이하 자녀 수는 2,400여 명('08년 통계청)으로 보고되었다.

자녀의 언어발달에 영향을 미치는 부모의 장애유형으로 주로 언급되는 장애는 청각장애이다. 청각장애인의 경우 농인문화를 형성하고 있으며, 다른 장애인에 비해 일정 연령에 이르게 되면 결혼을 하여 가정을 이루고, 자녀를 낳는 경우가 많다(염동문 외, 2004). 미국의 경우 청각장애 성인이 결혼할 때, 청각장애인을 배우자로 선택하는 경우가 85~90%에 이르는 것으로 조사되었고, 국내에서도 부부 모두가 청각장애인인 비율은 63.6%로서 다른 지체장애인 부부 30.8%, 시각장애인 부부 23.5%에 비해 많은 비율을 차지하고 있다. 또한 청각장애의 경우 후천적으로 발생하는 원인이 73.7%이고 선천적인 원인이 7.4%로 대부분 유전적인 원인이 아니기 때문에, 이러한 청각장애가정은 정상청력자녀를 두고 있는 경우가 대부분이다. 그러나 청각장애부모의 정상청력자녀들(Hearing Children from Deaf Families: CODA)은 일반가정에 비해 가정에서의 언어적 자극이 부족하기 때문에, 언어를 습득하는 데 있어서 많은 제한이 있다. 1976년 이후 발표된 17편의 CODA 언어발달 문헌을 분석한 이은주와 김영태(2011)는 이들 문헌의 연구 결과를 크게 두 가지로 분류하였다. 첫째, 일부 연구들은 이들 CODA의 언어발달은 일반가정아동과 유사한 양상을 보이며, 두 가지 언어(수화와 영어) 모두 서로에게 발달간섭을 보이지 않는다고 보고하였다(Johns & Quigley, 1979; Seal & Hammett, 1995; Singleton & Tittle, 2000; Van den Bogaerde & Baker, 2005). 둘째, 다른 일부 연구들은 수화언어(ASL)가 영어 발화 발달에 어느 정도 지체를 야기하며, 이러한 언어발달의 문제는 아동 초기부터 청소년기까지 계속해서 나타난다고 보고하였다(Jones & Quigley, 1979; Schiff & Ventry, 1976; Todd & Aitchison, 1980; Van den Bogaerde & Baker, 2005). 예를 들어, Sachs, Bard와 Johnson(1981)은 CODA 2명을 2~3세부터 7~9세까지 아동 집에 일주일에 한 번씩 방문하여 자발화를 분석한 결과, 이들은 4세가 넘어서야 정상적인 언어발달을 보일 수 있었고, 구문 및 형태와 같은 일부 언어영역에서는 발달지연이 계속 나타났다고 보고하였다. 또한 6명의 학령전기 CODA 발화를 일반가정아동의 발화와 비교한 Murphy와 Slorach(1983)는 CODA의 인지발달은 언어발달보다 앞서 있으나 어휘발

표 3-1 CODA를 대상으로 한 연구 분석

연구	연구주제	연구대상	연구 방법	종속변인	연구 결과
Bishop & Hicks(2005)	청각장애가족 중 정상청력을 가진 사람의 이중언어 사용(bimodal bilingualism)	–	문헌연구	–	청각장애가족 중 정상청력아동(CODA)은 상대적으로 눈에 띄지 않는 언어 문화적 소수집단임.
Brackenbury, Ryan, & Messenheimer (2006)	청각장애부모에게서 태어난 정상청력아동의 어휘습득(Incidental Word Learning)	16개월 여아(Beth)	사례연구	(1) Beth의 표현어휘 능력(ASL과 영어발화); (2) 빠른 이름 연결하기 능력(ASL과 영어 발화)	16개월 때는 ASL에서 빠른 이름 연결하기가 더 잘 되는 경향이 나타났지만, 20개월 때는 ASL과 영어 모두에서 빠른 이름 연결하기가 유사하게 나타났음.
Capirci, Iverson, & Montanari (2002)	초기언어의 발달에 있어 제스처, 사인, 발화 양상의 언어 입력자극으로서의 역할	청각장애부모가정 정상청력아동:정상청력부모가정 정상청력아동=1(11~29개월, Marco):12명(16~20개월)	기술통계분석	제스처 및 발화어휘의 빈도수와 형태	정상청력아동에게 수화 노출이 초기 언어발달 속도에 유리하게 작용하지는 않음.
Jones & Quigley(1979)	청각장애부모에게서 태어난 정상청력아동의 영어발화와 ASL에서의 질문형태의 습득	아동 2명(Dan, 11개월~3;01세; Karen, 3;07~5;05세)	기술통계분석	(1) 부모설문, (2) 아동과 부모 간의 상호작용을 비디오 녹화, (3) 아동과 500시간 이상을 같이 생활했던 대상자의 개인적인 관찰결과	비전형적인 발화 환경이 아동의 영어 발화 질문형태 발달을 방해하지는 않았음 → ASL과 영어 발화 모두 동시에 전형적 발달 패턴을 보였음.

Johnson, Watkins, & Rice(1992)	청각장애부모에게서 태어난 정상청력아동의 이중언어 발달(bimodal bilingual language development)	아동 1명을 2;9~5;2세까지 종단연구	기술통계분석	ASL과 영어 발화내용 간의 불일치하는 언어영역	발화 중 낱말배열 차이가 ASL의 영향인 것으로 보였음 → ASL은 영어 발화발달에 대한 몇 가지 영역에 영향을 미치는 것으로 나타났음.
Murphy & Slorach(1983)	청각장애부모가정에서 태어난 학령전기 정상청력아동의 언어발달	학령전기 아동 6명(3;4~4;4세)	ANOVA	45분간의 아동발화 녹음, 언어평가도구 검사 점수	대상아동의 인지발달은 언어발달보다 앞서 있음: (1) 어휘발달이 늦음, (2) "thing, there" 어휘를 자주 사용
Pollard & Rendon(1999)	청각장애인-정상청력인 혼합 가족: 최대의 효율과 최소 위험요인	–	문헌연구	–	가족 간의 언어차이는 (1) 부모의 자신감, (2) 문제 귀인, (3) 아동의 발달단계, (4) 정보관리 측면에 문제를 일으킬 수 있음.
Sachs, Bard, & Johnson(1981)	제한된 입력에 의한 언어학습: 청각장애부모가정의 정상청력아동 2명에 대한 사례연구	2명의 정상청력아동(3;9~9;11세, 1;8~7;10세)	인터뷰, 관찰	자발화 분석: (1) 의미-관계분석, (2) 문법적 형태소 분석, (3) 구문 분석, (4) 의사소통 능력 분석	언어중재 이후 이들 아동은 4;2세가 되어서야 정상적인 언어발달을 보일 수 있었으나, 일부 영역에 있어서는 발달 지연이 나타남.
Schiff & Ventry(1976)	청각장애부모가정 내 정상청력아동의 의사소통문제	청각장애부모가정 내 정상청력아동 52명(6개월~12세)	기술통계분석	표준화된 음성, 청력, 언어발달 평가	(1) 52명의 아동 중 절반은 정상적인 말-언어발달을 보이는 것으로 나타났지만, 일반가정아동보다는 말-언어 문제 및 청각손실의 발생률이 높았음; (2) 이들 집단 아동은 학령기에 접어들어 학교에 가면서는 말-언어문제가 없어진다고 하는 연구들이 있었지만, 이들 집단 아동은 여전히 갈-언어문제를

					가지는 것으로 나타났음; (3) 학령전기 정상청력성인과 보낸 시간, 나이 많은 정상청력형제의 존재 등이 말-언어문제와 관련되지 않는 것으로 나타났음.
Schiff(1979)	학령전기에 언어발달에 있어 어머니의 언어자극 입력 부족의 영향	2세 아동 5명에 대한 종단연구	기술통계분석	아동발화 중 의미-구문관련성과 발화의 구문 형태	아동 대부분은 주어-동사-목적어의 어순을 자연스럽게 습득하였으며 상호작용 능력도 정상적으로 발달하였음 → 발달초기에는 말을 배우기 위해 정상적인 언어사용환경에 노출될 필요는 없음.
Schiff-Myers (1985)	청각장애부모가정의 정상청력아동의 말 음운특성	5 CODA	ANOVA	조음과 강세 패턴	대상아동 모두 어머니에게서 보이는 비전형적인 발화 산출이 나타나지는 않았지만 한 아동은 '농인'의 발화와 유사한 조음 및 강세 형태를 보였음.
Seal & Hammett(1995)	청각장애부모가정의 정상청력아동에 대한 언어중재	청각장애부모가정의 20개월된 정상청력아동 1명(Nathan)	단일대상연구	말과 수화에서의 어휘 발달 정도	아동의 발화 및 수화 어휘의 사용 증가와 어머니-아동 간 상호작용의 증진은 중재 프로그램의 긍정적 효과로 나타남.
Singleton & Tittle(2000)	청각장애부모와 이들의 정상청력자녀	–	–	–	청각장애 공동체, 이들의 언어와 문화, 의사소통 패턴, 정상청력아동의 가족 내의 역할 등을 살펴보았음.

Todd & Aitchison(1980)	언어습득의 어려움	청각장애부모가정아동 1명: Vincent	단일대상연구	발화 분석을 통한 문법적 형태소 및 의미관계 분석	의미관계보다는 형태에 더 중요한 영향을 미치는 문장형태에 문제를 보임.
Toohey(2010)	청각장애부모가정 정상청력아동(CODA)의 음운발달	2~3세 아동 3명	추적연구(2~3세 아동을 대상으로 4;06세까지)	매주 발화내용을 통해 음운분석을 함	CODA의 언어환경이 이들의 음운발달을 부정적으로 제한하지는 않았음.
Van den Bogaerde & Baker(2005)	청각장애가정 어머니-아동 상호작용에서의 부호혼합(code-mixing)	청각장애부모가정 어머니 4명과 이들의 정상청력자녀 3명과 청각장애아동 3명(1~9세)	기술통계분석	Category Code-blended Mixed에 대한 빈도분석	청각장애아동은 부호혼합 발화를 거의 보이지 않았지만 정상청력아동은 대부분 이중언어를 사용.
Wilbur & Petersen(1998)	SimCom(SC: 수화와 구어를 동시에 사용하여 의사소통하는 것)에서 발화와 수화의 상호작용(modality interactions)	Signed English(SE)를 능숙하게 사용하는 정상청력 성인 11명(5명은 ASL을 잘 사용하는 CODA, 6명은 ASL을 모르고 SC만 사용)	2×2 반복측정 ANOVA; MANOVA	문장발화 시간, 발화 음절 길이, 음절발화 시간, 발화 중간 쉼의 거리시간	(1) 구어(speech)는 수화와 결합하였을 때 문장완성시간이 더 오래 걸렸으나, SE는 발화 없이 단순히 SE만을 사용하여 문장을 완성하는 것이 더 오래 걸렸음; (2) 수화문장의 완성시간은 수화사용시간의 감소, 쉼의 기간(gap duration) 감소, 수화의 간략화 등과 같은 요인에 의해 감소됨; (3) ASL에 대한 지식은 두 집단의 문장완성 정도에 대한 질적 차이를 야기함.

출처: 이은주, 김영태, 2011.

달이 또래 연령에 비하여 늦었고 "그거, 저기"와 같은 대용어 어휘를 자주 사용하는 경향이 있다고 보고하였다(<표 3-1> 참조).

우리나라 CODA 발화의 의사소통 실패를 분석한 김태연, 김영태와 이은주(2011)의 연구에서는 양부모 모두 수화를 사용하는 3~5세 정상청력자녀 18명과 그들과 인지 및 생활연령을 일치시킨 일반가정아동 18명을 대상으로 의사소통 실패를 비교하였다. 연구 결과, 청각장애부모가정아동 집단은 정상청력부모가정아동 집단보다 의사소통 실패 발생률이 유의하게 높은 것으로 나타났으며, 이러한 결과는 청각장애부모가정아동 집단이 구어로 의사소통 시 효율적인 정보 전달에 어려움을 가지고 있고, 이로 인하여 의사소통 실패가 더 많이 일어나는 것을 시사하였다.

4. 언어결핍환경 유형 간 언어발달 양상 비교

앞에서 살펴본 바와 같이 우리나라에서 연구되고 있는 언어결핍환경은 저소득가정, 다문화가정, 그리고 장애부모가정 등이다. 이 장에서는 저자가 실시한 언어결핍환경 간 언어(어휘) 발달의 양상을 소연구별로 고찰하도록 한다.

1) 언어환경에 따른 세 집단 간 전반적인 수용어휘 및 표현어휘 능력의 차이 연구

본 연구에서는 청각장애부모가정과 일반부모가정아동, 다문화가정아동의 수용어휘 및 표현어휘 능력 간 차이가 있는지 살펴보았다. 일반가정아동 40명, 청각장애부모가정아동 45명, 다문화가정아동 27명으로 총 112명의 아동을 대상으로 실시하였으며, 대상아동의 집을 개별 방문하여 동작성 지능과 표현 및 수용어휘를 평가하는 방법으로 진행되었다. 청각장애부모가정의 경우에는 수화통역사를 통하여 부모의 협조를 받았다. 수용어휘 및 표현어휘검사 결과, 검사도구의 규준에 근거하여 평균에서 −1*SD* 이상을 '정상'으로, −1*SD*에서 −2*SD* 사이를 '유의요망(약간 지체)'으로, −2*SD* 이하를 '어휘발달지체'로 판정하였다. 총 112명의 아동을 각 언어환경 집단별로 구분하였을 때 진행된 실험아동의 수용어휘 및 표현어휘 발달 수준 판정결과는 [그림 3-1], [그림 3-2]와 같다.

아동의 전반적 어휘 능력의 차이를 살펴보고자 수용어휘력은 REVT-R 검사에서의 점수를, 표현어휘력은 REVT-E에서의 점수를 산출한 후, 분산분석을 통하여 집단 간 차이가 있는지 비교하였으며, 동작성지능이 80 이하이거나 표현어휘 및 수용어휘 발달지체로 평가된 아동은 연구의 1차 분석대상에서 제외하였다. 그리고 세 집단의 아동을

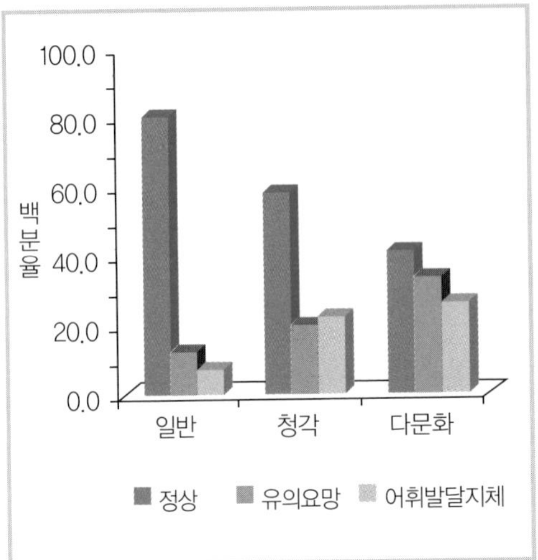

그림 3-1 전체아동의 수용어휘 판정결과

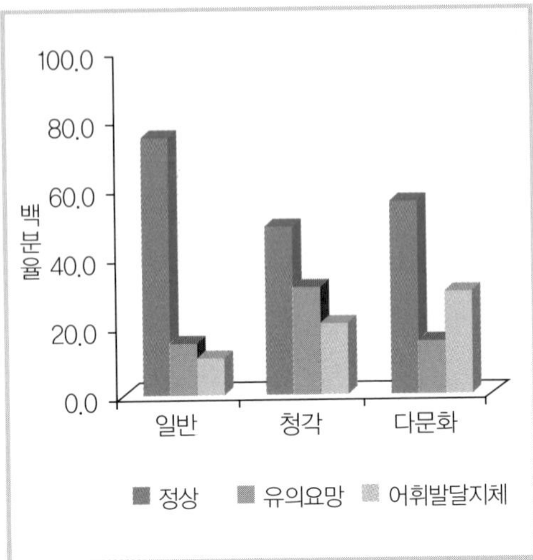

그림 3-2 전체아동의 표현어휘 판정결과

5세부터 9세까지로 연령을 제한하여 각 집단별 연령을 대응하는 방법으로 15명씩, 총 45명을 1차 분석대상으로 선정하였다.

연구 결과, 언어환경에 따라 세 집단 간 수용어휘 점수에서 유의한 차이($F_{(2, 42)}=5.77$, $p<.01$)가 있었으며, 사후검정 결과 이러한 차이는 일반가정아동과 다문화가정아동 간의 유의한 차이에 기인한 것으로 나타났다.

표현어휘 점수에서도 언어환경에 따른 세 집단 간 유의한 차이($F_{(2, 42)}=6.59$, $p<.01$)가 있었으며, 이러한 차이는 일반가정과 다문화가정아동 간의 유의한 차이에 기인한 것으로 나타났다. 일반가정아동과 청각장애부모가정아동의 표현어휘 점수 차이가 .05 수준에서는 유의하지 않지만 유의한 경향성을 보였다($p=.066$).

언어환경 집단별로 전반적인 어휘 능력에 차이가 있는지 살펴본 결과, 수용어휘와 표현어휘 모두에서 세 집단의 어휘 능력에 유의한 차이가 있었다. 이러한 경향은 일반가정아동의 수용어휘 및 표현어휘 과제 수행정도가 청각장애부모를 둔 정상청력아동이나 다문화가정아동에 비해 상대적으로 높았기 때문이다. 이는 일반가정의 아동에 비해 언어자극결핍 위험이 높은 환경에 있는 아동이 전반적인 어휘 능력에 있어서 상대적으로 유의하게 낮음을 의미한다고 할 수 있겠다. 실제로 청각장애부모는 정상청력자녀와 깊이 있는 대화를 하거나 자녀의 문제를 해결하는 대화에 어려움을 보고하였으며, 특히 문장이해력이 낮은 청각장애부모의 경우에는 직접적으로 자녀의 학습을 지원하는 것이 더 어렵다고 보고하였다(염동문 외, 2004; 유명화, 엄미선, 2007). 또 장애부모

환경이 취업 등의 경제적인 문제와 결합되는 경우 이러한 어려움이 더 커진다는 연구 결과(Parish et al., 2008)를 고려할 때, 어휘 및 언어발달을 위한 사회적 지원서비스의 필요성을 암시한다고 볼 수 있다. 또한 다문화가정자녀 대상 연구에서는 의미영역 및 기본문법을 활발하게 습득하는 언어습득기에 어머니의 긍정적 양육태도가 아동의 언어발달과 관련이 있는 것으로 나타났다. 다문화가정의 어머니들은 자녀의 언어발달에 대한 물음에 무응답률이 높고, 발달지원종사자에 비해 언어발달 고위험군 자녀를 인지하는 비율이 낮았다는 연구 결과(배소영 외, 2009)에 비추어볼 때, 다문화가정의 결혼이민 어머니의 경우 한국 부모에 비해 자녀의 언어발달에 대한 정확한 인식이 어렵다는 것을 암시하며, 이것은 적극적인 언어발달지원으로 이어질 확률을 낮추는 요인이 될 수 있다. 또한 가정에서 한국어로만 의사소통하고 어머니의 모국어로 의사소통하는 비율이 낮기 때문에 상대적으로 한국어가 어려운 다문화가정 어머니에게는 특히 고급 어휘를 활발히 습득해 나가는 시기인 학령기 아동에게 적절한 수준의 풍부한 언어적 자극을 제공하는 것이 어려울 수 있다.

2) 언어환경에 따른 세 집단 간 어휘의 품사 및 의미유형 발달 특성 연구

본 연구에서는 아동 언어발달의 초기에 가장 중요한 지표 중 하나이고 이후 언어의 다른 영역인 문법 발달의 기초가 되는(Locke, 1998) 어휘 능력을 언어환경 집단별로 어휘 종류에 따라 살펴봄으로써 언어자극 환경이 다른 세 집단에서 어휘 발달 특성이 어떻게 다른지를 보다 자세히 살펴보고자 하였다.

본 연구의 대상자는 서울 및 수도권에 거주하고 있는 5~9세의 청각장애부모를 둔 아동 22명과 다문화가정의 자녀 22명, 일반가정자녀 22명으로 총 66명의 아동이었다. 다문화가정아동의 경우 한국 아버지와 동남아 출신 어머니로 이루어진 다문화가정아동으로 한국에서 태어나고 자란 아동을 대상으로 하였으며, 청각장애부모를 둔 아동의 경우 부모 모두 수화를 사용하는 가정의 정상청력아동을 대상으로 하였다.

세 집단 간 아동의 전반적 어휘 능력에 차이가 있는지를 알아보기 위해서 표준화 어휘검사인 수용 · 표현 어휘력 검사(REVT; 김영태 외, 2009)를 실시하였다. 보다 세부적인 어휘 능력을 살펴보기 위하여 수용 · 표현 어휘력 검사의 어휘를 동사, 명사, 형용사의 세 품사로 분류하여 품사별 어휘 이해 및 표현 과제를 작성하였으며, 어휘 의미유형에 따른 어휘 능력을 살펴보기 위하여 동작성 어휘, 감정 · 느낌 어휘, 지각 · 감각 어휘로 나누었다.

연구 결과, 언어환경 집단에 따라 품사별(명사/동사/형용사) 수용어휘 과제 수행 정확도에 유의한 차이가 있는 것으로 나타났으며($F=4.07$, $p<.05$), 품사별 표현어휘 과제 수행 정확도에서도 유의한 차이가 있는 것으로 나타났다($F=5.64$, $p<.01$). 세 집단의 품사별 수용어휘정확도와 표현어휘정확도는 [그림 3-3]과 같다.

집단에 따른 의미유형별(동작성 어휘/감정 · 느낌 어휘/지각 · 감각 어휘) 수용어휘 및 표현어휘 능력을 비교한 결과, 언어환경 집단에 따라 의미유형별 수용어휘 과제 수행 정확도에서는 유의한 차이가 없는 것으로 나타났으나, 표현어휘 과제 수행 정확도에서는 유의한 차이가 있는 것으로 나타났다($F=4.47$, $p<.05$). 세 집단 간 어휘의 의미유형별 어휘

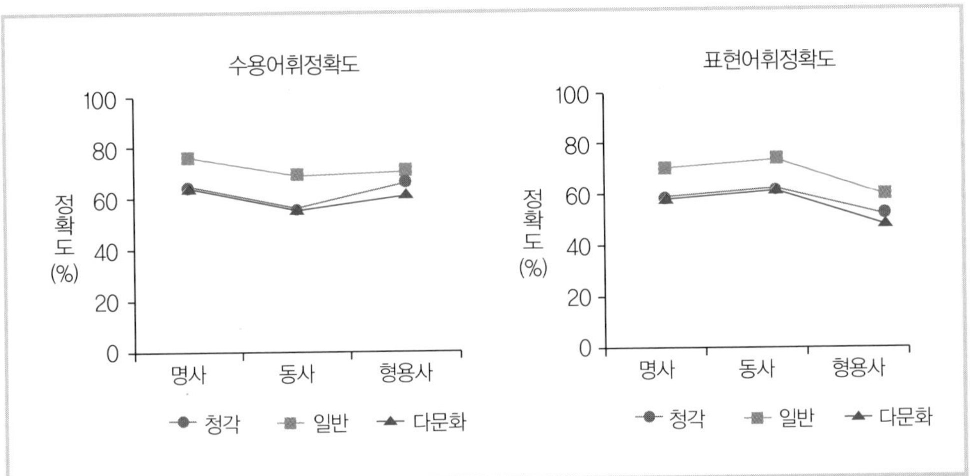

그림 3-3 품사별 어휘정확도

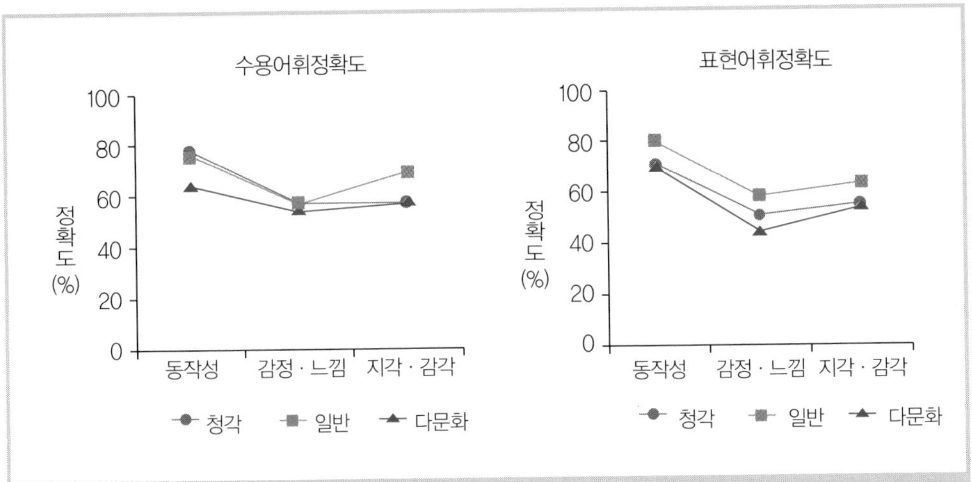

그림 3-4 의미유형별 어휘정확도

정확도는 [그림 3-4]와 같다.

요약하면, 세 집단 간 어휘종류에 따라 수용어휘 및 표현어휘 과제 수행 정확도에 차이가 있는지 살펴본 결과, 집단 간 문법적 분류인 품사에서의 수행차이가 의미적 유형 분류에 따른 수행차이보다 분명하게 나타났다. 이는 전통적으로 초기 어휘발달에서 습득 순서나 사용 비율에서 차이가 나는 품사가 어휘의 의미적인 속성보다도 집단 간 차이에 더 영향을 주며 의미적 속성에 따른 집단 간 차이는 상대적으로 두드러지지 않았음을 의미한다. 그러나 청각장애부모자녀의 경우 다른 어휘에서와는 달리 지각 · 감각 어휘 이해에서는 다문화 아동의 수행정확도보다 낮은 모습을 보여 환경의 특성이 전반적인 어휘 능력뿐 아니라 의미적 속성에 따른 어휘에 차등적인 영향을 줄 수 있음을 시사하였다.

3) 언어결핍환경 아동 어휘 발달 양상 종단연구

본 연구는 언어결핍환경에 있는 아동(다문화가정아동, 청각장애부모가정아동)의 표현어휘 발달을 1년 동안 추적 연구하여 언어발달정도를 파악하고, 각 아동의 표현어휘발달에 영향을 미치는 환경적인 변인과 언어적 변인을 조사하여 그 상관관계를 알아보고자 하였다.

연구 대상자는 서울 및 수도권에 거주하고 있는 5~9세의 아동 중 다문화가정아동 18명과 청각장애부모가정아동 10명으로, 총 28명을 대상으로 하였으며, 다문화가정아동은, 한국인 아버지와 외국인 어머니(본 연구에서는 아시아권으로 제한하였다)를 둔 국제결혼 가정의 아동에 한하였다. 본 연구는 1년의 간격을 두고 2차에 걸쳐 진행되었으며, 1차 방문 시 『수용 · 표현 어휘력 검사(REVT)』(김영태 외, 2009)를 통하여 표현어휘 능력을 측정하고, 어휘 능력 지체로 판정되었던 아동을 대상으로 1년 뒤에 2차 방문하여 표현어휘 능력을 재측정하였다. 그 결과를 바탕으로 각 아동의 표현어휘발달 정도를 파악하여 대상 집단을 언어환경별로 2집단으로 구분하였다. 즉 1차 평가에서 지체되었던 표현어휘가 정상발달에 도달하는 경우(-1*SD* 이상) '정상수준도달집단', 1차 평가에서 지체되었던 표현어휘가 여전히 정상발달 수준에 미치지 못하는 경우(-1*SD* 미만)에는 '정상 수준 미달집단'으로 구분하였다. 총 28명 중 다문화가정아동의 '정상 수준 도달집단'은 9명, '정상 수준 미달집단'은 9명으로, 청각장애부모가정아동의 '정상 수준 도달집단'은 6명, '정상 수준 미달집단'은 4명으로 구성되었다. 언어환경의 집단별 표현어휘점수는 〈표 3-2〉와 같다.

표 3-2 언어환경 집단별 1, 2차 표현 어휘력 검사 결과

결과 \ 집단		다문화가정아동		청각부모가정아동	
		정상 수준 도달집단	정상 수준 미달집단	정상 수준 도달집단	정상 수준 미달집단
1차	평균	72.89	60	66.5	73.5
	표준편차	15.688	18.5	18.77	19.502
	중위수	77.00	64	61.5	73.5
	사분위수 범위	26.5	30.5	37.5	37.5
2차	평균	92.22	74.78	83	78.5
	표준편차	14.687	17.225	12.931	21.299
	중위수	89	74	80.5	78
	사분위수 범위	27	35.5	25.75	40

표 3-3 언어환경 집단별 월령 및 표준화검사 결과

변인 \ 집단	다문화가정아동		청각부모가정아동	
	정상 수준 도달집단	정상 수준 미달집단	정상 수준 도달집단	정상 수준 미달집단
연령(개월)	85.89(19.01)	93.22(20.111)	76.67(16.133)	95.75(18.892)
아버지 교육 수준(년)	12.56(1.944)	12.00(0)	13.67(4.633)	4.50(5.745)
어머니 교육 수준(년)	13.78(2.33)	13.11(2.261)	12.17(0.408)	8.50(5.916)
형제 수(명)	1.89(0.333)	2.11(0.601)	1.83(0.408)	2.00(0.816)
수용어휘 능력(점)	69.11(21.549)	65.11(21.860)	71.67(24.295)	76.25(23.824)

다문화가정아동과 청각장애부모가정 두 집단의 변인들 간 상관관계를 비모수 상관으로 분석한 결과는 다음과 같다. 첫째, 다문화가정아동의 '정상 수준 도달집단' (r=.593, p<.01)과 '정상 수준 미달집단' (r=.700, p<.05)에서 모두 연령과 수용어휘 능력 간에 유의한 정적상관을 나타냈다. 또한 '정상 수준 도달집단' 의 부모의 교육 수준이 연령과 유의한 정적상관이 있는 것으로 나타났다(r=.553, p<.05). 둘째, 청각장애부모가정아동의 '정상 수준 도달집단' 에서는 연령과 수용어휘 능력(r=.943, p<.01), 형제 수와 소득 수준(r=1.0, p<.001)이 서로 간에 유의한 정적상관을 나타냈다.

다문화가정아동에서 표현어휘발달 '정상 수준 도달집단' 과 '정상 수준 미달집단' 의 평가변인별 집단 간 차이를 검증하기 위하여 비모수검증을 실시한 결과, '정상 수준 도달집단' 아버지의 교육 연수가 중위수 12년(평균 12.56년), 사분위수 2년으로 '정상 수준 미달집단'의 중위수 12년(평균 12년), 사분위수 0년에 비해 유의하게 높았다(Z=-2.070, p <.05). 청각장애부모가정아동에서는 집단 간 유의한 차이를 나타내는 변인이 없었다(〈표 3-3〉 참조).

집단 간 차이는 유의하지 않았으나, '정상 수준 도달집단'의 소득 수준 및 교육연수의 결과는 '정상 수준 미달집단'과 비교하여 높은 경향성을 나타내었다([그림 3-5]~[그

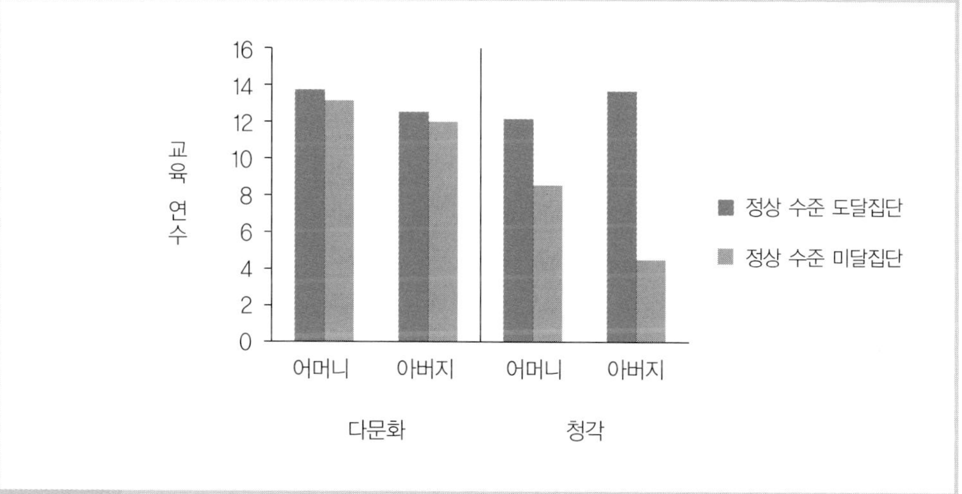

그림 3-5 집단별 부모 교육 수준 비교

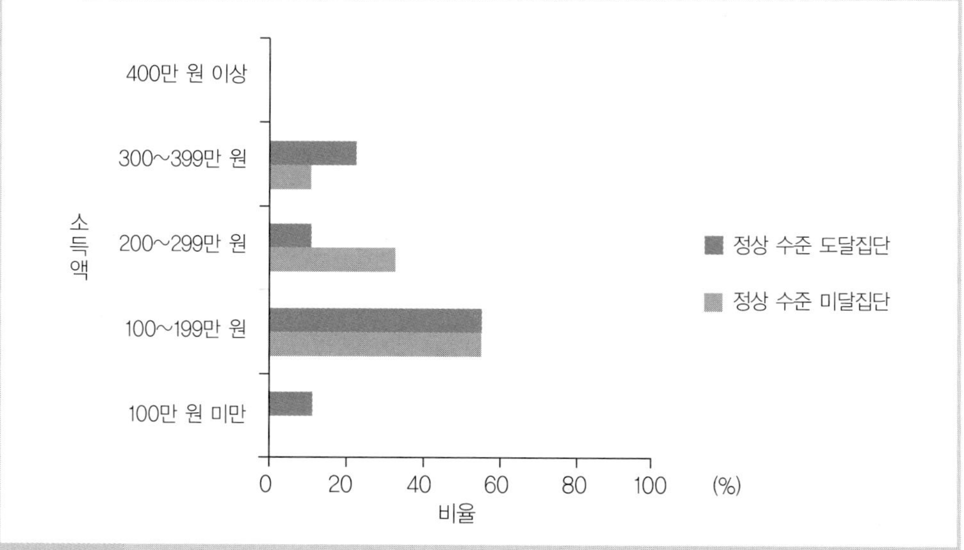

그림 3-6 다문화가정아동 소득 수준 비교

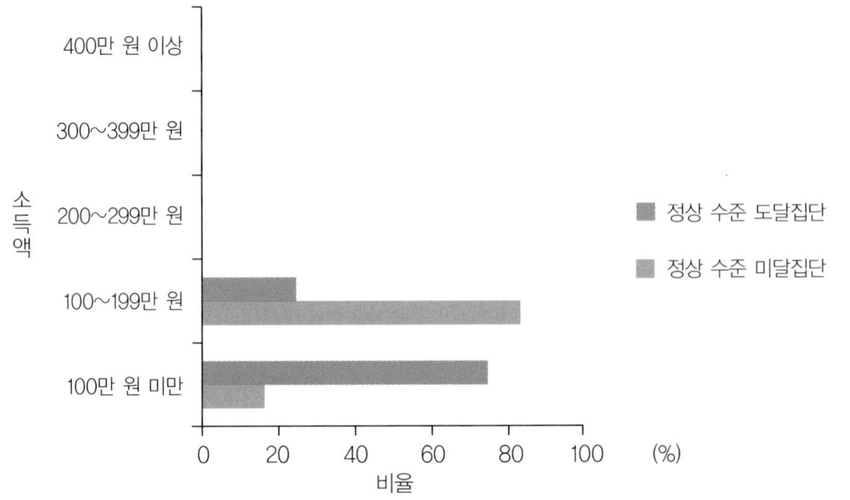

그림 3-7 청각장애부모가정아동 소득 수준 비교

림 3-7] 참조). 언어환경에 따른 두 집단(다문화, 청각)의 '정상 수준 도달집단' 간의 비교를 통하여 두 집단 간 평가변인별 차이가 나타나는지 살펴본 결과, '정상 수준 도달집단' 은 다문화가정아동의 소득 수준이 청각장애부모가정아동보다 유의하게 높은 것으로 나타났다($Z=-2.045$, $p<.05$). 또 '정상 수준 미달집단' 에서는 다문화가정아동의 소득 수준($Z=-2.146$, $p<.05$)과 아버지의 교육 수준($Z=-2.824$, $p<.01$)이 청각장애부모가정아동보다 유의하게 높은 것으로 나타났다.

본 연구의 변인 간 상관관계 분석 결과에서 환경변인에 대해 생각해 볼 만한 것은 첫째, 다문화가정 '정상 수준 도달집단' 은 아동의 표현어휘 능력과 부모의 교육 수준이 유의한 정적상관이 있는 것으로 나타났다는 점이다. 둘째, 청각장애부모가정아동 '정상 수준 도달집단' 에서는 연령과 수용어휘 능력 및 형제수와 소득 수준이 서로 간에 유의한 정적상관을 나타내기는 하였으나, 어휘력과 환경변인 자체의 직접적인 상관도는 유의하게 나타나지 않았다는 점이다.

두 환경(다문화, 청각)의 '정상 수준 도달집단' 간 차이를 비교한 결과, '정상 수준 도달집단' 은 다문화가정아동의 소득 수준이 청각장애부모가정아동보다 유의하게 높은 것으로 나타났으며, '정상 수준 미달집단' 에서는 다문화가정아동의 소득 수준과 아버지의 교육 수준이 청각장애부모가정아동보다 유의하게 높은 것으로 나타났다. 이러한 결과는 언어결핍환경이라도 어떤 환경인지에 따라 표현어휘 발달의 양상이 환경변인에 더 민감할 수 있다는 것을 시사한다고 하겠다.

이 장에서는 언어결핍환경으로 알려진 요인들을 고찰하고 그러한 환경의 아동을 대상으로 의미발달 특성을 분석한 연구들을 소개하였다. 그리고 본 저자가 2년에 걸쳐 언어환경에 따른 횡단 및 종단적 영향을 분석한 연구의 결과들을 소연구별로 제시하였다.

우리나라 문헌에서 흔히 언급되는 언어결핍환경으로는 낮은 사회 · 경제적 수준, 한국어가 미숙한 다문화 가정환경, 그리고 장애부모 가정환경 등이 있다. 최근 들어 다문화가정, 특히 결혼이민자가정의 아동에 대한 사회적 관심과 지원이 커지면서 언어발달에 대한 연구도 많아지고 있다. 대부분의 연구들이 한국 사회에서의 다문화가정아동은 언어발달이 늦다는 결과를 보고하고 있는데, 사회 · 경제적 수준을 통제한 다문화가정 연구들은 그렇지 않은 연구들에 비해 발달지연의 정도가 덜 심한 것으로 보고하고 있다.

또한 다문화 가정환경과 장애부모 가정환경이 자녀 언어발달에 미치는 영향의 차이를 분석한 저자의 소연구들은 ① 다문화가정아동과 장애부모아동이 전반적으로 일반가정아동에 비해 낮은 언어발달 양상을 보이고 있지만, ② 어휘 유형이나 오류 유형에서 차이를 보이므로 언어결핍환경도 세부 유형과 특성에 따라 선별적 지원이나 교육이 필요하다는 것을 시사한다.

마지막으로 언어결핍환경 아동 중, 종단적으로 보았을 때 지속적으로 낮은 수행을 보이는 집단과 상대적으로 더 많은 발달을 보인 집단 간에는 부모의 소득, 교육 연수 등의 사회 · 경제적 지위와 기타 가정 변인 등의 환경 요인이 차이를 보였는데, 이는 장애부모나 다문화가정아동의 언어문제와 관련 있는 요소에 대한 체계적이고 지속적인 관리를 통해 고위험군 아동의 언어환경을 개선할 필요가 있다는 것을 의미한다고 할 수 있다.

II. 말늦은 아동 및 이중언어아동의 언어적 특성

1. 말늦은 아동

1) 말늦은 아동의 정의

일반적으로 '말이 늦다' 는 것은 또래아동에 비해서 표현하는 어휘 수가 적다는 것을 의미한다. 일반적으로 말늦은 아동을 설명할 때 2세까지 50개 미만의 표현어휘밖에 없으며 2어조합이 아직 나오지 않는 아동을 뜻한다(Rescorla, 1989). 규준검사를 사용할 경우에는, 흔히 ① 표현어휘발달이 또래와 비교하여 10%ile 미만이나 −1*SD* 미만으로 현서한 지체를 나타내지만, ② 다른 발달영역에서는 뚜렷한 결함을 보이지 않는, ③ 3세 이전(혹은 3세 전반까지)의 아동으로 그 판별기준을 삼고 있다(홍경훈, 2005; Ellis-Weismer et al., 1994; Jones, 2003; Kelly, 1998; Rescorla, 1997, 2002a, 2002b; Bavin & Bretherton, 2013; Rescorla & Fechnay, 1996; Thal, 1991; Thal et al., 1991; Thal & Tobias, 1992, 1994; Williams & Elbert, 2003; Robertson & Ellis-Weismer, 1999). 좀 더 보수적인 기준을 사용하는 경우 5%ile를 판별기준으로 삼는 경우도 있다(Girolametto, Pearce, & Weitzman, 1996).

2) '말늦음'과 '언어발달지체'의 관계

언어습득의 속도는 아동에 따라 큰 차이가 있을 수 있다. 비록 말늦은 아동이라도 나중에는 또래 수준을 따라잡는 아동도 있고, 계속 언어발달지체를 보이는 아동도 있으며, 반대로 시작은 정상이지만 언어발달의 속도가 느려져 언어발달지체를 나타내는 아동도 있을 수 있다(Ukoumunne et al., 2012). 문헌에서는 흔히 2세 때 말의 표현수가 또래보다 현저히 적을 때 '말늦은 아동(Late Talkers: LT)'이라고 하는데, 4세가 넘어서도 계속 언어발달의 지연을 보이면 '언어발달지체' 혹은 '단순언어장애'로 판정한다. 그러나 4세 정도에는 또래와 비슷한 수준의 표현어휘 수를 보이게 되면 '늦게 말이 트인 아동(late bloomer)' 혹은 '정상 수준으로 회복한 아동(Resolved Late Talkers: RLT)'이라고 한다.

말늦은 아동을 언어장애 위험군으로 생각하는 이유는 이들이 학령기에 이르렀을 때 20~70%가 단순언어장애(SLI)로 발전한다는 연구들이 있기 때문이다(예: Leonard, 1998; Paul, 1993. 이에 대한 다른 의견으로는 Leonard, 2013 참조). 연구들 간에 이렇게 큰 수치의 차이가 있는 것은 아동의 어휘력을 측정한 검사나 표집 방법 등에 기인하는 것으로 보인다. 실제로 영유아 어휘발달 설문지로 흔히 쓰이는 CDI(MacArthur-Bates Communicative Development Inventories; Fenson et al., 2007), LDS(Language Development Survey; Rescorla, 1989), ASQ(Ages & Stages Questionaires; Bricker & Squires, 1999), 혹은 CSBS-DP(Wetherby & Prizant, 2003)로 측정할 때 각기 다른 결과들이 보고되기도 한다(Bavin & Bretherton, 2013).

문헌에서 자주 언급되는 예측요인들, 즉 말늦은 아동과 단순언어장애아동이 공통적으로 계속 어려움을 보이는 요소들은 다음과 같다.

① 수용어휘력(Tomblin et al., 2003; Paul, 1996; Rescorla, 2009; Thal, Marchman, & Tomblin, 2013)

② 기초적인 언어처리 능력

- 청지각력, 낱말회상력, 구어적 작업기억력, 동작계획, 음운변별력, 문법학습력 (Rescorla, 2009)
- 언어처리 속도, 작업기억력, 내적 학습(Evans, Saffran, & Robe Torres, 2009; Leonard et al., 2007)

임상적으로 말늦은 아동을 조기에 판별하고 그 발달을 추적하면서 단순언어장애로 발전하는지 살펴보는 이유는 첫째, 취학전에 단순언어장애로 판별되면 학령기에 가서 언어학습장애로까지 문제가 확대될 가능성이 높아서이고, 둘째, 일부 연구들에서 늦게 말이 트인 아동(RLT)은 단순언어장애아동(SLI)처럼 일부 언어처리과정에서 또래와는 차이가 난다는 보고가 있었기 때문이다(예: Bishop & Adams, 1990; Gathercole & Baddeley, 1990). 예를 들어, RLT 아동을 대상으로 한 일부 연구들에서 작업기억과제 중, 음운기억력을 나타내는 비단어반복과제(Bishop & Adams, 1990; Bishop et al., 1996; Gathercole & Baddeley, 1990)와 문장회상과제(Bishop & Adams, 1990; Ellis-Weismer, 2007)에서 또래 아동과 유의한 차이가 난다고 보고하였다. 그러나 RLT 아동의 작업기억력을 또래 및 SLI 아동과 비교한 최근의 종단연구(Petruccelli, Bavin, & Bretherton, 2012)에서는 RLT 아동이 SLI 아동처럼 작업기억력에 문제가 있는 것은 아니라는 것을 시사하였다(Bavin & Bretherton, 2013).

우리의 임상적인 관심은 일시적이든 영구적이든 말산출의 늦음 현상이 궁극적으로 단순언어장애로까지 문제를 키워 갈 것인가에 있다. 만약 그렇다면 가능한 한 조기에 그 요인을 찾아 필요한 언어촉진을 해 줌으로써 언어장애를 예방하는 것이 중요하기 때문이다. 선행연구들은 말늦은 아동이 정상적인 언어습득을 하게 될지에 대한 가장 강력한 예후 요인으로 ① 수용언어 능력(Whiteherst et al., 1992; Thal et al., 1991; Botting et al., 2001; Law, Tomblin, & Zhang, 2008), ② 언어이전기 소리내기(발성: vocalization)를 할 때의 질적인 측면(예: 다양한 음절성 옹알이나 초어의 사용), ③ 무발화 사회적 상호작용의 양과 특성, ④ 가족(부모, 조부, 형제자매) 중 언어장애 유무, ⑤ 비언어적(동작성) 인지 능력(Camarata, 2013), ⑥ 작업기억력과 같은 기초언어처리 능력(Bavin & Bretherton, 2013; Pearson, 2013) 등을 보고하였다.

18~30개월의 말늦은 아동 41명을 6개월 후의 표현어휘 수에 따라 '정상 수준 도달집단'과 '정상 수준 미달집단'으로 나누어 그들의 의사소통 행동양상을 분석한 홍경훈과 김영태(2005)의 연구에서는 의사소통 의도율(분당 나타난 의사소통 의도), 의사소통 유형률(의사소통의도 유형의 다양성), 어휘다양도(NDW), 자음산출율(음절속에 나타난 자음의 비율), 의사소통 몸짓률(몸짓 중 의사소통 의도를 보이는 몸짓의 비율), 그리고 표현언어 점수 면에서 두 집단 간에 유의한 차이가 나타났다. 모든 변인들에서 정상 수준 도달집단의 아동이 유의하게 높았으나, 몸짓률은 정상 수준 미달집단의 아동이 유의하게 높은 것으로 나타났다. 예측변인들 간의 상대적인 기여도는 의사소통 유형률(.990), 몸짓률(-.720), 그리고 의도율(.455)의 순으로 나타났다. 즉 말늦은 아동 중 의사소통 유형을 다양하게 사용하거나 의사소통 의도를 자주 표현하는 아동은 정상 수준에 도달할 가능성이 높지만, 말 대신 몸짓을 많이 사용해서 표현하는 아동은 6개월 내에 정상 수준에 도달하기가 다소 어려운 것으로 보고되었다. 이 연구에서 의사소통 행동도 표현어휘발달의 예측요인이 될 수 있다는 증거를 보여 주기는 하였으나 2~3세까지만 평가하였기 때문에 그 후 4세에도 그 양상이 지속되는지는 보여 주지 못하였다.

2. 이중언어아동

1) 이중언어의 정의 및 유형

이중언어(bilingual or dual language)아동은 2개 이상의 언어환경에 노출되어 언어를 습득하는 아동을 의미한다. 이중언어의 발달은 언제 두 번째 언어(L2)에 노출되느냐에 따라 동시적 이중언어(simultaneous bilinguals)와 순차적 이중언어(sequencial bilinguals)로 나뉜다. 두 유형은 흔히 3세를 기준으로 분류한다(Paradis, Genesee, & Crago, 2011). 이러한 분류 때문에 3세 이전에 이중언어 습득에 들어간 아동을 유아기 이중언어아동(infant bilinguals), 3세 이후에 이중언어 습득에 들어간 아동을 조기 제2언어 학습아동(early second language learners)이라고도 한다(Pearson & Fernandez, 1994; Pearson, 2013에서 재인용).

2) 동시적 이중언어아동

유아기 때부터 이중언어를 습득하게 된, 동시적 이중언어아동이라 하더라도 두 언어를 똑같은 수준으로(balanced bilinguals) 사용하는 아동은 많지 않다. 많은 경우, 둘 중 한 언어를 좀 더 높은 수준으로 사용하게 되는데, 이렇게 상대적으로 더 발달된 언어를 우세언어(dominant or stronger language)라고 하고, 상대적으로 덜 발달된 언어를 비우세언어 또는 열세언어(nondominant or weak language)라고 한다(Paradis, Genesee, & Crago, 2011). 어떤 언어가 유아기 이중언어아동에게 우세언어가 되는지는 주로 어떤 언어자극이 아동에게 더 많이 주어졌는냐에 의해 결정된다. 특히 아동이 어린이집이나 유치원, 학교에 가게 되면 많은 시간을 주류언어(majority language, 아동이 속한 나라나 사회에서 쓰는 언어)에 노출되게 되기 때문에 가정에서 쓰던 비주류언어(minority language)가 열세언어가 되기도 한다. 그 외에도 아동의 언어선호도도 한 요인이 될 수 있다. McGill 대학 연구에서는 2세의 어린 이중언어아동도 대화 상대자에 따라 언어를 바꿀 수 있음을 보고하기도 하였다(Genesee, Nicoladis, & Paradis, 1995).

(1) 동시적 이중언어아동의 언어습득

이중언어아동의 언어습득은 당연히 느릴 것이라고 여겨져 왔으나, 동시적 이중언어아동의 언어습득은 단일언어아동의 언어습득과 크게 다르지 않다는 보고가 많이 나오고 있다. 동시적 이중언어아동의 3세 이전 언어습득 특성을 살펴보면 다음과 같다.

- 음절성 옹알이(canonical babbling)의 출현시기: 앞서 제1장에서 살펴본 바와 같이 단일언어아동은 6개월을 전후하여 음절이 반복되는 옹알이가 나타난다. 언어자극이 제한적인 아동(예: 저소득층이나 고도 난청)의 경우에는 음절성 옹알이가 늦게 나타나지만, 동시적 이중언어아동의 경우에는 단일언어아동의 출현시기와 크게 다르지 않은 것으로 보인다(Cobo-Lewis, 1997, Pearson, 2013에서 재인용).
- 첫 낱말(first words)의 출현시기: 흔히 이중언어아동의 첫 낱말이 출현하는 시기는 늦다고 알려져 있다. 그러나 일반아동의 경우 흔히 10~14개월 정도에 첫 낱말이 출현한다고 보는데, 동시적 이중언어아동의 경우 8~24개월로 출현시기 자체는 단일언어아동과 크게 다르지는 않는 것으로 보인다(Pearson, 1998; Petitto et al., 2001). 그러나 부모가 첫 낱말의 출현을 잘 인식하지 못하고 그에 대한 강화도 적절하게 주지 못하는 경우도 많다. 보고에 의하면 동시적 이중언어아동의 부모는 단일언어아동의 부모에 비해, 첫 낱말의 출현을 잘 인지하지 못하는 경향이 있다고 한다. 이는 발음이 명료하지 못한 아동의 첫 낱말에 대해 단일언어아동의 부모는 한 언어의(음운적) 문맥만 생각하면 되지만, 이중언어아동의 부모는 L1과 L2, 두 언어의(음운적) 문맥을 고려해서 인식해야 하기 때문에 훨씬 더 어렵다고 할 수 있다. 예를

들어, 한 면담조사에서 이중언어 중 비우세언어의 낱말이 처음 출현했을 때, 부모는 우세언어에서 그 낱말을 찾으려 했기 때문에 몇 주 동안 비우세언어의 첫 낱말 출현을 인식하지 못했다고 보고하였다(Pearson, 2008).

- 초기낱말조합(word combinations)의 출현시기: 2세 일반아동의 85~95% 정도가 적어도 50개의 낱말을 말하며(Benedict, 1979; Bloom, 1993; Coplan, 1987; Fenson et al., 1993; Nelson, 1973; Rescorla, 1989), 대부분의 아동은 이 시기에 낱말을 조합하기 시작한다(Coplan, 1987; Fenson et al., 1993; Miller, 1981; Wells, 1985). 이중언어아동 또한 어느 언어권이든 상관없이 대부분 18~23개월 사이에 낱말조합이 나타나기 시작한다고 보고되었다(Burling, 1978; Conboy & Thal, 2006; Genesee, Nicoladis, & Paradis, 1995; Lanza, 1992; Leopold, 1978; Marchman et al., 2004; Padilla & Liebman, 1975; Quay, 1995; Redlinger & Park, 1980; Schlyter, 1990; Vihman, 1985; Volterra & Taeschner, 1978). 다만 이때의 낱말조합은 서로 다른 언어의 조합도 고려된 것으로 보인다(Hoff et al., 2012; Thordardottir et al., 2006). 즉 일반적으로 이중언어아동은 2낱말 조합이 늦다고 보고되곤 하는데, 이는 그들의 의미적인 발달보다는 두 언어의 문법적인 습득이 다소 늦을 수 있기 때문인 것 같다.
- 언어처리 능력(language processing)의 발달: 대부분의 이중언어아동은 습득 초기에는 말늦은 아동에게서 보이는 어휘의 수나 다양성에서 제한을 보이기는 하지만, 정상적으로 발달하는 이중언어아동이라면, 늦게 말이 트이는 아동(RLT)처럼 기초적인 언어처리 능력에 문제를 보이지 않는다. 최근 문헌에서는 도리어 이중언어아동이 기초 언어처리 능력(예: 작업기억, 언어처리속도)에서 우월하다고 보고하기도 하였다(예: Marchman, Fernald, & Hurtado, 2010; Pearson, 2013).
- 코드 변환(code switching) 특성: 이중언어를 구사하는 아동은 때때로 하나의 발화나 대화 안에서 두 가지 언어 요소를 섞어서 사용하는데 이것을 코드 변환(code switching)이라고 한다. 코드 변환은 단순히 어휘를 빌려오는 차용(borrowing)과는 구별되는 개념으로, 아동이 의식적으로나 무의식적으로 두 개의 상이한 문법 체계를 가지고 있다고 간주한다(Gumperz, 1982). 선행연구들은 이중언어아동의 코드 변환이 대부분 체계적이고, 각 언어의 문법적 제약을 따른다는 것을 보여 준다(Allen, Genesee, Fish, & Crago, 2000; Genesee & Sauve, 2000; Koppe, 2009; Lanza, 1997; Meisel, 1994; Paradis, Nicoladis, & Genesee, 2000; Vihman, 1998). 연구자들은 2세 정도의 아동도 두 언어를 구사할 수 있고(Genesee, Nicoladis, & Paradis, 1995; Lanza,

1992), 5세가 되면 부모가 사용하는 언어와 동일한 언어를 더 사용하게 되는 발달적 변화를 보고하였다(Comeau & Genesee, 2001; Nicoladis & Genesee, 1996).

(2) 동시적 이중언어아동의 언어평가

임상적으로 우리가 동시적 이중언어아동에게 관심을 가져야 할 부분은 그들이 나타내는 말늦음 현상이나 규준검사에서의 다소 낮은 점수가 과연 언어발달지체의 전조인지 아닌지 하는 것이다. Paradis(2010)는 이중언어아동을 단일언어를 사용하는 일반아동이나 언어장애아동의 규준과 비교해서는 안 된다고 제안한다. 3세 이전의 동시적 이중언어아동을 평가할 때는 다음과 같은 점을 고려해야 한다(Pearson, 2013 참조).

- 발달시점을 기준으로 말늦은 이중언어아동을 평가할 때, 한 언어만 보지 말고 두 언어 모두에 대한 자료를 수집하고 관찰해서 결정해야 한다. 예를 들어, 30개월인데도 한 언어에서, 혹은 두 언어가 섞인 상태로라도 낱말조합이 나타나지 않는다면 말늦은 이중언어아동으로 고려해 볼 수 있다.
- 평가 시, 이중언어 각각에 대한 언어연령이 고려되어야 한다(Golberg et al., 2008). 즉 이중언어아동의 언어 능력은 각 언어검사로 평가하여서 발달등가연령을 산출하여야 한다(Thordardottier et al., 2006). 한국어-영어 이중언어아동에 대한 어휘검사를 예로 들자면, 한국어 어휘점수, 영어 어휘점수, 그리고 둘을 합친 통합어휘점수(combined)가 모두 고려되어야 한다. 우리나라의 경우는 아직 이중언어아동을 위해 따로 규준을 마련한 평가도구는 없지만, 표현어휘 목록이나 어휘검사(한국어 및 영어)를 모두 실시하여, 개별 언어 및 통합된 언어의 발달정도를 추정할 수는 있다.
- 가정이나 사회에서 각 언어가 어떻게 사용되고 있는지를 고려하여 평가되어야 한다. O' Toole 등(2008)은 ① 가정에서는 비주류언어만 사용하는 언어환경의 아동, ② 가정에서 주류 및 비주류 언어를 모두 사용하는 언어환경, ③ 주류언어만 사용하는 언어환경에 따라 각기 나른 규준을 사용해야 한다고 제안하기도 하였다.
- 이중언어아동의 경우 생활연령뿐 아니라, L2에 노출된 연령(예: Months of English Exposure: MOE)을 고려하여 평가되어야 한다(Golberg et al., 2008).

(3) 언어장애와 이중언어

언어장애가 있는 이중언어아동의 경우, 단일언어사용 집단의 언어장애아동과 유사한 특성을 보이지만(Gutiérrez-Clellen, Simon-Cereijido, & Wagner, 2008; Paradis, 2007; Paradis, Crago, & Genesee, 2005, 2006; Paradis, Crago, Genesee, & Rice, 2003), 평가 언어가 아동의 우세언어가 아니라면 그 결과를 해석하기가 쉽지 않다(Pena & Bedore, 2009). 또한 두 언어 간 상대적 유창성은 아동에 따라 다양하게 나타날 수 있고 한 아동 내에서도 아동의 연령이 증가함에 따라서나 해당 언어를 사용하는 상황에 따라서 달라질 수 있다. 게다가 Leonard(2009)가 지적했듯이 단순언어장애아동의 언어적 특성은 언어에 따라 다양하다. 즉 언어장애아동이 한 언어에서 특별히 습득하기 어려운 것이 다른 언어에서는 그렇지 않을 수 있다. 이러한 이유들로, 많은 연구자들이 기존의 표준화된 언어검사 대신 음운작업기억 능력(예: 비단어 따라하기)과 같은 기저의 언어처리 능력을 측정하고자 시도해 왔다.

아동에게 언어장애가 있다고 해서 이중언어환경을 차단해야 하는 것은 아니다. 선행연구들은 발달장애아동도 하나 이상의 언어를 사용할 수 있다는 것을 보여 준다(Kay-Raining Bird et al., 2005; Kohnert & Kerr, 2004; Paradis, Genesee, & Crago, 2011 참조). Seung 등(2006)의 연구에서는 3세에 언어지연으로 진단을 받은 후 다시 3세 6개월에 자폐성장애로 진단받은 아동에게 부모교육과 함께 처음 12개월은 아동과 부모의 모국어인 한국어로 언어 중재를 제공하고, 다음 6개월 동안 서서히 영어(아동의 community language)를 도입하여, 이후 6개월은 대부분 영어로만 중재를 제공하였다. 그 결과, 두 언어 모두에서 아동의 수용언어 및 표현언어가 증가했고, 문제행동은 줄어들었다. 이들의 연구 결과는 초기에 L1 발달을 지원하는 것이—비록 L1이 소수언어라 할지라도—L1뿐 아니라 이후 L2 발달에도 도움을 준다는 것을 보여 준다.

3) 순차적 이중언어아동의 언어발달

순차적 이중언어아동(sequencial bilinguals)이란 모국어(L1)가 습득된 이후에 제2언어(L2)를 배우기 시작한 아동을 의미한다. 흔히, 6~8세 이후에 L2를 습득할 때 순차적 이중언어의 특성이 나타난다고 할 수 있다(Paradis, Genesee, & Crago, 2011). 즉 3세 이전에 L1과 L2가 동시에 습득되지 않았더라도 6~8세 이전에 L2를 습득한다면 발음이나 문법 등 고유언어특성 의존도가 높은 언어영역에서는 단일언어아동과 크게 차이가 나지 않는다고 보고되어 왔다(Hyltenstam & Abrahamsson, 2003 참조). 그러나 이러한 현상만으로 L2를 최대한 일찍 배우게 하는 것이 유리하다고 할 수는 없다. 문헌에서는 L1을 습득하며 발달시킨 언어의 공통되고 기초적인 능력이 L2에 전이되는 혜택에 대해서도 보고하고 있다.

(1) 순차적 이중언어아동의 언어발달 특성

언어치료사는 다문화가정에서 태어난 아동의 언어자극 결핍현상을 분석하고 언어촉진의 방안을 모색하는 것도 중요하지만, 중도입국을 하거나 이민 온 가정의 자녀들, 즉 순차적 이중언어아동에 대한 언어촉진 방법도 고민해야 한다. 순차적 이중언어아동의 언어발달 특성을 살펴보면 다음과 같다.

- L1-L2 사이언어(interlanguage) 현상: 사이언어(Selinker, 1972)란 L1을 습득한 아동이 L2가 유창해지기까지의 사이에 사용하는, 오류를 수반하는 L2 언어를 의미한다. 사이언어의 현상 중 하나는 L2로 의사소통을 할 때 자신의 제한된 어휘의 문제를 보상하기 위하여 일반적이며 다목적으로 사용하는 대용어휘(general all-purpose words: GAP)이다. 영어에서는 동사 대신 "do"를 지나치게 사용하는 현상이 나타나는데, 우리말의 예로는 "먹었어, 샀어, 갔어, 놀았어" 등의 동사를 그냥 "했어"나 "그랬어" 등으로 사용하는 현상으로 해석할 수 있다. 그 외에도 영어에서 관사나 과거형 등을 생략하는 것도 사이언어의 예라고 할 수 있다.
- L1-L2 상호의존(interdependence) 현상: 이 현상은 L1과 L2를 잘 습득하는 사람은 두 언어 기저의 공통적 능력(common underlying proficiency)의 촉진도 초래할 수 있다는 Cummins의 역치 가설(Cummins' thereshold hypothesis)에 근거한다. 즉 언어보편적 능력인 추상적 언어개념화, 언어학습기술, 감각적 인지기술 등은 L1에서 일단 발달되면 L2로도 잘 전이되기 때문에 그러한 기초언어 능력은 순차적 이중언어아동의 장점이 된다(Cummins, 1979, 1991, 2000, Paradis, Genesee, & Crago, 2011에서 재인용).
- L2의 언어영역 간 차이 현상(profile effect): 순차적 이중언어아동의 L2는 단일언어아동의 언어에 비해 뒤처지긴 하지만, 이러한 차이는 모든 언어영역에서 나타나는 것이 아니다. 즉 두 언어 간 공통적인 기초 인지력이 주로 작용하는 언어영역(예: 낱말 해독, 이야기, 담화 능력 등)에서는 강점을 나타내어 단일언어아동의 수준을 곧 따라잡게 된다. 반면, 각 언어의 고유특성이 주로 작용하는 언어영역(예: 어휘, 발음, 문법 등)

에서는 단일언어아동의 수준을 따라잡기가 쉽지 않다(Oller, 2007; Paradis & Schneider, 2008). Paradis와 Schneider(2008)는 이야기의 거시적 구조(예: 이야기문법)는 이중언어아동의 강점이지만, 미시적 요소(예: 어휘, 문법)는 약점이 된다고 설명하였다. 이러한 현상은 언어 간 상호의존현상이나 기저의 공통적 능력에 기인하는 것으로 보인다(Paradis, Genesee, & Crago, 2011).

- 반-이중언어(semilingualism) 현상: 이 현상은 L2가 유창해지면서 L1 언어 능력이 줄어드는 전이시기를 의미한다. 특히 L2가 그 사회의 주류언어(majority language)일 때는 아동이 학교에 들어가면서부터 L1 언어기술이 급격히 감소하고 L2 언어 능력은 급속히 증가하는 반-이중언어 시기를 보이기도 한다(Paradis, Genesee, & Crago, 2011). 최근 들어 많은 학자들은 이중언어의 장점을 살려서, 이른 학령기보다는 후반기에 L2를 배우는 것이 학습에 더 효율적이라고 제안한다(Collier, 1987, 1989; Roessingh, Kover, & Watt, 2005, Paradis, Genesee, & Crago, 2011에서 재인용).

영어를 L2로 습득하는 우리나라의 아동은 점점 L2 학습시기가 빨라지고, 영어유치원 등 영어가 주류언어가 되는 환경에 노출되기도 하기 때문에 L1인 한국어 습득에 문제를 야기할 위험성이 있다. L2 습득은 개인차가 크기 때문에 언어장애에 대한 유전적, 환경적 위험요인을 고려하여 결정해야 할 것이다. 이러한 결정은 우리나라 결혼이민가정의 중도입국 아동에게 한국어(L2) 학습을 시킬 때도 적용된다. 즉 아직 그들의 모국어(L1)가 다 습득되지 않았다면, 한국어(L2)에만 초점을 맞출 것이 아니라, L1에 대한 발달적 고려도 있어야 한다. 그러나 결혼이민가정에서 태어난 아동의 경우는 이중언어환경보다는 언어자극 결핍환경의 성격이 더 강하기 때문에 조기 언어촉진이 우선 시급하다고 볼 수 있다.

(2) 순차적 이중언어아동의 언어평가

국외의 이중언어관련 연구는 순차적 이중언어아동을 대상으로 활발하게 진행되고 있다. 순차적 이중언어아동은 학교에서 주로 사용하는 언어(예: 영어)가 아닌 모국어(예: 한국어, 스페인어)를 가정에서 사용하기 때문에 이러한 아동의 언어평가에 초점을 맞춘 연구들이 주류를 이룬다.

연구들 중 언어적 과제인 어휘선택과제(lexical decision task)를 사용한 연구(Windsor & Kohnert, 2004), 비단어 따라말하기(nonword repetition) 및 문장 폭 이해 과제(competing language processing task)를 사용한 연구(Kohnert, Windsor, & Yim, 2006) 등은 정상적인 언어발달을 보이는 단일언어아동 집단, 이중언어아동 집단, 언어발달이 늦은 단일언어아동 집단 등의 세 집단으로 나누어 언어적 과제가 언어장애의 유무를 판단할 수 있는지에 대한 연구 결과를 발표하였다. 그 외에도 최근 이중언어아동의 언어 능력 평가 시 비단어 따라말하기 과제가 적합한 평가도구인지에 관한 연구들이 있으며(Windsor et al., 2010; Lee, Kim, & Yim, 2013), 이중언어아동의 일반적인 언어발달에 모국어의 중요성에 관한 연구도 진행되었다(Yim, 2011).

또한 비언어적 과제를 사용하여 이중언어아동의 정확한 언어 능력 평가를 위한 노력이 계속되고 있는데, 대표적인 예로 Kohnert와 Windsor(2004)에 의해 진행된 연구는 언어장애아동과 정상아동 간의 비언어과제 수행 정반응 점수와 반응시간을 측정한 것이고, Windsor 등(2008)의 연구는 시각적 정보처리 과제들로만 진행되었으며, 통계적 학습 능력을 사용한 이중언어아동의 평가에 관한 연구가 꾸준히 진행되고 있다(Yim & Windsor, 2010; Yim, 2011; Yim & Rudoy, 2013).

제2부
아동언어장애의 진단 및 평가

언어장애아동의 언어-의사소통 능력을 평가하기 위해서는 의사소통, 언어 및 구어에 대한 선별검사를 하여 장애 여부를 살펴보고, 그에 따른 자세한 진단검사가 이루어져야 한다. 언어 능력을 평가하기 위해서 언어장애의 원인을 찾아내는 방법과 아동의 현재 언어수행 수준이나 결함을 파악하는 방법이 있다. Bernstein과 Tiegerman(2002)은 전자를 병인-유형적(etiological-categorical) 접근법으로, 후자를 기술적-발달적(descriptive-developmental) 접근법으로 설명하였다. 전자의 경우에는 아동의 출생배경(예: 출생 시 산소결핍증), 동반장애(예: 지적장애), 언어환경(예: 고립된 시설) 등을 살펴봄으로써 그 원인을 제거하거나 그에 따른 언어적 증상이나 예후를 예측하여 그에 따른 대처 방안을 강구할 수 있다. 그러나 많은 발달장애아동이 그 원인을 밝혀내기가 어려우며 한 가지 이상의 원인에 의하여 언어장애를 나타낼 수도 있기 때문에, 원인에 초점을 맞춘 진단은 많은 제한점을 보인다. 후자의 경우에는 동반된 장애나 촉진적 요인에 관계없이 아동의 언어 능력을 진단하여 그에 따른 대처 방안을 강구하는 것이다. 이 방법은 현실적인 언어훈련 계획을 수립하는 데는 도움이 되지만 이 방법만으로 예후를 고려한 장기적인 계획을 수립하는 데는 제한점이 있다. 그러므로 발달장애아동의 언어 능력을 평가하기 위해서는 언어장애의 원인을 고려하여 현재 언어수행 수준이나 언어과정에서의 문제를 철저히 진단하여야 할 것이다. 제2부에서는 언어평가의 일반적인 절차와 내용을 알아보고(제4장), 구체적으로 국내외에서 개발된 검사도구들을 소개하도록 한다(제5장). 또한 최근의 연구동향인 역동적인 언어평가에 대해서(제6장) 고찰해 보고, 음운론적 평가에 대해서도 살펴보도록 한다(제7장).

제4장 평가의 절차 및 내용

I. 평가 절차

발달장애아동의 초기(initial) 언어평가는 다른 심리평가와 마찬가지로 우선 결함의 위험성이 있는지를 살펴보는 선별검사(screening)와 그 결함의 성격을 규명하는 진단검사(evaluation)로 나누어진다. 언어선별검사를 할 때는 이해-표현의 대뇌언어과정뿐 아니라 전반적인 의사소통과정과 구어과정에 대한 선별검사도 실시하여야 한다는 것이다. 때로는 의사소통 의도의 결함이나 발음의 부정확함이 언어의 발달을 저해할 수도 있기 때문이다. 언어평가는 초기평가로 그쳐서는 안 되는데 이는 중재를 시작한 후에도 계속되는 평가를 함으로써, 아동의 변화에 민감하게 중재를 적용할 수 있어야 하기 때문이다.

또한 병인-유형적 정보가 진단이나 중재를 계획할 때 중요한 자료가 될 수 있으므로 아동의 출생 및 질병의 내력, 교육 및 가정환경 등에 대한 배경정보를 확보하는 것도 중요하다. 이러한 배경정보의 수집은 아동의 특성에 따라 선별검사과정에 포함시킬 수도 있고 진단검사과정에 포함시킬 수도 있을 것이다.

언어평가보고서에는 일반적으로 ① 아동의 배경 및 언어발달과 관련된 요인에 대한 정보, ② 언어 및 의사소통 평가, ③ 구어(호흡, 발성, 조음) 및 청력평가, ④ 요약 및 권고사항 등이 기재된다. 배경정보는 주양육자(예: 부모, 보모)나 그 아동을 평가 또는 교육해

오던 다른 전문인들로부터의 보고 내용이나 행동에 대한 관찰내용을 기록한다. 또한 아동의 언어문제와 직접적으로 관련된 정보만을 포함하여야 하며 그 내용은 언어문제나 동반장애의 유형 등에 따라 달라질 수 있다. 예를 들어, 언어발달장애의 경우 다음과 같은 문제가 있으면 보고해야 한다.

- 장애를 유발시킨 출생 전, 중, 후의 문제: 임신 중 약물복용, 출생 시 산소결핍증이나 저체중아, 구순-구개열 병력 등
- 인지 및 신체발달: 감각운동기의 인지발달, 운동발달력(예: 기거나 서기, 걷기 등의 발달력)
- 말소리 발달: 초기 및 후기 음절성 옹알이 시기
- 행동문제 관찰 내용: 눈맞춤, 착석, 엄마와의 분리 불안 여부, 주의력 문제, 엄마와의 상호작용참여 여부, 과다행동 등

일반적인 언어평가 절차 및 기초 요소는 〈표 4-1〉과 같다(권도하 외, 1994 참조).

언어평가 절차 중 가장 먼저 이루어지는 것은 판별(identification)과 선별(screening)인데, 선별은 더 정밀한 평가가 필요한 아동을 임시로 판별하기 위하여 체계적인 과정을 사용하는 것이다. 그러므로 선별검사의 목적은 좀 더 자세한 평가가 필요한 아동을 판별하기 위한 것이다. 선별검사는 언어발달과 결정적으로 연관된 최소한의 항목들로 이루어져야 하며, 누구라도 빠르고 쉽게 실시하고 채점할 수 있어야 한다. 언어장애 프로그램 대상자 선정기준을 고찰하기 위하여 미국의 한 주정부에서 설정하고 있는 기준을 예로 들어 보면 다음과 같다.

① 선정 기준은 다음과 같다.
- 2년 이상의 언어 지체가 나타나는 경우
- 언어결함이 학습진전에 영향을 미치고 있거나, 미칠 가능성이 있는 경우

② 다음의 영역들 중 적어도 한 가지 이상의 영역에서 언어결함이 나타나야 한다.
- 음운장애(phonological disorder): 모국어를 사용하는 수준으로 말소리를 감지하거나 산출하지 못하는 아동(그러나 음운장애 외에 다른 장애가 없는 아동의 경우는 프로그램 대상자에서 제외된다).

표 4-1 언어평가 절차 및 기초요소들

평가 절차	평가 내용	평가 방법
1. 잠재적 문제 판별 A. 선별과정 (1) 문제 유/무 (2) 진단 (3) 기타 전문인에게 의뢰 2. 현재 기능 수준 설정 A. 발달 수준 결정 B. 특이한 행동 명시 C. 중재가 필요한 행동 명시 3. 중재 동안 일어나는 행동 변화 측정 A. 중재의 결과로 나타나는 행동의 특성 측정 (1) 중재 상황에서의 행동 (2) 자연적인 환경에서의 행동	1. 언어체계의 구성 요소 A. 음운 (1) 조음 (2) 음운체계 B. 구문 (1) 문장 형식/문법 (2) 구성 요소의 배열관계 C. 의미 (1) 문장 기능; 의미 (2) 격 관계 (3) 어휘; 개념 2. 과정 A. 이해 (1) 청력 (2) 언어단위에 대한 청지각 과정 B. 산출 (1) 구어기관의 기능 (2) 언어의 산출 C. 화용 (1) 의사소통 기능 (2) 대화 능력 D. 인지 발달	1. 과정 A. 표준화검사 B. 비표준화검사 C. 발달 척도 D. 행동 관찰

출처: Miller, 1978.

- 형태장애(morphological disorder): 모국어를 사용하는 수준으로 Brown(1973)이 제시한 14개의 보편적인 형태소(어간 및 접사)를 사용하지 못하는 아동.
- 의미장애(semantic disorder): 낱말, 시간개념과 관련된 문법적 형태나 구조, 문법구조의 의미나 문맥 등을 이해하는 능력에 결함을 보이는 아동.
- 구문장애(syntactic disorder): 문법규칙에 맞는 구나 문장을 이해하고 사용하는 능력에 결함을 보이는 아동.
- 화용장애(pragmatic disorder): 사회적 문맥에 적절하게 언어를 사용하는 능력에 결함을 보이는 아동, 즉 부적절한 때 말을 하거나 문맥에 맞지 않은 언어를 사용함으로써 대화를 통한 상호작용을 하는 데 결함을 보이는 아동.

• 언어처리과정장애(language processing disorder): 모국어로 제시된 말이나 글을 인식, 지각, 해석하는 데 결함을 나타내는 아동.

선별검사의 예로는 다음과 같은 것들이 있다. 이들 검사들에 대한 소개는 제5장에 제시되어 있다.

• BTBC: Boehm Test of Basic Concepts
• CELI: Carrow Elicited Language Inventory
• DTLA: Detroit Test of Learning Attitude
• ITPA: Illinois Test of Psycholinguistic Abilities
• PPVT: Peabody Picture Vocabulary Test
• TACL: Test of Auditory Comprehension of Language
• ZPLS: Zimmerman Preschool Language Scale

언어평가의 다음 단계는 아동의 현재 의사소통 기능을 측정하는 것인데, 이러한 과정을 통하여 현재의 능력 수준을 측정하고 언어 지체나 장애의 정도를 측정하며 발달적 문제의 성격을 정확하게 기술할 수 있다. 이러한 진단 방법에는 표준화된 검사도구를 사용하는 공식검사와 검사도구는 사용하지 않지만 아동의 언어 능력을 질적으로 분석하는 비공식검사가 있다. Snyder(1982)는 초기 의사소통 발달의 수준을 측정할 수 있는 세 가지의 검사도구들, Receptive-Expressive Emergent Language Scale(REEL), Sequenced Inventory of Communicative Development(SICD), 그리고 Initial Communication Process Scale(ICP)을 제안하였다. REEL(Bzoch & League, 1971)은 출생부터 3세까지의 의사소통 행동을 부모 면담을 통하여 측정하는 검사이며, SICD (Hedrick, Prather, & Tobin, 1984)는 출생부터 4세까지의 의사소통 발달을 부모 보고와 수행 검사 등을 통하여 측정하는 검사이다. 또한 ICP(Schery & Glover, 1982)는 감각운동기의 의사소통 행동을 유도하는 항목들과 검사자의 관찰항목들을 포함한다. 이 중에서 REEL은 번안되어 소개된 바 있으나 아직 한국 아동을 대상으로 표준화되지는 못하였다. 한국 유아들의 언어 능력을 측정할 수 있는 도구에 대해서는 제4장에서 설명하기로 한다.

언어평가의 세 번째 단계는 중재 프로그램 내에서의 행동변화를 측정하는 것으로 중재 프로그램 효과의 진단, 유지효과의 진단, 혹은 공식검사가 포함된다. 만약 아동의 진전을 기록한 자료가 기대한만큼의 진전을 보여 주는 것이라면 그 프로그램은 효과적이었다고 할 수 있다. 이러한 자료는 방법, 과정, 계획, 그리고 환경적인 조작 등의 중재 내용을 계획하는 데 활용된다.

최근 들어서는 아동의 언어치료 가능성을 초기 평가 시 예측해 보는 역동적 평가(dynamic assessment)의 필요성이 대두되고 있다. 역동적 평가란 단편적인 검사뿐 아니라 단계적인 언어자극이나 촉진을 주면서 아동의 반응성을 평가하는 것으로 아동이 언어치료를 통해 언어기술이 향상될 수 있을지, 즉 학습잠재력이 있는지를 평가하는 것이다. Vygotsky(1934, Olswang, Bain, & Johnson, 1992에서 재인용)는 아동이 독립적으로 행하는 발달 수준과 촉진을 받아서 행하는 발달 수준과의 차이를 학습잠재력(Zone of Proximal Development: ZPD)으로 보고 이를 분석하는 것이 평가의 중요한 과정임을 주장하였다. Olswang 등(1992)은 ZPD를 "아동의 발달적 출현행동을 사회적으로 형성하는 인지적인 영역(region)" (p. 192)으로 보고, 이 영역은 아동과 아동의 독립적인 행동 수준을 좀 더 높은 수준으로 촉진할 수 있는 성인 간의 사회적 공동활동(joint activity)에 의해서 유도되는 것으로 설명하였다. 이는 우리가 언어평가에서는 많이 사용하지 않지만 조음평가에서 아동이 오류를 보이는 음소에 대하여 청각적, 시각적, 촉각적 단서를 제공하면서 그 자극반응도(stimulability)를 평가하는 것과 유사한 과정이다. 역동적 평가 방법은 제6장에서 좀 더 자세히 다루도록 한다.

언어평가에 있어서 유의할 점은 우리가 평가하는 아동의 언어 능력은 아동이 평가과제에서 보여 주는 언어행동, 즉 언어수행력에 의존한다는 사실이다. Berko-Gleason(2005)은 내재언어 능력(competence)과 발현된 언어수행력(performance)을 구분하여 설명하였는데, 내재언어 능력은 아동이 가지고 있는 언어나 그 규칙들에 대한 지식이고, 언어수행력은 아동이 실제로 사용해서 보여 주는 언어행동이다. 그러므로 아동의 언어를 평가할 때는 그 목표가 어떤 영역(의미, 구문, 화용)이든, 혹은 표현언어나 수용언어든 간에 아동의 수행력을 분석하여 내재된 언어 능력을 평가하는 것이다. 그러므로 특정 언어 능력을 평가하기 위해 그 목표에 맞는 평가과제를 선택하는 것은 언어치료사로서 매우 중요한 일이라고 할 수 있다.

II. 평가 내용

언어평가의 내용은 〈표 4-1〉에서와 같이 언어체계의 구성요소에 따른 결함과 언어 과정에 따른 결함을 분석하여야 하며, 필요한 경우에는 인지 및 사회성과 같은 연관 능력에 대한 평가도 포함시킨다.

1. 음운론적 능력

음운(phonology)은 언어에서 사용되는 말소리 그 자체를 의미할 뿐 아니라 낱말들 속에서 이루어지는 말소리의 배열 규칙이나 첨가, 삭제 또는 대치시키는 모든 변화과정을 의미한다. 즉 음운은 낱말의 의미를 변별시키는 말소리목록뿐만 아니라 말소리들의 체계와 연결 규칙, 그리고 연결되는 과정에서 발생하는 음운현상들까지 포함하는 개념으로 볼 수 있다(이호영, 1996; 정성윤, 1983). 따라서 아동이 음운을 습득하기 위해서는 개개 말소리를 정확하게 산출해야 하는 것은 물론 낱말 산출 시 말소리를 적절한 규칙에 기초하여 연결할 수 있어야 한다. 음운 능력을 평가하기 위하여 다음과 같은 음운과정들을 살펴보아야 한다. 각 변동들의 자세한 설명은 제7장에서 다루도록 한다.

1) 생략 및 첨가 음운변동

- 음절 구조에 따라서: 음절생략, 초성생략, 종성생략, 첨가
- 조음 방법에 따라서: 마찰-폐찰음생략, 폐쇄음생략, 비음생략, 유음생략
- 조음 위치에 따라서: 양순음생략, 치조음생략, 경구개음생략, 연구개음생략, 성문음생략

2) 대치 음운변동

- 조음 위치에 따른 변동: 전방화, 후방화, 양순음화, 치조음화, 경구개음화, 연구개음화, 성문음화
- 조음 방법에 따른 변동: 폐쇄음화, 마찰음화, 폐찰음화, 유음화, 비음화
- 동화에 의한 변동: 조음 위치에 따른 동화, 조음 방법에 따른 동화
- 긴장도 및 기식도에 따른 변동: 긴장음화, 이완음화, 기식음화, 탈기식음화

2. 구문론적 능력

구문(syntax)은 언어의 형식과 관계되는 것인데, 아동이 구문 능력을 갖추기 위해서는 형태소가 어떻게 결합하여 낱말을 이루고, 낱말이 어떻게 배열되어 구나 문장을 이루며, 구나 문장이 어떻게 접속 또는 연결되어 좀 더 복잡한 발화를 형성하는가에 대한 규칙을 습득해야 한다. 이러한 구문 능력을 평가하기 위해서는 다음과 같은 측면을 진단해야 한다.

1) 평균발화길이 분석

평균발화길이는 언어, 특히 구문 발달의 척도가 된다. 발화길이는 형태소(Mean Length of Utterance in Morphemes)나 낱말(Mean Length of Utterance in Words)로 산출하는 것이 가장 보편적인데, 그 수치는 전체 형태소나 낱말의 수를 전체 문장의 수로 나누어 산출한다. 때로는 단단어 문장은 제외하고 2개 이상의 낱말로 구성된 문장들만을 계산하는 경우(Mean Syntactic Length)도 있다. 평균발화길이를 분석하는 방법은 제10장에 자세히 설명되어 있다.

2) 문법형태소 분석

격조사나 문장어미, 시제나 존칭, 품사형태 등을 나타내는 형식형태소들의 발달은 구문 능력을 평가하는 데 있어서 매우 중요하다. 다음과 같은 평가항목을 포함하여 전반적인 문법형태소의 발달을 평가한다(분석표는 제3부 제10장 참조).

① 복수: 체언에 붙어서 수를 나타낸다.

 -들

 -희(너희)

② 격조사: 체언에 붙어서 다른 말과의 관계를 표시한다.

 주격: -가

   -이

 목적격: -을

   -를

관형격: -의

서술격: -(이)다, -이요, -인지

보격: -가(예: 엄마가 아니다)

호격: -야

부사격

처소: -(으)로, -에, -에게, -에게로, -한테로

도구: -로(써)

비교: -과, -처럼, -만큼, -보다

동반: -와, -하고, -(이)랑

변성: -로

인용: -(라)고

③ 접속조사: 둘 이상의 체언을 같은 자격으로 접속시킨다.

-하고(예: 책하고 공책하고)

-이며(예: 책이며 공책이며)

-에다(예: 책에다 공책에다)

-랑(예: 책이랑 공책이랑)

④ 보조사(특수조사): 체언에 뜻을 더해 주는 조사이다.

-만(예: 영은이만)

-도(예: 영은이도)

-은/-는(예: 밥은 먹고 우유는 마시는 거예요)

⑤ 시제: 동사에 붙어서 때를 나타낸다.

현재형: -ㄴ-, -는-

과거형: -었-, -았-, -였-

미래형: -겠-, -(으)ㄹ

⑥ 태: 동사에 붙어서 자동사나 타동사를 만든다.

피동형: -이-, -히-, -리-, -기-

사동형: -이-, -우-, -기-

⑦ 존대

-(으)시-, -세-, -요

⑧ 추측

-겠-

⑨ 종결(종결어미)

평서문: -다, -요, -네

감탄문: -구나

의문문: -냐, -니, -디, -는가, -나, -ㄹ까, -오/요

명령문: -(아, 어, 거)라, -게, -야지, -오, -ㅂ시오

청유문: -자, -(으)라

⑩ 비종결 문장어미(연결어미)

대등연결어미: -고, (으)며, -(으)나, -지만, -거나, -든지

종속연결어미

인과: -니까, -(아, 어)서, -므로

동시/순서: -면서, -고, -다가

조건/목적: -면, -(아, 어)야, -려면, -려고, -게, -더라도

⑪ 파생

명사형: -기(예: 먹기), -이(예: 높이)

관형형: -은, -ㄴ(예: 예쁜 인형)

부사형: -게

3) 구문 분석

구, 절, 문장 등을 이루는 능력을 보기 위하여 다음과 같은 구조를 습득하고 있는지 평가한다(분석표는 제3부 제10장 참조).

① 명사구

지시관형사

수량관형사

성상관형사

② 동사구

어말어미

종결: 평서형, 의문형, 감탄형, 명령형, 청유형

비종결: 연결어미, 전성어미, 명사형어미

선어말어미: 존대, 시제, 서법, 강조, 피동

③ 절

명사절

서술절

관형절

부사절

인용절

④ 문장종류

평서문

의문문

명령문

청유문

부정문

3. 의미론적 능력

의미(semantics)는 언어의 내용과 관계되는 것으로 아동의 의미론적 능력은 개별 낱말의 의미를 습득하는 것이나 낱말과 낱말 간의 의미적인 조합을 인식하고 표현하는 측면, 또한 문장 속에 내포된 숨은 의미를 이해하고 표현하는 능력이다. 아동의 의미 능력을 평가하기 위해서는 다음과 같은 측면을 진단해야 한다.

1) 낱말의 의미

낱말의 의미발달을 평가하기 위해서는 핵심 어휘(내용어)와 지시나 관계를 나타내는 어휘(지시/관계어)를 얼마나 많이 이해하고(수용어휘력) 또 표현할 수 있는지(표현어휘력)를 분석하여야 한다. 수용어휘력은 흔히 그림카드 2~4개 정도를 제시하고 그 낱말의 그림을 지적하게 하는 과제를 사용한다. 표현어휘력도 그림카드 1장을 보여 주고 그 그림이 나타내는 낱말을 말하게 하는 과제를 흔히 사용한다. 그러나 이러한 그림을 통한 어휘검사들은 그림으로 표현하기 쉬운 어휘들로 한정되는 단점이 있다. 어휘 이해력이나 표현력을 검사할 때는 사실 다음과 같이 내용어뿐만 아니라 지시어나 관계어에 대한 능력도 평가되어야 한다.

- 내용어(content words): 내용어는 메시지 전달의 주요 어휘를 이루는 낱말들로 문장을 구성하기 위한 문법기능어(예: 조사)에 비하여 쉽게 습득된다. 내용어 습득은 그 어휘가 일상생활에서 쓰이는 빈도나 그 어휘가 나타내는 구체성 등에 영향을 받는다. 즉 일상생활에서 자주 쓰이는 고빈도 어휘일수록, 그리고 추상적인 개념보다는 구체적인 개념을 나타내는 어휘일수록 일찍 습득하는 경향이 있다.
- 지시/관계어(deictic/relational words): 지시어는 내용어에 비하여 상황에 따라 그 의미가 바뀔 수 있는 낱말을 의미한다. 예를 들어 "여기"와 "저기"는 그 말을 하는 사람이 어디에 있느냐에 따라 상대적으로 바뀔 수 있다. 우리말의 지시어는 흔히 동사와 부사, 대명사 등에서 나타난다. 언어장애아동 중에는 특히 지시어나 관계어 습득에 있어서 결함을 나타내는 경우가 많다.
  - 명사 지시/관계어: 나-너, 우리-너희, 이(요)거-저(그)거,
  - 동사 지시/관계어: 온다-간다, 준다-받는다
  - 부사 지시/관계어: 여기-저기, 이거-저거, 위-아래, 앞-뒤
- 범주어(category): 범주어는 사물의 기능이나 모양 등에 따라 묶일 수 있는 낱말들로 의류, 가구(류), 동물, 식물 등의 어휘이다. 어휘 발달과정에서 범주어는 일반명사보다 늦게 발달하기 때문에 언어발달지체아동에게서 늦게까지 남아 있는 어휘 결함으로 흔히 관찰된다.

2) 문장의 의미

문장의 의미를 이해하고 표현하는 능력을 평가하기 위해서는 다음과 같은 측면을 진단하여야 한다.

- 간단한 문장에서의 의미론 규칙과 관계
- 복잡한 문장에서의 추상적인 관계적 의미들
- 문장 간의 의미관계

3) 숨은 의미

언어장애아동은 흔히 직접적이고 구체적인 표현은 이해하지만, 숨은 뜻이 있거나 완곡하게 표현된 말은 이해하거나 사용하는 데 어려움을 보인다. 흔히 다음과 같은 과제를 통하여 평가한다.

- 숙어
- 은유
- 속담

4. 화용론적 능력

화용(pragmatics)은 언어의 사용과 관계되는 것인데 아동의 화용 능력을 평가하기 위해서는 다음과 같은 측면을 진단하여야 한다. 자세한 분석 방법은 제11장에서 볼 수 있다.

1) 의사소통 의도

- 물건이나 행동 요구
- 정보 전달(예: 대답하기)이나 정보 요구(예: 질문하기)
- 태도나 감정의 표현(예: 거부하기, 평하기)
- 사회적 상호작용의 통제(예: 명령하기, 가상하기)

2) 대화 능력

- 차례지키기

- 주제유지하기
- 전제
- 화법

III. 평가 방법

1. 평가의 종류

1) 표준화검사 및 비표준화검사

검사도구는 공식검사와 비공식검사, 직접검사와 간접검사, 또는 표준화검사와 비표준화검사로 나눌 수 있다. Miller(1978)는 유아들의 언어평가에 사용되는 절차로 표준화검사, 발달척도, 비표준화검사, 행동관찰을 제시하였다. 표준화된 검사나 발달척도는 아동의 수행 능력을 정상발달에 근거하여 해석해 볼 수 있게 해 주므로 현재 수행 능력을 평가하거나 언어문제를 판별하는 데 주로 사용될 수 있다. 특히 표준화된 검사는 가장 구조화된 검사 절차로, 타당도와 신뢰도를 갖추고 있으며 규준자료에 기초하여 검사 결과를 해석해 볼 수 있기 때문에 아동의 언어문제 선별 시 우선적으로 사용된다. 반면 비표준화검사나 행동관찰은 임상가나 교사가 보다 간단하게 실시할 수 있으며, 아동이 문제를 보이는 부분을 보다 집중적으로 평가할 수 있다. 따라서 중재를 계획하거나 평가하는 데에는 유용하게 활용될 수 있으나 언어문제의 유무를 선별하는 데에는 적합하지 않다. 발달척도는 말과 언어의 발달이 예측가능한 경로를 따라간다는 개념에 기초한 것이다. 발달의 개념을 적용하는 데는 학습이 행동특성의 용어로 규정될 수 있고 아동 발달의 연속선에 위치할 수 있어야 함을 가정한다. 발달척도는 장애아동과 또래의 일반아동을 비교하는 데 이용된다. 발달척도에는 크게 두 가지 유형이 있다. 한 가지 유형은 제3자, 주로 부모에 의존하는 비공식적 면접척도이고, 두 번째 유형은 아동으로부터 특정 행동을 유도하는 것이다. 그러므로 발달척도는 ① 발달지표에 근거한 간접적 보고와 ② 직접관찰에 근거한 객관적 보고의 두 가지 유형으로 나누어 볼 수 있다.

비공식적인 또는 비표준화된 검사의 가장 큰 장점은 설계와 적용 양쪽 모두에 융통성을 갖고 있다는 점이다. 검사에 맞추어 아동이 수행하도록 강요하지 않고, 검사를 아동에 맞게 설계할 수 있다(Miller, 1978). 비표준화검사는 흔히 언어표본이나 모방과제를 사용한다. 언어검사에서 흔히 사용되는 것은 언어표본(language sample)을 활용하는 것이다. 언어표본은 아동이 일상적으로 산출하는 대표적인 언어를 표집하는 것이다. 만약 대표성이 있는 표집이라면 재표집의 내용도 유사할 것이다. Miller(1978)는 자연스러운 언어표집의 맥락을 설정하는 데 고려해야 할 사람, 환경, 자료 변인의 목록을 다음과 같이 제시하였다.

① 사람
- 성인-아동: 임상가-아동, 부모-아동의 상호작용
- 아동-아동: 친구나 형제와의 상호작용

② 환경
- 가정에서의 다양한 활동: 먹기, 옷입기, 놀이 등
- 학교: 교실, 치료실, 운동장 등
- 주거 공간: 놀이방, 학교 특별교실, 치료실 등

③ 자료
- 이야기
- 그림
- 장난감

또한 모방과제로 아동의 언어 이해력과 표현력을 평가할 수도 있다. 모방 표본은 아동의 기억 능력과 규칙의 이해에 대한 단서를 제공해 준다. 일반적으로 아동은 자신이 알고 있는 문법적 규칙을 이용한 문장은 따라할 수 있으므로 유도된 모방을 통하여 규칙에 대한 지식을 쉽게 평가할 수 있다.

2) 직접검사 및 간접검사

언어평가는 그 실시 대상에 따라 직접검사와 간접검사로도 나눌 수 있다. 직접검사는 검사자가 아동을 대상으로 검사를 수행하고 그 결과를 기록하여 채점하는 검사 방법이며, 간접검사는 아동에게 직접적으로 검사를 실시하는 대신에 부모보고나 행동관찰과 같은 간접적인 방식으로 실시된다. 직접검사는 간접보고 형식에 비하여 아동에 대한 보다 객관적이고 신뢰성 있는 자료를 얻을 수 있게 해 주나, 아동이 구조화된 검사를 수행하기에 너무 어린 경우나 다른 장애를 동반하여 검사 수행이 어려운 경우에는 부모보고나 행동관찰과 같은 간접적인 형태의 평가를 취하는 경우가 많다. 과거에는 연구자들이 아동언어평가의 형태로 부모보고(parent report)를 꺼렸으나 최근 몇 년간 활발하게 연구되기 시작했다. Dale과 그의 동료들(1989, 1991)에 따르면 부모는 초기의 언어학적인 형태를 인식하는 능력이 부족하고, 자녀의 언어발달에 대한 보고를 할 때 편견에 좌우될 수 있다고 하였다. 다시 말하면 부모들은 언어 및 언어발달 영역에 대한 전문적인 교육과 훈련을 받지 않은 집단이고, 자녀를 비판적이고 객관적으로 판단하는 능력이 부족해 실제보다 능력을 과대평가할 수 있다는 것이다.

이러한 문제점을 인식하고 부모보고의 신뢰도 및 유용성을 높이기 위하여 Dale 등(1989)은 부모보고 평가 시 다음과 같은 점을 고려할 것을 강조하였다. 첫째, 부모는 아동이 현재 보이는 행동들에 초점을 두어 평가한다. 아동의 과거 행동을 회상하여 평가하는 회상보고(retrospective study)에 의한 자료수집은 신뢰도가 떨어지기 때문이다. 둘째, 부모보고를 통한 아동어휘 평가 시 아동의 연령을 제한하는 것이 중요하다. 아동의 연령이 어느 수준을 넘어가면 아동이 최근에 보이기 시작한 행동들을 관찰하는 데 한계가 따르기 때문이다. 이해어휘의 경우 아동이 18개월 미만일 때, 표현어휘의 경우 30개월 미만일 때 정확한 정보를 얻을 수 있다. 셋째, 부모보고는 목록(inventory)이나 설문지(checklist)와 같은 인식적 양식(recognition format)을 이용한다. "당신의 자녀가 표현할 수 있는 동물어휘들을 모두 기록하시오"라는 질문과 같은 회상기억을 이용한 방법보다 초기 어휘에서 흔히 관찰되는 동물어휘 목록을 주고 "이 동물어휘들 중에서 당신의 자녀가 산출할 수 있는 어휘에 표시하시오"라는 질문 형태인 인식적 양식을 사용하는 것이 더욱 정확한 정보를 얻을 수 있다.

이러한 지침을 고려하여 언어평가를 실시한다면 부모보고도 유용하게 사용될 수 있다(Sheehan & Sites, 1989). Thal 등(2000)은 부모보고가 지니는 장점으로 다음과 같은 내용을 언급하였다. 부모보고는 ① 사용이 용이하다, ② 부모들이 다양한 환경에서 아동을 관찰하게 되므로 치료실 밖의 여러 가지 환경으로부터의 행동들을 반영하여 치료실 상황에서보다 더욱 대표성(representative)이 있는 언어자료를 얻을 수 있다, ③ 다양한 환경에서 자료를 수집하기 때문에 행동평가를 통한 표집보다 낱말빈도(word frequency)와 같은 요인의 영향을 덜 받게 된다, ④ 비용 및 시간 면에서 경제적이다, ⑤ 행동평가 전에 결과를 얻을 수 있으므로, 심화검사를 위해 치료사가 적절한 평가 방법을 선택하는 지침이 될 수 있다, ⑥ 평가 및 중재과정에 부모가 직접 개입할 수 있다, ⑦ 연구실에서 얻은 언어표본의 대표성을 평가할 수 있고, 중재 결과로부터 특정한 언어학적 변화를 모니터할 수 있다는 점에서 임상적인 유용성을 갖는다.

Diamond와 Squires(1993)는 부모보고 평가 시 영향을 미칠 수 있는 변인들에 관하여 가족, 아동, 과제(task) 요인 등으로 나누어 분석하였다. 부모보고와 사회・경제적 지위(SES)와의 관계에 관한 연구 결과들은 비일관적이다. 일부 연구자들은 아동이 속한 가정의 사회・경제적 지위에 관계없이 부모보고의 결과가 타당하다고 보고하였다(Eisert et al., 1980). Dale(1991)은 모의 학력을 통해서 평가한 사회・경제적인 지위와 부모보고 평가와의 관계를 연구한 결과, 둘 간에는 어떠한 상관관계도 없음을 보고하였다. 반면 Frankenburg 등(1982)은 고등학교 이상의 학력이 있는 부모와 그렇지 않은 부모로부터 얻은 부모보고 평가를 비교해 본 결과, 고등학교 이상의 학력이 있는 부모가 더욱 타당한 정보를 제공하였음을 보고하였다. 이러한 연구 결과들을 종합하여 볼 때, 부모보고와 사회・경제적 지위와의 관계는 명확히 결론지을 수 없다. 아동의 연령, 성별, 발달장애 유무 등이 부모보고 평가에 미치는 영향에 관한 연구 결과들도 있다. Dale(1991)은 이해어휘 평가의 경우 아동의 연령이 18개월이 넘어가면 이해어휘의 크기가 커져서 부모보고를 통한 어휘평가는 어려우며, 표현어휘 평가의 경우 아동이 30개월이 넘어가면 표현어휘의 크기가 커져서 부모보고를 통한 어휘평가는 어렵다고 하였다. 따라서 부모보고를 통한 아동어휘 평가 시 아동의 연령을 제한해야 한다고 하였다. 아동의 성별과 형제서열이 부모보고의 타당도에 미치는 결과는 명확하지 않다. 그리고 발달장애아동의 부모보고 평가가 정상발달아동의 부모보고 평가와 유의한 차이를 보이는가에 대해서는 이견이 있으나, 일반적으로 아동의 발달장애는 부모보고의 타당도에 영향을 주지 못한다는 결과를 보이고 있다(Cunningham & Sloper, 1984; Miller et al., 1995; Thal et al., 1999).

한지영, 김영태와 김경희(2002)의 연구에서는 24~30개월 한국 정상발달아동과 그의 부모들을 대상으로 부모보고를 통한 표현언어평가 결과와 공식검사를 통한 행동평가검사 결과가 얼마나 일치하는지 알아보고자 부모보고 평가와 공식검사 간의 상관계수 및 부모보고 평가와 언어표본 분석 간의 상관도를 분석하였다. 그 결과, 두 부모보고 검사(SELSI와 Revised MCDI-K) 모두 직접검사인 그림어휘력 검사와 유의하게 높은 상관이 있는 것으로 나타났다. 또한 두 검사 모두 언어표본 분석 결과들과는 평균형태소길이(MLUm), 전체 낱말 수(TNW), 그리고 다른 낱말 수(NDW)에서도 유의하게 높은 상관관계를 나타내어, 부모보고에 의한 간접보고도 아동의 언어발달을 검사하는 타당한 방법이 될 수 있음을 시사하였다. 단지, 일주일에 4일 이상 함께 시간을 보내는 주양육자에게서 더욱 유의한 상관도가 있다는 결과를 통하여, 부모보고에 의한 간접검사를 실시할 때 보고자와 아동과의 상호작용도 중요한 변인임을 시사해 주었다.

2. 평가도구의 개발 및 표준화

평가도구의 개발 및 표준화 연구는 복잡한 단계를 거치며 진행되고, 각 단계마다 고려되어야 할 요인들이 많이 존재하므로 매우 어려운 작업이라 할 수 있다. 평가도구를 개발하기 위해서는 먼저 검사도구가 제작되어야 한다. de Villers(1995)는 검사개발의 단계는 다음과 같은 8개의 순차적인 단계로 구성된다고 보았다(한국심리학회, 1998에서 재인용). ① 측정 내용의 결정, ② 예비문항 제작, ③ 척도 양식과 반응 양식에 대한 결정, ④ 예비문항들에 대한 전문가의 검토, ⑤ 문항 선정, ⑥ 개발연구를 위한 자료 수집, ⑦ 문항분석, ⑧ 척도/검사의 길이조정.

측정 내용이 명확하게 정의되어 있지 않는 경우 검사가 제작자의 목적이나 의도를 정확하게 반영하는 검사가 되지 않을 수도 있다. 검사의 목적과 그에 따른 구성요소들이 정확하게 기술되면 예비문항을 제작하게 된다. 대체로 예비문항은 많을수록 좋으나 최소한 최종 문항 수의 1.5배 정도가 되는 것이 바람직하다(한국심리학회, 1998). 예비문항이 결정되고 검사의 반응양식이 결정되고 나면 직접검사를 실시하여 자료를 수집하기 전에 각 문항의 내용이 검사의 목적이나 구성요소에 맞게 잘 제작되었는지를 관련 전문가가 검토하게 할 수 있다. 이는 내용 타당도와 관련된 통계적 분석을 통해 검사의 타당도를 검증하는 자료로 제시될 수 있다.

문항 선정이 이루어진 후에는 각 문항이 적절하게 선정되었는가를 문항분석과 관련된 통계적 분석을 통하여 검증하여 볼 수 있다. 그중 하나가 문항의 정답률이다. 문항의 정답률은 전체 응답자 중에서 그 문항을 맞춘 응답자 또는 그 문항에 대해 긍정 반응을 한 응답자의 비율을 말한다(한국심리학회, 1998). 그림어휘력 검사나 기초학습기능검사는 문항 분석결과로 문항의 정답률을 제시하고 있다. 이와 같이 문항의 정답률을 통해 문항분석을 실시하는 것 외에 문항변별도 지수의 산출이나 각 문항과 총점 간의 상관계수 산출, 문항 일치도(Chronbach α계수) 산출 등의 방법을 통해 문항 분석을 실시할 수 있다(성태제, 1995; 한국심리학회, 1998). 문항과 총점의 상관계수를 통해 문항분석을 실시하는 경우에는 문항과 총점의 상관계수가 통계적으로 유의하게 나타나면 그 문항은 선정해도 좋은 문항으로 본다. 기초학습기능검사는 소검사 문항별로 각각의 문항과 그 문항을 제외한 하위 검사 점수 전체와의 상관관계(item-total correlation)를 산출하여 상관정도와 chronbach α계수를 검토한 후, 역상관을 나타내거나 상관이 낮은 문항들은 검사에서 제외하였다.

일련의 과정을 거쳐 검사가 제작된 이후에는 검사의 표준화 절차가 진행된다. 검사의 표준화 절차에서 가장 중요하게 고려해야 할 사항은 규준(norm)의 제작이다. 규준 제작을 위해서는 규준표집(sampling)이 이루어져야 한다. 표집에서는 두 가지 중요한 변인이 있는데 표본의 크기와 대표성이 그것이다. 표본은 가능한 큰 것이 좋다. 일반적으로 권고되는 표본집단의 크기는 200명 정도가 무난하다고 보는 견해가 있으며(Crocker & Algina, 1986), 예비조사에 포함된 문항 수의 5~10배 정도의 인원을 표본집단으로 선정하면 된다는 견해(Nunnally, 1967)도 있다(한국심리학회, 1998에서 재인용). 표집의 대표성(representation) 확립은 표집 방법에 따라 결정된다. 이를 위해서는 모집단에 속한 구성원들이 표집될 확률이 동일하도록 표집하는 단순무선표집(simple random sampling)을 실시하도록 한다.

규준집단은 어떤 개인이나 집단의 검사 결과를 그 개인이나 집단이 속해 있는 모집단에 비추어 해석하는 기초를 제공한다. 이때 규준표를 작성하는 방법에 따라 연령 및 학년규준, 정신연령 규준, 백분위 규준, 표준점수 규준 등으로 나누어질 수 있다. 연령 및 학년규준은 특정한 피검사자의 점수를 특정한 연령이나 학년에 있는 피검자들의 전형적인 점수에 준하여 해석하고자 하는 경우이다(한국심리학회, 1998). KEDI-WISC나 K-WPPSI는 연령규준을, 기초학습기능검사는 학년규준을 사용하고 있다. 정신연령 규준이란 여러 지능검사에서 사용되는 규준의 한 형태로 규준집단의 결과에 기초하여 각 피검사자의 정신연령을 역으로 환산하는 것이다. 언어검사에서는 이와 유사한 개념으로 언어연령(language age)을 환산한다. 그러나 이는 언어연령과 발달연령 간의 차이가 어느 정도의 심각성을 갖는지에 관련된 정보를 제공하여 주지 못하며, 동일한 점수가 동일한 수행을 의미하지는 않는다는 점, 즉 6세 유아가 언어발달연령은 4세로 나타났을 때 이 유아가 4세 유아와 같은 언어발달 능력을 갖는다고는 말할 수 없다는 문제점을 안고 있다(Lund & Duchan, 1993).

이러한 문제를 해결할 수 있는 것이 백분위 규준이나 표준화 점수 규준을 사용하는 것이다. 백분위 규준(percentile norms)은 특정 원점수가 부합하는 백분율 표로 구성되는데, 특정 개인의 점수를 그 집단에서 그 사람보다 점수가 낮은 사람들의 비율로 나타낸 것이다(성태제, 1995; 한국심리학회, 1998). 백분위는 개인의 점수가 규준집단 내의 다른 사람들과 비교해서 어느 수준에 있는지를 가장 이해하기 쉽게 알려 준다. REVT(수용·표현 어휘력 검사)나 PRES(취학전 아동의 수용언어 및 표현언어 발달 척도), 문장이해력 검사, P · K-BNT 등과 같은 언어검사들은 백분위 규준을 제시하고 있다. 이와 더불어 표준화검사에서 많이 사용하는 것이 표준화 점수 규준이다. KEDI-WISC나 K-WPPSI 등 대부분의 심리검사들이 표준화 점수 규준을 사용하고 있다. 또한 외국의 언어검사 중 TOLD-P(Test of Language Development-Primary) 등도 이러한 표준화 점수 규준을 사용하고 있다.

검사가 개발된 이후에는 검사가 신뢰성 있고 타당하게 개발되었는가와 관련된 통계처리 결과가 반드시 보고되어야 한다. 먼저 신뢰도는 같은 사람에 대한 검사 점수가 일관성 있게 측정되어야 한다는 것이다(성태제, 1995; 한국심리학회, 1998). 검사의 타당도는 그 검사를 사용하여 측정하고자 하는 속성을 얼마만큼 제대로 측정하고 있는가의 정도이다(성태제, 1995). 좀 더 엄밀하게 정의한다면, 타당도란 검사 점수에 기초하여 어떤 추론이 이루어졌을 때 그 추론의 적합성, 유의미성, 또는 유용성이 어느 정도인가에 관한 지표라고 할 수 있다(한국심리학회, 1998).

제5장 검사도구를 통한 언어평가

검사도구를 이용한 언어평가는 표준화된 과정에 따라 직접 또는 간접적으로 아동을 평가하여 그 결과를 또래아동의 평균과 비교해 봄으로써 언어발달이 얼마나 지체 또는 일탈되어 있는가를 평가하는 것이다. 외국에는 언어의 영역별, 아동의 연령별, 또한 장애별로 다양한 언어검사들이 개발되어 있으나 우리나라는 매우 제한적인 검사도구들만이 개발된 실정이다. 본문에서는 우선 우리나라에서 사용할 수 있는 표준화된 검사들을 소개하고, 다음으로 외국 문헌에 소개된 검사들도 살펴보도록 한다.

I. 한국의 검사도구

1. 전반적인 언어 능력 검사도구

1) 영 · 유아 언어발달 검사

(1) 개요

영 · 유아 언어발달 검사(Sequenced Language Scale for Infants: SELSI; 김영태, 김경희, 윤혜련, 김화수, 2003)는 주양육자가 영 · 유아의 행동을 관찰하면서 실시할 수 있는 선별검사로서, 영·유아의 수용언어 및 표현언어 능력을 조기에 평가할 수 있다. 이 검사의 문항은 우리나라 및 외국의 언어발달 문헌을 참고로 구성되었다. 표집은 2개월에서 36개월의 영·유아 88명을 대상으로 한 1차 예비검사와 248명을 대상으로 한 2차 예비검사를 통하여 적절하다고 판단되는 수용언어 75개 문항, 표현언어 75개 문항을 본 검사 문항으로 확정하였으며, 전국(서울, 경기도, 강원도, 충청도, 경상도, 전라도)의 영·유아 약 1,000명을 대상으로 규준을 제시하였다. 검사 방법은 전문가가 주양육자와의 면담을 통해 문항을 기록하거나 주양육자에게 직접 기록하도록 한다. 검사 결과는 수용언어 및 표현언어 평가점수로 산출하고, 그 결과를 '정상발달' '약간 지체' '언어발달지체'로 크게 나누어 판정한다.

(2) 목적 및 대상

이 검사는 생후 5개월부터 36개월 사이에 있는 영·유아의 언어발달 정도를 평가하기 위하여 고안된 것으로, 언어장애의 조기 선별을 목적으로 하며 아동의 발달을 잘 아는 부모나 주양육자의 면담을 통해서 이루어진다. 이 검사의 결과를 통하여 언어발달지체 여부를 판별할 수 있으며, 특히 유아의 수용언어 발달 및 표현언어 발달 간의 차이를 분석할 수 있다. 또한 검사의 문항들은 초기 유아의 인지개념 및 의미론적 언어 능력, 음운 능력, 구문론적 언어 능력, 화용론적 언어 능력을 두루 평가할 수 있도록 적절히 배치되어 있다. 따라서 언어발달지체로 판정될 경우에 대상아동이 보이는 언어발달의 정도를 다각적으로 평가할 수 있으며, 언어장애의 조기 선별 기능뿐 아니라 문제를 보이는 영역에 대한 구체적인 정보를 제공해 주는 기능도 포함하고 있다.

(3) 검사 절차

| 준비물 | 검사지, 검사 실시 지침서, 평가기록지

| 채점 방법 | '예' 인 경우 1점, '아니요' 인 경우 0점

| 검사 실시 |

① 수용언어영역부터 시작하여, 아동의 생활연령에 해당하는 연령단계에서 두 단계 낮은 연령단계의 첫 번째 문항부터 시작한다. 기초선은 '예' 라는 응답이 연속해서 8번 나오는 것을 기준으로 한다. 만일 시작문항에서 연속해서 8번의 '예' 응답이

나오지 않았을 경우에는 시작문항이 속한 단계에서 한 단계 낮은 단계로 내려가 응답한다.

② 기초선이 설정되면 최고한계선에 다다를 때까지 상위 항목으로 계속 올라간다. 최고한계선은 '아니요' 가 연속적으로 8번 나오는 것을 기준으로 하며, 최고한계선이 구해지면 검사를 중지한다.

③ 같은 방법으로 표현언어영역의 각 문항에 대해서도 응답을 평가기록지에 표기한다.

④ 각 문항에 대해 '예' 인 경우에는 평가기록지 해당 칸에 1점을 주고, '아니요' 인 경우에는 0점을 준다. 기초선으로부터 최고한계선까지 응답이 모두 끝나면, 평가기록지의 하단에 총점을 계산한다. 이때 각 영역별 총점과 전체 총점은 따로 산출한다.

(4) 결과 해석

① 수용언어 발달 및 표현언어 발달의 정도 평가: 검사 결과는 '정상발달' '약간 지체' '언어발달지체' 로 크게 나누어 판정한다. 수용언어 및 표현언어 점수가 해당 생활연령대의 평균점수로부터 −1*SD* 이내에 해당하는 경우를 '정상발달' 로 보며, 평균으로부터 −1*SD*와 −2*SD* 사이에 해당하는 경우를 '약간 지체' 또는 보다 세심한 평가에 대한 고려가 필요하다는 '유의 요망' 으로 판정한다. 수용언어 및 표현언어 점수가 해당 생활연령대의 평균점수로부터 −2*SD* 이하에 해당할 경우를 '언어발달지체' 로 판정한다.

② 등가연령 및 백분위수: 획득점수(원점수)를 기초로 언어발달 등가연령과 백분위수를 산출할 수 있다.

③ 영역별 평가: 검사 결과가 정상발달인 경우에는 굳이 세부 영역 점수로 2차 평가를 할 필요가 없으나, '약간 지체' 또는 '언어발달지체' 로 판정된 경우에는 각 영역별 결과를 참고할 필요가 있다. 영역별 규준점수는 각 항목이 영역별로 고르게 분포되어 있지 않으며 또한 해당 연령대에 포함된 항목의 수 자체가 너무 적기 때문에 변별력이 크다고 할 수는 없다. 그러나 전반적으로 언어발달에 문제가 있다고 평가되었을 경우에는 문제가 어떤 언어영역에서 가장 크게 나타나는지를 알아볼 수 있어서 유용하다.

(5) 장점 및 단점

검사의 실시가 용이하고, 영·유아의 전반적인 언어 능력이 어느 정도인지 제시해 줄 뿐만 아니라, 수용언어 능력과 표현언어 능력 중 어느 능력이 더 지체되었는지 파악할 수 있게 해 준다. 그리고 수용언어 및 표현언어의 하위영역, 즉 의미·인지 능력, 음운 능력, 구문 능력, 화용 능력 중 어느 영역에서 더 지체되었는지도 분석하게 해 준다. 또한 우리나라 아동의 기준에 맞추어 수용언어 발달연령을 산출할 수 있다는 장점이 있다. 그러나 이 검사는 영·유아의 수용언어나 표현언어의 발달지체를 선별하는 검사로서 이 검사 결과만으로 아동의 언어 능력을 평가하는 것은 바람직하지 않다.

2) 취학전 아동의 수용언어 및 표현언어 발달 척도

(1) 개요

취학전 아동의 수용언어 및 표현언어 발달 척도(Preschool Receptive & Expressive Scale: PRES; 김영태, 성태제, 이윤경, 2003)는 2세부터 6세까지 취학전 아동의 전반적인 언어발달을 평가하기 위해 개발되었다. 서울 및 경기지역의 아동 511명을 대상으로 3차에 걸친 예비검사를 실시하여 문항을 조정하였으며, 621명의 아동을 대상으로 본 검사를 실시하여 표준화 자료를 제시하였다. 검사의 평가문항들은 ① 인지 능력과 관련되는 의미론적 언어 능력, ② 언어학적인 지식과 관련되는 구문론적 언어 능력, 그리고 ③ 사회적 상호작용 능력과 관련되는 화용적인 언어 능력을 포함하고 있다. 검사의 신뢰도 및 타당도 측정을 위해 연령별 내적일치도계수(Cronbach α), 공인타당도와 내용타당도를 검정하였으며, 문항 선정을 위해서는 난이도 및 변별도 지수를 구하였고, 결과 해석을 위해서는 언어발달연령, 언어지수와 백분위점수를 제시하였다.

(2) 목적 및 대상

언어발달 수준이 2세에서 6세에 해당되는 아동의 수용언어 및 표현언어 능력을 측정하기 위하여 고안된 검사로서, 검사 결과를 통하여 언어발달이 정상적으로 이루어지고 있는지 혹은 지체가 있는지를 판별할 수 있으며, 수용언어 및 표현언어의 발달상 차이를 분석할 수 있다. 대상은 2세에서 6세의 일반아동뿐 아니라 언어발달지체나 장애를 나타낼 가능성이 있는 아동의 언어 능력을 평가하는 데 사용할 수 있다. 따라서 단순언어장애, 지적장애, 자폐범주성장애, 뇌성마비, 청각장애, 구개파열 등으로 인하여 언어발달에 결함을 나타낼 가능성이 있는 아동의 언어 능력을 평가하는 데 활용할 수 있다.

(3) 검사 절차

| 준비물 | 검사지, 검사 실시 요강, 그림자료책, 사물자료(축소물, 인형, 장난감 등)

| 채점 방법 | 각 문항을 실시할 때, '+' '±' 또는 '−'로 기재한다. '+'는 아동이 정확하게 반응하였을 경우, '±'는 아동의 반응이 일관성이 없거나 애매한 경우이며, '−'는 아동의 반응이 틀렸거나 아동이 못한다고 전혀 시도하려 들지 않는 경우로 아동에게 아직 나타나지 않는 행동을 의미한다.

| 검사 실시 |

① 검사는 수용언어검사부터 시작한다. 아동의 생활연령에 해당하는 연령단계에서 한 단계 낮은 연령단계의 첫 번째 문항부터 시작한다.

② 표현언어검사는 수용언어검사가 끝난 후 실시한다. 검사는 수용언어검사를 시작한 문항번호에서 시작하거나 수용언어의 기초선이 확립된 단계에서부터 시작한다.

③ 기초선은 아동이 세 문항에서 모두 '+'를 받는 연령단계로 한다. 검사를 시작한 연령단계의 세 문항 중 하나라도 '±'나 '−'를 받으면 한 연령단계 이전의 낮은 번호 문항으로 계속 내려간다.

④ 기초선을 확립한 후에는 처음 시작한 문항의 다음 문항부터 다시 높은 번호 문항으로 계속 올라간다. 계속 올라가다가 한 연령단계의 세 문항 모두 '−'가 나오면 그 연령단계를 최고한계선으로 한다.

(4) 결과 해석

① 언어발달연령: 언어발달연령의 산출은 각 검사별로 기초선이 확립된 이후 처음으로 '−'가 두 개 이상 나타난 연령단계의 평균연령으로 산출한다. 이때 소수점은 반올림한다. 예를 들어, 〈61개월~66개월〉의 경우는 64개월로 처리한다. 획득점수에 기초한 언어발날연령의 산출은 연령단계와 상관없이 아동이 최고한계선까지 획득한 점수를 기초로 산출한다. 점수는 기초선 이후 최고한계선까지 아동이 획득한 점수를 계산하는데, 점수 계산은 검사지침서의 표에 제시되어 있는 문항별 점수를 참조하여 총 획득점수를 산출하며, 이에 기초하여 언어발달연령을 산출한다.

② 언어지수: 각 영역의 언어발달연령을 생활연령으로 나누어 준 다음 100을 곱하여 언어지수를 산출한다.

③ 백분위점수(%ile): 얻어진 자료를 크기의 순서로 늘어놓아 100등분한 값으로 아동이 획득한 점수가 동연령대 아동 중에서 어느 정도에 해당하는지 상대적인 위치를 제시해 준다. 검사지침서의 부록에 제시된 표를 보고 획득점수를 기초로 하여 산출한다.

(5) 장점 및 단점

검사의 문항들이 언어의 의미론, 구문론, 화용론 측면을 모두 포함하고 있어 언어의 수용, 표현 측면뿐 아니라 보다 구체적인 언어영역들에 대한 평가가 가능한 장점이 있다. 또한 다양한 검사자료(축소물, 인형, 장난감, 그림 등)를 사용하기 때문에 아동의 자연스러운 행동을 유도할 수 있다. 그러나 바로 그러한 특성 때문에 검사자가 숙달될 때까지 많은 시행훈련이 필요하다. 검사 방법이 다소 복잡한 문항들도 포함되어 있어, 검사 실시 시간이 오래 걸린다는 단점도 있다.

3) 학령기 아동 언어검사

(1) 개요

학령기 아동 언어검사(Language Scale for School-aged Children: LSSC; 이윤경, 2014)는 학령기 아동의 언어 능력을 전반적으로 평가하기 위한 검사도구로 검사영역은 의미(상위어 이해/표현하기, 반의어 표현, 동의어 표현, 문장 의미 이해), 문법(구문 이해, 문법오류 판단 · 수정, 복문산출), 화용/담화(단락 듣고 이해하기), 청각적 기억(문장 따라말하기)으로 구성되어 있다. 본 검사를 통해 학령기 언어장애, 언어학습장애, 언어학습부진을 선별할 수 있으며 언어 영역별 강점과 약점을 파악할 수 있다.

(2) 목적 및 대상

학령전기와는 다른 실제적인 구어 기능뿐만 아니라 언어학습에 기초가 되는 메타언어(metalinguistic) 능력과 학교 중심의 언어사용 능력 등이 필요한 학령기 아동의 언어발달 특성을 반영하여 개발되었다.

(3) 검사 절차

| 준비물 | 검사지, 그림자료집, MP3(녹음자료 제공용), 검사 실시 지침서

| 채점 방법 | 검사 요강에 제시된 채점기준을 참조하여 채점하도록 하며 문항별로 맞으면 1점, 틀리면 0점으로 채점한다. 반의어, 동의어 과제의 경우 제시한 낱말과 품사가 일치하지 않아도 어근이 같은 경우 정반응으로 간주한다. 복문 산출의 경우 제시한 문장의 의미를 변경하지 않고 표준국어문법에 적합한 형태의 복문으로 산출한 것을 기준으로 한다. 제시한 문장의 내용어를 바꾸거나 생략, 첨가하여 본래의 의미가 변경된 경우나 표준국어문법체계에 없는 비문법적인 문장을 산출한 경우는 오반응으로 간주한다. 문장 따라말하기는 채점기준에 따라 0, 1, 2, 3점을 준다.

| 검사 실시 |

다음의 순서로 검사를 실시한다.

① 상위개념이해 · 상위어 표현: 모든 학년이 1번 문항부터 시작하고 이해 검사를 기준으로 연속 6개 문항에서 오반응하면 검사를 중단한다.

② 반의어 표현: 모든 학년이 1번 문항부터 실시하고 연속 8문항에서 오반응하면 검사를 중단한다.

③ 동의어 표현: 모든 학년이 1번 문항부터 실시하고 연속 8문항에서 오반응하면 검사를 중단한다.

④ 구문 이해: 1~2학년은 1번부터, 3학년 이상은 9번부터 시작한다. 시작문항(9번)부터 연속해서 5개 문항에서 정반응하면 이전 문항에도 만점을 준다. 시작문항부터 연속해서 5개 문항을 정반응하지 못하면, 연속적으로 3개의 문항에서 정반응할 때까지 역순으로 이전 문항을 실시한다. 마지막 문항까지 모두 실시한다.

⑤ 관용구 및 속담 이해: 모든 학년에게 1번 문항부터 시작하여 마지막 문항까지 실시한다.

⑥ 문법오류 판단 · 수정: 모는 학년에게 1번 문항부터 실시하며 문법오류 판단과 수정 검사를 동시에 실시한다. 오류 판단을 하게 한 후 바로 수정하게 한다. 판단과제를 기준으로 연속 6개의 문항에서 오반응을 하면 검사를 중단한다.

⑦ 복문 산출: 1~3학년은 1번부터, 4~6학년은 8번 문항부터 시작한다. 시작문항(8번)부터 연속 3개의 문항에서 정반응하면 이전 반응도 만점을 준다. 시작문항부터 연속해서 3개의 문항을 정반응하지 못하면, 연속적으로 3개의 문항에서 정반응할

때까지 역순으로 이전 문항을 실시한다. 모든 문항의 아동반응은 녹음하는 동시에 검사지에 기록한다. 연속 6개의 문항을 오반응하면 검사를 중단한다.

⑧ 단락 이해: 1~3학년은 단락 1번부터 시작하여 6번까지 실시한다. 4학년 이상은 단락 4번부터 시작하여 9번까지 실시한다. 각 학년에 해당하는 마지막 문항까지 실시한다. 녹음된 단락을 들려주고 단락에 해당되는 질문을 한다.

⑨ 문장 따라말하기: 모든 학년에게 1번 문항부터 시작하여 마지막 문항까지 실시한다. 아동의 반응을 검사지에 모두 기록하고 생략, 첨가, 대치, 반복, 어순 변경의 오류 유형을 표기 방법에 따라 표기한다.

(4) 결과 해석

채점 결과를 통해 환산점수, 언어지수, 백분위수를 산출할 수 있다. 언어지수에 따른 진단분류표를 이용하여 전체 언어지수와 각 영역별 언어지수들로 아동의 수행력을 파악할 수 있다. 백분위수를 통해 학년 집단 내에서 대상아동의 위치가 상위 몇 퍼센트에 해당하는가를 알 수 있다.

(5) 장점 및 단점

본 검사는 학령기에 강조되는 메타언어 능력과 교육과정에서 다루어지는 언어들을 반영하여 개발된 검사도구로 학령기 아동을 대상으로 전반적인 언어 능력 평가를 가능하게 하였다. 그러나 의미와 문법 영역 검사의 반응 양식이 아동의 표현에 의존하므로 오반응을 보였을 때 이것이 수용언어 문제인지 표현언어 문제인지를 파악하기 어렵다. 화용/담화 영역에서는 단락을 듣고 이해하는 검사이므로 대화기술이나 학교에서의 대화 규칙과 같은 부분들은 포함되지 못한 제한점이 있다.

2. 의미론 및 상위언어 능력 검사도구

1) 수용 · 표현 어휘력 검사

(1) 개요

수용 · 표현 어휘력 검사(Receptive & Expressive Vocabulary Test: REVT; 김영태, 홍경훈, 김경희, 장혜성, 이주연, 2009)는 2세 아동부터 성인까지의 수용어휘 및 표현어휘 능력을 살펴보는 검사도구이다. 검사문항은 연령별 어휘 난이도와 품사비율, 우리말에서의 사용빈도, 성, 문화 및 지역별 사용 특성을 고려하여 표준화 작업을 실시하였다. 2세부터 60대까지 각 연령대를 모두 포함하여 총 211명을 대상으로 한 1차 예비검사와 총 1,230명을 대상으로 한 2차 예비검사를 통하여 어휘들을 선정하였다. 이 어휘들은 양호도 분석과 문항 조정 과정 등을 거쳐 수용어휘 185개, 표현어휘 185개 문항으로 확정하였다. 전국 수준의 규준을 제공하기 위해 서울, 경기, 충청, 경상, 전라도 지역의 2세에서 18세 이상 성인을 대상으로 수용어휘검사는 총 5,119명, 표현어휘검사는 총 5,145명이 표집되었다. 본 검사의 신뢰도를 위하여 재검사 신뢰도와 반분검사 신뢰도를 산출하였고 타당도는 내용타당도와 공인타당도를 분석하였다.

(2) 목적 및 대상

2세 6개월부터 16세 이상 성인의 수용어휘 능력과 표현어휘 능력을 측정하기 위해 제작된 검사로서, 검사 결과를 통해 검사대상자의 어휘 능력에 대한 전반적인 정보를 제공하여 어휘 능력 지체 여부를 판단할 수 있고, 어휘 발달연령과 생활연령과의 차이에 대한 정보를 제공하며 상대적인 어휘발달 수준을 알 수 있다. 또한 품사별, 의미 범주별 수행 분석을 통하여 치료 진행 시 목표어휘의 선정과 치료 효과를 점검하는 데 활용될 수 있다.

(3) 검사 절차

| 준비물 | 검사지침서, 표현어휘 검사자료, 수용어휘 검사자료, 검사지

| 채점 방법 | 각 문항은 1점씩 배점한다. 기초선이 확립되면 기초선보다 낮은 문항들은 맞은 것으로 간주하고, 최고한계선이 확정되면 그 보다 높은 문항들은 틀린 것으로 간주하여 원점수를 계산한다. 원점수가 계산되면, 그로부터 백분위점수 및 등가연령을 산출할 수 있다.

| 검사 실시 |

① 표현어휘검사를 먼저 실시하고 수용어휘검사는 나중에 실시한다. 검사 시작 전에 검사 방법에 대해 간단히 설명하고 연습문항을 실시한다.

② 연습문항이 끝나면, 대상자의 생활연령에 따른 시작문항을 참고하여 본 검사문항을 실시한다. 표현어휘검사에서는 그림을 보고 그 이름을 말하거나(명사), 행동을

묘사하거나(동사), 상태나 감정 등을 표현(형용사, 부사)하게 한다. 구체적인 질문 및 추가 질문은 그림 검사자료 뒷면에 기재되어 있다. 검사지에 기록되어 있는 질문 단서 외에 검사자가 개별적으로 기타 단서를 제공해 주지 않도록 주의한다. 첫 질문 이후에 대상자가 반응하지 못하고 15초 이상 끌면 추가단서를 제공하는 것이 바람직하다. 그러나 추가 질문을 한 후 10~15초 이후에도 반응하지 못하면 '무반응(NR)'으로 기록하고 오답으로 처리한다.

③ 생활연령별 시작 문항으로부터 연속해서 8개를 바르게 반응하지 못하면, 8개 문항을 연속해서 바르게 맞출 때(기초선)까지 낮은 번호의 쉬운 문항으로 내려간다.

④ 기초선이 확립되면 계속 윗 번호의 어려운 문항들을 검사해 나가다가 대상자가 연속적으로 8개 문항 중 6개를 틀리게 반응하면 검사를 중지한다.

⑤ 수용어휘검사의 경우 표현어휘검사에서 설정된 기초선 번호를 시작문항 번호로 한다. 수용어휘검사에서는 한 면에 제시된 4개의 그림 중에서 검사자가 말하는 어휘를 지적하게 한다.

(4) 결과 해석

이 검사의 결과를 통해 우선 1차적으로 대상자의 어휘 발달 정상성을 '정상발달' '약간 지체/유의 요망' '어휘 능력 발달지체'로 나누어 판별한다. 또한 수용어휘 및 표현어휘 능력 발달연령 규준을 제공하여 어휘력 발달에 문제가 되는 경우 정상발달 연령 수준과 어느 정도의 차이를 보이는지를 설명할 수 있다.

① 생활연령에 해당하는 수용어휘 능력과 표현어휘 능력의 평균, 표준편차 점수를 기준으로 어휘 능력 발달의 정상성을 판정한다. 수용어휘 및 표현어휘 능력 점수가 해당 생활연령대의 평균 점수로부터 $-1SD$ 내에 해당하는 경우를 '정상발달'로 본다. 만약 $-1SD$와 $-2SD$ 사이에 해당하는 경우는 '약간 지체' 또는 보다 세심한 평가에 대한 고려가 필요하다는 '유의 요망'으로 판정한다. $-2SD$를 넘어선 점수를 얻을 경우에는 '어휘 능력 발달지체'로 판정한다.

② 연령 규준표를 참조하여 수용 · 표현 어휘력 검사 획득점수에 따른 등가연령을 산출한다.

(5) 장점 및 단점

영유아기부터 성인까지의 우리말 수용어휘 및 표현어휘 능력을 평가할 수 있고 검사 시행이 간단하다는 장점이 있다. 그러나 그림을 통해서만 표현어휘 능력을 평가하는 과제의 제한점이 있다.

2) 한국판 맥아더 베이츠 의사소통발달 평가

(1) 개요

한국판 맥아더 베이츠 의사소통발달 평가(Korean version of M-B CDI: K M-B CDI; 배소영, 곽금주, 2011)는 M-B CDI의 한국어 제작판으로 8~36개월 사이의 영유아를 대상으로 어휘사용력, 제스처와 놀이, 문법 수준을 살펴볼 수 있다.

본 검사는 아동의 언어나 의사소통 능력을 잘 알고 있는 주양육자나 성인이 체크리스트를 작성하여 아동의 능력을 평가한다. 영아용과 유아용의 두 양식이 있는데 영아용(8~17개월 수준용)에는 열여덟 가지 생활범주에서 추출된 284개의 낱말과 60개 항목의 제스처와 놀이(의사소통을 위한 제스처 사용 12개, 게임과 일상생활 6개, 사물가지고 놀기 17개, 어른의 행동 모방하기 12개, 인형놀이 13개) 관련 문항이 포함된다. 어휘는 개월별로, 제스처와 놀이는 3개월 집단별로 정보가 제공된다. 유아용(18~36개월 수준용) 체크리스트에 사용된 어휘는 641개로 스물네 가지 생활범주에서 추출되었다. 문법 부분은 문법사용 정도를 묻거나 문장쌍을 통해 문법사용의 적절성을 살핀다. 조사, 어미, 접사 사용을 체크하는 부분과 두 가지 대조되는 발화쌍을 제시하고 아동의 문장표현을 체크하는 부분이 있다. 언어발달지체를 선별하기 위해 영아용과 유아용 모두 원판 내용을 대표할 수 있는 축약판도 개발되었다. 축약판은 언어발달지체 1차 선별을 위한 자료로 사용할 수 있으나 언어발달지체 확진을 위해서는 사용하지 않는다.

(2) 목적 및 대상

K M-B CDI는 8~36개월 사이의 영유아를 대상으로 어휘사용력, 제스처와 놀이, 문법 수준을 살펴보는 검사로 아동의 주양육자가 체크리스트에 표시하도록 한다.

(3) 검사 절차

| 준비물 | 질문지(checklist), 검사 실시 지침서

| 채점 방법 |

① 영아용: 표현/이해 수를 합산하여 총수를 적는다. 이해 수는 표현하거나 이해한 어휘 수로 한다. 제스처 및 놀이는 1의 경우 가끔은 1점, 자주는 2점, 안 함은 0점으로 채점하여 합산한다. 2~5의 경우 함은 1점, 안 함은 0점으로 채점하여 합산한다. 두 점수를 합산하여 총점을 산출한다.

② 유아용: 표현/이해 수를 세어 맨 앞쪽에 범주별로 적고 그 수를 합하여 표현/이해의 총수를 적는다. 문법과 문장의 경우 '나' '다' '라'의 점수를 합산한다. '나'의 경우 가끔은 1점, 종종은 2점으로 채점하여 합산한다. '다'와 '라'의 경우 1에 표시된 문항은 각 1점, 2로 표시된 문항은 각 2점을 부여하여 합산한다. 표시되지 않은 문항은 0점으로 간주한다. 이와 같은 점수를 모두 합하여 문법의 합산 점수를 산출한다.

| 검사 실시 |

① 영아용

- 표현낱말: 아동이 표현하는 낱말에 동그라미표를 하도록 한다. 아동의 발음이 부정확할 경우 표현한 낱말에 표시하되 아동의 발음을 해당 낱말 옆에 적도록 한다. 뜻을 잘 모르고 가끔씩 모방하는 낱말은 표현낱말에 표시하지 않는다.
- 이해낱말: 이해하는 낱말을 이해란에 표시하도록 한다.
- 제스처와 놀이: 해당 칸에 기록한다.

② 유아용

- 표현낱말: 영아용과 같은 방법으로 아동이 표현하는 낱말에 동그라미표를 한다.
- 이해낱말: 표현하는 낱말의 수가 49개 이하인 경우에는 다시 보면서 이해하는 낱말을 이해란에 ✓로 표시하도록 한다. 표현하는 낱말 수가 50개 이상이면 이해하는 낱말에 반드시 표시할 필요가 없다.
- 문법: 쪽을 기록한다. 아동에게 해당 사항이 없다면 표시하지 않는다. 모두 체크한 다음 틀리게 한 것이 없는지, 빠진 부분이 있는지 확인한다.

(4) 결과 해석

- 어휘, 제스처와 놀이, 문법: 10%ile 이하에 해당하는 경우 어휘발달에 적신호가 켜졌다고 볼 수 있으며 25%ile 미만에 해당하는 경우는 지속적인 모니터링이 필요하다.

- 해석 보류 및 해석 주의: 주양육자의 거짓보고가 의심되거나, 주양육자의 보고 능력이 의심되는 경우에는 결과를 사용할 수 없다. 10~25%ile 사이의 아동도 의사소통 발달을 주기적인 관찰을 통해 모니터링할 필요가 있다. 하위범주별로 제시된 발달 자료는 아동의 어휘선호도와 어휘발달 속도에 있어서의 개인차를 고려해서 사용해야 한다. 사회 · 경제적 수준이 낮거나 어머니가 아동을 잘 모르고 있을 경우 아동을 과잉 또는 과소평가할 가능성이 있으므로 해석에 주의해야 한다. 나이 든 언어발달장애아동의 경우는 특히 결과를 과잉해석하지 않도록 주의한다. 영아용의 제스처 및 놀이와 유아용의 문법 부분은 월령군이 3개월로 묶여 있으므로 각 해당 월령을 고려하여 해석할 필요가 있다.

(5) 장점 및 단점

구조화된 상황에서의 표준화된 검사나 언어표본을 통한 언어평가보다 더 많은 양의 어휘발달 자료를 제공해 준다는 장점이 있으나 문항의 수가 많아서 뒤로 갈수록 피로도가 증가하여 검사 결과의 신뢰도가 낮을 수 있다. 또한 검사자가 아동과 얼마나 많은 시간을 보내는지, 아동을 잘 알고 있는지, 검사항목에 충실히 응답했는지에 따라 검사 결과의 신뢰도에 차이가 있을 수 있다.

3) 아동용 한국판 보스톤이름대기검사

(1) 개요

아동용 한국판 보스톤이름대기검사(Korean version-Boston Naming Test for children: K-BNT-C; 김향희, 나덕렬, 2007)는 K-BNT 검사도구를 3~14세 연령의 수행력에 맞추어 재구성한 검사도구이다. 연령군별로 시작문항을 제시하고, 기초선과 최고한계선을 활용하는 검사 방법을 도입하고 있다.

(2) 목적 및 대상

표현어휘력은 일반아동의 언어산출 능력을 알아보는 기초가 되므로, 이 검사를 통해 아동의 대면 이름대기(confrontation naming) 능력의 정상 여부를 판별할 수 있다. 3~14세 연령의 아동과 청소년을 대상으로 실시한다.

(3) 검사 절차

| 준비물 | 검사틀, 검사기록지

| 채점 방법 | 정반응은 정답란에 '+'로, 오반응은 오답란에 '–'로 기록한다. 오반응인 경우는 오답란에 오반응을 자세히 기록한다. 목표사물의 일부만 지칭하는 경우에는 그림을 손으로 가리키면서 물어보고 아동 반응을 채점한다. 총점은 최고한계 문항에서 오반응수를 빼서 산출한다.

| 검사 실시 |

① 검사를 시작하기 전 연습문항을 통해 검사의 방법을 익힌 후 제시된 연령군별 시작문항으로 옮겨가 본검사를 시작한다. 이때 그림 자극 각각을 하나씩 보여 주면서 "이걸 뭐라고 하죠?" "이건요?" 등으로 질문한다.

② 기초선을 확립하기 위해 연령군별 시작문항 번호에서 검사를 시작하고, 피검자가 첫 오반응을 보일 때까지 검사를 계속한다. 첫 오반응을 보인 시점에서 검사를 잠시 중단한 후, 정반응 수를 센다.

③ 연속적으로 8개 이상이면 기초선이 확립되는 것으로 첫 오반응을 보였던 문항으로 돌아가서 그다음 문항부터 검사를 계속한다. 이때 연속 6개 문항에서 오반응을 보이면 마지막 6번째 오반응에서 검사를 멈추는데 그 시점이 최고한계이다. 총점은 최고한계 문항 번호에서 총 오반응수를 빼서 산출한다.

(4) 결과 해석

검사지침서를 참고하여 백분위수를 산정하고, 백분위수는 13개 연령군별로 다시 산정한 후 연령별로 제시된 등가연령 환산표를 통해 등가연령을 환산한다.

(5) 장점 및 단점

6개월 간격으로 평균점수 및 표준편차 자료로 구성된 정상규준을 제시함으로써 장애아동의 대면 이름대기 능력의 정상 여부를 쉽게 진단할 수 있다. 상호작용이 수월하지 않은 아동에게 비교적 손쉽게 시행할 수 있으며 검사 및 결과분석에 걸리는 시간도 비교적 짧다는 장점이 있으나 표현어휘와 수용어휘를 비교할 수 없다.

4) 언어이해 · 인지력 검사

(1) 개요

언어이해 · 인지력 검사(장혜성, 임선숙, 백현정, 1992)는 학령전 아동의 언어 이해력 및 인지력을 측정하는 검사도구로서, 미국 Bangs Receptive Checklist(1990)를 한국 유아들을 대상으로 표준화한 것이다. 대상 연령은 3세에서 5세로 총 155명을 표집하였다. 이 검사는 유아의 인지력에 기초한 개념의 이해 능력(수용 의미론적 측면)을 측정하기 위하여 고안된 검사로, 총 40개의 문항으로 재구성되었다. 검사 방법은 유아가 검사자의 지시에 따라 수행하거나 자료(그림 또는 사물)를 지적하도록 되어 있다. 결과는 백분위점수와 등가연령으로 제시하였다.

(2) 목적 및 대상

3~5세 11개월 학령전기 아동의 언어 이해력 및 인지력을 측정하기 위하여 고안되었다. 검사 대상은 일반아동은 물론 지적장애, 청각장애, 뇌손상, 자폐범주성장애, 행동결함 또는 뇌성마비 아동에게 실시할 수 있다.

(3) 검사 절차

| 준비물 | 검사실시요강, 그림자료 및 사물자료, 검사지

| 채점 방법 | 통과 '+', 실패 '−'

| 검사 실시 |

① 아동의 생활연령에 따라 제시된 시작문항에서 시작한다.
② 첫 문항부터 연속적으로 5문항 이상 실패하면 더 낮은 연령의 시작문항부터 실시한다.
③ 연속적으로 5문항을 실패하였을 때 검사를 중단한다.
④ 통과된 문항당 1점씩 배점하여 원점수를 산출한다.
⑤ 원점수를 통해서 백분위점수와 등가연령을 산출한다.

(4) 결과 해석

① 백분위점수: 백분위점수는 얻어진 자료를 크기의 순서로 늘어놓아 100등분하는 값

을 말하며, 검사실시요강에 나온 백분위 산출표를 보고 연령에 맞는 백분위를 찾는다.

② 등가연령: 등기 연령은 생활연령과 관계없이, 아동이 본 검사에서 받은 원점수가 어떤 발달 수준에 해당하는지를 나타내는 수치이다. 원점수를 통한 등가연령은 실시요강의 표를 통해 찾는다.

(5) 장점 및 단점

이 검사 결과는 아동의 언어 이해력 및 인지력을 측정할 수 있을 뿐만 아니라, 검사 결과에 따라 아동의 언어영역에 대한 개별학습 프로그램(IEP)을 작성할 때에도 기초 자료로 사용할 수 있다. 그러나 표집 아동 수가 적고, 등가연령이 1년 간격으로 제시되어 있어 정밀한 진단을 내리기 어려운 단점이 있다.

5) 한국 아동 토큰검사

(1) 개요

한국 아동 토큰검사(Korean-Token Test for Children-2: K-TTFC-2; 신문자, 김영태, 정부자, 김재옥, 2011)는 3~12세 11개월 아동의 듣기 이해력 장애 유무를 판별하고 이 영역의 장애 정도를 신속하고 정확하게 측정하기 위해 개발된 검사도구이다. 크기, 모양, 색상의 세 가지에서 서로 다른 20개의 토큰들을 사용한다. 3개의 연습문항과 46개의 실제 검사문항으로 이루어져 있으며, 구어 지시문의 난이도에 따라 모두 4단원의 하위 검사로 나뉜다. 구어 지시문을 듣고 토큰들을 조작하는 수용적인 방식으로 언어 이해력을 측정하는 검사도구이므로 아동이 모든 문항에서 구두로 반응할 필요가 없다. 표준화 작업은 서울, 호남 및 광주, 부산에 위치한 어린이집과 유치원 및 초등학교에 재학 중인 3~12세 11개월 아동을 대상으로 이루어졌다.

(2) 목적 및 대상

TTFC-2를 한국 아동을 대상으로 표준화한 한국 아동 토큰검사(K-TTFC-2)는 3~12세 11개월 아동의 듣기 이해력 및 수용언어장애 유무를 작업기억력을 기초로 판별하고 장애 정도를 측정하기 위해 고안되었다. 또한 관련 연구를 위한 규준참조 검사도구로 활용될 수 있으며, 언어평가 시 수용언어영역 평가의 보조적인 검사도구로 사용할 수 있다. 3~12세 11개월 연령 수준의 언어 능력을 지닌 것으로 예상되는 아동을 대상으로 사용할 수 있다. 수용언어 문제가 의심되는 아동의 수용언어 선별검사로 활용할 수 있으며, 학업(특히 읽기)에 어려움을 보이는 아동에게 실시하여 듣기 이해력 및 주의집중과 관련된 기타 문제들을 검사하기 위해 사용될 수 있다.

(3) 검사 절차

| 준비물 | 전문가 지침서, 기록지, 토큰(파란색, 초록색, 노란색, 하얀색, 빨간색의 크고 작은 플라스틱 동그라미와 네모 총 20개)

| 채점 방법 | 각 문항별로 아동이 정반응인지 오반응인지를 기록란에 1 또는 0으로 기록한다. 각 단원별 원점수(점수의 합)는 단원의 맨 밑에 기록한다. 검사자는 검사결과를 기록지에 각 단원별로 원점수를 기록한다. 이 점수들을 합하여 총 원점수를 산출한다.

| 검사 실시 |

① 검사를 시작하기 전 아동이 모양(동그라미/네모), 크기(크다/작다), 색깔(파랑, 초록, 노랑, 하양, 빨강)에 관한 어휘를 이해하는지 확인한다.

② 연습문항 3개를 실시하고 아동이 3문항을 모두 틀리게 반응한 경우 검사를 실시하지 않는다.

③ 3~5세 아동은 단원 1부터, 6~8세 아동은 단원 2부터, 9세 이상의 아동은 단원 3부터 시작한다. 만약 아동이 시작 단원에서 모두 맞게 반응하면 그 이전 단원을 실시하지 않는다. 그러나 한 문항이라도 틀리게 반응하면 그 이전 단원도 모두 실시한다. 또한 한 단원에서 한 문항이라도 맞게 반응하면 다음 단원도 실시한다.

④ 검사가 시작된 한 단원은 끝까지 모두 실시한다.

⑤ 한 단원에서 아동이 10개 모두 틀리게 반응하면, 다음 단원은 모두 틀리게 반응한 것으로 간주하고 검사를 중지한다.

(4) 결과 해석

아동의 원점수는 백분위수 및 표준화점수와 등가연령으로 산출된다. 본 검사의 전문가 지침서에 K-TTFC-2의 통계치와 수준분류를 참고하여 점수를 해석한다. 제작사 심리검사연구소 웹사이트에 접속하여 아동의 응답내용과 검사에서 얻은 원점수를 자동

채점 프로그램에 입력하면 자세한 결과해석을 볼 수 있다.

(5) 장점 및 단점

본 검사의 실시 시간은 대략 10~15분으로 단순언어장애나 읽기장애아동뿐 아니라 주의집중 시간이 짧고 작업기억이나 단순기억 능력에 결함을 보이는 언어 이해력이 낮은 아동을 선별하고 진단하는 데 도움이 된다. 그러나 본 검사를 통해서는 수용언어 능력의 어떤 부분이 손상되어 있는지, 왜 듣기 이해력이 낮은지를 알 수는 없다. 언어에 문제가 있다는 것을 확인하기 위해서는 추가적인 검사나 활동, 부모와 교사와의 구조화된 면접과 과거력의 재검토 등이 필요하다.

6) 언어문제해결력검사

(1) 개요

언어문제해결력검사(Test of Problem Solving: TOPS; 배소영, 임선숙, 이지희, 2000)는 논리적인 사고 과정을 언어화하는 상위언어기술을 측정하기 위한 검사도구로서, 검사의 문항들은 우리나라 및 외국의 언어발달 문헌을 참고로 구성되었다.

표집은 서울과 경기 지역의 아동 756명을 대상으로 실시하였으며, 내용 타당도와 통계적 결과 그리고 검사 소요 시간 등을 고려하여, 최종적으로 50개의 항목을 포함하였다.

검사방법은 아동에게 문제 상황이 표현된 그림판을 보여 주고 그 그림과 관련된 검사자의 질문을 듣고 대답을 하게 하여, 각 문항별 채점 기준에 의거하여 0, 1, 2점 중 하나로 채점한다. 총 점수는 원인 이유, 해결 추론, 그리고 단서 추측의 세 범주로 나누어 볼 수 있으며, 총점과 세 범주에 대한 원점수와 아동이 속한 연령 집단을 비교 기준으로 백분위수(%ile) 점수대를 제공해 준다.

(2) 목적 및 대상

이 검사는 만 5세부터 12세 아동의 논리적인 사고 과정을 언어화하는 상위언어기술을 측정하기 위하여 고안된 검사도구이다. 특정 상황에서 대답하는 능력을 평가함으로써 언어를 통한 문제해결 능력을 측정하는 데 목적이 있다. 특히 언어적 추리력과 조직기술이 부족한 아동, 학습장애아동, 단순언어장애아동의 언어사용 능력과 기타 언어장애아동의 의사소통 능력을 평가하는 데 사용될 수 있다.

(3) 검사절차

| 준비물 | 검사 기록지, 검사 실시 지침서, 그림판

| 채점 방법 | 각 문항별로 아동의 반응 채점 기준에 의거하여 0, 1, 2점 중 하나로 채점한다.

| 검사 실시 |

① 검사 기록지의 아동 및 검사 정보란을 완성한다.
② 일상적인 질문 두세 가지를 하여 아동과 친밀감을 형성하고 질문에 응답하는 과정을 익히게 한다.
③ 1번 그림판을 보여 주며 1번 문항부터 시작한다.
④ 아동의 반응을 그대로 적는다. 예를 들어, 어순, 문법적인 오류를 바르게 고쳐서 기록하거나 아동의 반응 내용을 검사자가 임의대로 해석하여 삭제, 첨가 수정하지 않고 그대로 적는다.
⑤ 검사는 1회에 모든 문항을 검사하는 것으로 한다. 그러나 1회에 모든 문항에 대해 반응을 얻기가 어려워 중단된 경우는 재시도 때에는 새로운 그림판과 관련된 질문부터 시작한다.

(4) 결과 해석

① 각 쪽의 소계를 합한 후 마지막 쪽에 있는 총계 점수의 세 범주(원인 이유, 해결 추론, 단서 추측)별로 점수를 산출한다.
② 세 점수를 합산하여 총점을 산출한다.
③ 총점과 세 점수에 대한 원점수와 아동이 속한 연령 집단을 비교 기준으로 한 백분위점수를 산출한다. 총점과 세 하위 영역에 대한 연령별 평균과 표준편차 그리고 백분위는 검사실시요강의 부록에 제시되어 있다.

(5) 장점 및 단점

검사 결과는 학령기 아동의 언어장애 유무를 판단하는 데 사용할 수 있을 뿐만 아니라, 상황이나 사건에 대한 이해 능력을 증진시키고, 상황에 적절한 언어사용 능력을 증시시키는 언어훈련의 기초 자료로 사용될 수 있다. 그러나 채점 기준에 제시되지 않은 대답인 경우, 검사자의 주관적 판단에 따라 점수를 부여해야 하기 때문에 검사자에 따른 점수차가 나타날 수 있는 단점이 있다.

3. 구문 능력 검사도구

❏ 구문의미 이해력 검사

(1) 개요

구문의미 이해력 검사(Korean Sentence Comprehension Test: KOSECT; 배소영, 임선숙, 이지희, 장혜성, 2004)는 1994년에 발간한 문장 이해력 검사를 수정 보완한 것으로 구문 안에서 문법형태소, 구문구조, 의미를 이해하는 능력을 측정할 수 있게 만들어졌다. 표집은 서울과 경기 지역의 유아교육기관(어린이집과 유치원)과 초등학교를 포함하여 총 42개교의 662명을 대상으로 실시하였다. 검사문항은 초등학교 교과서와 아동의 발화자료, 선행연구를 검토하여 선정하였다. 351명의 예비검사를 통해 최종 57개 문항이 선정되어 내용타당도와 구성타당도, 준거타당도, 신뢰도를 검증하였다. 검사 방법은 그림 자료를 제시한 후 아동에게 목표 문장을 들려주고, 3개의 그림 중 하나의 그림을 가리키도록 한 후 아동의 반응을 평가한다.

(2) 목적 및 대상

이 검사는 언어 이해력 중 구문의미를 이해하는 데 어려움이 있는 아동을 판별하거나 단순언어장애(SLI) 아동의 하위유형(언어 표현력/언어 이해력 지체)을 판별하고자 할 때 사용된다. 언어 이해력에 어려움을 보일 가능성이 있는 4세에서 9세(초등학교 3학년) 수준의 구문 이해력 범주에 있는 아동이나 장애아동의 경우 생활연령은 9세를 넘더라도 구문 이해력이 초등학교 3학년 아동보다 지체를 보일 경우에 사용할 수 있다.

(3) 검사 절차

| 준비물 | 검사그림판, 기록지, 실시안내서

| 채점 방법 | '+' 로 표시한 것은 1점, '−' 'NR' 'DK' 로 표시한 것은 0점

| 검사 실시 |

① 먼저 2개의 연습문항을 통해 실시 과정을 잘 익히게 한다. 이는 검사과정을 익히는 과정으로 정반응 여부를 검사에 반영하지 않는다.

② 모든 아동은 1번 문항부터 시작한다.

③ 연속해서 3개의 문항을 틀리면 천정점(최고한계선, ceiling)에 도달한 것으로 간주하고 검사를 중단한다. 천정점 이후의 항목은 틀린 것으로 간주한다.

④ 정반응을 나타내는 '+'에 대해서 1점으로 모두 더하여 원점수를 계산한다. 천정점 이후의 '+'는 계산하지 않는다.

(4) 결과 해석

계산된 원점수를 아동의 생활연령집단 비교하여 '백분위수' 란에 기록한다. 학령기 아동의 경우 학년 집단과 비교하여 '백분위수' 란에 기록한다. 또래아동의 85% 이상이 맞춘 문항을 검사대상아동이 틀린 경우, 그 항목 번호를 적어 두고 특이사항이나 검사 때 행동특성을 기록한다.

(5) 장점 및 단점

학령전기 아동뿐만 아니라 학령기 아동의 구문 이해력을 측정할 수 있고, 10~15분 정도의 짧은 시간 안에 평가가 가능하다. 하지만 검사 시 문법 또는 의미 이외에 단서나 추측으로 그림을 선택할 수 있으며, 아동의 반응을 문법이나 의미의 완전한 이해로 볼 수 없다. 서울과 경기 지역 아동에 한하여 표준화하였고, 비교적 적은 표집을 대상으로 규준을 마련하였으므로 구문 이해력이 완벽히 측정되지는 않는다. 그러므로 담화나 개별적 심화검사 자료를 토대로 구문의미 이해력을 종합적으로 평가해야 한다.

4. 화용 및 기초 의사소통 능력 검사도구

❑ 아동 화용언어 체크리스트

(1) 개요

아동 화용언어 체크리스트(Children's Pragmatic Language Checklist: CPLC; 오소정, 이은주, 김영태, 개발 중)는 학령전기 5세 아동부터 초등학교 아동을 대상으로, 공식 언어검사도구로는 관찰하기 어려운 화용적 결함 여부와 화용언어의 하위영역별 질적 특징을 분석하기 위한 검사이다. 대상아동의 주된 의사소통 및 상호작용 상대자인 부모나 교사들이 평가한다.

(2) 목적과 대상

CPLC는 5세부터 13세까지의 유치원 및 초등학교 아동을 대상으로 한다. 문장 사용이 가능한 아동 중 화용문제를 가진 아동을 선별하고 화용결함의 특징을 파악하여 언어치료의 방향을 제시하는 데 그 목적이 있다. 또한 자폐성장애 진단을 위해 보다 심도 있는 평가를 요하는 아동을 판별하는 데 도움을 줄 수 있을 것이다.

(3) 검사 절차 및 실시

대상아동을 잘 아는 부모나 친척, 6개월 이상 아동을 지켜본 담임선생님이나 특수교사가 네 가지 영역의 44개 문항에 대하여 4점 척도(항상 그렇다: 3~전혀 그렇지 않다: 0)로 응답하도록 하였다. 화용의 네 가지 영역은 ① 담화관리, ② 상황과 청자에 따른 조절 및 적용, ③ 의사소통 의도, ④ 비언어적 의사소통이다. 총 검사 소요시간은 20분 정도이며 영역별 점수와 전체점수를 또래 점수와 비교하도록 구성하였다.

(4) 결과 해석

아직 규준자료 수집 준비 중이나 전체점수를 아동의 연령 및 학년 동일 집단과 비교하여 백분위수와 평균, 표준편차 비교가 가능하도록 할 예정이다. 검사대상아동의 4개 영역별 점수를 산출하여 화용 능력의 강약점을 파악할 수 있으며 또한 장애아동의 하위영역별 점수 특성 연구를 통해 검사대상아동의 화용 능력의 하위영역별 비교(profiling) 내용과 특정 장애의 프로파일과 비교할 수 있도록 할 예정이다.

(5) 장점과 단점

아직 표준화 작업이 완성되지는 않았으나 세부적인 화용 능력을 평가할 수 있는 도구이다. 아동의 일상생활을 잘 알고 있는 성인의 보고로 비교적 간단하게 검사가 가능하다는 것이 장점이기도 하지만 성인의 보고에 의존해야 하는 신뢰도 확보에 문제가 있다는 단점도 있다.

5. 읽기 및 기초학습검사

1) 읽기 성취 및 읽기 인지처리 검사

(1) 개요

읽기 성취 및 읽기 인지처리 검사(Test of Reading Achievement and Reading Cognitive Processes: RA-RCP; 김애화, 김의정, 황민아, 유현실, 2014)는 초등학교 1~6학년 학생의 읽기 성취와 읽기와 관련된 인지처리 능력을 측정하는 검사로 읽기 성취 검사와 읽기 인지처리 검사로 나뉜다. 읽기 성취 검사에는 낱말인지 검사, 읽기유창성 검사, 읽기 이해 등 3개의 소검사가 포함되며, 읽기 인지처리 검사에는 자모지식, 빠른 자동 이름대기, 음운기억, 문장 따라말하기, 듣기 이해, 어휘 등 6개의 소검사가 포함된다. RA-RCP는 초등학교 1학년~초등학교 6학년 총 511명을 대상으로 표준화검사를 실시한 후, 신뢰도와 타당도를 평가하였다. 신뢰도는 문항내적합치도와 측정의 표준오차를 통해 확인하였으며, 타당도는 내용타당도, 구인타당도, 공인타당도를 통해 확인하였다.

(2) 목적 및 대상

초등학교 1~6학년 학생의 읽기 성취와 읽기와 관련된 인지처리 능력을 측정하기 위한 검사이다. 검사 결과를 통해 대상 학생의 읽기 성취가 평균을 기준으로 어느 범위에 속하는지, 읽기와 관련된 인지처리 능력이 평균을 기준으로 어느 범위에 속하는지를 파악할 수 있다. 본 검사의 평가 결과는 읽기장애학생의 진단과정에 활용될 수 있다. 본 검사는 검사의 지시문을 이해할 수 있는 학생을 대상으로 실시하여야 하며, 특히 연습문항을 이해하고 바르게 반응을 할 수 있는 학생을 대상으로 실시하여야 한다.

(3) 검사 절차

| 준비물 | 검사 요강, 검사틀, 학생용 소책자, 학생용 어휘 검사지, 검사 기록지, CD(듣기 이해 파일), 타이머

| 채점 방법 | 각 소검사별 원점수는 환산 점수로 변환할 수 있으며, 각 읽기 하위영역별 읽기 성취 및 읽기 인지처리 영역의 지수점수와 백분위점수를 산출할 수 있다.

| 검사 실시 |

① 어휘 검사를 제외한 모든 검사는 개인별로 실시한다. 어휘 검사는 개인별 검사나 집단 검사로 실시할 수 있다.

② 검사 실시 순서는 검사 요강에서 제시하는 8개 유형 중에서 선택하여 실시한다.

③ 모든 소검사는 1번부터 실시한다. 본 검사의 소검사 중 일부는 중지점이 있고, 일부는 중지점이 없다. 본 검사의 중지점은 각 소검사별로 차이가 있다.

④ 각 소검사에는 연습 문항과 본 문항에 대한 지시문이 제시되어 있으며, 검사자는 지시문을 문장 그대로 읽어야 한다. 연습 문항을 통해 지시를 이해했는지 확인한 후, 본 검사문항을 실시해야 한다. 필요시 연습 문항을 반복할 수 있다.

⑤ 제한시간이 있는 빠른 자동 이름대기와 읽기유창성 검사는 1분 동안 측정하는 검사이기 때문에, 검사 시간 '1분'을 정확히 지켜야 한다.

(4) 결과 해석

검사 결과를 통해 대상 학생의 읽기 성취 및 읽기 인지처리가 '상위 수준' '정상 수준' '위험 수준' 중 어느 수준에 속하는지를 판별한다. 읽기장애학생의 읽기장애 진단을 위해서는 읽기 성취와 읽기 인지처리 점수를 모두 확인하여야 한다.

(5) 장점 및 단점

RA-RCP는 읽기 하위영역별(낱말인지, 읽기유창성, 읽기 이해) 성취 및 인지처리 특성을 종합적으로 평가할 수 있는 장점이 있다. 그러나 전체 검사를 실시하는 데 시간이 다소 소요되기 때문에, 연령이 어린 학생에게 검사를 실시할 때는 검사 중간에 주의 환기 등을 통해 대상 학생이 검사에 잘 참여할 수 있도록 독려하는 것이 필요할 수 있다.

2) 기초학습기능 수행평가체제: 읽기검사

(1) 개요

기초학습기능 수행평가체제: 읽기검사(Basic Academic Skills Assessment: BASA; 김동일, 2006)는 교육과정중심측정 절차에 의해 제작된 검사도구이다. 이 평가체제는 아동의 현재 읽기 수행 수준을 평가할 뿐 아니라 교육적 의사 결정을 위해 상대적으로 짧은 기간(매주 혹은 매일)의 반복측정을 통해 학습 능력 발달도 평가한다.

(2) 목적 및 대상

읽기문제나 읽기장애를 보이는 학습장애를 평가하거나, 중재를 통한 아동의 변화를 모니터링하는 데 활용할 수 있다. 초등학교 저학년인 1, 2, 3학년 아동에게 사용할 수 있다.

(3) 검사 절차

| 준비물 | 읽기검사 자료, 기록용지

| 채점 방법 | 읽기검사 자료는 각각의 검사에서 틀린 음절과 맞은 음절의 수를 세고, 총 음절 수를 구한다. 빈칸 채우기의 경우 검사가 끝난 후 채점판을 이용하여 점수를 구한다.

| 검사 실시 |

① 기초평가용으로 제작된 읽기검사를 3회 실시하여 그중 중간값을 아동의 기초선으로 결정한다.

② 이후 주 1~3회 정도 형성평가를 통하여 아동의 지속적인 성장을 점검할 수 있다.

(4) 결과 해석

읽기검사 2회의 원점수(맞게 읽은 음절 수)를 산출하고, 2회의 원점수 중 중앙치를 찾아 기록하며, 원점수(중앙치)에 해당되는 T점수를 규준표에서 찾아 기록한다. 원점수(중앙치)에 해당하는 백분위점수를 규준표에서 찾아 기록하는데, 그 점수는 5단계로 구분된다. 현재 수준의 설명에서는 1단계 매우 우수한 읽기 수준, 2단계 우수한 읽기 수준, 3단계 정상적인 읽기 수준, 4단계 기초읽기 능력 향상을 위해 지도 부탁, 5단계 전반적이고 지속적인 읽기 지도 필요로 나타낼 수 있다. 또한 학년을 기준으로 학년점수(중앙치)를 기록하고 학년 차이, 월진전도 등을 통해 한 달 동안 어느 정도 향상을 보일 것인지 예상하게 되는 평균치를 구하게 된다. 또한 읽기검사자료 2의 빈칸 채우기 검사에서 원점수 및 백분위점수, T점수, 학년점수를 구한다.

(5) 장점 및 단점

실시가 간편하고 교육과정 중심의 읽기 능력을 평가할 수 있다는 장점이 있다. 또한 이 검사의 결과에 기초하여 읽기지도의 필요성이나 수준을 제안할 수도 있다. 그러나 읽기 결함의 유형을 분석하거나 음운인식과 같은 기초 능력을 분석하기에는 다소 제한적이다.

3) 국립특수교육원 기초학력검사: 읽기

(1) 개요

국립특수교육원 기초학력검사: 읽기(Korea National Institute for Special Education-Basic Academic Achievement Test: KNISE-BAAT[읽기]; 박경숙, 정동영, 정인숙, 김계옥, 송영준, 2005)는 읽기학습에 부진이나 곤란을 나타내는 아동을 선별 또는 진단하고, 이들이 부진을 나타내는 영역과 수준을 파악하는 검사도구이다. 본 검사는 읽기교육 프로그램의 사전·사후 효과, 일반화 및 전이 효과를 측정할 수 있도록 하기 위해 가형과 나형 2종의 동형검사로 구성되어 있다. 규준표집은 5세부터 14세까지의 아동 약 2,000명(가형 1,050명, 나형 935명)을 대상으로 전국 5개 지역권에서 이루어졌다. 검사문항을 개발하고, 예비검사를 통해 검사문항의 곤란도와 양호도를 분석한 다음, 표준화검사를 통해 규준을 작성하고 신뢰도와 타당도를 검증하였다. 본 검사는 크게 선수기능, 음독, 독해로 검사를 구분하고, 독해를 다시 낱말이해, 문장완성, 어휘선택, 어휘배열, 짧은 글 이해로 구분하여 읽기발달단계별로 검사문항을 배열하였다.

(2) 목적 및 대상

5세 0개월부터 14세 11개월까지를 대상으로 읽기 기초학력을 평가하는 데 필요한 기초적인 요소들을 포함한 검사도구이다.

(3) 검사 절차

| **준비물** | 검사도구, 기록지

| **검사 실시** |

① 선수기능부터 시작하여 음독 능력, 낱말이해, 문장완성, 어휘선택, 문장배열, 짧은 글 이해의 순으로 실시한다. 그러나 피검자가 특정 검사영역을 기피하거나 지루하게 느껴 싫증을 낼 때에는 검사의 순서를 바꿔 실시하는 등 상황에 따라 변경할 수도 있다.

② 5~6세의 어린 아동과 특수아동의 경우에는 모든 검사영역에서 1번 문항부터 실시한다. 또한 특수아동이 아니더라도 읽기 능력에 부진함이 있다고 판단되는 경우에는 1번 문항부터 실시한다. 4학년 이상의 아동은 선수기능검사를 생략하고, 음독 능력검사부터 실시하되, 영역별로 검사지에 표시되어 있는 시작문항부터 실시한다.

③ 연속적으로 3개 문항에 대해 정답을 제시하지 못하면 시작 문항부터 역순으로 실시하여 기초선을 설정한다.

④ 한 검사영역에서 연속적으로 5문항 이상에 대해 정답을 제시하지 못하면 해당 검사영역을 중단하고 다음 검사영역을 실시한다.

⑤ 한 번의 회기 내에 검사 전체를 실시하기 어려운 경우 검사자는 하위영역별로 분리해서 검사를 실시해도 된다. 그러나 검사를 나누어 하는 경우 두 검사회기가 일주일 이상의 간격이 있어서는 안 된다.

(4) 채점 및 결과 해석

검사영역별 백분위점수로는 피검사자의 내적 정보는 제공해 주지 않으나 피검사자가 해당 학년의 어떤 위치에 있는지는 해석할 수 있다.

(5) 장점 및 단점

본 검사의 장점은 교육계획의 수립과 적용에 필요한 정보를 제공할 수 있으며 교육과정이 개정되더라도 계속 변하지 않고 사용할 수 있는 범교과적 접근 방법 내용으로 구성되었다는 것이다. 또한 특수아동의 접근이 용이하도록 장애 유형과 특성에 따라 제시 방법이나 응답방식을 조정할 수 있다. 피검자에 따라 개인차가 있을 수 있으나 본 검사를 실시할 때 대략 60~90분의 긴 시행 시간이 요구되며, 읽기유창성이나 음운인식에 대한 부분은 살펴볼 수 없다는 제한점이 있다.

4) 국립특수교육원 기초학력검사: 쓰기

(1) 개요

국립특수교육원 기초학력검사: 쓰기(Korea National Institute for Special Education-Basic Academic Achievement Test: KNISE-BAAT[쓰기]; 박경숙, 정동영, 정인숙, 김계옥, 송영준, 2005)는 쓰기학습에 부진이나 곤란을 나타내는 아동을 선별 또는 진단하고, 이들이 부진을 나타내는 영역과 수준을 파악하는 검사도구이다. KNISE-BAAT 읽기검사와 같은 방법으로 표준화되었으며 규준표집아동의 수는 가형 997명, 나형은 995명이다. 본 검사는 선수기능, 표기 능력, 어휘구사력, 문장구사력, 글구성력으로 구성되어 있다.

(2) 목적 및 대상

5세 0개월부터 14세 11개월까지를 대상으로 쓰기 기초학력을 평가하는 데 필요한 기초적인 요소들을 포함한 검사도구이다.

(3) 검사 절차

| **준비물** | 검사도구, 기록지, 피검사자용 검사지, 타이머

| **검사 실시** |

① 선수기능부터 시작하여 표기 능력검사, 어휘구사력검사, 문장구사력, 글구성력검사의 순으로 실시한다. 그러나 피검자가 특정 검사영역을 기피하거나 지루하게 느껴 싫증을 낼 때에는 검사의 순서를 바꿔 실시하는 등 상황에 따라 변경할 수도 있다.

② 5~6세의 어린 아동과 특수아동의 경우에는 모든 검사영역에서 1번 문항부터 실시한다. 또한 특수아동이 아니더라도 쓰기 능력에 부진함이 있다고 판단되는 경우에는 1번 문항부터 실시한다. 4학년 이상의 아동은 선수기능검사를 생략하고, 표기 능력검사부터 실시하되, 영역별로 검사지에 표시되어 있는 시작문항부터 실시한다.

③ 연속적으로 3개 문항에 대해 정답을 제시하지 못하면 시작문항부터 역순으로 실시하여 기초선을 설정한다.

④ 한 검사영역에서 연속적으로 5문항 이상에 대해 정답을 제시하지 못하면 해당 검사영역을 중단하고 다음 검사영역을 실시한다.

⑤ 피검사자가 검사지에 답을 직접 써야 하는 경우 해당 문항을 검사지에서 찾아 쓸 수 있도록 안내한다.

⑥ 검사도구의 지시문 서두에 시계 아이콘이 있는 4개의 문항은 시간제한이 있는 문항이므로 초시계로 시간을 재어서 시행한다.

⑦ 피검사자가 읽기에 어려움이 있는 경우에는 지시문뿐만 아니라 모든 보기글을 읽어 줄 수 있다. 단, 문항 특성상 읽어 주지 않아야 하는 문항은 제외한다.

⑧ 피검사자가 스스로 답을 고치는 경우는 인정하되 학생이 제시한 답에 대해서 다시 해 보라는 요구는 하지 않는다.

⑨ 피검사자가 응답을 하지 못하면 다시 질문해 보고 모르면 다음 문항으로 넘어간다.
⑩ 검사가 진행될수록 피검사자가 검사지에 직접 써서 답하는 문항이 많아지므로 피검사자가 답을 작성하는 것에 대해 피로해하거나 힘들어하면 5분 정도 휴식을 취하거나 가벼운 운동을 한 후 계속할 수 있다.
⑪ 한 번의 회기 내에 검사 전체를 실시하기 어려운 경우 검사자는 하위영역별로 분리해서 검사를 실시해도 된다. 그러나 검사를 나누어 하는 경우 두 검사회기가 일주일 이상의 간격이 있어서는 안 된다.

(4) 채점 및 결과 해석

각 검사영역의 원점수를 백분위점수, 환산점수, 학력지수와 같은 표준점수로 전환하여 해석한다.

(5) 장점 및 단점

본 검사의 장점은 교육계획의 수립과 적용에 필요한 정보를 제공할 수 있으며 교육과정이 개정되더라도 계속 변하지 않고 사용할 수 있는 범교과적 접근 방법 및 내용으로 구성되었다는 것이다. 또한 특수아동의 접근이 용이하도록 장애 유형과 특성에 따라 제시 방법이나 응답방식을 조정할 수 있다. 피검사자의 검사영역별 백분위점수 프로파일과 환산점수 프로파일을 이용하여 피검사자의 검사영역별 내적 능력을 비교할 수도 있다. 그러나 피검자에 따라 개인차가 있을 수 있으나 본 검사를 실시할 때 대략 60~90분의 긴 시행 시간이 요구되며 쓰기 오류 유형에 대한 분석은 제공되지 않는다는 제한점이 있다.

7. 음운 능력 검사도구

1) 우리말 조음 · 음운 평가

(1) 개요

우리말 조음 · 음운 평가(Urimal Test of Articulation and Phonology: U-TAP; 김영태, 신문자, 2004)는 아동의 조음 · 음운 발달과 오류 패턴을 분석하기 위해 개발되었다. 검사는 낱말 수준과 문장 수준, 두 가지로 구성되어 있으며 검사 결과 중 자음 및 모음정확도와 음운변동 출현율을 통해 발달 및 오류의 패턴을 분석할 수 있다.

(2) 목적 및 대상

우리나라 자음 또는 모음 말소리에 문제를 보이는 조음·음운장애아동이 낱말과 문장에서 산출하는 발음을 체계적으로 평가하기 위해 고안되었다. 특히 이 검사는 생활연령에 비해 조음발달이 늦거나 조음이 명료하지 않아 조음장애가 의심되는 아동의 조음평가에 적합하다. 아동의 조음오류는 조음 위치, 조음 방법 그리고 기식성 및 긴장도에 따라 순서적으로 기록하여 분석하고, 자음정확도를 산출하여 정상 조음발달과 비교할 수 있게 하였다. 또한 음운변동기록표를 통해 음운오류 패턴의 분석이 가능하도록 제작되었다.

대상은 2세부터 12세 아동이지만 그림을 이용하여 명명하거나 설명하는 과제를 사용하기 때문에 취학전(3~6세) 아동에게 가장 적합하다. 또한 언어발달지체, 기능적 조음장애 등 조음발달의 결함이 우려되는 사람이나 구개파열, 마비말장애, 뇌성마비 등으로 인해 말·언어기관의 기질적 결함을 갖게 된 사람을 대상으로 조음문제가 있는지, 어느 정도인지, 또는 어떤 음소에 결함이 있는지 알아보기 위해 검사를 실시할 수 있다.

(3) 검사 절차

| **준비물** | 그림자료 파일, 검사지, 비디오 또는 녹음기, 계산기

| **채점 방법** | 아동의 자음오류는 생략, 대치, 왜곡, 첨가로 분석한다. 자음정확도는 생략, 대치, 왜곡, 첨가의 오류를 대등하게 1점씩으로 채점하는 방법과 말명료도에 미치는 영향을 고려하여 차등적으로 채점하는 두 가지 방법을 제시하였다. 일반적인 자음정확도를 구하는 방법은 우선 낱말 수준의 낱말 개별음소분석표에 있는 오류분석란에서 43개 자음 중 오류음소 수를 센다. 43개 중에서 오류음소 수를 뺀 후 이를 43으로 나누고 100을 곱해서 자음정확도를 구한다. 문장 수준도 낱말 수준과 마찬가지로 구할 수 있다. 모음정확도를 구할 때도 자음정확도와 마찬가지로 낱말 개별음소분석표상의 오류분석란에서 모음 10개의 오류음소 수를 센다. 그다음에는 10에서 오류음소 수를 빼서 얻은 수를 10으로 나누어 100을 곱하면 낱말 수준의 모음정확도가 계산된다. 문장 수준에 대해서도 낱말 수준과 마찬가지로 모음정확도를 구한다. 음운변동 출현율은 각 음운변동에 따라 ×표시된 개수를 세어 음운변동 출현 기회 수로 나눈 후 100을 곱하여 구한다.

| 검사 실시 |

① 아동에게 간단한 설명과 함께 그림낱말검사부터 시작한다. 아동에게 그림을 보여 주며 "이건 뭐죠?"라고 질문한다. 아동이 모르거나 다른 낱말을 말하는 경우 그림 자료 뒷면에 반응유도 문장을 그대로 말해 주고 아동 반응을 기다리는데, 이때 제시된 반응유도 문장 이외의 다른 유도문장을 사용해도 된다. 만약 이후에도 오반응 또는 무반응일 때는 검사자가 낱말을 말해 주고 모방하게 한다.

② 아동 반응을 검사지에 표시하고, 모든 문항의 검사 낱말을 검사한 후 마친다.

③ 그다음에는 그림문장검사를 실시하는데, 아동에게 이야기 그림자료를 보여 주면서 제목과 이야기 상황을 들려준다.

④ 검사자는 먼저 첫 번째 그림자료를 보여 주면서 제시된 문장들을 말해 준다. 목표문장들을 모두 들려준 후, 아동이 그림자료를 보고 그 그림 속에 있는 여러 가지 사물과 동물을 이용한 문장을 만들도록 이끈다. 목표낱말이 포함된 문장을 발화하면 아동의 반응을 검사지에 표시한다. 한 그림을 통해 2~3개 문장을 말하도록 구성되어 있으므로 한 그림에서 목표낱말이 들어간 문장이 모두 유도되었을 때, 다음 그림으로 넘어간다.

⑤ 이러한 방법으로 그림 9장을 모두 실시한 후 검사를 마친다.

(4) 결과 해석

아동이 조음할 수 있는 개별음소를 정상아동의 발달 연령과 비교한다. 자음 조음검사 결과를 알아보기 위해 낱말 수준에서의 자음정확도가 아동의 생활연령 자음정확도에 비해 어떤 수준에 있는지 살펴본다. 아동의 자음정확도가 $-1SD$ 이하인 경우 조음치료를 고려할 필요가 있다. 문장 수준의 자음정확도는 정상발달 연구자료가 현재 없으므로 아동의 현재 수준을 가늠해 보고, 치료할 때의 예후나 기간이 경과한 후 이전 검사 결과와 비교할 때 참고자료로 이용 가능하다. 그리고 각 낱말 내의 조음 위치에 따른 오류와 조음 방법에 따른 오류로 세분하고 오류의 형태를 분석한다.

모음정확도 자료는 정상발달 규준이 제시되어 있지 않으나 모음은 6~12개월에 다양한 모음이 산출되기 시작하고 3세까지 단모음의 대부분을 산출할 수 있으므로 모음정확도가 심하게 떨어진다면 아동의 현재 수준과 치료 예후 및 일정 기간 이상 경과한 후에 추후검사에서 참고자료로 이용할 수 있다. 낱말 수준과 문장 수준에서의 오류음소와 오류유형을 중심으로 분석하여 검사를 요약한다.

음운변동의 출현율은 음운변동기록표에서 음운변동 발생빈도 및 출현율을 산출할 수 있다. 이를 통해 가장 출현율이 높은 음운변동을 살펴보고 연령별 정상아동의 음운변동 출현율에서 생략 및 첨가변동의 출현율과 대치변동의 출현율을 피검사자의 출현율과 비교해 본다. 최근에 추가된 간편음운변동기록표(김영태, 신문자, 김수진, 2013)는 아동이 흔히 나타내는 음운오류들만 평가할 수 있도록 하여 시간을 절약할 수 있고 임상적으로 효율적이다.

(5) 장점 및 단점

아동이 바르게 발음하는 음소를 열거하여 음소목록을 만들 수 있으며, 전체 음소들 중에서 얼마나 바르게 발음했는가를 계산하여 자음정확도를 산출하고, 아동의 음운오류 패턴을 분석할 수 있다. 또한 이 자료를 정상아동의 것과 비교하여 조음치료의 필요 여부를 결정하고, 음소목록과 분석자료는 조음치료계획을 가능하게 한다. 하지만 자발화 상황에서의 조음오류를 파악할 수 없다.

2) 아동용 발음평가

(1) 개요

아동용 발음평가(Assessment of Phonology and Articulation for Children: APAC; 김민정, 배소영, 박창일, 2007)는 언어치료사가 조음 · 음운 능력을 체계적으로 평가하기 위해 고안되었다. 이 검사는 낱말검사와 연결발화 검사로 나누어 틀리게 발음한 말소리의 수, 종류, 오류 패턴을 분석하도록 구성되어 있다. 이 검사는 언어치료사가 아동으로 하여금 그림을 보고 낱말이나 연결발화를 표현하게 하면서 낱말이나 연결발화에 포함된 말소리가 어떻게 발음되는지 관찰하여 기록하는 방식으로 진행한다.

(2) 목적 및 대상

이 검사는 조음 · 음운 능력이 연령에 맞는지 알아보고 기능적 조음장애의 선별, 청각장애나 말 산출기관의 구조적 문제, 신경 손상 말장애아동을 대상으로 조음 · 음운 능력을 알아볼 때 사용할 수 있다. 또한 구체적으로 어느 말소리에 어떠한 문제가 있는지 알아보거나 낱말과 연결발화에서의 조음 · 음운 능력에 차이가 있는지도 살펴볼 수 있다. 그 밖에 일정기간 치료 후 치료의 효과를 살펴볼 때나 다양한 연령대나 장애군의 조음 · 음운 특성을 비교 연구할 때, 특정 아동의 조음 · 음운발달을 종단적으로 연구

관찰할 때에도 사용할 수 있다. 3세부터 6세까지의 취학전 아동이나 취학전 아동 수준의 조음음운 능력을 보이는 학령기 아동에게 실시할 수 있다.

(3) 검사 절차

| 준비물 | 그림판, 기록용지, 녹음 또는 녹화장치

| 채점 방법 | 낱말 전체를 바르게 산출한 경우는 '+', 그 외에는 낱말의 모든 말소리 반응을 들리는 대로 적어서 자음 정확도, 이해가능도를 구하고 오류 패턴을 정리한다.

| 검사 실시 |

① 낱말검사, 자극반응도 검사, 연결발화 검사 순으로 진행한다.

② 낱말검사를 실시할 때는 첫 문항부터 실시하고, 목표낱말만 말하도록 한다. 또한 3초 안에 목표낱말을 말하지 못하거나 다른 낱말로 말하면 의미 또는 상황적 단서를 제공하여 목표낱말을 유도한다. 유도 질문에도 3초 안에 목표낱말을 말하지 못할 경우 간접적인 모방을 유도한다.

③ 자극반응도 검사는 낱말검사에서 부정확하게 발음한 낱말을 골라 따라 말하게 하고, 낱말에서 자극반응도가 없으면 음절에서 자극반응도 검사를 실시한다.

④ 연결발화 검사는 이야기 다시말하기 방법과 따라말하기 방법 두 가지로 검사가 가능하다. 다시말하기를 먼저 실시하는데, 그림을 한 장씩 보여 주면서 그림판 뒤에 적혀 있는 대로 이야기를 들려준 후 다시 말하도록 한다. 따라말하기는 그림판 뒤에 적혀 있는 대로 한 문장씩 따라 말하게 한다. 한 번에 따라 말하기가 어려울 경우 3~4어절씩 끊어서 따라 말하게 한다.

⑤ 대화를 통해 자발적인 발화를 유도할 때, '눈사람' '바닷가' '컴퓨터 게임' '치과 병원' 그림을 하나씩 보여 주면서 아동의 경험을 이야기할 수 있도록 질문한다.

(4) 결과 해석

'말소리 목록 분석' 결과를 이용하여 원점수를 계산한다. 점수는 틀리게 발음한 말소리의 수를 의미한다. 점수는 크게 전체점수와 자음계열별 점수로 나뉘고, 자음 계열별 점수는 다시 조음 방법별 점수와 폐쇄음 · 비음의 세부점수로 나뉜다. 이때 전체점수는 70개의 초성 및 종성 말소리 중에서 폐쇄음, 비음, 파찰음, 유음, 마찰음마다 각각 틀리게 발음한 말소리 수를 계산한 것이다.

전체점수를 '원점수' 칸에 적고, 원점수가 생략, 첨가, 대치, 왜곡을 모두 오류로 본 점수라면 '일반'에, 생략과 대치만 오류로 본 점수라면 '개정'에 ✓ 표시하고 지침서에서 원점수에 해당하는 자음정확도 및 백분위수를 찾아 적는다.

'오류 패턴 분석'의 경우 3회 이상 나타난 오류 패턴만 빈번한 순서로 옮겨 적는다. 예나 출현 문맥도 함께 적는다. 만약 아동이 보인 오류 패턴이 자기 연령에서 10%를 초과하는 아동이 사용하는 오류 패턴이라면 '적절'이라고 적고 나이에 적절한 오류 패턴으로 해석한다. 만약 자기 연령의 아동 중 10% 이하가 사용하지만 그보다 어린 연령에서는 10%를 초과하는 아동이 사용하는 오류 패턴이라면 '지체'라고 적고 지체된 오류 패턴으로 해석한다. 만약 어떤 연령에서도 10%를 초과하는 아동이 사용하지 않는 오류 패턴이라면 '특이'라고 적고 특이한 오류 패턴으로 해석한다.

연결발화 검사의 결과 해석은 낱말검사와 비교하여 표시한다. 자음정확도의 경우 낱말검사의 자음정확도와 비슷한지 아니면 그보다 높거나 낮은지를 비교하여 해당 칸에 표시한다. 오류 패턴의 경우 낱말검사와 비슷한 오류 패턴도 해당 칸에 표시한다.

(5) 장점 및 단점

정조음을 하지 못하였어도 자극반응도를 살펴볼 수 있으므로 아동의 조음·음운 능력을 자세히 살펴볼 수 있다는 장점이 있다. 그러나 연결발화 검사의 경우에는 이야기 다시말하기 방법과 따라말하기 방법을 사용하게 되는데 인지적인 어려움이나 언어장애가 있는 아동의 경우에는 과제수행이 어려울 수 있다는 단점이 있다.

8. 사회·정서 능력 검사도구

❑ 영유아 언어, 인지, 사회·정서 발달 평가 도구

(1) 개요

영유아 언어, 인지, 사회·정서 발달 평가 도구(Korean Evidence-Based Assessment for Age 2 to 5: KEBA-2 to 5; 이종숙, 신은수, 박은혜, 김영태, 곽영숙, 유영의, 최일선, 유홍옥, 고혜란, 2008)는 영유아의 발달정도를 조기에 평가하고 선별함으로써 유아의 기본학습 능력과 학습태도를 향상시키기 위한 목적으로 개발되었다. 본 검사도구는 영유아의 교실상황에서 관찰되는 언어, 인지, 사회 · 정서 발달 영역의 행동과 언어를 중심으로 교사가 체계적인 관찰을 할 수 있도록 구성되었다.

(2) 목적 및 대상

본 평가도구는 유아교육기관에서 이루어지는 일상적인 일과 활동 중 자연스럽게 관찰되는 것을 그대로 평가한다. 이를 통해 영유아의 발달차이를 검증하고 발달지체 정도를 조기 진단하여, 기본학습 능력 기준 도달에 요구되는 결손 부분을 교육할 수 있는 조기교육 프로그램을 시행함으로써 영유아들의 균형적 발달을 도모하고 사회적 취약 집단 영유아들이 기본학습 능력 수준에 도달할 수 있도록 하여 교육격차를 해소하기 위함이다. 본 검사는 2세부터 5세까지의 영유아 1,189명을 대상으로 표준화되었다.

(3) 검사 절차

| 준비물 | 사전 진단 평가 문항, 발달 평가 도구 기록지, 과제 자료

| 채점 방법 | 관찰에 기초한 평가는 관찰 시 관찰 기준에 맞는 반응이 나타나면 '예', 반응이 나타나지 않으면 '아니요'로 표시한다. '예'에 표시한 개수를 모두 합해서 영역별 점수를 기입한다. 각 영역의 총점을 합산하여 전체점수란에 기입한다. 단서 제시형 평가는 문항을 제시했을 때 평가기준에 부합하는 반응이 나타나면 '예', 부합하지 않는 반응이 나타나면 '아니요'에 표시한다. 평가문항을 작성한 후, '예'에 표시한 개수를 모두 합해서 영역별 총점란에 점수를 기입한다. 각 영역의 총점을 합산하여 전체점수란에 기입한다. 과제 제시형 평가는 평가문항을 시행한 후, 평가기준에 기초하여 '예' '아니요'로 표시한다. '예'에 표시한 개수를 모두 합해서 총점란에 기입한다.

| 검사 실시 |

① 영유아의 심각한 발달지체 여부를 기본적으로 판단하기 위해 사전 진단평가 문항을 먼저 시행한다.

② 사전 진단평가문항 시행 후에는 관찰형 평가, 단서 제시형 평가, 과제 제시형 평가의 순서로 시행한다.

③ 평가 결과 기록 시 교사는 영유아가 각 기준에 부합하는 행동이나 반응을 보이면

'예', 보이지 않으면 '아니요'에 기입한다.

④ 평가를 마치면, '예'에 해당하는 개수를 세어 해당 칸에 점수를 기입한다.

(4) 결과 해석

개별 영유아의 총점(원점수)에 해당하는 표준점수와 백분위점수를 평가도구 연령별 유형별 규준표에서 찾아 비교한다. 관찰형 평가 결과는 관찰형 규준과 비교하고 단서 제시형 평가 결과는 단서 제시형 규준과 비교하며 과제 제시형 평가 결과는 과제 제시형 규준과 비교한다. 각 표준점수를 누가 백분율에 의해 개별 영유아의 상대적 위치를 해석한다. 평가 결과가 2*SD* 이하 점수인 70점은 정상발달로부터 일탈된 것으로 볼 수 있다. 관찰형, 단서 제시형, 과제 제시형 모두 70점 이하라면 장애가 의심되므로 전문가에게 전문적 진단을 위뢰할 필요가 있다. 평가 결과가 1*SD* 이하인 85점 이하는 발달상 위험군으로 분류될 수 있다. 영유아의 발달을 지원하여 정상적 발달을 이루도록 촉진하는 프로그램을 운영하고자 한다면 85점 정도를 기준점으로 사용할 수 있다.

(5) 장점 및 단점

교육 현장의 교사에 의한 진단을 통해 개별 영유아별로 각 발달 영역에서 습득한 기술의 정도, 강점, 약점 등을 다각적으로 평가할 수 있다. 반면, 본 검사의 표준화를 위한 지역별, 연령별 연구대상자들의 수가 동일하지 않으며 편차가 커 사회적 취약 계층과 다문화 가정의 환경 등 다양한 사회적 · 문화적 배경에 대한 반영에 한계가 있을 수 있다.

II. 외국 문헌에 소개된 검사도구

외국 문헌에는 언어의 영역에 따라, 그리고 아동의 연령에 따라 매우 다양한 검사들이 개발되어 있다. 언어장애 문헌에서 많이 소개되고 있는 언어평가도구들을 요약해서 참고할 수 있도록 〈표 5-1〉과 〈표 5-2〉에 제시해 놓았다(Bernstein & Tiegerman-Farber, 2002 참조). 그리고 2000년 이후에 개발된 검사도구들은 〈표 5-3〉에 주제별로 정리하였다(ASHA, 2013).

표 5-1 채점 방법, 평가요소 및 해당연령에 근거한 언어검사들

검사도구 (저자, 연도, 출판사)	채점방식			언어 이해력				언어 표현력				해당 연령
	표준 점수	등가 연령	정확도 (%)	구문론	의미론	화용론	DIS	구문론	의미론	화용론	DIS	
ASSET: Assessing Semantic Skills through Everyday Language(Barret, Bowers, & Huisingh, 1988, Linguisystems)	✓	✓	✓		✓				✓			3~9;11
CASL: Comprehensive Assessment of Spoken Language(Carrow-Woolfolk, 1999, American Guidance Service)	✓	✓	✓	✓	✓	✓		✓	✓	✓		3~21
Clinical Evaluation of language Fundamentals (CELF)-3(Semel, Wiig, & Secord, 1995, Psychological Corp.)	✓	✓	✓	✓	✓			✓	✓			6~21
Comprehensive Receptive and Expressive Vocabulary Test(CREVT) (Wallace & Hammill, 1994, Pro-Ed)	✓	✓	✓		✓				✓			4~17;11
Expressive One-Word Vocabulary Test(EOWVT), 2000 Edition(Gardner, 2000, Linguisystems)	✓	✓	✓						✓			2~18;11
OWLS Listening Comprehension and Oral Expression Scales(Carrow-Woolfolk, 1995, American Guidance Service)	✓	✓	✓	✓	✓			✓	✓			3~21
Peabody Picture Vocabulary Test (PPVT)-Ⅲ(Dunn & Dunn, 1977, American Guidance Service)	✓	✓	✓		✓							2;6~90;11
Preschool Language Scale(PLS)-3(Zimmerman, Steiner, & Pond, 1992, Psychological Corp.)	✓	✓	✓	✓	✓			✓	✓			0~6;0
Receptive One-Word Vocabulary Test(ROWVT), 2000 Edition(Gardner, 2000, Linguisystems)	✓	✓	✓		✓							2~18;11
Test for Auditory Comprehension of Language(TACL)-3(Carrow-Woolfolk, 1999, Psychological Corp.)	✓	✓	✓	✓	✓							3~9;11
Test of Adolescent/Adult Word Finding(German, 1989, American Guidance Service)	✓		✓						✓			12~80
Test of Adolescent and Adult Language(TOAL)-3(Hammill et al., 1994, American Guidance Service)	✓		✓	✓	✓			✓	✓			12~24;11
Test of Early Language Development (TELD)-3(Hresko, Reid, & Hammill, 1999, American Guidance Service)	✓	✓	✓	✓	✓			✓	✓			2~7;11

Test of Language Competence-Expanded Edition(Wiig & Secord, 1989, Psychological Corp.)	✓	✓	✓	✓	✓			✓	✓			5~18
Test of Language Development(TLD)-3 Primary/Intermediate(Hammill & Newcomer, 1977, Psychological Corp.)	✓	✓	✓	✓	✓			✓	✓			P 4;8~8 I 8~12;11
Test of Pragmatic Language(TOPL) (Phelps-Terasaki & Phelps-Gunn, 1992, Pro-Ed)		✓	✓							✓		3~15;6
Test of Word Finding(TWF)-2(German, 2000, Pro-Ed)	✓		✓						✓			4~12;11
Test of Word Finding in Discourse (TWFD)(German, 1991, DLM)	✓		✓		✓				✓			6;6~12;11
Test of Word Knowledge(TOWK)(Wiig & Secord, 1992, Psychological Corp.)	✓	✓	✓		✓				✓			5~18
Utah Test of Language Development (UTLD)-3(Mecham, 1989, Pro-Ed)	✓	✓	✓	✓	✓			✓	✓			3~9;11
Wiig Criterion Referenced Inventory of Language(Wiig, 1990, Psychological Corp.)								✓	✓	✓		4~13
Woodcock Language Proficiency Battery(WLPB)(Woodcock, 1991, Psychological Corp.)	✓	✓	✓	✓	✓			✓	✓			3~9;11
The WORD Test-Revised(Elementary) (Huisingh et al., 1989, Linguisystems)	✓		✓						✓			7~11
The WORD Test-Adolescents(Zackman et al., 1989, Linguisystems)	✓		✓	✓	✓			✓	✓			12~17

출처: Bernstein & Tiegerman-Farber, 2002.

표 5-2 읽기와 관련된 검사도구의 채점 방법, 평가요소 및 해당연령

검사도구 (저자, 연도, 출판사)	채점방식			평가영역					해당연령
	표준점수	등가연령	정확도(%)	음운인식	독해력	소리내어 읽기	철자	쓰기	
Comprehensive Test of Phonological Processing(CTTOP) (Wagner, Torgesen, & Rashotte, 1999, Pro-Ed)	✓	✓	✓	✓					5~24;11
Gray Oral Reading Test (GORT)-3(Wiederholt & Bryant, 1992, Pro-Ed)	✓	✓	✓		✓	✓			7~18;11
OWLS: Written Expression Test(Carrow-Woolfolk, 1996, American Guidance Service)	✓	✓	✓				✓	✓	5~21
Phonological Awareness Test(PAT) (Robertson & Salter, 1997, Linguisystems)			✓	✓					5~7
Test of Early Reading Ability(TERA)-2(Reid, Hresko, & Hammill, 1989, American Guidance Service)	✓		✓	✓					3~9;11
Test of Phonological Awareness (TOPA)(Torgesen & Bryant, 1994, Psychological Corp.)	✓		✓	✓				✓	5~8
Test of Early Written Language(TEWL) (Hresko, Herron, & Peak, 1996, Psychological Corp.)	✓	✓	✓					✓	4~10;11
Test of reading Comprehension (TORC)(Brown, Hammill, & Wiederhot, 1995, American Guidance Service)	✓		✓		✓				7~17
Test of Written Language(TOWL) 3rd Edition(Hammill & Larsen, 1996, Pro-Ed)	✓	✓	✓				✓	✓	7;6~17;11
Test of Word Reading Efficiency (TOWRE)(Torgesen, Wagner, & Rashotte, 1999, Pro-Ed)	✓	✓	✓			✓			6~24;11
Test of Written Expression (TOWE)(McGee, Bryant, Larsen, & Rivera, 1995, Pro-Ed)	✓		✓					✓	6;6~14;11
Test of Written Spelling(TWS) (Larsen, Hammill, & Moats, 1999, Pro-Ed)	✓	✓	✓				✓		6~17;6
Woodcock Language Proficiency Battery(WLPB)(Woodcock, 1991, Psychological Corp.)	✓	✓	✓		✓	✓	✓	✓	2~90+
Woodcock Reading Mastery Test (Woodcock, 1998, American Guidance Service)	✓	✓	✓		✓	✓			5~75+

출처: Bernstein & Tiegerman-Farber, 2002.

표 5-3 2000년 이후 개발된 언어검사들

검사도구	저사(연도)	대상 연령	소요 시간	개요
의사소통 능력 평가				
Communication and Symbolic Behavior Scales Developmental Profiles(CSBS DP)	Wetherby & Prizant(2002)	0;6~6;0		아동의 기능적인 의사소통을 위한 의사소통적 능력(눈응시, 몸짓, 소리, 낱말, 이해, 놀이의 사용) 평가. CSBS(Wetherby & Prizant, 1993)와 비교해 보면 CSBS DP는 선별 검사용 체크리스트인 영유아 체크리스트(infant-toddler checklist)가 추가되었고, 양육자 질문지(caregiver questionaire)는 기존의 CSBS에서는 개방형 질문을 사용하는 반면 CSBS DP는 다수의 선택(multiple choice)과 재인 형식을 사용.
Language Use Inventory(LUI)	O'Neill(2009)	18~47개월	20분	LUI는 화용언어 발달을 평가하는 표준화된 부모보고 질문지임. 14개의 하위척도는 아동의 구어 의사소통을 많은 환경과 여러 가지 기능들에 대해 평가함. LUI는 자폐범주성장애아동의 구어습득 평가를 위한 도구로 사용되어 옴(Tager-Flusberg et al., 2009, JSLHR).
Social Communication Questionnaire(SCQ)	Rutter, Bailey, & Lord(2003)	4개월 이상	10분	자폐나 자폐범주성장애아동의 의사소통 기술과 사회성을 선별하기 위한 부모 체크리스트.
구어 능력 평가				
Bilingual Communication Assessment Resource	Mattas & Salda-Illingworth(2009)	Pre K~12.0세	개인차	10~20개 항목의 규준 참조 과제가 포함되어 있으며 스페인어 화자의 조음, 언어, 음성, 유창성 평가가 포함됨. 이 평가도구의 대부분은 다른 언어에서도 쉽게 사용될 수 있음.
Boehm 3-Preschool	Boehm(2001)	3;0~5;11	20~30분	기본적인 관계 개념의 이해 부족을 보이는 아이들을 판정하기 위한 규준평가. 유치원과 초기 유아교육과정과 관련된 개념들을 평가.
Boehm Test of Basic Concepts, Third Edition(Boehm-3)	Boehm(2000)	5;0~7;11	30~45분	아동이 숙달해야 할, 학교 첫 1년 동안 필요한 50개의 기본 개념들에 대한 규준평가.
Children's Communication Checklist-2(CCC-2)	Bishop(2006)	4;0~6;11	5~10분	화용, 구문, 형태, 의미, 말에서 아동의 의사소통 기술을 평가.
Clinical Evaluation of Language Fundamentals - Fourth Edition, Spanish (CELF-4 Spanish)	Semel, Wiig, & Secord(2000)	5~21세	20~60분	미국에 사는 스페인어 화자를 위해 개발된 표준화된 평가. CELF-4 영어판의 번역이 아님. 검사항목은 스페인어 화자에게 적합한 문법 형태와 스페인어 화자에게 친숙한 주제가 통합됨.
Clinical Evaluation of Language Fundamentals-Fourth Edition(CELF-4)	Semel, Wiig, & Secord(2003)	5~21세	30~60분	언어의 강점과 약점을 측정. 수용언어 및 표현언어 점수와 추가적으로 언어구조, 언어내용, 언어내용과 기억, 작업기억 점수를 제공.
Clinical Evaluation of Language Fundamentals-Fourth Edition Screening Test(CELF-4 Screening Test)	Semel, Wiig, & Secord(2004)	5~21세	15분	수용, 표현, 문법, 의미론적 기술에 대해 선별.
Clinical Evaluation of Language Fundamentals-Preschool, Second Edition (CELF-Preschool 2)	Semel, Wiig, & Secord(2004)	3~6세	30~45분	학업위주의 환경에 있게 될 취학전 아이들의 언어 기술을 폭넓게 평가할 수 있는 다양한 하위검사들을 제공. 화용 프로파일은 학교에서나 집에서 아동의 언어사용을 설명하는 데 도움을 줌.
Comprehensive Receptive and Expressive Vocabulary Test-Second Edition (CREVT-2)	Wallace & Hammill(2002)	4;0~89;11	20~30분	어휘 능력이 유의하게 또래보다 낮은 학생들을 확인하고 수용어휘와 표현어휘의 편차를 측정.
Diagnostic Evaluation of Language Variance(DELV)-Norm Referenced	Seymour, Roeper, & de Villiers(2005)	4~9세	45~50분	아동의 말과 언어장애를 진단하는 데 사용됨. 주류 미국 영어의 변화가 아동의 검사 수행에 미치는 영향을 줄이고 아동의 실제 언어 능력을 평가하도록 설계됨. 표준 샘플은 일반적인 미국 인구를 포함하고 인구통계학적으로 조정됨.

Diagnostic Evaluation of Language Variance(DELV)-Screening Test	Seymour, Roeper, & de Villiers(2003)	4~12세	15~20분	주류 미국 영어와 차이를 보이는 아동을 선별. 언어장애 위험군 아동을 선별. 특수교육에서 실제적인 말과 언어장애보다는 언어와 문화적 차이로 인해 소수민족 아이들이 과대포함되는 것을 줄이는 데 유용함.
Dynamic Assessment and Intervention	Miller, Gillam, & Pena(2001)	5~13세	개인차	언어차이와 언어장애를 구별함. 문화적, 언어적으로 다양한 인구의 언어와 문해력을 평가하는 대안적인 평가.
Evaluating Acquired Skills in Communication – Third Edition(EASIC-3)	Marcott(2009)	0;3~6;0	15~30분	자폐나 중등도에서 중도의 인지장애와 언어장애를 가진 발달장애아동의 다섯 가지 영역(언어이전 기술, 의미, 구문, 형태, 화용)에서 의사소통 기술을 평가.
Expressive Language Test 2(ELT 2)	Bowers, Huisingh, LoGiudice, & Orman(2010)	5;0~11;11	30~40분	언어에 기초한 교육적 어려움을 가진 학생들을 평가. 하위검사는 순서맞추기(sequencing), 메타언어-정의 및 일반, 문법과 구문, 범주화 정의하기.
Expressive One-Word Picture Vocabulary Test: Spanish-Bilingual Edition(EOWPVT-SBE)	Brownell(2000)	4~12세	30~45분	스페인어와 영어를 사용하는 이중언어아동의 표현어휘를 평가하는 표준화된 검사도구. 습득된 총 어휘 수를 평가.
Expressive One-Word Picture Vocabulary Test-4(EOWPVT-4)	Brownell(2010)	2~80세 이상	30~45분	EOWPVT-4 검사는 삽화와 함께 제시할 때 사물, 동작, 개념에 대해 단단어로 이름대는 능력을 평가.
Expressive Vocabulary Test-Second Edition(EVT-2)	Williams (2007)	2;6~90세 이상	10~20분	표준 미국 영어의 표현어휘와 낱말인출을 측정. 5개 수준의 진단 분석을 제시하고 PPVT-4와 규준을 공유함.
Fluharty Preschool Speech and Language Screening Test-Second Edition (FPSLST-2)	Fluharty (2000)	3;0~6;11	10분	조음, 문장 따라말하기, 지시수행하기, 질문에 답하기, 행동 설명하기, 사건 나열하기의 하위검사를 포함함. 점수들은 조음, 이해언어, 표현언어, 구성언어(composite language)의 수행을 반영.
Illinois Test of Psycholinguistic Abilities, Third Edition(ITPA-3)	Hammill, Mather, & Roberts(2001)	5;0~12;11	45~60분	아동의 구어와 쓰기를 측정함. 하위 검사들은 구어, 쓰기, 읽기, 철자를 포함한 언어의 일부 양상을 측정.
Language Processing Test 3: Elementary(LPT 3: Elementary)	Richard & Hanner (2005)	5;0~11;11	35분	언어에 의미를 부여하고 효과적으로 반응하는 능력을 평가. 두 개의 사전검사(명명하기, 기능 설명하기)와 5개의 하위검사(결합, 분류, 비슷한 점, 차이점, 여러 가지 의미, 특징들)가 가장 쉬운 것부터 가장 어려운 순서로 배열되어 있음.
MacArthur Inventarios del Desarrollo de Habilidades Comunicativas(CDI-Spanish Edition)	Translated and adapted by Jackson-Maldonado, Bates, & Thal(2003)	8~30세	개인차	스페인어 화자를 위한 MacArthur Communicative Development Inventories(CDI)임. 현재의 행동과 부모가 인식할 수 있는 두드러진 행동들에 중점.
Montgomery Assessment of Vocabulary Acquisition(MAVA)	Montgomery (2008)	3;0~12;11	30분	MAVA는 표현어휘와 수용어휘 관련 지식을 평가하기 위한 이해 검사임. 규준참조평가로 표준점수, 백분위, 등가연령을 알 수 있음.
Peabody Picture Vocabulary Test-Fourth Edition(PPVT-4)	Dunn & Dunn(2007)	2;6~90세 이상	10~15분	단단어 수준의 이해어휘를 측정.
PLSI: Pragmatic Language Skills Inventory	Gilliam & Miller(2006)	5;0~12;11	5~10분	세 가지 하위척도(개인 상호작용 기술, 사회적 상호작용 기술, 교실 상호작용 기술)로 아동의 화용언어 능력을 평가.
Preschool Language Assessment Instrument, Second Edition(PLAI-2)	Blank, Rose, & Berlin(2003)	3;0~5;11	30분	현재나 나중의 교실에서의 수행에 방해가 되는 아동의 언어와 의사소통 어려움을 조기에 확인하도록 함. 4단계의 추상개념을 통해 아동의 수용 및 표현 담화 기술을 비교. 효과적인 의사소통을 방해하는 화용 행동을 설명. 표현언어가 없거나 적은 아이들의 담화 능력도 평가할 수 있음.

Preschool Language Scale, Fifth Edition(PLS-5)	Zimmerman, Steiner, & Pond(2011)	0~7;11	45~60분	언어이전 상호작용 기술에서부터 언어 출현과 초기 문해력까지 평가. 놀이에 기초한 상호작용 평가는 7세까지의 아동도 사용할 수 있음.
Preschool Language Scale, Fifth Edition(PLS-5), Spanish Edition	Zimmerman, Steiner, & Pond(2012)	0~7;11	25~40분	어린 아동의 수용과 표현언어를 평가하는 표준화된 검사도구. 평가항목과 그림은 다른 사회 · 경제적 지위와 문화/지역 그룹들에 적절함.
Rapid Automatized Naming and Rapid Alternating Stimulus Tests(RAN/RAS)	Wolf & Denckla(2005)	5;0~18;11	개인차	각 검사의 모든 문항들 이름을 지정하는 데 걸리는 시간에 기초하여 읽기 실패 위험군 학생들을 선별.
Receptive One-Word Picture Vocabulary Test: Spanish-Bilingual Edition(ROWPVT-SBE)	Brownell(2001)	4~12세	15~20분	스페인어와 영어를 모두 사용하는 이중언어아동의 수용어휘를 검사하는 표준화된 평가. 두 언어로 모두 반응할 수 있으며 총 습득된 어휘를 평가.
Receptive One-Word Picture Vocabulary Test-4(ROWPVT-4)	Brownell(2010)	2~80세 이상	15~20분	영어 듣기 어휘를 평가.
Rice/Wexler Test of Early Grammar Impairment	Rice & Wexler (2001)	3~8세	45~60분	언어장애아동이 어려움을 보이는 형태소와 구문구조를 평가.
Social Emotional Evaluation (SEE)	Wiig(2008)	6;0~12;0	20~25분	또래와 부모, 다른 성인들과 상호작용하는 데 필요한 사회적 기술과 더 높은 수준의 언어 능력을 평가. 초등학교와 중학교에서 빈번하게 발생하는 사회적 상황과 일반적인 감정적 반응을 보여 줌. 규준참조 점수는 자폐범주성장애, 언어지체/장애, 학습장애, 또는 다른 집행기능 장애 학생들의 사회적, 감정적 언어 요구를 확인하는 데 도움을 줌.
Social Language Development Test Adolescent	Bowers, Huisingh, & LoGiudice(2010)	12;0~17;11	45분	1,334명의 대상자로 표준화되었으며 사회성 언어치료가 필요한 청소년들을 선별하는 데 사용. 하위검사들은 관점전환, 사회적 판단, 시각적 단서 해석, 사회적 상호작용에 초점. 연령에 적합한 풍자, 민감한 정보, 소문 등과 같은 기술들을 평가.
Social Language Development Test Adolescent(SLDT A)	Bowers, Huisingh, & LoGiudice(2010)	12;0~17;11	45분	하위검사에는 추론, 사회적 언어해석, 문제해결, 사회적 상호작용, 반어적인 표현 해석이 있음.
Structured Photographic Expressive Language Test-3(SPELT-3)	Bowers, Huisingh, & LoGiudice(2008)	6;0~11;11	45분	사회성 언어치료가 필요한 학생들을 평가하고 자폐와 언어학습장애를 가진 아이들과 일반적일 발달을 보이는 아이들을 선별. 점수는 사회적 언어 성숙도의 발달 진행을 반영.
Structured Photographic Expressive Language Test-3(SPELT-3)	Dawson, Stout, & Eyer(2005)	4;0~9;11	15~25분	54개의 일상 상황 사진과 사물을 가지고 설명과 질문을 통해 특정한 형태소와 구문 구조를 유도함.
Structured Photographic Expressive Language Test-Preschool 2(SPELT-P 2)	Dawson, Stout, Eyer, Tattersall, Fonkalsrud, & Crowley(2004)	3;0~5;11	10~15분	44개의 일상 상황과 사물 사진을 가지고 설명과 질문을 통해 특정한 형태론과 구문 구조를 이끌어 내도록 설명과 간단한 질문이 짝을 이루어 포함됨. 자발화 상황에서 발생하지 않은 특정 언어 구조를 유도하여 분석을 허용함.
Test of Early Language Development-Third Edition: Spanish	Ramos & Ramos(2007)	2;0~7;11	unknown	하위검사는 수용과 표현언어를 포함. 전반적인 구어 점수 제공.
Test of Language Development-Intermediate, Fourth Edition(TOLD-I:4)	Hammill & Newcomer (2008)	8;0~17;11	30~60분	6개의 하위검사는 구어의 구성요소들을 평가: 일반적인 낱말(generals), 발음은 비슷하나 뜻이 다르거나 상호 모순된 표현(malapropisms), 어휘, 문장결합, 낱말 순서, 문법 이해.

Test of Language Development-Primary, Fourth Edition(TOLD-P:4)	Newcomer & Hammill(2008)	4;0~8;11	30~60분	7개의 하위검사: 그림어휘력, 표현어휘, 문법 이해, 문장 모방, 문법 완성, 낱말 구별, 낱말 조음.
Test of Morpheme Usage	Stevens(2004)	아동과 성인	10~15분	영어 형태소 습득을 조사하는 융통성 있는 방법으로 발달 규준을 따름. 가능한 치료를 위해 특정 영역을 확인.
Test of Narrative Language (TNL)	Gillam & Pearson(2004)	5;0~11;11	15~20분	언어장애를 확인하고 문자와 추론 이해 질문에 대답하는 능력을 평가. 아동이 이야기 담화에서 얼마나 잘 언어를 사용하는지 평가하여 다른 표준화된 검사를 보완하도록 함.
Test of Pragmatic Language-2 (TOPL-2)	Phelps-Terasaki & Phelps-Gunn(2007)	6;0~18;11	45~60분	여섯 가지 하위 구성요소(실제 상황, 청중, 주제, 목적, 시각-몸짓 단서, 추상개념)에서 효과적으로 화용언어를 사용하는 능력을 평가.
Test of Problem Solving-2 Adolescent(TOPS-2)	Bowers, Barrett, Huisingh, Orman, & LoGiudice(2007)	12;0~17;11	40분	청소년들이 생각하고, 이야기하고, 문제를 해결하는 데 어떻게 언어를 사용하는지 평가. 명료화, 분석, 해결책 제시, 평가하기, 감정적 사고를 포함한 비판적 사고 기술에 중점을 둔 질문을 포함.
Test of Semantic Skills-Intermediate(TOSS-I)	Huisingh, Bowers, LoGiudice, & Orman(2003)	9;0~13;11	25~35분	어휘와 의미 검사는 수용언어 및 표현언어를 평가. 수용과 표현의 하위 검사는 명명하기, 분류, 특징, 기능, 정의하기를 포함.
Test of Word Finding, Second Edition(TWF-2)	German(2000)	4;0~12;11	20~30분	낱말찾기 능력을 평가하며 속도와 정확도 두 가지 차원의 분석을 제공. 부수적인 특징(몸짓과 부가적 표현)과 대체 유형의 비공식적인 분석도 제공.
The Wilson Syntax Screening Test	Wilson(2000)	Pre-K~K	2~3분	익숙한 대화 상황에서 적절한 말소리로 인해 간과될 수 있는 단순언어장애를 가진 아동을 선별. 형태론적 결함을 발견할 수 있는 20개의 문법적인 표지를 사용.
The WORD Test-2: Adolescent	Bowers, Huisingh, LoGiudice, & Orman(2005)	12세 이상	30분	어휘와 다른 결정적인 의미론적 특징들을 평가. 결합, 유의어, 의미적 모순, 반의어, 정의, 융통성 있는 낱말 사용의 하위검사가 있음.
The WORD Test-2: Elementary	Bowers, Huisingh, LoGiudice, & Orman(2005)	6;0~11;11	30분	어휘와 다른 결정적인 의미론적 특징들을 평가. 결합, 유의어, 의미적 모순, 반의어, 정의, 융통성 있는 낱말 사용의 하위검사가 있음.
Token Test for Children-Second Edition(TTFC-2)	McGhee, Ehrler, & DiSimoni (2007)	3;0~12;11	10~15분	미묘한 수용언어 결함과 길이와 복잡성이 증가하는 구어 지시를 수행할 수 있는 능력을 평가.
Utah Test of Language Development-Fourth Edition(UTLD-4)	Mecham & Jones (2003)	3;0~9;11	30~45분	의미, 문법, 음운을 평가. 그림식별, 낱말 기능, 형태론적 구조, 문장 따라말하기, 낱말 분리의 하위 검사가 있음.
Wh-Question Comprehension Test	Vicker(2002)	4세와 인지장애가 있는 성인	20~30분	교실이나 다른 환경에서 Wh-의문사 질문 이해를 조사하기 위한 선별검사. 자폐범주성장애와 다운증후군과 같은 언어에 어려움을 보이는 대상자들을 평가하기 위해 만들어짐.
Wiig Assessment of Basic Concepts(WABC)	Wiig(2004)	2;6~7;11	10~15분	아동의 이해와 기본적인 개념들의 사용을 평가하기 위한 규준검사.
Wiig Assessment of Basic Concepts-Spanish(WABC-S)	Wiig(2007)	3;0~7;11	10~15분	100개의 기본 개념 이해를 평가.

Woodcock-Munoz Language Survey-Revised	Woodcock, Munoz-Sanoval, Ruef, & Alvarado(2004)	2;5~성인	55분	영어와 스페인어의 언어 능숙도를 평가하는 표준화된 검사. 구어, 읽기, 쓰기영역에서 그림 어휘력, 언어 유추, 글자-낱말 확인, 받아쓰기를 평가.
읽기 능력 평가				
Analytical Reading Inventory, 7th Edition(ARI-7)	Woods & Moe(2003)	유치원~12학년	개인차	읽기 평가의 각 측면을 관리하기 위한 단계별 절차를 제공. 학생들의 강점과 약점의 다차원적인 프로파일을 제공.
Assessment of Literacy and Language(ALL)	Lombardino, Lieberman, & Brown(2005)	취학전~1학년	60분 이하	읽기에 어려움을 줄 수 있는 언어장애의 조기발견에 도움. 구어, 쓰기 기술, 듣기 이해, 언어이해, 의미론, 구문론, 음운인식, 알파벳 원리/포닉스(phonics), 인쇄에 대한 개념을 평가. 하위검사는 Reading First 프로그램 교육 구성요소와 동일.
Basic Early Assessment of Reading(BEAR)	Riverside Publishing Company(2002)	유치원~3학년	개인차	읽기의 필수적인 요소-음소인식, 포닉스(phonics), 어휘, 이해, 읽기유창성의 습득을 평가.
Burns/Roe Informal Reading Inventory: Preprimer to Twelfth Grade, Sixth Edition	Roe & Burns(2002)	취학전~12학년	개인차	단계별 어휘 목록과 읽기 문단을 포함하며 주요 개념, 세부사항, 순서, 추론, 원인과 결과, 어휘가 포함된 이해 질문을 제공.
Dynamic Indicators of Basic Early Literacy Skills – Sixth Edition(DIBELS)	Good III & Kaminski(2003)	유치원~6학년	unknown	읽기장애를 예측하는 빠르고 신뢰성 있는 평가. 유치원부터 3학년까지 초기 읽기의 결정적인 부분(음소 인식, 포닉스[phonics], 유창성, 이해, 어휘)을 평가하고 4학년부터 6학년은 유창성과 이해 영역을 평가.
Early Reading Assessment (ERA)	Robertson (2004)	취학전~1학년	30분	유치원 전, 유치원, 1학년에서 사용될 수 있도록 중요한 읽기 전 기술과 읽기 시작 기술들을 개별적으로 관리되는 평가. 네 가지 하위 검사로 글자인지, 낱말 부분의 시각적 인식, 글자 소리, 낱말 이해, 문장 이해를 평가.
Early Reading Diagnostic Assessment-Second Edition(ERDA Second Edition)	Pearson(2003)	유치원~3학년	개인차	읽기 문제를 예방하고 확인하기 위해 읽기의 다섯 가지 필수요소(음소인식, 포닉스[phonics], 유창성, 어휘, 이해)를 평가.
Emerging Literacy and Language Assessment (ELLA)	Wiig & Secord(2006)	4;6~9;11	35~60분	아동이 능숙한 독자가 되기 위해 필요한 기술들을 평가. 규준과 표준화된 참조, 표준점수, 백분위, 등가연령을 제공.
Fox in a Box: An Adventure in Literacy	Adams & Treadway(2000)	유치원~3학년	2~3주	음소인식, 포닉스(phonics), 읽기, 구어 표현, 듣기, 쓰기, 어휘, 유창성의 초기 문해력 기술을 평가.
Get Ready to Read!	Whitehurst & Lonigan(2001)	4세	10~15분	아이들의 초기 문해력 기술을 평가하기 위한 20항목의 질문들임. 인쇄지식, 초기 쓰기, 언어 인식의 세 가지 영역에 초점.
Gray Diagnostic Reading Tests-Second Edition (GDRT-2)	Bryant, Wiederholt, & Bryant(2004)	6;0~13;11	45~60분	인쇄물을 읽는 데 어려움이 있는 학생들을 평가. 글자/낱말 식별, 음성분석, 읽기 어휘, 의미 있는 읽기 네 가지 하위검사가 이루어짐.
Gray Oral Reading Tests-Fourth Edition(GORT-4)	Wiederholt & Bryant(2001)	6;0~18;11	20~30분	소리내어 읽기의 경과를 측정하고 음독 어려움 신단. 5개의 이해질문이 있는 14개의 발달적 읽기 문단이 포함.
Gray Silent Reading Tests (GSRT)	Wiederholt & Blalock(2000)	7~25세	15~30분	묵독 이해 능력을 평가. 5개의 중복 선택 질문이 있는 13개의 발달적 읽기 문단이 포함.
Phonics Based Reading Test(PRT)	Brownell(2004)	1~6학년	15~20분	읽기 기술의 빠르고 의미 있는 평가로 포닉스(phonics), 유창성, 이해를 평가.

Phonological Awareness and Literacy Screening (PALS)	Invernizzi(2004)	4세, 유치원, 1~3학년	PreK, K: 20분 Grades 1~3: 30분	추가적인 읽기 교수가 필요한 학생들을 선별하고 교사들에게 그 학생들을 가르칠 때 도움을 주는 명확한 정보를 제공.
Reading and Language Inventory, 5th Edition	Bader(2005)	유치원~성인	개인차	문해력과 전읽기기술 발달을 모두 평가. 단계별 낱말 목록, 음소인식, 포닉스(phonics), 읽기와 듣기 수준을 결정하기 위한 읽기 문단, 구어, 시각 및 청각적 변별, 쓰기, 산수가 하위검사에 포함.
Reading Inventory for the Classroom, 5th Edition	Flynt & Cooper(2004)	취학전~12학년	개인차	교실에서 학생 배치를 위해 읽기 능력과 이해를 평가. 인쇄면 읽기(선택된 낱말, 문장부호, 유창성), 이야기와 내용 분석, 문자와 추론적 이해, 읽기에서 개개인의 능력 수준을 평가하기 위해 실수 분석 방법을 사용.
Spelling Performance Evaluation for Language and Literacy(SPELL-2)	Masterson, Apel, & Wasowicz (2006)	7세~성인	30~60분	언어결함이 학생의 읽기와 쓰기를 방해하는지를 판별. 규정평가는 교수목표 확인을 위해 오류를 분석하고 각각의 학생들이 그들의 목표를 도달하기 위해 가장 효과적인 교수를 확인. 평가 자료가 바로 교수활동과 연결됨.
Test of Early Reading Ability-Third Edition(TERA-3)	Reid, Hresko, & Hammill (2001)	3:6~8:6	개인차	어린 아동의 읽기 능력을 평가. 문맥 의미, 알파벳, 규칙에 대한 지식을 평가.
Test of Oral Reading and Comprehension Skills (TORCS)	Gardner(2000)	5:0~14:11	15~20분	점점 어려워지는 10개의 연속된 이야기를 이용하여 음독의 정확성과 이해를 평가.
Test of Preschool Early Literacy(TOPEL)	Lonigan, Wagner, Torgeson, & Rashotte(2007)	3~5세	25~30분	취학전 아이들의 문해력 문제 위험군을 선별. 인쇄지식, 표현어휘(oral vocabulary), 정의적 어휘, 음운인식 능력을 알 수 있음.
Test of Silent Contextual Reading Fluency(TOSCRF)	Hammill, Wiederholt, & Allen(2006)	7:0~18:11	10분	일반적인 문맥의 묵독 능력을 평가(예: 낱말식별, 낱말의미, 낱말완성, 문장구조, 이해, 유창성).
Test of Silent Reading Efficiency and Comprehension(TOSREC)	Wagner, Torgesen, Rashotte, & Pearson(2010)	1~12학년	3분	간단하고 그룹이나 개별적으로 읽기검사를 관리할 수 있음. 검사는 선별과 진전 모니터링으로 사용될 수 있음. 임상가나 연구자들이 읽기 이해의 간단한 검사로도 사용.
Test of Silent Reading Skills(TSRS)	Gardner(2001)	7:0~13:11	개인차	이야기와 단락의 묵독이해를 평가. 하위 검사는 낱말의미, 낱말식별, 묵독속도를 포함.
Test of Silent Word Reading Fluency(TOSWRF)	Mather, Hammill, Allen, & Roberts (2004)	6:6~17:11	3~10분	인쇄된 낱말을 정확하고 효과적으로 인지하는 능력을 평가.
The Critical Reading Inventory: Assessing Students' Reading and Thinking	Applegate, Quinn, & Applegate (2004)	취학전~12학년	개인차	질문과 독자의 사실을 회상하는 능력과 논리적인 결론을 추론하고 그 결론에 비판적으로 반응할 수 있는 능력을 측정하는 평가를 통한 사고의 과정으로서 읽기 치료를 지원.
Word Identification and Spelling Test(WIST)	Wilso & Felton(2004)	7:0~18:11	40분	낱말식별, 철자, 소리-상징 지식을 평가하고 읽기와 철자에 어려움을 보이는 학생들을 선별.

참고자료: ASHA, 2013.

제6장 역동적-상호작용적 언어평가

I. 역동적-상호작용적 언어평가의 이론적 근거

역동적 언어평가(dynamic language assessment)는 표준화된 검사도구를 사용하는 전통적인 평가 방법의 제한점을 보완하고자 제안된 것이다. 여기에서 말하는 전통적인 평가 방법이란 발달단계를 중시하는 모델로서 언어습득의 보편성을 기초로 하고 있으며 상호작용이 배제된 언어의 영역을 평가한다. Coggins(1998)는 단계모델에 기초한 전통적인 평가 방법이 가지는 제한점을 다음과 같이 지적하였다. 첫째, 발달단계란 발달과정에서 일어나는 진정한 단계라기보다는 행동변화를 분류하고 정리하는 수단으로서의 의미가 더 크다. 둘째, 단계모델은 발달이 순차적으로 일어나며 그 순서는 불변한다고 전제한다. 그러나 2세 이전의 영유아 발달연구에서는 발달이 일정하기보다는 갑작스럽게 나타나거나, 정체되기도 하며 퇴행하기도 한다고 보고한다(Kitchner et al., 1993). 셋째, 검사도구의 단순성은 검사도구에 의존한 평가의 타당도에 영향을 미친다. 공식검사는 아동이 접하는 일상생활의 문맥을 반영하기가 힘들기 때문에 사회적 타당도가 떨어진다. 사회적 타당도란 검사가 아동의 실제 삶 속에서의 행동을 얼마나 반영하는가 하는 것이다. Bailey와 그의 동료들(Bailey, 1989; Bailey & Bricker, 1986)은 사회적 타당도를 높이기 위해서는 소위 생태학적 평가를 위해 양육자를 포함시키고, 가정의 문화적 배경, 사회 · 경제적 지위, 가족의 신앙이나 신념 등을 고려하며, 일상생활 속에서 필요한 능력을 최대한 평가할 수 있어야 한다고 제안한다.

단계모델에 근거한 평가의 문제점이 제기되면서 좀 더 상호작용적이고 역동적인 평가 방법이 제안되었다. 이는 언어의 습득이 상호작용적이고 역동적이며 다면적이라는 데 기초한 것이다(Coggins, 1998). Evans(1996)는 언어과정 자체가 역동적이기 때문에 아동의 음운론적, 형태론적, 구문론적, 의미론적, 화용론적 체계가 순간순간 서로 상호작용하면서 변화하는 것이고, 역동적 평가모델은 이러한 변화를 설명하기 위한 것이라고 보았다. 그러므로 역동적-상호작용적 평가모델은 아동의 환경을 중요시하며 평가에 있어서 문맥을 중요한 변인으로 다룬다. 그리고 통합적인 활동을 통해서 나타나는 아동의 전체적인 능력에 초점을 맞추며, 언어영역의 능력을 개별적인 측면뿐 아니라 능력 간의 상호작용적인 측면에서도 평가하고자 한다. 역동적-상호작용적 평가가 필요하다는 인식이 언어평가에 시사하는 바를 살펴보면 다음과 같다(Coggins, 1998; Olswang, Bain, & Johnson, 1992).

① 문맥을 중시하여야 한다. 흔히 문맥을 고려한 평가로는 자유놀이상황에서의 언어행동 관찰이 많이 사용된다. 그러나 자유놀이 상황도 정해진 장난감으로 지나치게 형식화해 버리면 많은 정보를 놓칠 수 있다. 그러므로 언어평가 시 다양한 상황적 문맥을 제공하는 것이 필요하다.

② 아동의 초기 습득기 언어 이해력을 평가할 수 있도록 평가조건을 고려한다. 아동의 언어 이해력, 특히 아직도 단서를 많이 이용하는 초기 습득단계의(emerging) 언어 이해력을 평가하기는 매우 어려운데, 이는 이해력이 표현력보다도 더 문맥의 영향을 많이 받기 때문이다. 예를 들어, Chapman(1978)은 2세 이전 아동이 평가상황에서 언어를 이해하는 데 사용하는 전략을 〈표 6-1〉과 같이 관찰하였다. 역동적-상호작용적 평가에서는 아동의 습득초기 이해력을 중요하게 여기기 때문에, 일상적인 문맥을 포함한 다양한 조건에서의 평가를 실시한다.

③ 언어 표현력을 평가하는 데에도 다양한 문맥을 활용한다. 언어발달 문헌에 나와 있는 언어 표현력의 문맥 역시 다양하다. Coggins(1991)는 선행연구들을 검토하여 여섯 가지 유형의 문맥을 보고하였다. 첫째, 활동이나 상호작용의 목적에 따라 자연스러운 문맥에서부터 구조적인 문맥의 형태가 있다. 둘째, 의사소통 상대방과의 친숙도에 따라 낯선 상대방에서부터 친숙한 상대방을 사용한다. 셋째, 제시물의 특성에 따라 새로운 제시물에서부터 친숙한 혹은 주제가 있는 제시물이 있

표 6-1 2세 이전 아동이 평가상황에서 사용하는 언어 이해 전략

연령(개월)	언어 이해력	언어 이해 전략
9~12	예상되는 문맥 속에서 몇몇 낱말을 이해할 수 있다.	1. 성인이 쳐다보는 사물을 쳐다본다. 2. 주목받는 사물을 작동시킨다. 3. 진행되고 있는 행동을 모방한다.
12~18	익숙하지 않은 상황 속에서도 몇몇 낱말을 이해하지만 아직도 현재 일어나고 있는 문맥에 의존한다.	1. 언급된 사물에 주목한다. 2. 주목하고 있다는 증거를 보인다. 3. 일반적인 행동으로 수행한다.
18~24	예측하기 어려운 문맥에서도 단단어를 이해할 수 있다. 2낱말조합도 일부 이해한다.	1. 언급된 사물을 놓거나 집어넣는다. 2. 언급된 대로 사물을 조작한다.

출처: Chapman, 1978, Coggins, 1998에서 재인용.

다. 넷째, 활동의 친숙도에 따라 새로운 활동에서부터 일상적인 활동 문맥의 형태가 있다. 다섯째, 청자의 반응에 따라 즉각적인 반응을 보이는 문맥에서부터 지연된 반응을 보이는 문맥이 있다. 그리고 여섯째, 단서나 촉진의 제공 정도에 따라 일반적인 발화에서부터 유도발화의 형태가 있다. 이러한 다양한 문맥을 활용하여 최소한의 지원으로부터 최대한의 지원을 제공하면서 아동의 표현언어력이 어떻게 달라지는지를 평가해야 한다.

④ 역동적 평가는 첫째, 아동의 학습잠재력에 대한 정보, 둘째, 주어진 과제에서 아동이 성공하거나 실패하는 데 영향을 미치는 요인에 대한 정보, 그리고 셋째, 무엇이 아동의 발달이나 기능을 촉진했는지에 대한 정보를 제공할 수 있어야 한다 (Minick, 1987). 그러기 위해서는 한 번만 시행되는 일시적인 검사보다는 '검사-단기학습-검사'와 같은 과정을 밟아야 한다. 즉 아동이 실패한 과제에 대하여 다양한 단서, 촉진, 지시, 또는 피드백을 제공한 후에 다시 평가한다. 그러므로 역동적 평가는 정적인 평가에 비해 임상가의 평가 능력이 중요하게 작용하기 때문에 임상가의 훈련이 필요하다.

⑤ '검사-단기학습-검사' 결과는 단기학습 시 정반응을 유도하기 위해 사용된 촉진이나 단서의 수준에 따라 아동의 학습잠재력을 예측해 준다. 예를 들어, 최소의 단서만으로 정반응이 촉진된 아동은 즉각적인 학습잠재력을 가지고 있다고 볼 수 있는 반면, 여러 가지 단서나 촉진이 필요했던 아동은 성인의 중재로 습득할 수 있는 잠재력을 보이는 것이고, 여러 가지 단서나 촉진으로도 정반응이 유도되지 않은 아동은 학습이 다소 오래 걸릴 것이라는 것을 의미한다. 실제로 역동적 평가

를 통하여 학령기 다운증후군아동의 이야기 학습잠재력을 분석한 구지혜와 김영태(2009)의 연구에서는, 다운증후군아동의 이야기 표현 능력은 어휘연령(4~6세 수준)을 일치시킨 일반아동에 비해 떨어지지만 이야기 구조에 대한 학습잠재력은 일반아동과 유사하다는 결과를 보고하였다. 또한 말늦은 3세 아동을 대상으로 역동적 평가의 타당도를 연구한 박정은과 김영태(2003)는 2낱말 의미관계에 대한 발달잠재영역(Zone of Proximal Development: ZPD)이 높은 집단과 낮은 집단을 비교한 결과, 두 집단 간에는 실제 학습향상도에서 유의한 차이가 있음을 보고하였다.

II. 역동적-상호작용적 평가모델에 근거한 언어평가

표준화된 검사도구가 아동언어 또는 의사소통의 장단점을 진단하는 데 한계가 있기 때문에 문맥을 중시하는 여러 언어평가 방법들이 제시되었다.

1. 취학전 아동을 위한 기능적 의사소통 행동 목록

Olswang(1996)은 취학전 아동을 위한 기능적 의사소통 행동 목록(Preschool Functional Communication Inventory: PFCI)을 개발하여, 아동의 의사소통기술을 의미 있고 일반적인 경험과 환경 내에서 수집하는 기능적 평가를 고안하였다. 기능적 평가란 표현 양식(mode)에 상관없이, 주어진 자연스러운 환경 내에서 독립적이고 효과적으로 메시지를 주고받는 의사소통 능력을 측정하는 것이다.

PFCI의 목적은 어떻게 어린 아동이 다른 사람들과 중요한 상황에서 잘 의사소통하게 할지를 제안하기 위한 것이며, 평가 목록은 여섯 가지 요소를 포함하고 있다. 그 여섯 가지 요소를 살펴보면, ① 행동은 어린 아동의 일상생활과 관련되어야 하며, ② 자극은 조작적으로 정의되어야 하고, ③ 자연스러운 문맥에서 측정되어야 하며, ④ 결과는 다양한 연령대와 장애를 고려하여 기술되어야 하고, ⑤ 내용은 성, 사회 · 경제적 지위, 문화 등에 민감하게 반응해야하며, 평가 목록은 쉽게 해석되고 이해되어야 한다.

PFCI는 ① 사회적 의사소통, ② 기본욕구에 관한 의사소통, ③ 인지적인 놀이-기본개념, ④ 매일의 일상생활 영역에서 아동의 수행 수준을 평가한다. 각 영역은 아동의 행동이 어느 정도의 독립성을 보이는가에 따라 7점 척도에 의하여 양적으로 점수화한다(예: 7-도움 없이 수행한다, 4-어느 정도의 도움을 받아 수행한다, 1-수행하지 못한다). 또한 아동의 의사소통 능력이 '메시지 전달을 위하여 충분하였는가' '상황에 적절하게 전달하였는가' '적절한 시간 내에 메시지를 전달하였는가' '사회적 상호작용 시에 반응을 보였는가' 등 수행 능력을 질적으로 평가할 수 있다.

2. 의사소통 및 상징행동 척도

Wetherby와 Prizant(1990)는 초기 의사소통 발달을 평가하는 검사로 CSBS(Communication and Symbolic Behavior Scales)를 개발하였다. 이 검사에서는 생후 2년 동안 아동이 매일 사용하는 의사소통과 관련된 내용을 평가한다. CSBS는 부모(양육자)와 아동 간의 상호작용 상황에서 양육자가 아동의 행동을 관찰하도록 한다.

CSBS는 주로 의사소통 행동, 사회적 행동, 놀이 행동 등을 평가한다. 이 검사는 구조화되어 있으나 융통성이 있는 검사이며, 어린 아동의 언어적, 비언어적 행동을 세 가지 방법으로 관찰한다. 첫째, 아동이 일상적인 상황에서 어떻게 의사소통하는지를 질문지를 통해 평가한다. 둘째, 자연스러운 상호작용을 유도할 수 있는 편안하고 덜 구조화된 놀이 활동 속에서 평가한다. 셋째, 평가자는 아동의 바람직한 행동을 이끌어 내기 위하여 구조화된 유도 방법을 사용하여 평가한다.

각 영역에서 나온 결과는 의사소통 프로파일(communicative profile)을 만들기 위하여 백분위점수(%ile)로 변환되며, 프로파일은 아동이 의사소통 영역과 상징놀이 영역에서 어떠한 강점을 가지고 있는지에 대한 정보를 제공하여 준다. CSBS는 발달영역 간이나 영역 내의 상호작용 정보를 제공하며, 중재의 목표와 영역을 결정하는 데 도움을 주기 때문에, 역동적이고 상호작용적 모델이 된다.

3. 유아 및 아동을 위한 평가 · 진단 · 훈련 체계

Bricker(1993)는 초기 평가와 개별화된 교육 프로그램을 연결하는 통합적 중재 체계인 AEPS(The Assessment, Evaluation, and Programming System for Infants and Children)를 고안하였다. AEPS는 기능적 기술들을 평가하고, 아동이 변화하는 환경의 요구에 맞추어 그러한 기술들을 사용할 수 있는 환경을 제시한다. 또한 AEPS는 중재가 바람직한 결과를 이끌어 낼 수 있을지 살펴보기 위하여 아동의 행동 변화를 반복적으로 평가하며, 이러한 계속적인 평가는 아동이 특정한 기준에 도달하였는지, 중재의 다음 단계로 넘어가도 되는지를 결정할 때 좋은 자료가 된다.

AEPS는 1~36개월 아동의 기능을 평가할 수 있는 준거 참조 검사로, 자연스럽게 상호작용하는 동안에 아동을 관찰하는 도구이다. CSBS처럼 아동의 반응을 유도하기도 하고 평가정보를 얻기 위해 양육자 질문지를 사용하기도 한다. 평가는 사회적 발달, 소근육 발달, 대근육 발달, 적응적 발달, 인지적 발달, 사회-의사소통 발달의 여섯 가지 하위발달 영역에서 이루어진다. 각 영역 내의 평가 목표는 새로운 행동을 학습하기 위한 가장 효과적인 순서를 결정하는 것이고, 아동이 수행하지 않는 평가 목표는 중재의 내용이 된다.

Ⅲ. ZPD에 근거한 역동적 언어평가

발달잠재영역(근접발달영역, Zone of Proximal Development: ZPD)은 오래 전 Vygotsky(1934)에 의해 제안된 개념으로, 아동이 기능하고 있는 발달 수준과 성인(발달 수준이 높은 형이나 친구도 됨)의 협조나 도움을 받아 최대한으로 나타나는 발달 수준 간의 차이를 의미한다(Olswang, Bain, & Johnson, 1992). 이 개념은 역동적 평가가 부각되면서 그 의미가 재조명되고 있다. 역동적 평가에서는 현재 아동이 독립적으로 수행하는 능력뿐 아니라 그 아동이 얼마나 많은 발달잠재력을 가지고 있는지도 평가하여 발달의 역동성을 분석하는 것이 중요하기 때문이다.

Wertsh(1984)는 ZPD를 평가하기 위해 다음과 같은 유의점을 시사하였다. ① ZPD 안에서의 교수-학습 활동은 성인과 아동 간에 적극적이고 의도적인 협조로 이루어져야 한다. ② ZPD에서의 활동은 잘 결합된 상호작용에 의한 것이어야 한다. 아동은 주어진 과제에 관심과 흥미를 보여야 하며 성인은 아동이 흥미를 갖도록 하고 또 잘 유지시켜 주어야 한다. 역동적 평가에서는 임상가의 태도에 따라 매우 다른 결과가 나타날 수 있다. ③ ZPD 안에서의 상호작용은 아동이 가질 미래의 기술이나 지식을 향한 것이어야 한다. 즉 현재 아동이 얼마나 잘 알고 있느냐보다는 아동의 흥미와 기술이 어떻게 변할 것인가에 초점이 맞추어져야 한다. 이러한 조명은 ZPD를 "아동과 성인 간의 사회적인 결합활동을 통하여 드러나는 아동의 잠재적인 인지영역”(Olswang, Bain, & Johnson, 1992, p. 192)으로 보게 한다.

역동적 평가는 인지 능력뿐 아니라 언어발달이나 언어장애 평가에도 활용되고 있다. 정상적인 언어습득과정에서 부모들이 사용하는 가교책략(scaffolding technique)은 평가과정에서의 훈련부분과 유사하다. 부모들은 아동이 좀 더 높은 수준의 언어를 사용하도록 여러 가지 필요한 상황적인 단서(예: 눈으로 보든지 손으로 가리키면서 “가져와”라고 말함)를 사용하는 경우가 많다. 이들이 목표로 하는 언어 수준은 흔히 아동의 학습잠재영역 내에 있는 것들이다. 언어학습잠재력의 평가모델인 LPAD(Learning Potential Assessment Device)는 1970년대와 1980년대에 지속적으로 확장되었다(Feuerstein et al., 1979; Budoff, 1974; Lidz, 1991, 1996).

ZPD에 근거하여 활용되는 역동적 언어평가는 그 강조점에 따라 다음과 같은 전략이나 방법들을 사용한다(Carlson & Wield, 1978, 1992; Pena et al., 2001; Gutiérrez-Clellen & Peña, 2001; Paul, 2008).

① 한계에 대한 평가(test the limits)와 반응에 대한 면담(interview on responses): 전통적인 정적 평가방법과는 달리 아동의 반응에 대해 피드백을 제공하며 왜 그런 반응을 했는지 알아냄으로써 아동의 한계를 심층적으로 살펴보고자 하는 전략이다. 이러한 전략을 통하여 낮은 수행에 영향을 미친 아동의 평가에 대한 이해 부족이나 성격, 혹은 문화적 차이 등의 변수를 알아낼 수 있다. 예를 들어, 아동이 ‘불자동차’ 표현어휘 문항에서 ‘구해 줘요’라고 했을 때 “그래, 구해 주는 거야. 그 이름을 아니?” 혹은 “그 이름을 말해 줄래?”라고 하면서 과제 수행방법을 설명한다. 또한 아동의 반응에 대해 질문하면서 목표 언어를 유도할 수도 있다. 예를 들어, “구해 주는 걸 어떻게 알아? 길에서 보면 뭐가 간다고 해?” 등의 질문으로 유도한다.

② 점진적 촉진이나 단서 제공(graduated prompting, successive cuing): 실패한 항목에 대해서는 위계적인 촉진이나 단서를 제공한다. 촉진이나 단서는 강도가 약한 것(예: 사물을 보여 주며 아동의 반응을 기다린다)으로부터 시작하여 점점 강한 것(예: “이건 차야. 이게 뭐라구?”)으로 늘려 가면서 아동의 ZPD를 파악한다. 예를 들어 Olswang, Bain과 Johnson(1992)은 2낱말조합 발화를 위하여 〈표 6-2〉와 같은 촉진들을 제안하였다.

③ 평가-단기학습-재평가(test-teach-test): 학습잠재력(ZPD)이나 중재이익에 대한 예후를

파악하기 위해서 초기평가(사전검사)와 재평가(사후검사) 사이에 단기학습을 시행한다. 단기학습은 흔히 단서나 촉진의 제공을 제한된 횟수(예: 1~2회)로 제공하는 것을 의미한다. 이 방법에서 사용하는 단기학습은 진단적 학습(diagnostic teaching) 혹은 단기학습경험(Mediated Learning Experience: MLE)이라고도 하는데, 이는 이 단계에서 제시되는 단서나 촉진에 대한 반응정도에 따라 언어치료의 예후나 적용할 중재 방법을 계획할 수 있기 때문이다(Pena, 1996, Paul, 2008에서 재인용). 예를 들어, Olswang과 Bain(1996)은 다음과 같은 세 가지 경우에 따라 중재계획이 달라질 수 있다고 설명하였다. 첫째, 단서나 촉진 없이 이루어지는 정적 평가(static assessment)와 단서와 촉진을 제공하며 이루어지는 역동적 평가 사이에 아무런 차이가 없다면, 아동은 적어도 그 목표행동에 대해서는 중재이익을 보기 어렵기 때문에 중재를 받을 준비가 되지 않았다고 할 수 있다. 즉 중재계획 시 후순위에 배정하여야 한다. 둘째, 단서나 촉진 없이도 향상이 되는 경우는 자연적인 발달이 이루어지는 것을 의미하므로 적어도 그 목표행동에 대해서는 중재가 굳이 필요하지 않다고 할 수 있다. 셋째, 단서나 촉진을 많이 제공하여야만 수행이 향상되는 경우는 중재를 통해 효과를 볼 가능성이 커서 중재계획 시 우선순위에 배정해야 한다고 할 수 있다. 사전, 사후 평가 외에도 주관적 척도(예: 3점 척도)를 통해 필요한 단서의 정도나 아동의 반응도를 측정하는 것도 도움이 된다(Gutiérrez-Clellen & Peña, 2001).

Olswang, Bain과 Johnson(1992)은 같은 목표행동에 대한 역동적 평가보고의 예를 〈표 6-3〉과 같이 제시하였다. 일시적인 규준검사 결과로는 대상아동 1이 수용언어 및 표현언어 점수에서 대상아동 2보다 다소 높았다. 수용어휘검사인 PPVT의 표준점수는 대상아동 1이 106이고 대상아동 2가 89였으며, SICD에서는 대상아동 1은 수용언어연령 36개월, 표현언어연령 20개월, 대상아동 2는 수용언어연령 28개월, 수용언어연령 20개월이었다. 그러나 〈표 6-3〉에 나타난 역동적 평가 결과로는 대상아동 2가 2낱말 의미관계를 습득할 학습잠재력이 더 있는 것으로 나타났다. 그러므로 대상아동 2의 현재 언어 수준은 대상아동 1보다 낮지만 학습잠재력은 더 높다는 평가가 가능하다.

표 6-2 2낱말조합 발화를 위한 역동적 평가 프로토콜

촉진	설명	예제
일반적인 표현	성인은 아동의 주의를 상황적 문맥과 관련된 사물이나 활동으로 유도하기 위해 일상적인 표현을 한다. 즉 아동의 주의를 끌어서 자발적으로 의미조합을 할 기회를 제공하는 것이다.	"어! 이거 보세요."
유도질문	성인은 사물이나 활동과 관련된 WH-질문을 한다.	"무슨 일이 일어나고 있어요?" "얘는 뭐하고 있어요?"
결어 보충하기(cloze)나 문장 완성하기 요구	성인은 문맥과 관련된 사물을 제시하면서 의미조합을 강조하여 말을 한다. 성인의 말이 부분적인 단서가 되게 한다. 그리고는 WH-질문을 하거나 문장 앞만 말해 주고 뒤는 남겨 놓아 아동이 문장을 끝내도록 한다.	"여기 보세요. 강아지가 앉아 있네." (강아지를 앉히면서) "여기 강아지가 ____." "이건 더러운 숟가락이에요."(더러운 숟가락을 제시한다) "이건 ____.."(깨끗한 수저를 제시한다)
간접 시범	성인은 목표 어휘들을 조합시키는 발화를 하면서 확대되거나 지연된 시범을 보인다. 그리고 이러한 시범 후에는 유도질문이나 서술과 같은 발화를 한다.	"저 강아지를 보세요. 강아지가 걷고 있네요." "강아지가 상 위에서 걷는 것 좀 보세요." "무슨 일이 일어나고 있지요?" "저거 보세요."
직접 시범 및 유도질문	성인이 목표의미조합을 직접 시범 보인 후, 아동의 자발적인 즉각모방을 기다리며 잠시 기다린다. 반응이 없으면 다시 말해 주며 따라해 보라고 요구한다.	"강아지가 걷네"(쉼) "강아지가 걷는다고 말해 봐" 또는 "강아지가 걸어요… 말해 봐"
단계적 형성(shaping)	성인이 의미조합을 직접시범 보인 후 유도질문을 했을 때 아동이 그중 한 낱말을 말하면, 의미조합에서 다른 부분을 시범 보이고 따라하게 한다. 그리고 나서는 전체 의미조합을 시범 보인다.	"그래, 강아지네. "강아지"라고 해 봐요. (쉼) "걸어간다"라고 해 봐요. "강아지가 걸어간다"라고 해 봐요."

출처: Olswang, Bain, & Johnson, 1992.

표 6-3 역동적 평가보고의 예

목표의미관계		정반응수		정반응을 유도한 촉진의 형태	총 정반응수
		4개의 초기항목	2개의 새 항목		
대상아동 1					
	실체+수식	0	0	–	–
	실체+장소	0	0	–	–
	소유자+소유물	0	0	–	–
	행위자+행위	0	0	–	–
	행위+대상	1	0	DM+E	1
	행위+장소	0	0	–	–
대상아동 2					
	실체+수식	3	2	DM+E	5
	실체+장소	0	0	–	–
	소유자+소유물	0	0	–	–
	행위자+행위	4	1	DM+E	2
	행위+대상	4	2	SH	3
				IM	2
				DM	1
				DM+E	3
	행위+장소	4	0	DM+E	4

DM+E: 직접시범과 유도질문, SH: 단계적 형성, IM: 간접시범, DM: 직접시범.
출처: Olswang, Bain, & Johnson, 1992.

제7장 음운발달 평가

I. 음운분석의 이론적 근거

음운(phonology)은 언어에서 사용되는 말소리 그 자체를 의미할 뿐 아니라, 낱말들 속에서 이루어지는 말소리의 배열 규칙이나, 말소리를 첨가, 삭제 또는 대치시키는 모든 변화과정을 의미한다. 즉 음운은 낱말의 의미를 변별하는 기능을 가진 말소리 목록은 물론 말소리들의 체계와 연결 규칙, 그리고 연결되는 과정에서 발생하는 음운 현상들까지 포함하는 개념으로 볼 수 있다(이호영, 1996; 정성윤, 1983). 따라서 아동이 음운을 습득하기 위해서는 각각의 말소리를 정확하게 산출해야 하는 것은 물론, 낱말 산출시 말소리를 적절한 규칙에 기초하여 연결할 수 있어야 한다.

아동의 음운 능력 발달에 대한 초기 연구자들은 주로 아동이 산출할 수 있는 말소리가 무엇인지에 관심을 두었으며, 말소리 간에 적용되는 규칙에 대해서는 거의 관심을 두지 않았다. 때문에 이러한 초기 연구들은 아동이 음운발달과정에서 나타내는 음운특성을 자세하게 설명해 주지 못하였다.

1970년대에 들어서면서, 아동의 음운발달이 개별 말소리 차원에서 이루어지는 것이 아니라 체계적이고 나름대로의 패턴을 가지고 이루어지며, 아동의 음운발달을 연구하기 위해서는 아동이 산출할 수 있는 말소리 목록을 작성하는 것뿐만 아니라 그들이 나타내는 오류유형을 살펴보는 것이 중요하다고 강조되기 시작하였다. 이러한 맥락에서 많은 연구자들은 변별자질이나 음운규칙, 또는 음운변동 패턴 등을 이용하여 아동이 나타내는 음운에서의 오류를 분석해 보고자 시도하였다(김영태, 1995; 김영태, 심현섭, 김수진 공역, 2012; Bernthal, Bankson, & Flipsen, 2009; Stoel-Gammon & Dunn, 1985).

그중 음운변동 분석은 Stampe(1972)의 자연음운론(natural phonology theory)에 근거한 것으로, 잘못 발음한 음소와 목표 음소의 차이를 체계적으로 제시해 준다. 따라서 기존의 조음오류에 대한 분석이 아동이 잘못 산출한 말소리를 밝혀내는 데 그치는 것에 비해, 음운변동 분석은 아동이 나름대로 사용하고 있는 오류의 법칙이나 패턴을 설명해 준다. 많은 연구자들은 음운변동 분석 방법을 기초로 하여 일반아동의 음운 능력 발달에 대해 연구하였으며, 아동이 말소리 체계를 습득하는 과정에서 공통된 음운변동들을 나타낸다는 결과를 제시하였다(김영태, 1995; 배소영, 1987; Edwards, 1979; Edwards & Shriberg, 1983; Fokes, 1982; Ingram, 1976; Stoel-Gammon & Dunn, 1985). 또한 일부 연구자들은 음운오류를 심하게 나타내는 아동의 음운 능력을 평가하거나 치료를 실시할 때에도 개별 말소리에 기초하기보다는 음운오류 패턴에 기초하는 것이 더 효과적이라고 주장하였다(김영태, 김수진, 이희란, 1997; 이은정, 김영태, 1999; Bernthal, Bankson, & Flipsen, 2009; Edwards, 1992; Ingram, 1976; Tyler et al., 1987).

II. 우리말의 음운오류 평가

Stoel-Gammon과 Dunn(1985)은 흔히 일어나는 오류를 다음의 세 가지 유형으로 분류하였다. ① 음절구조변화에 있어서는 생략과 첨가 변동, ② 대치과정에 있어서는 폐쇄음화, 탈구개음화, 활음화, 모음화 및 경구개음의 전방화 변동, ③ 동화과정에 있어서는 양순음동화, 경구개음동화, 비음동화, 전환 및 중복 변동이 많이 관찰된다고 보고하였다. 이러한 틀 속에서 우리말을 살펴보면, 다음과 같은 변동들이 가능하다.

1. 생략 및 첨가 음운변동

(1) 음절 구조에 따른 변동: 음소나 음절이 생략되거나 첨가되는 변동을 의미한다.

- 음절 생략: 음절이 생략되는 경우(예: /장난깜/ → /난깜/)
- 초성 생략: 낱말이나 음절의 첫 자음이 생략되는 경우(예: /사탕/ → /아탕/)
- 종성 생략: 낱말이나 음절의 받침소리가 생략되는 경우(예: /풍선/ → /푸선/)
- 첨가: 소리가 첨가되는 경우(예: /오뚜기/ → /코뚜기/)

(2) 조음 방법에 따른 변동: 조음할 때 공기의 흐름을 어떻게 변화시키는가와 관련되는 변동을 의미한다. 일반적으로 우리말의 음소들은 ① 공기의 흐름을 폐쇄시켰다가 갑자기 열어 주면서 만드는 폐쇄음, ② 공기통로를 좁혀서 좁은 공간으로 공기가 빠르게 흘러나가게 하면서 만드는 마찰음, ③ 폐쇄음에서와 같이 공기의 흐름을 일단 폐쇄시켰다가 마찰음을 낼 때처럼 좁은 공간을 열어서 공기가 빠져나가게 하면서 만드는 폐찰음, ④ 구강과 비강 사이의 공간(연인두 혹은 비인두)을 열어서 비강으로도 공기가 빠져나가게 하면서 만드는 비음, 그리고 ⑤ 혀를 중심으로 양측으로 공기가 자연스럽게 흐르게 하면서 만드는 유음 등으로 나누어진다. 조음 방법에 따른 생략변동에는 다음과 같은 경우들이 있다.

- 마찰-폐찰음 생략: 마찰음(ㅅ, ㅆ, ㅎ)이나 폐찰음(ㅈ, ㅉ, ㅊ)이 생략되는 경우(예: /썰매/ → /얼매/)
- 폐쇄음 생략: 폐쇄음(ㅂ 계열, ㄷ 계열, ㅈ 계열)이 생략되는 경우(예: /김밥/ → /임밥/)
- 비음 생략: 비음(ㅁ, ㄴ, 받침 ㅇ)이 생략되는 경우(예: /단추/ → /다추/)
- 유음 생략: 유음(/ㄹ/)이 생략되는 경우(예: /로보트/ → /오보트/)

(3) 조음 위치에 따른 변동: 조음할 때 공기의 흐름이 구강의 어느 부위에서 가장 좁혀지거나 제약을 받는가와 관련되는 변동을 의미한다. 우리말의 조음 위치에 따른 음소들은 ① 양 입술 사이에서 만들어지는 양순음(입술사이소리)으로 /ㅁ/과 /ㅂ/ 계열의 소리, ② 치조(alveola) 또는 윗잇몸이라 불리는 앞니 바로 뒤의 경사진 입천장 부분과 혀 사이에서 만들어지는 치조음(윗잇몸소리)으로 /ㄴ/, /ㄹ/, /ㄷ/ 계열, 그리고 /ㅅ/ 계열 소리들, ③ 뼈로 받쳐져서 딱딱하게 느껴지는 경구개(굳은입천장, hard palate)와 혀 사이에서

만들어지는 경구개음(굳은입천장소리)으로 /ㅈ/ 계열의 소리, ④ 굳은입천장보다 더 뒤쪽의 부드러운 입천장 부위인 연구개(여린입천장, soft palate)와 혀 사이에서 만들어지는 연구개음(여린입천장소리)으로 /ㄱ/ 계열과 /ㅇ/ 소리, 그리고 ⑤ 입안보다는 목구멍 아랫부위(후두쪽)가 좁혀져서 만들어지는 성문음(목구멍소리)으로 /ㅎ/ 소리가 있다. 그러므로 조음 위치에 따른 생략변동들에는 다음과 같은 경우들이 있을 수 있다.

- 양순음 생략: 양순음(ㅂ 계열, ㅁ)이 생략되는 경우(예: /김밥/ → /김바/)
- 치조음 생략: 치조음(ㄷ 계열, ㅅ 계열, ㄴ, ㄹ)이 생략되는 경우(예: /장난깜/ → /장나깜/)
- 경구개음 생략: 경구개음(ㅈ 계열)이 생략되는 경우(예: /깡총/ → /깡옹/)
- 연구개음 생략: 연구개음(ㄱ 계열, ㅇ)이 생략되는 경우(예: /깡총/ → /아초/)
- 성문음 생략: 성문음(ㅎ)이 생략되는 경우(예: /호랑이/ → /오랑이/)

2. 대치 음운변동

(1) 조음 위치에 따른 변동: 조음 위치에 따른 음운변동에는 전방화, 후방화, 양순음화, 치조음화, 경구개음화, 연구개음화, 성문음화 등이 포함될 수 있다.

① 전방화(fronting): 목표음의 조음점보다 혀를 앞쪽으로 움직여 조음이 이루어지는 현상을 말한다. 그러므로 경구개음이 치조음으로 대치되거나(예: /짝자꿍/ → /딱따꿍/), 연구개음이 치조음 또는 경구개음으로 대치되거나(예: / 자동차/ → /자돈차/), 성문음이 치조음, 경구개음, 또는 연구개음으로 대치될 경우에 '전방화'로 분석한다. 이 현상은 '전설음화'로 쓰이기도 하지만 혀가 앞쪽으로 배치되는 방향성이 중요하므로 '전방화'라는 용어가 더 적절하다.

② 후방화(backing): 후방화는 목표음의 조음점보다 혀를 뒤쪽으로 움직여 조음이 이루어지는 현상을 말한다. 그러므로 치조음이 경구개음, 연구개음 또는 성문음으로 대치될 경우(예: /토끼/ → /초끼/)를 '후방화' 로 분석한다.

③ 양순음화(labialization): 다른 음소가 양순음(ㅁ, ㅂ, ㅃ, ㅍ)으로 대치될 경우를 '양순음화' 라고 한다(예: /장난깜/ → /방난깜/). 아동의 오류에서 /ㅂ/ 계열이나 /ㅁ/으로 대치되는 빈도는 거의 비슷하게 나타난다. 대부분의 경우, 구음(oral sounds)은 /ㅂ/ 계열로, 비음(nasal sounds)은 /ㅁ/으로 대치되는 경향이 있다.

④ 치조음화(alveolization): 다른 음소가 치조음(ㄴ, ㄷ, ㄸ, ㅌ, ㄹ, ㅅ, ㅆ)으로 대치될 경우를 '치조음화'라고 한다(예: /호랑이/ → /호란이/).

⑤ 경구개음화(palatalization): 다른 음소가 경구개음(ㅈ, ㅉ, ㅊ)으로 대치될 경우를 '경구개음화' 라고 한다(예: /토끼/ → /초끼/).

⑥ 연구개음화(velarization): 연구개음이 아닌 음소가 연구개음(ㄱ, ㄲ, ㅋ, ㅇ)으로 대치되는 경우를 '연구개음화'라고 한다(예: /김밥/ → /김방/).

⑦ 성문음화(glottalization): 성문음이 아닌 음소가 성문음(ㅎ)으로 대치될 경우를 '성문음화'라고 한다(예: /모자/ → /모하/).

(2) 조음 방법에 따른 변동: 폐쇄음화, 마찰음화, 폐찰음화, 유음화, 비음화 등이 있을 수 있다.

① 폐쇄음화(stopping): 폐쇄음이 아닌 음소가 폐쇄음(ㅂ, ㅃ, ㅍ, ㄷ, ㄸ, ㅌ, ㄱ, ㄲ,ㅋ)으로 대치될 경우를 '폐쇄음화'라고 한다(예: /모자/ → /모다/).

② 마찰음화(frication): 마찰음이 아닌 음소가 마찰음(ㅅ, ㅆ)으로 대치될 경우를 '마찰음화'라고 한다(예: /책상/ → /색상/).

③ 폐찰음화(affrication): 폐찰음이 아닌 음소가 폐찰음(ㅈ, ㅉ, ㅊ)으로 대치될 경우를 '폐찰음화'라고 한다(예: /눈썹/ → /눈첩/).

④ 유음화(liquidization): 유음이 아닌 음소가 유음(ㄹ)으로 대치될 경우를 '유음화'라고 한다(예: /오뚜기/ → /오뚜리/).

⑤ 비음화(nasalization): 비음이 아닌 음소가 비음(ㅁ, ㄴ, ㅇ)으로 대치될 경우를 '비음화'라고 한다(예: /로보트/ → /로모트/).

(3) 동화에 의한 변동: 한 음소가 그 주변 음소의 특성을 따라 변하는 것을 말한다. 앞에 있는 음소의 영향을 받아 뒤의 음소가 변화되는 것을 '순행동화(progressive assimilation)'라고 하며(예: /가방/ → /가강/), 뒤에 있는 음소의 영향을 받아 앞의 음소가 변화되는 것을 '역행동화(regressive assimilation)'라고 한다(예: /가방/ → / 바방/). 또한 인접한 음소에 의한 동화는 '연속동화(continuous assimilation)'라고 하며(예: /장난감/ →/ 장낭깜/), 다소 인접하지 않은 음소에 의한 동화는 '불연속동화(discontionuous assimilation)'라고 한다(예: /장난깜/ → /깜나깜/).

① 조음 위치에 따른 동화: 양순음동화(예: /연필/ → /염필/), 치조음동화(예: /자동차/ → /자던차/), 경구개음동화(예: /자동차/ → /자종차/), 연구개음동화(예: /풍선/ → /풍건/), 성문음동화(예: /호랑이/ → /호랑히/) 등이 있을 수 있다.

② 조음 방법에 따른 동화: 폐쇄음동화(예: /짝짜꿍/ → /따따꿍/), 마찰음동화(예: /책상/ → /색상/), 폐찰음동화(예: /자동차/ → / 자종차/), 비음동화(예: /못/ → /몬/), 기식음동화(예: /깡총/ → /캉총/), 긴장음동화(예: /장난깜/ → /깜난깜/) 등이 있을 수 있다.

(4) 긴장도 및 기식도에 따른 변동: 긴장도에 따른 변동에서는 긴장음화와 이완음화를, 기식도에 따른 변동에서는 기식음화와 탈기식음화를 관찰할 수 있었다.

① 이완음화(laxing): 긴장음들(ㅃ, ㄸ, ㄲ, ㅆ, ㅉ)의 긴장성이 상실될 때를 '이완음화'라고 한다(예: /땅콩/ → /당콩/).

② 긴장음화(tensing): 긴장음이 아닌 음소에 긴장성을 첨가하였을 때를 '긴장음화'라고 한다(예: /가방/ → /까방/).

③ 기식음화(aspiration): 기식음이 아닌 음소에 기식성을 첨가하였을 때를 '기식음화'라고 한다(예: /풍선/ → /풍턴/).

④ 탈기식음화(deaspiration): 기식음들(ㅍ, ㅌ, ㅋ, ㅊ)의 기식성이 상실될 때를 '탈기식음화'라고 한다(예: /책상/ → /잭상/).

III. 한국 일반아동 및 조음·음운장애아동의 음운변동 특성

오류음운과정의 발생빈도 및 출현율은 특정 음운변동이 몇 번이나 나타났고(발생 빈도), 나타날 기회에 대하여 몇 퍼센트(%)나 나타났는가(출현율)로 측정할 수 있다. 오류음운과정의 분석은 음소정확도로는 찾아내기 어려운 아동의 잘못된 조음의 패턴을 찾을 수 있다는 장점이 있다. 예를 들어, 어떤 아동이 /ㄱ/를 /ㄷ/로('ㄷ/ㄱ'로 표시함), /ㅊ/를 /ㄸ/로('ㄸ/ㅊ'라고 표시함), 그리고 /ㅋ/를 /ㅈ/로('ㅈ/ㅋ'로 표시함) 대치했다고 하자. 이러한 오류를 음운과정으로 분석해 보면, 'ㄷ/ㄱ'에서는 치조음화와 전방화, 'ㄸ/ㅊ'에서 보면 치조음화, 전방화, 경음화, 그리고 폐쇄음화, 'ㅈ/ㅋ'에서 보면 경구개음화, 전방화, 폐찰음화, 그리고 탈기식음화가 나타났다. 즉 전방화가 이러한 아동에게 가장 자주 나타나는 오류음운과정이라는 것을 알 수 있다.

Hodson과 Paden(1981)은 60명의 3~8세 조음장애아동의 음운체계를 60명의 4세 일반아동의 것과 비교하였다. 모든 조음장애아동이 자음군축약, 마찰-폐찰음 탈락, 폐쇄음화, 유음요류, 그리고 동화 등을 보였는데, 이들 변동들의 대부분이 4세 일반아동 집단에서는 단지 5명 이하의 아동에게서만 나타났다.

비록 적은 수의 아동을 대상으로 하였지만 우리나라 아동이 발달 연령에 따라 많이 나타내는 음운변동들을 보고한 연구들이 있다(김영태, 1992a; 김영태, 1992b; 김영태, 신문자, 1992; 배소영, 1987; 한재순, 신문자, 1987). 김영태와 동료들의 연구에서는 서울 및 경상도 지역에 거주하는 2~6세 아동 40~50명을 대상으로 음운변동을 분석한 결과, 높은 출현율을 나타내는 변동들의 유형, 소멸과정들이 유사하게 나타났다. 생략-첨가 변동에서는 종성, 유음, 비음, 연구개음, 성문음 등의 생략변동이 가장 많이 나타났으며, 대치변동에서는 전방화, 후방화, 폐쇄음화, 치조음동화 및 폐쇄음동화 등이 공통적으로 가장 많이 나타나는 변동들이었다. 긴장도에 있어서는 서울-경기 지역과 경상도 두 지역 간에 차이가 많이 나타났는데, 경상도 지역에서는 이완음화가 2~5세에 5%에서 15%까지의 높은 출현율을 보이며 긴장음화와 매우 큰 빈도 차이를 나타낸 반면, 서울-경기도 지역에서는 두 변동 간에 주목할 만한 차이가 나타나지 않았다. 1세 4개월에서 3세 11개월의 아동 10명의 음운오류 패턴을 분석한 배소영(1987)의 연구에서 관찰된 1세 아동은 위의 변동들 외에도 긴장음화, 유성음화, 모음첨가, 모음연장, 비음화, 동화, 탈구개음화 등을 많이 나타냈다.

일반아동과 조음장애아동의 음운변동 패턴을 비교한 김영태(1995)의 연구에서는 조음장애아동의 전반적인 음운변동 패턴이 일반아동과 어떠한 차이가 있으며, 또한 그 심한 정도(경도, 중도, 고도)에 따라 어떠한 차이가 나타나는지 살펴보기 위하여 일반아동 및 조음장애아동을 그 연령 또는 장애 정도에 따라 3집단으로 나누어, 총 120명의 아동을 대상으로 하였다. 전반적으로 생략, 긴장도 및 모음 측면에서의 모든 변동들이 조음장애 정도가 심해질수록 그 출현율이 현저하게 증가한 반면, 조음 위치, 조음 방법 및 기식도 측면에서의 변동들은 $\frac{1}{2}$ 정도만이 조음장애 정도에 따라 유의한 차이를 나타냈다. 동화 측면에서의 변동들은 조음장애 정도에 따라 유의한 변화를 나타내지 않았다.

각 조음장애 집단 간의 차이를 비교한 결과에 의하면, 경도와 중도 조음장애를 변별하는 데 유의한 변동들은 초성생략, 종성생략, 비음생략, 유음생략, 치조음생략, 연구개음생략, 기리고 성문음생략과 연구개음전방화, 치조음후방화, 구개음화, 연구개음화, 연구개음동화, 그리고 탈기식음화 등 13개였다(〈표 7-1〉 참조). 중도와 고도 조음장애를 변별하는 데 유의한 변동들은 종성생략, 폐쇄음생략, 비음생략, 양순음생략, 치조음생략, 구개음생략, 연구개음생략과 경구개음전방화, 치조음후방화, 치조음화, 마찰음화, 성문음화, 탈기식음화, 그리고 모음변이 등 14개였다. 또한 경도와 고도 조음장애를 변별하는 데 유의한 변동들은 성문음생략을 제외한 모든 생략변동들과 경구개음전방화, 치조음후방화, 구개음후방화, 치조음화, 성문음화, 폐쇄음화, 마찰음화, 비음화, 긴장음화, 이완음화, 탈기식음화, 그리고 모음변이 등 24개였다.

조음장애 집단에서의 음운변동 간 상관관계를 분석한 결과에 의하면 특별히 상관도가 높고 유의하게 나타난 변동들이 많이 있었다. 그중에서 0.8 이상의 높은 상관계수를 나타내는 생략 음운변동들의 군은, 마찰음생략–성문음생략–초성생략, 비음생략–연구개음생략–종성생략, 그리고 유음생략–치조음생략 등이었고, 대치 음운변동들의 군은 구개음화–파찰음화–구개음동화–파찰음동화–치조음후방화, 그리고 유음화–구개음동화 등이었다. 동화 측면에서 0.8 이상의 높은 상관계수를 나타내는 음운변동의 쌍은 폐쇄음화–폐쇄음동화, 양순음화–양순음동화, 비음화–비음동화, 연구개음화–연구개음동화, 그리고 기식음화–기식음동화 등이었다. 그러므로 마찰음 중에서는 성문음 /ㅎ/가, 비음 중에서는 연구개음 /ㅇ/이 가장 생략되기 쉽다고 볼 수 있으며, 양순음, 폐쇄음, 비음, 연구개음 및 기식음 등은 동화를 유발하기가 쉬운 음소들이라고 할 수 있다. 반면, 성문음, 마찰음, 그리고 긴장음은 동화의 영향을 크게 받지 않는 변동들임을 알 수 있다.

일반아동 집단에서 10% 이상의 출현율을 보인 변동들은 주로 2세(12개) 집단에서 나타났으며 4세 집단에서는 하나도 없었다(〈표 7-2〉 참조). 2세에서 10% 이상의 출현율을 나타낸 음운변동들은 종성생략, 비음생략, 유음생략, 연구개음생략, 연구개음전방화, 경구개음전방화, 치조음후방화, 치조음화, 폐쇄음화, 치조음동화, 폐쇄음동화 및 이완음화 등이었다. 그리고 30% 이상의 출현율을 보인 변동들은 일반아동집단에서는 나타나지 않았다. 그에 비해, 조음장애 집단에서는 10% 이상의 출현율을 보인 변동들이 많아, 고도 조음장애 집단에서는 22개나 되었다. 2세 정상 집단에서 10% 이상의 출현율을 보인 12개의 음운변동들 중 종성생략, 비음생략, 유음생략 및 연구개음생략은 조음장애 집단에서도 40% 내외로 가장 많이 나타나는 변동들이었다.

두 집단의 성별차를 분석한 결과에 의하면, 조음장애 집단에서는 성별 차이가 유의하게 나타난 변동들은 하나도 없었고, 정상 집단에서는 여아보다는 남아에게서 유의하

표 7-1 조음장애 정도에 따른 음운변동 출현율

음운변동		조음 장애 정도			전체장애 (N=60) M	*F*	Tukey's HSD Test ($p<.05$ 수준에서 유의한 차이가 나는 집단)		
		경도 (N=20) M	중도 (N=20) M	고도 (N=20) M			경도-중도	중도-고도	경도-고도
생략 및 첨가	음절감소	1.40	4.82	9.71	5.31	4.06*			○
	초성생략	5.06	15.63	25.56	15.42	12.22**	○		○
	종성생략	44.70	71.58	97.12	71.13	19.77**	○	○	○
	첨가	3.56	6.78	10.59	6.98	3.94*			○
	폐쇄음생략	14.18	18.97	28.15	20.43	12.46**		○	○
	마찰음생략	2.84	10.42	16.57	9.94	8.67**			○
	비음생략	26.56	45.51	68.78	46.95	20.15**	○	○	○
	유음생략	24.75	45.92	44.08	38.25	6.35**	○		○
	양순음생략	14.75	19.18	27.69	20.54	6.93**		○	○
	치조음생략	15.81	28.29	38.48	27.52	19.07**	○	○	○
	경구개음생략	0	3.13	12.97	5.36	13.64**		○	○
	연구개음생략	25.04	47.32	70.83	47.73	23.98**	○	○	○
	성문음생략	11.83	31.66	29.32	24.27	3.76*	○		
조음 위치에 의한 대치	연구개음의 전방화	12.34	11.88	18.85	14.35	1.98			
	경구개음의 전방화	6.25	17.59	33.95	19.26	11.16**	○	○	○
	성문음의 전방화	17.83	13.04	21.00	17.29	1.09			
	치조음의 후방화	4.59	17.46	15.59	12.55	8.48**	○	○	○
	경구개음의 후방화	0.63	3.84	5.09	3.18	3.13			○
	양순음화	3.06	3.88	5.66	4.20	0.93			
	치조음화	11.29	16.12	24.50	17.30	7.58**		○	○
	경구개음화	2.11	6.20	5.77	4.69	3.54*	○		
	연구개음화	3.50	8.66	7.77	6.64	3.57*	○		
	성문음화	0.95	0.61	5.01	2.19	7.81**		○	○

조음 방법에 의한 대치	폐쇄음화	5.02	12.34	20.55	12.64	7.87**			○
	마찰음화	1.41	1.85	8.53	3.93	8.97**		○	○
	파찰음하	1.93	6.03	5.37	4.44	1.93			
	유음화	0.74	2.05	1.20	1.33	1.29			
	비음화	4.53	5.96	9.11	6.53	3.24*			○
동화	양순음동화	2.89	3.30	4.20	3.46	0.32			
	치조음동화	6.86	10.67	9.29	8.94	1.17			
	경구개음동화	1.96	3.13	2.50	2.53	0.21			
	연구개음동화	2.03	8.37	5.54	5.31	6.59**	○		
	성문음동화	0	0	7.50	2.50	2.11			
	폐쇄음동화	4.43	9.27	8.10	7.27	2.21			
	마찰음동화	0.83	1.00	3.54	1.79	1.85			
	파찰음동화	1.96	3.13	2.50	2.53	0.21			
	비음동화	3.02	3.22	3.22	3.15	0.02			
	기식음동화	3.50	4.56	0.50	2.85	1.55			
	긴장음동화	1.25	3.54	2.43	2.41	0.94			
긴장도	긴장음화	2.68	7.18	15.15	8.34	6.94**			○
	이완음화	18.22	31.36	37.12	28.83	5.59**			○
기식도	기식음화	1.56	5.58	4.14	3.76	2.18			
	탈기식음화	8.73	28.36	49.01	28.70	29.58**	○	○	○
모음	모음변이	10.90	19.10	38.95	22.98	17.14**		○	○
전체(Mean)		7.67	14.05	19.58	13.76	6.96	13개	14개	24개

* $p<.05$ 수준에서 유의한 차이, ** $p<.01$ 수준에서 유의한 차이
출처: 김영태, 1995.

게 많이 나타난 모음변이 1개 변동에서만 성별 차이가 나타났다. 또한 정상 집단에서의 지역 차이 분석 결과에 의하면, 양순음화와 모음변이가 대구-경상 지역에서 유의하게 많이 나타난 반면, 치조음동화는 서울-경기 지역에서 유의하게 많이 나타났다.

일반 집단에서 흔히 나타나는 변동이면서 조음장애 집단에서는 더욱 더 많이 나타나 유의한 차이를 보이는 변동들은 종성생략(14%:71%), 비음생략(9%:47%), 유음생략(10%:38%), 연구개음생략(11%:48%), 연구개음의 전방화(9%:14%), 경구개음의 전방화(10%:19%), 치조음화(10%:17%), 이완음화(10%:29%), 그리고 모음변이(7%:23%) 등이었다. 이러한 기초적인 변동들이 15% 정도 이상 나타나면 그에 대한 중재가 필요하다고 볼 수 있다.

일반아동 집단에서는 별로 나타나지 않지만(1% 내외) 조음장애 집단에는 많이 나타나 유의한 차이를 보이는 변동들은 탈기식음화(29%), 폐쇄음생략(20%), 양순음생략(21%), 치조음생략(28%), 성문음전방화(17%), 그리고 긴장음화(8%) 등이었다. 이러한 조음장애 아동의 일탈적인(deviant) 변동들이 10% 정도 이상 나타나면 그에 따른 중재가 필요하다고 볼 수 있다.

조음장애아동 집단에서도 자주 나타나지 않지만, 특히 일반아동 집단에서는 거의 발견되지 않음으로써 두 집단 간에 유의한 차이를 보이는 변동들은 음절감소(5%), 경구개음생략(5%), 경구개음후방화(3%), 성문음화(2%), 마찰음화(5%), 유음화(1%), 비음화(7%), 연구개음동화(5%), 그리고 비음동화(3%) 등이었다. 이러한 조음장애 특유의(idiosyncratic) 음운변동들은 1% 이상만 나타나도 그에 따른 중재가 고려되어야 한다고 볼 수 있다.

표 7-2 연령에 따른 음운변동 출현율

음운변동		연령			전체아동 (N=60) M	*F*	Tukey's HSD Test (p<.05 수준에서 유의한 차이가 나는 집단)		
		2세 (N=18) M	3세 (N=21) M	4세 (N=21) M			2세~ 3세	3세~ 4세	2세~ 4세
생략 및 첨가	음절감소	1.46	0	0.60	0.65	3.72*	○		
	초성생략	3.69	3.12	0.46	2.36	4.99*		○	○
	종성생략	24.49	15.20	4.43	14.27	6.41**			○
	첨가	3.87	1.15	1.57	2.11	3.82*	○		
	폐쇄음생략	4.30	5.31	1.20	3.57	4.85*		○	
	마찰음생략	2.58	1.52	0.24	1.39	1.49			
	비음생략	17.42	7.49	2.43	8.70	7.66**	○		○
	유음생략	12.78	15.40	1.19	9.64	4.15*		○	
	양순음생략	1.86	1.81	0.72	1.45	0.68			
	치조음생략	6.74	7.69	1.13	5.11	4.70*		○	
	경구개음생략	1.39	0	0.30	0.52	1.84			
	연구개음생략	21.67	10.40	2.97	11.18	8.43**	○		○
	성문음생략	5.56	9.52	0	5.00	1.56			

조음 위치에 의한 대치	연구개음의 전방화	11.86	12.49	3.56	9.18	4.10*		○	
	경구개음의 전방화	18.52	8.27	3.62	9.72	4.68*			○
	성문음의 전방화	0	0	0	0	0			
	치조음의 후방화	10.52	4.92	2.30	5.68	6.56**	○		○
	구개음의 후방화	2.78	0	0	0.83	3.47*			
	양순음화	3.71	1.38	0.77	1.86	5.42**	○		○
	치조음화	14.79	9.68	4.98	9.57	6.38**			○
	경구개음화	4.61	3.29	0.76	2.80	4.07*			○
	연구개음화	3.85	2.75	0.79	2.40	2.94			
	성문음화	1.87	0	0.19	0.63	3.34*			
조음 방법에 의한 대치	폐쇄음화	13.47	6.91	5.06	8.23	2.90			
	마찰음화	3.56	0.65	0.20	1.36	1.68			
	파찰음화	4.17	2.91	0.57	2.47	3.58*			○
	유음화	0.72	0	0.57	0.42	0.90			
	비음화	2.08	1.91	0.59	1.50	2.25			
동화	양순음동화	4.67	1.15	0.76	2.07	5.53**	○		○
	치조음동화	12.27	7.36	4.76	7.92	2.75			
	경구개음동화	3.47	2.38	0.60	2.08	0.96			
	연구개음동화	4.50	1.19	0.59	1.97	4.61*	○		○
	성문음동화	0	0.31	0	0.11	0.93			
	폐쇄음동화	12.91	8.89	5.01	8.74	1.80			
	마찰음동화	0.92	0.68	0	0.51	0.57			
	파찰음동화	3.47	1.19	0	1.46	1.62			
	비음동화	1.15	1.49	0.50	1.04	1.00			
	기식음동화	6.67	2.38	1.43	3.33	2.45			
	긴장음동화	2.47	0.68	0	0.98	1.34			
긴장도	긴장음화	5.71	4.25	0.41	3.34	4.26*			○
	이완음화	13.48	6.31	10.38	9.89	1.86			
기식도	기식음화	6.51	1.41	1.20	2.86	5.15**	○		○
	탈기식음화	6.99	4.31	1.29	4.06	1.98			
모음	모음변이	9.34	6.47	3.84	6.41	2.48			
전체(Mean)		6.79	4.19	2.18	4.39	3.32	9개	5개	14개

* $p<.05$ 수준에서 유의한 차이, ** $p<.01$ 수준에서 유의한 차이

출처: 김영태, 1995.

또한 2~6세의 기능적 조음·음운장애아동 19명의 종성오류를 분석한 김수진(2010)의 연구에서는 종성오류는 생략이 가장 많았고, 어말종성에서보다는 어중종성에서 더 많은 오류가 나타났다고 보고하였다. 이러한 결과는 종성오류에 대한 중재 시 낱말에서의 종성위치도 고려해야 한다는 것을 시사한다.

음운 능력의 발달에는 여러 요인들이 관여한다. 먼저 아동은 자신이 들은 말소리에 주의를 기울이고 지각할 수 있는 청각 및 지각 능력이 갖추어져 있어야 하며, 지각된 말소리를 이해하고 저장 또는 회상할 수 있는 인지적인 능력이나 성인언어에서 사용되는 특정 말소리를 다른 말소리와 변별할 수 있는 음운적 능력, 그리고 말소리 산출 시 조음운동을 계획하고 수행하는 데 필요한 신경 운동요소 등과 같은 능력이 갖추어져야 한다(Stoel-Gammon & Dunn, 1985). 그러나 장애아동은 그들이 지닌 장애로 인해 음운 및 조음발달에 필요한 능력이 갖추어져 있지 않기 때문에 결과적으로 음운발달이 정상적으로 이루어지지 않는 경우가 많다. 예를 들면, 청각장애아동의 경우 청력의 손실로 인하여 말소리를 정확하게 지각하고 변별하지 못하는 경우가 많다. 반면, 지적장애아동의 경우에는 인지적인 능력의 제한으로 인해 특정 말소리를 다른 말소리와 변별하거나, 말소리를 기억하고 회상해 내는 과정이 원활하게 이루어지지 못하는 경우가 있다. 이처럼 청각장애아동이나 지적장애아동은 청력에서의 장애나 인지적 장애로 인해 음운 능력이 정상적으로 발달하지 못하게 된다(Bernthal & Bankson, 1998).

청각장애나 지적장애아동의 음운발달이 정상적으로 이루어지지 않는다는 사실은 많은 연구자들에 의해 보고되었다(Blanchard, 1964; Dodd, 1976; Lenneberg, Nichols, & Rosenberger, 1964; Schlanger & Gottsleben, 1957). Schlanger와 Gottsleben(1957)은 516명의 지적장애 성인을 대상으로 조음 능력을 검사한 결과 그들의 95%가 조음에 장애를 지니고 있었다고 보고하였다. 또한 Lenneberg 등(1964)도 54명의 다운증후군아동을 대상으로 종단적인 연구를 실시하였는데 그들과 언어 능력을 일치시킨 일반아동에 비해 조음기술이 떨어졌다고 보고하였다(Stoel-Gammon, 1980에서 재인용).

그러나 청각장애아동이나 지직장애아동이 소음장애 및 음운장애를 나타낸다는 선행연구의 결과들은 그 세부적인 특성에 대해서는 거의 보고하지 않았다. 또한 일부 오류유형을 보고한 연구들의 경우에도 말소리 차원에서의 생략이나 대치, 또는 왜곡과 같은 전통적인 분석 방법에 기초한 경우가 대부분이었다(Bernthal & Bankson, 1998; Stoel-Gammon, 1980). 이러한 분석 방법을 토대로 한 결과들은 매우 흥미로운 결과를 제공하기는 하나 이들의 음운특성을 정확히 설명해 주지 못할 뿐 아니라, 임상에 필요한 실질적인 자료는 제공하지 못하였다.

이러한 맥락에서, 일부 연구자들은 음운변동 분석 방법은 일반아동의 음운발달은 물론 청각장애아동이나 지적장애아동의 음운특성을 살펴보는 데에도 중요한 분석 방법이 될 수 있다고 주장하였다. Elfenbein 등(1994)은 청각장애아동처럼 말이 불명료하고 음운장애가 심한 아동의 음운특성을 설명하기 위해서는 개개 음소별로 오류유형을 살펴보는 전통적인 분석 방법보다는 음운변동에 기초하여 분석하는 것이 더 정확하고 자세한 정보를 제공해 줄 것이라고 제안하였다. 또한 Bernthal과 Bankson(1998)도 전통적인 분석 방법을 토대로 한 결과들은 매우 흥미로운 결과를 제공하기는 하지만 말명료도(speech intelligibility)가 떨어지는 아동의 음운특성을 살펴보는 데에는 음운변동 분석이 더욱 적절하다고 주장하였다.

일부 연구자들은 음운발달에 문제를 보이는 청각장애아동이나 지적장애아동을 대상으로 음운변동 패턴에 대한 연구를 진행하였다. Oller와 Kelly(1974)는 중도의 감각신경성 청각장애인 6세 여아를 대상으로 대치 음운변동을 조사하였다. 그 결과 이 아동은 동일한 연령의 일반아동에 비하여 더 많은 대치변동을 나타내었으며, 유음을 반모음화하거나 종성 마찰음을 무성음화하는 경우가 많았다. 또한 전반적으로 모든 자음을 전방화하는 경향을 두드러지게 나타냈다. Dodd(1976)는 음운변동 분석 방법에 기초하여 9~12세 심도 청각장애아동 10명을 대상으로 자음산출에서 나타나는 음운체계를 분석하였다. 그 결과, 청각장애아동은 거의 정상적인 자음목록을 산출한 반면, 분석한 열일곱 가지 음운규칙 중에서 자음군 축약, 간소화 등을 많이 사용한 것으로 나타났다. 또한 Meline(1997)은 5세에서 12세 사이의 중등도(moderate)에서 최중도(profound) 청각장애아동 19명을 대상으로 음운변동 특성에 대해 연구하였다. 그 결과, 청각장애아동은 종성생략과 자음군 축약을 두드러지게 나타내었다. 연구자는 이러한 결과를 일반아동의 음운변동에 대한 선행연구의 결과와 비교하면서, 청각장애아동이 일반아동에 비하여 음운변동을 더 많은 빈도로 나타내는 반면, 사용하는 규칙은 유사하였다고 결론지었다.

지적장애아동을 대상으로 한 연구의 결과도 청각장애아동에 대한 연구의 결과와 비슷한 결과를 나타내었다. Dodd(1976)는 다운증후군아동과 일반아동의 음운기술(phonological skills)을 비교하였다. 그 결과, 다운증후군아동은 일반아동에 비하여 더 많은 오류를 산출하였다. 그는 또한 다운증후군아동이 ① 자음군 생략, ② 후방화(치조음의 연구개음화), ③ 초성 /h/의 축약, 그리고 ④ 마찰음과 파찰음의 생략 또는 대치를 가장 많이 나타내었다고 보고하였다. Stoel-Gammon(1980)은 3;10~6;3세 사이의 다운증후군 아동 4명을 대상으로 자발화를 수집하였으며, 음운분석을 실시하였다. 그 결과, 다운증후군아동이 나타낸 오류 음운변동은 그들의 생활연령보다 어린 일반아동이 나타낸 오류 음운변동과 유사하였다고 보고하였다.

제3부
자발화 분석을 통한 언어진단 방법

아동의 언어 능력을 평가하는 데는 여러 가지 방법이 있는데, 그 평가의 목적에 따라서 적절한 방법을 선택해야 한다. 평가의 첫 번째 목적은 어떤 아동이 정상적인 언어발달을 하고 있는지, 즉 언어장애의 위험가능성이 있는지 여부를 평가하는 것이다. 이러한 목적을 위해서는 흔히 선별검사(screening test)를 사용한다. 선별검사는 간단한 절차를 통해 아동이 '정상적인' 발달 수준에 있는지를 확인하는 것이다. 선별검사에서 정상적인 발달 수준이 의심되는 아동은 언어치료사에게 의뢰되어 좀 더 심도 있는 진단검사(evaluation)를 받아야 한다. 평가의 두 번째 목적인 진단에서는 그 아동이 언어장애인지, 언어장애라면 어떤 측면에서 어느 정도의 문제를 가지고 있는지를 알아내고자 하는 것이다. 그러므로 진단검사는 장애 유무를 결정할 뿐 아니라 언어결함의 정도와 특징을 찾아낸다. 진단검사의 형태는 공식적인 검사(formal test)와 비공식적인 검사(informal test)가 있는데, 공식적인 검사는 아동의 점수를 또래아동의 점수, 즉 규준(norm)과 비교함으로써 그 아동의 언어 능력이 어느 정도 지체되어 있는지를 밝혀낸다. 비공식적인 검사는 발달단계나 순서와 같은 준거(criterion-based)와 비교하거나, 그 아동이 보인 언어 자체를 분석하여 그 결함의 특징을 찾아낸다. 자발화 분석(spontaneous language sample analysis)을 통한 언어진단은 선별보다는 진단에 목적을 두는 평가 방법이다. 검사의 형태는 공식적인 검사도구를 사용하기보다는 아동이 평소에 표현하는 언어를 수집하여 분석한다. 그러므로 어떤 공식적인 검사 결과보다도 아동의 표현언어 능력을 잘 반영한다. 그러나 검사자가 아동의 모든 말을 분석할 수 없기 때문에 표본(language sample)을 수집하여 분석할 수밖에 없다. 어떠한 연구에서나 마찬가지지만 자발화 분석에서 표본을 어떻게 수집하느냐는 분석의 결과에 대한 신뢰도를 좌우하기 때문에 매우 중요하다. 제3부에서는 자발화 분석을 위해 표본을 수집하고 기록하는 방법(제8장), 그리고 수집된 언어표본을 활용하여 아동의 의미론적 능력(제9장), 구문론적 능력(제10장), 그리고 화용론적 능력(제11장)을 평가하는 방법을 소개한다.

제8장 자발화 표본 수집 및 기록

I. 자발화 표본의 수집

자발화 표본을 수집하는 데 있어서 가장 중요한 것은 그 표본이 얼마나 아동의 평상시 언어를 대표할 수 있느냐 하는 점이다. 예를 들어, 아동이 수줍어하거나 화가 나서 잘 반응하지 않고 간단하게 대답한 말을 표본으로 잡거나, 아동이 외우고 있는 이야기나 선전문구를 표본으로 잡는다면 그 표본을 분석한 결과는 아동의 표현언어 능력을 과소 또는 과대평가하는 결과를 초래할 것이다. 아동의 '대표적'이고 '자연스러운' 언어표본을 수집하기 위해서는 검사자와 아동 사이의 의사소통 방식이나 상황적 문맥, 언어 수집을 위해 사용되는 자료들, 그리고 표본의 크기 등이 고려되어야 한다.

1. 대화방식

대화방식이란 아동이 상호작용 하는 상대방과 주고받는 의사소통의 형태와 관련된 것이다. 즉 아동이 누구와 대화를 하며, 상대방이 어떤 질문이나 유도를 하였는가와 관련된다. 우선 문헌에서 언급하고 있는 의사소통의 상대방들은 언어치료사 또는 교사, 부모나 친척, 형제나 친구 등 다양하다. 일반적으로 아동의 발화를 가장 잘 이끌어 내는 사람은 아동과 익숙한 사람이다. 그러나 아동과 가장 많은 시간을 보내는 엄마에게 하는 발화가 다른 상대방과 얘기할 때보다 특별히 더 높은 수준의 말이라고는 할 수 없다(Olswang & Carpenter, 1978). 그러므로 Miller(1981)는 대표적인 언어표본을 구하려면 여러 사람과의 대화를 골고루 수집하여야 한다고 주장하였다. 선행연구들은 엄마와의 대화와 아빠와의 대화, 그리고 언어치료사와의 대화를 비교하기도 하였는데, 공통된 결론에 도달하지는 못하고 있다(Sticker, 1987). 이러한 불일치는 아동 개인차와 연구변인들에 대한 통제의 문제 등에 의해 유발된 것으로 보인다. 이와 같은 연구들을 종합하여 볼 때, 상대방에 따라 대화 양상은 차이를 보이지만, 어떤 상대방이 특별히 더 자연스럽고 대표적인 언어를 유도하는가는 그 아동과 상대방의 성격에 따라 다른 것으로 보는 것이 타당하겠다.

아동은 대체로 낯선 사람보다는 익숙한 사람에게 많은 말을 하는 경향이 있으므로, 언어치료사가 아동의 언어표본을 수집할 때는 아동이 마음을 열고 대화할 수 있도록 우선 친밀감(rapport)을 형성하는 것이 중요하다. 저자의 임상적인 경험에 의하면 검사상황에 지나치게 민감한 엄마들은 아동의 '평상시의' 말보다는 '최상의' 말을 유도해 내기 위해서 도리어 너무 많은 질문이나 대화주제의 흐름과 맞지 않는 말을 끼워 넣는 경향이 있다. 예를 들어, "○○야, 동물에는 어떤 게 있지?"와 같은 엄마의 질문은 아동의 어휘력을 유도해 낼 수는 있지만 아동의 자연스러운 표현언어 능력을 드러내게 하지는 못한다.

아동이 자기보다 어린 상대방과 얘기할 때는 발화의 길이나 복잡성이 상대방의 말 수준에 맞춰 다소 조절되기도 하며, 성인과 대화할 때는 성인의 말에 대한 대답이 많이 나타난다. 친구나 형제와 대화할 때는 반복, 주의를 끄는 말, 지시어 등이 많이 나타난다고 보고되었다(Wilkinson, Hiebert, & Rembold, 1981). 그러나 아동이 다른 아동과 대화할 때 발화를 수집하는 것은 그리 쉬운 일이 아니다. 특히 우리가 평가하고자 하는 아동의 말에 대해서 상대방 아동이 부적절하게 반응할 경우도 많이 있기 때문에 그 결과를 분석할 때에는 있어서 매우 조심하여야 한다. 예를 들어, 다음의 경우를 보자.

- 평가대상아동: "이거 뭐야?" (장난감 헬리콥터를 가리키며)
- 상대방 아동: "그거 줘"
- 평가대상아동: "뭐야?"
- 상대방 아동: "빨리 내놔"

또래와의 대화를 표집하는 경우 또 한 가지 유의해야 할 것은 아동의 목소리를 구별하기가 매우 어렵다는 점이다. 특히 오디오 녹음기만을 사용할 경우 성별, 연령에 관계없이 아동의 목소리를 구분하기가 어려운 경우가 많다. 이는 아동기의 목소리는 기본 주파수가 매우 높아서 성별이나 연령에 따른 차이를 지각적으로 구별하기가 쉽지 않기 때문이다.

아동의 발화는 대화 상대방 외에도 상대방이 어떤 방식으로 대화를 이끄는가에 따라 다소 다를 수 있다. 즉 대화 상대방이 계속 질문을 하면 아동의 발화는 주로 대답하는 것이 될 수밖에 없다. 그러므로 발화를 유도할 때는 아동 스스로 말을 하도록 호기심을 자극하는 것이 좋다. 그래도 스스로 발화를 시작하지 않을 때는 여러 단계의 질문으로 유도해 볼 수 있다. 높은 수준의 발화를 유도하기에는 개방형 질문(예: "어때?" "어떻게?" "왜?")이 폐쇄형 질문(예: "뭐야?" "어디서?" "어떤 거?" "-하니?")보다 더 효과적이다. 특히, '예/아니요' 질문(예: "네가 은주니?")이나 단답식 질문(예: "은주 몇 살?")은 자발적인 발화를 유도하기에는 적절치 못하다. 물론 질문에 대한 반응 이외에 다른 형태의 말을 하지 못하는 아동에게는 단답식 질문을 쓸 수밖에 없지만 그렇지 않은 경우에는 여러 가지 방식으로 반응을 유도하는 것이 바람직할 것이다.

대화를 이끌어 갈 때는 아동이 발화를 끝내거나 새로 시작할 시간을 충분히 주어야 한다. 언어표본을 수집하는 현장에서는 아동의 말이 끝난 것 같아서 검사자가 다른 말을 시작하지만, 나중에 녹음기나 비디오 테이프를 재생해 보면 검사자의 발화에 의해서 아동의 발화가 아쉽게도 끊겨 있는 경우가 있다. 특히, 이렇게 끊긴 발화가 그 아동의 발화 중에서 가장 수준 높은 것일 때는 더욱 안타까울 것이다. 그러므로 언어표본을 위한 대화 상대방은 대화 도중의 침묵에 너무 민감하게 반응하지 말고 아동의 주도를 따라가는 것이 더 중요하다.

다음은 대화 상대방의 적절한 대화방식과 그렇지 못한 대화방식의 예이다.

| 부적절한 경우 |

아동: 엄마가, 엄마가 방에 가서,

성인: 엄마가 방에 가서 뭘 가져오셨어?

| 적절한 경우 |

아동: 엄마가, 엄마가 방에 가서,

성인: 응, 엄마가 방에 가서…….

2. 상황적 문맥 및 자료

아동은 상황에 따라서 자발성이 크게 달라진다. 아동의 언어표본이 편협해지지 않도록 하기 위해서는 될 수 있으면 두 곳 이상의 장소에서 표본을 수집하는 게 바람직하다. Miller(1981)는 아동의 언어는 장소나 상황에 따라서 달라질 수가 있으므로 다양한 장소에서 수집된 표본이 더욱 대표적이라고 주장한다. 다른 연구들도 장소나 상황에 따라 아동의 언어 수준이 큰 차이를 보인다고 보고하였다(Dore, 1978; Hall & Cole, 1978).

흔히 사용되는 상황과 자료들은 동화책 보고 얘기하기, 사건위주의 그림(busy pictures)을 보고 상황 설명하기, 사진첩을 보고 얘기하기, 소꿉놀이, 의사놀이 등이다. 조금 성장한 아동에게는 가족, 애완동물, 친구, 좋아하는 놀이나 프로그램, 경험 등을 물어보는 것도 많이 쓰이는 방법이다.

3. 언어표본의 크기

대표적인 표본을 얻기 위해서 얼마나 많은 발화가 필요한가에 대해서는 다소의 논란이 있다. 연구자들이 추천하는 표본의 크기는 50~200개 발화까지 그 범위가 다양하며, 또 어떤 이들은 녹음한 테이프로 30분 정도를 추천하기도 한다. 약 2세 정도의 일반아동을 대상으로 30분 정도 수집한 언어표본은 대략 100~200개 정도의 발화가 된다. 저자의 연구경험으로는, 100~200개 정도의 발화를 수집한 후 대화를 시작하기 위하여 다소 어색했던 앞부분이나 아동의 자발성을 잃은 부분을 삭제한, 나머지 70~100개 문장 정도를 분석하는 것이 합리적이다.

4. 언어표본의 수집 방법에 대한 권고 사항

앞에서 살펴본 바와 같이 언어표본은 누구와 어떤 활동을 하면서 어떻게 유도되었느냐에 따라서 매우 다른 발화가 수집될 수 있다. 언어치료사의 목표는 평소 아동의 언어능력에 대해 가장 '대표적'이고 '자연스러운' 표본을 잡는 것이다. 이러한 표본 수집 방법에 대하여 요약하면 다음과 같다.

① 가능하면 아동의 표현에 대해 질문을 하거나 모방을 강요하기보다는 아동의 말을 유도하는 간접적인 말이나 아동의 행동을 표현하는 말 또는 독백으로 시작한다. 단단어 수준의 아동은 말과 함께 소리(vocalization)도 많이 사용하므로 아동의 소리를 모방하면서 아동의 발화를 유도한다. 낱말조합을 사용하는 아동의 경우에는 아동 앞에서 호기심을 끌 만한 말을 한다(예: "어? 이건 어디에 쓰는 거지?" "이거 내가 갖고 싶은데……" 등).

② 아동의 수준에 맞는 질문이나 놀이를 통해서 아동을 대화 속으로 끌어들인다. 단단어 수준의 아동의 경우에는 일상적인 질문("오리는 꽥꽥, 돼지는 꿀꿀, 소는?")이나 놀이(예: "쎄쎄쎄" "○○없다")로 시작해서 점점 대화로 이끄는 것이 효과적이다. 더 나이 든 아동은 역할놀이나 소꿉놀이 같은 놀이로 유도할 수 있다.

③ 검사자가 대화의 주제를 선택하기보다는 아동이 주도하는 대로 따라가 주는 것이 좋다. 검사자는 아동의 질문에 대답해 주고, 아동이 주제를 바꾸면 그에 응해 줌으로써 아동의 자발적인 언어를 표집할 기회를 확대시킬 수 있다.

④ 검사자는 가능한 한 질문을 자제한다. 이에 대해 Stickler(1987)는 4번의 발화 중 1번 이상의 질문은 자발화 표본에서 바람직하지 않다고 권고한다. 직접적인 질문보다는 아동의 발화에 대해 "더 말해 봐라"와 같은 대응이 더 적절하다고 할 수 있다. 또한 3세 이상의 아동이 수줍어서 잘 이야기를 하지 않는 경우에는 선택형 질문(예: "우리 소꿉놀이 할까? 병원놀이 할까?")을 함으로써 아동의 부담감을 덜어 줄 수도 있다.

⑤ 검사자는 아동의 발화 수준에 맞춰 자신의 말을 조절해야 한다. 검사자는 아동과의 발화를 번갈아 가며 일대일 정도로 하고 너무 많은 말을 하지 않도록 한다. 문장의 길이나 난이도도 아동의 말 수준보다 너무 높지 않게 하는 것이 좋다.

⑥ 발화 사이의 쉼(pause)에 대해 너무 민감하게 반응하지 않는 것이 좋다. 발화 사이의 쉼은 아동에게 뭔가 말을 해야 할 것 같은 의무감을 주고 그에 따라 대화를 시작할 기회를 제공한다. 그러나 대부분의 성인은 다소 긴 침묵이 있으면 불안해져서 어떻게든 그 침묵을 말로 채워야 한다는 강박감 때문에 자꾸 말을 하게 된다. Stickler(1987)는 8초 이상의 침묵이 흐를 경우에는 검사자가 혼잣말이나 아동의 행동을 표현하는 말을 하면서 아동의 발화를 유도하는 방법을 권하고 있다.

⑦ 언어표본을 수집하기 위해서 검사자는 다양한 장난감을 준비하는 것이 좋다. 장난감은 아동의 생활연령에 맞는 것을 준비한다. 언어표본 수집 시 자주 사용되는

장난감은 부엌놀이세트, 병원놀이세트, 공구세트나 트럭세트 등 역할놀이를 유도할 수 있는 것들이다. 그 외에도 특별히 아동이 좋아하는 장난감이나 활동(예: 그림 그리기, 블록쌓기, 자동차놀이)을 활용하면 많은 발화를 유도할 수도 있다. 단, 아동이 외울 정도로 익숙한 이야기책은 아동의 실제 표현언어 수준보다 너무 높은 수준의 발화를 표집하게 할 수 있다. 사진첩도 단순한 명명하기(예: "이거 아빠야" "이거 이모야")만을 초래할 수 있기 때문에 너무 어린 아동에게는 적절하지 못하며 사용할 경우에는 활동위주의 스냅사진이 유용하다.

⑧ 아동의 자발적인 발화를 유도하기 위해서는 검사자가 다소 어리석은 행동이나 말을 하는 것도 도움이 된다. 검사자가 아동의 작은 모자를 쓰려고 시도한다든지, 마치 정말로 볼펜의 사용법을 모르는 것처럼 행동한다면, 아동은 설명을 시도할 수도 있다. 그러나 이러한 행동은 이미 검사자가 모든 걸 알고 자기를 시험한다는 것을 눈치챌 정도의 다소 높은 연령의 아동에게는 효과가 없다.

II. 자발화 표본의 전사

1. 언어표본의 기록

언어표본을 기록하는 방법으로는 ① 즉석에서 받아쓰거나, ② 오디오 녹음을 하였다가 받아쓰거나, ③ 비디오 촬영 후 받아쓰는 방법이 있다. 아동의 언어가 어떤 상황에서 어떤 기능으로 쓰였는지를 알기 위해서는 실제상황을 그대로 재생할 수 있는 비디오 촬영이 바람직하기는 하지만, 아동의 행동반경이 클 경우 촬영자가 따로 있어야 하는 어려움이 따른다. 또한 비디오로만 촬영할 경우 말명료도가 떨어지는 아동의 발화를 전사하기가 어려울 수 있다. 말명료도가 떨어지는 아동의 말은 비디오 화면을 참고로 하고, 성능이 좋은 오디오 녹음기로 반복 청취하면서 전사하는 것이 더 바람직하다. 아동의 발화를 즉석에서 받아쓰는 것은 매우 어려운 일이기는 하지만, 발화빈도나 발화 수가 매우 적은 언어장애아동의 경우는 그것만으로도 충분할 수 있다. 일반적으로 2세 수준 이상의 언어를 사용하는 아동의 말을 전사할 때는 비디오로 촬영된 상황을 참조하면서 고성능 오디오 녹음기도 함께 사용하는 것이 최상이다.

표본을 수집할 때는 아동의 발화 자체만 기록하기보다는 그 말을 할 때의 상황과 아동의 말을 유도한 대화 상대자의 말(예: 질문)도 같이 기록하는 것이 좋다. 이는 발화를 통하여 의미분석이나 화용분석을 할 때 아동발화의 언어적, 또는 상황적 문맥을 이해하는 것이 중요하기 때문이다. 아동이 말과 함께 한 소리나 몸짓도 중요한 자료가 될 수 있다. 그러나 이러한 동반소리/몸짓은 주로 1~2낱말 발화를 하는 아동에게는 중요한 자료가 되지만 말을 많이 하는 아동에게는 굳이 필요하지 않을 수도 있다. 또한 아동의 발화가 자발적인 것인지 모방에 의한 것인지를 기록해 놓는 것도 화용분석에 좋은 자료가 될 수 있다. 발화는 〈표 8-1〉과 같이 정리할 수 있다.

표 8-1 발화 기록의 예

상황	상대자의 말	발화 번호	아동의 말	아동이 하는 말의 자발성 (즉각모방, 지연모방, 자발)	아동이 하는 말의 적절성	동반된 소리 또는 몸짓
의사놀이를 하면서	누가 의사 할까?	1	재민이가	자발	적절	자신을 가리킴
	그럼 내가 환자다	2	내가 환자다	즉각모방	부적절	

아동의 언어표본은 녹음테이프나 발화 수를 기준으로 그 양을 조절한다. 녹음테이프는 2세 이상의 언어발달 수준을 보이는 경우에는 30분 정도만 표집하여도 분석하기에 충분한 발화 수를 확보할 수 있다. 그러나 검사자와의 친밀감이 형성되지 않았거나 워낙 발화빈도가 적은 언어장애의 경우에는 주의가 필요하다. 본 분석체계에서는 적어도 70개 이상의 발화를 분석할 것을 권고하므로 언어표본은 적어도 100개 이상의 발화가 포함되게 하는 것이 좋겠다. Owens(2014)는 언어장애의 경우 50~100개의 발화나 15분의 대화 중 더 많은 발화를 활용하도록 권유하였다.

언어표본을 수집한 후 낱개의 발화로 정리할 때의 유의사항은 다음과 같다.

① 아동의 발화뿐 아니라 아동이 말하기 이전에 한 상대자의 말이나 행동과 그때의 상황 등을 기입한다. 그러나 오직 아동의 문장에만 문장번호를 붙인다.
② 아동과 상대자의 모든 발화는 한글의 철자법에 맞춰 기록하되, 불분명한 발음이나 아동 특유의 발음 등은 국제음성기호(International Phonetic Alphabet: IPA)를 써서 기

록하여 그 옆에 추측되는 낱말을 써넣는다(예: 엄마, 나 ki(김) 줘). 그러나 아동이 뭔가 낱말을 말하긴 했지만 알아들을 수 없을 때에는 그 음절 수만큼 "X"를 표시해서 기록하고 이러한 불명료한 음절이 전체의 50% 이상을 차지할 때는 문장번호는 붙이지 않는다(예: 엄마 XXX).

2. 발화의 구분

〈표 8-1〉과 같이 발화를 모두 정리하여 기록한 다음에는 분석할 발화를 선정하여야 한다. 분석할 발화를 선정할 때는 아동이 평소보다 기분이나 건강상태가 좋지 않아서, 혹은 검사자와의 친밀감이 형성되지 않아서 별로 말을 하지 않거나 평소의 수준에 못 미치는 부분은 전체적으로 삭제한다. 예를 들어, 2~3낱말의 문장도 사용하는 아동이 계속해서 "응" "싫어"와 같은 단답형 대답만을 한 5분 정도의 발화들은 모두 제외시킬 수 있다. 그러나 이렇게 부적절한 부분을 제외할 때 짧은 발화라고 해서 한 발화씩 선별적으로 제외해서는 안 된다. 그러한 표본은 아동의 발화길이를 과장되게 보여 주는 결과를 초래할 수 있기 때문이다. 흔히, 기록한 전체 발화 중, 앞부분의 5~10개 발화 정도는 제외하고 분석하는데 이는 대화가 부드럽게 이루어지기까지의 어색한 내용들이 포함되는 것을 막기 위함이다. 또한 아동이 졸리거나 지루해져서 자연스럽지 않게 산출한 발화들도 제외한다. 이때에도 한두 발화만을 제외하면 안 되고 그 상황에서 일어난, 5개 이상의 발화를 모두 제외하여야 한다. 발화의 분석은 이렇게 정리된 발화를 다시 발화번호를 매겨서 적어도 70~100개 이상의 발화를 분석하도록 한다.

발화(utterance)에 대한 정의는 다소 다른데, Owens(1992)는 발화란 "말끝을 내리거나, 쉬거나, 혹은 다른 생각이 난 표시로 숨을 쉬는 것과 같은 행동에 의해서 서로 분리되는 문장이나 그 보다 더 짧은 말"이라고 정의하였다. 아동의 언어표본을 전사하고 그 전사한 말들을 발화로 구분할 때는 다음과 같은 구분원칙을 따른다.

① 발화는 문장(단문 또는 복문)이나 그 보다 작은 언어적 단위(구나 단단어)로 이루어진다. 대화의 차례(turn)와는 구별되므로 아동이 한 숨에 말한 것을 모두 한 발화로 분석하지는 않는다. 예를 들어, "갔대. 그래서 만났대. 그다음에는 나도 몰라."라고 아동이 한 숨에 말했다 하더라도 "갔대" "그래서 만났대" "그다음에는 나도 몰라"의 세 발화로 분석하여야 한다.

② 시간의 경과(대략 3~5초 이상)나 두드러진 운율의 변화, 주제의 변화가 있을 때는 발화 수를 나눈다. 예를 들어, "내 거 줘" 라고 말하고 나서, 5초 이상 지난 후에 다시 "빨리" 라고 한다면, "내 거 줘 빨리" 라고 붙여서 분석하기보다는 "내 거 줘" 와 "빨리" 의 두 발화로 분석하는 것이 더 낫다. 이는 아동은 흔히 발화를 시작해 놓고도 그 발화를 끝내지 않거나, 다른 주제로 넘어가는 경우도 많기 때문이다. 특히 긴 쉼이 있을 경우에는 그 사이 아동의 생각이 어떻게 바뀌었는지를 알 수 없으므로, 검사자로서는 너무 지나치게 아동의 말을 추정하여 긴 발화로 분석하는 것은 적절하지 않다. 쉼 시간에 대해서는 다소 이견이 있는데, 발화구분을 위한 기준으로 3초나 5초가 흔히 사용된다. 본 검사지침에서는 중(등)도 언어장애아동의 언어표본에서 잘 적용되는 5초를 기준으로 적용하기로 한다. 그러나 비록 3초의 쉼이지만, 아동이 말하려는 주제를 바꾼 것이 확실할 때는 다른 발화로 구분한다.

③ 같은 말이라도 다른 상황이나 문맥에서 표현되거나, 새로운 의미로 표현되었을 때에는 다른 발화로 취급한다. 예를 들어, 아동이 과자로 다가가며 "더" 라고 말하고, 다시 과자 봉지를 들여다보며 "더" 라고 말했다면 "더" 가 비록 같은 말이라도 두 발화로 구분한다.

④ 아동이 스스로 수정하거나 새로운 의미의 첨가 없이 낱말이나 구를 반복할 때는 한 문장 안에 넣되 괄호로 구분하고 분석에서 제외한다. 예를 들어, "이렇게, 목 이렇게 해 봐" 라고 말했다면 "(이렇게) 목 이렇게 해 봐" 라고 표기하고 "목 이렇게 해 봐" 만을 분석한다. 또 다른 예를 들어, "아빠 두더지가 자려고 하는데 아이들이 자꾸만 놀자고 해서 아이들이 자꾸만 놀자고 해서 아이들이 자꾸만 놀재" 라는 말의 경우, 아동이 말하려는 부분을 반복 없이 해 보면, "아빠 두더지가 자려고 하는데 아이들이 자꾸만 놀재" 가 된다. 그러므로 그 나머지 부분을 괄호로 처리하고 이 부분만 분석한다.

⑤ 아이가 습관적으로 사용하는 간투어는 분석에서 제외한다. 아동은 "있잖아" 나 "그래가지구" 와 같은 간투어를 많이 사용한다. 예를 들어, "내가(있잖아) 가시(있잖아) 놀았어" 와 같은 문장을 볼 수 있다. 이렇게 습관적으로 첨가시키는 요소를 모두 분석하면 아동의 언어 수준을 과대평가하는 결과를 초래할 위험이 있다. 그러므로 간투어를 쓴 발화가 많은 아동에 대해서는 표본자료의 10%에 해당하는 발화(예: 100발화의 경우는 10발화)까지만 간투어를 포함해서 분석하고 나머지는 괄호 처리하여 분석에서 제외한다.

⑥ '아' '오' 등의 감탄하는 소리나 문장을 이어가기 위한 무의미 소리들(예: '음' '어……' 등의 말이음)은 분석에서 제외한다. 예를 들어, "어, 아파"라고 하는 경우 "어"는 괄호로 처리하고 "아파"만을 분석한다.

⑦ 노래하기, 숫자세기 등과 같이 외워진 자동구어는 발화로 구분하지 않고 분석에서 제외하는 경우가 많다. 특히 구문분석에서는 이러한 자동구어를 분석에 포함시킬 경우 아동의 언어 능력을 과대평가하기 쉽다. 그러나 이러한 자동구어도 의미나 화용 분석 시에는 따로 살펴볼 수도 있다. 때로는 발화 속에 이러한 자동구어가 내포되어 있을 때가 있는데, 이런 경우에는 하나의 낱말로 보고 분석에 포함시킨다. 예를 들어, "일, 이, 삼, 사, 오, 육, 칠"과 같이 숫자만 나열하는 경우는 발화로 취급하지 않으나, "나 일이삼사 알아"에서처럼 '일이삼사'가 '숫자'를 의미하는 어휘로 쓰였으므로 하나의 낱말로 취급하여 분석한다.

제9장 의미론적 분석

아동의 언어표본을 수집하고 전사한 후에는 언어의 여러 가지 측면을 분석할 수 있다. 한 사람이 다른 사람에게 전달하고자 하는 생각은 적절한 어휘로 구성된 내용(의미론적 측면)을 갖게 되고, 그 내용은 문법이나 구문의 형식(구문론적 측면)을 빌려 다른 사람에게 전달된다. 이렇게 구문구조를 갖추고 의미적인 내용을 포함하는 발화는 어떤 목적을 가지고 사용된다(화용론적인 측면). 아동의 발화 속에는 이러한 세 가지 측면이 모두 포함되어 있기 때문에 언어표본을 통해서 각 측면의 분석이 가능하다. 본 장에서는 우선 의미론적인 분석 방법을 고찰하고자 한다. 개별 의미유형을 예를 들어 설명하고, 개별 의미유형의 빈도와 의미관계의 빈도를 해석하는 방법을 제시한다. 다음으로 복문에 대한 문장 간 의미관계를 분석하고 해석하는 방법을 제시한다. 또한 어휘를 얼마나 다양하게 사용하는지에 대한 분석 방법 및 해석 방법을 제안하고자 한다.

I. 의미유형 및 의미관계

1. 분석의 근거

한 낱말(이하 '단단어') 수준의 아동은 그들의 표현어휘가 늘어남에 따라 차츰 2~3낱말을 붙여서 문장처럼 사용하게 된다. 이러한 초기 문장의 형태는 구문적인 형식을 갖추기보다는 의미적인 관계로 연결되곤 한다. Bloom(1970)이 초기 2낱말 문장들에서 일관성 있는 의미관계를 발견하고 초기 아동 문장의 의미론적인 분석의 필요성을 주창한 이후로, 여러 학자들이 의미관계 분석을 시도하게 되었다. 실제로, 아동의 초기 문장들은 구문론적으로 분석하기보다는 의미론적으로 분석할 때 좀 더 실제적인 정보를 얻을 수 있다. 구문구조분석이나 변형문법만으로 아동의 초기 문장을 분석하면 아동 나름의 낱말조합규칙들을 간과하기 쉽다(Bloom, 1970; Braine, 1963, 1976; Brown, 1973; McLean & Snyder-McLean, 1978).

아동의 초기 단단어 또는 2~3낱말 문장을 의미론적으로 분석하는 데 있어서는 의미유형(semantic role)과 의미관계(semantic relations)를 사용한다. Bloom(1973)은 단단어 수준 아동의 발화를 사물이나 사건을 나타내는 실제어(substantive)와 그 외의 기능어(function)로 분류하였으며, Nelson(1973)의 경우는 고유명사 및 일반 사물명(nominals), 행동어(action words), 개인/사회어(personal-social) 등의 의미유형으로 나누고, 그 외는 문법적인 기능어(function)로 분류하였다. 그러나 이들의 분류를 적용할 수 있는 단단어 발화시기는 매우 짧다. 아동이 단단어 발화를 주로 사용하는 시기라 하더라도 그 초기에는 초어(proto-words)와 섞어서 사용하고, 후기에는 2~3낱말 발화와 섞어서 사용하는 경우가 많다. 그러므로 Bloom이나 Nelson의 단단어 발화 분류체계는 매우 제한적으로밖에 사용될 수 없다. 단단어와 2~3낱말 문장이 함께 나타나는 시기의 발화를 분석할 때는 따로 분리하여 분석하기보다는 발화 전체 속에 나타난 개별 의미유형과 낱말들 간의 의미관계를 함께 분석하는 것이 바람직하다.

초기 문장에서 나타나는 의미유형 및 의미관계에 대한 분석체계는 여러 가지가 있다. 예를 들어, Brown(1973)은 I–II 단계(MLU 1.01~2.49 수준) 아동이 자주 쓰는 2낱말 의미관계로 [행위자-행위(agent-action)], [행위-대상(action-object)], [행위자-대상(agent-object)], [행위-장소(action-locative)], [실체-장소(entity-locative)], [소유자-소유물(possessorpossession)], [수식-실체(attribute-entity)], [지시-실체(demonstrative-entity)]의 여덟 가지를 보고하였다. 그는 초기에 빈번히 나타난 3어 의미관계 유형들로 [행위자-행위-대상], [행위자-행위-장소], [행위-대상-장소] 등을 보고하였다. 또한 McLean과 Snyder-McLean(1978)은 Brown(1973)과 MacDonald와 Nickols(1974)의 의미유형을 종합하였는데, Brown의 여덟 가지 의미관계 외에 접속(conjunction)을 더 첨가하여 아홉 가지의 자주 표현되는 의미관계를 보고하였다. 이에 덧붙여 초기 의미관계의 활용성을 고려하여 [지시-실체] 의미관계에서 지시 대신에 주의(notice)가 연결되기도 하며, [수식-실체] 의미관계에서는 수식 대신에 재현이나 부재 등을 활용하기도 한다고 보았다. Brown의 I~III단계의 아동 11명의 발화를 분석하여 그 발생빈도를 보고한 Retherford 등(1977)에 따르면 이 단계에서 도구(instrument), 동반자(comitative), 창의물(created object), 수혜자 또는 간접대상(beneficiary or recipient), 경험자(experiencer) 등은 비교적 적게 나타나는 유형들이었다. Retherford 등(1981)은 좀 더 세부적인 유형분류 체계를 제시하였다. 그들은 ① 열다섯 가지의 주요 의미유형범주(semantic categories)(예: action, locative, agent) 외에도, ② 실체(entity), 부정(negation), 형용(attribute), 그리고 부사(adverbial) 등 의미적 기능보다는 문장구성의 기능이 강한 문법적 유형범주(grammatical categories)와 ③ 의미적, 문법적 기능보다는 대화구성의 기능이 강한 대화적 유형범주(conversational devices)(예: attention, affirmation), 그리고 ④ 기타 관습적 표현인 자동구어(routines)로 구분하였다. Retherford와 그의 동료들의 유형분류체계는 아동의 초기 문장에서도 나올 수 있는 문법적이고 화용적인 구성요소들을 무리하게 의미론적 유형으로 분류하기보다는 따로 구분하여 분석하려고 시도하였다는 점에서 의미가 크다. 아동의 초기 문장 속에 포함된 대화적 유형범주나 자동구어는 의미론적인 관계로 분석하기 어려우므로 독립적으로 살펴볼 수 있도록 한 그들의 분류체계는 바람직하다고 하겠다.

Retherford 등(1981)은 의미론적 분석체계를 단문에만 사용하고, 복문에 대해서는 구문론적인 분석을 하도록 제안하고 있다. 그러나 불완전하나마 복문의 형태가 나오기 시작하는 2~3세 아동의 언어표본에서 단문 속에 나타난 의미유형들만을 분석하는 것은 불완전한 평가를 초래할 위험이 있다. 즉 복문 속에 내포된 의미유형 자료들을 놓치게 됨으로써 잘못된 언어진단을 초래하고, 그 결과 잘못된 치료계획을 세울 수도 있다. 그러므로 적어도 초기 문장 단계의 언어를 의미론적으로 진단할 때에는 ① 단문과 복문을 모두 포함하는 발화에서의 의미유형 및 의미관계를 분석하여야 하며, ② 복문에서의 문장과 문장 사이의 의미적인 관계(예: 이유연결, 배경연결)를 분석하여야 한다.

조명한(1982)은 한국 아동 5명을 종단적으로 관찰하여 1;7~1;11세에 2낱말 의미관계가 나타나기 시작한다고 보고하였다. 이들 2낱말 의미관계를 Brown(1973)의 분류유형의 틀에 맞추어 분석한 결과, 5명의 아동 모두에게서 나온 의미관계는 [행위자-행위], [목적-행위], [행위자-목적], [장소-행위], [행위자-장소], [소유자-소유], 그리고 [실체-수식]이었다. 3낱말 이상의 의미관계는 1;7~2;2세에 나타나기 시작하였고, 5명 모두에게서 나타난 3낱말 관계는 [행위자-목적-행위]와 [행위자-장소-행위]였다.

그는 이와 같은 관찰을 토대로 아동의 발달단계에 따른 언어획득책략을 제시하고 있는데, 2~3낱말 관계 문장을 표현하는 단계에서 대상아동이 행위중심책략과 주제화책략을 사용하고 있음을 보고하였다. 행위중심책략에서는 행위자를 표현의 제일 앞에 배치하거나 행위를 되도록 목적어에 가까이 놓는 것과 같은 두 가지 실행 조작을 제시하였으며, 주제화책략으로는 기존 정보를 새로운 정보에서 분리시켜 새로운 정보를 집중적으로 처리하도록 그것을 어순상 동사에 가까이 배치하는 실행 조작을 제시하고 있다. 이러한 책략을 제시함으로써 그는 비교적 어순이 자유로운 것으로 가정되는 한국어의 습득에서 아동이 어떻게 어순을 획득하는지 또는 자신의 의도를 효과적으로 전달하는지를 밝히면서, 아동이 능동적으로 이러한 조작을 사용하면서 어순을 처리하고 있음을 가정하였다. 사실상 이와 같은 조명한의 연구는 우리나라 아동의 의미관계 발달을 종단적으로 관찰하여 책략모형을 제시한 최초의 연구였으며 이후의 관찰 연구들 대부분이 그의 연구틀을 기초로 행해졌다. 그러나 단지 5명의 아동만을 대상으로 한 연구였으므로 한국 아동의 의미관계 발달에 대한 기준으로 제시되기에는 부족한 점이 많다. 또한 2세 2개월까지 관찰된 자료를 토대로 아동의 초기 문장 출현에서의 의미관계를 다루었으므로 3~4낱말 관계가 자리를 잡으면서 복문이 정형화되어 나타나기 시작하는 이후 단계까지 포괄적인 관찰이 이루어지지 못하였다.

초기 의미유형들이 보편적으로 나타난다는 견해는 일반적으로 받아들여지고 있다(예: Bloom, 1970; Bowerman, 1980; Owens, 1995; Schlesinger, 1975). 예를 들어, Stockman과 Vaughn-Cooke(1986)는 영어를 표준어로 사용하지 않는 아동(nonstandard speakers)을 대상으로 한 연구들(Blake, 1984; Miller, 1982; Stockman & Vaughn-Cooke, 1982)을 검토한 결과, 의미유형의 보편성을 보여 준 선행연구들과 유사한 의미유형들을 보고하였다. 그러나 외국문헌의 결과를 한국어에 그대로 적용하는 데는 세심한 주의가 필요하다.

현재 우리나라의 언어치료실이나 조기특수교육 기관에는 한두 마디의 말밖에 하지 못하는, 즉 2~3세 수준의 언어 능력을 나타내는 취학전 또는 학령기 아동이 매우 많다. 결국 이러한 아동에게는 초기 의미관계 또는 문장을 훈련시켜야 하는데, 한국 아동의 초기 의미관계나 문장의 발달에 대한 표준적인 자료가 없기 때문에 소수의 사례연구 자료를 끼워 맞추는 치료 수준에 그치고 있다. 일반아동에게서 좀 더 조기에 나타나거나 습득이 용이한 의미관계 유형을 모르는 상황에서 언어치료사가 임의로 선택한 언어목표에 따라 훈련하고 있는 것이다. 따라서 우리나라 아동의 언어발달에서 나타나는 의미관계의 정확한 출현빈도나 발달순서를 제시하는 연구는 언어발달지체 및 장애아동의 훈련과 교육을 위해서 중요한 지침을 제시해 줄 수 있을 것이다.

2. 의미유형 및 의미관계 분석의 절차

의미론적 분석을 할 때는 다음의 절차를 따르는 것이 편리하다.

- 분석할 발화가 단문인지, 복문인지를 구분한다.
- 단문일 경우에는 문장 내 의미유형 및 의미관계를 분석한다.
- 복문일 경우에는 우선 문장 간 의미관계를 분석하고, 다음에 각 단문의 문장 내 의미유형 및 의미관계를 분석한다.
- 개별 의미유형의 분석에서는 아동이 어떤 의미유형을 많이 사용하는지, 어떤 의미유형이 아직 나타나지 않는지, 그리고 이러한 특성이 일반아동의 발달특성과 어떻게 다른지를 분석한다.
- 의미관계 분석에서는 아동이 어떤 의미관계를 주로 사용하는지, 또한 일반아동의 의미관계와는 어떻게 다른지를 분석한다.

3. 개별 의미유형의 분석

개별 의미유형의 분석은 크게 두 가지 방법으로 실시할 수 있다. 한 가지는 아동의 발화 중 단단어로만 된 발화와 다수의 낱말로 된 발화를 분리하여 분석하는 방법이고, 다른 하나는 두 종류의 발화를 분리하지 않고 함께 분석하는 방법이다. 이러한 분석 방법의 결정은 아동의 발화 수준으로 결정한다. 아동의 발화가 주로 단단어인 경우에는 전자의 방법으로 하고, 그렇지 않은 경우에는 후자의 방법으로 하는 것이 바람직하다. 예를 들어 아동발화의 80% 이상이 단단어인 경우, '엄마' '아빠' '맘마' '지지' 와 같은 호칭이나 단순한 명명하기(달라는 의미에서)가 대부분인데, 이렇게 단순한 말들을 세분화된 의미유형으로 분석하는 것은 의미도 없고 가능하지도 않다. 반면, 50% 이상의 발화가 2낱말 또는 3낱말로 이루어진 경우, 너무 단순한 단단어 의미분석체계를 이용하는 것도 많은 정보를 놓치게 될 위험이 크다. 본 장에서는 단단어 발화의 의미분석과 여러 낱말 발화의 의미분석을 나누어 설명하도록 한다.

1) 단단어 발화(단단어 단계)의 의미분석

Bloom(1973)은 단단어 단계를 실명사(substantive), 호칭(naming), 기능어(function) 셋으로 구분하였다. 실명사는 '공'이나 '과자' 등과 같은 물건이나 사건을 나타낸다. 그러나 이러한 실명사가 특정 물건이나 사건을 지칭할 경우에는 호칭으로 분류된다. 흔히 관찰되는 아동의 호칭은 부모, 형제, 인형이나 애완동물의 이름이다. 기능어는 물건이나 사건을 통해 형성되는 상태를 나타낸다. 부사, 동사, 형용사, 감탄사와 같이 명사가 아닌 낱말들이 기능어 범주에 속한다고 볼 수 있다. Bloom의 분류체계는 〈표 9-1〉을 이용하여 분석할 수 있다. 아동의 언어표본 중 단단어 문장을 적절한 유형 아래 적고 반복되는 낱말을 '正正' '卌卌' 또는 '✓'를 사용하여 정리한다. 다음에는 각 유형의 빈도수와 총 단단어 문장 속에서 차지하는 비율을 기재하여 그 아동이 어떤 의미유형에 치중해 있는지를 분석한다. 더불어, 문장 수를 전체 샘플 문장 수와 비교함으로써 전체 문장 중 몇 퍼센트가 단단어 문장인지를 쉽게 볼 수 있다. 이러한 분석에서 Stickler(1987)의 주장과 같이 상투적인 감탄사(예: "어휴" "어머")는 제외하고 분석하는 방법도 가능하다.

Bloom의 세 가지 유형분류보다 더 세분화된 분류가 필요하다면 Nelson(1973)의 여섯 가지 유형들을 사용할 수도 있을 것이다. 이 여섯 가지 유형들은 다음과 같다.

① 특정명사: 특정의 사람, 동물, 물건을 지칭하기 위한 낱말("은주" "뽀삐")
② 일반명사: 일반적인 사람(대명사 포함), 물건, 동물, 추상개념, 문자, 숫자 등을 지칭하기 위한 낱말
③ 행동어: 행동표현("가" "빠이빠이")이나 관심표현 또는 주의끌기("봐" "안녕") 등에 쓰이는 낱말
④ 수식어: 사물의 양이나 질, 그리고 사건의 상태를 표현하기 위해 쓰이는 낱말. 즉 재현, 부재, 형용, 정도, 소유 등을 표현하는 낱말

⑤ 기능어: 문법적인 기능을 만족시키기 위한 낱말("입니다" "을/를")

⑥ 개인-사교어: 자기를 나타내는 표현들

Nelson의 단단어 의미를 사용하는 경우에는 〈표 9-2〉의 양식으로 그 내용을 정리하여 보고할 수 있다.

2) 여러 낱말(다단어) 단계의 의미분석

(1) 개별 의미유형 분석 방법

개별 의미유형(semantic role)의 분석은 발화 속에 있는 모든 의미유형을 개별적으로 분석하여 아동의 전반적인 의미 패턴을 찾고자 하는 것이다. 즉 아동이 사용한 의미들의 유형 빈도를 산출해서 아동이 특히 어떤 유형을 많이 사용하며 어떤 유형은 사용하지 않는지를 분석하는 것이다. 이러한 분석의 결과는 일반 또래아동의 발달형태와 비교하여 치료목표를 설정할 때 참고자료로 사용할 수 있다. 예를 들어, 행위(예: "(엄마) 가"), 대상(예: "사과(먹어)"), 장소(예: "회사(에)"), 상태서술(예: "예뻐"), 실체서술(예: "사과야")과 같은 의미유형은 2세 아동의 90% 이상이 사용한 의미유형인 데 반해, 이유(예: "미워서"), 조건(예: "뽀뽀하면"), 양보(예: "그러면") 등의 의미유형은 2세 아동의 20% 이하가 사용하는 유형이다. 이때 언어 수준이 2세 정도인 아동에게는 90% 이상의 아동이 보이는 의미유형이 있는지 살펴보고, 없거나 그 출현빈도가 너무 낮으면 그것을 언어훈련의 목표로 삼는 것이 바람직하다고 하겠다.

개별 의미유형에는 다음과 같은 것들이 있는데, 편의상 체언부, 용언부, 수식부, 그리고 의사소통요소(Communication Device: CD)로 나누어 살펴보도록 한다. 각 유형마다 예를 들어 설명하였는데, 예들은 그 번호가 커짐에 따라 다소 높은 수준의 발화이거나 분석이 애매한 것이다. 요약된 정의 및 특징은 314쪽 이하의 〈표 9-3〉에 제시하였다.

표 9-1 단단어의 의미분석 I

실명사		호칭		기능어	
낱말	빈도	낱말	빈도	낱말	빈도

Bloom(1973)의 단단어 유형

_____________ 실명사 = 전체 단단어 문장의 ________%

_____________ 호칭 = 전체 단단어 문장의 ________%

_____________ 기능어 = 전체 단단어 문장의 ________%

전체 문장 수 _____________

전체 단단어 문장 수 ________ = 전체 문장의 ________%

표 9-2 단단어 의미분석 II

일반명사		특정명사		행동어		수식어		개인-사교어		문법적 기능어	
낱말	빈도	낱말	빈도	낱말	빈도	낱말	빈도	낱말	빈도	낱말	빈도

Nelson(1973)의 단단어 유형

________ 일반명사 = 전체 단단어 문장의 ________%
________ 특정명사 = 전체 단단어 문장의 ________%
________ 행동어 = 전체 단단어 문장의 ________%
________ 수식어 = 전체 단단어 문장의 ________%
________ 개인-사교어 = 전체 단단어 문장의 ________%
________ 문법적 기능어 = 전체 단단어 문장의 ________%

전체 문장 수 ________
전체 단단어 문장 수 ________ = 전체 문장의 ________%

체언부: 문장 속의 주체나 객체의 역할을 하는 체언에는 다음과 같은 의미유형들이 있다.

① 행위자(agent): 동작을 하는 주체로, 흔히 동사에 대한 주어의 역할을 한다. 행위자는 행위(action)의 주체이며 그때의 행위는 주로 관찰 가능한 동작이어야 한다. 행위자는 사람이나 동물, 자동차와 같이 움직이는 것도 되지만, 때로는 의인화된 인형이나 사물일 수도 있다.

예 1

상황: 밥그릇이 엎어져 있고 아동은 아가 인형을 안고 있음.

성인: "누가 그랬어?"

아동: (아가 인형을 가리키며) "아가"

→ "아가"는 '행위자'로 분석한다.

예 2

상황: 아동이 아가 인형에게 이불을 덮어 주고 등을 두드려 주면서,

아동: "아가 자"

→ "아가"는 '행위자'로 분석한다.

예 3

상황: 아동이 움직이는 그림책의 달님을 움직이면서,

아동: "달님 가"

→ "달님"은 의인화된 '행위자'로 분석한다.

② 경험자(experiencer): 어떤 경험이나 상태/상황을 겪는 사람으로 동작보다는 감정이나 상태의 주어 역할을 한다. 아동은 사물을 의인화해서 표현하는 경우가 많기 때문에 사람 외의 사물을 의인화하여 경험자로 표현할 때도 있다.

예 1

상황: 꽃을 꺾는 그림책을 보며,

아동: "나무가 아파요"

→ "나무"는 '경험자'로 분석한다.

예 2

상황: 괴물 인형을 아동에게 주면서,

성인: "너 이거 가질래?"

아동: (고개를 돌리며) "난 싫어"

→ "난"은 '경험자'로 분석한다.

예 3

상황: 아동이 아가 인형의 손에 밴드를 붙여 주고 있음

성인: "아가가 어디 아프니?"

아동: "손이 아파"

→ 이때의 "손"은 상태서술인 "아파"의 '경험자'라고 할 수도 있으나 "내가 손이 아파"라는 표현을 생각해 보면 '경험자'는 "내가"로 나타나게 되어 "손"을 '경험자'로 하는 것은 어색하다. 그러므로 이런 경우에는 '경험자'보다는 '실체'로 분석하는 것이 바람직하다('실체' 설명 참조).

③ 소유자(possessor): 대상을 소유하거나 대상이 소속되어 있는 사람이나 사물을 의미한다. 소유자는 주어나 목적어의 역할을 한다.

예 1

상황: 성인이 아가 인형의 신발을 들어올리며,

성인: "이거 ○○(아동 이름) 신발이니?"

아동: "아가 양말"

→ "아가"는 '소유자'로 분석한다.

예 2

상황: 아동과 함께 모형집에 들어가며,

성인: "여긴 누구네 집이지?"

아동: "○○(아동 이름) 집"

→ "○○이(아동 이름)"는 '소유자'로 분석한다.

④ 공존자(comitative): 행위자와 함께 행위를 수행하는 사람이나 상태를 경험하는 사람이다. 때로는 행위자나 경험자와 함께 쓰이기도 하고(예: "아가하고 내가"), 때로는 행위자나 경험자가 생략되어 쓰이기도 한다(예: "아가하고"). 공존자는 공존격 조사 '고'나 '하고' 등과 흔히 같이 쓰이지만, 의미분석에서는 조사가 없더라도 공존자의 의미이면 '공존자'로 분석한다.

예 1

상황: 성인이 아가 인형을 눕히며,

성인: "누구하고 잘까?"

아동: (자기가 아가 인형 옆에 누우며) "엄마하고 자지"

→ "엄마하고"는 '공존자'로 분석한다.

예 2

상황: 성인이 아가 인형의 손에 밴드를 붙여 주며,

성인: "많이 아프지?"

아동: (자신의 손가락을 들어 올리며) "나하고 아가하고 아파요"

→ 이때의 "나하고"와 "아가하고"는 모두 공존격조사를 쓰고 있으므로 ['공존자' – '공존자' – '상태서술']로 분석할 수도 있으나, ['공존자' – '경험자' – '상태서술']로 분석하는 것이 의미유형 간의 관계를 더 잘 나타낸다.

⑤ 수혜자(beneficiary): 행위의 대상이 되는 사람이나 사물을 나타내는 의미이다. 수혜자는 '에게'나 '한테'와 같은 여격조사와 함께 쓰일 수도 있고 그렇지 않을 수도 있다. 의미분석에서는 비록 조사가 생략되거나 다른 조사로 잘못 쓰이더라도 의미를 중심으로 분석해야 한다.

예 1

상황: 성인이 주전자를 들어 보이며,

성인: "누구 물 마실 사람 있어요?"

아동: (커피잔을 들어올리며) "나 물 줘"

→ "나"는 '수혜자'로 분석한다.

예 2

상황: 장난감 아이스크림을 돼지, 말, 소 인형에게 주면서,

아동: (강아지 인형을 보면서) "똘똘이 안 줘"

→ "똘똘이"는 '수혜자'로 분석한다.

⑥ 대상(object): 행위의 대상이 되는 사람 또는 사물로, 목적어의 역할을 하는 의미이다. '목적'이란 용어는 형식에 중점을 둔 용어이므로 의미에 좀 더 적합한 '대상'으로 대치한다.

예 1

상황: 백설공주 책을 보며,

성인: "공주님이 왜 쓰러졌어?"

아동: "사과 먹었어요"

→ "사과"는 '대상'으로 분석한다.

예 2('수혜자'의 예에서)

상황: 성인이 주전자를 들어 보이며,

성인: "누구 물 마실 사람 있어요?"

아동: (커피잔을 들어올리며) "나 물 줘"

→ "물"은 '대상'으로 분석한다.

⑦ 실체(entity): ㉠ 행위 없이 명명된 사물이나 소유물, 또는 "-이다"와 같은 서술의 대상이 되는 의미로서, ㉡ 아동이 사용한 의미가 명사이기는 하지만 그 의미가 확실치 않을 때 분류하는 의미이다. ㉠의 경우, 'A는 B다' (예: "이건 사과다")와 같은 표현에서 'A'를 '실체'로 분석한다(조명한, 1982). ㉡의 경우, 내용어이기는 하지만 특정 의미로 구분되지 않는 낱말들에 대한 적용이다. Stickler(1987)는 이러한 의미는 문법적 범주(grammatical category)로 따로 구분하기도 하였는데 아동의 말에서는 이러한 형태가 많이 나오기 때문에 본 분석체계에서는 따로 분류하기보다는 하나의 의미유형으로 분류한다.

예 1

상황: 아동의 장난감상자 속에서 총을 꺼내며,

성인: "이게 뭐야?"

아동: "총"

→ "총"은 '이건 총이다'의 문장 속에서 그 의미를 갖는 것이므로 '실체'로 분석한다. 그러나 다음의 예에서는 같은 "총"이라도 그 의미유형이 다르다고 할 수 있다.

〈비교〉

상황: 아동의 장난감상자 속을 들여다보며,

성인: "뭘 가지고 놀까?"

아동: "총"

→ 이때의 "총"은 '총을 가지고 놀아요'라는 문장 속에서 그 의미를 갖는 것이므로 '실체'보다는 목적어를 나타내는 '대상'으로 분석하는 것이 더 낫다.

예 2

상황: 요리하는 놀이를 하면서,

성인: "어? 이거 썰어야 하는데"

아동: "이게 칼이야"

→ "이게"는 '실체'로 분석한다.

예 3

상황: 청개구리 이야기책을 보여 주면서 이야기를 시작하는데,

아동: "그 얘기 알아"

→ 구문형식으로 보면 "얘기"는 "알아"의 목적어 같으나 안다는 것은 '행위' 보다는 상태를 나타내는 '상태서술'에 더 가까우므로 목적을 갖는다는 것이 의미적으로 어색하다. 그러므로 이때의 "얘기"는 '실체'로 분석한다.

예 4

상황: 커피잔에 각설탕을 넣으면서,

성인: "몇 개 넣어 드릴까요?"

아동: "다섯 개"

→ 이때의 "개"는 개별적인 의미를 갖는다기보다는 "다섯"과 함께 하나의 의미를 갖는다. 그러므로 비록 문법적으로는 "개"가 양수사(예: -송이, -개, -마리 등)로서 한 낱말이지만, 의미적으로는 '실체'라는 하나의 덩어리로 보는 것이 더 타당하다. 이에 조금 더 확장된 예를 예 5에서 살펴본다.

예 5

상황: 커피 잔에 각설탕을 다 넣고 나서,

성인: "설탕이 몇 개지?"

아동: "설탕이 다섯 개야"

→ "설탕이"는 형식적으로는 '경험자' 같으나 "나 설탕 다섯 개야"라는 문장은 [경험자-실체-상태서술]로 분석하게 되므로, "설탕이"는 '경험자' 보다는 '실체'로 분석하는 것이 더 타당하다. 그러므로 이 발화는 [실체-상태서술]로 분석한다.

⑧ 인용/창조물(created object): 인용/창조물은 어떠한 행동이나 현상을 인용하거나 그로 인해 만들어진 것을 의미하는 것으로 보어의 역할을 한다. 아동의 발화 중에는 '-가 되다' '-로 변하다' '-로 만들었어' '-라고 했다' 등의 이름을 짓거나 물리적 상태의 변화를 나타내는 표현이 많이 나오는데, 이것을 '대상'이나 '실체'로 처리하기에는 적절하지 않기 때문에 '인용/창조물'이라고 한다.

예 1

상황: 피노키오 이야기책을 가리키며,

성인: "피노키오 얘기 아니?"

아동: "피노키오가 사람이 되었어"

→ "피노키오"는 '경험자'로, "사람"은 '인용/창조물'로, "되었어"는 '상태서술'로 분석하여, 이 발화는 [경험자-인용/창조물-상태서술]로 분석한다.

예 2

상황: 아가 사진을 보면서,

성인: "이건 누구지?"

아동: "나 오빠 되었지?"

→ "나"는 '경험자'로, "오빠"는 '인용/창조물'로, "되었지"는 '상태서술'로 처리하여, [경험자-인용/창조물-상태서술]로 분석한다.

용언부: 문장 속에서 행위나 서술의 역할을 하는 용언에는 다음과 같은 의미유형들이 있다.

① 행위(action): 행위자(생물 또는 무생물)에 의해 관찰될 수 있는 움직임이나 활동을 나타내는 의미로서 동사의 역할을 한다. 행위는 적극적인 행동을 의미하는 것이므로 그 주체가 '경험자'가 될 수는 없다. 두 개 이상의 동사를 겹쳐서 사용할 경우 문법적인 유형에 관계없이 하나의 의미로 처리한다. 그러므로 복합동사(예: "왔다 갔다 한다"), 본동사-보조동사(예: "들고 간다"), '-(해) 봐' 유형(예: "있어 봐"), '-(해야) 돼' 유형(예: "먹어야 돼") 등과 같이 여러 개의 동사가 겹쳐서 사용된 경우에는 모두 '행위' 하나의 의미로 분석한다. 또한 형식적으로는 '목적어-명사'로 표현되는 동사(예: "잠을 잔다" "청소를 한다")도 의미적으로 하나의 의미를 나타낸다면 하나의 '행위'로 분석한다. "코 자다"와 같이 유아적 표현으로 하나의 의미를 나타내는 것도 하나의 '행위'로 분석한다.

예 1

상황: 아동이 아가 인형의 엉덩이를 때리고 나서 안아 주며,

아동: "아가가 우네"

→ "아가"는 '행위자'로, "우네"는 '행위'로 처리하여, 이 발화는 [행위자-행위]로 분석한다.

예 2

상황: 물건을 건네주며,

아동: "쥐고 있어 봐 이거"

→ 비록 "쥐고 있어 봐"가 낱말은 3개지만, 의미는 하나이므로 '행위'로 처리하고, "이거"는 '대상'으로 처리한다. 그러므로 이 발화는 [행위-대상]으로 분석한다.

예 3

상황: 장난감 가스레인지를 보며,

성인: "이거 어떻게 틀어?"

아동: "이거 돌려야 돼"

→ "돌려야 돼"는 '행위'로 분석함.

예 4

상황: 그림책에서 빗질을 하고 있는 아저씨를 보며,

성인: "이 아저씨는 뭘 쓸고 있나?"

아동: "아저씨 마당을 청소를 해"

→ 이 경우 "아저씨"는 청소를 하는 '행위자'이고, "마당을"은 청소의 '대상'이고, "청소를 해"는 청소하는 '행위'로 분석하는 것이 좋다. 만약, "청소를 해"를 형식만 보고 [대상-행위]로 한다면 문장 내 의미들의 관계가 [행위자-대상-대상-행위]가 되므로 어색하다. 그러므로 이 발화는 [행위자-대상-행위]로 분석하는 것이 타당하다.

② 서술(statement): 사물이나 사람이 경험하는 소극적인 상태나 느낌을 나타낸다. 그러므로 '행위자'를 주체로 갖지 않고 주로 '경험자'나 '실체'를 주체로 갖는다. 서술은 상태동사나 형용사의 역할을 한다. 서술은 다음과 같은 유형으로 세분화할 수 있다.

• 상태서술: 마음이나 느낌, 상태를 나타내는 의미로, 동사나 형용사의 역할을 한다. 예를 들어, '-싶다(원한다)' '안다' '느낀다' '있다' '병들다' '아프다' '되다' '필요하다' '죽다' 등과 같이 문법적으로는 동사지만 상태를 나타내는 것과 '좋다' '예쁘다' '밉다' 등과 같이 문법적으로는 형용사지만 상태를 나타내는 것이 있다. 또한 영어의 피동사('get+adverb/pp')처럼 행위가 가해져서 나온 결과의 상태를 나타내는 표현들(예: 비치다, 부딪히다, 막히다, 써있다)도 '상태'로 봐야 한다. 또한 상태서술 앞에 '-을(를)'의 목적어 형식을 가진 명사가 있을 경우(예: "영어 알아"), 그 명사는 '대상'으로 하기보다는 '실체'로 처리하는 것이 더 의미적으로 타당하다.

예 1

상황: 물건 숨기고 찾기 놀이를 하며,

아동: "나는 알지"

→ "나"는 '경험자'로, "알지"는 '상태서술'로 해서, [경험자-상태서술]로 분석한다.

예 2

상황: 남자 아동이 다치는 그림을 보며,

아동: "오빠가 피나"

→ "오빠"는 '경험자'로, "피나"는 '상태서술'로 처리하여, [경험자–상태서술]로 분석한다.

예 3

상황: 물의 형태가 변하는 그림책을 보며,

성인: "왜 물이 딱딱해진 거야?"

아동: "물이 얼음이 되었어"

→ "물"은 '경험자'로, "얼음"은 '창조물'로, 그리고 "되었어"는 '상태서술'로 처리하여, [경험자–창조물–상태서술]로 분석한다.

예 4

상황: 달이 호수에 비치는 그림을 보며,

성인: "어? 달이 여기 또 있네"

아동: "달이 물에 비쳐"

→ "달"은 '경험자'로, "물"은 '장소'로, "비쳐"는 '상태서술'로 처리하여, [경험자–장소–상태서술]로 분석한다.

예 5

상황: 숨바꼭질을 하면서,

아동: "머리가 보여"

→ "머리"는 '실체'로, "보여"는 '상태서술'로 처리하여 [실체–상태서술]로 분석한다. 여기서 "머리"를 '경험자'라고 생각할 수도 있는데, 그렇다면 "난 머리가 보여"라는 문장을 분석할 때 모순이 생긴다. 만약 "머리"를 '경험자'로 처리한다면 [경험자–경험자–상태서술]이 되는데, 여기서의 실제 경험자는 "나"지 "머리"가 아니기 때문이다. 그러므로 "머리가 보여"에서의 "머리"는 '실체'로 처리하는 것이 타당하다.

예 6

상황: 아이가 집 앞에 혼자 앉자 있는 그림을 보며,

아동: "아이가 외로움을 느껴"

→ "아이"는 '경험자'로, "외로움"은 '실체'로, "느껴"는 '상태서술'로 처리하여, [경험자–실체–상태서술]로 분석한다. 이때 "외로움을 느껴"는 형식적으로는 [대상–행위]이지만, 의미상 부적절하므로 [실체–상태서술]로 분석하는 것이 옳다.

예 7

상황: 숨바꼭질을 하면서,

아동: "노래를 하고 싶어"

→ 이 발화는 '상태서술'로 분석한다. '-하고 싶다'는 내적 상태를 나타내는 하나의 의미로 보는 것이 타당하다. 그리고 '노래를 하다'는 의미적으로 '노래하다'와 같다고 볼 수 있다. 그러므로 형식적으로는 [대상-행위-행위]이지만, 의미적으로는 '상태서술' 하나의 의미를 가지고 있다고 볼 수 있다.

예 8

상황: 자신의 팔뚝을 자랑하면서,

아동: "나 힘 굉장히 세요"

→ 이 발화는 형식적으로 보면 [경험자(나)-실체(힘)-용언수식(굉장히)-상태서술(세요)]이지만 낱말의 배열을 바꾸어 "나 굉장히 힘세요"라는 문장으로 생각해 보면 [경험자(나)-용언수식(굉장히)-상태서술(힘세요)]이 된다. 아동이 가지고 있는 의미구조를 보기 위해서는 전자와 같은 분석이 도움이 되지만, 의미관계를 보기 위해서는 후자가 더 적절하다고 할 수 있다.

- 실체서술: 보어의 역할을 하여 '무엇은 무엇이다'에서 '-이다'를 붙일 수 있는 의미유형이다.

예 1

상황: 그림책을 보면서,

아동: "이건 사과야"

→ "이건"은 '실체'로, "사과야"는 '실체서술'로 분석한다.

예 2

상황: 아동이 간식을 먹고 있을 때,

성인: "뭐 먹니?"

아동: (그릇을 들어 보이며) "젤리야"

→ 비록 실체가 생략되기는 하였으나 "이거 젤리야"라는 문장으로 볼 수 있으므로 "젤리야"는 실체서술로 분석한다.

예 3

상황: '5'를 가리키며

아동: "5는 다섯이야"

→ 이 경우 "다섯이야"가 보어의 역할을 하므로 [실체-실체서술]로 분석한다.

• 부정서술: 낱말 속에 부정적 의미가 내포된 경우(예: 싫다, 아니다, 없다)에는 그 상태와 부정적 의미를 고려하여 부정서술로 처리한다. 단, 용언의 앞이나 뒤에 부정어(예: 안, 못)가 붙어서 부정적 의미를 나타내는 경우에는 [부정-용언(행위, 서술)]으로 처리한다('부정'의 의미유형은 '수식부 → 배경 → 부정' 참조). 예를 들어, "못 가"나 "안 가"는 [부정-행위]로 분석한다.

예

상황: 동물원 그림책을 보면서,

아동: "원숭이가 없어"

→ "원숭이"는 '경험자'로 "없어"는 '부정서술'로 하여, [경험자-부정서술]로 분석한다. 그러나 아동이 "원숭이가 안 해"라고 한다면, "원숭이"는 '행위자'로, "안"은 부사의 형태를 가진 '부정', 그리고 "해"는 '행위'로 하여 [행위자-부정-행위]로 분석한다.

수식부: 문장 속에서 체언이나 용언 또는 수식언을 수식하는 것으로 다음과 같은 의미유형들이 있다.

① 체언수식: 사물이나 사람을 지시하거나 그 크기, 모양, 질 등을 나타내는 의미유형이다. 체언수식은 주로 관형사의 역할을 하며, 체언수식의 대상은 실체, 대상, 행위자, 경험자, 소유자 등 체언으로 사용되는 의미유형들이다.

예

상황: 새 신발을 자랑하며,

아동: "예쁜 신발"

→ "예쁜"은 '체언수식', "신발"은 '실체'로 보아, [체언수식-실체]로 분석한다. 만약 아동이 "예쁜 신발이야"라고 말한다면 [체언수식-실체서술]로 분석한다.

② 용언수식: 행위나 서술, 또는 부사를 수식하는 의미유형으로 부사의 역할을 한다. 행위를 수식하는 경우는 시간, 방법, 기간, 방향, 빈도 등으로 행동을 꾸며주는 것이며, 서술을 수식하는 경우는 서술의 시간, 방법, 질, 강도 등을 나타낸다.

예 1

상황: 그림책을 보며,

아동: "멍멍이가 빨리 온대"

→ "빨리"는 "온대"라는 행위를 꾸며 주므로, [행위자-용언수식-행위]로 분석한다.

예 2

성인: "언니가 좋아? 오빠가 좋아?"

아동: "언니 정말 미워"

→ "정말"은 "미워"라는 상태서술을 꾸며 주므로, [실체-용언수식-상태서술]로 분석한다. 여기서 "언니"는 미워하는 주체가 아니기 때문에 '경험자'로 하지 못하며, "미워"가 상태서술이기 때문에 '대상'이 되지 못한다. 그러므로 '실체'로 처리한다.

예 3

상황: 무릎의 상처를 쳐다보며,

성인: "언제 이렇게 됐어?"

아동: "조금 전에"

→ "조금"은 "전에"라는 시간(때)을 수식하므로 [용언수식-때]로 분석한다('때' 의미유형은 '배경 → 때' 참조).

③ 배경: 체언이나 용언을 직접 꾸며 주기보다는 체언이나 용언의 뜻을 변형(예: "안 해"에 있어서 "안")하거나 그 배경(장소, 시간, 이유, 조건 등)을 첨가하는 의미이다. 그러므로 주로 부사어에 해당한다. 배경에는 다음과 같은 의미유형들이 있다.

• 부정(negation): 거부, 거절, 부인, 부재, 중단 등의 의미로 행위나 상태서술에 대한 부정으로 사용된다. 대체로 "마" "못" "안" "아니" "그만" 등의 부정어(영어의 "not")가 이에 속한다.

예

상황: 찰흙놀이를 하다가 잘 안 되니까,

아동: "나 안 해"

→ "나"는 '행위자', "안"은 '부정', "해"는 '행위'로, [행위자-부정-행위]가 된다.

• 때(time): 때는 행위나 서술과 관련된 시기를 나타내는 의미이다.

예 1

상황: 엄마와 놀이를 하다가 엄마가 누우니까,

아동: "이제 안 해?"

→ "이제"는 '때', "안"은 중단을 나타내는 '부정', "해"는 '행위' 이므로, [때-부정-행위]로 분석한다.

예 2

상황: 식탁에 앉히려 하자 도망가며,

아동: "아까 먹었어"

→ "아까"는 '때', "먹었어"는 '행위' 이므로, [때-행위]로 분석한다.

예 3

상황: 우산을 가리키며,

성인: "이거 뭐 하는 거야?"

아동: "비 올 때 우산 써"

→ "비 올 때"는 [행위자-행위]로 구성된 하나의 구(句)이지만, 문장 전체적으로 볼 때는 '때'를 나타내는 의미이다. 그리고 "우산"은 '대상', "써"는 '행위' 이므로, [때(행위자-행위)-대상-행위]로 분석한다. 즉 문장 전체적인 의미관계는 [때-대상-행위]이고, '때'를 나타내는 의미구는 다시 [행위자-행위]의 의미관계를 갖고 있다.

- 장소(locative): 사물이나 사람이 놓여 있는 곳이나 어떤 행동이 취하여지는 지점을 나타내는 의미유형이다. 우리말에는 여러 낱말들이 중복되거나(예: "여기 소파에서 잤어요"의 경우 '여기'와 '소파에서') 합하여(예: "무대 위에서 노래했어요"의 경우 '무대'와 '위에서') 한 장소를 나타내기도 하는데 그런 경우 1개의 의미유형으로 분석한다.

예 1

상황: 아동이 아빠의 가방을 들고 나옴.

성인: "아빠 어디 가세요?"

아동: "아빠 회사 가"

→ "아빠"는 '행위자', "회사"는 '장소', "가"는 '행위'를 나타내므로, [행위자-장소-행위]로 분석한다.

예 2

상황: 토끼와 거북이 이야기책을 같이 보면서,

성인: "토끼가 어디서 잤니?"

아동: "나무 밑에서 잤어요"

→ "나무 밑"은 형식적으로는 '대상-장소' 같지만 의미적으로는 "나무 밑"이 합쳐서 '장소'를 나타낸다. "잤어요"는 '행위' 이므로 [장소-행위]로 분석한다.

- 도구(instrument): 행위자나 경험자가 그것을 가지고 특정한 행위나 상태를 보이는 의미유형이다.

예 1

상황: 색종이로 모양 오리기를 하면서,

성인: "뭘로 자를까?"

아동: "가위로 잘라"

→ "가위"는 '도구', "잘라"는 '행위' 이므로, [도구-행위]로 분석한다.

예 2

상황: 아동이 밴드를 붙인 손을 들어 보이며,

아동: "칼에 베었어"

→ "칼"은 '도구', "베었어"는 '상태서술' 이므로 [도구-상태서술]로 분석한다.

- 이유(reason): 행위나 서술과 관련된 이유나 의도, 또는 원인을 나타내는 의미유형이다.

예 1

상황: 아동이 아가 인형을 두드려 주며,

아동: "아파서 코 자"

→ "아파서"는 '이유'로 하고, "코"는 아동 특유의 수식어로 "자"라는 '행위'를 꾸며 주는 것이므로 '용언수식'으로 처리한다. 그러므로 이 발화는 [이유-용언수식-행위]로 분석한다.

예 2

상황: 아동이 엄마 시계를 차고 엄마 흉내를 내면서,

아동: "왜 안 오지?"

→ "왜"는 의문사이지만 문장 속에서의 의미는 '이유' 이다. 또한 "안"은 '부정', "오지"는 '행위' 이므로, [이유-부정-행위]로 분석한다.

예 3

상황: 아동이 아가 인형을 두드려 줌.

성인: "아가가 자니?"

아동: "자려고 눈 감았어요"

→ "자려고"는 '이유'로 하고, "눈 감았어요"는 '행위'로 처리한다. "눈 감았어요"를 "눈을 감았어요"로 하여 [대상-행위]로 생각할 수도 있으나 이는 형식적인 분석이고, 좀 더

의미적으로 보면 "눈을 감다"와 "눈 감다"는 같은 행동이므로 하나의 '행위'로 보는 것이 타당하다. 그러므로 이 발화는 [이유–행위]로 분석한다.

예 4

상황: 늑대와 아기염소 이야기책을 보면서,

성인: "늑대가 왜 일어나지도 못 해?"

아동: "배불러서 그런 거야"

→ "배불러서"는 '이유'이며, "그런 거야"는 "일어나지 못해"의 의미를 담고 있는 '행위'이다. 형식적으로는 "그런"이 "거야"를 꾸며 주는 형태라서 "그런 거야"를 [용언수식–실체서술]로 볼 수도 있으나 문장의 의미상 전체가 '행위'를 나타낸다고 보는 것이 더 타당하다. 예를 들어, "내가 그런 거야"라는 문장을 [행위자–행위] 대신에 [행위자–용언수식–실체서술]로 분석한다면 너무 형식적이고 그 의미가 매우 어색하게 된다. 그러므로 "배불러서 그런 거야"는 [이유–행위]로 분석한다.

• 조건(condition): 행위나 서술에 전제되는 의미유형을 나타낸다.

예 1

상황: 아빠 안경을 쓰고 아가 인형에게 큰소리로,

아동: "그러면 안 돼"

→ "그러면"은 '조건', "안"은 '부정', 그리고 "돼"는 '상태서술'로 처리하여 [조건–부정–상태서술]로 분석한다.

예 2

상황: 두 로봇 인형을 가지고 놀면서 한 로봇이 다른 로봇에게 말하는 것처럼,

아동: "그럼 죽어"

→ "그럼"은 '조건', "죽어"는 '상태서술'로 하여, [조건+상태서술]로 분석한다. 여기서 "죽는다"는 말은 '행위'로 처리할 수도 있으나 죽는 것을 동작으로 보는 것은 의미적으로 어색하므로 '상태서술'로 처리하는 것이 더 적합하다.

• 비교(comparison): 대상이나 실체를 직접적으로 또는 간접적으로 대조시켜서 표현하는 의미유형이다.

예

상황: 엄마와 함께 아가를 바라보다가,

아동: "나보다 밉지?"

→ "나보다"는 '비교', "밉지"는 '상태서술'이므로 [비교–상태서술]로 분석한다.

• 재현(recurrence): 사람, 사물, 사건 등이 반복되는 것을 나타내는 의미유형이다.

예

상황: 아동이 곰 인형에게 숟가락으로 떠먹이는 놀이를 하며,

아동: "또 먹어"

→ "또"는 '재현', "먹어"는 '행위' 이므로 [재현-행위]로 분석한다.

• 양보(concession): 행위나 상태서술을 양보하거나 허용하는 의미유형이다.

예

상황: 엄마가 손을 씻으라고 자꾸 말하니까,

아동: "더러워도 돼"

→ "더러워도"는 '양보', "돼"는 '상태서술' 이므로 [양보-상태서술]로 분석한다.

대화요소(Communicative Devices: CD): 문장 속에서 체언이나 용언 또는 수식언을 수식하는 것으로 다음과 같은 의미유형들이 있다.

① 주의끌기(attention): 주의를 끌기 위하여 이름이나 다른 표현을 사용하는 것으로, 호칭이나 부르기의 대화요소적 기능을 가지고 있다.

예 1

상황: 장난감 상자를 보고 엄마를 부르며,

아동: "엄마, 장난감요"

→ "엄마"는 '주의끌기', "장난감요"는 '실체서술'로 처리하여 [CD(주의끌기), 실체서술]로 분석한다.

예 2

상황: 블록을 높이 쌓고서,

아동: "봐봐! 내가 했어"

→ "봐봐"를 '행위'로 분석할 경우 [행위-행위자-행위]가 되어 마치 복문의 의미관계인 것 같은 모습이 된다. 이 문장에서 "봐봐"를 주의끌기 대화요소로 처리하면 [CD(주의끌기), 행위자-행위]로 분석된다. 이러한 분석이 문장 내의 의미관계를 이해하기에 더 도움이 된다.

② 되묻기/확인하기(repetition request/confirming): 상대방에게 다시 말해 달라고 표현하는 대화의 구성요소이다. 아동의 말에는 상대방이 말한 것을 되묻는 표현이 많

다. 이러한 표현은 정말 못 들어서 다시 말해 달라는 의도가 담겨 있기도 하고 자기가 들은 것을 확인하는 의도가 담겨 있기도 하다. 또한 상대방의 말을 그대로 반복하면서 되묻기도 하고(예: "간다구?"), "응?" "어?" 등의 대용어를 사용하는 경우도 있다.

예

상황: 아동이 가자고 조르면서,

아동: "가자, 응?"

→ "가자"는 '행위'인데 "응?"은 그 말을 확인시키는 것이므로 'CD(되묻기)'로 처리하여 [행위, CD(되묻기)]로 분석한다.

③ 감탄(exclamation): 놀라거나 당황할 때 나오는 소리(예: 아!, 와!, 아이!, 아이고!)로, 이것 역시 다른 낱말들과 의미관계를 갖기보다는 대화요소로 처리한다.

예 1

상황: 선물상자 뚜껑을 열어 보고,

아동: "와! 이거 내 거야?"

→ "와"는 CD(감탄), "이거"는 '실체', "내"는 '소유자', "거야"는 '실체서술'로 처리하여 [CD(감탄), 실체-소유자-실체서술]로 분석한다.

예 2

상황: 배를 움켜쥐며,

아동: "아이고, 배야"

→ "아이고"는 CD(감탄), "배야"는 '실체서술'로 처리하여 [CD(감탄), 실체서술]로 분석한다.

④ 예/아니요 대답(affirmation): '예/아니요' 질문에 대하여 수긍 또는 부인하는 대화요소이다.

예

성인: "너 과자 다 먹었어?"

아동: "응, 먹었어"

→ "응"은 "먹었어"의 '행위'와 중복되는 것으로 [CD(대답), 행위]로 분석한다. 같은 맥락에서 아동이 "아니, 안 먹었어"라고 말했다면 [CD(대답), 부정-행위]로 분석할 수 있다.

⑤ 강조(emphasis): 본 진술을 강조하는 대화요소로 그 부분이 없어도 문장의 의미가 변하지는 않는다.

예 1

상황: 팔짝 뛰기를 시범 보이며,

성인: "인제 네가 해 봐"

아동: "아냐, 못 해"

→ "아냐"는 '부정' 이지만 "못 해"만으로도 [부정-행위]의 의미는 모두 표현될 수 있다. 그러므로 "아냐"를 '부정' 으로 처리하여 [부정-부정-행위]로 분석하기보다는 '강조' 로 처리하여 [CD(강조), 부정-행위]로 분석하는 것이 발화의 의미를 더 잘 나타내 준다.

예 2

상황: 냉장고에서 딸기우유를 꺼내며,

성인: "이거 줄까?"

아동: "아니, 그거 싫어"

→ "아니"와 "그거 싫어"는 같은 내용을 중복하여 나타내고 있어서, "아니"는 '부정' 보다는 '강조' 의 의미가 더 강하다. 그러므로 [CD(강조)-실체-상태서술]로 분석한다.

예 3

상황: 아동의 머리핀을 들어올리며,

성인: "이거 네 거야?"

아동: "맞아, 내 거야"

→ "맞아"와 "내 거야" 역시 같은 내용을 중복하여 나타내고 있으므로, [CD(강조)-소유자-실체서술]로 분석한다.

⑥ 동반소리(accompanying sounds): 낱말이라기보다는 문장 내에서 함께 사용하는 소리로, 문장 내에서 다른 낱말들과 의미관계를 보이기보다는 독립적인 대화요소로 나타날 때 동반소리(예: "치-" "에잇!")로 분류한다. 그러므로 체언이나 용언을 수식하는 의성어나 의태어(예: "칙칙폭폭 가요")와는 구분되어야 한다. "칙칙폭폭 가요"에서 "칙칙폭폭"은 "가요"라는 '행위' 를 수식하는 '용언수식' 으로 보는 것이 적절하다.

예

상황: 동생을 안고 있는 엄마 품에 파고드는 것을 보며,

성인: "네가 ○○(동생 이름) 동생이지?"

아동: "치! 아냐"

→ "치"와 "아냐" 사이에는 의미관계가 있다고 보기가 어렵다. 그렇다고 "치"를 CD(감탄)으

로 보기에는 어색하다. 그러므로 이 발화는 [CD(동반소리), 부정서술]로 분석한다.

⑦ 인사(greeting): 자동화된 인사(예: "안녕?") 부분을 나타낸다.

예

상황: 등교놀이를 할 때 다른 친구를 보며,

아동: "안녕, 잘 있었어?"

→ "안녕"은 'CD(인사)'로 처리하고 [CD(인사), 서술수식–상태서술]로 분석한다.

⑧ 접속(conjunctor): 단문 속에 나타나는 접속사를 나타낸다.

예 1

상황: 엄마가 토라진 척을 하니까,

아동: "그런데 내가 나빴어"

→ "그런데"는 'CD(접속)'으로, "내가 나빴어"는 '경험자–상태서술'로 처리하여 [CD(접속)–경험자–상태서술]로 분석한다.

예 2

상황: 곰 인형 목욕을 시켜 주면서,

아동: "그리고 밥 먹자"

→ "그리고"는 'CD(접속)'로 처리하여 [CD(접속)–대상–행위]로 분석한다.

⑨ 자동구(automatic speech): 생각해서 창의적으로 하는 말이기보다는 외워진 표현을 의미한다. 즉 숫자세기, 철자외우기, 노래 등 독립적인 의미 없이 외워서 사용하는 상용구이다. 이러한 자동구는 처음부터 발화번호에서 제외하는 경우도 많다. 그러나 아동 말의 대부분이 자동구일 때는 기록하여 CD(자동구)로 분석한다.

예

상황: 검사자와 함께 그림책을 보다가 갑자기,

아동: "일, 이, 삼, 사, 오"

→ 'CD(자동구)'로 분석한다.

⑩ 기타: 이상의 유형으로 분류되지 않는 것은 기타유형으로 처리한다.

표 9-3 개별 의미유형의 정의, 특징 및 예

문장요소	의미유형	정의	특징	예
Ⅰ. 체언	문장 속의 주체나 객체의 역할을 하는 의미들			
	1. 행위자	행동의 수행자	주어의 역할 생물 또는 무생물	〈아가 잔다〉 → [행위자-행위]
	2. 경험자	어떤 경험이나 상태/상황을 겪는 사람이나 의인화된 사물	주어의 역할 행위보다는 서술의 주체, 의인화되지 않은 사물이 상태서술의 주체일 경우에는 '실체'로 분석	〈난 좋이〉 → [경험자-상태서술]
	3. 소유자	대상을 소유하거나, 대상이 소속되어 있는 사람이나 사물	주어 또는 목적어의 역할	〈내 양말〉 → [소유자-대상]
	4. 공존자	행위자와 함께 행위를 수행하는 사람이나 상태를 경험하는 사람		〈엄마랑 잘래〉 → [공존자-행위]
	5. 수혜자	행위의 대상이 되는 사람이나 사물		〈나한테 줘〉 → [수혜자-행위]
	6. 대상	행위의 대상이 되는 사람 또는 사물	목적어의 역할 * '목적'이란 용어는 형식에 중점을 둔 용어이므로 의미상 적합한 '대상'이라 함	〈사과 먹었대요〉 → [대상-행위]
	7. 실체	행위 없이 명명된 사물이나 소유물, 또는 일부 서술의 대상	주어, 보어, 상태서술의 형식적 목적(대상)이 될 수 있음 양수사(예: -송이, -개, -마리 등)의 경우는 그 앞의 의미에 붙여 하나의 의미유형으로 분석	〈칼 서랍에〉 → [실체-장소] 〈다섯 개〉 → [실체]
	8. 인용/창조물	어떠한 행동이나 현상에 의해서 만들어진 것	보어의 역할을 하며 이름, 물리적 상태의 변화 등을 나타냄 * Rutherford 등은 그리거나 부르기 등의 행동에 의한 창조물(그림, 노래)을 의미하였으나, 본 지침에서는 그림이나 노래 등을 '목적물'로 처리하고, '-로 되다/변하다' '-라 말하다/부르다' 등 보어로 쓰인 것을 '창조물'로 봄	〈오빠가 되었지〉 → [인용/창조물-상태서술]

II. 용언	문장 속에서 행위나 서술의 역할을 하는 의미들				
	1. 행위	행위자(생물 또는 무생물)에 의한 관찰될 수 있는 움직임이나 활동		동사의 역할 적극적인 행동을 의미하며, 행동의 주체는 '행위자' 또는 '동반자'('경험자'는 안 됨); 복합동사는 하나의 '행위'로 취급. '(명사화된 동사)+-했다'의 경우도 하나의 '행위'로 처리. '-봐'나 '-(야) 돼' 등의 낱말은 하나의 '행위'로 취급	〈로봇이 보여 준대〉 → [행위자-행위] 〈왔다 갔다 했다〉 〈공부를 했다〉 → [행위] 〈이걸 빼야 돼〉 〈이거 쥐고 있어 봐〉 → [대상-행위]
	2. 서술	사물이나 사람이 경험하는 소극적인 상태나 느낌의 서술		상태동사 및 형용사의 역할 경험자/실체만을 주체로 가짐	
		1) 상태 서술	마음이나 느낌, 상태를 나타내는 동사나 형용사의 역할	상태서술에는 (1) 상태동사(-싶다, 안다, 느낀다, 있다, 병들다, 아프다, 되다, 필요하다), (2) 상태형용사(좋다, 이쁘다, 밉다), 그리고 (3) 피동상태서술(비치다, 부딪히다, 막히다, 써있다) 등이 나타남 상태서술의 주체는 '행위자'가 아니라 '경험자' 또는 '실체'(존재의 경우)로 취급하고, 객체는 '대상'이 아니라 '실체'로 취급	〈나 영어 알아〉 → [경험자-실체-상태서술] 〈아가가 멍멍이가 예뻐〉 → [경험자-실체-상태서술]
		2) 실체 서술	보어의 역할을 하여 '-이다'를 붙일 수 있는 의미		〈이거는 사과야〉 → [실체-실체서술]
		3) 부정 서술	서술어의 역할을 하면서 부정이나 부재 등의 뜻을 내포하고 있는 의미	서술 낱말 속에 부정적 의미가 내포된 경우(예: 싫다, 없다, 아니다)에는 그 상태와 부정적 의미를 고려하여 부정서술로 처리 단, 용언의 앞이나 뒤에 부정어(예: 안, 못)가 붙어서 수식을 하는 경우에는 '부정'으로 처리	〈아저씨가 없어〉 → [실체-부정서술] 〈난 싫어〉 → [경험자-부정서술] 〈이게 아니야〉 → [실체-부정서술] cf) 〈못 먹어〉 → [부정-행위]

III. 수식언	문장 속에서 체언이나 용언, 또는 수식언을 수식하는 의미들				
	1. 체언수식		사물이나 사람을 지시하거나 그 크기, 모양, 질 등을 내포하는 의미	관형사의 역할, 수식의 대상은 실체, 목적, 행위자, 경험자, 소유자 등 명사에 해당하는 의미유형이 될 수 있음	〈예쁜 신발〉 → [체언수식–실체]
	2. 용언수식		행위나 서술, 수식(부사)을 수식하는 의미	부사의 역할 다음 세 가지의 경우가 있음 1) 행위수식: 시간, 방법, 기간, 방향, 빈도 등으로 행동을 꾸며 주는 경우 2) 서술수식: 서술의 시간, 방법, 질, 강도를 나타내는 경우 3) 부사를 수식하는 경우	〈빨리 온대〉 〈조금 먹어〉 → [용언수식–행위] 〈언니 정말 미워〉 → [실체–용언수식–상태서술]
	3. 배경		문장의 배경을 나타내는 의미		
		1) 부정	거부, 거절, 부인, 부재, 중단 등의 의미로 행위나 상태서술에 대한 부정을 나타내는 의미	대체로 영어의 'not'에 해당하는 부정어로, '–마, 못, 안, 아니, 그만' 등이 속함	〈가지 마〉 → [행위–부정] 〈나 안 해〉 → [행위자–부정–행위]
		2) 때	행위나 서술과 관련된 시기를 나타내는 의미		〈어제 먹었어〉 → [때–행위] 〈비 올 때 우산 써〉 → [때–대상–행위]
		3) 장소	사물이나 사람이 놓여 있는 곳이나 어떤 행동이 취하여지려는 지점		〈아빠 회사 갔어〉 → [행위자–장소–행위] 〈나무 밑에서 잤어요〉 → [장소–행위]
		4) 도구	행위자나 경험자가 가지고 특정한 행위나 상태를 보이게 하는 물건의 의미		〈가위로 잘라〉 → [도구–행위]

III. 수식언	3. 배경	5) 이유	행위나 서술과 관련된 이유, 의도, 또는 원인을 의미		〈왜 안 오니?〉 → [이유–부정–행위] 〈자려고 눈을 감았어요〉 → [이유–대상–행위] 〈배불러서 그런 거야〉 → [이유–행위]
		6) 조건	행위나 서술과 관련된 조건을 의미		〈그럼 죽어〉 → [조건–상태서술]
		7) 비교	체언의 내용을 비교하는 의미		〈나보다 밉다〉 → [비교–상태서술]
		8) 재현	사람, 사물, 사건 등의 반복의 의미		〈또 먹어〉 〈다시 해〉 〈더 해〉 → [재현–행위]
		9) 양보	행위나 상태를 양보하거나 허락 또는 허용하는 의미		〈더러워도 돼〉 〈먹어도 괜찮아〉 → [양보–상태서술]
IV. 기능적 구성요소	문장 속의 다른 낱말들과는 의미관계를 형성하지 않고, 독립적인 기능을 하는 의미들 (Communicative Devices: CD)				
	1. 주의 끌기	주의를 끌기 위하여 이름이나 다른 표현을 사용하는 것			〈엄마, 장난감요〉 → [CD(주의), 실체서술]
	2. 되묻기	앞에 말한 것을 되묻는 표현			〈응? 뭐?〉 → [CD(되묻기), 대상]
	3. 감탄	감탄할 때 나오는 소리			〈와! 예쁘다〉 → [CD(감탄), 상태서술]
	4. '예/아니요' 대답	'예/아니요' 질문에 대하여 수긍하는 표현			〈응, 먹었어〉 → [CD(대답), 행위]
	5. 강조	본 진술을 강조하는 부분			〈아냐, 못 해〉 → [CD(강조), 부정–행위] 〈맞아, 내 거야〉 → [CD(강조), 소유자–실체서술]

Ⅳ. 기능적 구성요소	6. 동반소리	의성어 · 의태어의 기능을 가진 소리로 독립적인 부분		〈까꿍, 놀랬어?〉 → [CD(소리), 상태서술]
	7. 인사	자동화된 인사 부분		〈안녕, 잘 있었어?〉 → [CD(인사), 서술수식-상태서술]
	8. 접속	단문속의 접속사		〈그런데 내가 나빴어〉 → [CD(접속), 경험자-상태서술] 〈그리고 밥 먹자〉 → [CD(접속), 대상-행위]
	9. 자동구	숫자세기, 철자외우기, 노래 등 독립적인 의미 없이 외워서 사용하는 상용구		〈일, 이, 삼, 사, 오 … 잘 하지?〉 → [CD(자동구), 용언수식-행위]
	10. 기타	이상의 유형으로 분류되지 않는 의미들		

(2) 개별 의미유형 습득에 대한 비교자료

아동의 발화를 의미관계로 분석하고 나면, 전체 언어표본 속에 포함된 의미유형들의 특성을 분석한다. 이러한 결과를 통해 일반 또래아동의 자료와 비교하여 어떤 의미유형들이 아직 습득되지 않았는지, 사용은 하되 그 빈도가 너무 제한되어 있어서 막 습득하기 시작하는 단계인지, 또는 모방에서만 제한적으로 사용하는지 등을 분석할 수 있다.

서울 · 경기지역의 2~3세 아동 78명(남녀 각각 39명)을 대상으로 의미유형을 분석한 김영태(1998)는 〈표 9-4〉와 같은 결과를 보고하였다. 〈표 9-4〉에 따르면, 2~3세 아동 중 90% 이상이 체언부의 의미유형 중에서 대상, 실체, 행위자를 사용하였고, 다음으로 80% 내외의 아동이 소유자, 경험자, 공존자를 사용하였다. 수혜자와 인용/창조물은 가장 적게 사용되어 40% 이하의 아동만이 사용하였다. 또한 이들 의미유형들 중에서 행위자, 공존자, 대상은 2세 집단에 비해 3세 집단에서 그 출현빈도가 유의하게 증가하였다.

행위와 세 가지의 서술유형으로 나누어 본 용언부에서는 행위, 상태서술, 실체서술은 97% 이상의 아동에게서 나타났고, 부정서술도 80% 이상의 아동에게서 나타나 행위나 서술이 일찍 사용되는 것을 보여 주었다. 연령에 따라 출현빈도를 분석한 결과로는

표 9-4 개별 의미유형의 평균 출현빈도 및 아동 비율

문장 구성요소	개별 의미유형		전체		2세		$2\frac{1}{2}$세		3세		$3\frac{1}{2}$세	
			평균 출현 빈도	사용 아동 비율	평균 출현 빈도	사용 아동 비율	평균 출현 빈도	사용 아동 비율	평균 출현 빈도	사용 아동 비율	평균 출현 빈도	사용 아동 비율
체언부	실체		21.86	100%	23.79	100%	21.10	100%	19.80	100%	22.89	100%
	대상		11.86	98.7%	8.53	94.7%	10.15	100%	12.80	100%	16.0	100%
	행위자		8.09	94.9%	5.05	84.2%	8.25	100%	10.00	100%	8.95	94.7%
	소유자		3.63	88.5%	4.16	89.5%	2.80	85.0%	3.80	85.0%	3.79	94.7%
	공존자		3.03	65.4%	1.79	47.4%	2.50	65.0%	3.30	65.0%	4.53	84.2%
	경험자		2.17	73.1%	1.00	52.6%	2.50	75.0%	2.85	90.0%	2.26	73.7%
	수혜자		0.64	39.7%	0.37	31.6%	0.65	30.0%	0.70	50.0%	0.84	47.4%
	인용/창조물		0.53	20.5%	0.21	15.8%	1.15	25.0%	0.30	15.0%	0.42	26.3%
용언부	행위		28.15	100%	21.26	100%	27.40	100%	28.90	100%	35.00	100%
	서술	상태서술	13.62	100%	9.42	100%	13.55	100%	16.20	100%	15.16	100%
		실체서술	6.65	97.4%	8.95	100%	7.70	95.0%	4.80	95.0%	5.21	100%
		부정서술	2.31	82.1%	2.16	73.7%	2.35	80.0%	2.30	95.0%	2.42	78.9%
수식부	용언수식		6.91	94.9%	4.42	78.9%	6.40	100%	7.60	100%	9.21	100%
	체언수식		2.56	78.2%	1.95	57.9%	2.25	85.0%	2.15	85.0%	3.95	84.2%
	배경	장소	8.42	97.4%	6.79	89.5%	8.25	100%	7.95	100%	10.74	100%
		부정	3.88	91.0%	2.53	78.9%	5.65	95.0%	3.90	100%	3.37	89.5%
		때	1.95	62.8%	0.95	36.8%	1.20	60.0%	1.55	60.0%	4.16	94.7%
		재현	1.31	52.6%	1.11	47.4%	1.05	50.0%	1.10	50.0%	2.00	63.2%
		이유	1.08	47.4%	0.26	10.5%	0.85	50.0%	1.40	65.0%	1.79	63.2%
		조건	0.73	37.2%	0.21	15.8%	0.50	30.0%	0.75	45.0%	1.47	57.9%
		도구	0.53	29.5%	0.21	15.8%	0.65	35.0%	0.70	25.0%	0.53	42.1%
		비교	0.04	2.6%	0.00	0%	0.05	5.0%	0.10	5.0%	0.00	0%
		양보	0.01	1.3%	0.00	0%	0.00	0%	0.05	5.0%	0.00	0%
대화요소	주의끌기		4.19	73.1%	7.21	84.2%	3.55	85.0%	4.35	80.0%	1.68	42.1%
	대답		4.14	92.3%	5.05	94.7%	3.90	90.0%	3.80	90.0%	3.84	94.7%
	접속		1.27	33.3%	0.16	15.8%	0.20	15.0%	0.70	30.0%	4.10	73.7%
	동반소리		0.86	42.3%	1.11	42.1%	0.55	30.0%	1.00	60.0%	0.79	36.8%
	되묻기		0.81	37.2%	0.95	36.8%	0.45	25.0%	1.15	40.0%	0.68	47.4%
	감탄		0.65	38.5%	0.95	42.1%	0.50	30.0%	0.60	45.0%	0.58	36.8%
	강조		0.40	28.2%	0.53	21.1%	0.35	30.0%	0.50	45.0%	0.21	15.8%
	자동구		0.26	15.4%	0.26	21.1%	0.45	20.0%	0.10	5.0%	0.21	15.8%
	기타요소		0.26	11.5%	0.16	10.5%	0.10	5.0%	0.45	20%	0.32	10.5%
	인사		0.19	11.5%	0.58	26.3%	0.10	10.0%	0.10	10.0%	0.00	0%
기타	기타		0.08	5.1%	0.11	10.5%	0.00	0%	0.15	5.0%	0.05	5.3%

행위와 실체서술이 2세 집단에 비해 3세 집단에서 유의한 증가를 보였다.

수식부에서는 용언수식을 가장 많은 아동이 사용하였고, 다음으로 체언수식과 배경의 순으로 나타났다. 배경을 나타내는 의미유형들 중에서는 장소와 부정을 가장 많은 아동(90% 이상)이 사용하였고, 다음으로 때, 재현, 이유는 50% 정도의 아동이 사용하였다. 도구와 조건은 2세 아동의 30% 정도만이 사용하였고, 비교와 양보는 2~3세 모든 연령집단에서 거의 나타나지 않았다. 연령에 따라 출현빈도를 분석한 결과에 따르면 용언수식, 이유, 조건은 3세에서 유의한 증가를 보였다.

대화요소에서는 대답과 주의끌기(예: 호칭)가 75% 이상의 아동에게서 나타났고 동반소리, 감탄, 되묻기 등은 30~40% 정도의 아동에게서 나타났다. 3세에서 유의하게 증가를 보인 것은 접속뿐이었다.

(3) 개별 의미유형 분석의 보고 방법

아동의 각 발화에 대한 의미관계 분석이 끝나면 그 속에 포함된 의미유형들의 빈도가 어떤지 〈표 9-5〉와 같은 요약표를 사용하여 보고할 수 있다. 출현빈도에는 '正正' '卌卌' 이나 '✓'와 같은 빈도표시를 하고 총 빈도수를 적는다. 문장구성요소 내에서의 비율은 체언부 개별 의미유형들의 총빈도를 특정 의미유형의 빈도로 나누어 100을 곱한 것이다. 〈표 9-5〉의 예에서 행위자 비율은 [10/24×100]이므로, 41.7%가 된다. 이렇게 비율의 분석이 끝나면 그 아동이 어떤 의미유형을 많이 사용하는지를 분석한다. 또한 일반아동의 의미유형 발달순서와도 비교할 수 있고, 연령에 따른 빈도와도 비교하여 그 결과를 해석할 수 있다. 예를 들어 〈표 9-5〉의 체언부를 분석하면 다음과 같다.

> 이 아동은 체언을 표현할 때 '행위자'와 '대상'이 각각 41.7%와 32.5%로 가장 많고, '소유자' '공존자' '실체'는 10% 내외로 가끔씩 사용한다. 그러나 '경험자' '수혜자' '인용/창조물'은 아직 사용하지 않고 있다. 이러한 결과는 일반아동의 자료 〈표 9-4〉와 비교할 때, 실체의 사용 비율이 다소 떨어지는 경향이 있으나, 그 외 체언의 의미유형 발달순서는 일반적인 순서를 따르고 있다고 할 수 있다.

4. 문장(구나 절) 내 의미관계의 분석

1) 문장 내 의미관계의 기록 방법

의미관계 분석은 각 발화 속에 내포된 개별 의미유형들의 관계를 분석하는 것이다. 그러므로 의미분석을 할 때는 우선 의미관계로 분석하고 나서 그 속에 포함된 개별 의미유형을 분석하면 된다.

의미관계를 분석할 때는 〈표 9-6〉(323쪽)을 이용하여 각 의미관계의 빈도 및 백분율을 산출한다. 〈표 9-6〉에서 사용한 의미관계는 2~3세 일반아동이 많이 사용하는 순서들이다. 출현빈도에는 '正正' '卌卌' 이나 '✓' 와 같은 빈도표시를 한 후 총 빈도수를 적는다. 백분율은 의미관계의 총 빈도를 특정 의미관계의 빈도로 나누어 100을 곱한 것이다. 이렇게 백분율의 분석이 끝나면 그 아동이 어떤 의미관계를 많이 사용하는지를 분석할 수 있다.

표 9-5 개별 의미유형 분석표

문장 구성요소	개별 의미유형*		출현빈도	문장구성요소 내에서의 비율 (%)**
체언부	실체		✓✓✓ 3	12.5%
	대상		✓✓✓✓✓✓✓✓ 8	33.3%
	행위자		✓✓✓✓✓✓✓✓✓✓ 10	41.7%
	소유자		✓✓ 2	8.3%
	공존자		✓1	4.2%
	경험자		0	0%
	수혜자		0	0%
	인용/창조물		0	0%
	계		24	
용언부	행위			
	서술	상태서술		
		실체서술		
		부정서술		
		계		

수식부	용언수식			
	체언수식			
	배경	장소		
		부정		
		때		
		재현		
		이유		
		조건		
		도구		
		비교		
		양보		
		계		
대화요소	주의끌기			
	대답			
	접속			
	동반소리			
	되묻기			
	감탄			
	강조			
	자동구			
	기타요소			
	인사			
	계			
기타	기타			

* 문장구성요소 내에서는 2~3세 아동이 많이 사용하는 순서임.

**(해당 의미유형의 출현빈도) /(문장구성요소 내 모든 의미유형에서의 총 출현빈도)×100

표 9-6 문장 내 의미관계 분석표

2낱말 의미관계			3낱말 의미관계			4낱말 의미관계		
의미관계*	빈도	백분율**	의미관계	빈도	백분율	의미관계	빈도	백분율
실체-서술			실체-배경-서술			행위자-배경-대상-행위		
대상-행위			대상-배경-행위			행위자-대상-용언수식-행위		
배경-행위			행위자-대상-행위			체언수식-대상-배경-행위		
배경-서술			행위자-배경-행위			소유자-실체-배경-서술		
행위자-행위			대상-용언수식-행위			배경-실체-용언수식-서술		
용언수식-행위			행위자-용언수식-행위			실체-배경-배경-서술		
소유자-실체			경험자-배경-서술			소유자-행위자-배경-행위		
경험자-서술			소유자-실체-서술			기타		
소유자-서술			체언수식-대상-행위					
체언수식-실체			공존자-대상-행위					
용언수식-서술			실체-용언수식-서술					
공존자-행위			배경-배경-행위					
배경-실체			배경-배경-서술					
체언수식-서술			체언수식-실체-서술					
배경-행위자			경험자-실체-서술					
공존자-서술			용언수식-배경-행위					
용언수식-배경			용언수식-배경-서술					
수혜자-행위			공존자-용언수식-행위					
창조물-행위			소유자-대상-행위					
기타			소유자-배경-행위					
			기타					
계			계			계		

* 의미관계는 2~3세 일반아동의 고빈도 순서임

** 백분율은 [해당 의미관계 출현 빈도/2낱말 의미관계의 총 출현빈도×100]

2) 문장 내 의미관계의 비교자료 및 해석 방법

〈표 9-7〉을 이용하여 아동이 사용한 의미관계의 비율이 기록되면, 일반아동의 의미유형 발달순서나, 연령에 따른 빈도와 비교하여 그 결과를 해석할 수 있다. 김영태(1998)가 제시한 2~3세 아동이 자주 나타내는 2낱말, 3낱말, 4낱말 의미관계들은 〈표 9-7〉과 같다.

〈표 9-7〉에 의하면 대부분의 2~3세 아동이 사용하는 의미관계는 다음과 같다.

① 2세 아동의 70% 이상이 사용하는 2낱말 의미관계
- 대상-행위(예: 이거 먹어)
- 실체-서술(예: 이거 신발이야)
- 배경-행위(예: 여기에 놔)
- 배경-서술(예: 안 무서워)

② 2세 아동의 50% 이상이 사용하는 2낱말 의미관계
- 행위자-행위(예: 내가 할래)
- 용어수식-행위(예: 빨리 먹어)
- 경험자-서술(예: 나 죽었어)

표 9-7 2낱말, 3낱말, 4낱말 의미관계 유형의 평균출현 순위 및 아동 비율

연령	순위	2낱말 의미관계			3낱말 의미관계			4낱말 의미관계		
		의미관계	평균 출현 빈도	사용 아동 비율	의미관계	평균 출현 빈도	사용 아동 비율	의미관계	평균 출현 빈도	사용 아동 비율
2세	1	실체-서술	5.44	87.2%	실체-배경-서술	0.92	48.7%	행위자-배경-대상-행위	0.26	20.5%
	2	대상-행위	4.62	97.4%	대상-배경-행위	0.87	48.7%			
	3	배경-행위	3.41	84.6%	행위자-대상-행위	0.85	48.7%			
	4	배경-서술	2.41	76.9%	행위자-배경-행위	0.82	43.6%			
	5	행위자-행위	1.72	66.7%	대상-용언수식-행위	0.51	30.8%			
	6	용언수식-행위	1.69	69.2%	행위자-용언수식-행위	0.46	33.3%			
	7	소유자-실체	1.23	43.6%	경험자-배경-서술	0.28	20.5%			
	8	경험자-서술	0.85	53.8%	소유자-실체-서술	0.28	17.9%			

2세	9	소유자-서술	0.82	46.2%	체언수식-대상-행위	0.23	17.9%			
	10	체언수식-실체	0.71	41.0%	공존자-대상-행위	0.23	15.4%			
	11	용언수식-서술	0.51	38.5%	실체-용언수식-서술	0.21	12.8%			
	12	공존자-행위	0.31	23.1%	배경-배경-행위	0.18	12.8%			
	13	배경-실체	0.21	17.9%	배경-배경-서술	0.15	12.8%			
	14	체언수식-서술	0.18	17.9%						
	15	배경-행위자	0.13	10.3%						
3세	1	대상-행위	5.05	97.4%	실체-배경-서술	1.10	69.2%	행위자-대상-용언수식-행위	0.33	25.6%
	2	실체-서술	3.39	94.9%	대상-배경-행위	1.10	51.3%	행위자-배경-대상-행위	0.26	23.1%
	3	배경-행위	2.28	74.4%	행위자-대상-행위	1.05	46.2%	체언수식-대상-배경-행위	0.18	12.8%
	4	행위자-행위	1.95	82.1%	행위자-배경-행위	0.97	48.7%	소유자-실체-배경-서술	0.15	15.4%
	5	배경-서술	1.67	74.6%	실체-용언수식-서술	0.62	38.5%	배경-실체-용언수식-서술	0.13	12.8%
	6	용언수식-행위	1.08	69.2%	대상-용언수식-행위	0.46	35.9%	실체-배경 배경-서술	0.10	10.3%
	7	경험자-서술	0.85	48.7%	소유자-실체-서술	0.39	30.8%	소유자-행위자 배경-행위	0.10	10.3%
	8	체언수식-실체	0.74	48.7%	배경-배경-행위	0.39	28.2%	기타	0.10	10.3%
	9	공존자-서술	0.46	30.8%	체언수식-실체-서술	0.39	25.6%			
	10	소유자-실체	0.44	25.6%	행위자-용언수식-행위	0.36	25.6%			
	11	용언수식-서술	0.41	30.8%	경험자-실체-서술	0.28	25.6%			
	12	공존자-행위	0.39	25.6%	경험자-배경-서술	0.26	20.5%			
	13	배경-실체	0.28	20.5%	배경-배경-서술	0.26	12.8%			
	14	소유자-서술	0.26	23.1%	기디	0.21	17.9%			
	15	용언수식-배경	0.21	17.9%	체언수식-대상-행위	0.18	15.4%			
	16	수혜자-행위	0.18	15.4%	용언수식-배경-행위	0.18	17.9%			
	17	창조물-행위	0.15	12.8%	용언수식-배경-서술	0.15	12.8%			
	18				공존자-용언수식-행위	0.15	10.3%			
	19				소유자-대상-행위	0.13	12.8%			
	20				소유자-배경-행위	0.13	10.3%			

③ 2세 아동의 40% 이상이 사용하는 3낱말 의미관계

- 실체-배경-서술(예: 모자 저기에 있어요)
- 대상-배경-행위(예: 머리를 손으로 때렸대)
- 행위자-대상-행위(예: 혜민이가 모자 썼어요)
- 행위자-배경-행위(예: 혜민이가 가위로 잘랐어요)

④ 2세 아동의 20% 이상이 사용하는 4낱말 의미관계

- 행위자-배경-대상-행위(예: 내가 빗으로 아가 빗어 줬어)

⑤ 3세 아동의 20% 이상이 사용하는 4낱말 의미관계

- 행위자-대상-용언수식-행위(예: 호랑이가 떡을 꿀꺽 먹었대)
- 행위자-배경-대상-행위(예: 거북이가 물에 토끼를 밀었어)

5. 구나 절 간의 의미관계 분석

3~4세 정도 아동의 발화에는 비록 불완전하지만 복문의 형태가 나타나기 시작한다. 복문은 주부와 술부의 관계가 2번 이상 나타나는 것을 말한다. 복문 중 가장 초보적인 것은 술부의 나열이다. 예를 들어, "아줌마가 빵이랑, 우유 사 줬어"라는 문장은 "아줌마가 빵 사 줬어"와 "아줌마가 우유 사 줬어"를 한 발화로 표현한 것이다. 아동의 복문 발화는 먼저 구나 절간의 의미관계를 분석하고, 각 문장 속에 있는 구나 절의 의미관계를 다시 분석해야 한다. 구나 절 간의 의미관계 분석은 다음과 같은 절차로 설명하도록 한다.

- 복문의 구별 요령
- 구나 절 간의 의미관계 분석 방법
- 구나 절 간의 의미관계의 보고 및 해석 방법

1) 복문의 구별 요령

우선 어떤 발화를 복문으로 처리하여 문장 간의 의미관계도 분석해야 하는가를 살펴보면 다음과 같다.

(1) 단문과 복문의 차이는 주어와 용언(행위 또는 서술) 간의 관계에 있다. 관계가 한 번

맺어지면 단문, 두 번 이상 맺어지면 복문이다(남기심, 고영근, 1996).

(2) 아동의 불완전한(단문처럼 사용하는) 복문의 경우는 단문취급을 한다.

예 "내가 그걸 먹으려고" → [행위자-대상-행위]

(3) '(동사)+-싶다'는 영어로는 'want to V'로 복문이지만, 우리말에서는 '싶다'가 독립적으로 쓰일 수 없으므로 '상태서술'의 의미유형으로 처리한다.

예 "먹고 싶다" → 단문으로 처리하여, [상태서술]

(4) 복합동사는 1개의 의미유형으로 분석한다. 그러나 행위를 나열한 경우에는 복문으로 취급한다.

예 ㉠ "빠져나갔어"

㉡ "우리 공부하고 놀았어"

㉢ "비디오 보면서 놀았어"

→ ㉠의 경우 복합동사이므로 [행위]로 분석한다. 그러나 ㉡과 ㉢의 경우는 두 개의 용언을 갖는 복문이다. ㉡의 경우는 "우리 공부했다"와 "우리 놀았다"가 합쳐진 것이므로 복문으로 취급해야 한다. 이때 문장 간의 의미관계는 '시간연결'이다. ㉢의 경우 "비디오 보았다"와 "놀았다"가 합쳐진 것으로, 이때의 문장 간 의미관계는 '동시연결'이다('문장 간 의미관계 분석 방법' 참조).

(5) 의존명사(예: '거' '것' '지' 등)가 발화에 있을 경우, 의존명사가 이끄는 명사구 속에 체언-용언으로 이루어진 의미관계가 있으면 복문으로, 없으면 단문으로 처리한다. 예를 들어, "이거는 집을 고치는 거야"라는 발화에서, 발화 전체의 큰 의미관계는 "이거는 ○○야"라는 '실체-실체서술'의 관계이다. 여기서 "○○야" 부분에는 "집을 고친다"의 '대상-행위'의 의미관계가 더 들어 있다. 그러므로 이 발화는 복문으로 분석한다.

예 ㉠ "고치는 거야" [행위]

㉡ "이거(를) 고치는 거야" [대상-행위]

㉢ "이거(는) 고치는 거야" [실체-실체서술]

㉣ "이거는 집을 고치는 거야" [실체-실체서술내포(대상-행위)]

ⓜ "이거는 강아지가 자는 거야" [실체-실체서술내포(행위자-행위)]

→ ㉠~㉢의 경우 형식적으로는 명사구이지만 그 속에는 '행위' 하나만 들어있으므로 복문으로 처리하지 않는다. 즉 ㉠은 [행위], ㉡은 [대상-행위], 그리고 ㉢의 경우는 [실체-실체서술]의 단문으로 분석한다. 그러나 ㉣~ⓜ은 구 속에 문장 내 의미관계가 있으므로 복문으로 취급한다. 즉 ㉣은 [실체-실체서술내포(대상-행위)]로, ⓜ은 [실체-실체서술내포(행위자-행위)]로 분석한다.

(6) 배경어(예: 부사구)의 경우도 그 구 속에 주부-술부의 의미관계가 있으면 복문으로, 그렇지 않으면 단문으로 처리한다.

예 ㉠ "배불러서 못 먹어" [이유-부정-행위]

㉡ "나는 배불러서 못 먹어" [이유연결(경험자-행위)-부정-행위]

㉢ "나는 배불러서 밥을 못 먹어" [이유연결(행위자-상태서술)-대상-부정-행위]

㉣ "엄마는 내가 배부르면 밥을 안 주셔" [행위자-조건연결(행위자-상태서술)-대상-부정-행위]

→ ㉠과 ㉡의 경우는 단문으로 취급한다. 즉 ㉠은 [이유-부정-행위]로 ㉡은 [행위자-이유-부정-행위]로 분석한다. 그러나 ㉢과 ㉣의 경우는 단문으로 취급하여 의미유형을 병렬적으로 나열하면 모순이 생긴다. 즉 ㉢을 단문으로 분석하면 [경험자-이유-대상-부정-행위]가 되어, '경험자'와 '행위'가 대등하게 공존하는 모순이 생긴다. 이 경우 복문으로 보아서 [이유연결(행위자-상태서술)-대상-부정-행위]로 분석하면 이러한 문제가 해결된다. ㉣의 경우도 마찬가지로, 단문으로 취급하여 의미유형을 병렬적으로 나열하면 [행위자-경험자-상태서술-대상-부정-행위]의 이상한 의미관계가 된다. 그러므로 이 경우에도 복문으로 처리하여 [행위자-조건연결(행위자-상태서술)-대상-부정-행위]로 분석하면 된다.

(7) 인용구 속에도 주부-술부의 의미관계가 있으면 복문으로, 그렇지 않으면 단문으로 처리한다. 단문으로 처리할 때는 '인용'으로 하고 복문으로 처리할 때는 '인용내포'로 분석한다.

예 ㉠ "'우우' 그랬어" [인용-행위]

"'너 가' 그랬어" [인용내포(행위자-행위)-행위]

(8) 접속구 속에도 주부–술부의 의미관계가 있으면 복문으로, 그렇지 않으면 단문으로 처리한다.

예 ㉠ "그럼 죽어" [조건–상태서술]

㉡ "네가 그러면 아가가 아파" [조건연결(행위자–행위)–경험자–상태서술]

2) 문장(구나 절) 간 의미관계 분석 방법

복문을 구별한 후에는 다음과 같은 유형으로 문장 간 의미관계(intersentence seamantic relations)를 분석한다(김영태, 1999; 남기심, 고영근, 1996). 요약된 정의 및 예는 333쪽의 〈표 9-8〉에 제시하였다.

(1) 나열(juxtaposition): 같은 의미유형들이 나열되어 있거나, '-(하)고'와 같은 연결어미에 의해 나열되어 주부–술부의 관계가 2개 이상 나타난 경우이다.

예 "내가 아기를 안아 주고 뽀뽀하고" [행위자–대상–행위나열]

→ 기록할 때 문장 간의 의미관계로는 [나열]로 기록하고, 문장 내 의미관계로는 [행위자–대상–행위]로 기록한다.

(2) 연결(conjoining): 접속사나 연결어미에 의해 한 발화가 두 개 이상의 절로 구성된 것으로 두 절이 의미적으로 대등한 경우이다. 연결의 문장 간 의미관계는 '배경'에 해당하는 의미유형들(예: 때, 장소, 이유, 조건 등)에 '연결'만 붙여서 표기한다. 연결관계가 많이 나타나는 배경 의미유형들은 때, 조건, 이유, 양보 등이다. 그러나 좀 더 세분화된 연결관계를 분석하기 위해서는 다음과 같은 하위유형의 연결관계로 분석한다.

① 때연결: 한 구나 절에서 나타난 사건이 다른 구나 절에서 나타난 사건과 ㉠ 시간적 선후관계('-고' '-고 나서' '-한 후에')나 ㉡ 동시성('-(하)다가' '-하면서')을 나타내는 의미관계이다. 이러한 발화는 문장 간 의미관계는 '때연결'로 하고, 문장 내 의미관계는 '때'로 기록하면 된다.

예 1

"미끄럼 타고 나서 그네 타요." [때연결(대상–행위)–대상–행위]

→ 문장 간 의미관계: [때연결]

→ 문장 내 의미관계: [배경(때)-대상-행위], [대상-행위]

예 2

그 "테레비 보면서 밥 먹었이" [때연결(대상-행위)-대상-행위]

→ 문장 간 의미관계: [때연결]

문장 내 의미관계: [배경(때)-대상-행위], [대상-행위]

② 조건연결: 한 구나 절에서 나타난 사건이 다른 구나 절에서 나타난 사건과 ㉠ 상반되거나('-나' '-아도' '-지만' '-라도'), ㉡ 가정이나 조건을 나타내거나('-면' '-라면' '-거든' '-더라도'), ㉢ 첨가의 관계를 나타내거나('-뿐 아니라' '-ㄹ수록'), 혹은 ㉣ 배경을 나타내는('-는데' '-ㄴ데') 의미관계이다. 이러한 발화는 문장 간 의미관계에서는 '조건연결'로 하고, 문장 내 의미관계에서는 '조건'으로 기록하면 된다.

예 1

"빵을 먹었어도 배가 고파" [조건연결(대상-행위)-상태서술]

→ 문장 간 의미관계: [조건연결]

문장 내 의미관계: [배경(조건)-상태서술], [대상-행위]

이때 "배가 고파"는 [실체-상태서술]로 분석할 수도 있으나 "배가 고파"와 "배고파" 사이에 의미적인 차이가 없으므로 합쳐서 [상태서술]로 분석하는 것이 적합하다.

예 2

"거기 올라가면 교회가 보여" [조건연결(장소-행위)-실체-상태서술]

→ 문장 간 의미관계: [조건연결]

문장 내 의미관계: [배경(조건)-실체-상태서술], [장소-행위]

예 3

"사탕은 먹을수록 이빨이 썩는대" [조건연결(대상-행위)-실체-상태서술]

→ 문장 간 의미관계: [조건연결]

문장 내 의미관계: [배경(조건)-실체-상태서술], [대상-행위]

예 4

"이거 책인데, 우리 이모가 사줬다" [조건연결(실체-실체 서술)-소유자-행위자-행위]

→ 문장 간 의미관계: [조건연결]

문장 내 의미관계: [배경(조건)-용언수식-행위], [행위자-행위]

③ 이유연결: 한 문장이 다른 문장의 ㉠ 의도('-려고' '-고자' '-러')나, ㉡ 이유 또는 원인('-으니까' '-으므로' '-아서')이 되는 의미관계이다. 이러한 발화는 문장 간 의미관

계는 '이유연결' 로 하고, 문장 내 의미관계에서는 '이유' 로 기록하면 된다.

예 1

"매미 잡으려고 나무에 올라갔어" [이유연결(대상-행위)-장소-행위]

→ 문장 간 의미관계: [이유연결]

문장 내 의미관계: [배경(이유)-장소-행위], [대상-행위]

예 2

"친구가 때려서 발로 찼어" [이유연결(행위자-행위)-도구-행위]

→ 문장 간 의미관계: [이유연결]

문장 내 의미관계: [배경(이유)-도구-행위], [행위자-행위]

④ 양보연결: 한 사건이 다른 사건에 대한 양보('-아도' '-할지라도')나 무관함을 나타내는('-거나' '-든지') 의미관계이다. 이러한 발화는 '양보연결' 로 하고, 문장 내 의미관계는 '양보' 로 기록한다.

예 1

"내가 아무리 졸라도 아빠는 안 들어줘" [양보연결(행위자-용언수식-행위)-행위자-부정-행위]

→ 문장 간 의미관계: [양보연결]

문장 내 의미관계: [배경(양보)-행위자-부정-행위], [행위자-용언수식-행위]

예 2

"네가 가든지 맘대로 해" [양보연결(행위자-행위)-용언수식-행위]

→ 문장 간 의미관계: [양보연결]

문장 내 의미관계: [배경(양보)-용언수식-행위], [행위자-행위]

(3) 내포(embedding): 내포는 한 발화 안에서 한 문장이 다른 문장을 구나 절의 형식으로 안고 있는 것이다. 대체로 한 절은 다른 절의 주부와 술부 사이에 위치하지만 때로는 주부가 생략될 수도 있다. 내포가 나타나면 우선 전체 문장에서의 구나 절 간의 의미관계를 찾고, 그 안에 포함된 의미관계를 다시 분석한다. 내포는 대부분의 개별 의미유형이 내포구나 절로 확장될 수 있으므로 해당 의미유형이름(예: '행위자')에 '내포' 라고 붙여서 기록한다(예: '행위자내포'). 분석 시에는 문장 간 의미관계는 '○○내포' 라고 하고, 문장 내 의미관계는 그 속에 나타난 의미관계들을 기록하면 된다. 내포는 그 경우가 매우 다양하게 나타날 수 있는데, 아동의 발화에서 잘 나타나는 내포의 예를 살펴보기로 한다.

① 행위자내포의 예

예 "자던 멍멍이가 갑자기 일어났어" [행위자내포(행위-행위자)-용언수식-행위]

→ 문장 간 의미관계: [행위자내포]

문장 내 의미관계: [행위자-용언-행위], [행위-행위자]

② 경험자내포의 예

예 "아프던 아가가 이제 나았대" [경험자내포(상태서술-경험자)-용언수식-상태서술]

→ 문장 간 의미관계: [경험자내포]

문장 내 의미관계: [경험자-용언-상태서술], [상태서술-경험자]

③ 소유자내포의 예

예 "여기서 울던 너구리 모자야" [소유자내포(장소-행위-행위자)-실체서술]

→ 소유자인 "너구리"를 꾸며 주는 구는 "여기서 울던 너구리"이다. "울던"의 관형격 '-ㄴ' 때문에 장소-체언수식-행위자'로 볼 수도 있지만, 이 구 안에서의 의미관계는 '장소-행위-행위자'가 더 적합하다.

→ 문장 간 의미관계: [소유자내포]

문장 내 의미관계: [소유자-실체서술], [장소-행위-행위자]

④ 공존자내포의 예

예 "먹보가 울기만 하는 울보랑 같이 갔대" [행위자-공존자내포(행위-행위자)-용언수식-행위]

→ 문장 간 의미관계: [공존자내포]

문장 내 의미관계: [행위자-공존자-용언-행위], [행위-행위자]

⑤ 수혜자내포의 예

예 "내가 모자 쓴 애에게 줬어" [행위자-수혜자내포(대상-행위)-행위]

→ 문장 간 의미관계: [수혜자내포]

문장 내 의미관계: [행위자-수혜자-행위], [대상-행위]

⑥ 대상내포의 예

예 "길에 쓰러진 아이를 데려왔대" [대상내포(장소-상태서술-경험자)-행위]

→ 문장 간 의미관계: [대상내포]

문장 내 의미관계: [대상-행위], [장소-상태서술-경험자]

⑦ 실체내포의 예

예 "여기 있는 이게 그 선물이야" [실체내포(장소-상태서술)-용언수식-실체서술]

→ 문장 간 의미관계: [실체내포]

문장 내 의미관계: [실체-용언-실체서술], [장소-상태서술]

⑧ 인용/창조물내포의 예

예 "가만히 있으라고 했대" [인용/창조물내포(용언서술-상태서술)-행위]

→ 문장 간 의미관계: [인용/창조물내포]

문장 내 의미관계: [인용/참조물-행위], [용언수식-상태서술]

⑨ 장소내포의 예

예 "내가 가 봤던 그 집에 엄마도 갔지?" [장소내포(행위자-행위)-공존자-행위]

→ 문장 간 의미관계: [장소내포]

문장 내 의미관계: [장소-공존자-행위], [행위자-행위]

⑩ 도구내포의 예

예 "나무 자르던 도끼로 문을 내려쳤대" [도구내포(대상-행위)-대상-행위]

표 9-8 문장 간 의미관계의 정의 및 예

문장 간 의미관계	정의	예
나열	같은 의미유형들이 나열되어 있거나, '-(하고)'와 같은 연결어미에 의해 나열되어 주부-술부의 관계가 2개 이상 나타난 경우	"내가 아기를 안아 주고 뽀뽀해 주고"
연결	접속사나 연결어미에 의해 한 발화가 두 개 이상의 절로 구성된 것으로 두 절이 의미적으로 대등한 경우	
	(1) 때 연결: 한 구나 절에서 나타난 사건이 다른 구나 절에서 나타난 사건과 ① 시간적인 선후관계('-고' '-고 나서' '-한 후에')나 ② 동시성('-(하)다가' '-하면서')을 나타내는 의미관계일 경우	"미끄럼 타고 나서 그네 타요" "테레비 보면서 밥 먹었어"
	(2) 조건 연결: 한 구나 절에서 나타난 사건이 다른 구나 절에서 나타난 사건과 ① 상반되거나('-나' '-아도' '-지만' '-라도'), ② 가정이나 조건을 나타내거나('-면' '-라면' '-거든' '-더라도'), ③ 첨가의 관계를 나타내거나('-뿐 아니라' '-ㄹ수록'), 혹은 ④ 배경을 나타내는('-는데' '-ㄴ데') 의미관계일 경우	"네가 그러면 아가가 아파"
	(3) 이유 연결: 한 분상이 다른 문장의 ① 의도나('-려고' '-고지' '-러') ② 이유 또는 원인이 되는('-으니까' '-으므로' '-아서') 의미관계일 경우	"친구가 때려서 발로 찼어"
	(4) 양보 연결: 한 사건이 다른 사건에 대한 양보('-아도' '-할지라고')나 무관함을 나타내는('-거나' '-든지') 의미관계일 경우	"네가 따라오든지 말든지 난 갈 거야"
내포	한 발화가 다른 문장을 절의 형식으로 안고 있는 것. 대체로 한 절이 다른 절의 주부와 술부 사이에 위치하지만 때로는 주부가 생략될 수도 있음. 꾸밈절이 있는 모든 개별 의미유형은 'OO내포'로 분석할 수 있음	"아프던 아가가 이제 나았대"

참고자료: 김영태, 1999; 남기심, 고영근, 1996; 허웅, 1983.

→ 문장 간 의미관계: [도구내포]
문장 내 의미관계: [도구-대상-행위], [대상-행위]

3) 문장(구나 절) 간 의미관계 해석 방법

각 발화에 대해 문장 간의 의미관계를 분석한 후에는 〈표 9-9〉를 이용하여 아동이 나열, 연결, 내포 등의 문장 간 의미관계를 얼마나 많이 사용하는지, 세부적으로 어떤 유형의 문장 간 의미관계를 많이 사용하는지 등을 분석한다.

이러한 결과를 분석할 때는 2~3세의 일반아동(평균 2;9)과 평균발화길이를 일치시킨 언어장애아동(평균 6;4)의 문장 간 의미관계를 비교한 김영태(1999)의 연구자료를 참고할

표 9-9 문장 간 의미관계 분석표

문장 간 의미관계		빈도	백분율
복문형태	의미관계		
나열			
연결	때		
	조건		
	이유		
	양보		
	기타		
	계		
내포	행위자		
	경험자		
	소유자		
	공존자		
	수혜자		
	대상		
	실체		
	인용/창조물		
	장소		
	도구		
	기타		
	계		
합계			

수 있다. 2~3세의 일반아동은 실체와 공존자를 초기에 나열하는 경향을 보여 주었고, 언어장애아동은 실체와 공존자뿐 아니라 대상에 대한 나열도 많이 사용하고 있었다. 문장 간 연결관계에서는 일반아동 및 언어장애아동이 문장 간의 때(시간의 전후 및 동시성)나 조건 연결을 다른 연결관계보다 쉽게 사용하였다. 또한 문장 간 내포관계에서 일반아동은 수식내포를, 언어장애아동은 체언내포를 많이 사용하였다. 체언내포 중에서는 인용내포와 실체내포를 두 집단의 아동 모두 많이 나타냈다. 수식내포에서 일반아동은 체언과 용언에 차이가 없는 반면, 언어장애아동은 체언에서 내포를 많이 사용하였다.

II. 어휘다양도

1. 분석의 근거

아동이 얼마만큼 다양한 낱말을 사용하는가를 측정하는 가장 널리 알려진 방법은 어휘다양도 검사이다. 이 방법은 아동이 사용한 총 낱말 중에서 다른 낱말의 비율이 얼마나 되는가를 산출해 내는 것이다. Templin(1957)은 3~8세 사이의 아동 480명을 대상으로 어휘다양도(Type-Token Ratio: TTR)를 산출해서 분석한 결과 나이, 성별, 경제 수준에 관계없이 거의 .50에 가까운(.43~.47) 어휘다양도를 보였다고 보고하였다. Templin의 연구 이후 TTR은 아동의 어휘 사용 능력을 가늠하는 척도로서 많이 사용되어 왔다(Miller, 1981; Owens, 1991; Retherford, 1993). 특히 Retherford는 전체 발화에 대한 TTR뿐 아니라 각 품사(예: 명사, 동사, 형용사 등)별 TTR을 활용하여 좀 더 구체적인 어휘사용 능력의 분석을 제안하였다. 그 후 품사별 TTR을 살펴보는 연구들이 있었는데, 우선 Watkins, Rice와 Moltz(1993)는 단순언어장애(SLI) 아동 집단과 그들의 생활연령과 언어연령을 맞춘 비교집단의 동사를 분석하였다. SLI 아동은 .42의 TTR을 보여 .50 및 .48의 TTR을 보인 비교집단에 비해서 유의하게 낮은 TTR을 보였다. 좀 더 구체적으로 낱말유형 수(type)와 낱말 수(token)를 나누어서 분석한 결과로는, SLI 아동은 생활연령이 같은 아동보다는 낱말유형 수나 낱말 수 모두에서 뒤떨어졌으나, 언어연령이 같은 아동에 비해서는 낱말유형 수는 비슷했으나 낱말 수는 더 많이 사용하였다. 또한 Rice와 Bode(1993) 역시 SLI의 TTR을 연구하였는데, Watkins 등의 이전 연구에서 사용한

100발화의 표본을 367~1,111발화 표본으로 확대시켜서 실시하였다. 그러나 그들의 연구 결과 SLI의 TTR은 이전 연구보다 훨씬 적은 .13~.28로 나타났다. 연구자들은 이러한 차이가 분석한 표본발화수의 차이에 근거한 것이라고 보았다. 이러한 문제는 TTR을 어휘발달 척도로 사용하는 것에 대한 타당도를 위협한다. 일반적으로 임상현장에서는 TTR 0.2~0.3 미만은 어휘다양도가 제한되어 있다고 해석한다.

그러나 어휘다양도를 어휘발달 척도로 사용하는 것에 대한 많은 논란이 있다(Hess, Haug, & Landry, 1989; Hess, Sefton, & Landry, 1986). 그중 가장 큰 문제가 바로 표본발화 수에 따른 수치의 변화이다. 대체로 표본발화 수가 증가할수록 TTR의 수치는 낮아지는 경향이 있다. 이러한 문제를 해결하기 위해서 Richards(1978)는 TTR을 분석할 때 언어표집 시간이나 언어표본 발화 수를 맞추어서 분석하기보다는 낱말 수를 동일하게 맞추는 것이 더 의미가 있다고 제안하였다. 이에 대해 Miller(1991)는 다른 낱말 수(Number of Different Words: NDW)와 전체 낱말 수(Number of Total Words: NTW)가 생활연령이나 평균발화길이와 어떠한 상관관계가 있는지 분석한 결과 ① NDW와 NTW 모두 생활연령이 증가함에 따라 비례적으로 증가하였고, ② NDW, NTW, MLU 모두 연령에 따른 변화를 예측할 수 있었다고 보고하였다. Miller는 이러한 결과에 근거하여, NDW는 의미적 능력을, MLU는 구문적 능력을, 그리고 NTW는 말속도, 발화구성 능력, 말운동 능력 등과 같은 좀 더 전반적인 언어 능력을 나타내는 척도로 사용할 것을 제안하였다.

어떠한 어휘다양도 척도가 언어장애와 일반아동의 언어 능력을 변별할 수 있는지를 연구하기 위하여 Watkins 등(1995)은 단순언어장애아동, 그들과 생활연령이 같은 일반아동, 그리고 단순언어장애아동과 언어연령이 같은 일반아동을 대상으로 TTR과 NDW의 차이를 고찰하였다. 그 결과 ① 전통적인 TTR은 단순언어장애아동, 생활연령이 같은 일반아동, 언어연령이 같은 일반아동을 구별해 내지 못하였고, ② 50~100 언어표본 또는 100~200 언어표본 모두에서 NDW는 생활연령이 같은 일반아동과 유의한 차이를 보였다. 이러한 결과는 전통적인 TTR보다는 NDW가 아동의 어휘발달에 더 민감한 척도로 쓰일 수 있음을 시사하였다.

한국 아동을 대상으로 어휘다양도를 연구한 김지은과 김영태(2002)의 연구에서도 NDW가 자폐성장애아동과 일반아동의 차이를 더 민감하게 변별해 내었다. 이 연구에서는 이야기 산출이 가능한 어휘 이해 연령 4~6세와 평균발화길이로 맞춘 고기능 자폐성장애아동 15명 그리고 일반아동 15명을 대상으로 아동의 이야기 산출 자료를 분석하였다.

자폐성장애아동과 일반아동은 NTW에서는 유의한 차이가 없었으나, NDW에서는 유의한 차이가 있었다($t=3.10$, $p<.01$). 이러한 결과는 자폐성장애아동이 언어연령을 일치시킨 일반아동에 비해 산출한 전체 낱말 수는 적지 않지만, 제한된 어휘를 반복해서 사용한다는 것을 의미한다. 이와 같이 자폐성장애아동의 낮은 어휘다양도에 대해 Tager-Flusberg와 Thurber(1993)는 자신이 알고 있는 어휘를 상황에 맞게 선택하여 표현하고자 하는 동기가 거의 없는 자폐성장애아동의 특성과 관련시켜 설명하였다. 그들은 이와 같은 자폐성장애아동의 특성이 사회-인지적 결함에 기인한다고 논의하였다.

자폐성장애아동과 일반아동이 산출한 품사별 NTW 및 품사별 NDW에 대한 분석 결과, 자폐성장애아동과 일반아동은 동사 NTW와 조사 NTW에서는 유의한 차이가 있었으나($t=3.10$, $p<.01$, $t=1.74$, $p<.05$), 명사 NTW와 수식언 NTW에서는 차이가 없었다. 또한 자폐성장애아동과 일반아동은 명사 NDW, 조사 NDW와 수식언 NDW에서는 유의한 차이를 나타내지 않은 반면, 동사 NDW는 유의한 차이를 나타냈다($t=5.86$, $p<.01$).

2. 어휘다양도 분석 방법

어휘다양도 분석 절차는 다음과 같다.

① 아동이 사용한 낱말을 〈표 9-10〉의 해당 품사(명사, 대명사, 동사, 형용사/관형사, 부사, 조사)란에 적는다.

② 똑같은 낱말을 사용한 경우에는 이미 사용한 낱말 옆에 '正正' '卌卌' 또는 '✓'와 같은 표시를 하고 빈도수를 적는다. 한 낱말만 적힌 경우에는 빈도 '1'로 적는다.

③ 용언의 경우 활용(굴절) 형태는 한 낱말로 한다. 즉 문장어미가 다른 낱말(예: 먹은, 먹어)은 한 낱말로 계산한다.

④ 품사별 NDW는 각 품사 밑의 '낱말 수'가 되므로 표 하단의 해당품사 란에 낱말 수를 적는다.

⑤ 품사별 NTW는 각 품사 밑의 '빈도수'가 되므로 표 하단의 해당품사 란에 빈도수

를 적는다.

⑥ 전체 NDW는 품사별 NDW의 합계로 산출한다.

⑦ 전체 NTW는 품사별 NTW의 합계로 산출한다.

⑧ TTR은 전체 NDW를 전체 NTW로 나눈 값이다. 산출공식은 다음과 같다.

[아동이 사용한 다른 낱말의 수 / 아동이 사용한 전체 낱말의 수]

앞에서 사용한 언어표본 발화를 가지고 예를 들어 보면 〈표 9-11〉과 같다.

표 9-10 어휘다양도 분석표

명사		대명사		형용사/관형사		동사		부사		조사		기타	
낱말	빈도	낱말	빈도	낱말	빈도	낱말	빈도	낱말	빈도	낱말	빈도	낱말	빈도

다른 낱말 수(NDW):	전체 낱말 수(NTW):
명사: ______	명사: ______
대명사: ______	대명사: ______
형용사/관형사: ______	형용사/관형사: ______
동사: ______	동사: ______
부사: ______	부사: ______
조사: ______	조사: ______
계:______	계:______

NDW / NTW = / = (TTR)

표 9-11 어휘다양도 분석의 예

낱말 번호	명사		대명사		형용사/관형사		동사		부사/사회어		조사		기타	
	낱말	빈도	낱말	빈도	낱말	빈도	낱말	빈도	낱말	빈도	낱말	빈도	낱말	빈도
1	엄마✓	2	이거	1			사 주셨어요✓ 사 줬는데	3	예	1	가✓✓	3		
2	의신이	1	거✓	2			있어요	1	언제	1	도	1		
3	홍용이	1					앉는	1			에	1		
4	인수	1					먹었어요✓ 먹어 먹을	4			랑	1		
5	의자	1									예요✓ 요	3		
6	포크	1									로	1		
7	케이크✓✓	3												
8	선생님	1												
9	집	1												
10	아빠✓	2												
계	10	14	2	3	0	0	4	9	2	2	6	10	0	0

다른 낱말 수(NDW):	전체 낱말 수(NTW):
명사: 10	명사: 14
대명사: 2	대명사: 3
형용사/관형사: 0	형용사/관형사: 0
동사: 4	동사: 9
부사: 2	부사: 2
조사: 6	조사: 10
계: 24	계: 38

NDW / NTW = 24 / 38 = 0.63 (TTR)

제10장 구문론적 분석

아동발화의 구문론적인 측면은 언어의 형식적인 측면을 의미한다. 즉 상대방에게 전달하고자 하는 메시지(내용) 자체보다는 그 내용을 어떠한 낱말구조 또는 문장구조 속에 담아서 전달하고 있는가 하는 측면이다. 아동발화의 구문론적인 분석에서는 첫째, 낱말을 구성하는 형태소의 분석이 가능하다. 형태소는 낱말 내에서 의미를 가지고 있는 가장 작은 단위로, ① 그 낱말의 주요 내용을 담고 있는 실질형태소와 ② 낱말이나 문장 내에서의 구조를 돕거나 낱말의 내용을 다소 수정 또는 변경하는 역할을 하는 문법형태소가 있다. 그러므로 문법형태소를 얼마나 많이 사용하는지 그리고 얼마나 다양한 형태소를 사용하는지를 수량화하여 살펴보면 그 아동의 문법적인 구조의 발달을 고찰할 수 있게 된다. 둘째, 아동발화의 구문론적인 분석에서는 아동이 나타내는 문장의 구조를 살펴볼 수 있다. 품사나 단문 또는 복문의 비율, 문장구조의 다양성 등을 분석함으로써 아동이 문장요소를 어떻게 사용하는지 알 수 있다. 본 구문론적 분석체계에서는 우선 우리나라 아동을 대상으로 한 연구자료가 제공하는 평균발화길이의 다양한 분석 방법을 고찰하고, 아직까지 우리나라 아동에 대한 구체적인 자료를 제시하기는 어렵지만 언어평가에 있어서 중요한 문법형태소 및 구문형태 분석표를 소개하고자 한다.

I. 평균발화길이의 분석

1. 평균발화길이 분석의 근거

아동의 자발적인 발화의 길이를 측정하는 척도로는 아동의 각 발화 속에 포함된 낱말이나 형태소의 수를 평균내는 평균발화길이(Mean Length of Utterance: MLU)가 있는데, 평균발화길이는 아동의 표현언어발달에 대한 지표일 뿐 아니라, 언어장애아동을 진단·평가하거나 연구 집단을 선정하는 기준으로 흔히 사용된다. 그 외에도 가장 긴 낱말이나 형태소의 길이를 나타내는 최장발화길이(Upper Bound Length: UBL)나 가장 짧은 낱말이나 형태소의 길이를 나타내는 최단발화길이(Lower Bound Length: LBL)가 있다(Brown, 1973; Stickler, 1987 등). 최장발화길이나 최단발화길이에 대해서는 체계적인 연구가 별로 없으며 평균발화길이에 대한 참고자료로 흔히 사용되어 왔다.

문법적 발달척도의 기초적 근거로 MLU의 사용을 제안한 Brown(1973)은 아동의 언어습득 속도에 개인차가 심한 것을 고찰하여 MLU가 생활연령보다 문법발달에 대한 더 나은 예측 기준이라고 보고 다섯 단계(I: 1.75, II: 2.25, III: 2.75, IV: 3.50, V: 4.00)의 MLU 평균을 설정하였다. Brown의 다섯 단계는 그 후 여러 학자들에 의해서 좀 더 확장되고 체계화되었으며, 더 나아가 문법구조의 발달과정을 MLU의 단계에 접목시켜 설명하기도 하였다(de Villiers & de Villiers, 1973; Miller & Chapman, 1981). 예를 들어, de Villiers와 de Villiers(1973)는 초기 14개의 문법형태소들을 MLU 발달단계에 따라 제시하였으며, Miller와 Chapman(1981)은 좀 더 다양한 문법구조들(명사구, 동사구, 부정문, 의문문 등)을 Brown의 발달단계에 맞추어 설정함으로써 아동의 문법구조적인 발달단계를 분석하도록 하는 ASS(Assigning Structural Stage)를 고안하기도 하였다.

MLU가 생활연령과 상관도가 매우 높다고 보고한 문헌들이 많다(Brown, 1973; Darley & Moll, 1960; Lord & Novick, 1968; Rondal & Defays, 1978; Templin, 1957). 예를 들어, Miller와 Chapman(1981)은 123명의 17~59개월 아동에게서 MLU와 생활연령 간에 매우 높은 상관관계($r=0.88$)가 있음을 보고하였다. 그들은 또한 생활연령과 MLU 사이의 높은 상관관계를 기초로 한 회귀등식을 통하여 3개월 간격으로 1;5~4;11세 연령에 대한 MLU 예측표를 제시하였으며, 또한 같은 방법을 통하여 MLU에 따른 발달연령 예측표도 제시하였다. 그러나 그들의 자료는 성별에 대한 고려가 없었으며, 각 단계별로 자료 수가 불규칙한 한계점을 나타내었다.

MLU가 초기 언어 발달단계에서는 표현언어발달의 척도가 될 수 있다는 데에는 많은 학자들이 동의하지만 그 상관연령의 한계에 대해서는 논란이 많다. 예를 들어, Brown(1973)은 MLU 4.0 단계까지, Miller와 Chapman(1981), de Villiers와 de Villiers(1973), 그리고 Rondal(1978) 등은 4세까지 MLU와 생활연령 사이에 높은 상관관계($r > 0.75$, $p < .001$)가 있음을 관찰하였으나 그 이후에는 다소 변화가 심한 것으로 보고하였다. 또한 일부 학자들은 MLU의 신뢰도 및 타당도에 의문을 제기하기도 하였다(Crystal, 1979; Griffiths, 1974; Klee & Fitzgerald, 1985). 그중 Klee와 Fitzgerald(1985)는 18명의 2;1~3;11개월 아동의 자발화 자료를 가지고 MLU, MLS 및 LARSP(Crystal, 1979)에 의한 문법분석을 실시하여, MLU와 생활연령 간에 낮은 상관관계($r = 0.26$)를 보고하였고, 각 아동 자료의 98%(-2*SD*) 범위를 살펴볼 때 MLU 2.00~3.00 단계에 걸쳐 있는 점을 지적하며 Brown의 제 II단계에서만 MLU와 문법발달 사이에 제한된 상호관계를 나타낸다고 해석하였다. 그러나 Klee와 Fitzgerald(1985)의 연구는 Rondal 등(1987)에 의해서 21명의 1;8~2;8 아동에게 반복하여 실시되었다. Rondal 등(1987)의 연구 결과는 Klee와 Fitzgerald(1985)의 결과와는 다소 상반되게 나타나서, MLU 2.50단계(Brown의 II단계)까지는 MLU와 생활연령 사이에 높은 상관관계가 있으나, 그 후로는 상관관계가 떨어지는 것으로 보고하였다. 아동의 언어표본 간 타당도 분석(MLU±2 표준오차에 대한 분석)의 결과는 MLU 2.00까지는 변화가 적다가(0.50 이하), 3.50까지 다소 증가하고, 4.00 이후에는 매우 변화가 많은 것으로 보고하였다. 그들은 MLU 3.00(Brown의 III단계)까지는 MLU와 문법의 복잡성 사이에 유의한 상관관계가 있는 것으로 해석하였다. 이러한 문헌들을 종합해 볼 때, MLU 1.00에서 2.00 내지 2.50까지는 생활연령과의 상관관계가 유의하고 예측도가 높지만, MLU 2.00에서 3.50까지는 변화율이 높아지기 시작하여, MLU 4.00 이후로는 그 예측도가 감소한다고 할 수 있다.

Owens(2014)는 5세 이후에는 MLU보다는 T-unit이나 C-unit당 낱말 수가 구문발달을 측정하는 데 더 민감하다고 보았다(제1장 참조). 그러나 단순언어장애아동(SLI)의 경우 10세까지는 MLU가 신뢰도 높고 타당한 척도가 될 수 있다는 견해도 있다(Rice, Redmond, & Hoffman, 2006). 그러나 발화표본의 수에 따라 그 신뢰도가 크게 변하기 때문에 적은 수의 발화표본을 분석할 경우에는 주의가 필요하다(Eisenberg et al., 2001). SLI의 MLU를 분석한 몇몇 연구들은, 200개의 발화표본을 분석했을 때, 또래 수준보다 -1*SD* 이상 차이를 보이는 아동의 경우에는 언어장애를 의심해 보아야 한다고 제안한다(Eisenberg et al., 2010).

MLU를 산출하는 여러 가지 측정 방법들이 문헌에 소개되고 있다. 우선, 가장 오래 전에 소개된 척도로는 평균낱말길이(Mean Length of Utterance in words: MLU-w or MLR)가 있는데, 이는 각 발화의 낱말 수를 총 발화 수로 나누어 평균을 구한 것이다. 20세기 초에는 연령과 평균낱말길이의 상관관계를 보고하는 연구들이 많았는데, 이들 연구들은 18개월에서 5세까지는 연령이 증가함에 따라 MLR도 증가한다는 것을 공통적으로 보고하였다(예: McCarthy, 1954; Shirley, 1933; Templin, 1957 등). 다음으로 평균형태소길이(Mean Length of Utterance in morphemes: MLU-m)가 있는데, 이 척도는 각 발화의 형태소의 수를 총 발화의 수로 나누어 평균을 구한 것으로 지금까지 가장 많이 사용되어 오고 있는 평균발화길이 척도이다. 또한 평균구문길이(Mean Syntactic Length: MSL)가 있는데, 이는 한 개의 형태소로 이루어진 발화는 제외시키고 2개 이상의 형태소로 된 발화만을 분석하여, 총 형태소의 수를 총 발화의 수로 나누어 평균을 구한 것이다. MSL은 Klee와 Fitzgerald(1985)에 의해서 제안된 척도로서 '예' 나 '응' 과 같은 한 개의 형태소로 이루어진 발화가 평균발화길이에 주는 영향을 가능한 한 줄이기 위한 방법이다. MSL을 아동 문법발달의 척도로 고찰한 연구들은 4세 이하까지 MSL이 생활연령과 상관관계가 높다고 보고하였으며, 일반아동과 단순언어장애아동을 구별할 수 있는 척도로 보았다. 예를 들면, Klee(1992)는 24~50개월인 24명의 일반아동과 24명의 단순언어장애아동을 대상으로 두 집단을 구별할 수 있는 척도를 알아보기 위한 연구에서 MSL이 일반아동과 단순언어장애아동을 구별할 수 있었으며, 일반아동은 MSL과 생활연령 간에 매우 높은 상관관계($r = .71$, $p < .005$)를 나타내었고, 단순언어장애아동 또한 MSL과 생활연령 간의 상관관계($r = .90$, $p < .005$)가 매우 높다고 보고하였다. MSL이 평균발화길이보다 생활연령과 더 강한 상관관계를 나타낸다고 보고한 연구도 있으나(Klee & Fitzgerald, 1985), 평균구문길이에 대한 연구는 아직 많지 않다.

언어발달이나 장애와 관련된 우리나라 논문들은 평균발화길이를 기준으로 통제 집단과 실험 집단을 구분하는 경우가 많다. 그러나 논문에 따라서 형태소, 어절 등 통일되지 않은 발화길이의 단위를 사용하면서도 그 단위를 정확하게 규정하지 않는 경우가 많다. 실제로, 연구의 목적이나 임상의 형태에 따라서 평균발화길이의 척도를 달리해야 할 때도 있다. 가장 세밀한 분석척도인 평균형태소길이는 연구자 또는 임상가들 사이에서는 유용하지만, 부모나 보육자와 상담할 때는 일상적으로 통용되는 어절을 단위로 사용하는 평균어절길이가 더 적절할 수 있다. 또한 우리나라 아동의 평균형태소길이나 평균낱말길이의 규준이 없는 상태에서 우리 임상가들이 흔히 비교하는 영어의 평균형태소길이 규준은 우리말 평균형태소길이 보다는 평균낱말길이에 좀 더 가깝다고 볼 수 있다.

우리 문헌에는 '낱말' 에 대한 정의도 여러 가지가 있다. 예를 들어, 한글맞춤법 관련 학자들은 자립형태소와 자립형태소에 붙는 의존형태소를 낱말로 보는 반면, 역사문법가들은 어절을 낱말로 보았다(남기심, 고영근, 1996). 또한 영어에 비하여 한국어는 많은 문법형태소들을 내포하고 있는 언어이기 때문에, 영어를 기준으로 형태소의 발달을 연구한 결과를 한국어에 그대로 적용하는 것은 무모한 일이다. 외국 문헌에는 평균발화길이로 언어 발달단계를 나누어서 그 단계에 따른 중재 프로그램들이 개발되기도 하는데, 실제로 우리 문헌에는 이러한 외국문헌 자료를 그대로 도입하여 무리하게 적용되는 경우가 많다. 또한 아동 발달이나 언어장애 문헌 중에는 이러한 언어학적 차이를 고려하지 않고 외국의 문헌이나 논문 자료와 비교하는 경우도 있다.

2. 한국 2~4세 아동의 평균발화길이에 대한 연구

평균발화길이에 대한 김영태(1997)의 연구에서는 2~4세 한국 아동의 발화길이를 고찰하기 위하여 평균발화길이, 최장발화길이, 최단발화길이를 형태소, 낱말, 어절 등의 언어학적 단위들로 각각 분석하였다. 우선 평균발화길이 척도에 있어서 평균형태소길이, 평균낱말길이, 평균어절길이의 순으로 수치의 크기가 나타났는데, 연령이 높아질수록 수치 간의 차이가 커졌다. 세 척도(형태소, 낱말, 어절에 대한 평균길이) 모두 연령, 지역, 지역×성 변인에 있어서 유의한 차이를 나타내었는데, 특히 연령 변인에 있어서는 세 척도 모두 0.001% 유의도 수준에서 유의한 차이를 나타내었다. 이때의 유의한 연령 간격은 1년 이상이었고, 유의한 수치 간격은 평균형태소길이는 1.00 이상, 평균낱말길이는 0.50 이상, 그리고 평균형태소길이는 0.40 이상으로 추정되었다.

최장발화길이에 있어서도 최장형태소길이, 최장낱말길이, 그리고 최장어절길이의 순으로 수치의 크기가 나타났으며, 연령이 높아질수록 척도 간의 차이가 커졌다. 또한 최장형태소길이는 연령에 따른 수치의 변화폭이 매우 컸다. 최장낱말길이와 최장어절길이의 변화폭은 연령에 따라 비슷한 증가추세를 보였으나 최장발화길이의 세 척도 모두 연령 변인에서만 유의한 차이를 보였다. 최단발화길이는 형태소, 낱말, 어절 등의 척도에 상관없이 연령, 성별, 지역 등의 변인에 있어서 유의한 차이를 나타내지 않았으며, 모든 연령에서 1.00～1.20 사이의 최단발화길이를 나타내었다.

연구대상아동의 평균형태소길이는 영어권 문헌에 보고된 평균형태소길이에 비하여 매우 높은 수치를 나타내었는데, 이는 문법형태소를 많이 포함하는 한국어의 특징이 2～4세 아동에게서도 나타났다고 볼 수 있다. 예를 들어, Miller와 Chapman(1981)의 2～4세 아동은 대략 1.87에서 5.17의 평균형태소길이를 나타내었는데, 이는 2～4세 한국 아동의 평균형태소길이(2.88～6.02)보다는 평균어절길이(2.13～4.16)에 가까운 것으로 나타났다. 또한 최장형태소길이의 평균 수치도 영어권 문헌과 큰 차이가 나타났는데, Brown(1973)의 제 I～V단계의 아동에게 있어서는 5에서 13의 최장형태소길이가 보고된 반면, 한국 아동은 약 8에서 21의 최장형태소길이가 관찰되어, 영어권 2～4세 아동의 최장형태소길이는 한국 2～4세 아동의 최장낱말길이(6～14)나 최장어절길이(4～11)에 더 가까운 것으로 나타났다. 평균발화길이 및 최장발화길에 대한 회귀분석 결과는 분석하는 언어학적 단위(형태소, 낱말, 어절)에 상관없이 평균발화길이 척도와 최장발화길이 척도 모두 적어도 2～4세에서는 연령과 선형관계가 있음을 보여 주었다. 이러한 선형관계는 평균발화길이를 문법발달의 척도로 사용하는 것에 대한 Miller와 Chapman (1981)의 연구 결과(r＞.90)보다는 다소 낮지만, 유의하게(r＞.60, p＜.0001) 높은 상관관계를 나타내었다.

이러한 결과는 다음과 같은 점들을 시사해 준다. ① 한국 2～4세 아동의 평균발화길이나 최장발화길이는 그 수치를 형태소, 낱말, 또는 어절로 사용하는 것에 관계없이 연령(1세 간격)에 따라 민감한 언어발달의 척도가 될 수 있음을 시사한다. 그러나 선행연구들에서 지적한 대로 평균발화길이나 최장발화길이만으로 언어발달의 정도를 측정하는 것은 바람직하지 못하다. ② 한국 2～4세 아동의 평균발화길이를 생활연령에 따라 예측할 경우, 지역이나 성 변인을 고려하면 다소 더 높은 예측도를 나타낼 수 있다. ③ 최단발화길이는 그 수치를 형태소, 낱말, 혹은 어절로 사용하는 것과 관계없이 연령에 따라 별로 변하지 않기 때문에, 언어발달의 척도로서는 의미가 없다. ④ 한국 아동의 평균발화길이나 최장발화길이를 영어권 아동을 기초로 한 자료에 비교하는 것은 의미가 없다고 볼 수 있다. 특히, 한국 2～4세 아동의 평균 형태소길이와 최장형태소길이의 수치는 영어권 2～4세 아동의 그것보다 매우 높았으며, 오히려 평균낱말길이나 최장낱말길이의 수치가 영어권 아동의 평균형태소길이나 최장형태소길이와 유사하였다.

최근 들어 형태소 자동분석기를 사용하여 2～4세 아동의 평균형태소길이를 분석한 연구들(정부자, 2013; 정윤희, 2012)에서도 연령에 따라 그 길이가 증가하는 양상을 보고하였다. 그러나 분석기가 아동발화에 대한 구별된 분석 기준을 따로 적용하지는 않기 때문에 3, 4세 간에는 유의한 차이가 나타나지 않았다. 이러한 결과는 연구자 간에 적용한 분석 기준에 차이가 있기 때문인 것으로 해석된다(정부자, 2013).

3. 형태소에 의한 평균발화길이 분석 방법

1) 형태소의 기본 개념

평균발화길이를 산출할 때 그 단위를 형태소로 할 것인지, 낱말로 할 것인지, 어절로 할 것인지는 분석의 목적에 따라 결정하는 것이 좋다. 형태소란 한 언어 내에서 의미를 내포하고 있는 가장 작은 단위로서 더 이상 분석하면 뜻을 잃어버리는 언어의 단위이다. 낱말에 따라서 1개의 형태소로만 구성되어 있는 것도 있고 여러 개의 형태소로 구성되어 있는 것도 있다. "씻다"의 경우는 어간 '씻', 문장어미 '-다'로 구성되어 2개의 형태소를 포함하지만 "가위"의 경우는 1개의 형태소로만 구성되어 있다. 다른 나라의 언어에 비하여 우리말은 매우 많은 형태소, 특히 의존형태소들이 발달되어 있다.

형태소에는 전달하는 의미의 정도가 강한 것과 약한 것, 혼자서 설 수 있는 것과 그렇지 못한 것, 문장형성 참여도가 높은 것과 그렇지 않은 것 등 다양한 종류가 있다. 평균발화길이를 분석하는 데 있어서 형태소의 종류를 구분할 필요는 없다. 그러나 이러한 종류를 알아 둠으로써 형태소 수를 산출할 때 도움이 된다.

(1) 자립형태소와 의존형태소

자립형태소(free morpheme)는 홀로 사용될 수 있는 형태소를 의미하며, 의존형태소(bound morpheme)는 홀로 사용될 수 없는 형태소를 의미한다. 흔히 명사와 일부 부사(예: 빨리, 높이)를 구성하는 형태소들은 자립형태소이고, 형용사, 관형사, 일부 부사(예: 빠르게, 높게), 그리고 동사는 자립형태소와 의존형태소로 구성되어 있으며, 조사의 경우는 모두 의존형태소이다. 다음의 예를 들어 보자.

예 엄만 나만 너무 미워해.

이 문장 속에 내포된 형태소들을 나열하면, '엄마' 'ㄴ' '나' '만' '너무' '미워' '해'이다. 이중 자립형태소는 '엄마' '나' '너무'이며, 의존형태소는 'ㄴ' '만' '미워' '해'가 해당된다. "엄만"은 '엄마'와 '는'이 결합하여 줄어든 표현인데, 이러한 줄임말이라도 그 안에 의미를 가지고 있는 형태소가 있으면 하나의 형태소로 분석해야 한다.

(2) 어휘형태소와 문법형태소

어휘형태소(lexical morpheme)란 형태소 간의 문법적 관계와 다른 형태소 및 구성성분의 의미를 명백히 해 주는 형태소이다. 어휘형태소는 대개의 경우, 독립적인 의미를 가지고 있지만, 홀로 서지 못하는 경우도 있으며 명사, 동사, 형용사, 부사가 이에 속한다. 어휘형태소는 실질형태소(full morpheme)로 불리기도 한다.

문법형태소(grammatical morpheme)란 어휘형태소와 대조되는 개념으로, 형태소들을 결합시켜, 뜻을 가진 언어 표현을 구성하게 하는 문법적 의미를 갖고 있는 형태소이다. 문법형태소는 형식형태소(empty morpheme)로 불리기도 한다. 우리말의 문법형태소에는 어미와 접사, 그리고 조사가 있다.

앞의 예 1을 살펴보면, 어휘형태소는 '엄마' '나' '너무' '미워' 이고, 문법형태소는 '-ㄴ' '만' '해' 이다.

(3) 구성소와 형성소

구성소는 문장형성에 직접 참여하는 것을 의미하며, 형성소는 그와는 대조적으로 문장형성에 간접적으로 참여하는 것을 의미한다(남기심, 고영근, 1996). 예를 들어, 과거시제 '았' 이나 '었' 은 거의 모든 어미와 제한 없이 결합하여 문장형성에 직접적으로 참여하는 반면에, "갖는다" 에서의 '는' 은 그 역할이 다소 제한되어 있다.

2) 형태소 구분 방법

(1) 한 언어 내에서 의미를 내포하고 있는 가장 작은 단위로, 더 분석하면 그 뜻을 잃어버리는 말을 하나의 형태소로 분류한다.

예 1: ㉠ 같이

㉡ 많이

→ '함께' 라는 뜻의 "같이" 는 "같다" 의 파생어가 아니므로 '같' 과 '이' 로 나눌 수 없다. 그러므로 1개의 형태소로 분석한다. 그러나 "많다" 에서 파생된 "많이" 는 '많' 과 '이' 2개의 형태소로 분석되어야 한다.

예 2: ㉠ 저 아저씨 되게 무서워

㉡ 되게 하래

→ ㉠에서의 '되게' 는 '무척' 이라는 뜻을 가진 1개의 어휘형태소이다. ㉡에서의 '되게' 는 어간 '되다' 에 파생접사 '게' 가 붙여진 것이므로 '되' 와 '게' 2개의 형태소로 분석한다.

(2) 모든 문법형태소는 독립된 형태소로 계산한다.

예 "좋아서"

→ 좋-아서(형태소 수: 2)

(3) 말의 구성성분이 하나의 음소로 사용되었을지라도 개별적인 의미를 가지고 사용되면 개별적인 형태소로 분류한다.

예 1: 갔다 올게

→ 가-았-다-오-ㄹ게(형태소 수: 5)

예 2: 수박인 것 → 수박-이-ㄴ-것(형태소 수: 4)

(4) 한 의미를 가지고 중복되어 표현한 어휘는 하나의 형태소로 계산한다.

예 깡충깡충, 빵빵, 칙칙폭폭(각각 형태소 수: 1)

(5) 중복된 의미의 문법형태소(예: -(에)서, -다(가), -아(서), -네(들))는 하나의 형태소로 계산한다. 예를 들어 "-때에" 의 경우, "갈 때" 와 "갈 때에" 사이에 뜻의 변화가 없기 때문에 '때' 와 '에' 를 각각의 형태소로 분석하지 않고, 하나의 형태소로 취급한다.

예 1: ㉠ 학교-서(형태소 수: 2)

㉡ 학교-에서(형태소 수: 2)

예 2: ㉠ 먹-다(형태소 수: 2)

㉡ 먹-다가(형태소 수: 2)

예 3: ㉠ 좋-아-죽-겠-네(형태소 수: 5)

㉡ 좋-아서-죽-겠-네(형태소 수: 5)

예 4: ㉠ 애-들(형태소 수: 2)

㉡ 애-네들(형태소 수: 2)

(6) 각 형태소를 잇기 위해 발음상 매개되는 모음 또는 자음은 개별적인 형태소로 분

류하지 않는다.

예 몰라

→ 몰(모르)–라(형태소 수: 2)

→ "몰"의 'ㄹ'은 어간 '모르–'의 'ㄹ'이 붙게 된 것이다. 그러므로 여기에서 'ㄹ'은 하나의 형태소로 분석하지 않는다.

(7) 이름 등의 고유명사는 하나의 형태소로 분류하지만, 호칭에 있어서 발음을 위해 관습적으로 붙이는 '–이'는 개별적인 형태소로 구분하지 않는다.

예 ㉠ 하정 언니(형태소 수: 2)

㉡ 하정이 언니(형태소 수: 2)

→ "하정"과 "하정이"는 그 의미가 똑같으므로 1개의 형태소로 분석한다.

(8) 우리말에는 여러 형태의 문장종결어미들이 있다(노대규 외, 1987). 문장의 끝에 오는 것은 어말종결어미(예: '–다' '–소/오' '–네' '–아/어' '–으마/마' '–지' 등)라고 하고 문장의 중간에 오는 것은 비어말종결어미(예: '–습/읍–' '–았/었/렀–' '–겠–' '–(으)시' 등)라고 한다. 다음은 문장종결어미의 예이다.

합쇼체: –습니다("때립니다")

해요체: –어요, –예요("때려요")

하오체: –소("때리소")

하게체: –네("때리네")

해체: –어("때려")

해라체: –는다("때린다")

→ 우리말의 현재시제를 나타내는 '–는'이나 '–ㄴ'은 과거시제나 미래시제 형태소들보다 그 역할이 약하여 하나의 형태소로 보지 않는 견해도 있으나, 본 분석체계에서는 의미를 내포하고 있는 것으로 보아 1개의 형태소로 분석한다.

3) 아동언어의 예외적인 형태소 구분 방법

아동의 발화에서 형태소를 구분할 때는 성인의 발화를 분석할 때와는 달리 몇 가지 예외적인 방법들이 사용된다. 이는 아동의 일반적인 언어습득과정에서 나타나는 발달적 특성들을 고려해야 하기 때문이다.

아동의 발화를 분석할 때 예외적으로 적용하는 형태소 구분 방법들에는 다음과 같은 것들이 있다.

(1) 성인 말에서는 의존형태소로 이루어진 한자어도 개별형태소로 분석하지만, 아동 말에서 사용된 한자어는 개별 어휘를 의미 있게 사용한 예가 없는 한, 그 독립성 여부에 관계없이 하나의 형태소로 분류한다. 이는 아동이 따로 한자를 배우기 전에는 한자어나 고유어의 구분 없이 단지 소리로 된 어휘를 익히는 것이기 때문이다. 물론 학년이 높아지면서 한자어에 대한 지식이 생기면 그때는 성인처럼 분석하는 것이 타당하다. 아동의 학습배경을 모를 경우에는 아동이 각각의 형태소를 모두 사용하는 것이 관찰될 때 분리된 형태소로 분석한다.

예 ㉠ 학교(형태소 수: 1)

㉡ 우리 엄마 이름은 김자 미자 연자요(형태소 수: 11)

→ ㉠의 경우, '학(學)' 과 '교(校)' 가 각각 1개의 형태소이지만 아동의 말에서는 하나의 어휘형태소로 취급하여 1개의 형태소로 분석한다.

→ ㉡의 경우는 아동이 실제로 한자의 의미를 알고 사용한 것이므로 '김(金)' '자(字)' '미(美)' '연(蓮)' 을 각각 1개의 형태소로 분석하여야 한다. 그러므로 [우리 | 엄마 | 이름-은 | 김-자 | 미-자 | 연-자-요]가 되어, 총 11개의 형태소로 분석한다.

(2) 성인 말에서는 줄임말의 경우 그 본디말로 바꾸어 형태소를 분석하지만, 아동 말에서 줄임말(예: '난' '여기 있어요')은 각 어휘의 개별적인 사용(예: '나' '는' '여기' '있어요')이 관찰되지 않는 한, 하나의 형태소로 분류한다. 아동에게 있어 이러한 줄임말은 하나의 단위로 습득될 수도 있기 때문이다.

예 1: 넌

→ '너' 와 '는' 의 사용이 관찰되면 [너-ㄴ] 2개의 형태소로 분석한다. 그러나 모든 발화자료에서 '넌' 의 형태만 관찰되는 경우는 1개의 형태소로 분석한다.

예 2: 어떤

→ '어떤' 은 '어떻-는' 의 통상적인 준말이다. 그러므로 각각의 형태소를 사용한 증거('어떻게' '어떤' 의 사용이 모두 관찰되는 경우)를 만족시키면 [어떻-ㄴ] 2개의 형태소로 분석하지만, 그렇지 않을 경우에는 1개의 형태소로 분석한다.

(3) 아동이 오류로 중복해서 말한 것은 괄호로 처리하고 형태소길이 산출에는 사용하지 않는다. 아동의 말에서는 특히 주격조사가 겹쳐서 사용되는 경우(예: "○○이가")가 많은데, 이런 오류를 발화길이에 포함시키는 것은 바람직하지 않다.

예 곰이(가)요 걸어갔어요.

→ '이'와 '가'는 둘 다 주격조사로 사용된 것으로 발달기적 오류현상이다. 그러므로 [곰-이-요 | 걸-어-가-았-어요]로 분석하여 8개의 형태소로 계산한다.

(4) 복합어라도 아동이 처음부터 하나의 낱말로 습득하였다고 추정되는 경우, 한 형태소로 취급한다. 또한 2~3개의 어휘로 구성된 복합명사의 경우, 아동이 개별 어휘로 의미 있게 사용한 예가 있으면 각각 형태소로 계산하지만 그렇지 않은 경우에는 한 개의 형태소로 취급한다.

예 1: 옷장

→ '옷'과 '장'을 사용하면 2개의 형태소로, 그렇지 않으면 1개의 형태소로 분석한다.

예 2: 디딤유치원

→ 아동이 '유치원'을 따로 쓰면 [디딤-유치원]으로, 2개의 형태소로 계산하지만, '디딤유치원' 전체가 '유치원'을 나타내는 말로 사용한다면 1개의 형태소로 분석해야 한다.

4) 형태소에 의한 발화길이 산출 방법

형태소에 의한 발화길이는 평균형태소길이, 최장형태소길이, 그리고 평균구문길이로 제시해 준다. 이는 이러한 수치들이 아동의 경우, 적어도 4세 이전 수준의 구문적인 언어발달을 평가하는 데 민감한 척도가 될 수 있기 때문이다(김영태, 1997). 우선 평균형태소길이는 흔히 약자 'MLU-m(Mean Length of Utterance in morphemes)'으로 쓰인다. 평균형태소길이는 다음과 같은 공식으로 산출하면 된다.

$$\text{평균형태소길이} = \text{각 발화 형태소 수의 합} \div \text{총 발화의 수}$$

예를 들어, 다음과 같은 아동발화의 평균형태소길이는 57/15 = 3.80이다. 평균형태소길이는 흔히 반올림하여 소수점 둘째 자리까지 제시해 준다.

① 우리 | 엄마-가 | 주-셨(시-었)-어요 (7)

② 이-거 ǀ 엄마-가 ǀ 줬(주-었)-는데 (7)
③ 의신이 (1)
④ 홍용이 (1)
⑤ 인수-도 ǀ 있-어요 (4)
⑥ 의자 (1)
⑦ 앉-는 ǀ 거-예요 (4)
⑧ 케익 (1)
⑨ 언제 ǀ 먹-어 (3)
⑩ 포크-로 ǀ 먹-을 ǀ 거-예요 (6)
⑪ 케익 (1)
⑫ 선생-님 ǀ 케익-요 (4)
⑬ 집-에 ǀ 케익 ǀ 먹-었-어요 (6)
⑭ 아빠-랑 ǀ 먹-었-어요 (5)
⑮ 아빠-가 ǀ 주-셨(시-었)-어요 (6)

계 (57)

둘째, 최장형태소길이(Upper Bound Length: UBL)는 분석한 발화 중 가장 긴 발화의 형태소 수를 찾으면 된다. 위의 예에서는 최장형태소길이가 7이 되는 것이다.

셋째, 평균구문길이(mean syntactic length)는 한 개의 형태소로 이루어진 발화는 제외하고, 2개 이상의 형태소로 된 발화만을 분석하여, 총 형태소의 수를 총 발화의 수로 나누어 평균을 구한 것이다. 따라서 위의 예에서는 1개의 형태소로 이루어진 5개의 발화(3, 4, 6, 8, 11번)를 제외한 10개의 발화만을 분석하여 평균구문길이는 52/10＝5.20이 된다.

5) 형태소에 의한 발화길이 해석 방법

(1) 평균형태소길이의 해석 방법

평균형태소길이가 산출되면 그 결과가 또래아동에 비하여 어느 정도인지, 혹은 몇 세 정도 수준인지를 해석해 주는 것이 중요하다. 현재 한국 일반아동에 대한 전국적 준거자료는 없으나 김영태(1997)가 서울-경기도 및 대구-경상도 지역의 2~4세 일반아동 180명의 언어표본을 분석한 자료가 있으므로 그 자료와 비교할 수는 있다. 그 자료에 의하면 평균형태소길이는 연령이 높아짐에 따라 매우 뚜렷한 증가 추세를 보여, 2세 집단에서는 3.01로 시작하여 6개월씩 증가된 연령의 집단에서 각각 3.75, 4.20, 4.95, 5.46, 그리고 6.31을 나타내었다. 이러한 연령 간 차이에 대한 사후검정 결과는 2~4세 아동의 평균형태소길이에 있어서 유의한 연령 간격은 1년 이상이며, 이는 평균형태소길이가 적어도 1.00 이상 차이나는 간격임을 시사한다.

이러한 연구 결과를 바탕으로 개별아동의 평균형태소길이는 〈표 10-1〉의 기준과 비교하여 그 의미를 해석할 수 있다. 이 표에서 '또래의 평균형태소길이'는 연구대상아동의 실제수치이며, '예측 평균형태소길이'는 회귀분석 결과 연령에 따른 예측수치이다. 분석한 대상아동의 평균형태소는 우선 '예측 평균형태소'와 비교해 보고, 그 보다 낮으면 '또래의 평균형태소길이' 수치에서 어느 위치에 있는지 살펴본다. 분석 결과에 대해서는 다음의 기준을 참고하여 해석할 수 있다.

① 평균이나 평균과 −1*SD* 수치 사이에 있으면 정상 수준으로 해석한다.
② −1*SD*와 −2*SD* 사이에 있으면 '약간 지체'의 가능성이 있다고 해석한다.
③ −2*SD*보다 낮으면 '지체'의 가능성이 높다고 해석한다.
④ 평균보다 높은 경우는 '또래의 평균 수준보다 긴 발화를 사용한다'고 해석한다.

표 10-1 연령에 따른 평균형태소길이

연령(개월)	또래의 평균형태소길이			예측 평균형태소길이
	평균	−1*SD* 수치	−2*SD* 수치	
27	3.00	1.86	0.72	2.88
30	3.01	2.20	1.39	3.19
33	3.70	3.15	2.60	3.51
36	3.84	2.93	2.02	3.82
39	3.86	2.85	1.84	4.13
42	4.40	3.19	1.98	4.45
45	5.04	3.53	2.02	4.76
48	4.86	3.50	2.14	5.07
51	5.57	4.28	2.99	5.39
54	5.37	3.85	2.33	5.70
57	6.05	4.33	2.61	6.02
60	6.50	4.59	2.68	6.33

〈표 10-1〉은 많은 수의 자료를 기준으로 한 것이 아니기 때문에 해석에 있어서 유의하여야 한다. 만약 33개월 아동의 언어표본을 분석할 경우, 그 아동의 평균형태소길이가 2.50이라면, 왼쪽 '연령' 칸에서 '33'을 찾아 오른쪽의 수치를 읽는다. 아동의 2.50은 예측수치인 3.51은 물론, -2*SD* 수치(2.60)에도 못 미치기 때문에, '표현언어지체'의 가능성이 높다고 해석할 수 있다.

(2) 최장형태소길이의 해석 방법

최장형태소길이 역시 평균형태소길이처럼, 저자의 연구 결과와 비교하여 그 발달정도를 해석할 수 있다. 김영태(1997)의 연구에 의하면 최장형태소길이는 지역이나 성 변인에서는 유의한 차이가 나타나지 않았고 연령 변인에서만 유의한 차이를 나타내었다 ($F=28.34$, $p<.0001$). 2세 집단에서 7.57을 보이다가 연령에 따라 유의하게 길어져, $2\frac{1}{2}$세에는 9.80, 3세에는 11.33, $3\frac{1}{2}$세에는 15.47, 4세에는 16.63, 그리고 $4\frac{1}{2}$세에는 20.87을 보였다. 각 연령 간 차이를 사후검정을 통하여 분석한 결과에 따르면, 1세 이상의 연령 집단들과 유의한 차이를 나타내었는데 3세에서는 $\frac{1}{2}$세 간격의 집단과도 유의한 차이를 보였다. 평균형태소길이처럼, 최장형태소길이도 〈표 10-2〉에 맞추어 일반 또래아동과 어떠한 차이가 있는지 해석한다.

표 10-2 연령에 따른 최장형태소길이

연령(개월)	또래의 최장형태소길이			예측 최장형태소길이
	평균	-1*SD* 수치	-2*SD* 수치	
27	6.92	4.59	2.26	6.62
30	8.06	5.90	3.74	7.88
33	9.67	7.29	4.91	9.14
36	10.00	7.67	5.34	10.41
39	9.91	7.99	6.07	11.67
42	12.16	7.03	1.90	12.94
45	15.40	9.27	3.14	14.20
48	15.53	9.31	3.09	15.47
51	18.64	13.14	7.64	16.73
54	14.88	9.98	5.08	17.99
57	21.62	13.02	4.42	19.26
60	20.29	12.35	4.41	20.52

4. 낱말에 의한 평균발화길이 분석 방법

1) 낱말의 기본 개념

낱말은 '단어' 라고도 하는데, 형태소처럼 의미를 가지고 있지만, 형태소와는 다르게 기본적으로 자립성(독립성)이나 분절성(분리성)이 강하다. 한 낱말은 하나의 형태소(예: "소")로 구성될 수 있지만 여러 개의 형태소(예: "갔었다")로 구성될 수도 있다. 이는 형태소가 의미를 가진 '가장 작은 단위' 인 반면, 낱말은 그러한 제약이 없기 때문이다.

낱말을 결정짓는 가장 큰 기준은 자립성인데, 이는 홀로 설 수 있는 특징을 의미한다. 그러나 낱말 중에는 홀로 서지 못하는 것도 있는데 이러한 예외가 '조사' 이다. 조사는 그 앞에 오는 말과 어느 정도 분리될 수 있는 특징이 있기 때문에 낱말로 분류된다. 예를 들어 다음과 같은 경우이다.

예 1: 그 아줌마는 그 일—내가 보기에는 엄청 힘든 일인데—을 가볍게 해 치웠다.

→ 조사 '을' 은 그 앞에 오는 낱말과 어느 정도 분리되어 있다(노대규 외, 1987).

예 2: 여기까지를 다 했어.

→ 조사 '를' 사이에 다른 조사 '까지' 가 끼어든 경우이다. 그러므로 조사가 그 앞에 오는 말과 분리된 경우이다(남기심, 고영근, 1996).

그 외에도 자립성이 다소 부족한 의존명사(예: '것' '거')나 보조동사(예: '보아라') 등도 낱말에 포함되는데, 이는 그 분리성 때문이다.

2) 낱말 구분 방법

(1) 자립성과 분절성의 원칙에 따라 다음과 같은 경우에 낱말로 계산한다(남기심, 고영근, 1996; 조명한, 1982).

- 모든 자립형태소는 개별적인 낱말로 계산한다.
- 자립형태소에 붙는 의존형태소(예: 조사)는 개별적인 낱말로 계산한다.
- 준자립어(의존명사, 보조용언)는 개별적인 낱말로 계산한다.

(2) 낱말 또는 어절에 붙어 그 말과 다른 말과의 관계를 표시하는 조사의 종류에는 다음과 같은 것들이 있다. 그러므로 다음의 유형에 해당되면 하나의 낱말 수로 계산한다.

① 격조사

- 주격: 은, 는, 이, 가
- 서술격: (이)다, (이)야, (이)고, (이로구)나, 로다
- 목적격: 을, 를
- 보격: 이, 가('아니다' '되다'와 함께 나오는 경우)
- 관형격: 의
- 부사격: 에, 에게, 한테, 께, 더러, 보고, 의, 에게서, 한테서, 로(에게로, 한테로), 로부터, 로써, 과, 처럼, 만큼
- 호격: 아, 야

② 접속조사

- 둘 이상의 체언을 접속시켜 주는 기능을 하는 조사이다.
- 와, 과, 하고, 이며, 에다, 랑

③ 보조사

- 단순한 자격표시 이외에 특수한 뜻을 더하는 조사이다.
- 만, 도, 는, 부터, 까지, 조차, 마다, (이)나, (이)든지, (이)라도, 마저, (이)나마

(3) 다른 품사라도 동사로 전성되었을 경우에는 문장어미와 함께 한 낱말로 취급한다.

예 1: ㉠ 어른-이, 청소-가

㉡ 어른답다, 청소하다

→ ㉠의 경우, 명사('어른' '청소')와 조사('이' '가')로 되어 있어서 각각 2개의 낱말 수로 분석하지만, ㉡에서는 '-답다'나 '-하다'와 합쳐져서 동사로 전성된 형태이므로 각각 1개의 낱말 수로 분석한다.

예 2: ㉠ 슬퍼

㉡ 슬퍼해

→ ㉡의 '슬퍼해'는 ㉠의 형용사 '슬퍼'가 동사로 전성된 경우로, 1개의 낱말 수로 분석한다.

(4) 의존명사는 자립성은 결여되어 있지만 준자립어로 분류되므로 한 낱말로 분석한다. 의존명사에는 '것' '거' '수' '바' '지'와 같이 대명사의 역할을 하는 것과 '마리' '켤레' '채' 등과 같이 단위를 나타내는 것이 있는데 모두 1개의 낱말로

분석한다.

예 1: 먹는-거-야(낱말 수: 3)

예 2: 한 마리(낱말 수: 2)

(5) 보조동사나 보조형용사와 같은 보조용언도 자립성은 결여되어 있지만 준자립어로 분류되므로 본용언과 분리하여 낱말로 분석한다. 즉 '본용언+보조용언' (예: 들고 간다)의 경우는 2개의 낱말 수로 분석한다. 흔히, '본용언+보조용언' 의 경우는 본용언(예: '들다')이 그 용언 전체의 뜻을 많이 담고 있고, 보조용언(예: '간다')은 그 전체 의미에 미치는 영향이 다소 약하다. 그러나 본용언과 보조용언 모두 용언전체의 뜻에 기여하는 바가 있다(〈표 10-3〉 참조).

(6) 통상적으로 하나의 개념으로 쓰여 굳어진 복합용언(예: 달아나다)은 보조용언을 따로 떼어서 계산하지 않고, 전체를 1개의 낱말 수로 분석한다. 복합용언의 경우 형태는 '본용언+보조용언' 처럼 두 개의 용언이 같이 붙어 있으나 각 용언의 뜻과

표 10-3 아동의 말에서 많이 나타나는 보조용언 및 복합용언의 예

용언	의미	보조용언의 예	복합용언의 예
가다	진행	되어 가요	걸어갔어, 돌아가셨어, 지나갔어, 떠나갔어
가지다	보유	알아 가지고 갔어	
두다	보유	(꼭) 알아 둬	
놓다	보유	열어 놓았어	내놓아라, 늘어놓았어, 덮어놓았어
대다, 쌓다	강세	울어 댔어(쌓는대), 웃어 댔어	
주다, 드리다	봉사	읽어 줬어(드렸어)	
나다(내다)	종결	참아 냈어	늘어났어, 깨어났어, 벗어났대
버리다	종결	놓쳐 버렸어, 먹어 버렸어	
보다	시행	그려 볼래, 모르는가 봐	내다봐, 노려봤어, 돌아봤어, 바라보았대, 찾아보았어
오다	진행	(날이) 밝아 왔어	다가오다, 들어오다, 다녀오다, 쫓아오다
지다	피동		이루어졌대, 예뻐져, 넘어졌어, 쓰러졌어
싶다		보고 싶어	
먹다			씹어먹었어, 얻어먹었대, 집어먹었어
하다		예쁘기는 해	

참고자료: 이은정 편, 1995.

용언 전체의 뜻이 다르거나, 다소 다르다고 할 수 있다. 즉 자립성이 희박한 말이 다른 용언에 붙어 굳어졌거나, 본용언과 어울려 한 개념, 한 상태, 한 동작을 나타내는 것이다. "달아나다"의 경우, '나다'는 '달아나다'의 의미에 별로 기여하는 바가 없다(〈표 10-3〉 참조).

(7) 홀로 설 수 있는 동사의 어간이 의존형태소와 만난 경우, 동사 활용의 법칙과 일치성이 없으므로 그 각각을 낱말로 간주하지 않고 하나로 묶는다.

예 자고(는), 가고(는)

→ 각각 낱말 수: 1

(8) '-이다'에 대한 존대적 표현인 '-요'의 경우, 서술격조사의 분류에 포함되므로 개별 낱말로 취급한다. 그러나 '요'가 서술격조사로 사용되지 않고 습관적인 언어 형태의 하나인 '간투사'로 사용되었거나 체언 옆에 붙어서 존대만을 나타내는 경우에는 낱말로 분류하지 않는다.

예 ㉠ 이거 사과예요

㉡ 이거요 사과가요 아니에요

㉢ 선물요 받으세요

㉣ 선생님, 케이크요

→ ㉠의 경우 '-(예)요'가 서술격조사로 사용되어 [이거 | 사과-예요]로 3개의 낱말로 구성되어 있으나, ㉡에서 앞쪽의 두 '요'는 간투어로 보는 것이 타당하므로 [이거 | 사과-가 | 아니-에요]로 5개의 낱말로 분석한다. 또한 ㉢의 '요'는 아동 말에서 많이 나타나는 것으로 일종의 존대표현의 과대일반화 현상이다. 즉 아무데나 '요'를 붙이면 공손한 표현이라고 생각하여 잘못 사용하는 경우이다. 이런 경우에도 '요'를 개별낱말로 분석하지 않는다. 그러므로 ㉢은 [선물 | 받으세요]로 2개의 낱말로 분석한다. 그러나 ㉣은 '여기 케이크가 있어요' 또는 '케이크예요'와 같은 문장이므로, 이때의 '요'는 서술격조사로 보는 것이 합당하다. 그러므로 [선생님 | 케이 크-요]로 3개의 낱말로 분석한다.

(9) 복합어라도 일반적인 고유명사의 경우 한 낱말로 취급한다.

예 서울대공원, 디딤유치원

→ 각각 낱말 수 1개로 분석한다.

3) 낱말에 의한 발화길이 산출 방법

평균형태소길이를 산출하는 것과 마찬가지로, 평균낱말길이도 전체 낱말 수를 총 발화 수로 나누면 된다. 평균낱말길이는 'MLU-w(Mean Length of Utterance in words)' 로 표기된다. 평균낱말길이는 다음과 같은 공식으로 산출하면 된다.

평균낱말길이 = 각 발화 낱말 수의 합 ÷ 총 발화의 수

평균형태소길이를 산출했던 언어표본을 가지고 평균낱말길이를 산출해 보면, 아동 발화의 평균낱말길이는 38/15, 즉 2.53이다. 이 언어표본의 최장낱말길이(Upper Bound Length: UBL)는 분석한 발화 중 가장 긴 낱말 수인 4이다. ⑦번 문장과 ⑩번 문장에서의 '거예요' 는 문장성분이 다르기 때문에 낱말 수가 달라진다. ⑦번 문장에서의 '거예요' 는 [의존명사 '-거' +서술격조사 '-예요']가 합쳐진 것이므로 2개의 낱말이고, ⑩번 문장에서의 '거예요' 는 동사 1개의 낱말이다.

① 우리 ǀ 엄마-가 ǀ 주셨어요	(4)
② 이거 ǀ 엄마-가 ǀ 줬는데	(4)
③ 의신이	(1)
④ 홍용이	(1)
⑤ 인수-도 ǀ 있어요	(3)
⑥ 의자	(1)
⑦ 앉는 ǀ 거-예요	(3)
⑧ 케이크	(1)
⑨ 언제 ǀ 먹어	(2)
⑩ 포크-로 ǀ 먹을 ǀ 거-예요	(4)
⑪ 케이크	(1)
⑫ 선생님 ǀ 케이크-요	(3)
⑬ 집-에 ǀ 케이크 ǀ 먹었어요	(4)
⑭ 아빠-랑 ǀ 먹었어요	(3)
⑮ 아빠-가 ǀ 주셨어요	(3)
	계 (38)

4) 낱말에 의한 발화길이 해석 방법

(1) 평균낱말길이의 해석 방법

평균낱말길이도 평균형태소길이에 대한 해석처럼, 〈표 10-4〉를 이용하여 그 발달의 정도를 해석하면 된다. 즉 또래의 평균에서 -2*SD* 이상 떨어지면 구문적인 발달이 지체되어 있다고 할 수 있고 -1*SD*와 -2*SD* 사이에 있으면 약간 지체되었다고 해석한다. 단지, 평균발화길이의 타당성이 떨어지는 4세 이상의 발달기 아동, 즉 MLU-w가 5.00 이상인 아동에 대해서는 평균발화길이만을 가지고 구문적인 발달을 평가하는 것은 위험하다고 할 수 있다.

표 10-4 연령에 따른 평균낱말길이

연령(개월)	또래의 평균낱말길이			예측낱말길이
	평균	-1*SD* 수치	-2*SD* 수치	
27	2.12	1.47	0.82	2.13
30	2.39	1.89	1.39	2.33
33	2.62	2.10	1.58	2.54
36	2.73	2.16	1.59	2.74
39	2.88	2.21	1.54	2.94
42	3.05	2.35	1.65	3.14
45	3.42	2.60	1.78	3.35
48	3.29	2.48	1.67	3.55
51	4.06	3.22	2.38	3.75
54	3.65	2.75	1.85	3.96
57	4.23	3.05	1.87	4.16
60	4.52	3.41	2.30	4.36

(2) 최장낱말길이의 해석 방법

김영태(1997)의 연구에 의하면 최장낱말길이도 다른 척도들과 그 추세가 비슷하여 2세에서 5.83으로 시작하여 3개월 간격의 연령집단에 따라 7.00, 8.07, 10.73, 11.70, 그리고 14.37로 4세가 될 때까지 유의하게(F=28.15, p<.0001) 증가하였다. 각 연령 간 차이에 대한 사후검정 결과도 다른 척도들과 비슷하여 1세 이상의 연령 집단들과 유의한 차이를 나타내었는데, 단지 2세에서만 $\frac{1}{2}$세 이상의 집단들과도 유의한 차이를 보였다. 연령에 따른 최장낱말길이의 기준치는 〈표 10-5〉와 같다.

표 10-5 연령에 따른 최장낱말길이

연령(개월)	또래의 최장낱말길이			예측 최장낱말길이
	평균	−1*SD* 수치	−2*SD* 수치	
27	5.23	3.75	2.27	5.08
30	6.29	4.60	2.91	5.90
33	6.67	5.48	4.29	6.72
36	7.50	5.67	3.84	7.54
39	7.64	6.21	4.78	8.36
42	8.32	5.55	2.78	9.18
45	10.93	7.12	3.31	10.00
48	10.53	6.16	1.79	10.82
51	13.29	8.99	4.69	11.64
54	10.31	7.40	4.49	12.46
57	15.31	8.67	2.03	13.28
60	13.65	8.45	3.25	14.09

5. 어절에 의한 평균발화길이 분석 방법

1) 어절의 구분 원칙

우리나라 구문의 구성요소는 낱말이 그 기본인데, 앞에서 살펴본 바와 같이 품사를 중심으로 분류하는 방법과 띄어쓰기를 중심으로 분류하는 방법이 있다. 대다수 한글맞춤법 연구자들은 품사를 중심으로 분류하는 방법을 쓰고 있으나 역사문법가들은 띄어쓰기를 중심으로 한 분류 방법이 문어(文語)가 아닌 구어(口語)에는 더 적절하다고 보는 이들도 있다. 띄어쓰기를 중심으로 한 분류 방법이 곧 어절을 중심으로 발화를 분석하는 방법이다.

문어와 구어에 있어서 말의 흐름을 구분 짓는 단위는 낱말보다도 어절에 가깝다. 그러나 사람마다 말의 속도가 다르고 쉼의 자리가 다르기 때문에 '띄어말하기'의 기준을 찾기는 매우 어렵다. 김영태(1997)의 연구 자료에 따르면 영어권의 아동발달 자료들에 제시된 평균발화길이의 수치는 우리말에서는 형태소나 낱말보다는 어절로 분석한 수치에 더 가깝다. 어절 역시 평균어절길이($F=28.97$, $p<0.0001$)와 최장어절길이($F=21.33$, $p<0.001$) 모두 적어도 4세까지의 연구대상에서는 연령에 따라 유의한 차이를 보였다.

이러한 자료는 적어도 4세까지의 아동의 구문적인 발달양상을 보는데 어절을 단위로 분석한다 해도 타당한 것임을 시사한다. 어절을 구분할 때는 다음과 같은 원칙에 준하는 것이 좋다.

(1) 현행 맞춤법의 띄어쓰기는 어절을 단위로 하고 있으므로 띄어쓰기를 기준으로 어절을 정의할 수 있다. 구어의 어절은 '띄어말하기'를 기준으로 하여야 하지만 아직 그에 대한 표준화된 자료는 없기 때문에 일단은 띄어쓰기를 기준으로 분석하도록 한다. 그러므로 조사를 제외한 모든 낱말은 각각 하나의 어절로 분석한다. 한 어절은 그대로 한 낱말이 되기도 하고 2개의 낱말이 모여서 한 어절이 되기도 한다.

예 엄마가 내 맘대로 하래

→ 띄어 쓴 곳을 중심으로 [엄마가 | 내 | 맘대로 | 하래]로 4개의 어절로 분석한다. 이 예에서 '엄마-가' (2낱말, 단일어절)만을 제외하고는 모두 낱말과 어절이 같이 구분된다.

(2) 현행 맞춤법에서는 복합용언(예: 깨어나다)은 붙여 쓰되, 보조용언(예: 꺼져 간다)은 띄어 쓰는 것을 원칙으로 한다. 그러나 보조용언은 경우에 따라서는 붙여 써도 되도록 허용하고 있다(예: 꺼져간다). 그러므로 본 체계에서는 분석의 일관성을 위하여 복합용언 및 '본용언+보조용언' 모두 각각 1개의 어절로 분석하도록 한다.

예 ㉠ 문 열어 놓았어

㉡ 그거 내놔

→ ㉠의 '열어 놓았어' 부분은 '본용언+보조용언'의 조합으로 '열어'와 '놓았어' 사이를 띄는 것이 원칙이지만 붙여서 '열어놓았어'로 써도 된다. ㉡의 '내놔'는 복합용언으로 붙여서 쓴다. 분석의 일관성을 위해서 ㉠은 [문 | 열어놓았어], ㉡은 [그거 | 내놔]로 하여 2개씩의 어절로 분석한다.

(3) 띄어쓰기 규칙 중에 단음절로 된 낱말이 연이어 나타날 때에는 붙여 쓰거나 띄어 써도 된다. 이런 경우 붙이는 것은 시각적인 부담감을 줄이려는 것이므로, 본 분석체계에서는 구어에서의 의미전달과 분석의 일관성을 위하여 각각의 낱말을 어절로 구분한다.

예 ㉠ 좀 더 큰 것

ⓛ 좀 더 큰 것

ⓒ 좀 더 먹어라

→ 맞춤법 규정에서는 ㉠처럼 단음절 낱말이 연이어 있을 때는 ㉠과 ㉡이 모두 가능하도록 되어 있고, ㉢처럼 다음절 낱말 앞에서는 띄어 쓰도록 되어 있다. 그러나 분석에서는 그 일관성이 중요하므로, 단음절 낱말이라도 각각 1개의 어절로 분석하는 것이 좋겠다. 그러므로 ㉠과 ㉡은 각각 4개의 어절로, ㉢은 3개의 어절로 분석한다.

(4) '것' 이나 '거' 와 같은 의존명사는 띄어 쓰므로 각각 1개의 어절로 취급한다. 그 외에도 두 말을 이어 주거나 열거할 때 쓰이는 의존명사(대, 겸, 내지, 등, 및)도 각각의 어절로 분석한다.

예 ㉠ 일 대 삼으로 싸웠어

㉡ 형 겸 친구야

㉢ 셋 내지 넷이서

㉣ 햄, 라면, 피자 등

㉤ 총 및 칼로

→ '대' '겸' '내지' '등' '및' 은 의존명사로 취급하여, ㉠은 4어절, ㉡은 3어절, ㉢은 3어절, ㉣은 4어절, 그리고 ㉤은 3어절로 분석한다.

(5) 현행 맞춤법에서는 여러 낱말로 이루어진 고유명사(예: 이대 부속 유치원)는 띄어 쓰는 것을 원칙으로 하되 붙여 쓰는 것도 허용된다. 본 체계에서는 분석의 일관성을 위하여 전체를 붙여서(예: 이대부속유치원) 1개의 어절로 분석한다.

예 ㉠ 서울대공원

㉡ 서울 대공원

㉢ 서울 대 공원

→ 현행 맞춤법에서는 ㉠, ㉡, ㉢은 다 허용되지만, 본 분석체계에서는 ㉠과 같이 고유명사는 하나의 어절로 처리한다.

(6) 성과 이름은 붙여서 하나의 어절로 처리하되, 여기에 붙는 호칭이나 직위이름 등은 떼어서 다른 어절로 처리한다.

예 ㉠ 이재민 씨

㉡ 이재민 선생님

㉢ 이재민입니다

→ ㉠과 ㉡은 각각 2개의 어절로, ㉢은 1개의 어절로 분석한다.

2) 어절에 의한 발화길이 산출 방법

평균형태소길이나 평균낱말길이를 산출하는 것과 마찬가지로, 평균어절길이도 총 어절 수를 총 발화 수로 나누면 된다. 평균어절길이는 'MLU-c(Mean Length of Utterance in clutters)' 로 표기된다. 평균어절길이는 다음과 같은 공식으로 산출하면 된다.

평균어절길이 = 각 발화 어절 수의 합 ÷ 총 발화의 수

평균형태소길이나 평균낱말길이를 산출했던 언어표본을 가지고 평균어절길이를 산출해 보면, 아동발화의 평균어절길이는 29/15, 즉 1.93이다. 평균어절길이는 흔히 소수점 둘째 자리까지 기록한다. 이 언어표본의 최장어절길이는 분석한 발화 중 가장 긴 어절 수인 3이다.

① 우리 ǀ 엄마가 ǀ 주셨어요	(3)
② 이거 ǀ 엄마가 ǀ 줬는데	(3)
③ 의신이	(1)
④ 홍용이	(1)
⑤ 인수도 ǀ 있어요	(2)
⑥ 의자	(1)
⑦ 앉는 ǀ 거예요	(2)
⑧ 케이크	(1)
⑨ 언제 ǀ 먹어	(2)
⑩ 포크로 ǀ 먹을 ǀ 거예요	(3)
⑪ 케이크	(1)
⑫ 선생님 ǀ 케이크요	(2)
⑬ 집에 ǀ 케이크 ǀ 먹었어요	(3)
⑭ 아빠랑 ǀ 먹었어요	(2)

⑮ 아빠가 | 주셨어요 (2)

계 (29)

3) 어절에 의한 발화길이 해석 방법

(1) 평균어절길이의 해석 방법

평균낱말길이도 평균형태소길이에 대한 해석처럼, 〈표 10-6〉을 이용하여 그 발달의 정도를 해석하면 된다. 즉 또래의 평균에서 −2*SD* 이상 떨어지면 구문적인 발달이 지체되어 있다고 할 수 있고 −1*SD*와 −2*SD* 사이에 있으면 약간 지체되었다고 해석한다.

(2) 최장어절길이의 해석 방법

김영태(1997)의 연구에 의하면 최장어절길이도 다른 발화길이 척도들과 그 추세가 비슷하여 2세에서 4.43으로 시작하여 3개월 간격의 연령집단에 따라 5.37, 6.83, 8.17, 9.03, 11.47로, 4세가 될 때까지 유의하게(F=21.33, p<.0001) 증가하였다. 각 연령 간 차이에 대한 사후검정 결과도 다른 척도들과 비슷하여 1세 이상의 연령 집단들과 유의한 차이를 나타내었는데, 단지 2세에서만 $\frac{1}{2}$세 이상의 집단들과도 유의한 차이를 보였다. 연령에 따른 최장낱말길이의 기준치는 〈표 10-7〉과 같다.

표 10-6 어절에 따른 평균어절길이

연령(개월)	또래의 평균어절길이			예측어절길이
	평균	−1*SD* 수치	−2*SD* 수치	
27	1.81	1.29	0.77	1.76
30	1.90	1.53	1.16	1.91
33	2.14	1.74	1.34	2.06
36	2.18	1.78	1.38	2.21
39	2.36	1.84	1.32	2.36
42	2.40	1.79	1.18	2.51
45	2.67	2.13	1.59	2.66
48	2.72	2.01	1.30	2.81
51	3.06	2.43	1.80	2.96
54	3.04	2.22	1.40	3.11
57	3.39	2.61	1.83	3.26
60	3.40	2.53	1.66	3.41

표 10-7 연령에 따른 최장어절길이

연령(개월)	또래의 최장어절길이			예측 최장어절길이
	평균	$-1SD$ 수치	$-2SD$ 수치	
27	4.38	2.53	0.68	3.91
30	4.47	3.40	2.33	4.57
33	5.33	4.09	2.85	5.23
36	5.42	4.42	3.42	5.88
39	6.55	4.92	3.29	6.54
42	7.00	4.01	1.02	7.20
45	7.67	5.00	2.33	7.86
48	8.67	5.32	1.97	8.51
51	10.14	6.77	3.40	9.17
54	8.06	4.97	1.88	9.83
57	12.08	6.91	1.74	10.49
60	11.00	6.71	2.42	11.14

II. 문법형태소 및 구문유형의 분석

우리나라 문법형태소나 구문유형의 발달규준을 제시할 자료들은 아직 미흡하다. 주로 조사에 대한 연구자료만이 제시되어 있을 뿐이다. 각 문법형태소의 발달과정은 제1부 제1장을 참고로 하고 여기에서는 분석표만을 제시하기로 한다(조사와 어미 분석 연습을 위해서는 최은아, 윤미선, 2008 참조).

표 10-8 문법형태소 분석표

유형	문법형태소				발화번호/예
복수	−들, −희				
격조사	주격			−가, −이	
	목적격			−을, −를	
	관형격			−의	
	서술격			−(이)다, −이요, −인지	
	보격			−가	
	호격			−야	
	부사격	처소		−(으)로, −에, −에게, −한테	
		도구		−로(써)	
		비교		−과, −처럼, −만큼, −보다	
		동반		−와, −하고, −(이)랑, −도	
		변성		−로	
		인용		−(라)고	
접속조사	−하고, −이며, −에다, −랑				
보조사	−은, −는, −도, −만				
시제	현재형			−ㄴ, −는−	
	과거형			−었−, −았−, −였−	
	미래형			−겠−, −(으)ㄹ	
태	피동형			−이−, −히−, −리−, −기−	
	사동형			−이, −우−, −기−	
존대	−(으)시−, −세−, −요				
추측	−겠−				
문장어미 (종결/비종결)	종결 어미	평서문		−다, −요, −네	
		감탄문		−구나	
		의문문		−냐?, −니?, −디, −ㄹ까?, −요?	
		명령문		−(아, 어, 거)라, −게, −야지, −오, −ㅂ시오	
		청유문		−자, −(으)라	
	비종결 (연결) 어미	대등		−고, −(으)며, −(으)나, −지만, −거나, −든지	
		종속	인과	−니까, −(아, 어)서, −므로	
			동시/순서	−면서, −고, −다가	
			조건/목적	−면, −(아, 어)야, −려면, −려고, −게, −더라도	
			기타		
파생	명사형			−기, −이	
	관형형			−은, −ㄴ	
	부사형			−게	

표 10-9 발화 기록의 예

구문 유형	세부형태			발화번호/예
명사구	지시관형사			
	수량관형사			
	성상관형사			
동사구	어말어미	종결	평서형	
			의문형	
			감탄형	
			명령형	
			청유형	
		비종결	연결어미	
			전성어미	
			명사형어미	
	선어말어미	존대		
		시제		
		서법		
		강조		
		피동		
절	명사절			
	서술절			
	관형절			
	부사절			
	인용절			
문장종류	평서문			
	의문문			
	명령문			
	청유문			
	부정문			

제11장 화용론적 분석

아동의 언어발달 수준을 진단하는 데 있어서 간과되기 쉬운 영역이 언어의 기능영역이다. 아동이 어휘를 늘려 나가고 구문법칙을 배워 문장을 만들어 나가듯이, 대화를 어떻게 이끌어 나가야 하는지에 대한 대화의 법칙이나 문맥에 맞게 표현하는 방법도 차츰 습득하게 되는 것이다. 자발적인 말은 거의 없고 모방만 하거나, 상대방의 말과는 전혀 상관없는 얘기만을 한다거나, 대화의 주제를 제대로 따르지 못하거나, 한정된 언어의 기능만을 보이는 아동은 표현하는 문장들이 아무리 길고 복잡하다 하더라도 언어기능장애를 가진 것이다. 예를 들어, 계속 "이게 뭐야?" 라고 묻기만 할 뿐 그 대답에는 흥미가 없고, 질문을 받아도 대답하지 않는 아동은 언어기능에 문제가 있는 것이다. 지적장애아나 자폐아, 유아실어증 등의 아동에게서 흔히 나타나는 현상이다. 언어의 기능을 분석하기 위해서는 여러 가지 방법이 있으나 여기에서는 간단한 몇 가지 방법만 소개한다.

I. 화용론적 분석의 근거

1. 화용론적 연구 배경

아동은 출생 직후부터 울음, 미소, 사람 쳐다보기 등과 같은 사회적인 상호작용 행동들을 나타내며, 6개월 정도가 되면 엄마를 부르거나 젖을 달라고 요구하기 위하여 울음이 아닌 소리내기(vocalization)로 특정한 음조와 음색을 사용할 수 있게 된다(Ninio & Snow, 1996). 그리고 8~10개월 정도가 되면 의사소통 목적을 가지고 인사하기, 가리키기, 응시하기, 주기와 같은 의도적인 발성이나 몸짓을 사용한다. 또한 주고받기나 까꿍놀이와 같은 상호작용 형태의 참여가 가능해진다. 이러한 언표내적 행위들(illocutionary acts), 즉 언어이전기의 의도적 의사소통 행위들은 구어(verbal) 산출을 위한 선수 기술의 역할을 한다(Bates, Camaioni, & Volterra, 1975). 많은 연구자들은 성인의 주의를 끌려는 아동의 의도적인 발성 또는 몸짓이 단단어 시기에 이름대기로 발전했다가 그 후 서술문으로 발전하는 것과 같이, 초기의 비구어적 의사소통 체계들은 구어산출과 연속선상에 있다는 가설을 지지하고 있다(Bates, 1976; Bates, Camaioni, & Volterra, 1975; Ninio & Snow, 1996).

화용발달에 대한 연구들은 다양한 연령단계의 아동이 어떤 유형의 의사소통 의도들을 표현할 수 있으며, 또한 어떤 언어적 산출형태(mode)를 사용하여 이러한 의도들을 표현할 수 있는가에 초점을 두고 있다. Ninio와 Snow(1996)는 구어적 의사소통 행위의 산출을 위해서는 사회-인지적인 능력의 습득이 필요하다고 강조하고, 이러한 능력들은 생후 첫해에 걸쳐 점진적으로 발달하며, 아동기 중반 또는 후반까지도 계속되기 때문에 이로 인하여 연령에 따른 의사소통 의도의 발달 차이가 나타날 수 있다고 제안하였다. 그들이 제안한 사회-인지적인 능력들은 첫째, 어떤 목적을 가지고 청자에게 영향을 끼치려는 의도성(intentionality), 둘째, 청자가 메시지를 이해할 수 있도록 자신의 의도를 형성하는 의사소통 의도의 조절 능력, 셋째, 서로 다른 의사소통 의도들의 범위를 조절하는 능력, 넷째, 자신의 의도를 관습적으로(conventionally), 효과적으로 그리고 공손하게 표현할 수 있는 능력이다.

연령에 따라 의사소통 의도가 어떻게 변하는가에 대한 객관적 자료는 거의 없다. 이는 의사소통 의도가 대화적 맥락(conversational context)에 크게 영향을 줄 뿐만 아니라 그에 의해 크게 달라지는 데도 원인이 있으며, 각 연령단계에서 표현되는 의도들에 대해 연구자들 간의 의견일치가 되어 있지 않다는 데도 원인이 있다(Owens, 1999). Dore (1974)는 단단어 시기에 나타나는 의사소통 의도의 유형을 이름대기, 반복하기, 대답하기, 행위 요구하기, 대답 요구하기, 부르기, 인사하기, 저항하기, 연습하기의 아홉 가지로 분류하고 그 예를 제시하였다. Coggins와 Carpenter(1981)는 의사소통 의도를 행위 및 사물에 대해 언급하기, 행위 요구하기, 사물 요구하기, 저항하기, 정보 요구하기, 대답하기의 총 일곱 가지 범주로 구분하고 의도의 산출형태를 몸짓, 몸짓-발성, 구어의 세 가지 형태로 구분하였다. 단단어 시기뿐만 아니라 그보다 연령이 높은 아동의 의사소통 의도 분석을 위하여, Dore(1978)는 38개, Tough(1977)은 37개, 그리고 McShane(1980)은 16개로 각기 다른 분류와 정의를 포함한 의사소통 의도 분석체계를 제시하였다. 이처럼 분류체계가 연구자들에 따라 차이가 있으나, 연령이 증가함에 따라 의사소통 의도의 종류와 범위가 증가되고, 산출형태 또한 점차 몸짓이나 발성 형태에서 구어 형태로 변화되어야 한다는 점에는 이견이 없다(Dore, 1974, 1978; Ninio & Snow, 1996; Owens, 1999). 일반적으로 대답/반응하기, 반복하기, 이름대기, 저항/거부하기, 부르기/인사하기, 사물/행위/정보 요구하기 등의 기능이 24개월 이전, 단단어 시기에 먼저 습득되며, 명료화 요구하기, 묘사하기(detailing), 예측하기(predicting), 지시하기, 감정표현하기, 가정하기 그리고 추론하기 등과 같이 좀 더 높은 수준의 인지 능력 및 구어 능력을 요하는 의도들은 그보다 늦게 습득된다(Owens, 1999).

Carpenter, Mastergeorge와 Coggins(1983)는 Coggins와 Carpenter(1981)의 의사소통 의도 분석체계를 사용하여 6명의 아동을 대상으로 8개월에서 15개월까지의 아동이 나타낸 의사소통 의도 유형의 발생순서와 주된 의사소통 의도의 산출형태를 분석하였다. 그 결과, 이 시기의 아동은 저항하기, 행위 요구하기, 사물 요구하기, 행위 언급하기, 사물 언급하기, 그리고 대답하기의 순서로 의사소통 의도의 발달을 보였으며, 정보 요구하기는 나타나지 않았다고 보고하였다. 또한 주된 의사소통 의도의 산출형태는 몸짓과 발성이 동반된 형태였다. Ninio와 Bruner(1976)도 8개월에서 16개월까지의 아동과 엄마의 상호작용 형태를 종단관찰한 결과, 아동의 초기 의사소통 의도의 주된 산출형태가 몸짓에서 14개월 이후에는 몸짓과 발성이 혼합된 형태 또는 성인과 같은 어휘로 대체되는 것으로 보고하였다. 이와 유사한 시기인 10개월에서 15개월 사이의 아동을 관찰한 Bates, Camaioni와 Volterra(1975)의 연구에서도 이 시기의 아동이 의도적인 몸짓과 발성을 함께 사용하여 성인의 행동과 주의집중을 이끌어 내는 것으로 나타났다.

화용적 발달은 다른 언어영역의 발달과도 관계가 있는 것으로 알려져 있다. Dore(1974)는 아동의 의사소통 의도들이 점진적으로 의미와 문법적으로 구조화된다고 제안하였다. Warren과 Yoder(1998)는 의도적인 의사소통이 확연히 지체되는 경우는 언어 산출 역시 지체될 것임을 강하게 암시하는 것이라고 제안하였다. Thal과 Tobias(1992) 또한 표현언어지체아동이 일반아동에 비해 비상징적(nonsymbolic) 몸짓 및 발성의 의사소통 의도를 더 많이 산출한다는 연구 결과를 보고하면서 화용적 발달이 다른 언어영역의 발달을 예측할 수 있다고 제안하였다. 그 외에도 많은 연구들이 의사소통 의도의 발달과 다른 언어영역 발달과의 예측적 관계를 나타냈다(Aeredolo & Goodwyn, 1988; Gopnik & Meltzoff, 1986; Thal & Bates, 1988; Thal, Tobias, & Morrison, 1991 등).

이와 같이, 많은 언어발달 연구자들은 화용적 영역의 발달은 문법 및 의미 영역들과 서로 상호작용하며, 언어발달은 인지 및 사회적 능력의 발달과도 밀접한 관계가 있다는 데 의견을 같이 한다. 따라서 문법 및 의미 영역에 대한 정확한 평가가 어려운 어린 아동의 화용발달에 대한 평가는 아동의 화용발달뿐만 아니라 전반적인 언어발달 및 인지적 · 사회적 기능을 예측할 수 있다는 점에서 매우 중요하다. Warren과 Yoder(1998)는 생후 첫해 후반에 나타나는 의도적 의사소통은 미래의 사회적 · 인지적 발달을 예측할 수 있는 중요한 요소가 된다며 화용발달의 중요성을 지적하였다.

2. 의사소통 의도 습득에 관한 종단연구

우리나라 아동의 화용적인 발달을 살펴본 홍경훈과 김영태(2001)의 한 종단연구에서는 서울지역의 남아 1명을 19개월부터 24개월까지 6개월간 엄마와의 상호작용을 관찰하여, 몸짓, 발성, 말 등을 통한 의사소통 의도가 어떻게 변화하는지를 분석하였다.

이 시기의 아동이 몸짓과 발성의 산출형태를 사용하여 의사소통 의도를 표현한 비율은 19개월에서는 약 12% 정도로 나타났으나, 그 이후에는 4%를 넘지 않는 매우 낮은 비율을 나타냈다. 즉 20개월 이후부터는 대부분 말로써 의사소통 의도를 산출하는 것으로 나타났다. 의사소통 의도의 산출형태에 대한 이러한 결과는 16개월 이전의 아동이 주로 '몸짓' 또는 '몸짓과 발성'의 형태로 의사소통 의도를 산출하는 데 반하여(Bates, Camaioni, & Volterra, 1975; Carpenter, Mastergeorge, & Coggins, 1983; Coggins & Carpenter, 1981; Ninio & Bruner, 1978 등), 16개월 이후 2낱말 시기로 접어들면서는 주로 '말' 또는 '말과 몸짓'의 형태로 의사소통 의도를 표현한다는 선행연구들과 일치한다(Capirci,

Iverson, Pizzuto, & Volterra, 1996; Wetherby et al., 1988).

의사소통 의도의 유형별 산출양상은 19개월에 비하여 연령이 증가할수록 반응의 비율은 감소하고 요구, 객관적 언급, 그리고 주관적 진술의 비율은 점차 증가하는 것으로 나타났다. 이러한 결과는 아동이 수동적으로 엄마의 발화에 대한 반응을 주로 하던 의사소통 형태에서 연령이 증가함에 따라 점차적으로 능동적인 상호작용의 참여자로서 자발적인 발화가 증가한 것을 보여 준다. 23개월까지는 반응과 요구의 두 가지 기능이 아동이 나타낸 전체 의사소통 의도의 50~60% 이상을 차지하였으나, 24개월에는 그 비율이 45% 이하로 감소하였으며, 그 외 기능들의 산출비율이 증가하였다. 특히 언급의 비율이 높게 나타났으며, 진술 기능은 반응, 요구 및 언급의 산출비율보다는 낮았으나, 연령의 증가에 따라 꾸준한 증가 추세를 나타냈다.

하위기능별 산출양상 분석결과, 의문사 질문을 통한 정보 요구 기능의 경우, 연령이 증가함에 따라 산출빈도가 증가하고 또한 아동이 산출하는 의문사 유형도 다양해졌다. 예를 들어, 19개월에는 '(이거) 뭐(야)?' 와 같이 의문사 '무엇' 만을 사용하였으나, 22개월에는 의문사 '어디' 의 사용(예: '어딨냐?')이 나타났으며, 23개월에는 의문사 '어떻게' 의 사용(예: '이거 어떻게?)이 나타났다. McShane(1980)은 12개월에서 16개월 사이의 아동 6명을 종단관찰한 결과, 단단어 시기에 '어디' 와 '무엇' 의 의문사를 사용하였으며, 2낱말 시기인 22개월부터 24개월 사이에 '왜' '누구' '어떻게' 의 의문사를 사용한 질문들이 나타나기 시작하였다고 보고하였다. 확인질문을 통한 정보 요구 및 허락 요구는 19개월에서 각각 2번씩 관찰되었으나, 그 이후 회기 동안은 일관성 없는 출현을 나타냈다. 명료화 기능의 경우, 21개월부터 명료화 질문 및 명료화 질문에 대한 반응의 산출빈도가 큰 폭으로 증가하는 양상을 나타냈다. Wetherby 등(1988)은 언어이전기(11~14개월), 단단어 시기(15~19개월) 및 2낱말 시기(24~27개월) 아동 집단 간의 의사소통 의도를 비교한 결과, 허락요구 및 명료화의 기능이 24개월 이후의 아동 집단에서만 빈번하게 산출되었다. 이러한 결과들을 고려하면, 허락요구 및 명료화의 기능은 19개월을 전후하여 출현하고, 발달되는 것으로 보인다.

객관적 언급의 하위범주 중 관찰가능한 대상의 본질적인 특성에 대한 기술인 '고유특성' 기능은 22개월에 처음으로 나타나기 시작하였으며, 모두 사물의 색깔에 대한 언급이었다. 시간에 대한 언급은 20개월과 22개월에는 '이따' 의 형태만이 나타났으나 23개월 이후에는 '잠깐' '빨리' '인제' '그다음에' 등과 같이 다양한 형태가 독립적으로, 또는 2낱말 이상의 조합 형태(예: 이거 줘, 빨리; 이따 봐 등)로 나타났다. 위치에 대한 언급은, 19개월에는 '여기다'의 형태만이 나타났으나, 20개월과 21개월에는 그 외에도 '거기' '저기' '요기' 등의 다양한 단단어 형태로 나타났으며, 이러한 기능들은 주로 손가락으로 가리키는 동작을 수반하였다. 22개월 이후에는 2낱말 문장에서 위치에 대한 언급이 가능하였으며(예: 악어 여기, 이거 요기, 저기 풍선 등), 24개월에는 2낱말 이상에서의 위치 표현이 좀 더 다양해지고, 가리키기 동작을 동반하지 않고 말만으로 산출하는 경우가 증가하였다(예: 엄마 저깄다, 풍선 여깄네, 저기에 씻어, 여기다 넣어 등). McShane (1980)은 단단어 시기에 아동이 위치에 대한 언급을 빈번하게 사용하기 시작하는데 이 시기에 가장 빈번하게 사용된 낱말은 '저기(there)'라고 보고하였으며, 이는 '저기(there)'가 눈에 보이는 위치를 나타내는 데 일반적으로 가장 많이 쓰이기 때문이라고 해석하였다. 한국 아동이 '여기'를 가장 먼저 사용한 것도, 우리말에서 '여기'가 시각적으로, 거리적으로 가장 가까운 위치를 나타내는 낱말이라는 것과 관련된다고 볼 수 있다. 사물의 기능에 대한 언급은 전 회기에서 나타나지 않았다. 언급의 하위범주 기능과 관련한 또 하나의 특성은 단순히 사물에 상대의 주의를 집중토록 하는 정도의 기능인 '사물에 주의끌기'의 산출빈도가 20개월 이후부터 현저히 줄어들었다는 점이다. 이는 20개월 이후에는 단순히 사물에 주의를 집중토록 하는 정도의 의사소통 의도 표현이 아닌 상대에게 그 사물을 요구하거나 사물을 주도록 행위를 요구하는 표현, 또는 이름대기, 사건·상태 등과 같은 좀 더 높은 수준의 구어 및 인지적 능력을 요구하는 다른 의사소통 의도 유형으로 산출되기 때문으로 보인다.

주관적 진술 하위범주들의 산출빈도는 많지 않았으나, 연령이 증가할수록 다양한 하위범주 기능들이 나타났다. 22개월 이후에는 한 회기에 5개 이상의 하위범주의 산출이 나타났다. 19개월에는 규칙(예: "안 돼", 그렇게 하면 안 된다는 의미), 내적 상태(예: "아야", '아프다'의 의미) 및 속성(예: "아 뜨거")의 기능만이 나타났으나, 20개월에는 주장의 기능(예: 장난감을 넣으며 "넣자", 그만하자는 의미)이 산출되었으며, 22개월에는 평가의 기능(예: 자신이 쌓은 블록을 보며 "박수")이 나타났다. 24개월에는 간단하지만 자신이 그린 그림을 설명하는 설명의 기능도 추가되었다(예: 그림을 그리면서 "눈이야 눈"). 연령이 증가함에 따라 이러한 기능들의 산출형태가 다양해지고 또한 표현이 좀 더 구체화되는 양상을 나타냈다. 규칙의 경우 21개월에는 장난감 고리를 끼우며 "이케"(이렇게), 22개월에는 "물 틀면 안 돼", 24개월에는 "엄마, 여기 앉으면 안 돼"(인형을 그 의자에 앉히면 안 된다는 의미) 같은 형태가 산출되었다. 내적 상태는 20개월에 "맛있다" "무서워", 21개월에는 "싫어요", 22개월 "차가"(차갑다), 23개월 "아퍼" 등의 어휘들이 새롭게 나타났다. 속성은 20개월에 "지지"(더럽다는 의미), 22개월에 "많다", 23개월에 "찢어져" "길이 짧다", 그리고 24개월에 "징그러" 등과 같이 양, 길이 그리고 사물 외형에 대한 느낌 등에 대한 표현들이 나타났다. 주장은 22개월에는 "세수해" "잘라"와 같이 명령형의 동사형태도 나타났으며, 23개월에는 수식어를 사용한 문장(예: 깨끗이 지우자, 태현이 꺼) 형태로서의 산출이 가능하였다. 24개월에는 구체적인 주체 및 대상을 포함하여 주장을 표현하였다(예: 엄마 안 돼, 그거 안 돼, 여기다 그리자 등). 홍경훈과 김영태의 연구를 바탕으로 할 때, 이와 같은 진술의 하위 기능은 24개월을 전후하여 모두 습득되는 것으로 보인다. 감정, 크기, 색깔 및 모양에 대한 언급 및 진술을 모두 '특성'의 범주에 포함한 McShane(1980)의 연구에서도 이러한 기능들이 단단어 시기에 산출되기 시작하여, 2낱말 이상의 조합 시기에 빈번하게 나타난 것으로 보고되었다.

메시지 수신표현의 수용 및 승인/동의의 기능은 19개월부터 산출되어, 이 시기의 아동이 상대의 앞선 의사소통 의도에 대한 메시지를 받았다는 표현을 적절히 할 수 있다는 것을 나타냈다. Coggins와 Carpenter(1981)의 연구에서도 이보다 이른 시기인 15개월에서 16개월 사이의 아동이 몸짓 또는 말의 형태로 메시지 수신 표현을 산출하는 것으로 나타났다. 구성요소의 화자 선택은 전체 회기에서 나타나지 않았는데, 이는 자료수집이 엄마와 아동, 단 둘만의 상호작용 상황이었기 때문에 아동이 특별히 화자를 선택할 필요가 없었기 때문인지 아니면 기능의 습득시기가 늦는 것인지를 판단하기 어렵다. 21개월부터는 감탄사를 사용한 감탄의 기능이 활발하게 나타났다.

II. 화용론적 분석 방법

1. 문장의 자율성 및 적절성 분석

문장의 자율성 분석은 아동이 얼마만큼 자율적인 대화자인지를 분석하는 것이다. 이 경우 수집된 언어표본이 그 아동의 자연스럽고 대표적인 표본임을 전제로 한다. 각 문장은 자율성의 측면에서 다음과 같이 구분할 수 있다.

1) 자발적 문장(spontaneity)

① 자발적 시도 발화(initiation): 아동이 대화를 시작하거나, 선행되는 질문이 없어도 서술이나 질문 등으로 대화를 이어간다.

② 질문에 대한 자발적 반응(response): 선행되는 질문에 대해 자발적으로 대답한다.

2) 모방(imitation)

모방발화는 선행발화가 끝났을 때 ① 얼마나 빨리 모방하느냐에 따라 즉각모방, 지연모방으로 나뉘고, ② 선행발화와 얼마나 유사하게 모방하느냐에 따라 완전모방, 부분모방, 변형모방으로 나뉜다.

① 즉각모방(direct imitation): 상대방의 말을 즉시 모방한다.

② 지연모방(delayed imitation): 상대방이 한 말을 시간이 경과한 후에 모방한다.

③ 완전모방(complete imitation): 상대방의 문장을 그대로, 똑같이 모방한다. 완전모방은 흔히 반사적인 경우가 많아서 완전, 즉각 모방의 형태를 띤다.

④ 부분모방(partial imitation): 상대방의 문장 중 일부분만을 모방한다.

⑤ 변형모방(mitigated imitation): 상대방의 문장 형태나 내용을 일부 바꾸어 모방한다. 흔히 반향어에서 진정한 발화로 넘어가는 전환시기에 나타나는 형태이다. 예를 들어, 민규에게 "나 보고 싶었니?" 라고 하면, "민규 보고 싶었니?" 혹은 "나 보고 싶었어." 라고 대답한다.

문장의 화용적 적절성 분석은 아동의 발화가 선행발화나 문맥상 적절한지, 적절하지 않은지를 분석하는 것이다. 화용장애, 특히 고기능자폐나 윌리엄스증후군아동 중에는 구문이나 의미는 정확하더라도 문장의 화용적 기능이 부적절한 경우가 종종 있다. 그러므로 발화분석을 할 때 이러한 화용적 부적절성을 기록하는 것도 도움이 된다.

① 화용적으로 적절한 문장: 문맥에 적절하며 선행발화가 요구하는 기능에 맞는 발화이다. 예를 들어, 질문에 대해서는 대답하고, 요구에 대해서는 수긍하거나 거부, 또는 부정하는 발화는 적절하다고 할 수 있다.

② 화용적으로 부적절한 문장: 문맥에 적절하지 못하거나, 선행발화가 요구하는 기능에 부적절한 발화이다. 예를 들어, 주제에 어긋난 발화를 한다거나, 엉뚱한 대답

이나 질문을 하는 등 화용적으로 이상하면 일단 부적절한 문장으로 분류하고 다음에서 설명하는 기능별 분석을 한다.

2. 언어기능의 다양성 분석

아동이 사용하는 문장의 기능이 하나나 두 가지로 제한되어 있는지, 혹은 다양한지를 분석하여 그 아동이 자신의 의사표현을 얼마나 자유롭게 할 수 있는지를 평가하여야 한다. Dore는 발달초기의 제한된 기능들뿐 아니라 활발한 발화가 나오는 시기의 다양한 기능들을 분석할 수 있는 틀을 만들었다. 본문에서는 ① 의사소통 의도가 제한적인 아동에게 사용하기가 용이한 초기 구어기능 분석표와 ② 다양한 의사소통 의도를 보이는 아동에게 사용하기가 용이한 대화기능 분석표를 살펴보기로 한다.

1) 초기 구어기능 분석

〈표 11-1〉은 Dore(1974)의 초기 화행(primitive speech acts) 분석표이다. 그 항목들은 다음과 같다.

- 명명(labeling): 아동이 현재 조작하거나 감지하고 있는 사물의 이름을 댄다(예: 자동차를 가리키며 "자동차").
- 반복(repeating): 상대방 말의 일부 또는 전부를 따라한다(예: 어른이 "빨간 모자"라고 했을 때 "모자"라고 한다).
- 대답(answering): 상대방의 질문에 대답한다(예: 어른이 "몇 살이야?" 했을 때 "세 살" 하고 대답한다).
- 행동 요구(requesting action): 상대방이 어떤 행동을 취하도록 한다(예: "과자 주세요").
- 대답 요구(requesting answer): 상대방의 대답을 유도한다(예: 공을 들어 올리며 "공?" 한다).
- 부르기(calling): 상대방의 주의를 끌기 위한 말이나 음운 패턴(예: 장난감을 가리키며 "엄마" 하고 부름으로써 엄마가 다가오게 한다).
- 인사(greeting): 상대방에게 자신의 도착(예: "안녕")이나 출발(예: "빠이빠이")을 알린다.
- 저항(protesting): 어떤 것을 싫어하거나 불허한다는 것을 나타낸다(예: 고개를 저으며 "싫어" "안 돼").
- 연습(practicing): 앞의 문장과 연결되지 않는 말을 독백처럼 한다(예: 어른이 "아이 춥다,

그지?" 했을 때 "아가, 아가" 하며 중얼거린다, 아빠가 없는데도 "아빠, 아빠" 하며 중얼거린다).

표 11-1 기능분석 I : 초기 구어 기능(primitive speech acts)

기능	문장번호	빈도(%)
명명(labeling)		
반복(repeating		
대답(answering)		
행동 요구(requesting action)		
대답 요구(requesting answer)		
부르기(calling)		
인사(greeting)		
저항(protesting)		
연습(practicing)		

출처: Dore, 1984.

2) 대화기능

〈표 11-2〉(385쪽 이하)는 Dore(1978)의 대화기능(conversational acts) 분석표를 기초로 하여 홍경훈과 김영태(2001)가 재구성한 것이다. 이 분석표는 우선 의사소통 의도를 크게 요구, 반응, 객관적 언급, 주관적 진술, 대화내용 수신 표현, 대화구성요소, 그리고 발전된 표현 등으로 보고, 그 안에서 관찰될 수 있는 세부적인 기능들로 나누어 놓았다. 분석 방법은 다음과 같다.

- 의사소통 행동은 상호작용에서 나타나는 행동(interactional act)으로 비상호작용적 행동은 포함하지 않는다. 여기서 상호작용행동이란 ① 신체적으로 근접한 상황에서 나타나는 행동이나, ② 몸짓이나 발성 또는 말로 접근(contact)이 일어난 경우, 또는 ③ 엄마의 의사소통 의도가 있은 후 아동이 3초 이내에 응시 또는 반응한 경우를 포함한다.
- 의사소통 의도 분석은 크게 7개의 상위범주로 분류하고 각 범주 안에 하위범주를 두어 분류한다.
- 의사소통 의도의 산출형태(communicative modes)는 '몸짓이나 발성'이 동반된 형태, 또는 '말' 형태로 구분하여 분석한다. 단, 말에 동반되는 몸짓이나 발성은 '말' 형태로 분석한다. 그러나 알아들을 수 없는 자곤(jargon)은 말로 분석하지 않는다.

• 의미 없는 상투적인 부르기(예: 의미 없이 "엄마")는 전체 자료의 10%만 분석에 포함한다.
• 동일한 대상 또는 행위를 연속하여 반복적으로 지칭하는 행동들은 한 번만 기록한다.

의사소통 의도의 분석 유형(상위 및 하위기능)은 다음과 같다.

(1) 요구(request): 상대에게 정보, 행위, 사물 또는 허락을 요구하는 기능이다.

① 정보 요구: 정보 요구는 다음과 같이 여러 형태의 질문을 포함한다.

• "예/아니요" 질문: 상대로부터 '예/아니요'의 반응을 요구하는 질문

예 아동: "사탕이야?"
엄마: "응"

• 의문사 질문: 의문사를 이용한 질문

예 아동: "이거 뭐야?"

• 명료화 질문: 상대의 이전 발화에 대해 명료화를 요구하는 질문

예 엄마: "가자"
아동: "뭐라고?"

• 확인 질문: 아동 자신이 알고 있는 사실을 확인하는 질문

예 아동: (질문의 억양으로 공을 보며) "공이지?"

② 행위 요구: 상대에게 어떤 행위를 하도록 요구하는 행동

예 아동: (자동차를 밀어달라는 의미로) "가"

③ 사물 요구: 상대에게 사물을 달라고 요구하는 행동

예 아동: (달라는 시늉을 하며) 풍선 가리키기

④ 허락 요구: 상대에게 허락을 요구하는 행동

예 아동: (엄마가 물을 틀지 말라고 한 후, 수도꼭지를 돌리려고 하면서 엄마를 쳐다보고) "물?"

(2) 반응(response): 상대의 요구에 답하고 대응하는 기능이다.

① 질문에 대한 반응: 질문에 대한 반응은 다음의 형태들을 포함한다.

• 예/수용: 상대의 질문에 긍정적인 대답을 하는 경우로, 단, 의미 없는 대답은 제외한다.

예 엄마: "먹을래?"
아동: "응"

- 아니요/저항/부정: 상대의 질문에 부정적인 대답을 하는 경우로, 단 의미 없는 대답은 제외한다.

예 엄마: "먹을래?"
아동: "아니" "몰라"

- 의문사 대답: 상대의 의문사 질문(뭐, 어디, 누가, 언제, 왜, 어떻게)에 적합한 대답을 하는 경우

예 엄마: "뭐 먹을래?"
아동: "과자"

② 요구에 대한 반응: 요구에 대한 반응은 다음의 형태들을 포함한다.

- 명료화: 상대의 명료화 요구 후에 이전 발화를 반복하거나 명료하게 하려는 시도

예 아동: "달기"
엄마: "딸기?"
아동: "딸기"

- 순응: 상대의 요구에 긍정적으로 응하는 행동

예 엄마: "뽀뽀해 줄래?"
아동: "해 줄게"

- 거부/저항: 상대의 요구를 거부하거나 저항하는 행동

예 엄마: "뽀뽀"
아동: "안 해"

③ 반복: 상대의 선행 의사소통 행동을 전체 또는 부분적으로 새로운 추가 없이 모방하는 행동

예 엄마: "뭐 줄까?"
아동: "뭐 줄까?"

④ 의례적(ritual) 반응: 선행발화에 부합되지 않는, 단순한 의례적 반응

예 엄마: "그게 뭐야?"
아동: "응"

(3) 객관적 언급(comments): 객관적 사실에 대한 언급이나 현재 관찰 가능한 사물 또

는 사건에 대한 인지/묘사, 또는 아동이 의도적으로 사물이나 행위에 상대의 주의를 끄는 행동이다.

① 사물에 주의끌기: 단순히 사물에 주의를 집중토록 하는 수준의 행동

예 아동: 장난감 전화기를 보고 엄마를 쳐다보며 전화기를 가리키기

② 이름대기: 아동이 타인과 상호작용하는 장소에서 눈으로 볼 수 있는 사물 또는 사건을 명명하는 기능. 단 질문에 대한 대답이 아닌 경우만을 포함

예 아동: (강아지 인형을 보며) "멍멍"

③ 사건 · 상태: 행위/사물의 움직임이나 상태에 상대의 주의를 끄는 행동

예 아동: (자동차를 밀어 움직이도록 한 후) "저것 봐"

아동: (빈 통을 보며) "없네", (블록을 다 담은 후) "됐어"

④ 고유특성: 아동이 타인과 상호작용하는 장소에 있는 대상에 대해, 그 대상이 본질적으로 가지고 있는 외형적 특성(예: 색깔, 모양)을 기술하는 기능

예 아동: (공을 보며) "동그라네"

⑤ 기능: 사물의 기능을 나타내는 행동이나 언급

예 아동: (축구공를 보며) "뻥차는 거야"

⑥ 위치: 공간적 관계에 대한 행동이나 언급

예 아동: (장난감을 가리키며) "저기 있다"

⑦ 시간: 시간적 관계에 대한 행동이나 언급

예 아동: "잠깐만" "이따 봐" "그다음에"

(4) 주관적 진술: 직접적으로 관찰이 가능하지 않은 사실, 규칙, 태도, 느낌, 또는 믿음에 대한 행동이나 진술을 하는 기능이다.

① 규칙: 규칙에 대한 행동이나 진술

예 아동: "(-하면) 안 돼"

② 평가: 상대 또는 자신의 행위에 대한 주관적인 평가

예 아동: "잘했어"

③ 내적 상태: 자신의 생각 또는 느낌을 표현

예 아동: "그거 좋아" "맛있다"

④ 속성: 객관적 판단의 기준이 없는 상대적 특성에 대해 자신이 주관적으로 느끼는 사물의 특성을 기술하는 기능

예 아동: "와, 크다" "많다" "뜨겁다"

⑤ 주장: 자신의 의견 또는 주장을 표현하거나 청유하는 기능

예 아동: "내 거야" "먹자" "이거 할 거야" "아빠"(아빠가 없는 상태에서 아빠에게 주자는 뜻)

⑥ 설명: 현재의 장소에 없거나, 현재에 존재하지 않는 사물 또는 상황/사건에 대한 설명이나 의견 또는 이유를 설명하는 기능

예 아동: "이건 공이야"(뭔가를 그리고 나서), "넘어져서 아야해"

(5) 대화내용 수신표현: 상대의 말을 들었다는 것을 나타내는 반응이다. 단순히 메시지 수신의 표현을 의미하므로 질문이나 요구하는 반응은 해당되지 않는다.

① 수용: 상대의 앞선 의사소통 행동에 대해 단순히 메시지를 받았다는 것(주의 집중)을 표현하는 행동

예 상대의 말을 들으며 경청의 의미로 고개 끄덕이기나 "어" 또는 상대의 이전 발화를 단순히 반복

② 승인/동의: 상대의 앞선 의사소통 행동에 대해 새로운 정보의 추가 없이 단순히 승인/동의를 표현하는 행동

예 엄마: "고맙습니다"

아동: "네"

③ 부인/반대: 상대의 앞선 의사소통 행동에 대해 새로운 정보의 추가 없이 단순히 부정/반대를 표현하는 행동

예 엄마: "물 없어"

아동: "물 있어" "아니(야)"

(6) 대화내용 구성요소: 개별적 접촉과 대화 흐름을 조절하는 기능이다.

① 의례적 인사: 상대의 반응을 기대하지 않는 의례적인 인사

예 아동: "안녕"

② 부르기: 다른 의사소통 의도와 연결되지 않은 단순한 부르기

예 아동: "엄마"

③ 화자 선택: 반응할 상대를 선택하는 행동

예 아동: "엄마가 말해"

④ 동반: 행동의 한 부분으로 수반되는 말

예 아동: (물건을 주며) "여기", (손을 흔들며) "빠빠이"

⑤ 감탄: 자신 또는 상대의 행동이나 사물에 대한 감탄 또는 놀람을 표현하는 행동. 감탄은 긍정적일 수도 있고 부정적일 수도 있음

예 아동: (엄마가 만든 블록모형을 보고) "우와"

표 11-2 기능분석 II: 대화 기능(conversational acts)

상위기능	하위기능		기록 부호	몸짓/음성	말
요구 (request)	정보 요구	예/아니요 질문	RqYe(요구-예)		
		의문사 질문	RqWh(요구-의문사)		
		명료화 질문	RqCl(요구-명료화)		
		확인질문 (confirming Q.)	RqCo(요구-확인)		
	행위 요구(action req.)		RqAc(요구-행위)		
	사물 요구(object req.)		RqOb(요구-사물)		
	허락(permission req.)		RqPe(요구-허락)		
반응 (response)	질문에 대한 반응	예/수용	RsYe(반응-예)		
		아니요/저항 또는 부정	RsNo(반응-부정)		
		의문사 대답	RsWh(반응-의문사)		
	요구에 대한 반응	명료화 (clarification)	RsCl(반응-명료화)		
		순응 (compliances)	RsCo(반응-순응)		
		거부/저항 (protests)	RePr(반응-저항)		
	반복(repetitions)		RsRe(반응-반복)		
	의례적 반응(ritual/returns)		RsRi(반응-의례적)		
객관적 언급 (comments)	사물 주의집중 (objects)		CoOb(언급-사물)		
	이름대기 (identifications: label)		CoId(언급-이름)		
	사건(events) · 상태(state)		CoEv(언급-사건)		
	고유의 특성(properties)		CoPr(언급-특성)		
	기능(functions)		CoFu(언급-기능)		
	위치(location)		CoLo(언급-위치)		
	시간(times)		CoTi(언급-시간)		

주관적 진술 (statements)	규칙(rules)	StRu(진술-규칙)		
	평가(evaluations)	StEv(진술-평가)		
	내적 상태(internal reports)	StIn(진술-상태)		
	속성(attributions)	StAt(진술-속성)		
	주장(claims)	StCl(진술-주장)		
	설명(explanations)	StEx(진술-설명)		
대화내용 수신표현 (acknowledge)	수용(acceptances)	AcAc(수신-수용)		
	승인/동의 (approval/agreement)	AcAp(수신-승인)		
	부인/반대 (disapprove/disagree)	AcDs(수신-부인)		
대화내용 구성요소 (organization device)	의례적 인사 (ritual greeting)	OdGr(구성-인사)		
	부르기(calls)	OdCa(구성-부르기)		
	화자 선택 (speaker selections)	OdSs(구성-선택)		
	동반(accompaniments)	OdAc(구성-동반)		
	감탄(exclamation)	OdEx(구성-감탄)		
발전된 표현 (advanced speech act)	농담(jokes)	AsJo(진보-농담)		
	경고(warning)	AsWa(진보-경고)		
	놀림(teases)	AsTe(진보-놀림)		
기타(others)				

출처: Dore, 1978; 홍경훈, 김영태, 2001.

(7) 발전된 표현: 말산출만으로 성취되는 기능이다.

① 농담: 남을 웃기려고 우스갯소리로 하는 말

예 아동: "나 아들 아니고 딸이지"(아들인지 알면서 장난치려고)

② 경고: 문제를 지적, 위험을 알리거나 또는 조심토록 주의를 주는 말

예 아동: "조심해" "위험해"

③ 놀림: 남의 흉을 보거나 놀리는 말

예 아동: "메롱"(상대를 쳐다보며), "바보"

이상의 화용기능을 〈표 11-3〉을 사용하여 좀 더 단순하게 사용할 수 있다.

표 11-3 화용기능 분석표

문장 번호	요구하기			대답 및 설명하기						발전적 표현			의례적 표현		기타
	사물/행동 요구	정보 요구 (질문)	주의집중 요구	대답하기	사물 설명	사건 설명	감정 설명	생각 설명	주장하기	농담하기	놀리기	경고/협박하기	인사하기	혼잣말	
1															
2															
3															
4															
5															
6															
7															
8															
9															
10															
11															
12															
13															
14															
15															
16															
17															
18															
19															
20															
21															
22															
23															
24															
25															
26															
27															

제4부
언어장애 및 의사소통장애 치료

언어장애아동이 가지고 있는 언어결함의 구체적인 내용을 평가하고 나면 언어치료의 목표를 설정하고 그 목표를 향한 훈련을 실시하게 된다. 언어치료는 계획단계부터 아동의 부모나 관련 전문인들의 의견이 반영되는 것이 바람직하다. 결국 아동이 언어를 사용하는 곳은 가정이나 학교이기 때문에 그곳에서 어떤 의사소통 요구가 있고, 어떤 언어자극이 주어지는지에 대한 정보는 언어치료를 계획하는 데 매우 중요하다. 최근 외국 문헌들은 언어장애아동의 통합교육과정 속에서 언어치료사가 어떤 역할을 하고 어떻게 도와야 하는지에 대해 언급하고 있다. 그러나 우리나라의 언어치료 실정은 아직 언어치료실에서의 개별치료나 집단치료에 국한되어 있다. 부모와의 협조는 많이 이루어지지만 교사나 특수교사와 같은 다른 전문인들과의 협조는 아직 미흡한 형편이다. 앞으로 많은 연구와 그를 기반으로 하는 제도적 변화가 뒤따라야 할 것이다. 제4부에서는 전반적인 언어치료접근법을 고찰하되 기능적인 언어치료 접근법에 초점을 맞추어 살펴보도록 한다(제12장). 또한 상징놀이를 통한 언어치료 활동들을 제시하며(제13장), 몇 가지의 특정 언어중재 방법을 살펴보도록 한다(제14장).

제12장 언어치료 접근법

I. 언어치료 접근법의 전반적인 고찰

언어치료는 ① 치료목표의 우선순위를 어디에 두느냐, ② 아동과 치료사 중 누가 치료활동을 이끌어 갈 것이냐, 혹은 치료 시 과제나 활동을 얼마만큼 구조화할 것이냐, 그리고 ③ 목표언어를 언어의 어느 측면에 맞출 것인가에 따라서 그 방향이 달라질 수 있다.

1. 치료목표의 선정

치료목표의 우선순위를 정하는 데 있어서는 ① 현재 아동이 가지고 있는 언어 능력의 결함을 또래 일반아동의 언어 능력 수준으로 올리려는, 발달단계에 근거한 접근법(bottom-up approach)과 ② 현재 아동의 생활에서 우선적으로 필요한 언어 및 의사소통 기술을 가르치려는, 기능적인 접근법(top-down approach)으로 나눌 수 있다. 발달단계에 근거한 접근법은 Piaget의 인지발달이론에 근거하여 선행단계가 습득되어야 더 높은 단계의 행동들을 훈련할 수 있다는 입장이다. 무발화아동이나 단단어 수준에 있는 아동에게 상징을 사용할 수 있는 감각-운동기의 선행단계 행동들을 훈련하는 것은 이러한 접근법에 근거한 것이다. 이 접근법은 일반 또래아동의 언어발달 순서를 기초로 하여 아동이 결함을 보이는 단계들을 차례대로 훈련하는 것이다. 흔히 또래아동에 비해 약간의 발달지체가 나타나는(developmentally delayed) 아동에게 이러한 접근법을 사용한다.

기능적인 접근법은 발달순서보다는 아동이 실생활에서 의사소통하는 데 우선적으로 필요한 기술들을 먼저 가르치려는 것이다. 특히 중증언어장애아동의 경우 발달순서대로 훈련을 하다 보면 끝내 기능적인 의사소통단계까지 도달하기가 어려운 경우도 많다. 그러므로 일상생활을 하는 데 꼭 필요한 의사소통기술들을 우선 가르치는 것이 더 효과적이다. 기능적인 접근법은 장애의 정도가 심하거나 일탈의 정도가 심한(developmentally deviant) 아동의 경우에 많이 사용되어 왔다. 최근에는 두 접근법을 절충하여 언어목표는 아동이 일상생활 속에서 사용할 가능성이 높은 것으로 설정하고, 그 훈련활동이나 발화의 수준은 아동의 발달 수준을 최대한 반영하여 계획한다.

치료목표의 순위를 정할 때 또 한 가지 고려할 사항은 치료목표의 달성준거를 어디에 둘 것인가이다. Fey(1986)는 이에 대해 ① 수직적 목표달성 전략(vertical goal attack strategy), ② 수평적 목표달성 전략(horizontal goal attack strategy), 그리고 ③ 주기적 목표달성 전략(cyclical goal attack strategy)을 제안하였다. 첫째, 수직적 목표달성 전략은 발달단계에 따라 한 목표언어가 습득되면 다음 단계의 목표언어를 훈련해 나가는 방식이다. 이때 습득기준은 언어치료사가 미리 정하는데, 흔히 반응의 정확도나 발생빈도가 많이 사용된다. 안정된 습득행동을 확인하기 위해서는 "연속해서 세 회기 동안"과 같은 안정화 조건을 첨부하기도 한다. 이러한 습득준거는 언어목표의 난이도나 과제의 특성, 또는 단기목표들의 연계성에 따라 설정하는 것이 좋다. 예를 들어, 최종 언어목표가 "장소-행위의 2낱말조합 문장을 자발적으로 표현하기"인 경우 "'장소' 및 '행위'를 나타내는 단단어를 자발적으로 표현하기"라는 전 단계 언어목표는 "연속해서 3회기 동안 90% 이상 정확하게 표현하기"의 습득준거가 적당하지만, 최종 언어목표는 "연속해서 2회기 동안 75% 정확하게 표현하기"로 그 습득준거를 낮추는 것이 더 적당할 수도 있다. 또한 초기낱말 어휘 수를 늘리는 언어훈련에서는 너무 높은 습득준거를 설정할 경우 지나치게 반복적인 훈련을 하게 되어 아동의 흥미나 동기화를 떨어뜨릴 수도 있다.

둘째, 수평적 목표달성 전략은 한 회기에 두 가지 이상의 목표를 계획하여 훈련하는 것이다. 이는 일상생활에서 아동이 받게 되는 언어자극이나 언어환경과 되도록 비슷한 언어훈련을 하려는 시도이다. 예를 들어, 언어치료실에서는 '장소-행위'의 한 가지 훈련을 하더라도 아동의 실생활(가정이나 학교)에서는 '도구'나 '조사'와 같은 다른 형태의 언어도 듣고, 지적받고, 배우기도 한다. 언어목표들은 아동에 따라 유사하게 설정할 수도 있고 전혀 다르게 설정할 수도 있다. 이 전략은 아동의 일반화를 돕고 기능적인 언어생활을 빨리 이끌어 낼 수 있다는 장점이 있기는 하지만, 아동에 따라서는 매우 혼란스러워할 수 있기 때문에 주의가 필요하다. 특히, 주의가 산만한 아동이나 인지력이 많이 떨어지는 아동에게는 부적절하다(Bernstein & Tiegerman-Farber, 2002).

셋째, 주기적 목표달성 전략은 목표를 바꾸는 기준을 아동의 반응(예: 정확도나 빈도)에 두기보다는 훈련기간(예: 회기수)에 두는 것으로, 여러 가지 목표행동을 짧은 회기 동안 차례로 돌아가며 몇 번씩 반복해서 훈련하는 것이다. 한 주기는 짧게는 몇 주로부터 몇 년까지 다양하게 적용할 수 있다. 예를 들어, 제1훈련주기 동안 제1주는 명사 10개, 제2주는 동사 7개, 제3주는 형용사 5개를 훈련하고 제2주기로 들어가서 다시 한 주는 명사, 다음 주는 동사, 그다음 주는 형용사를 훈련한다. 아동이 제2주기까지도 다 습득하지 못하면 다시 제3주기로 들어가서 반복한다. 훈련항목은 각 주기마다 같게 할 수도 있고 다르게 할 수도 있다. 수직적 목표달성 전략의 경우, 한 단계의 행동을 훈련하고 나서 다른 단계의 훈련을 하면 이미 훈련한 언어기술을 잊어버리거나 활용하지 못하는 경우가 많다. 그러나 주기적 목표달성 전략은 아동에게 여러 목표언어들을 짧은 기간 동안에 많이 경험하게 하므로 처음에는 느리더라도 주기가 반복될수록 그 습득 속도가 빨라져서 결국 차례대로 하나씩 훈련하는 것보다 더 효과적일 수도 있다. 그러나 주기의 초기에는 반응의 정확도가 낮은 상태가 계속되기 때문에 아동이 좌절하거나 싫증을 낼 수도 있다. 주기목표설정 전략에 대한 문헌으로는 언어장애아동에게 주기 전략을 사용한 Weiss(2001)의 연구, 조음·음운장애아동에게 주기 전략을 제안한 Hodson과 Paden(1983)의 저서, 한국 음운장애아동에게 주기 전략을 사용해서 그 효과를 보고한 이은정과 김영태(1999)의 연구 등이 있다.

2. 치료의 구조화

치료활동을 이끌어 가는 사람에 따라, 치료사중심 접근법(clinician-oriented, maximally intrusive approach), 아동중심 접근법(child-oriented, minimally intrusive approach), 그리고 절충법(hybrid approach)으로 나눌 수 있다. Fey(1986)는 치료상황이 얼마나 자연스러운가에 따라, 즉 치료사의 개입이 어느 정도인가에 따라 치료접근법을 연속적인 개념으로 살펴볼 수 있다고 보았다. 전통적인 방법은 치료사중심 접근법이지만 언어치료의 기능성이 강조되면서 아동중심 접근법으로 변화되고 있다. 치료사중심 접근법은 치료사가 목표언어(낱말이나 문장 등)를 정하고, 그 훈련을 위한 활동, 장난감, 또는 강화내용도 정해서 아동의 반응에 적절하게 제공하는 것이다. 이러한 접근법은 낭비하는 치료 시간이 적기 때문에 효율적이기는 하지만 실생활에 일반화시키기가 어렵다는 지적을 받아 왔다.

아동중심 접근법은 최대한 자연스러운 상황을 만들어 주고, 아동의 흥미나 주도를 따라가며 학습의 기회가 주어질 때만 개입을 하는 것이다. 이 접근법은 특정 언어목표를 반복적으로 훈련하기보다는 언어 및 의사소통의 전반적인 능력(예: 말하기, 쓰기, 사회성 등)을 증진시키는 전반적 언어접근법(whole language approach)과 같은 맥락이다(Fey, Catts, & Larrivee, 1995). 이 접근법에서는 아동이 활동이나 장난감을 정하고, 학습상황도 자연스럽기 때문에 일단 학습이 되면 실생활로도 일반화가 잘 되지만, 새로운 목표행동을 습득시키기는 수월하지 않다는 지적을 받아 왔다. 현재로서는 습득효과를 보여 주는 임상연구 결과들이 충분하지 못하다. 두 접근법의 이러한 문제점들 때문에 두 접근법을 절충한 접근법이 사용되기도 한다.

절충법은 아동의 주도와 함께 치료목표를 향한 치료의 초점이나 방향성이 유지되도록 하려는 것이다. 이 접근법의 예로 Bricker와 Cripe(1992)의 활동중심중재(Activity-Based Intervention: ABI)가 있다. 활동중심중재는 아동이 선택하거나 즐기는 활동 내에서 아동의 치료목표가 달성되도록 유도하는 것이다. 그들은 개인치료보다는 집단치료를 강조하며, 언어 자체에 국한하지 않고 언어와 관련된 사회성, 자조기술, 운동, 인지, 의사소통 등 전반적인 언어관련 기술들을 목표로 한다. 그러나 이 방법도 새로운 기술을 습득하는 단계보다는 일반화단계에서 더 효과적인 것으로 보인다(Bricker & Cripe, 1992).

Bernstein과 Teigerman-Farber(2002)는 언어치료 환경에 대한 Fey(1986)의 연속개념을 [그림 12-1]과 같이 설명하고 있다.

3. 치료목표의 언어영역 설정

언어치료 시에 언어의 내용(의미론), 형식(구문론), 혹은 사용(화용론) 중 어디에 초점을 맞출 것인가는 언어습득 이론과 관련이 깊다. 언어의 내용에 초점을 맞추는 것은 아동이 언어개념, 즉 이해하고 표현하는 말에 대한 개념형성을 중요시하는 것이고, 언어의

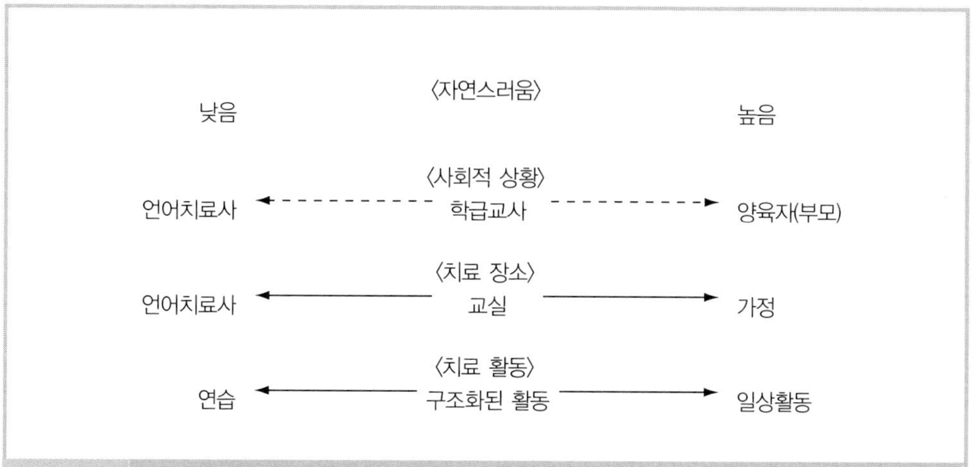

그림 12-1 언어치료 환경에 대한 연속개념

출처: Bernstein & Tiegerman-Farber, 2000.

형식에 초점을 맞추는 것은 말을 전달하는 문장구조와 관련된 형식(예: 문법형태소, 문장형태 등)의 습득을 중요시하는 것이다. 또한 언어의 사용에 초점을 맞추는 것은 의사소통 의도를 다양하게 가지고 말을 사용할 수 있는 의사소통 능력의 습득을 중요시하는 것이다. 가장 바람직한 접근은 아동이 또래 일반아동보다 특히 많은 결함을 보이는 영역을 중심으로 치료목표를 정하되 아동이 실생활에서 활용할 수 있는 기능적인 측면을 고려하는 것이다. 이러한 고려는 목표낱말이나 문장의 선택에서부터 문장의 형태까지 다양한 측면에서 이루어질 수 있을 것이다.

II. 기능적인 언어치료

언어장애아동에게 언어를 훈련할 때 구문적인 형식이나 어휘에만 치중하던 언어훈련법들은 일상생활에서 일반화가 잘 되지 않는 단점을 나타내었다. 한정된 훈련상황에서는 언어적인 반응을 잘 하던 아동이 실생활 속에서는 거의 일반화시키지 못하는 많은 임상보고들이 있다. 이러한 문제점들은 화용론적인 이론들을 기초로 하는 언어훈련 접근법들을 발달시키는 계기가 되었다. 기능론적 접근법(functional approach), 생태학적 접근법(ecological approach), 화용론적 접근법(pragmatic approach), 대화적 접근법(discourse/

conversational approach), 일반화 접근법(generalization approach), 환경언어 접근법(environmental/milieu language approach) 등은 모두 언어의 사용이나 사회적 기능에 초점을 맞춘 이론들이므로, 서로 많은 근거와 기법들을 공유한다(Bates et al., 1991; Bronfenbrenner, 1979; Craig, 1991; Kirchner, 1991; MacDonald, 1978; Skarakis-Doyle & Mentis, 1991). 이러한 접근법들은 언어 또는 다른 의사소통 방법을 통한 타인과의 상호작용을 중시하고, 언어의 훈련상황이 아동의 실제 생활환경과 가능한 유사하게 될 수 있도록 배려한다. 또한 언어훈련의 목표가 낱말이나 문장, 의미나 구조, 표현언어나 수용언어라 하더라도 목표언어의 기능적인 측면을 언제나 고려한다. 기존의 구조적이고 행동주의적인 언어훈련에 익숙한 임상가들은 구문, 어휘 외에도 화용론적인 요소를 고려하여 임상계획을 세우고 훈련을 하여야 하므로 임상의 효율성이 떨어진다는 비평을 하기도 하지만, 최근에는 기능적인 접근법에도 체계적이고 계획적인 여러 가지 기법들이 개발되어 활용되고 있다.

1. 언어이전기의 기능적인 중재

언어이전기에는 일반적인 의사소통 규칙의 인식과 의사소통 기능의 향상 등에 초점을 맞추어 중재가 이루어져야 한다. 문헌에 소개된 언어이전기의 일반적인 의사소통 중재활동들을 살펴보면 다음과 같다.

1) 함께 주목하기(공동관심, joint attention)

두 사람이 의사소통을 하기 위해서는 우선 함께 주목할 수 있어야 한다. 두 사람이 같은 물체를 바라본다거나, 같은 주제를 생각할 수 있어야 그것에 대한 대화가 가능하기 때문이다. 그러므로 이 활동의 목적은 다른 사람이 주목하고 있는 물체나 활동에 아동이 관심을 갖고 주목하도록 하는 데 있다. 함께 주목하기를 유도하기 위해서는 우선 아동이 갖고 노는 물체나 현재 참여하고 있는 활동에 성인이 개입한다. 예를 들어, 아동이 가지고 노는 자동차에 대해 "붕붕" 하며 개입하거나, 인형에 대해 "아기 안녕!" 또는 아기 우는 소리를 낸다. 성인의 개입에 대해 아동이 관심을 보이면 아동이 좋아하는 다른 물체를 다소 과장된 자극과 함께 제시하여 관심을 유도한다. 이때 다소 높은 소리나 다양한 억양, 의성어, 또는 과장된 제스처를 사용하여 아동의 관심을 끄는 것이 좋다.

2) 공통적인 활동하기(공동활동, joint action, coaction)

성인과 아동이 실제적으로 어떤 활동에 함께 참여하는 것은 의사소통 발달에 중요한 역할을 한다. 아동이 물건이나 활동에 관심을 갖고 성인을 가끔씩 쳐다볼 수 있으면 성인과 함께 활동에 참여하도록 한다. 그 방법은 다음과 같다. 아동이 어떤 활동을 하고 있을 때 성인이 그 활동에 개입하고, 아동이 성인의 개입을 좋아하면 성인이 주도하여 다른 활동을 같이 하도록 한다. 예를 들어, 아동이 실로폰을 두드릴 때 성인이 따라서 두드리고 나서 그 곁에 있는 상자도 두드려서 아동이 상자를 두드리도록 유도한다.

3) 선행 행동에 대한 연계 반응(contingent responding) 인식시키기

아동의 행동에서 의사소통적인 의도가 보일 때 성인은 즉시 그에 반응해야 한다. 이러한 성인의 즉각적인 반응은 아동으로 하여금 자신의 행동이 그의 환경에 영향을 끼칠 수 있다는 것을 경험케 하며, 자신의 행동과 성인의 반응 사이에 어떤 관계가 있다는 것을 깨닫게 해 준다. 예를 들어, 아동이 성인을 바라볼 때 성인도 아동을 바라보고, 아동이 발성을 할 때 성인도 그 발성을 따라하며 반응해 준다.

4) 지칭하기(naming)

사람은 사물이나 활동을 지칭하기 위하여 언어를 사용하는 경우가 많다(예: "사과"는 빨갛고 둥근 과일을 지칭하는 것이다). 지칭하기를 유도하기 위해서 성인은 직접적으로나 간접적으로 특정한 물건이나 활동에 아동의 관심을 집중시켜야 한다. 이렇게 사물이나 사건에 대하여 주의를 끌기 위해서는 물건이나 활동을 과장되게 보여 주거나(예: 방울을 세차게 흔들어 아동의 주의를 끈다), 물건이나 활동을 눈이나 손으로 가리키거나 명명하는 것도 효과적이다. 예를 들어, 방울을 세차게 흔들거나, 아동의 이름을 부르거나, 또는 "저게 뭐지?"와 같은 감탄형 의문문을 써서 아동의 관심을 끈다.

5) 사회성 게임하기(social gaming)

사회성 게임은 두 사람 사이의 상호작용을 위해서 아동과 부모가 일상적으로 하는 게임을 의미하는데, '짝짜꿍' '까꿍' '머리-어깨-무릎-발' 등의 예를 들 수 있다. 처음에는 성인이 주도해서 게임을 하지만, 점차로 아동과 성인이 교대로 주도하다가, 나중에는 아동이 주도하도록 한다.

6) 인지적 도식 확대시키기(scaffolding for cognitive schemes)

언어가 상징(혹은 언어학적인 기호)을 사용하여 타인과 의사소통을 하는 하나의 도구이므로 아동의 언어 능력과 인지 능력 사이에는 깊은 관계가 있다. 이러한 관계는 특히 의사소통 및 언어를 습득해 가는 발달단계에서 뚜렷이 나타난다. 그러므로 아동의 인지적 상태에 맞춰 도식을 다양하게 확대하도록 다리 역할(가교, scaffolding)을 해 주는 것은 언어 및 의사소통 능력에도 도움이 된다. 우선은 아동의 무분별한 행동 도식들을 좀 더 분별적인 행동으로 확대시켜 나가며, 아동의 분별적인 행동은 좀 더 다양하게 확대시켜 나간다. 분별적인 행동이란 물체가 만들어진 목적에 맞게 사용할 수 있는 행동을 의미한다. 분별적인 행동을 수행하도록 하기 위해 딸랑이를 입으로 빠는 아동에게 딸랑이를 손에 쥐어 주고 흔들도록 한다거나 아동이 장난감 차의 바퀴를 건드리는 행동을 한다면 어떻게 차바퀴를 굴리는지 보여 준다.

분별적인 행동들이 일관성 있게 나타나면, 차츰 기능놀이(functional play)로 확대시켜 나가고 가상놀이도 할 수 있도록 유도한다. 기능놀이는 아동이 실제가 아닌 상황을 이해하면서 보이는 분별적인 놀이 형태로, 장난감의 기능에 맞게 놀이를 하는 것이고, 가상놀이(pretend play)는 기능놀이보다 발달된 놀이 형태로, 예견과 가상을 할 수 있는 정신 활동을 필요로 한다. 예를 들어, 인형이 울거나 걸어가는 것과 같은 흉내를 낸다든가(대행자 놀이, agent play), 나무토막으로 다림질을 하는 흉내를 낸다(물건 대치 놀이, object substitution). 기능놀이나 가상놀이를 유도하기 위해서는 아동이 시도하는 놀이 수준을 잘 관찰했다가, 그보다 약간 높은 수준의 놀이를 시범 보인다. 예를 들면 장난감 차를 굴리며 노는 아동에게는 차에 인형을 태워 인형이 운전을 하는 것 같은 대행자 가상놀이를 시범 보인다.

7) 의사소통 수단 확대시키기(scaffolding for communication)

성인은 아동의 의사소통 행동들을 잘 관찰하고 나서, 아동이 현재 기능하고 있는 발달단계보다 조금 높은 수준의 의사소통 행동들로 확대시킴으로써 더 높은 단계로의 다리 역할을 해 준다. 첫째, 아동의 비의도적인 행동이나 말을 의사소통의 수단으로 바꾸어 준다. 예를 들어, 만약 아동이 멀리 있는 자동차를 집으려 한다면 자동차를 손가락으로 가리킨 후에 집어 준다. 둘째, 아동의 초보적인 의사소통 행동을 좀 더 바람직한 의사소통 행동으로 바꾸어 준다. 예를 들어, 만약 아동이 음식을 보고 고개를 돌려 버린다면 성인은 "싫어요"라고 말하거나 고개를 좌우로 저어서 아동에게 좀 더 바람직한 의사소통 행동을 시범 보인다. 셋째, 아동이 관습적인 행동을 보이면 그것에 언어를 첨가시켜 준다. 예를 들어, 아동이 고양이를 가리키면, 성인은 "고양이(야옹)(이리와)" 와 같은 말을 시범 보인다. 넷째, 아동이 낱말을 사용하기 시작하면 성인은 아동의 발달 수준과 아동의 실생활에서 사용되는 빈도 및 기능을 고려하여 그 아동에게 적절한 수용어휘 및 표현어휘를 늘려 준다. 아동에게 가르치는 초기 낱말들은 우선 아동의 환경에서 많이 사용되고, 아동의 생리적 욕구를 표현할 수 있는 어휘들이 좋다(예: 먹는 것, 배설하는 것, 자는 것, 노는 것, 기호 등과 관련된 낱말들). 또한 사물을 명명하는 데 주로 사용되는 명사뿐만 아니라, 문장으로 확장시키기에 좋은 동사(예: 먹는다, 잔다, 뽀뽀한다, 간다 등)나 관형사/형용사(예: 예쁘다, 밉다, 싫다, 좋다, 많은, 큰) 등도 가르친다. 다섯째, 아동이 단단어 어휘를 충분히 습득하면 아동이 가지고 있는 단단어들을 연결하여 2~3낱말 문장을 유도하고, 아동이 2~3낱말 문장을 만들기 시작하면 그것보다 다소 긴 문장으로 확대하여 시범 보인다.

8) 아동 모방하기(imitating child' s vocalization or verbalization)

아동이 우연히 낸 소리를 모방하여 아동으로 하여금 그러한 소리 또는 발성이 성인의 관심을 끈다는 것을 알게 하는 것은 좋은 지도 방법의 하나이다. 다른 사람이 자신의 말을 모방할 때 아동은 자신의 말에 자신감을 갖게 되고, 타인의 모방이 자신의 말에 대한 긍정적인 반응의 역할을 해 주므로 더욱 많은 말을 시도하게 된다. 우리는 흔히 아동의 옹알이를 따라하는 성인들의 모습을 볼 수 있는데, 이러한 아동의 소리를 모방하는 것은 의사소통 및 언어를 발달시키는 데 있어서 매우 효과적인 지도 방법이다. 성인의 아동 언어 모방은 옹알이 시기뿐만 아니라, 음절성 발성, 몸짓, 단단어 및 문장 수준에까지 효과적이다. 흔히 성인은 아동에게 언어적인 모델만을 제시하려고 하지만, 의사소통적인 측면에서 보면 성인이 아동의 소리나 말을 모방하는 게 더 효과적일 경우가 많다.

9) 의사소통의 차례규칙 지키기(turn-taking) 및 기다렸다 신호 보내기

의사소통에서의 차례라 함은 다른 사람에게 직접 반응하거나 혹은 다른 사람과의 소통을 시작하고 다른 사람이 말할 때는 기다려 주는 일련의 행위를 말한다. 우선, 어떤 활동이든 아동-성인-아동-성인 등의 순서로, 아동과 성인이 교대로 참여하게 하여, 활동을 통한 차례지키기를 인식시킨다. 예를 들어, 공 굴리기를 하면서 아동과 성인이 번갈아 가며 공을 받아 굴린다. 아동이 활동 속에서 차례를 지킬 수 있으면 다음에는 소리나 말을 하면서 차례지키기를 유도한다. 아동이 유희적인 소리(vocal play)를 낼 때 성인이 사이사이로 아동의 소리를 따라할 수도 있다. 이때, 아동이 소리를 내기 시작하면 가만히 기다렸다가 아동의 소리가 중단될 때 소리를 내도록 한다.

의사소통은 말하는 사람뿐만 아니라 듣는 사람의 역할도 포함된다. 한 사람이 어떤 말을 하면, 듣는 사람은 그것에 대한 의견이나 수긍 또는 부정, 때로는 자신의 경험을 덧붙여서 이야기를 끌어 나간다. 만약 듣는 사람이 가만히 듣고만 있다가 갑자기 주제를 바꾸어 자신의 얘기로 넘어간다면 정상적인 의사소통을 이끌어 갈 수가 없을 것이다. 의사소통의 차례지키기를 가르치는 하나의 방법은 성인이 아동에게 말할 순서라는 것을 비언어적인 단서로 표시해 주는 것이다.

10) 초기 의사소통 기능 확립하기

문헌에 나와 있는 의사소통 기능들 중 언어이전기 유아에게서 나타나는 기초적인 기능들은 도구적, 조정적, 상호작용적, 개인적, 발견적, 가상적 기능 등이다(자세한 내용은 제1장 참조). 언어훈련을 할 때는 우선 유도하기 쉬운 도구적 기능과 조정적 기능부터 시작한다. 이 기능들은 원하는 대로 물건을 갖거나 주변사람을 통제하는 즉각적인 효과를 보여 주기 때문에 습득이 용이하다. 상호작용적 기능이나 가상적 기능은 놀이에 참여할 때 연결하면 용이하다. 개인적인 기능은 나중에 '평하기' '의견말하기' 또는 '정보제공하기' 등의 기능들로 확대시킬 수 있으며 자신의 선호도를 나타내는 기능이나 거부 또는 저항하기의 기능으로도 발전시킬 수 있다. 발견적 기능은 사물이나 현상에 대해 호기심을 갖도록 유도하면서 질문하는 형태를 가르친다. 질문의 형태는 아동의 관습적인 행동이나 언어의 발달상태에 맞추도록 한다. 예를 들어, 손가락으로 궁금한 사물을 가리키거나 들어 올리거나 "응?" 하며 성인의 얼굴을 바라보는 초보적인 행동으로 시작해서 "뭐야?"와 같은 의문사를 사용하여 질문하는 형태로 발전시킬 수 있다.

2. 언어기의 기능적 언어중재

❑ 기능적 언어중재의 기본 원칙

언어기의 언어중재 목표는 현재 아동이 사용하고 있는 수용언어 및 표현언어 능력을 그 아동의 생활연령이나 정신연령 수준으로 높이고, 수용언어와 표현언어 능력 사이의 격차를 줄이는 데 있다. 목표언어를 의사소통 기능에 맞게 습득시키려는 기능적인 언어중재의 기본 원칙으로는 다음과 같은 것들을 살펴볼 수 있다(Kaiser, Alpert, & Warren, 1987; Owens, 1995).

(1) 자연스러운 강화 방법

체계적인 강화 방법은 행동주의에 기초한 언어치료 기법으로 많이 개발되었다. 강화는 물질적 강화, 사회적 강화, 활동적 강화 등이 있다. 물질적 강화에는 음식물, 스티커, 상품, 또는 토큰 등이 사용되는데, 흔히 초기 훈련과정에서 많이 쓰인다. 물질적 강화는 아동에게 구체적인 선물이 주어지기 때문에 그 효력이 강력하다. 그러나 아동이 그만큼 강화물에 의존하게 되고, 실생활에서 보상받는 강화물과는 다르기 때문에 일반화를 유도하는 데는 제한적이다. 아동의 인지력이 높으면 음식물과 같은 구체적인 강화제보다는 토큰과 같은 상징적인 강화제를 사용할 수 있다.

사회적 강화로는 칭찬이 많이 쓰인다. 활동적 강화는 아동에게 구체적인 강화제 대신 아동이 좋아하는 활동을 할 수 있도록 하는 것이다. 자동차를 가지고 놀거나 잡지를 한 장 한 장 넘기는 것을 좋아하는 아동에게 과제가 끝날 때 그러한 활동을 허락하는 것은 매우 효율적인 강화제 역할을 한다.

강화를 얼마나 자주 주는 가도 아동의 반응을 촉진하거나 일반화시키는 데 중요하다. 강화의 빈도에 따라 고정비율로 줄 수도 있고 아동이 언제 강화를 받을지 예측할 수 없도록 변동비율로 줄 수도 있다. 흔히 아동이 처음 배우는 습득행동에는 고정비율을 써서 목표언어가 나올 때마다 1:1로 강화를 주다가, 점차 강화의 비율을 늘려 나가거나(예: 2:1, 3:1), 비율을 불규칙하게(예: 3:1, 1:1, 2:1) 제시하기도 한다.

기능적인 접근법에서는 기존에 사용되어 온 강화 방법을 좀 더 자연스러운 상황에서 문맥과 이어지게 사용하도록 권고한다. 기능적인 접근법은 언어의 기능성에 초점을 두므로 자연스러운 상황 속에서 언어훈련을 실시하는 것이 중요하다. 구조적인 상황 속에서 많은 말을 외우게 하기보다는 아동이 일상생활 속에서 접하게 되는 상황을 만들어 주고 그때 사용할 적절한 말을 가르치는 것이 중요하다. 예를 들면 배고플 때, 목마를 때, 다른 장난감을 갖고 놀고 싶을 때, 남에게 자랑하고 싶을 때, 또는 무엇에 대하여 평가하고 싶을 때 사용할 적절한 표현을 그 실제 상황과 유사한 상황 속에서 습득하게 하는 것이 좋다. 이러한 훈련 방법에서의 강화물 역시 과자나 토큰과 같이 부자연스러운 것보다는 실제 생활에서 얻을 수 있는 강화물과 유사한 것이 좋다. 예를 들어, 아동이 무엇을 요구하였다면 그 요구한 물건을 주는 것이 가장 효과적인 강화가 될 것이며, 아동이 무엇을 자랑하려고 하였다면 그 물건이나 행동에 대하여 칭찬해 주는 것이 가장 좋은 강화가 될 것이다. 다른 장난감을 갖고 놀고 싶어서 "붕붕" 이라고 한 아동에게 잘 했다면서 과자나 칭찬을 해 주고는 실제로 자동차는 주지 않는다면 아무런 강화 효과를 나타내지 못할 것이다.

(2) 정상발달을 고려한 중재계획

일반아동이 화용론적 능력을 발달시켜 나가는 과정을 토대로 언어 기능을 가르치는 것이 바람직하다. 예를 들어, Owens(1995)는 다음과 같은 원칙에 대하여 논하였다. ① 언어는 비구어적 의사소통으로부터 발전한다. ② 언어를 바르게 사용할 수 있는 능력을 키우기 위해서는 사회적, 인지적인 기초 능력들이 습득되어야 한다. ③ 언어의 간단한 법칙들은 복잡한 법칙들이 습득되기 이전에 먼저 습득된다. ④ 언어의 영역에 따라 그 발달 형태가 다르다. 각 영역의 발달 속도나 형태가 평행하게 나타나지 않는다. 그리고 ⑤ 언어 발달단계에 따라 아동의 행동 및 학습의 양상이 다르다.

아동에게 의미적인 측면을 가르칠 때도 정상적인 과정을 토대로 하는 것이 바람직하다. 첫 낱말 단계에 있는 아동의 지도 목표문장을 선정할 때 유의할 점은 다음과 같다.

① 아동의 생활환경에서 많이 들을 수 있고 또래아동이 많이 사용하는 고빈도 어휘를 선택한다. 〈표 12-1〉에 제시한 우리나라 3세 아동이 빈번하게 사용하는 낱말 목록을 참고하도록 한다.

표 12-1 3세 아동에게서 많이 나타나는 어휘

명사	엄마, 아빠, 형아, 아가, 언니, 할머니, 아저씨, 오빠, 가방, 멍멍이, 고기, 포도, 밥, 꼬리, 고양이, 호랑이, 문, 돌멩이, 배, 물, 못, 우유, 버스, 칼, 차, 총, 집, 비행기, 손, 발, 토끼, 택시, 비, 로봇, 그네
동사	가, 앉아, 닦아, 나가, 꺼내, 날아가, 넣어, 놀아, 내려와, 넘어져, 만들어, 버려, 고쳐, 울어, 뽀뽀해, 신어, 사, 들어, 타, 내려, 해, 물어, 다쳐, 죽어, 잡아, 떨어져, 먹어, 입어, 봐, -와, 줘, 가져
형용사	있다, 없다, 아니야, 크다, 쪼그맣다, 싫어, 예쁘다, 재미있다, 같다, 무겁다, 빠르다, 깜깜하다

② 어휘발달 관련 문헌을 참고하여 아동이 직접 만지거나 조작해 볼 수 있는 사물, 즉 감각적으로 두드러진 사물의 이름, 가족의 호칭, 일상생활(옷입기, 씻기, 먹기, 자기 등)에서 많이 접하는 어휘 등을 먼저 훈련한다.

③ 사물 간의 상대적인 관계를 나타내거나 심리적인 상태를 나타내는 위치어(예: 위, 아래), 관형어(예: 큰, 작은), 상태어(예: 슬픈, 기쁜)는 아동이 인지적으로 그 관계를 먼저 이해했는지 확인하고 훈련한다.

④ 언어장애 문헌에 의하면 언어지체아동은 같은 나이 집단의 아동보다 느린 속도로 의미관계를 배우고, 2~3낱말 문장을 더 오랫동안 사용하며, 복문이나 더 복잡한 문장을 습득하는 데 훨씬 오래 걸린다. 우리나라 일반아동이나 발달지체아동에 대한 자료는 아직 부족하지만, 문헌에 제시된 고빈도 의미관계를 치료목표 설정 시 활용한다. 〈표 12-2〉는 조명한(1982)이 5명의 우리나라 아동에게서 공통적으로 발견한 2~3낱말 의미관계들의 출현순위이며, 〈표 12-3〉은 김영태(1998)가 78명의 2~3세 아동에게서 많이 나타난 2~4낱말 의미관계들은 보고한 것이다.

표 12-2 조명한(1982) 연구에 나타난 고빈도 2~3낱말 의미관계

2낱말 의미관계	예문	확장된 2낱말 의미관계	예문
행위자-장소	엄마 의자		
소유자-소유	할머니 집		
행위자-목적	은주 까까	행위자-수혜자-목적	엄마(가) 나 줘
목적-행위	까까 줘	행위자-목적-행위	아빠 테레비 본다
		장소-목적-행위	집(에) 호떡 가져갈까
실체-수식	아가 예뻐		
공존자-행위	엄마도 가	행위자-공존자-행위	엄마 나(같이) 가
		공존자-목적-행위	애기(하고) 호미 찾자
		공존자-장소-행위	애기(하고) 집(에) 가자
행위자-행위	아가 울어		
장소-행위	거기 앉아	행위자-장소-행위	아빠 회사 갔어
실체-서술	이거 구두		
수혜자-행위	나 줘		
도구-행위	가위(로) 잘라		

* 빈도 순서로 나열함.
** 예문은 본 저자가 붙인 것임.

표 12-3 2~3세 아동에게서 자주 나타나는 2~4낱말 의미관계

2낱말 의미관계	확장된 2낱말 의미관계	확장된 3낱말 의미관계
실체-서술	실체-배경-서술	행위자-배경-대상-행위
대상-행위	대상-배경-행위	행위자-대상-용언수식-행위
배경*-행위	행위자-대상-행위	체언수식-대상-배경-행위
배경-서술	행위자-배경-행위	소유자-실체-배경-서술
행위자-행위	대상-용언수식-행위	배경-실체-용언수식-서술
용언수식-행위	행위자-용언수식-행위	실체-배경-배경-서술
소유자-실체	경험자-배경-서술	소유자-행위자-배경-행위
경험자-서술	소유자-실체-서술	기타
소유자-서술	체언수식-대상-행위	
체언수식-실체	공존자-대상-행위	
용언수식-서술	기타	
공존자-행위		
배경-실체		
체언수식-서술		
배경-행위자		

* 배경의 대부분은 '장소'나 '도구'임.
** 빈도 순서로 나열함.
출처: 김영태, 1998.

구문적인 측면을 가르칠 때도 정상발달과정을 토대로 하는 것이 바람직하다. 초기 문장단계에서 주로 계획되는 언어 능력은 격조사, 문장어미, 시제를 나타내는 형태소 및 접속사 등이다. 이때 고려할 점들은 다음과 같다.

① 언어치료사는 일반아동의 조사나 문장어미, 시제 등을 나타내는 문법형태소의 발달단계에 익숙해야 한다. 격조사는 [공존격 → 장소격 → 주격(가) → 주격(는) → 목적격 →도구격]의 순서로, 동사 형태소는 [문장어미 → 과거형 → 미래형 → 수동형 → 진행형]의 순서로 발달되므로, 언어치료의 계획에 있어 이러한 발달순서를 고려하여야 한다. 조명한(1982)은 5명의 우리나라 아동의 언어를 분석하여 〈표 12-4〉와 같은 문법형태소의 발달순서를 보고하였다.

② 의문사를 사용한 질문을 이용하여 그에 적절한 조사 및 형태소를 유도할 수 있다. 그러나 의문사를 이용하여 아동의 반응을 유도할 경우 먼저 아동이 의문사와 목

표 12-4 문법형태소의 출현순위

출현순위	문법형태소		예
1	문장어미		아, 라, 자동
2	공존격 조사		랑, 하고, 도, 같이
3	장소격 조사	목표격	에, 한테, 으(에)로
		처소격	에
4	과거시제		었
5	미래시제		ㄹ
6	주격 조사		가
7	진행시제		ㄴ, ㄴ다
8	수동		이, 히
9	주격 조사		는
10	목적격 조사		을, 를
11	도구격 조사		로
그 외	한정격 조사		도, 만
	수여격 조사		에게, (한테)

출처: 조명한, 1982.

표낱말의 관계를 이해할 수 있도록 지도하여야 하며, 한 의문사에 대하여 충분한 습득기간을 허용하여야 한다. 시제와 함께 의문사도 아동을 혼란시키기 쉽기 때문이다. 의문사를 통하여 유도할 수 있는 격조사들은 다음과 같다.

(의문사)	(목표반응)
누구랑?	공존격 조사
누가?	주격 조사
어디?	처소격 조사
무엇으로?	도구격 조사
무얼?	목적격 조사
누구한테?	수여격 조사

③ 시제를 나타내는 형태소를 지도하기 위해서는 먼저 아동이 인지적으로 과거, 현재, 미래에 대한 개념이 정립되었는지를 확인하여야 한다.

④ 지체아동에게 시제 동사를 지도할 때는 실제 상황에 맞도록 상황을 조절해야 한다. 상황 문맥을 조절하지 않고 단지 목표문장을 암기시킨다면 전이나 일반화를 기대하기가 어렵다. 예를 들어, 과거형을 지도하기 위해서는 계획된 행동이나 활동을 하고, 그것이 끝나자마자 그 행동에 대하여 질문을 한다(예: 치료사가 잘린 종이를 들고, "가위로 뭐했죠?"). 진행형을 지도하려면 치료사도 아동과 함께 계획된 행동이나 활동을 하면서 진행형 문장을 유도한다(예: 치료사와 아동이 인형의 머리를 빗기며, "머리를 빗기고 있어요"). 미래형을 유도하기 위해서는 목적이 있는 활동(예: 밥상 차리기, 차 마시기)에 필요한 장난감이나 자료를 준비했다가 그 활동을 시작하기 전에 적절한 반응을 유도한다(예: 뭘 할 거죠?). 또한 한 시제(예: 과거형)에 대한 훈련이 끝나고 다음 시제(예: 미래형)에 대해 훈련할 때는 전에 배운 것과 비교할 수 있도록 대조시키는 것이 중요하다. 시제는 상대적인 개념이므로 따로 떼어서 학습하는 것은 의미가 없기 때문이다.

⑤ 특히 문장의 습득속도가 느린 아동에게 문법적인 완벽함을 요구하지 않도록 조심하여야 한다. 지나친 교정은 아동의 구어의욕을 감소시키기 때문이다. 목표 조사나 형태소가 아니면 지나치게 교정하지 말아야 하며, 이미 습득했던 형태소에 대해서 오류를 범하더라도 그 치료회기의 목표가 아니면 교정하지 않는다. 이러한 오류가 자주 나타나면 기록하였다가 그 형태소에 대한 유지회기(maintenance session)를 다시 계획한다.

(3) 아동 주도의 의사소통 행동

기능적인 언어 사용을 가르치는 데 있어서 아동의 주도에 따르는 것이 매우 중요하다. 아동이 실제로 밖에 나가 훈련한 기능을 사용할 것인지 그렇지 않을 것인지는 전적으로 아동의 마음에 달려 있다. 그러므로 훈련 상황에서부터 아동의 주도적인 의사소통 행동을 유도해 준다면 일반화가 훨씬 수월해질 것이다. 아동의 주도적인 행동은 훈련 교재의 선택이나 대화의 시도 등에서 이루어질 수 있다. 이렇게 아동이 선택한 교재나 과업, 또는 대화의 주제는 아동의 참여를 도와주며 적극적인 의사소통자의 역할을 촉진해 줄 수 있다. 그러나 아동의 주도적인 의사소통 행동을 따른다는 것이 결코 소극적인 부모나 언어치료사의 역할을 의미하는 것은 아니다. 부모나 언어치료사는 아동이 선택한 주제나 교재를 가지고 계획한 의사소통의 기능이나 구조적인 언어를 학습할 수가 있다.

(4) 맥락의 활용

언어는 상황적 맥락의 영향을 많이 받는다. 구조적이고 반복적인 분위기에서는 아동의 언어 기능이 한정될 수밖에 없다. 그러므로 아동의 일상생활 속에서 의사소통을 하기에 충분한 여러 가지 기능들을 습득시키기 위해서는 훈련의 맥락을 잘 계획하여야 하는데, 언어치료사가 통제하여야 하는 맥락에는 비구어적인 맥락과 구어적인 맥락이 있다.

① 비구어적 맥락

우선 비구어적인, 즉 상황적인 맥락에서 유도할 수 있는 언어의 기능들과 그러한 맥락의 예를 들어 보면 다음과 같다(Constable, 1983; Kunze, Lockhart, Didow, & Caterson, 1983; Owens, 1995; Staab, 1983).

- 주고-받기 및 물건요구하기 기능을 위한 맥락: 두 아동이 함께하는 활동(예: 거울보며 머리빗기)에 필요한 도구(예: 빗)를 한 개만 준비해 놓을 수 있다.
- 지시따르기 및 지시하기 기능을 위한 맥락: 종이컵에 구멍을 뚫고 흙을 담아 씨를 뿌리는 활동을 하면서, 처음엔 언어치료사의 지시에 따르고, 두 번째는 아동의 지시에 따라 언어치료사가 시행한다.
- 정보 요청하기 기능을 위한 맥락: 흥미롭게 생긴 물건이나 그림을 아동 앞에 보여 주되, 아동이 질문할 때까지는 그것이 무엇인지 말을 하지 않는다.
- 정보 제공하기 기능을 위한 맥락: 아동이 만든 찰흙이나 그림에 대하여 언어치료사가 궁금한 태도를 취하거나 질문함으로써 설명하게 한다.
- 도움 요청하기 기능을 위한 맥락: 아동이 하기 어려운 물리적인 일을 요청하게 유도한다(예: 색종이를 붙이기 위해서 풀 뚜껑 열기).
- 저항하기 기능을 위한 맥락: 아동에게 불가능한 것을 요구한다(예: 플라스틱 칼로 과일을 깎으라고 한다).

② 구어적 맥락

구어적 맥락은 아동의 바른 구어를 유도하기 위하여 어떠한 단서나 연계반응을 사용하는 것이다. 기능적인 중재에서도 전통적인 시범이나 강화 방법을 사용하는데, 단지 이러한 방법들을 좀 더 실생활에 가까운 상황이나 소재로 유도한다. 구어적인 맥락은 시범, 직접적인 구어적 단서, 간접적인 구어적 단서 등의 세 가지 종류로 나누어 볼 수 있다.

- 시범: 문헌에 소개된 시범의 방법들에는 아동의 모방을 요구하는 시범과 그렇지 않은 시범이 있다. 기능적인 접근법에서는 직접적인 모방을 요구하기보다는 집중적인 자극(focused stimulation)을 주는 방법을 선호한다. 집중적인 자극에는 다음과 같은 방법들이 있다.
  - 혼잣말 기법(self-talk): 아동이 표현할 말을 직접 시범 보이기보다는 언어치료사나 부모가 자신의 입장에서 말하는 것을 들려주는 것이다. 예를 들어, 차를 밀면서 "차가 가네" 라고 하거나 물을 마시면서 "물 마셔요" 라고 말한다.
  - 평행적 발화 기법(parallel-talk): 의사소통 상황에서 아동이 말할 만한 문장을 아동의 입장에서 말해 주는 것이다. 예를 들어, 장난감 차를 아동에게 주면서 "차 주세요" 라고 말한다. 반향어를 하는 아동이나 모방에 익숙한 아동에게는 좋은 효과를 보이기도 하지만 표현 자체가 부자연스럽기 때문에 조심해서 사용한다.
- 직접적인 구어적 단서: 목표 언어를 유도하기 위하여 흔히 사용하는 구어적 단서로는 질문, 대치요청(substitution requests), 선반응요구-후시범(mand model) 방법 등이 있다. 질문에는 단답형, 선택형, 개방 또는 과정형 질문과 훈련자가 시작한 문장에 목표낱말이나 구를 삽입시켜서 문장을 완성하는 방법들이 있다. 대치요청은 아동의 말에서 목표가 되는 언어를 유도하는 방법으로, 목표낱말이나 문장이 표현될 때까지 아동의 말을 고쳐 나가도록 유도하는 것이다. 예를 들어, 아동이 "그걸 땄어요" 라고 할 때 "그게 어떤 건데?" 라든가 "그걸 따지 않았으면 어떻게 되었을까?" 와 같은 질문을 하여 더 많은 발화를 유도할 수 있다. 선반응요구-후시범은 목표 언어를 시범 보이기 전에 아동이 자발적으로 반응할 기회를 요구한 후 시범을 보이는 방법으로, 취학전 아동이나 특정언어장애아동에게 일상활동을 통하여 중재할 때 많이 사용된다(Hart & Rogers-Warren, 1978; Olswang & Bain, 1991).
- 간접적인 구어적 단서: 목표 언어를 유도하기 위한 간접적인 구어적 단서로는 아동의 반응을 요구하는 것과 그렇지 않은 것이 있다. 아동의 반응을 요구하는 것으로 문헌에 나와 있는 것들을 위계적으로 살펴보면 다음과 같다(Owens, 1995).
  - 수정모델 후 재시도 요청하기(correction model/request): 아동이 잘못 말한 부분이나 전체 문장을 수정한 상태로 다시 말해 주고 나서 아동이 다시 말하도록 요청하는

방법인데, 이때 아동에게 다시 말하도록 하는 것은 아동의 반응이나 대화의 흐름에 따라 선택적으로 사용할 수 있다.

- 오류반복 후 재시도 요청하기(error repetition/request): 아동이 잘못 말한 부분이나 문장을 그대로 반복한 후 아동에게 다시 말하도록 요청하는 방법이다. 아동에게 다시 말하도록 하는 것은 생략할 수도 있다.
- 자기교정 요청하기(self-correction request): 언어치료사가 아동의 말을 되묻거나 맞는지를 물음으로써 아동이 자신의 말을 스스로 교정하도록 하는 방법이다.
- 이해하지 못했음을 표현하기(contingent query): 아동의 말을 못 알아들었다고 말하든가 "응?" "어?" 와 같이 말함으로써 아동이 다시 또는 수정하여 말하도록 한다. 이 방법은 자기교정 요청하기보다는 다소 자연스럽다.
- 확장 요청하기(expansion request): 아동에게 완성된 구나 문장을 말하도록 요청하는 것이다.
- 반복 요청하기(repetition request): 아동이 바르게 말했을 경우에 다시 반복하도록 하여 강화하는 방법이다.
- 주제확대하기(turnabout): 아동의 말을 알아들었다는 표시를 해 주고 나서 아동에게 좀 더 이야기를 하도록 요청하는 것으로, 반복 요청보다 좀 더 자연스러운 방법이다.

또한 아동의 반응을 요구하지 않는 간접적인 구어적 단서로는 다음과 같은 것들이 있다.

- 아동의 요구 들어주기(fulfilling the intention): 아동이 요구한 사물을 집어 주거나 행동을 수행함으로써 아동에게 그의 메시지가 전달되었다는 것을 알려 주는 것이다.
- 이해했음을 표현하기(continuant): 아동이 한 말에 대해 고개를 끄덕이거나 "응" "그래" "그렇지" "그랬어?" 와 같은 말을 해 줌으로써 아동의 말을 이해했다는 것을 알려 주는 것이다.
- 모방(imitation): 아동의 말을 그대로 모방함으로써 아동에게 자신의 말이 전달되었다는 것을 알려 주는 것이다. 특히, 아동이 목표언어를 바르게 사용하였을 때 "맞아" 나 "그래" 등의 긍정적 표현과 함께 아동의 말을 모방해 주면 매우 효과적이다.

- 구문 확장(expansion): 아동의 문장구조는 유지한 채, 문법적으로 바르게 고쳐서 다시 들려주는 것이다. 예를 들어, 아동이 "누나" 라고 했을 때 "누나가" 라고 문법적인 확장을 해 줄 수 있다. 확장에는 구를 문장의 형대로 완성시켜서 다시 말해주는 문장완성 방법과 문장의 형태나 기능을 바꾸어서 말해 주는 문장변형 방법이 있다.
- 어휘 확대(extension): 아동의 발화주제는 유지한 채, 어휘를 더 첨가하여 들려주는 것이다. 예를 들어, 아동이 "공" 이라고 했을 때 "큰 공" 이나 "축구공" 이라고 어휘를 확대할 수 있다.
- 분리(breakdowns) 및 합성(buildups): 아동의 발화를 구문의 작은 단위들로 쪼개서 말했다가 다시 합쳐서 들려주는 것이다. 예를 들어, 아동이 "형이 유리로 발을 찔렸어" 라고 하면 "형이 찔렸구나" "유리에 찔렸구나" "(저런) 발이 찔렸구나" 와 같이 작은 단위의 문장으로 쪼개서 말하고 나서 "형이 유리에 발이 찔렸구나" 라고 합쳐서 말해 준다.
- 문장의 재구성(recast sentences): 아동이 말한 문장의 뜻은 유지한 채, 문장의 형태를 재구성해서 들려준다. 예를 들어, "미영이가 민이를 찼어" 라는 말에 대하여 "민이가 미영이한테 맞았어?" 라고 새 형태의 문장을 말해 준다.

제13장 유아기의 놀이를 통한 언어치료

I. 상징놀이와 언어행동의 발달

언어란 한 사회에서 서로 의사소통을 하기 위해 통용되는 상징적 기호의 규칙이다. 이러한 상징화된 기호들은 특정 사물이나 사건을 표현하는 것이므로 그 참조물(reference)에 근거한 내용을 담고 있게 된다. 그러므로 언어는 일종의 상징행동인데 아동의 발달기에 나타나는 다른 상징행동들(예: 그림, 몸짓)에 비하여 매우 정교하고 효율적인 규칙을 가지고 있다고 할 수 있다. 영 · 유아는 사물이나 사건에 대한 개념이 우선 형성되어야 하고, 그러한 사물이나 사건에 대한 개념이 형성된 후에는 차츰 그것을 대신하는 말이나 몸짓의 상징행동이 발달하게 된다.

사물이나 사건에 대한 개념은 도식화되어야 하는데 도식화의 발달은 아동이 다양한 기능과 관련하여 사물을 구별해 내는 데서 시작된다. 처음에 아동은 모든 사물에 대하여 똑같은 행동(예: 빨기)을 무분별하게 적용하다가, 차츰 흔들고 두드리고 움직여 보거나 치는 행동을 여러 대상에게 적용하게 된다. 이러한 구별된 행동은 아동이 사물의 기능과 관련된 행동을 사용하고 사물에 대해 시각적으로 탐색하기 시작했음을 보여 주는 것이다. 다음 단계에서 아동은 사회적 기능과 관련하여 사물과 행동을 조합하기 시작한다. 예를 들어, 인형을 껴안거나 머리를 만지는 행동을 보인다. 이러한 행동은 상징놀이를 보이기 위한 전 단계의 형태를 띠는 것이며 명명하기의 기초 능력이 된다.

상징놀이는 어떤 사물이나 행동을 다른 사물이나 행동으로 상징화할 수 있는 능력을 의미한다. 이렇게 상징화할 수 있기 위해서는 우선 일상사물에 대한 기능적인 놀이단계(11~13개월경)를 보이게 된다. 예를 들어, 빗으로 머리를 빗는다거나 빗자루로 마루를 쓰는 것은 전형적인 기능놀이라고 볼 수 있다. 이러한 기능놀이가 가상놀이로 발전하게 될 때 순수한 상징놀이가 시작되었다고 볼 수 있는데, 처음에는 아동 자신에 대해서만 가상행동을 나타내는 자기중심적인 형태를 나타낸다(14~15개월경). 이때는 아동 자신이 빈 컵으로 마시는 척을 한다거나 자는 척하는 행위들이 나타난다. 보편적인 상징놀이가 나타나는 초기에는 행위 하나하나를 도식화하는 단순상징행동을 보이다가(예: 빗으로 인형의 머리를 빗기는 척한다), 점차 일련의 행위들을 연결하여 도식화하는 복합상징행동을 보이게 된다.

계획적인 상징놀이를 나타내는 24개월 정도에서는 자신이 할 가상놀이의 사물을 미리 찾는 행동을 보이거나 언어로 언급하는 행동이 나타나기도 하며, 사물을 대치하여 사용하기도 하고(예: 물컵을 비누로 사용), 사물을 움직이는 것처럼 가장하는 행동을 보이기도 한다(예: 인형이 걸어가는 것처럼 가장). 상징놀이를 연구하는 학자들은 상징놀이 발달단계와 언어 발달단계 사이에 밀접한 관계가 있음을 시사하고 있는데, 예를 들어, 자기중심적 가상놀이가 나타날 때 첫 낱말들이 표현되기 시작하다가, 복합상징행동이 나타나는 시기 이후에는 낱말들을 연결하는 초기 문장이 나타나기 시작한다고 보고하였다.

2세경이 되면 일반적으로 아동은 수백 개의 낱말들을 사용하고 이해할 수 있으며, 문장을 구성하고 간단한 대화에 참여하는 것이 가능해진다. 생후 1세에서 2세 사이에 나타나는 이러한 언어 능력의 급진적인 변화는 상징적 의사소통으로의 전환을 반영하는 것이라 할 수 있다(Wetherby, Reichle, & Pierce, 1998). 상징적 의사소통으로의 전환이란 아동이 사물, 사건 또는 개념을 표현하는 상징물로 낱말을 사용할 수 있는 능력을 가지기 시작하는 것을 의미한다. Piaget(1962)는 모든 상징은 발성이나 몸짓의 형태로 표현될 수 있으며, 따라서 아동이 사물의 이름을 발성이나 몸짓을 사용하여 표현할 수 있다는 사실을 발견하는 과정이 곧 상징 능력을 습득하는 과정이라고 제안하였다. 따라서 언어와 상징놀이는 단일 인지적 기저체계를 공유한 영역으로 평행적인 발달을 나타낸다고 가정하였다. 그러므로 언어와 상징놀이는 단계적이고 체계적이며 유사한 발달형태를 나타낸다.

일반적으로 일반아동의 경우 초기 몸짓의 산출은 곧 초기 어휘 산출을 위한 전초 단계로 알려져 있다. Bonvillian, Orlansky와 Folven(1990)은 일반아동을 종단적으로 관찰한 결과, 어휘적 몸짓(gestural vocabulary)이 산출되기 시작한 몇 개월 후에 낱말을 구어적으로 산출하기 시작하였다고 보고하였다. 몸짓의 산출이 구어보다 상대적으로 앞선 중요한 선행요소가 된다는 연구들은 이 외에도 많다(Bonvillian et al., 1990). 약 9개월이 되면 아동은 사물을 손가락으로 가리키는 등의 지시적 몸짓을 나타내며, 얼마 후에 사물의 이름을 말하기 시작한다. 약 11~12개월을 전후하여 아동은 까꿍놀이와 같은 익숙한 게임이나 일상생활 활동과 관련된 표상적 몸짓(예: 게임을 하자는 의도로 눈가리는 몸짓, 물을 달라는 의미로 손을 동그랗게 해서 입으로 가져가는 몸짓)을 사용하기 시작한다. 초기의 이러한 표상적 몸짓은 실질적인 상징적 몸짓이라기보다는 상징적 몸짓이 나타나기 이전의 전환기적 단계(Bruner, 1964; Piaget, 1970)라고 보는 견해도 있다. 그러나 일반아동의 경우에는 이러한 표상적 몸짓의 산출단계에서 상징적 몸짓의 산출 단계로의 전환이 매우 빠르게 진행되는 것으로 알려져 있다(Wetherby, Reichle, & Pierce, 1998). Wetherby, Reichle과 Pierce(1998)는 자폐나 다른 심각한 의사소통장애를 가진 아동의 경우 초기 표상적 몸짓 산출단계에서 다음 단계로의 전환이 매우 느리게 나타나거나 또는 표상적 몸짓 산출단계에만 머무르게 된다고 기술하였다. 따라서 상징적 몸짓의 발달은 곧 구어를 포함한 언어발달을 의미하며, 상징적 몸짓 또는 놀이 발달의 결함은 곧 언어발달의 결함을 나타낸다고 할 수 있다. Kim 등(1989)은 실제로 8명의 지적장애아동에게 10회기의 상징행동중재를 실시한 결과, 통제집단에 비하여 평균상징행동길이(mean length of symbolic sequences)와 상징행동의 수(total number of schemes)는 유의하게 증가하였으나 다양성(type-token ratios for schemes)은 유의하게 증가하지 않았다고 보고하였다.

상징행동의 구체적인 발달단계는 다음과 같으며 상징놀이의 발달 수준을 평가하는 검사표는 〈표 13-1〉(419쪽)과 〈표 13-2〉(420쪽 이하)를 사용할 수 있다.

1. 초기 및 전환기적 상징놀이 단계

선행연구들은 전환기적 상징놀이의 후기에는 흔히 초보적인 말이 나타난다고 보고하고 있다. 전환기적 놀이 형태는 다음과 같은 발달단계를 나타낸다.

(1) 탐험놀이(약 9~10개월)

탐험놀이(exploratory play)는 물건에 합당한 기능을 보여 주지는 못하지만 탐험하는 자세를 보이는 행동을 의미한다.

(2) 전상징기적 행동(약 11~13개월)

전상징기적 행동(presymbolic scheme)은 물건에 대한 기능적인 사용을 이해하여 그것을 행동으로 나타내는 것을 의미한다. 그러므로 장난기가 섞인 후기 상징행동에 비하여 이 시기의 아동은 심각한 표정을 보이곤 한다. 이 시기에 아동의 발성은 사물을 잡거나 가리킬 때 주로 동반된다. 수용언어 면에서 아동은 '바이바이' '박수', 또는 '까꿍놀이'와 같은 익숙한 놀이에서 부모들의 요구에 적절한 행동으로 반응하기 시작한다.

예 ㉠ 전화기를 들어 귀에 가져간다.
㉡ 빗자루로 마루를 쓴다.

(3) 자동적 상징행동(약 14~15개월)

자동적 상징행동(autosymbolic scheme)은 자신의 몸을 중심으로 하는 상징행동으로 전상징기적 행동과는 다르게 놀이로 하기는 하지만 행동의 대상이 자신에게만 집중된다. 언어 측면에서도 아동은 낱말이 그 자체로 의미를 가지며, 의사소통 수단으로 사용될 수 있다는 지식을 갖게 된다. 따라서 아동은 특정 범주의 사물이나 행동을 묘사하기 위한 부호(code)로서 한 낱말을 일관되게 사용하는 참조적 언어사용을 나타내기 시작한다.

예 ㉠ 빈 병을 들어서 마시는 흉내를 낸다.
㉡ 접시를 들고 먹는 흉내를 낸다.
㉢ 곰 인형을 안고 뽀뽀한다.

2. 상징놀이 단계

상징놀이 단계에서는 가상놀이(pretend play)를 할 수 있다. 그러므로 이 시기의 아동은 자신의 행동이 놀이라는 것을 인식하고 실제 세상에 대한 상징적인 행동들을 분명하게 나타낸다. 이 시기에는 아동의 단단어가 늘어나고, 2~3낱말씩 연결하여 말하기도 한다. 이 시기에 나타나는 놀이행동은 다음과 같은 단계로 발전해 간다.

(1) 단순 상징행동(약 16~17개월)

단순 상징행동(single scheme)은 자신의 신체에만 국한하지 않고 다른 대상(사람이나 사물)에게도 행하는 놀이형태이다. 흔히 다음의 두 가지 형태가 관찰되는데, 두 번째 행동이 첫 번째 행동보다는 다소 높은 단계의 아동에게서 관찰된다.

① 인형이나 다른 대상에게 상징행동을 보인다.

예 ㉠ 인형에게 우유 먹이는 흉내를 낸다.

㉡ 곰 인형을 잠자리에 눕히는 흉내를 낸다.

② 다른 사람이나 물체의 흉내를 낸다.

예 ㉠ 신문 읽는 흉내를 낸다(아빠 흉내).

㉡ 고양이 인형을 집어 들고는 "야옹" 한다(고양이 흉내).

이 시기의 언어발달도 놀이와 유사한 발달 형태를 나타낸다. 초기 단단어 단계의 아동은 하나의 낱말을 구체적인 사물이나 행동 또는 상황을 지칭할 때 사용하기보다는 아동 자신이 경험한 전체적인 상황을 모두 일컫는 전반적인 의미로 사용하는 특성을 나타낸다(Werner & Kaplan, 1963). 예를 들어, '엄마' 라는 말을 엄마를 가리킬 때뿐만 아니라, 과자를 의미할 때, 또는 과자를 먹고 싶다는 욕구를 표현할 때 모두 사용한다.

그러나 점차 상황과 말을 분리하여 인식할 수 있게 되면서 단단어 사용에서 두 가지의 질적인 변화를 나타내기 시작한다(McCune-Nicolich, 1981). 첫째, 아동은 좀 더 구체적으로 상황의 변화를 나타내는 낱말들(예: 또, 더, 없네)을 사용하게 되며, 둘째, 다양한 환경적 요소들을 지칭하기 위해서 차별화된 낱말들을 사용하게 된다. 예를 들어, 이 시기의 아동은 이전에 '옷' 과 관련된 모든 요소들(예: 옷이라는 범주, 치마, 바지, 단추, 주머니 등)을 '옷' 으로 지칭했던 것에서 벗어나 각각의 요소들을 구별하여 '치마' '바지' '단추' '주머니' 등, 구별된 낱말로 사용하기 시작한다.

산출할 수 있는 어휘가 약 50개가 되는 18개월경에 아동이 주로 산출하는 어휘의 유형은 일반적으로 사물이나 동물 또는 사람을 명명하는 명사가 그 외의 유형보다 많이 나타난다(Bloom, 1983; Clark, 1973).

(2) 단순 상징행동 조합(약 18~19개월)

단순 상징행동 조합(single scheme combination)은 한 가지 단순한 상징행동을 둘이나 그 이상의 대상에게 반복하는 놀이 형태이다. 단순상징행동의 경우에는 한 가지 상징행동을 보이고는 그 행동을 멈추거나 가지고 놀던 장난감이나 사물을 내려놓는 반면, 단순상징행동조합의 경우에는 같은 행동을 대상만 바꾸어서 여러 번 한다.

예 마실 것을 엄마, 아가 인형, 곰 인형에게 차례로 주는 흉내를 낸다.

이 시기의 언어와 상징놀이는 상징적 표상들의 조합을 가능케 하는 인지적 능력에 공통적으로 의존하고 있다고 볼 수 있다(Bates et al., 1988). 따라서 상징놀이 조합이 나타나는 시기에 언어도 단단어 단계에서 낱말조합 단계로 발달된다.

Bonvillian 등(1990)은 2낱말조합과 함께 또는 그보다 약간 앞서서 아동이 몸짓과 낱말을 조합하는 형태를 산출한다고 지적하였다. 이러한 몸짓과 낱말의 조합형태는 몸짓이 낱말의 의미를 반복하거나(예: 두 손을 모아 벌리면서 "주세요") 또는 몸짓이 낱말을 의미적으로 보충하는 형태(예: '까까 주세요' 의 의미로, "까까" 라고 말하면서 두 손을 모아 벌림)로 산출된다고 보고하였다. 그러나 Goldin-Meadow와 Morford(1990)는 낱말과 몸짓의 조합형태가 2낱말조합이 산출되기 이전에 사라진다고 보고하기도 하였다.

Dore 등(1976)은 또한 단단어에서 초기 낱말조합으로의 발달과정에 대하여 아동이 실제로 낱말을 조합하기 이전부터 낱말을 조합해서 산출할 수 있음을 깨닫게 된다고 보았다. 예를 들어, 아동은 낱말조합의 규칙을 깨닫고 2낱말조합을 사용하기 이전에 한 낱말의 마지막 소리를 반복하거나, 동일한 낱말을 두 번 반복하거나 또는 확실하게 분화되기 어려운 2낱말 표현을 사용하면서 점차 의미-문법적 규칙에 맞는 2낱말조합을 사용하기 시작한다.

(3) 복합 상징행동 조합(약 20~23개월)

단순 상징행동 조합이 같은 행동을 대상만 바꾸어 하는 것이라면 복합 상징행동 조합(multischeme combination)은 연속적인 일련의 행동 속에 두 가지 이상의 상징행동을 나타내는 것이다. 초기에는 두 가지 상징행동 조합이 나타나지만 후기에는 셋, 넷, 다섯 가지의 상징행동들이 조합되어 나타난다.

예 국자로 냄비를 젓는다 → 접시에 따른다 → 인형에게 떠먹인다.

3. 계획적 상징행동 단계

계획적 상징행동 단계에서는 아동이 눈에 보이는 사물이나 장난감으로 즉흥적인 가상놀이를 하기보다는 어떤 주제를 가지고 미리 계획하면서 놀이를 진행하는 행동이 나타난다. 이 시기의 초기단계에는 말로 언급하거나(announcing) 두리번거리며 찾는(searching) 행동이 나타나는데 이런 행동은 다음과 같은 특이한 놀이형태들과 함께 나타난다.

(1) 물건대치 상징행동(약 24~35개월)

물건대치 상징행동(object substitution)은 우리가 일상적으로 사용하는 사물을 다른 것으로 바꾸어서 하는 가상행동의 형태이다. 이러한 물건대치 상징행동은 다음과 같은 발달단계의 형태로 나타난다.

① 무의미 물건대치: 특정한 기능이 없는 물건으로 대치한다.

예 블록을 다리미로 사용한다.

② 비관습적인 물건대치: 특정한 기능이 있는 물건으로 대치한다.

예 빗을 비누로 사용한다.

③ 상상적 물건대치: 빈손으로 마치 물건이 있는 듯이 흉내낸다.

예 생일 케이크 촛불을 끄는 시늉을 한다(아무것도 없을 때).

(2) 대행자 놀이(약 24~35개월)

대행자 놀이(agent play)는 인형이나 다른 사물을 행위자로 가장하거나 다른 사람의 역할을 가장하는 놀이 형태이다. 문헌에 보고된 대행자 놀이에는 다음과 같은 것들이 있다. 이들 대행자 놀이의 형태는 성장할수록 다른 상징행동과 함께 나타난다.

① 인형을 행위자로 사용: 인형을 살아 움직이는 생물체처럼 가장한다.

예 ㉠ 우는 소리를 내며 인형이 우는 것처럼 가장한다.
㉡ 인형이 스스로 머리를 빗는 것처럼 가장한다.
㉢ 인형이 걷거나 말하는 것처럼 가장한다.

② 자신이 타인의 역할을 흉내: 아이 자신이 다른 사람인 것처럼 가장한다.

예 엄마의 구두를 신으며, "엄마 나갔다 올게."

③ 상대방의 역할: 얘기나 행동을 하는 사람의 역할과 그에 반응하는 사람의 역할을 동시에 보인다.

예 한 인형이 다른 인형에게 말을 하면, 다른 인형이 그에 맞게 반응한다.

④ 사회적인 역할: 사회적, 직업적인 역할을 여러 가지 행동을 통해 보인다.

예 의사 인형이 다른 인형의 체온도 재고 주사도 놓는다.

⑤ 무의미 물건으로 행위자 대치: 무의미 물건(예: 블록)이 행위자인 양 가장한다.

예 블록을 "도깨비"라고 부르며, 도깨비가 곰 인형을 무섭게 하는 척한다.

아동이 이처럼 계획적으로 상징행동들을 조합할 수 있게 되면서 언어사용에서도 변화가 나타난다. 일반적으로 계획적 상징놀이 조합이 시작되는 시점과 유사하게 아동은 문법적 규칙들을 적용하여 언어를 사용하기 시작한다. 즉 이 시기의 아동은 2낱말 이상의 문장을 본격적으로 산출하기 시작하며, 문법적 능력의 향상을 나타낸다. 이러한 문법적 언어사용의 발달은 대부분의 아동의 경우 24개월에서 30개월 사이에 나타나기 시작하며, 인지적 그리고 사회적 성숙과 함께 계속해서 발달해간다.

의미론적 사용도 발달하여 행위자, 행위, 장소, 소유, 거부 등 다양한 의미를 포함한 문장을 사용할 수 있게 된다. 이러한 의미적 발달과 함께 거리나 시간적으로 멀리 떨어진 것에 대한 정보와 주제를 말하기 시작하며, 하나의 주제에 대한 대화유지가 가능해지면서 점차 진정한 대화 참여자로서의 자질을 갖추어 나가기 시작한다.

4. 사회적 역할놀이 단계

사회적 역할놀이는 아동의 사회성 및 의사소통 발달에 대한 증거로 나타난다. 계획적 상징행동 단계에서 나타나는 사회적 놀이는 단순하게 타인의 역할을 놀이화하지만 이 단계에서는 좀 더 활발한 상호작용과 사회적인 역할에 대한 인식이 나타난다.

(1) 두 가지 사회적 역할놀이(약 36~47개월)

한 인형이 사회적인 역할(예: 의사)을 보이고 또 다른 인형이 또 다른 사회적인 역할(예: 환자)을 하도록 한다.

① 두 사람이 의사소통하는 것을 가장한다.

예 엄마의 역할을 하는 인형에게 딸의 역할을 하는 인형이 적절하게 반응한다.

② 사회적 지위를 나타내는 두 인형이 서로 의사소통하는 것으로 가장한다.

예 의사가 청진기로 환자를 검사하면 환자는 신음을 한다.

(2) 세 가지 사회적 역할놀이(약 48~59개월)

세 인형 사이의 사회적인 역할을 보인다.

예 의사는 환자를 진단하고, 간호사는 의사의 말에 따라 환자를 대해 주며 그에 맞게 환자도 반응한다.

(3) 복합적인 사회적 역할놀이(약 60~72개월)

한 인형(예: 의사)이 두 가지 이상의 사회적인 역할(예: 의사 및 아빠)을 보인다.

예 의사 인형이 병원에서는 환자를 돌보고, 집에서는 아빠 역할을 한다.

이 시기의 아동은 인지, 언어 그리고 운동 능력도 계속적으로 성장한다. 아동은 사회적으로도 다양한 경험을 쌓게 되면서 놀이 기능도 점차 다양해지고 기억 능력의 향상으로 과거의 경험을 현재의 놀이에서 재현할 수 있게 된다. 이러한 발달로 아동은 일상생활에서 자신이 개인적으로 상상하거나 생각하는 것을 또래 친구들에게 전달하고 싶은 욕구가 증가되고, 서로 협력하고 또한 상호작용을 조절해야 하는 필요성을 실감하게 된다. 친구들과 놀이할 때 자신의 의지에 따라 대상과 대체물을 결정할 수는 있으나 놀이가 진행되기 위해서는 반드시 서로 간의 동의가 이루어져야 하며, 상징물과 상징적 상황에 대해 정보를 교환하고 타협할 수 있어야 한다.

표 13-1 상징놀이 검사 요약표

상징놀이 검사 요약표

(김영태 · Lombardino)

아 동 명: ______________________

생년월일: ______________________

검 사 일: ______________________

단계	상징행동	빈도
초기 및 전환기	탐험적인 놀이(exploratory play)	
	전상징기적 행동(presymbolic scheme)	
	자동적 상징행동(autosymbolic scheme)	
상징행동기	단순 상징행동(single scheme)	
	단순 상징행동 조합(single scheme combination)	
	복합 상징행동 조합(multishcheme combination)	
계획적 상징행동기	물건대치 상징행동(object substitution)	
	대행자 놀이(agent play)	
사회적 역할놀이기	두 가지 사회적 역할놀이(play with two interacting roles)	
	세 가지 사회적 역할놀이(play with three interacting roles)	
	복합적인 사회적 역할놀이(play with intersection of agent roles)	
전체	가장 많은 행동(modal level of play)	
	최고 수준 행동(optimal level of play)	

표 13-2 상징행동 검사표

상징행동검사표

(김영태 · Lombardino)

이 름: ______________ 생년월일: ______________

검사자: ______________ 검 사 일: ______________

상징행동	발달 시기*	결과(빈도) 회기				동반된 발성/발어
		1	2	3	4	
탐험적인 놀이(exploratory play) 물건에 합당한 기능을 보여 주지는 못하지만 탐험하는 자세를 보인다.	9~10 개월					
전상징기적 행동(presymbolic scheme) 물건에 대한 전체적인 사용을 보여 준다. 예 ㉠ 전화기를 들어 귀에 가져간다. ㉡ 빗자루를 들어 마루를 친다.	11~13 개월					
자동적 상징행동(autosymbolic scheme) 자신의 몸을 중심으로 하는 상징놀이 예 ㉠ 빈 병을 들어 마시는 흉내를 낸다. ㉡ 접시로부터 먹는 흉내를 낸다. ㉢ 곰 인형을 안고 뽀뽀한다.	14~15 개월					
단순 상징행동(single scheme) 자신의 신체에만 국한되지 않는, 진정한 상징행동을 다음의 두 경우 중 한 가지로 보인다. (1) 인형이나 다른 대상에게 상징행동을 보인다. 예 ㉠ 인형에게 우유 먹이는 흉내를 낸다. ㉡ 곰 인형을 잠자리에 눕히는 흉내를 낸다. (2) 다른 사람이나 물체의 흉내를 낸다. 예 ㉠ 신문 읽는 흉내를 낸다(아빠 흉내). ㉡ 고양이 인형을 집어 들고는 "야옹" 한다(고양이 흉내).	16~17 개월					

* 발달시기는 개인차가 크므로 참조사항임.

단순 상징행동 조합 **(single scheme combination)** 한 가지 단순한 상징행동을 둘이나 그 이상의 대상에게 반복한다. 예 ㉠ 인형에게 우유를 주는 흉내를 낸 후, 자신에게도 우유 먹이는 흉내를 낸다. ㉡ 마실 것을 엄마, 아가 인형, 곰 인형에게 차례로 주는 흉내를 낸다.	18~19 개월					
복합 상징행동 조합 **(multischeme combination)** 연속적인 일련의 행동 속에 두 가지 이상의 상징행동이 나타난다. 예 국자로 냄비를 젓는다 → 접시에 따른다 → 인형에게 떠먹인다. (1) 두 가지 상징행동 조합 (2) 세 가지~다섯 가지 상징행동 조합	20~23 개월					
물건대치 상징행동(object substitution) 관습적인 물건 대신에 다른 물건으로 대치하여 상징행동을 보일 수 있다. 세 가지 형태의 물건 대치행동이 보고되었다. (1) 무의미 물건대치: 특정한 기능이 없는 물건으로 대치한다. 예 블록을 다리미로 사용한다. (2) 비관습적인 물건대치: 특정한 기능이 있는 물건으로 대치한다. 예 빗을 비누로 사용한다. (3) 상상적 물건대치: 빈손으로 마치 물건이 있는 듯이 흉내낸다. 예 생일 케이크 촛불을 끄는 시늉을 한다(아무것도 없을 때). **대행자 놀이(agent play)** 인형이나 다른 사물을 움직이고 행위를 할 수 있는 행위자로 가장하거나, 다른 사람의 역할을 가장한다. (1) 인형을 행위자로 사용: 인형을 살아 움직이는 생물체로서 가장한다. 예 ㉠ 우는 소리를 내며 인형이 우는 것처럼 가장한다. ㉡ 인형이 스스로 머리를 빗는 것처럼 가장한다. ㉢ 인형이 걷거나 말하는 것처럼 가장한다.	24~35 개월					

(2) 자신이 타인의 역할을 흉내: 아이 자신이 다른 사람인 것처럼 가장한다. 예 엄마의 구두를 신으며, "엄마 나갔다 올게." (3) 상대방의 역할: 얘기나 행동을 하는 사람의 역할과 그에 반응하는 사람의 역할을 동시에 보인다. 예 한 인형이 다른 인형에게 말을 하면, 다른 인형이 그에 맞게 반응한다. (4) 사회적인 역할: 한 가지의 사회적 · 직업적 역할을 여러 가지 행동을 통해 보인다. 예 의사 인형이 다른 인형의 체온도 재고, 주사도 놓는다. (5) 무의미 물건으로 행위자 대치: 무의미 물건(예: 블록)이 행위자인 양 가장한다. 예 블록을 "도깨비"라고 부르며, 도깨비가 곰 인형을 무섭게 하는 척한다.	24~35 개월					
두 가지 사회적 역할놀이 **(play with two interacting roles)** 한 인형이 사회적인 역할(예: 의사)을 보이고 또 다른 인형이 또 다른 사회적인 역할(예: 환자)을 하도록 한다. (1) 두 사람이 의사소통하는 것을 가장한다. 예 엄마의 역할을 하는 인형에게 딸의 역할을 하는 인형이 적절하게 반응한다. (2) 사회적 지위를 나타내는 두 인형이 서로 의사소통하는 것으로 가장한다. 예 의사가 청진기로 환자를 검사하면 환자는 신음을 한다.	36~47 개월 36~39 개월 40~47 개월					
세 가지 사회적 역할놀이 **(play with three interacting roles)** 세 인형 사이의 사회적인 역할을 보인다. 예 의사는 환자를 진단하고, 간호사는 의사의 말에 따라 환자를 대해 주며 그에 맞게 환자도 반응한다.	48~59 개월					
복합적인 사회적 역할놀이 **(play with intersection of agent roles)** 한 인형(예: 의사)이 두 가지 이상의 사회적인 역할(예: 의사 및 아빠)을 할 수 있음을 보여 준다. 예 의사 인형이 병원에서는 환자를 돌보고, 집에서는 아빠 역할을 한다.	60~72 개월					

II. 놀이를 통한 수용언어 증진 활동의 예

언어발달이 지체되었거나 장애를 나타내는 아동을 위하여 Bzoch와 League(1971)의 0~3세 유아 언어발달 진단도구 및 Reidlich와 Herzfeld의 0~3세 언어교육 프로그램(김영태, 이영철 편역, 1992) 등에서 제안된 조기 언어교육 활동들을 연령에 따라 소개한다. 발달단계에 따른 언어목표를 성취하기 위하여 제안된 언어활동들은 수용언어와 표현언어의 두 측면으로 설정되었다. 언어란 의사소통을 하기 위한 수단이므로 아동에게 활동을 통한 실제적인 상호작용이나 의사소통을 경험하게 하는 것이 중요하다. 본문에서 제안하는 활동들은 아동에게 의사소통 의도를 유발하고, 그러한 실제 상황 문맥에서 언어 또는 의사소통 수단을 사용하도록 하는 데 그 초점을 두었다.

수용언어란 언어로 전달되는 메시지를 이해하는 능력을 의미한다. 초기 발달단계에서 아동은 우선 청각적 자극에 주의집중하는 것을 배워야 한다. 일단 아동이 소리에 집중하는 것을 배우게 되면, 아동은 어떤 물체에서 나는 소리를 듣고 뒤이어 그 소리를 해석할 수 있게 된다. 예를 들어, 북소리를 듣고 북을 선별할 수 있고, 자동차 소리를 듣고 차를 골라낼 수 있게 된다. 이러한 환경음과 물체의 관계를 인식하게 되면 다음으로 비언어적인 소리자극(예: 멜로디 패턴, 우!, 흥!)에 적절하게 반응하도록 학습하게 된다. 결국 이러한 소리자극은 언어자극이나 낱말로 대치되어 낱말과 그것이 의미하는 실체와의 관계를 습득하게 된다. 언어발달 연령 0~3세 기간에 적절한 활동들을 발달단계에 따라서 살펴보도록 한다.

(1) 언어발달연령: 0~1개월

활동 1: 반사적으로 말소리나 환경음에 반응하기 조용히 있다가 적절한 크기의 말소리를 들려주고 아동의 반응을 관찰한다. 소리에 대한 전형적인 반사반응은 몸 움직이기, 몸 비틀기, 눈 깜빡거리기, 눈 크게 뜨기, 몸 움직임 멈추기, 빨기, 웃기, 미소짓기, 울기 등이 포함된다. 다음에는 딸랑이, 벨, 호루라기, 악기 소리를 들려주고 아동의 반응을 유도한다. 필요하다면 촉각적, 시각적, 청각적 단서들을 동시에 제시한다. 이러한 방법으로 반응이 유도되는 소리목록을 증가시켜 나간다.

활동 2: 큰 소리에 견디기 우선 아동이 놀라는 반응을 관찰한다. 아동이 어떤 소리에 놀라며 그 소리의 크기는 어느 정도인지를 주시한다.

관찰된 놀람반응 수준보다 작은 소리를 들려주면서 훈련을 시작하여 점차로 소리의 크기를 증가시킨다. 이때 계속적으로 소리의 크기를 증가시킬 수도 있고, 간헐적으로 소리의 크기를 증가시킬 수도 있다.

활동 3: 소리나는 물체가 접근할 때 활동을 멈추고 소리에 집중하기 활동 1에서와 같이 조용히 있다가 아동에게 말소리를 들려주어 아동의 주의를 끈다. 필요하다면 신체적인 접촉을 사용한다. 다음에는 호루라기, 벨 또는 환경음을 아동에게 들려주어 소리에 주의를 집중하게 유도한다. 마지막으로 특정한 활동과 특정한 소리를 짝지운다. 식사시간을 알리는 노래소리, 화장실에 가는 것을 알리는 북소리, 밖으로 나가는 것을 알리는 호루라기 소리를 제시한다. 이 발달 수준에서 활동과 연결된 소리훈련은 아동에게 활동을 멈추고 소리에 집중하게 한다.

활동 4: 친숙하고 다정한 목소리가 들릴 때 조용해지기 아동의 활동을 멈추거나 울음을 그치게 하기 위해서 또는 조용하게 하기 위해서 익숙한 목소리의 테이프를 사용한다. 이때 소리의 크기를 조절하여 큰소리에 견디는 훈련이나 작은 소리에 집중하는 훈련도 포함시킨다.

활동 5: 다양한 소리들에 대한 인식 증가시키기 다양한 소리가 나는 장난감들을 준비하여 아동이 각각의 장난감 놀이에 참여하도록 한다. 이때 각각의 소리와 유사한 소리를 음성적으로 내도록 시도한다. 아동이 각 장난감의 소리가 다르다는 것을 이해하기 시작하면 리듬과 억양을 변화시킨다. 이러한 활동은 아동에게 다른 소리에 대한 인식을 증가시켜 줄 수 있다.

활동 6: 익숙하지 않은 소리가 날 때 하던 행동을 멈추기 익숙하지 않은 목소리가 담긴 테이프를 익숙한 목소리 테이프 사이에 간헐적으로 틀어 준다. 처음에는 익숙하지 않은 목소리를 익숙한 목소리보다 조금 크게 들려준다. 차츰 아동의 주의집중 시간을 증가시키기 위해 익숙하지 않은 목소리 시간을 늘린다. 아동으로부터 녹음기나 소리의 발원지를 멀게 혹은 가깝게 배치하거나, 색깔이 화려한 천으로 덮어 씌워 아동의 주의집중을 유도할 수도 있다. 이 발달 수준의 아동은 소리에 주의집중하기가 쉽지 않지만 소리의 발원지에 대한 인식 능력은 발달시킬 수 있다.

(2) 언어발달연령: 1~2개월

활동 1: 진동음을 인식하기 아동의 손이나 얼굴을 북, 기타, 태엽감는 장난감 등의 진동음을 내는 기기 바로 앞에 대게 하여 진동을 느끼며 소리를 듣게 한다. 종, 전축, 믹서기, 청소기, 자명종과 같은 진동적인 환경음을 사용하여 소리를 시각, 청각, 촉각적으로 경험하게 한다. 더 나아가, 떨어지는 물, 똑딱거리는 시계, 바삭거리는 종이 등을 이용하여 의성어(예: 똑똑, 똑딱, 바삭바삭)들을 실제 소리들과 연관시켜 들려준다.

활동 2: 신체부분을 이용하여 소리내기 신체부분의 소리 및 움직임의 인식을 증가시키기 위해서 한 손 또는 두 손으로 몸을 치거나 발구르기를 모방하게 한다. 또한 여러 종류의 표면(양탄자, 종이, 사포, 금속면) 위를 걷거나, 손으로 문지르거나, 손톱으로 긁어서 다양한 소리를 내게 한다. 신체부분의 인식은 여러 달 동안 발달되지 않겠지만 이 시점에서 몸자극에 대한 인식은 유도될 수 있다.

(3) 언어발달연령: 3~4개월

활동 1: 말하는 사람의 얼굴을 똑바로 보기 필요할 때마다 물리적인 도움을 주면서, 말하는 사람 쪽으로 얼굴을 향하여 눈맞춤을 하도록 유도한다. 말하는 사람에게 주의를 끌 수 있도록 입 주위를 가볍게 두드리거나, 마스크나 립스틱 등의 시각적인 보조물을 사용하는 것도 좋겠다.

활동 2: 특정한 활동과 소리를 연관짓기 이 단계의 아동은 소리와 관련 활동을 연합하기 시작한다. '0~1개월' 단계 아동을 위한 활동 3에서와 같이 활동과 관련된 소리들(식사를 알리는 북소리, 외출을 알리는 소리)로 시작하다가, 차츰 활동과 관련된 낱말 또는 의성어(짝짝-짝짜꿍, 둥-둥-둥둥둥) 등을 소개한다. 아동이 활동과 소리를 연합하기 시작하면 소리를 들려준 후에 활동의 시작을 조금씩 지연한다.

활동 3: 소리가 나는 쪽을 향하여 곧바로 머리 돌리기 우선 훈련자가 소리를 내면서 머리를 오른쪽 또는 왼쪽으로 돌렸다가 제자리로 가져온다. 이 활동을 하면서 아동이 매번 훈련자의 얼굴에 초점을 맞추고, 훈련자의 목소리가 나는 쪽으로 머리를 돌리도록 유도한다. 다음에는 지속음을 내는 도구를 왼쪽, 오른쪽으로 움직이며 아동이 그 물건에 초점을 맞추어 추적하도록 도와준다. 일단 아동이 시야 내에 있는 소리 발원지를 추적할 수 있게 되면, 소리나는 물건을 시야 밖으로 사라지게 하여 아동이 소리나는 물건을 보기 위하여 고개나 몸을 돌릴 수 있도록 도와준다.

(4) 언어발달연령: 4~6개월

활동 1: 자신의 이름을 인지하기 아동을 거울 앞에 앉혀서 자신의 거울상에 눈맞춤을 하도록 유도한다. 훈련자는 거울 앞에서 아동을 가리키며 아동의 이름을 부른다.

활동 2: 여러 가지 목소리 유형을 인식하기 적절한 시각 및 촉각적 단서와 함께 여러 유형의 목소리를 아동에게 제시한다. 즐거운 목소리와 함께 미소짓는 얼굴을 보여 주고, 부드러운 천으로 아동의 배와 뺨을 문질러 준다. 화난 목소리를 엄격한 표정과 함께 들려주며 삼베나 사포와 같은 거친 천을 사용할 수도 있겠다.

(5) 언어발달연령: 6~8개월

활동 1: 몇 가지 낱말을 이해하기 아동이 활동을 하면서 낱말에 익숙해지도록 하기 위해 특정활동에 적절한 두세 가지의 목표낱말을 사용한다. 일상 활동 속에서 흔히 사용되는 몇 개의 낱말을 연관된 활동을 하면서 인식시킨다. 예를 들어, 아동을 훈련자의 무릎 위에 앉히고 다리나 팔을 들어 올릴 때마다 "올려요"라고 말한다. 또한 문닫는 소리와 차 시동거는 소리의 테이프를 들려주며, "안녕" 하고 말한 후 아동을 문으로 데리고 간다. 태엽감는 강아지 인형을 아동 쪽으로 작동시키며, "이리와"를 반복할 수도 있다.

활동 2: 아동의 이름을 불렀을 때 일관성 있게 반응하기 '4~6개월' 단계 활동 1에서와 같이 아동을 거울 앞에 앉혀 놓고, 차츰 두드리거나 가리키는 단서를 줄여 나가며 단순히 아동의 이름을 부른다. 거울을 천으로 덮었다가 아동의 이름을 부르며 천을 걷거나, 여러 개의 거울을 아동 주변에 놓고 아동의 얼굴이 비추어진 거울을 지적하며 이름을 부르는 활동도 가능하다.

활동 3: 일상용품의 이름을 인지하기 공, 컵, 숟가락 같은 일상적인 물건을 선택하여 여러 상황에서 그 물건의 이름을 크게 말해 준다. 일단 아동이 각 물건의 이름을 이해하는 것처럼 보이면, 아동에게 두 물건을 동시에 제시해 주고 하나의 이름만을 말하여 두 개의 물건 이름을 변별하도록 유도한다. 소리나는 물건 이름을 위해서는 테이프를 이용할 수도 있는데, 물건을 제시할 때 그 물건이 내는 소리 테이프를 틀어 준다. 차츰 물건을 그림으로, 나아가 낱말로 대치해 간다.

(6) 언어발달연령: 8~10개월

활동 1: 간단한 지시를 이해하고 수행하기 아동 앞에 아동이 아는 몇 가지 물건을 배열해 놓고, "○○을 주세요"와 같은 지시를 하고 아동이 반응하도록 도와준다. 다음에는 아동에게 익숙한 장난감에 적절한 지시를 하여 수행하도록 유도한다. 예를 들어, 훈련자가 아동에게 공을 던진 후에 "공을 던지세요"라고 지시하고, 차를 아동에게 밀고 나서 "차를 미세요"라고 지시한다.

활동 2: "안 돼요"라고 할 때 활동 그만두기 아동이 바람직하지 못한 활동을 하고 있을 때, "안 돼요"라는 규제나 금지에 따르도록 유도한다. 단호한 목소리나 신체적인 제지를 수반하여 수행할 수도 있다.

(7) 언어발달연령: 10~12개월

활동 1: 계속해서 새로운 낱말 인식하기 아동이 이미 인식하고 있는 명사나 동사의 어휘를 확장시킨다. 새로운 낱말인식에 흥미를 끌기 위해서 아동에게 물건을 직접 조작하게 함으로써 참여를 격려한다. 아동이 좋아하는 게임을 하면서 의도적으로 틀린 낱말을 사용하여 아동의 흥미를 유지시키고, 더욱 신중히 듣도록 격려하는 것도 좋다.

활동 2: 간단한 질문을 이해하기 여러 가지 물건으로 숨기고 찾는 놀이를 한다. 아동이 보고 있을 때 물건 하나를 숨기고, "○○이 어디에 있죠?" 하고 묻고 그에 적절한 반응을 유도한다. 이 활동은 수용언어를 위한 것이기 때문에 아동이 손이나 행동으로 반응해도 칭찬해 준다. 차츰 "○○을 먹고 싶어요?" "○○에 갈래요?" "○○을 볼래요?" 등의 다른 질문 형태를 일상활동(예: 간식시간, 쉬는 시간, 읽기 시간) 속에서 자주 사용한다.

활동 3: 증가된 언어적 요구를 이해하기 '8~10개월' 단계 활동 1에서 습득한 간단한 지시들을 더욱 확장시켜서 "○○을 멈추세요" "○○을 흔드세요" "○○을 주세요"

"○○을 집으세요" 등의 지시어를 이해하여 수행할 수 있는 훈련을 한다.

(8) 언어발달연령: 12~14개월

활동: 간단한 범주 이해하기 두 가지 범주에 해당하는 그림이나 사진으로 시작하는데 아동에게 각 범주에 적절한 그림이나 사진을 그림공책에 붙이도록 한다. 시작하기에 좋은 범주들은 차, 사람, 간식 등이다. 두 가지의 범주를 이해하면 점차 새로운 범주를 첨가한다.

(9) 언어발달연령: 14~16개월

활동 1: 언어적 요구를 기억하여 수행하기 아동에게 시야에 보이지 않는 물건을 가져오라고 지시한다. 이 요구를 수행하기 위하여 아동은 훈련자가 지시한 물건을 기억했다가 가져와야 한다.

활동 2: 기본적인 신체부위 분별하기 "코코코" 게임을 이용하여 코나 다른 신체부위를 지적하게 한다. 이때 거울을 보여 주며 시각적인 단서를 제공하는 것도 좋다. 또한 사람그리기 활동을 할 수도 있다. 훈련자는 얼굴의 윤곽만을 그려 놓고 아동이 자신의 얼굴에서 지적하는 부위를 명명하고 나서 그려 넣는다.

(10) 언어발달연령: 16~18개월

활동: 점차 긴 지시 따르기 아동에게 "공을 찾아서 선생님에게 주세요"와 같은 다소 긴 지시를 한다. 아동이 지시의 앞부분('공을 찾아서')만을 수행할 때는 다시 지시문을 반복하기 전에 아동에게 지시의 뒷부분을 기억하도록 여러 가지 단서를 제시한다. 예를 들어, "그 공을 누구에게 주어야지?"나 "그 공은 누가 가져야지?"와 같은 언어적인 단서를 줄 수 있다. 책상 위에 여러 가지 물건을 배열하고 두 가지 이상의 물건을 집어서 접시에 놓도록 하는 활동(예: "책과 연필을 놓으세요")도 할 수 있다. 이때 점차 요구하는 물건의 수를 늘릴 수 있다.

(11) 언어발달연령: 18~20개월

활동 1: 요구에 따라 그림에 있는 구체적인 신체부위와 옷 종류를 찾아내기 아동에게 자신의 신체부분들을 식별하게 하는 것으로 시작해서 점차 그림의 신체부분까지도 식별하게 한다. 같은 방법으로 옷에서도 실시하여, 처음에는 아동이 입고 있는 옷들을, 나중에는 그림으로 그려진 옷들을 식별할 수 있게 한다. 바닥에 큰 종이를 깔고 아동을 눕게 하여 아동의 신체를 본뜬 후, 훈련자의 요구에 따라 아동이 자신의 신체에서뿐 아니라 자신의 '종이 몸' 에서도 지적하게 하는 활동도 할 수 있다. 다음으로 아동이 입고 있는 옷을 그려서 종이 몸에 옷을 입힌다. 이러한 활동을 하는 동안 아동은 훈련자의 요구에 따라 적절한 신체부위나 옷을 지적한다.

활동 2: 인칭대명사 "나" 와 "너" 를 구별하기 아동에게 인칭대명사를 가르칠 때 항상 그 사람의 호칭 또는 이름을 대명사와 함께 제시해 준다. 예를 들어, "그걸 나, 선생님에게 주세요" 또는 "그걸 너, 순호가 던지세요" 라고 말한다. 아동과 게임을 하며, "나" 와 "너" 를 다소 큰 소리로 강조하여 반복해 준다.

(12) 언어발달연령: 20~22개월

활동 1: 일련의 지시 따르기 활동을 통하여 아동에게 2단계의 간단한 지시를 한다. 이때 사용되는 구성지시들은 각각 독립적이고 간단한 것이 좋다. 만약 교사가 "일어나서 이리 오세요" 라고 지시했다면, 아동은 '이리 오기 위해서' 어차피 '일어날' 것이기 때문에 독립적인 2단계 지시어로 보기가 어렵다. '주스 따르기' 활동에서는 다음과 같이 자연스럽게 2단계 지시를 제시할 수 있다.

① "컵을 가져와서, 탁자에 놓으세요"
② "냉장고를 열고, 주스병을 집으세요"
③ "주스병을 주고, 앉으세요"
④ "주스를 마시고, 입을 닦으세요"

활동 2: 일상용품에 해당되는 그림 인지하기 훈련자는 '6~8개월' 단계의 활동 3을 통해서 인지가 가능하게 된 물건들에 대한 그림을 미리 준비해 놓는다. 아동과 함께 그림을 명명한 후 그 그림을 오려 아동의 어휘책에 붙인다. 아동의 어휘책 그림 중에서 하나를 아동에게 주고, 방안에 있는 실제 물건과 짝짓게 한다. 이러한 활동은 여러 명의 아동과 함께 보물찾기 게임처럼 할 수도 있다.

(13) 언어발달연령: 22~24개월

활동 1: 5개 혹은 그 이상의 물건 가운데서 한 물건을 식별해 내기 5개 정도의 인지 가능한 물건들을 쟁반에 배열한다. 시간재기 게임을 하면서 훈련자가 한 번에 한 가지 물건의 이름을 부르면 아동은 가능한 한 빨리 그 물건들을 쟁반에서 찾아내도록 한다. 아동의 식별속도가 증가하면 배열하는 물건의 수도 늘린다. 반대로 아동이 속도에만 주력하여 식별하는 정확도가 떨어지면 물건의 수를 줄인다.

활동 2: 동작동사 이해하기 동사를 인식시키기 위해서는 아동에게 직접 행동으로 수행하여 경험하게 하는 것이 좋다. 훈련자가 "걸어가세요" "멈추세요" "앉으세요" "일어나세요" "손뼉치세요" 등의 동작동사를 말하면 아동이 그 지시에 따라 움직이게 한다. 동작동사 수행하기를 꺼리는 아동의 경우에는 훈련자가 함께 움직이거나 인형을 이용하여 대행하도록 한다. 또한 동사를 인지시키기 위해서 아동이 이미 알고 있는 물건의 이름(예: "차") 다음에 그에 해당하는 동작동사(즉 "간다")를 삽입시켜서 들려주는 것도 좋은 방법이다. 다음에는 동사동사를 증가시키기 위해서 아동의 동작동사 어휘책을 사용할 수도 있다. 이해하기 시작한 행동의 그림이나 사진을 오려서 아동의 동작동사 어휘책에 붙여 나간다. 아동에게 "먹고 있는 것은?" "오빠가 뛰고 있는 것은?" "엄마가 우유를 따르는 것은?" 등의 질문을 하여 아동이 여러 동작동사 그림이나 사진 중에서 변별해 내도록 한다.

(14) 언어발달연령: 24~27개월

활동: 세부적인 신체부위를 인지하기 '14~16개월' 단계의 활동 2에서 사용했던 신체인지 활동을 턱, 팔꿈치, 눈썹, 무릎, 볼 등과 같은 세부적인 신체부분을 강조하면서 진행한다. "코코코…" 외에도 "예수님 가라사대, ○○을 만지세요"와 같은 게임도 할 수 있다.

(15) 언어발달연령: 27~30개월

활동 1: 일반적인 범주 속에서 물건의 기능을 이해하기 음식, 음료수, 그릇, 옷, 장난감 등의 그림을 방 주위에 흩어 놓은 후 '먹는 것' '먹을 때 사용하는 것' '입는 것' '마시는 것' '가지고 노는 것' 등과 같은 기능과 연결된 지시에 따라 한곳에 모으게 한다. 아동이 같은 범주에 있는 그림을 모을 때 그 물건들의 기능에 대해 이야기한다. 예를 들어, 그릇에 해당하는 그림들을 모을 때, "그래, 우리는 밥그릇에 밥을 먹지요, 숟가락으로 국도 먹지요, 칼로 고기도 자르지요" 와 같은 언어적 자극을 제시해 준다.

활동 2: 크기를 나타내는 낱말을 이해하기 같은 종류지만 크기가 상반되는 2개의 물건을 이용한 활동을 통하여 크기를 나타내는 낱말을 이해시킨다. 인형놀이를 할 경우 큰 인형이 하품하며 "내 큰 침대 어디 있지?" 라고 말하는 시늉을 한다. 아동이 두 개의 침대 중 큰 침대를 인형에게 가져다주도록 유도한 후, 큰 인형을 큰 침대에 눕힌다. 다음으로 작은 인형을 등장시켜, "내 작은 침대 어디 있지?" 하며 아동에게 질문을 한다. 아동이 작은 침대를 지적하도록 도와주고, 작은 인형을 작은 침대에 눕힌다. 같은 방법으로 큰 인형의 큰 신발과 작은 인형의 작은 신발을 가지고 '큰' 과 '작은' 의 개념을 파악시킨다. 처음에는 아동이 '큰' 이나 '작은' 의 뜻을 이해하지 못하더라도 인형에게 신발을 신기려면 큰 인형에게는 큰 신발을, 작은 인형에게는 작은 신발을 제공해야 할 것이다. 이러한 당연한 상황에서 '큰' 과 '작은' 과 같은 낱말을 강조하여 들려주고, 아동에게 수행하도록 하여 크기를 나타내는 낱말을 상황과 연결시켜 이해하도록 한다. 나중에는 인형 없이도 큰 신발과 작은 신발을 선별할 수 있을 것이다.

(16) 언어발달연령: 30~33개월

활동: 상태를 표현하는 낱말을 이해하기 "예쁜" "뜨거운" "긴" 등의 상태어를 인식시키기 위해서는 크기를 나타내는 낱말에서와 마찬가지로 상황과 연결시켜 습득시키는 것이 중요하다. 소꿉놀이에서 아동은 훈련자의 지시에 따라 예쁜 접시나 미운 접시를, 뜨거운 호빵이나 차가운 호빵을, 긴 컵이나 짧은 컵을 고른다. 이때 훈련자는 아동이 선호하는 물건의 특성을 파악하여 아동이 긍정적인 개념을 확실히 이해할 때까지는 일관성 있는 지시(예: 예쁜 접시, 뜨거운 호빵, 긴 컵)를 한다. 아동이 긍정적인 상태어를 확실히 이해하면, 반대 개념을 학습시킨다. 아동이 몇몇 상태어를 이해하면 방 곳곳에 그러한 낱말들을 유도할 수 있는 그림(예: 뜨거운 다리미, 뜨거운 목욕물, 뜨거운 불)을 붙이고, 훈련자의 상태어(예: 뜨거운 것)에 해당하는 그림을 모두 찾아내도록 유도한다.

(17) 언어발달연령: 33~36개월

활동 1: 위치어 이해하기 그릇 밑에 장난감을 숨기고 찾는 게임을 한다. 훈련자는 아동이 보는 앞에서 2개의 그릇 중 1개의 그릇 밑에다 장난감을 숨기고, "어떤 그릇 밑에 장난감이 있지요?" 하고 '밑' 을 강조한다. 아동이 장난감이 있다고 생각되는 그릇을 들추면, 그 장난감을 가지고 잠시 놀 수 있게 한다. 인형집 세트를 이용하는 활동도 할 수 있다. 이때 아동에게 침대 위에는 베개를, 신장 속에는 신발을, 책상 옆에는 의자를 놓게 한다. 이와 같이 아동에게 자연스럽고 익숙한 배치를 이용하면 아동이 상황과 위치어를 연관시키는 데 도움이 될 수 있다.

활동 2: 3단계 지시에 따르기 아동에게 3단계 지시를 따르게 한다. 그림그리기 활동에서 "종이를 갖고 와서, 크레용을 꺼내고, 공을 그려요" 와 같은 지시를 할 수 있으며, 소꿉놀이에서는 "숟가락을 가져와서, 냄비를 젓고, 뚜껑을 닫아요" 와 같은 지시를 할 수 있다. 아동이 3단계 지시에 내포된 1~2개의 지시만을 하고 멈출 경우, 지시를 다시 반복하거나 "뚜껑을 어떻게 해야 되지?" 와 같은 언어적인 단서를 주어 지시를 끝까지 수행하도록 도와준다.

III. 놀이를 통한 표현언어 증진 활동의 예

표현언어 활동을 계획할 때 아동이 이해할 수 있는 어휘를 사용하여 목표언어를 선정하는 것이 바람직하다. 때때로 아동이 표현하는 것으로부터 이해하는 것을 구별해 내는 것은 어려우므로 수용언어 및 표현언어를 계속해서 강화해 주는 것이 중요하다.

아동은 구나 문장을 말하기 전에 여러 가지 의사소통 발달단계를 거친다. 표현언어가 발달하는데 가장 먼저 나타나는 의사 표현형식은 울음이다. 아동은 울음을 통하여 자신의 행동이 타인이나 환경에 영향을 미칠 수 있다는 것을 인식하기 시작한다. 아동의 울음은 그의 요구나 상태에 따라서 다양해지다가 웃음, 미소, 소리 등의 다른 표현 방법들도 사용하게 된다. 점차로 여러 가지 소리를 내어 실험해 보는 초기옹알이(cooing) 시기를 거치고, 좀 더 변별된 모음과 자음을 이용하여 반복되는 음절을 실험해 보는 음절성 발성(babbling) 시기로 발전한다. 처음에는 양 입술 사이나 치조에서 발음되는 폐쇄음과 비음들이 대부분을 차지한다. 다음에는 여러 가지 소리나 몸짓을 의사소통 수단으로 사용하다가 차츰 낱말과 유사한 소리를 내면서 소리나 몸짓이 낱말로 대치된다. 50~70개 정도의 낱말을 표현할 수 있게 되면 그 낱말들을 서로 연결하여 2~3낱말 정도의 구나 문장으로 표현한다. 이러한 0~3세 아동의 표현언어 발달단계에 따라 모방과 자발어를 유도할 수 있는 활동들을 살펴보도록 한다.

(1) 언어발달연령: 0~2개월

활동 1: 울음 이외의 다른 소리내기 아동의 소리를 훈련자가 따라함으로써 소리내기를 강화해 준다. 훈련자가 소리를 따라할 때 아동의 손을 훈련자의 목에 대어 진동을 느끼게 한다. 아동이 소리를 내면서 손을 자신의 입과 목에 대게 하면 좀 더 많은 촉각 피드백을 얻을 수 있다. 아동을 돌보며 여러 가지 소리와 억양 패턴을 수반한 옹알이를 들려준다.

활동 2: /이/나 /아/와 유사한 모음소리내기 아동이 모음과 유사한 소리를 낼 때 교사가 그 소리를 모방함으로써 소리내기를 강화해 준다. 이때도 훈련자나 아동 자신의 입이나 목에 손을 대어 발성기관의 진동이나 입술의 변화를 느낄 수 있도록 한다. 아동에게 다양한 억양 패턴을 수반한 모음을 들려주거나 모음으로 노래를 불러준다.

활동 3: 다양한 울음 패턴 사용하기 이 발달시기에는 '배고플 때'의 울음이 가장 두드러진다. 아동의 다양한 울음 패턴을 주시하였다가 각 울음 패턴의 의미를 파악한다. 아동이 구별된 울음소리를 낼 때 적절한 억양 패턴을 사용하여 아동의 욕구를 말로 표현해 준다.

(2) 언어발달연령: 2~4개월

활동 1: 주위환경에서 나는 소리나 말에 소리로 반응하기 아동이 여러 가지 장난감을 조작하는 것을 도와주며 적절한 음이나 소리를 낸다. 공을 굴리며 "떼구르"라고 하거나, 자동차를 굴리며 "빠–빠–빠"라는 소리를 낼 수 있다. 그 외에도 종을 울리며 "딩–딩", 북을 치며 "둥–둥", 오리인형을 누르며 "꽥–꽥" 등의 소리를 내어 아동의 모방을 유도한다.

활동 2: 여러 가지 다른 소리를 시도하기 적절한 소리와 억양 패턴을 일상의 활동 속에서 사용한다. 예를 들어, 아동을 일으키며 "벌떡", 아동의 다리를 잡아당기며 "쑥–쑥", 물건을 떨어뜨리며 "아이쿠", 장난감 실로폰을 치며 "딩동댕" 등의 소리를 낸다.

아동이 혼자 장난감을 가지고 놀 수 있으면 소리가 나는 장난감을 제시하며 아동이 이러한 소리를 모방하도록 유도한다. 때로는 발성을 하는 아동과 발성을 하지 않는 아동을 함께 짝지어 발성을 하는 아동으로 하여금 발성을 하지 않는 아동의 모델이 되도록 한다.

활동 3: 옹알이와 같은 음절을 반복하기 우선 아동이 사용한 소리들을 이용하여 아동에게 옹알이를 들려준다. 이때 아동의 얼굴을 바라보며 1음절을 여러 차례 반복하도록 한다. 다음에는 아동이 자발적으로 발성한 음에 음절 수를 하나 더 늘리거나 약간 변형시켜서 반복해 준다. 비교적 빨리 습득되며 조음기관의 움직임이 쉽게 관찰되는 양순음을 아동에게 자주 들려준다. 훈련자가 "ㅍ, ㅍ, ㅍ"를 발음하는 동안, 양 입술 사이에서 막혔다가 터져 나오는 공기의 흐름을 느끼게 한다. 또한 "ㅁ, ㅁ, ㅁ"를 발음하는 동안 코의 측면에 손가락을 올려놓아 코의 진동을 느끼게 한다. 다음에는 이러한 음소들을 활동과 연결시킨다. 장난감 기차를 움직이며 "ㅍ-ㅍ", 뽀뽀하며 "ㅃ-ㅃ", 소인형을 가지고 "ㅁ-ㅁ" 등의 소리내기를 한다. 이러한 활동들은 아동의 옹알이를 강화할 수 있다. 일단 짝지어진 음소와 활동은 매일 같은 방법으로 실시하여 아동이 익숙해지게 한다. 경직성 뇌성마비를 가진 아동은 턱이나 입의 조절이 어렵기 때문에 양순음을 발음하는 데는 어려움을 나타내지만 연구개음이나 성문음은 큰 어려움 없이 발음하기도 한다. 그러므로 이러한 아동에게는 양순음보다는 목 뒤에서 발음되는 음소들을 가지고 훈련하는 것이 더 수월할 수도 있다.

(3) 언어발달연령: 4~6개월

활동 1: /오/나 /우/와 유사한 모음소리내기 "오"나 "우" 모음은 입술을 앞으로 모아서 조음하는 원순 모음들이므로 발음하는 동안 훈련자나 아동 자신의 입술을 보고 만질 수 있도록 한다. 물장난, 튀어나오는 장난감, 꼭두각시 인형, 굴릴 수 있는 장난감 등 갑작스럽게 작동하거나 소리를 수반하는 활동을 하면서 "오"와 "우"를 과장된 음성으로 발음한다.

활동 2: 다른 사람에게 자발적으로 소리내기 아동의 자발적인 소리를 유도하기 위해서 아동과 상호적인 놀이나 게임을 한다. 풍선 맞대기, 차 마주밀기, 훈련자의 팔 문지르기 등의 활동을 할 수 있다. 아동의 옹알이를 녹음하여 틀어 주는 것도 아동의 자발적인 소리를 유도하는 데 도움이 될 수 있다.

활동 3: 양순음(ㅂ, ㅍ, ㅃ, ㅁ) **모방하기** 훈련자는 양순음으로 된 음소를 반복하거나(예: ㅂ-ㅂ-ㅂ)나 양순음을 다양한 모음들과 결합시킨 음절을 반복하여(예: 바-바) 들려주어 아동의 모방을 유도한다. 이때 아동의 손을 훈련자의 입에 갖다 대어 양 입술이 맞닿아 소리가 나는 것을 느끼게 해 준다. 다음에는 양순음으로 이루어진 소리들을 놀이 속에서 유도한다. 예를 들어, 비누거품을 불면서 "푸-푸", 거품이 터질 때 "퍼-퍼", 인형을 등 뒤로 숨기면서 "빠-빠", 장난감 차를 밀며 "붕-붕", 음식을 주며 "맘-마" 같은 소리를 낸다.

(4) 언어발달연령: 6~7개월

활동 1: 2~3개의 상이한 음절로 된 소리 모방하기 다양한 소리의 조합으로 된 옹알이를 반복해서 들려주고, 아동이 소리를 낼 때는 손전등을 켜 주는 강화 방법을 사용한다. 새로운 소리의 조합을 제시할 때는 억양을 바꾸도록 한다. "하-하" "마-마" "다-다" "나-나" "마-디-두" "히-호" "두-두" 등의 음절조합을 사용할 수 있다. 나중에는 이러한 소리의 조합을 놀이와 연결시킨다. 아동과 함께 북을 치며 "두-두-두-두"와 같은 소리를 내거나, 깃털을 불며 "부-후"와 같은 소리를 내거나, 인형에게 간지럼을 태우며 "히-히-히"와 같은 소리를 낸다. 이때 훈련자의 입술을 아동의 손바닥이나 얼굴과 같은 부위 가까이 대고 소리를 냄으로써 훈련자의 호흡이 느껴지도록 하는 것도 좋다. 단 뇌성마비아동의 경우에는 갑자기 얼굴이나 몸에 대고 세게 입김을 부는 것은 삼가야 한다.

활동 2: 4개 이상의 음절을 사용하여 소리내기 소리내기를 유도하는 활동 속에서 다양한 목소리 패턴이나 소리의 조합을 제시한다. 예를 들어, 탑쌓기를 하며 "더-더-더-하나-더"라고 하고, 여러 가지 재질의 물체를 만지며 "보들보들" 또는 "거칠거칠" 등의 소리를 낸다.

(5) 언어발달연령: 7~9개월

활동 1: 몸짓 게임하기 아동과 곤지곤지나 까꿍 등의 놀이를 하면서 훈련자의 몸짓을 모방하도록 한다. 까꿍놀이를 다음과 같은 형태로 변형시켜서 실시할 수 있다.

① 훈련자의 손으로 훈련자의 눈을 가린다.

② 아동의 손으로 훈련자의 눈을 가린다.

③ 아동의 눈을 휴지로 가리고 아동에게 그것을 치우도록 한다.

④ 아동이 훈련자의 눈을 덮은 휴지를 치우도록 한다.

⑤ 거울을 가린 천을 치우고 자신의 모습을 보도록 한다.

활동 2: 의사 전달을 위해 몸짓 사용하기 새로운 몸짓을 가르쳐서 아동의 행동모방 능력을 증진시킨다. 아동의 운동장애 정도에 따라서 손뼉치기, 손 흔들기, 앉기, 일어나기, 손가락으로 가리키기 등의 몸짓을 훈련자의 말과 몸짓에 따라 적절하게 반응 또는 모방할 수 있도록 도와준다. 아동에게 익숙한 물건을 훈련자의 지시나 시범에 따라 손가락으로 지적하는 것이 가능하게 되면, 아동이 원하는 것을 지시하여 갖도록 유도한다. 이 활동의 목적은 아동이 자신의 의사를 전달하기 위하여 다소 변별적인 수단을 사용할 수 있다는 것을 가르치기 위한 것이므로, 몸짓에 적절한 소리나 말(예: 주세요, 으-응)을 함께 제시하는 것도 좋다.

활동 3: 자신의 의도를 전달하기 위해 감탄사 사용하기 아동이 자발적으로 사용하는 감탄사를 주시하였다가 그것을 모방함으로써 그 행동을 강화한다. 예를 들어, "아이쿠"는 실수했다는 표현이고, "아야"는 아프다는 표현이고, "어-"는 긍정이나 만족의 표현일 수 있다. 다음에는 놀이를 하며 적절한 감탄사나 다소 과장된 억양 패턴을 유도한다. 예를 들어, 장난감을 떨어뜨리며 "어머", 물을 고의적으로 엎지르며 "아이쿠", 손을 꼬집으며 "아야" 등의 감탄사를 사용한다. 비록 아동이 모방하지 못하더라도 과장된 소리나 감탄사로 아동에게 자극을 준다. 이러한 과장된 소리나 감탄사 사용은 말소리와 얼굴표정에 주의를 기울이도록 도와준다.

(6) 언어발달연령: 9~11개월

활동 1: 환경음 모방하기 소리나는 장난감(예: 차, 북, 종)이나 동물 인형의 소리를 모방하도록 유도한다. 우선 훈련자가 이러한 소리를 모방하고 나서 아동에게 모방하도록 유도한다. 다음에는 차소리, 문 닫는 소리, 전화벨 소리, 물소리 등의 환경음을 녹음하여 적절한 그림이나 물건과 함께 제시하면서 아동의 어떠한 모방의도도 강화해 준다.

활동 2: 적절한 호흡과 혀운동으로 모음과 자음을 명료하게 발음하기 혀운동을 증가시키기 위하여 입술, 치조 또는 입천장에 땅콩버터나 잼 등 아동이 좋아하는 것을 바르고, 혀끝으로 이것들을 먹거나 제거하도록 지시하거나 시범 보인다. 그러나 음식물 삼키기 등에 문제가 있는 뇌성마비아동에게는 특별히 주의하여 불필요한 혀내밀기가 나타나지 않도록 해야 한다. 호흡조절 능력을 증진시키기 위해서는 비누거품이나 깃털, 또는 얇은 종이를 불도록 한다. 점차적으로 부는 거리를 늘려나가도록 한다. 호흡 및 혀운동이 끝나면 모음과 자음이 결합된 소리들을 놀이 속에 삽입시켜 소리연습을 한다.

활동 3: 자음 증가시키기(ㅁ, ㅂ, ㄷ 계열) 땅콩버터나 껌을 사용하여 혀운동을 한다. 훈련자가 [모음+양순음+모음](예: 아빠), [치조음+모음+치조음+모음](예: 띠띠), [모음+비음+비음+모음](예: 엄마), [양순음+모음+비음+양순음+모음+비음](예: 빵빵) 등의 소리를 발음하는 동안 훈련자의 입술, 혀끝, 혀 몸체의 움직임을 주시하도록 한다. 다음에는 이러한 소리들을 적절한 활동과 연결시킨다. 예를 들어, 다음과 같이 할 수 있다.

① "엄-마" 또는 "아-빠"라고 하며 아동의 엄마나 아빠의 사진이나 목소리 테이프를 틀어 준다.
② 나팔을 불기 전과 후에 "따-따-따" 같은 소리를 내게 한다.
③ 아동에게 장난감 자동차를 밀게 하고, "띠띠-빠빠" 또는 "빵빵" 등의 소리를 내게 한다.
④ 문이나 벽을 두드리며 "또-또"또는 "똑똑" 소리를 내게 한다.

(7) 언어발달연령: 11～12개월

활동 1: 초기 낱말로 말하기 아동이 낱말 비슷하게 사용하는 말의 패턴을 주시하였다가, 적절한 상황에서 적합한 낱말을 말해 줌으로써 그러한 시도를 강화시킨다. 훈련자는 주머니에 아동이 알 만한 물건들을 준비했다가 주머니에서 물건 하나를 꺼내어 놀라는 표정과 함께 그 이름을 말해 준다. 아동이 물건의 이름을 따라하거나 자발적으로 말할 때 실제보다 단순화된 형태로 발음하더라도(예: "물"을 "무"로, "풍선"을 "푸"로) 강화해 준다. 무발화장애아동의 경우라도 통합적인 의사소통 능력을 길러 주는 것이 중요하므로 제시된 물건에 해당하는 낱말을 구어와 수화로 동시에 시범 보여 준다.

활동 2: 초기 낱말 반복하기 비록 정확하지는 않더라도 아동이 지속적으로 사용하기 시작한 수화나 낱말이 있는지를 주시하였다가, 그러한 것들에 대하여 모방이나 칭찬 혹은 아동이 원하는 것을 충족시켜 줌으로써 발화를 더욱 강화한다. 아동이 이미 알고 있는 수용어휘 중에서 아동의 주변에 있는 장난감, 옷, 음식 및 사람들을 실물을 가지고 명명함으로써 초기 표현어휘를 증가시킨다.

(8) 언어발달연령: 12~14개월

활동 1: 적어도 3개의 낱말을 일관성 있게 사용하기 아동이 자주 듣는 낱말을 사용할 수 있는 기회를 가능한 한 많이 제공한다. 간식시간에 과자봉지를 손에 든 채로 "뭘 먹을래?" 하고 아동의 자발적인 발어를 유도한다. 아동의 반응이 없을 때는 "이거는 과자인데, 너 뭘 먹을래?" 하며, '과자' 라는 말을 모방하도록 유도한다. 그러나 지나치게 오래 들고 있어서 아동을 좌절시키지는 않도록 해야 한다. 하루 일과를 통하여 아동에게 질문하거나 선택권을 주면서 아동이 아는 낱말들을 계속 유도한다.

활동 2: 새로운 낱말 모방하기 '9~11개월' 단계처럼 소리모방 활동을 통하여 아동의 명명어휘를 확대시킨다. 다음으로 아동과 함께 인형집이나 동물농장, 동화책이나 소꿉놀이 등을 하면서 서너 가지의 새로운 명사, 동사 또는 수식어를 반복적으로 들려준다. 이러한 활동을 반복할 때 아동은 행동 사이사이에 들어가는 낱말들을 예상할 수 있게 된다. 훈련자는 행동 사이에 약간의 시간을 두어 아동이 미리 말할 기회를 주고, 시범을 보인 후에도 시간을 두어 아동이 모방할 기회를 준다.

(9) 언어발달연령: 14~16개월

활동 1: 의사소통을 위하여 몸짓보다는 낱말을 더 자주 사용하기 이 단계의 아동은 자신의 의사를 전달하기 위하여 몸짓(예: 가리키기)이나 낱말을 사용한다. 아동이 알고 있는 낱말을 몸짓으로 표현할 때 훈련자는 아동이 몸짓보다는 낱말을 사용하도록 촉구한다. 이전 단계에서는 의사소통적인 몸짓을 강화해 주었지만, 이 단계에서는 아동이 손가락으로 자신이 원하는 것을 가리킬 때 "뭘 달라고?" 하며 말로 표현할 기회를 준다.

활동 2: 적어도 7개의 낱말을 일관성 있게 사용하기 아동의 표현어휘를 늘리기 위해서 원하는 것을 선택하기, 인형에게 행동을 명령하기(예: 먹어라, 자라, 앉아라), 그림이나 사물

명명하기 등의 활동을 통하여 자발적인 단단어를 유도한다. 아동에게 익숙한 노래나 이야기를 하는 도중에 낱말 하나씩을 빠뜨리는 것도 좋은 방법이다. 또한 "더" 혹은 "또"라는 말을 자발적으로 사용하도록 여러 가지 기회를 제공한다. 예를 들어, 아동이 과자를 다 먹었을 때 훈련자가 과자봉지를 들고 "더?" 라고 묻는다.

(10) 언어발달연령: 16~18개월

활동: 자음 확대시키기(ㄴ, 받침ㅇ, ㄱ계열, ㅎ) 훈련자가 위의 자음들을 여러 가지 모음과 결합하여 발음할 때 아동이 훈련자의 입이나 혀의 모양을 주의하여 쳐다보고 나서 모방하도록 한다. 다음에는 이러한 음절이나 낱말들을 적절한 놀이활동과 결합시켜서 연습시킨다. 예를 들어, 다음과 같이 할 수 있다.

① 음악소리가 나는 장난감을 조작하며 "나–나–나"
② 장난감을 천으로 덮어 놓고, 천을 들출 때마다 "아–하"
③ 호랑이 인형이나 그림을 갑자기 보여 주며 "어흥"
④ 실로폰은 치며 "딩–동–댕"
⑤ 거울에 입김을 불며 "호–호–호"

소리모방을 촉진시키기 위하여 낱말을 동반한 행동모방 활동도 좋다(예: 코-코-코-코를 만져라, 눈–눈–눈–눈을 만져라, 귀–귀–귀–귀를 만져라). 정확한 조음은 훨씬 후에 가능하므로 목표낱말과 유사한 발음에 대해서는 강화시켜 준다.

(11) 언어발달연령: 18~20개월

활동 1: 아동의 표현어휘를 20개 이상 증가시키기 '14~16개월' 단계에서의 표현어휘 늘리기 활동을 계속한다. 추천할 만한 범주별 어휘들은 다음과 같다.

① 음식물: 사과, 우유, 주스, 딸기
② 의류: 신발, 양말, 바지, 모자, 장갑
③ 장난감: 공, 차, 인형, 책, 자전거
④ 신체부위: 눈, 코, 입, 머리, 손, 발, 이
⑤ 사람: 엄마, 아빠, 언니, 누나, 오빠, 형, 아동의 이름

⑥ 익숙한 물건들: 숟가락, 컵, 빗, 불, 화장실, 침대,
⑦ 일상적인 행위: 먹는다, 잔다, 씻는다, 선다, 앉는다

활동 2: 2개의 낱말로 된 문장을 완성하기 처음에 가르치기에 좋은 2낱말 문장은 아동의 요구가 환경적인 조작으로 충족될 수 있도록 하는 [대상+행위](예: 과자 주세요, 문 열어 주세요)의 문장이다. [소유자+소유](예: 내 코)나 [수식+실체](예: 큰 차)도 초기에 나타나는 문장형태이다. 하루 일과 중 기회가 있을 때마다 이러한 문장들을 사용할 기회를 준다. 예를 들어, 아동이 방에 들어오거나 나갈 때, 훈련자는 문고리를 잡은 채로 "뭘 해 줄까요?" 하고 물음으로써 아동의 2낱말 문장을 유도한다.

(12) 언어발달연령: 20~22개월

활동: 자신의 경험을 2낱말 문장으로 이야기하기 아동에게 "지금 뭐하고 있지요?" 혹은 "무얼 먹고 있지요?"라고 물어서 아동 자신이 하고 있는 일을 말할 기회를 준다(예: 공 던져요, 과자 먹어요, 그림 그려요). 아동이 단단어 문장으로 반응하면 그 반응 자체는 강화해 준 후에 2낱말 문장으로 다시 말한다.

(13) 언어발달연령: 22~24개월

활동 1: 이름을 사용하여 자신을 지칭하기 아동에게 "이름이 뭐지요?"라는 질문에 대답할 수 있도록 가르친다. 다음에는 아동 자신의 사진을 보여 주며 "이게 누구예요?"라고 묻고 그에 적절하게 대답하게 한다. 거울 속에 비친 아동의 상을 가리키며 물을 수도 있다. 마지막으로 아동이 또래아동의 이름을 부른 후 자신의 이름을 말하도록 하는 훈련도 한다.

활동 2: 소유대명사(내, 네)를 사용하기 아동과 마주 보고 앉아서 아동에게 "코를 만져요"라고 하며 훈련자도 자신의 코를 만진다. 다소 과장되게 "내 코"라고 말하고, 아동에게도 말하게 한다. 훈련자는 아동이 "내 코"라고 모방하자마자 아동의 코를 가리키며 "이게 누구 거예요?"라고 물어서 자발적인 [소유자+소유]의 구를 유도한다. 이러한 활동을 ["내"+신체부위]와 ["내"+옷 종류]의 형태로 다양하게 훈련한다. 다음에는 아동의 손을 다른 아동이나 인형의 코에 대게 한다. 훈련자는 다소 과장되게 "네 코"라고 말하고 아동에게 모방하게 한다. 차츰 "네+신체부위"와 "네+옷 종류"의 다양한 형태

로 훈련한다.

(14) 언어발달연령: 24~27개월

활동 1: [행위자+행위]의 문장을 사용하기 [행위자+행위](예: 엄마 먹어요)의 구는 [대상+행위], [수식+실체] 및 [소유자+소유]의 구보다 늦게 습득되는 형태이다. 훈련자가 어떤 행동(예: 제자리 뛰기)을 하면서 "내가 지금 뭘하고 있지요?" 라고 묻는다. 아동이 "뛰어요" 라고 행위만을 이야기하면 "선생님이 뛰어요" 라고 아동의 문장을 확장시켜 준다. 가능한 행동들은 "-이(가) 세수해요, 마셔요, 자요" 등이다. 다음에는 이 활동을 아동 자신이나 아기 또는 동물 인형을 행위자로 하여 다양화시킨다(예: "돼지가 자요"). 또한 행동 그림이나 사진을 보며 [행위자+행위]의 문장을 유도할 수도 있다.

활동 2: 아동의 표현어휘를 50개 정도로 증가시키고, 2~3개의 낱말로 된 구나 문장을 사용하기 아동이 50개 정도의 표현어휘를 습득하면 2~3개의 낱말을 연결하는 문장을 형성하기 시작한다. 2~3낱말 문장을 가르치기 위해서는 우선 '18~20개월' 의 활동 1에서와 같은 방법으로 아동의 어휘를 50개 정도로 늘려야 한다. 다음으로 2낱말 문장을 유도하기 위해서 아동에게 2개의 그림을 제시하고 그 2개를 연달아 명명하도록 한다. 이 활동을 통하여 [대상+행위](예: 접시 닦는다), [소유자+소유](예: 아가 머리), [행위자+행위](예: 엄마 닦는다) 등의 다단어 구나 문장을 유도할 수 있다. 마찬가지 방법으로 3낱말 문장도 3개의 그림을 연달아 명명하게 한다. 이 활동을 통하여 [행위자+대상+행위](예: 엄마 접시 닦는다)이나 [행위자+장소+행위](예: 아가 침대 자) 등의 문장을 유도할 수 있다.

활동 3: 자신의 개인적인 필요를 2~3낱말 문장으로 요구하기 우선 아동이 자신의 필요를 표현하려는 의도가 있는지 그리고 표현한다면 어떠한 몸짓 또는 문장구조를 사용하는지를 관찰한다. 아동이 자신의 필요를 표현하려는 시도가 있을 때마다 관심과 칭찬으로 강화한다. 대개 용변이나 먹는 것, 입는 것에 대한 표현이 가장 먼저 학습된다. 훈련자는 아동의 표현(예: "양말")을 이용하여 2~3낱말 문장(예: "양말 신어?" "빨간 양말 신어?")으로 확대시키고 아동에게 이를 모방하도록 한다.

활동 4: 의문사(무엇, 어디, 누구)를 사용하여 질문하기 질문하기는 또래아동과의 집단 활동에서 쉽게 유도될 수 있다. 훈련자가 한 아동에게 질문하면 아동은 대답하고, 다시 똑같은 질문을 다른 아동에게 한다. 집단활동이 어려울 경우에는 엄마나 형제를 참여시켜서 돌아가며 질문하도록 한다. '무엇' 질문을 유도하기 위하여 상차리기나 가게 게임을 할 수 있다. 아동 앞에 상이나 쟁반만을 놓고 그 위에 놓을 음식이나 그릇들은 훈련자 앞에 놓는다. 훈련자가 "뭘 줄까요?" 라고 질문하여 아동이 원하는 것을 자신의 상차리기에 쓸 수 있도록 한다. 상차리기가 끝나면 훈련자와 아동의 역할을 바꾼다. '누구' 질문을 유도하기 위해서 노크하기 게임을 할 수 있다. 아동이 종이문을 두드리면 훈련자는 "누구세요?" 하고 묻는다. 다시 아동과 훈련자의 역할을 바꾸어 아동이 "누구세요?" 하고 묻는다. 여러 가지 동물 인형들을 이용하여 아동의 흥미를 끌도록 한다. '어디' 질문을 유도하기 위하여 회사, 가게, 학교 등의 그림을 방 여기저기에 흩어 놓고 가족인형을 적절한 장소로 보낸다. 예를 들어, 아빠 인형을 보고 엄마 인형이 "어디 가세요?" 하고 물으면 아빠 인형은 "회사" 라고 대답하고는 회사 그림으로 걸어간다. 같은 방법으로 오빠 인형은 학교로, 엄마 인형은 가게로 보내며 '어디' 질문을 모방 또는 자발적으로 사용하게 한다.

(15) 언어발달연령: 27~30개월

활동: 일관성 있게 2~3낱말 문장을 사용하기 '24~27개월' 단계에서와 같은 활동을 계속한다. 전 단계에서 모방으로 사용하기 시작한 2~3낱말 문장들의 수를 증가시킨다. 특히 [수식+실체]의 구조에서 다양한 형용사를 연습시키면 좋다. 이 단계에서는 아동의 단단어 문장은 될 수 있는 대로 2~3낱말의 구나 문장으로 확장하여 준다.

(16) 언어발달연령: 30~33개월

활동 1: '여자' 와 '남자' 표현하기 콜라주를 이용하여 '여자' 와 '남자' 를 연습시킨다. 아동이 여아라고 한다면 우선 아동 자신의 사진을 여자 그림책에 붙이며 "나는 여자예요" 라고 말하게 한다. 아동이 아는 여자의 사진을 오려서 '여자' 어휘책에 붙일 때마다 "…는 여자예요" 를 반복한다. 다음에는 아동과 다른 성, 즉 남자의 사진(예: 아빠, 오빠, 할아버지)을 '남자' 어휘책에 붙이며 "…는 남자예요" 라고 말하게 한다.

활동 2: 3낱말 문장을 자발적으로 사용하기 아동이 자발적으로 사용하는 2낱말 문장을 주시하였다가, 그것을 3낱말 문장으로 확장시켜서 시범을 보인다. 예를 들어, 아동이 "주스 더" 라고 하면 훈련자는 "주스 더 주세요?" 라고 한다. 또한 위치어를 가르치면

[실체+장소]의 의미관계에서 쉽게 3낱말 문장으로 확장시킬 수 있다. 위치어를 가르치기 위해서는 우선 아동이 그 위치를 확실히 아는 것을 이용한다. 예를 들어, "입은 코 아래" "아가는 의자 위에" "물은 컵 안에" 등의 당연한 위치를 이용하여 가르친다. 행동으로도 "의자 위에 앉아요" "이불 속에 누워요" 등의 자연스러운 위치를 이용하여 가르칠 수 있다.

활동 3: 위치어 확대시키기(옆, 뒤, 앞) 활동 2에서와 같이 아동에게 익숙한 상황을 이용하여 '옆' '뒤' '앞' 의 위치어를 훈련시킨다. 예를 들어, "숟가락은 젓가락 옆에" "거울은 엄마 앞에" "머리는 얼굴 뒤에" 등의 구를 사용한다. 또한 토끼 인형을 여기저기 숨기면서, "토끼가 어디 숨었지?" 와 같은 질문으로 '옆' '뒤' '앞' 이 포함된 문장을 유도할 수 있다.

(17) 언어발달연령: 33~36개월

활동 1: 현재와 과거형 동사를 바르게 사용하기 우선 아동에게 동사의 현재와 과거의 형태를 자주 말해 주어 아동에게 동사가 여러 형태로 사용될 수 있다는 것을 인식시켜 준다. 과거에 행한 일에 대하여 말하는 것이 지금 하고 있는 일에 대하여 말하는 것보다는 더 자연스럽고 수월하므로 현재형보다는 과거형 동사를 먼저 가르치는 것이 좋다. 과거형 동사를 유도하기 위해서는 아동에게 어떤 활동(예: 그림그리기, 간식먹기 등)이 완료된 순간을 이용하여 "뭘 했지요?" 하고 질문한다. 현재형 동사를 유도하기 위해서는 스냅사진을 이용하거나 아동이 어떤 활동을 하고 있을 때 "…가 지금 뭘 하고 있지요?" 하고 질문한다. 현재 아동이 하고 있는 행동에 대하여 물을 때, 훈련자의 질문에 주목하기 위해 아동이 행동을 중단하지 않도록 조심해야 한다. 훈련자에게 주목하기 위해 행동을 멈춘다면 그 행동은 더 이상 진행형이 아니기 때문이다.

활동 2: 어려운 사음 사용하기(ㅅ 계열, ㅈ 계열, ㄹ 계열) 훈련자가 ㅅ, ㅈ, ㄹ 계열의 자음들을 여러 가지 모음들과 결합하여 발음할 때 아동이 훈련자의 입모양을 주의 깊게 쳐다보고 나서 모방하도록 한다. 다음에는 이러한 음들을 적절한 놀이활동과 결합시켜서 연습시킨다. 예를 들어, 장난감 뱀을 기어가게 하며 "ㅅ-ㅅ-ㅅ-ㅅ-", 천으로 덮여진 장난감을 들추며 "짠", 딸랑이를 치기 전에 "딸랑딸랑", 모형사진기를 작동하며 "찰칵", 실에 꿰인 구슬을 수직으로 훑어 내리며 "주루룩", 팔을 머리 위에서 크게 흔들며

"솔솔" 등과 같이 소리연습을 한다. 목표음과 유사한 발음도 일단 강화해 주고 나서 바르게 시범을 보인다.

제14장 특정 언어치료 프로그램

I. 스크립트 문맥을 이용한 언어치료

1. 이론적 근거

스크립트(script) 이론은 성인이 특정한 시간적, 공간적 문맥 속에서 어떻게 문맥적인 상황이나 그 단계적인 구성행위들을 이해하는지에 대한 성인의 정보처리 과정을 연구하기 위한 컴퓨터 모델로 시작되었다. Schank와 Abelson(1977)은 스크립트를 '어떤 특정한 문맥 속에서 진행되는 단계적인 일련의 사건들을 설명하는 구조'라고 정의하였다. 스크립트 연구자들에 의하면 일상적인(routinized) 상황문맥은 그 즉각적인 상황에 대하여 화자 간에 공유하는 상황지식(shared event knowledge)을 제공해 주며, 그 결과 아동에게 그 상황에서 늘 쓰이는 상황언어(situation-specific utterances)를 배우는 학습의 기회를 제공해 준다. 즉 익숙하고 일상화된 상황적인 문맥 속에서 아동은 쉽게 성인의 말을 예견할 수 있으며, 그러한 성인의 언어와 그 상황 간의 관계를 인지적으로 연결시킴으로써 상황적인 언어를 학습하게 된다(Lucariello, Kyratzis, & Nelson, 1983; Lucariello & Nelson, 1982; Nelson, 1986; Nelson & Gruendel, 1979, 1981).

이러한 성인 정보처리 과정으로서의 스크립트 이론은 Nelson, Bruner, Snow 등에 의해 아동의 언어습득에 있어서 사회적, 인지적 문맥이 얼마나 중요한가를 설명하는 데 적용되었다(Bruner, 1975, 1978; Ninio & Bruner, 1978; Ratner & Bruner, 1978; Snow & Goldfield, 1983).

Nelson과 그의 동료들에 의하면 아동의 상황지식은 부모-아동 간에 언어 사용을 촉진시켜 주는 경향이 있으며 그 근거는 다음과 같다. 첫째, 이것은 현재의 즉각적인 상황에 대한 공유지식을 제공한다. 둘째, 부모는 아동의 언어를 쉽게 해석할 수 있다. 셋째, 이러한 문맥은 아동에게 언어를 습득할 수 있는 최대한의 기회를 제공해 준다. 그들은 아동의 언어습득에 있어서 공유된 인지적 문맥이 얼마나 중요한가를 강조하였다. 언어습득 초기에는, 아동이 의사소통을 하려는 의도가 없이도 말을 사용하는 경우를 볼 수 있다. 결국 이러한 공유된 상황지식은 아동에게 자신의 말과 그 말이 갖는 언어적 기능의 관계를 깨닫도록 해 준다.

McLean과 그의 동료들이 효율적인 언어치료 방법으로 제시하고 있는 일상적 공동활동(joint action routine) 역시 스크립트 상황의 일종이다(McLean & Snyder-McLean, 1978). 이들 스크립트나 일상적 결합활동은 ① 아동에게 일상화된 상황, ② 특정적이고 통일된 주제, ③ 논리적인 순서에 따른 구성행동들 및 ④ 예견할 수 있는 활동의 결말과 같은 특징을 갖는다. Snow와 Goldfield(1983)는 11개월 동안 부모-아동의 대화를 연구하였는데, 그림책 읽기 문맥에서 사용된 아동의 언어는 같은 그림책 읽기 문맥에서 그의 엄마가 사용했던 언어에 그 기원을 두고 있음을 보고하였고, 학습상황의 일상화와 그러한 상황에서 쓰이는 성인언어의 예견성이 언어학습의 중요한 요소라고 제의하였다. Conti-Ramsden과 Friel-Patti(1986)는 스크립트의 정도(예: 상황의 친숙도)를 다르게 조절한 세 가지 상황들 속에서 아동의 의사소통 행동이 어떻게 달라지는가를 연구하였다. 아동의 언어를 분석한 결과, 좀 더 스크립트화된 상황에서 아동은 좀 더 복잡하고 긴 문장을 사용하며, 좀 더 발달된 대화기능(예: 대화의 자발적 유도, 대화의 순서 채우기)을 나타내었다. Snow, Perman과 Nathan(1986) 역시 스크립트 정도가 높은 문맥에서 아동의 평균형태소길이(MLU-m)가 더 길어지고, 문법 형태소의 사용이 좀 더 다양화됨을 보고하였다.

Harrison(1989)은 60명의 2~5세 아동의 수용언어를 여러 가지 문맥 속에서 검사하였다. 그 결과 스크립트 문맥은 특히 4세 아동의 문장이해력을 촉진시키는 것으로 나타났다. 또한 문맥의 스크립트적인 조직은 아동이 문장을 이해할 때 실현 가능성 전략을 사용하도록 하는 데 주요한 역할을 하는 것으로 분석되었다. 즉 스크립트 문맥은 아동이 문장을 이해할 때 인지적 전략을 사용하도록 도우며, 결과적으로 문장이해 능력을 촉진시켜 준다고 볼 수 있다. French(1986)는 언어가 사용되는 상황적인 문맥이 아동에게 익숙할 때 관계어를 습득하는 데 도움이 된다고 보고하였다. 그가 스크립트 문맥에서 연구한 유아원 아동은 '먼저(before)' 나 '나중(after)' 과 같은 시간적 관계어나 '혹은(or)' '때때로(sometimes)' 등과 같은 선택적 관계어, 그리고 '왜냐하면(because)' 과 같은 인과적 관계어의 사용이 문헌에서 보고된 시기보다 빨리 사용되었다.

언어장애아동에게 스크립트 문맥을 이용하여 표현 및 수용언어를 훈련시킨 사례들도 보고되었다(Constable, 1986; Kim & Lombardino, 1991). 스크립트나 일상적 결합활동을 언어장애아동에게 적용한 보고서들은 스크립트나 일상적 결합활동 문맥을 언어훈련에 사용할 때 유용한 몇 가지 방법을 제시하였는데, 그러한 방법들은 ① 스크립트 안에서 주고받는 대화(turn-taking)의 기회를 많이 가질 것, ② 상황적 언어를 활동 속에서 많이 사용할 것, ③ 아동이 일단 스크립트에 익숙해지면 의도적으로 스크립트를 위반하는 사건을 만들어 아동의 자발적인 언어를 유도할 것 등이다.

2. 스크립트 문맥의 활용 절차

스크립트 문맥을 언어치료에 활용하기 위해 필요한 절차는 다음과 같다.

(1) 단기적인 목표언어의 구조를 계획한다

스크립트 문맥을 통해 계획할 수 있는 언어구조는 수용언어/표현언어, 의미론/구문론/화용론 등 다양하다. 문헌에서 보고되었던 목표 언어구조는 2~3낱말 의미관계(예: 대상-행위, 행위자-행위, 대상-장소-행위 등)의 표현 또는 이해하기, 화용적인 기능(예: 대답하기, 사물 요구하기, 행동 요구하기, 거부하기 등) 사용하기 등이다. 그 외에 조사나 문장어미 등에 중점을 둔 목표 언어구조도 가능할 것이다.

(2) 아동에게 익숙하며 주제가 있는 일상적인 활동(스크립트)을 선정한다

아동의 머릿속에서 그 활동의 순서가 이미 익숙한 활동을 선택한다. 예를 들어, 생일잔치라는 주제활동이 주어질 경우 생일축하 노래를 부르고 나서 케이크에 꽂혀 있는 촛불을 불고, 케이크를 자르는 일련의 행동들을 떠올릴 것이다. 목욕 스크립트도 자주 사용되는데 인형을 목욕시킬 때 비누칠하는 행동, 물로 헹구는 행동, 머리 감는 행동, 마른 수건으로 몸을 닦는 행동들이 자연스럽게 떠오르기 때문이다. 이렇게 익숙한 활동을 선택하는 것은 아동이 상황이나 문맥을 이해하는 데 신경을 쓰느라 막상 말에는 주의를 집중하지 않는 문제를 없애기 위한 것이다.

(3) 선택한 스크립트 속에 포함될 하위행동들을 나열한다

생일잔치나 목욕하기 등의 익숙한 스크립트라도 아동의 경험에 따라서 그 하위행동들은 조금씩 다를 수 있으며, 주제에 핵심적인 하위행동이 있는가 하면 부수적인 하위행동들도 있다. 예를 들어, 폭죽 터트리기나 선물 열어 보기 등의 하위행동은 촛불끄기, 케이크 먹기 등의 하위행동에 비해서는 부수적이다. 하위행동의 범위를 정하는 것은 해당 하위행동이 목표언어를 유도해 내는 데 필요한가 여부에 따라서 정하는 것이 바람직하다. 신체결함으로 인하여 전체 스크립트를 다 끝내는 데 시간이 오래 걸리는 경우나 인지 및 언어 수준이 매우 낮아서 다양한 하위행동들보다는 짧은 스크립트를 여러 번 반복하는 것이 더 나은 경우에는 하위행동들을 최소한으로 줄이는 것도 좋은 방법이다. 자폐성장애아동처럼 일상의 변화를 싫어하는 경우에는 너무 똑같은 하위행동들만 반복해서 고착되지 않도록 매 회기 약간씩의 변화를 주는 것도 좋은 방법이다.

(4) 선택한 하위행동 마다 구체적인 목표언어를 계획한다

하위행동 옆에 목표언어를 기재한다. 목표언어는 실제 아동이 배울 말로서, 지시에 따르게 하거나(수용언어 증진이 목표인 경우) 말하게(표현언어 증진이 목표인 경우) 할 내용이다. 예를 들어, 생일파티 스크립트에서 목표 언어구조가 2낱말 의미관계 "장소-행위"의 표현이라면, "머리에(모자를) 써" "케이크에(초를) 꽂아" "접시에(케이크를) 담아" "냅킨 위에 놔" "휴지통에 넣어" 등의 목표언어를 설정할 수 있다.

(5) 불필요한 하위행동을 삭제한다

목표언어를 끼워넣기에 적절하지 않은 하위행동들은 스크립트에서 제외시킨다. 이때 설정한 스크립트의 핵심행동이나 아동이 특히 좋아하는 하위행동은 가능한 한 유지하도록 하고, 그 외 목표언어를 유도할 수 없는 하위행동들은 시간을 절약하기 위하여 제외시키는 것이 좋다.

(6) 목표언어를 유도할 수 있는 상황이나 발화를 계획한다

목표 언어구조나 기능에 따라서 하위행동을 하면서 유도해야 하는 말이나 상황이 있

을 수 있다. 이러한 유도 상황이나 말은 미리 계획을 하되, 치료회기 동안에는 아동의 반응에 따라 그 표현이나 상황을 융통성 있게 활용하는 것이 좋다. 예를 들어, '부정/거부' 기능을 유도하기 위해서는 아동이 선호하는 컵 대신 다른 컵을 우선 제시하는 것이 적절하고, '주장하기' 기능을 유도하기 위해서는 두 가지 이상의 컵을 제시해서 "이거/그거(주세요)"라고 주장할 수 있는 상황을 만들어 주는 것이 중요하다. 〈표 14-1〉은 취학전 아동에게 자주 사용되는 스크립트의 예이다.

표 14-1 생일잔치 스크립트의 예

스크립트	하위행동	유도상황/발화	가능한 목표언어	목표 언어구조	
				의미관계	화용적 기능
생일잔치	상자에서 케이크/작은 빵 꺼내기	잘 안 열리는 케이크 상자를 아동에게 준다	"케이크/빵 꺼내 주세요" "이거 열어 주세요"	대상-행위	물건 요구
	상자 위에 케이크 올려놓기	케이크를 다시 상자 속이나 책상 아래에 놓으려고 한다	"위에 놓아요"	장소-행위	행동 요구
	초 꽂기	초를 꽂지도 않고 성냥을 켜려고 한다	"초/이거 꽂아요"	대상-행위	행동 요구
	성냥으로 촛불 부치기	"이걸로 뭐할까?"	"성냥 켜요" "촛불 붙여요"	대상-행위	행동 요구
	생일 노래 부르기	"누가 노래 부를까?"	"선생님이 부르세요"	행위자-행위	행동 요구
	촛불 끄기		"내가 불래요"	행위자-행위	주장
	초 빼기	"누가 뺄까?"	"내가 뺄래요"	행위자-행위	주장
	칼로 자르기	"선생님이 자를까?"	"내가 자를래요"	행위자-행위	주장
	접시에 놓기	케이크를 들고 두리번거린다	"접시에/여기에 주세요"	장소-행위	행동 요구
	포크로 먹기	포크를 꺼내 놓지 않는다	"포크 주세요" "포크로 먹을래요"	대상-행위, 도구-행위	물건 요구, 주장
	휴지로 입 닦기	휴지와 종이, 또는 수건을 선택하게 한다	"휴지 주세요" "휴지로 닦을래요"	대상-행위, 도구-행위	행동 요구, 주장
	휴지통에 휴지 넣기	닦은 휴지를 들고 두리번거린다.	"휴지통에 버리세요/넣으세요"	장소-행위	행동 요구
		휴지통으로 던진다.	"(안) 들어갔어요"	(부정)-상태	서술
	주스를 컵에 따르기	좋은 컵과 낡은 컵, 색이 다른 컵 등을 준비한다.	"그 컵 싫어요" "빨간 컵 주세요"	체언수식-실체-서술, 체언수식-대상-행위	거부, 물건 요구
	주스 마시기	주스를 마시며 맛없는 척을 한다.	"이거/이 주스 맛있어요" "이거/이 주스 시원해요"	체언수식-실체-상태	서술

(7) 계획한 활동들을 체계적으로 변화시키면서 여러 회기 동안 반복하여 실시한다

계획한 목표언어의 사용 수준(종료준거)를 미리 정하여 아동이 그 준거에 도달할 때까지 매 회기 같은 활동을 반복하거나 아동이 싫증내지 않도록 세 가지 정도의 유사한 스크립트 활동을 매번 바꿔가면서 실시한다. Kim, Yang과 Hwang(2001)의 연구에서는 아동이 반복되는 스크립트에 싫증을 내지 않고 일반화도 촉진할 수 있도록 체계적인 스크립트 변형절차를 사용하였다. 평균낱말길이가 약 1.5 정도 되는 4명의 언어발달지체아동을 대상으로 간식스크립트와 공작스크립트를 〈표 14-2〉와 같이 체계적으로 변형시켰는데, 치료단계를 세 하위단계로 나누고 각 하위단계의 종료준거를 정확도 60% 또는 9회기로 정하여 각 하위단계마다 중복된 활동과 새로운 활동을 넣어서 훈련을 실

표 14-2 중재의 각 단계별 목표언어와 목표문장의 예

		중재 1단계(기본단계)	중재 2단계(변형단계)		중재 3단계(변형단계)	
목표 언어 구조		대상–행위 배경(장소)–행위	대상–행위 배경(장소)–행위 대상–배경(장소)–행위 행위자–대상–행위		대상–행위 배경(장소)–행위 대상–배경(장소)–행위 행위자–대상–행위	
목표 문장의 예	간식 스크립트	활동 (과자 샌드 만들기)	중복 활동 (과자 샌드 만들기)	새로운 활동 (코코아 우유 만들기)	중복 활동 (코코아 우유 만들기)	새로운 활동 (식탁 차리기)
		"과자 주세요" "그릇에 놓아" "잼 떠 과자에 발라" "과자 덮어" "접시에 담아"	"과자에 발라" "과자 덮어" "접시에 담아"	"우유 컵에 부어" "코코아 넣어" "00가 우유 저어"	"우유 컵에 부어" "코코아 넣어" "00가 우유 저어"	"쟁반에 놓아" "과자 샌드 쟁반에 놓아" "00가 간식 먹어"
	공작 스크립트	활동 (그림에 색칠하기)	중복 활동 (그림에 색칠하기)	새로운 활동 (그림 잘라 붙이기)	중복 활동 (그림 잘라 붙이기)	새로운 활동 (주사위 만들기)
		"크레파스 꺼내" "종이에 그려" "뚜껑 열어" "물감 짜" "그림에 색칠해" "물에 씻어"	"물감 짜" "그림에 색칠해" "물에 씻어"	"00가 그림 잘라" "종이에 풀칠해" "그림 종이에 붙여"	"00가 그림 잘라" "종이에 풀칠해" "그림 종이에 붙여"	"00가 종이 접어" "테이프 종이에 붙여" "주사위 던져"

출처: Kim, Yang, & Hwang, 2001.

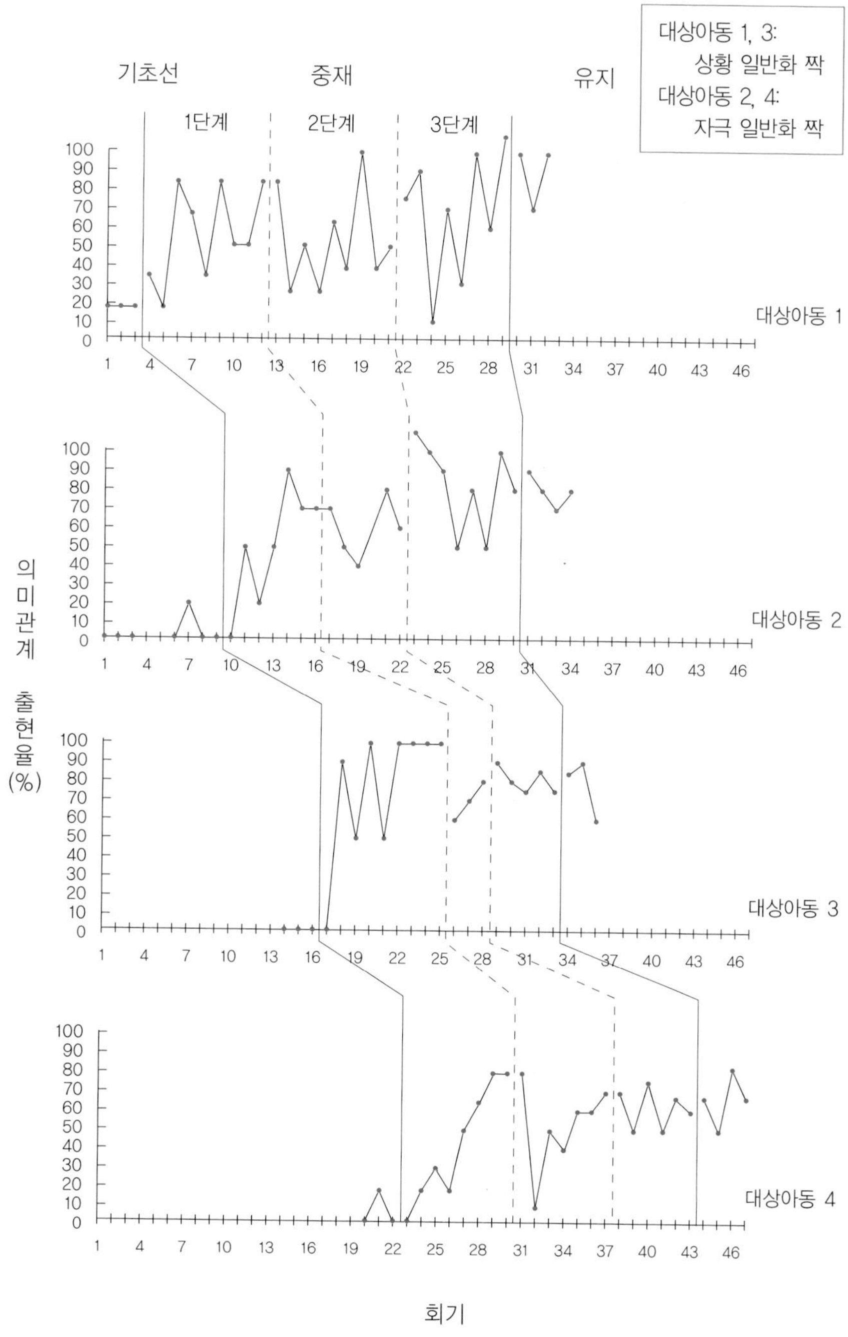

그림 14-1 대상아동 4명의 습득 및 유지 효과

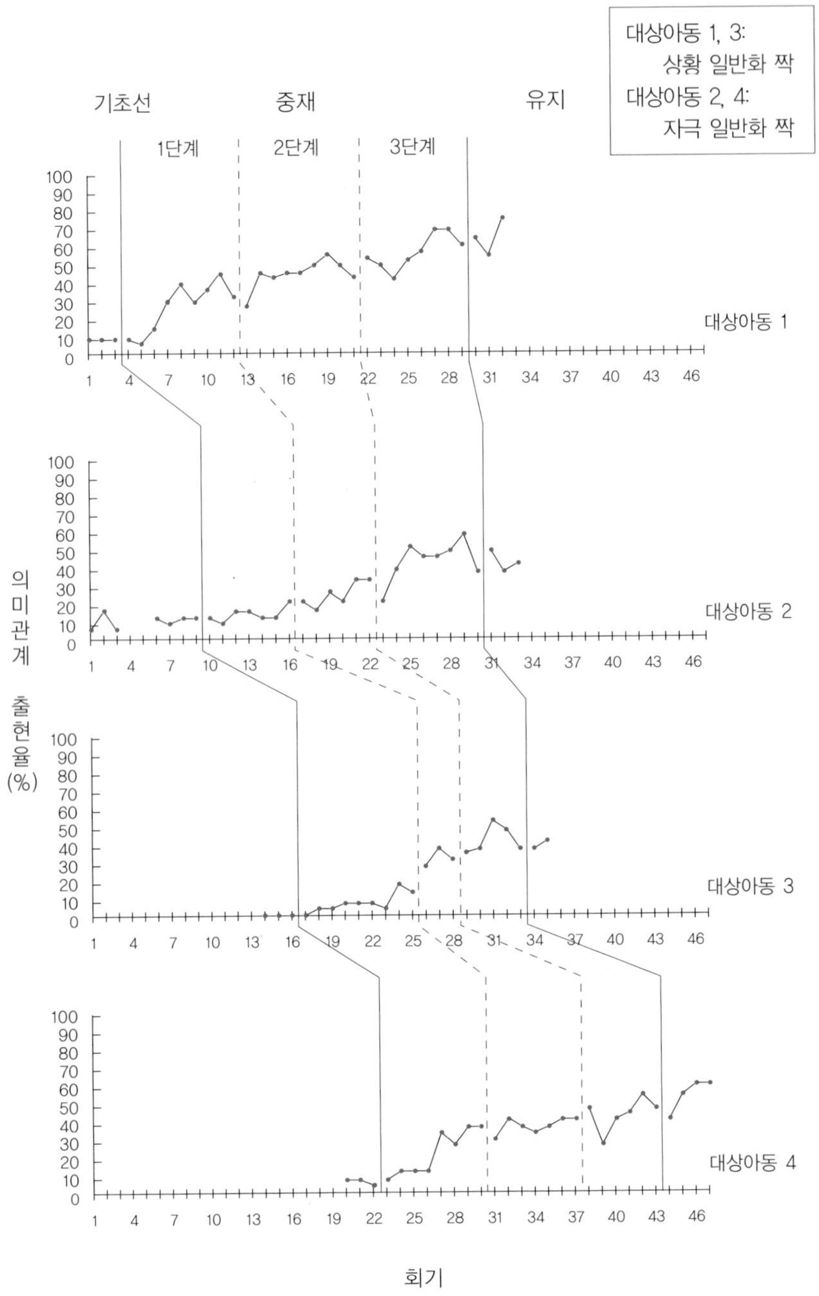

그림 14-2 스크립트 문맥을 이용한 표현언어의 일반화 효과

시하였다. 즉 완벽하게 못하더라도 절반을 약간 넘게 익혔거나 9회기 정도 훈련을 받은 후에는 반 정도의 새로운 훈련요소가 들어가서 훈련하고, 또 절반을 약간 넘게 익혔거나 9회기 정도 훈련을 받은 후에는 다시 절반 정도의 새로운 훈련요소를 첨가하여 훈련하였다. 연구 결과 스크립트 문맥활동에서 제한점으로 제기되는 일반화(자극 및 반응)에 매우 긍정적인 효과를 나타냈다. 습득 및 유지효과는 [그림 14-1]에, 일반화 효과는 [그림 14-2]에 제시하였다.

II. 낱말찾기 훈련

1. 낱말찾기 장애의 특성

낱말찾기 장애(word-finding deficit)는 어떤 상황이나 자극하에서 특정한 낱말을 산출하는 데 어려움을 갖는 것이다. 언어습득이나 사용에 있어서 어휘습득 및 사용의 역할이 매우 중요하기 때문에 이처럼 낱말찾기에 장애를 갖는 아동은 다른 언어영역에서도 어려움을 갖는 경우가 많다. 이러한 사실은 언어발달에 문제를 보이는 언어발달장애아동이나 언어학습장애아동이 낱말찾기에 어려움을 보이는 경우가 많다는 선행연구의 결과들(Denckla & Rudel, 1976; German, 1979; Lahey & Edwards, 1996; Leonard et al., 1983)을 통해서도 짐작해 볼 수 있다.

낱말찾기 장애는 특히, 지적 능력이나 사회적 능력, 그리고 말 산출과 관련된 구조적 결함이 없음에도 불구하고 언어발달에 장애를 보이는 단순언어장애아동에게서 많이 보고되어 왔다(Fried-Oken, 1984, 1987; Kail et al., 1984; Leonard et al., 1983; McGregor, 1997; McGregor & Windsor, 1996). 이러한 아동을 대상으로 한 초기연구들은 대부분 성인을 대상으로 한 이름대기 연구에서 많이 사용되어 온 그림 이름대기(대면 이름대기, confrontation naming) 과제를 사용하였다. 그림 이름대기 과제는 목표낱말을 그림으로 제시하고 가능한 빠르고 정확하게 산출하도록 하는 것으로, 주로 반응정확도와 반응시간을 통하여 그 수행결과를 측정한다(Goodglass & Wingfield, 1997). 선행연구의 결과들은 대체로 단순언어장애아동이 일반아동에 비하여 이름대기 과제에서 반응정확도가 뒤떨어지며 반응시간도 지연된다는 결과를 보고하였으며, 그러한 결과를 통하여 단순언어장애아동이 일반아동에 비하여 낱말찾기 장애를 더 많이 나타낸다고 설명하였다(Fried-Oken, 1984, Fried-Oken, 1987에서 재인용; Leonard et al., 1983).

이처럼 단순언어장애아동이 낱말찾기에 어려움을 보이는 것과 관련하여 Kail 등(1984)은 저장가설(storage hypothesis)과 인출가설(retrieval hypothesis)의 두 가지로 그 원인을 설명하였다. 저장가설은 낱말찾기 장애가 어휘력이 빈약하거나 의미기억 속에 목표낱말을 정확하게 표상하지 못하기 때문에 발생한다고 설명하는 입장이며, 인출가설은 이미 기억 속에 저장되어 있는 어휘들을 효율적이며 정확하게 인출하지 못하기 때문에 나타난다고 보는 입장이다. 일부 연구자들은 실험이나 중재연구를 통하여 단순언어장애아동이 낱말찾기에 어려움을 갖는 것은 목표낱말을 의미기억 속에 잘 표상하지 못하였기 때문이라고 설명하며 제한된 어휘 저장 능력을 낱말찾기 장애의 주요 원인으로 보았다(Kail et al., 1984; McGregor & Leonard, 1989; McGregor, 1994). 반면 Lahey(1988)나 Carrow-Woodfolk와 Lynch(1982)와 같은 연구자들은 의미나 형태가 원활하게 연결되지 않기 때문에 정확한 낱말을 인출하는 데 어려움을 보인다고 설명하여 낱말찾기 장애는 인출 능력의 결함에 더 큰 영향을 받는다고 보았다(German, 1994에서 재인용). 그러나 이들 연구자들은 대부분 두 가지 요인이 모두 낱말찾기 장애에 영향을 미친다는 점에서는 일치하고 있으며, 그중 어느 요인이 단순언어장애아동의 낱말찾기 장애를 설명해 줄 수 있는가에 관심을 갖고 있다.

최근 들어 일부 연구자들은 이름대기에서 아동이 산출한 오류를 분석함으로써 이들의 낱말찾기 장애를 언어처리과정을 통해 설명해 보고자 하였다(Lahey & Edwards, 1999; McGregor, 1997). 예를 들면, 음운적으로 관련된 오류는 음운적 표상이나 접근과정에서의 문제를 의미한다고 볼 수 있으며, 의미적으로 관련된 오류는 의미적-어휘적 표상 또는 접근과정에서의 문제로 볼 수 있다는 것이다. 그러나 이와 관련된 연구들은 아직까지 일관된 결과들을 보고하고 못하고 있다.

이윤경과 김영태(2002)는 한국 단순언어장애아동을 대상으로 낱말찾기 장애의 특성을 연구하였다. 연구대상은 언어연령이 4;6~6;6세인 SLI 아동 15명과 생활연령을 일치시킨 일반아동 15명, 그리고 언어연령을 일치시킨 일반아동 15명으로 총 45명이었다. 아동의 수행결과는 오반응 빈도와 오류유형의 두 가지로 분석하였다. 먼저 오반응 빈도에 대한 비교 결과를 보면, 단순언어장애아동 집단은 이름대기 검사의 오반응 빈도에 대한 생활연령을 일치시킨 일반아동 집단과 유의한 차이를 나타내었다. 이러한 결과는 선행연구(Fried-Oken, 1984, Fried-Oken, 1987에서 재인용; Lahey & Edwards, 1999;

Leonard et al., 1983)의 결과와 일치하는 것으로 단순언어장애아동이 동일 연령의 일반 또래들에 비해 낱말찾기에서 어려움을 보인다는 사실을 나타내 준다. 반면, 언어연령을 일치시킨 일반아동과는 유의한 차이를 나타내지 않았는데, 이는 단순언어장애아동이 언어연령이 유사한 또래들에 비해서는 낱말찾기 능력에서 차이를 보이지 않음을 나타내 주며, 이들의 낱말찾기 능력이 언어 능력과 어느 정도 관련됨을 보여 준다. 또한 이 연구에서는 단순언어장애아동이 동일 연령대의 아동에 비하여 낱말찾기에서 어려움을 보이는 원인을 살펴보기 위하여 이름대기검사에서 실패한 항목에 대해 이해검사를 실시하였다. 이는 아동이 이름대기검사에서 오류를 보일 경우, 이해검사에서도 정확히 지적하지 못하면 목표낱말에 대한 정확한 지식을 갖고 있지 못하기 때문에 이름대기에 오류를 보인 것이며, 이해검사에서는 정확히 수행하면 자신이 이미 알고 있는 낱말을 정확하게 인출하지 못하였기 때문에 이름대기에 오류를 보인 것이라는 가정에 근거한 것이다(German, 1994, 2000). 연구 결과, 단순언어장애아동은 이름대기검사와 이해검사 모두에서 오류를 보인 문항의 빈도에서는 언어연령은 물론 생활연령을 일치시킨 일반아동과 유의한 차이를 나타내지 않았다. 반면, 이름대기검사에서는 오류를 보였으나 이해검사에서는 정확한 반응을 보인 문항 수에서는 생활연령을 일치시킨 일반아동 집단과 유의한 차이를 나타내었다. 이러한 결과는 단순언어장애아동이 목표낱말에 대해 알고 있지 못하기 때문이기보다는 자신이 알고 있는 낱말을 적절하게 인출하지 못하였기 때문에 낱말찾기에 어려움을 보인 것이라고 유추할 수 있게 한다. 그러나 Lahey와 Edwards(1999)의 설명처럼 아동의 낱말 저장과정이 정교하지 못하였기 때문에 인출에 어려움을 보인 것일 수도 있다.

오류유형 비교에서는 단순언어장애아동이 생활연령을 일치시킨 일반아동에 비하여 기타 오류에서만 유의하게 많은 산출을 나타냈다. 이와 같은 경향은 오류유형의 산출 순위 비교 결과를 통해서도 나타났다. 즉 두 일반아동 집단은 모두 의미적 오류를 가장 많이 산출하였으며, 그다음으로 시각적 오류, 기타 오류, 음운적 오류의 순서를 나타낸 반면에, 단순언어장애아동은 기타 오류를 가장 많이 산출하였으며, 그다음으로 의미적, 시각적, 기타 오류의 순서를 나타내었다([그림 14-3] 참조). 기타 반응의 하위 오류유형을 분석한 결과, 기타 오류에서의 차이는 '모르겠다' 반응에 의한 것으로 나타났다. 즉 단순언어장애아동은 이름대기와 이해 모두 오류를 보인 문항들뿐 아니라 이해는 가능하나 이름대기에서만 오류를 보인 경우에서도 일반아동에 비하여 '모르겠다'는 반응을 많이 산출하였다. 이러한 결과는 아동이 목표낱말에 대한 일부 지식은 지니고 있

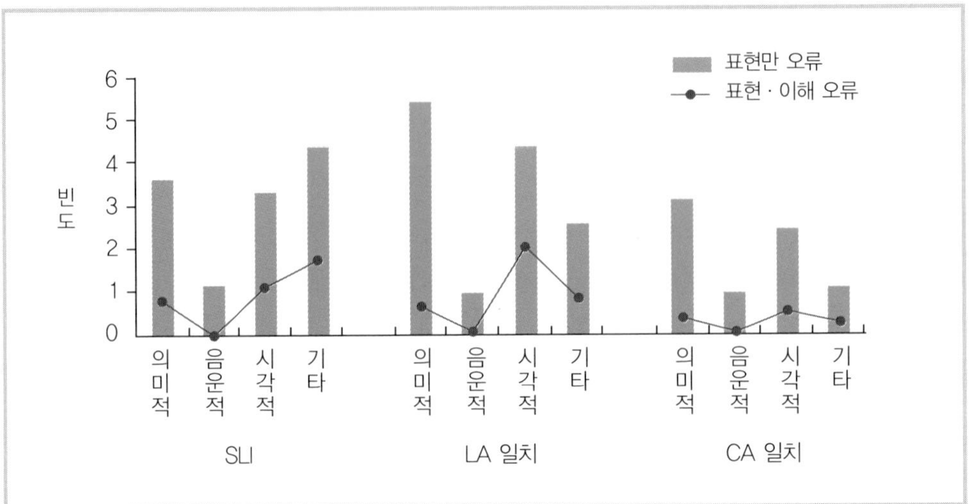

그림 14-3 단순언어장애아동 및 일반아동의 낱말찾기 오류 유형

* SLI: 단순언어장애아동 집단, LA 일치: 단순언어장애아동과 언어연령이 같은 일반아동 집단, CA 일치: 단순언어장애아동과 생활연령이 같은 일반아동 집단

출처: 이윤경, 김영태, 2002.

으나 낱말을 산출할 수 있을 정도로 정확하게 알지 못하였기 때문일 수도 있으며 (McGregor, 1997), 낱말이 빠르게 인출되지 않아 이름대기를 쉽게 포기하였기 때문일 수도 있다. 혹은 단순언어장애아동의 의사소통에서의 실패 경험이 과제를 수행하는 태도에 반영된 결과일 수도 있다.

단순언어장애아동이 기타반응을 상대적으로 많이 산출한 것을 제외하고는, 오류유형에서 대체로 일반아동과 유사한 패턴을 나타내었다. 그리고 세 집단 모두 이름대기만 오류를 보인 경우, 의미적 오류가 가장 많았던 것은 선행연구의 결과와 유사하였다 (Lahey & Edwards, 1999). 이러한 결과는 단순언어장애아동은 물론 일반아동도 낱말을 인출하는 과정에서 낱말을 정확하게 인출하지 못할 때 목표낱말과 관련된 의미적 정보에 의존하는 경우가 많음을 시사한다. 반면, 이름대기와 이해 모두에서 오류를 보인 경우에는 시각적 오류를 가장 많이 산출하였는데, 낱말에 대한 지식이 부족한 경우 주로 시각적 정보에 의존하는 경우가 많음을 시사하여 준다고 하겠다.

2. 낱말찾기 훈련

낱말을 쉽게 잊거나 그 이름을 떠올리는 데 어려움을 보이는 아동에 대해 여러 가지

교육적인 중재들이 행해져 왔다. 예를 들어, 소리내어 연습하기, 그림이나 사물 보고 이름대기, 대화(질문-대답) 형식 속에서 이름대기, 철자대기, 빈칸 채우기, 특정 주제에 대해 글쓰기, 그리고 비슷한 말, 반대말, 동음이의어와 같은 낱말대기 등의 활동들이 낱말찾기 능력을 촉진시키기 위하여 수행되어 왔다(McGregor & Leonard, 1995).

낱말찾기 장애는 여러 가지 다른 문제들을 초래할 수 있다. 흔히 언어에 의존하는 여러 종류의 검사상황에서 낱말찾기 장애를 보이는 아동은 불이익을 당할 수밖에 없다. 또한 일상적인 이야기나 대화에서도 낱말찾기의 문제 때문에 방해를 받는 경우가 많다. German과 그의 동료들은 일련의 연구들을 통하여, 언어장애아동이 일반아동에 비해 대화 시 낱말찾기 행동(예: 반복, 재구성, 대치)을 유의하게 많이 사용하며, 낱말이 생각나지 않을 때 간투어를 더 많이 사용한다고 보고하였다(Berman & Simon, 1991; German, 1987, 1992). 또한 낱말찾기 결함은 읽기발달에도 영향을 미치는 것으로 보인다. 읽기과정에서는 적절한 속도의 자동적인 낱말인출이 필수적이기 때문이다(Laberge & Samuels, 1974; Perfetti, 1985). 실제로 난독증아동의 낱말찾기 장애를 보고한 연구들이 많이 있다(예: Felton et al., 1990; Wolf & Obregon, 1992).

다음은 McGregor와 Leonard(1995)가 선행연구들을 기초로 하여 낱말찾기 훈련에서 유의할 점들을 정리한 것이다.

1) 훈련목표낱말의 선정

연구 방법의 어려움 때문에 대부분의 낱말찾기 중재 연구들은 간단한 명사만을 훈련낱말로 사용하고 있다. 그러나 실제로 효과적인 중재를 위해서는 ① 아동의 연령, ② 아동의 흥미나 주제, ③ 아동이 어려움을 겪는 낱말에 대한 고려가 있어야 한다. 훈련목표낱말은 아동의 연령에 적합한 어휘를 선택하는 것이 중요하다. Segal과 Wolf(1993)는 훈련 어휘를 아동의 이해 수준에 따라 '아직 모르는' '약간 아는' '아주 잘 아는' 어휘들로 나누어 차별화된 중재 전략을 사용하는 것이 좋다고 제안한다. 또한 개별적인 낱말보다는 유사한 주제나 아동의 선호도와 관련된 낱말들이 좋다. 주제를 중심으로 하는 낱말들은 한 낱말에서 확장시키거나 대조시켜서 새로운 낱말들을 훈련하는 데 유리하다.

낱말찾기 결함을 보이는 아동 중에는 특정 범주에서만 결함을 나타내는 경우도 있다. 예를 들어 Harris(1992)는 캐릭터의 이름을 잘 잊어버려서 대화의 흐름에 방해를 받는 아동의 경우를 보고하였는데, 이러한 경우에는 그 아동이 어려움을 보이는 특정 낱말군에 대해서 집중적인 훈련을 하는 것이 더 효율적일 수 있다.

2) 언어중재 상황

낱말찾기 장애에 대한 언어중재는 개별, 소집단, 또는 대집단의 형태로 이루어질 수 있다. 그러나 일반화를 촉진하기 위해서는 다양한 상황 속에서 훈련을 하는 것이 중요하다. 대부분의 선행연구들은 개별 훈련이나(예: Casby, 1992; Haynes, 1992; McGregor & Leonard, 1989) 소집단 훈련(예: Wing, 1990; Wright, 1993)의 효과를 보고하고 있는데, 학급 전체 또는 대집단의 훈련으로도 연계되어야 할 것이다. German(1992, 1993)은 일상적인 학급토론이나 여러 가지 단서를 통한 시험상황과 같은 학급활동을 이용한 낱말찾기 훈련을 제안하고 있다.

3) 활동

흔히 낱말찾기 능력에 대한 훈련은 기억용량을 늘리는 활동(기억확장활동)과 기억창고에서 기억을 효율적으로 끄집어내는 책략활동(기억인출활동)들로 이루어진다. 문헌에 소개된 활동들은 ① 목표어와 의미적으로 관련된 낱말, ② 초성이나 첫 음절, 음절 수와 같이 목표어와 음운적으로 관련된 특성, ③ 목표어의 시청각적인 느낌(예: 첫 글자), ④ 목표어의 크기, 질감, 운동성과 같은 감각운동적 특성(예: 판토마임), ⑤ 목표어가 발생하는 문맥적 특성 등을 이용하는 것들이다.

의미적 단서로 많이 사용되는 것은 목표낱말의 동의어(예: '선생님' 에 대해 '교사')나 반의어(예: '선생님' 에 대해 '학생'), 연상어(예: '팥' 에 대해 '빙수'), 또는 동음이의어(예: '사과' 에 대해 손바닥으로 싹싹 비는 흉내) 등이다. 또한 그 목표낱말의 상위범주어(예: '모자' 에 대해 '옷')나 하위범주어(예: '옷' 에 대해 '바지, 치마') 등도 사용할 수 있다. 그 외에 그 목표낱말의 기능(예: '자동차' 에 대해 '타는 거')이나 물리적 특성(예: '자동차' 에 대해 '바퀴로 굴러가는 거')을 사용하기도 한다. 몸짓으로 그 낱말을 흉내내는 것도 의미적인 단서가 될 수 있다. 구문적 단서로는 그 목표낱말이 자주 사용되는 문맥이나 상용구를 활용하는 것으로, 예를 들어 '고추' 는 '○○ 먹고 맴맴…' 과 같은 구문적 단서를 사용할 수 있다.

음향-음소적 단서로 많이 사용되는 것은 첫 음절(예: '자동차' 의 경우 '자')을 말해 주거나 음절 수를 손으로 두드리거나 또는 손가락으로 알려주는 방법 등이다. 첫 글자를 써 주는 것도 아동에게 음소적 단서를 제공하는 것이 된다.

대체로 목표낱말에 대해 의미적인 단서를 제공하는 것은 기억확장활동과 관련된 것이고 소리정보를 제공하는 것은 기억인출활동과 관련된 것이다. 그러나 낱말찾기 장애가 정보저장과 관련된 것인지 정보인출과 관련된 것인지를 구별하기가 쉽지 않기 때문에 중재를 어느 한 활동에만 초점을 맞추어 하는 것은 문제가 있다. 또한 임상연구들은 한 과정에만 초점을 맞추어 훈련하는 것보다는 두 과정을 병행하여 하는 것이 더 나은 일반화 효과를 가져온다고 보고하고 있다(McGregor & Leonard, 1989; Wright, 1993; Wing, 1990). McGregor와 Leonard(1989)는 기억확장활동과 기억인출활동을 개별적으로 훈련한 경우와 병행하여 훈련한 경우를 비교하였는데, 후자의 경우 더 높은 사후검사 점수를 나타냈다고 보고하였으며, Wright(1993) 역시 두 활동을 병행하여 4명의 7~8세 아동에게 실시했더니 대상아동이 훈련낱말뿐 아니라 새 낱말에 대해서도 일반화할 수 있었다고 보고하였다.

Craik와 Lockart(1972)는 의미 있는 정보에 대한 기억력을 설명하면서 정보처리단계 모델(levels of processing model)을 제안하였다. 이 모델에 따르면 음향-음소적 정보처리는 표면적 처리단계(shallow level)이고 의미-구문적 정보처리는 심층적 처리단계(deep level)이기 때문에 의미-구문적 정보처리가 이루어지면 기억저장도 잘 된다는 것이다. Casby(1992)는 이 모델에 따라 뇌혈관사고를 당한 11살의 남아에게 의미적 관계어나 구문적 단서를 제공하는 기억확장 중재를 실시하였다. 그 결과, 훈련낱말에 대해서는 기억확장 능력이 증진되었으나 훈련하지 않은 낱말들에 대해서는 일반화되지 않는 것으로 보고되었다.

한편, 실제로 낱말찾기에 결함을 보이는 아동에게 음향-음소적 단서를 제공하는 훈련과 의미-구문적 단서를 제공하는 훈련에 대한 치료효과를 비교한 연구들은 대체로 의미-구문적 단서보다는 음향-음소적 단서를 제공하는 것이 낱말찾기 능력을 더 효율적으로 증진시킨다고 보고하고 있다(Rubin, Bernstein, & Katz, 1989; Kaplan, Goodglass, & Weintraub, 1983). 더 나아가 German(1992a, 1992b)은 자기단서(self-cuing) 훈련의 효과를 보고하기도 하였다.

4) 치료효과의 측정

낱말찾기 능력의 증진 정도를 측정하는 가장 전통적인 방법은 그림 보고 이름대기(confrontation naming) 과제이다. 치료효과에 대한 척도는 흔히 전체 목표낱말 수에 대한 오류수의 비율(%)과 반응시간(msec)으로 나타낸다. 치료의 유지효과를 보기 위해서는 치료종료 후 1개월이 지난 시점에서 다시 검사를 해야만 신뢰성을 확보할 수 있다

(Haynes, 1992; McGregor & Leonard, 1989; Wright, 1993). 또한 치료효과가 아동의 일상생활에 얼마나 잘 일반화되는지도 중요하기 때문에 아동이 일상대화에서 얼마나 낱말찾기에 어려움을 보이는지 측정하는 것이 중요하다.

III. 참조적 의사소통 능력을 위한 언어치료

제1장에서 다룬 참조적 의사소통(referential communication)은 언어의 화용적인 기술로 사물이나 장소, 또는 생각과 같은 특정한 참조물에 대해 다른 사람과 정보를 주고받는 것이다. 즉 여러 대상 중에서 하나의 참조물을 정확하게 파악할 수 있도록 화자가 참조물의 특징이나 속성을 선택하여 언어적으로 기술하는 능력이다(Bunce, 1991에서 재인용). 참조적 의사소통기술은 일반적으로 의사소통의 중요한 측면일 뿐만 아니라 교실 담화(classroom discourse)에서도 중요한 구성요소이다. 참조적 의사소통에는 지시하기, 설명하기 및 기술하기와 같은 기술이 포함된다. 참조적인 의사소통을 성공적으로 수행하기 위해서는 화자와 청자 모두 정보와 그 정보가 언급하는 참조물의 관계를 이해할 수 있어야 한다. 이러한 능력은 학령기 동안 지속적으로 발달한다.

참조적 의사소통에서 청자의 역할은 화자의 정보를 이해하고 화자 정보의 적절성에 대해 피드백을 제공하는 것이다. 따라서 참조적 의사소통은 특정한 정보를 제공하고 이해하는 능력이라고 할 수 있다(Bunce, 1991에서 재인용). 화자 능력에는 청자가 파악할 수 있도록 사물의 특징들을 변별하여, 일관성 있는 메시지로 제시하며, 도움이 되지 않는 중복적인 정보는 제외시키는 능력이 포함된다. 또한 유능한 화자는 청자가 자신에게 주목하도록 조절할 수 있어야 하며, 청자가 자신의 말을 이해하지 못할 경우 자신의 말을 수정할 수 있어야 한다.

청자의 능력은 화자의 말에 얼마나 적절히 반응을 하느냐, 즉 목표 참조물을 얼마나 정확하게 파악하는가로 측정한다. 화자의 표현이 정확하지 않거나 화자가 한 참조물 이상의 것을 언급할 때 아동이 그러한 부적절성에 어떻게 대처하는가가 많은 연구의 관심이 되어 왔다. 특히 아동이 부적절하거나 불충분한 정보를 들었을 때 그것에 대해 적절하게 질문을 할 수 있는지를 아는 것은 중요하다. 이러한 능력은 발달적으로 늦게 나타나며, 일상적인 대화에서 필요로 하는 것보다 더 높은 단계의 정보처리를 필요로 한다(Lloyd, 1994).

참조적 의사소통을 성공적으로 수행하는 데 기초가 되는 능력에 대해 Asher(1979)는 크게 세 가지로 기술하고 있다. 첫째는 화자의 청자에 대한 분석 기술로, 청자의 관점을 분석하여 청자의 관점에서 메시지를 구성할 수 있는 능력이다. 한 주제에 대해 갖고 있는 정보의 양은 사람마다 각기 다르므로 효율적인 의사소통을 위해서 화자는 청자가 정보를 얼마나 필요로 하느냐에 따라 그들의 메시지를 수정할 수 있어야 한다. 둘째는 화자의 과제분석 기술로, 특정한 의사소통 과제에 대한 정보 처리 요구에 대처하는 능력이다. 즉 참조적 의사소통을 성공적으로 수행하기 위해서 화자는 자신이 말하려고 하는 정보가, 참조물과 그와 유사한 비참조물을 구별해 줄 수 있어야 한다는 것을 이해해야 한다. 셋째는 청자의 정보분석 기술로, 화자가 산출한 정보를 들은 후에 그 정보를 분석하는 능력을 말한다. 최근의 연구들은 나이가 어린 아동은 정보가 불완전한 것을 인식하는 데 어려움을 보인다고 밝히고 있다. 이렇게 정보의 애매모호함을 파악하지 못하는 것은 청자의 경우엔 피드백을 제공하는 데에서의 어려움, 그리고 화자의 경우엔 피드백을 사용하는 데에서의 어려움과 각각 관련이 있는 것으로 보았다.

또한 Sonnenschein과 Whitehurst(1984a)는 참조적 의사소통에는 본질적 지식(substantive knowledge), 수행기술(enabling skill), 절차에 대한 지식(procedural knowledge)과 같은 특정한 기술이 필요하다고 제안하였다. 본질적 지식은 의사소통하려는 사건에 대한 지식으로, 예를 들어, 3세 아동이 새로운 장난감을 어떻게 조립하는지 친구에게 설명하기 위해서는 아동 자신이 조립 방법에 대해 알고 있어야 한다는 것이다. 수행 기술은 어휘 능력, 지각 및 운동 능력 등을 포함한다. 절차에 대한 지식은 다양한 의사소통 상황의 규칙에 대한 지식으로, 어떤 의미에서는 메타커뮤니케이션 지식의 하위기술이라고도 할 수 있다. Sonnenschein과 Whitehurst는 어린 아동도 의사소통 방법은 알고 있으나 성인에 비해 정보처리에 어려움을 갖는다고 말하고 있다. 즉 참조적 의사소통의 기술 중 본질적 지식과 수행기술의 습득은 매우 이른 시기에 이루어지지만 절차에 대한 지식의 습득은 점진적으로 이루어진다고 보았나. 그러므로 참조적 의사소통 과제에서 학령전 아동이 실패하는 중요한 원인은 이러한 절차에 대한 지식의 결함을 꼽았다. 학령전 아동이 이해하지 못하는 절차에 대한 지식 중에는 차별화 규칙(difference rule)이 있는데 이는 참조물과 혼동될 수 있는 주변 사건 간의 차이를 기술하는 규칙으로, 학령전 아동은 이 규칙의 중요성을 인식하지 못한다는 것이다. 그들은 또한 절차에 대한 지식의 하위요소로 역할조정(role coordination)에 대한 이해 문제를 제기하였다. 역할조정이란 화자로서 자신의 수행을 지배하는 규칙을 청자가 되어서도 적용할 수 있으며, 청자로서 자신의 수행을 지배하는 규칙을 화자가 되어서도 적용할 수 있는 능력을 의미한다. 즉 참조적 의사소통을 성공적으로 수행하기 위해서는 화자와 청자의 역할이 상호보완적이라는 것을 아는 것이 중요하다는 것이다.

아동이 참조적 의사소통을 어떻게 성취해 가느냐에 대해서 아직 많은 연구가 이루어지지 않았다. 그러나 읽고 쓰는 능력, 조작적 사고로의 전환, 가정과 학교에서 언어가 사용되는 방법이나 언어 자체에 대한 통제적 기능의 습득 등이 관련 요소로 논의된 바 있다(Lloyd, 1994). 또한 Abbeduto 등(1998)은 참조적 의사소통기술 중 명료화 요구 기술이 사회인지 요인과 높은 상관관계가 있음을 보고하였다.

언어발달은 일반적으로 이해 능력이 산출 능력을 선행한다. 그러나 참조적 의사소통에서는 화자기술이 청자기술보다 먼저 발달한다. 학령기 아동은 참조물을 적절하게 기술하는 데는 어려움이 없어도 청자가 이해하지 못하는 부분을 보완하여 다시 표현하는 데는 어려움을 보일 수 있다. 나이가 어린 청자들은 매우 수동적이어서, 의사소통이 상호의존적이라는 것과 청자는 자기가 듣고 있는 정보에 귀 기울이고 반응해야 한다는 것에 대한 인식이 거의 없다. 또한 5~7세 아동은 참조적 의사소통 과제 수행 시 화자의 메시지가 모호하여 참조물 간의 일치가 이루어지지 않을 때도 그 잘못을 화자보다는 청자의 탓으로 돌리는 경향이 있다. 이것은 의사소통 상황에서 메시지의 역동성을 잘 이해하지 못한다는 것을 반영하는 것이다. 대부분의 연구들은 참조적 의사소통 기술이 일반아동의 경우 10세가 되어서야 비로소 완성된다고 보고하고 있다(Bunce, 1991).

그동안 많은 연구자들이 일반아동과 장애아동의 참조적 의사소통 능력을 비교하였다. 예를 들어, Brownell과 Whiteley(1992)는 지적장애아동과 일반아동의 참조적 의사소통 능력을 비교한 결과, 참조물 그 자체만으로 구별이 되는 쉬운 과제에서는 두 집단의 아동이 차이를 보이지 않았으나, 참조물의 변별적인 특징을 언급해야 하는 과제에서는 집단과 연령, 그리고 과제의 난이도에서 모두 유의한 차이를 보였다.

단순언어장애아동과 일반아동의 참조적 의사소통 능력을 비교한 Bishop과 Adams(1991)는 참조적 의사소통 과제에서 아동이 제공하는 참조물 특징의 수, 아동이 알고는 있으나 제공하지 않은 참조물 특징의 수, 중복된 특징의 수, 참조물을 파악하는 데 도움이 되지 않는 정보의 수를 측정하였다. 그 결과, 일반아동의 경우, 아동이 알고 있는 특징의 수는 6세에 상한선에 이르렀으며 참조물과 관련된 특징의 수는 10세까지 증가하였다. 또한 중복된 특징의 수는 8세까지 증가하다가 8세 이후에는 감소추세를 보였다. 비정보적인 특징의 수도 이와 같은 양상을 보였다. 평균적으로 단순언어장애 아동은 일반아동보다 참조적 의사소통 과제에서 어려움을 보였다. 그러나 집단 내의 개인별 차이가 큰 것으로 나타났다.

또한 화용장애아동과 일반아동을 대상으로 참조적 의사소통 과제를 실시하고 그들의 수행을 비교한 결과, 정보의 정확성과 성인의 지시를 수행하는 과제에서는 두 집단이 통계적으로 유의한 차이가 나타나지 않았다. 그러나 명료화 요구하기 항목에서 두 집단은 유의한 차이가 있는 것으로 나타났다. 또한 통제집단의 아동은 일단 과제의 성격을 파악한 후에는 성인이 제공하는 부적절한 정보에 더 이상 속지 않으려는 행동들을 보인 반면, 화용장애 집단의 아동은 그것을 인식하지 못하였다. 따라서 연구자들은 화용장애아동의 낮은 수행력에 대해 화용장애아동이 참조적 의사소통 과제 수행 시 일반아동과 비교하여 질적으로 다른, 덜 효율적인 방법으로 수행하고 있는 것이라고 결론지었다(Leninonen & Letts, 1997).

장애아동을 대상으로 참조적 의사소통기술 중재의 효과를 보고한 연구들도 있다. Brownell과 Whiteley(1992)는 지적장애아동을 대상으로 지각적인 피드백(perceptual feedback) 제공이 참조적 의사소통기술 향상에 미치는 효과를 보고하고 있다. 실험집단인 지각적인 피드백 집단 아동에게는 아동이 정보를 전달할 때마다 정보의 정확성에 따라 차별화 규칙을 강조하는 구체적인 피드백을 제공한 반면에 통제집단 아동에게는 차별화 규칙을 언급하지 않고 정보의 정확성에 대해서만 언급한 피드백을 제공하였다. 훈련 후 두 집단 아동의 수행을 비교한 결과, 지각적인 피드백을 제공받은 실험집단의 아동이 통제집단의 아동보다 사후검사 및 전이과제에서 우월한 수행을 나타냈다. Bunce(1989)는 학습장애아동을 대상으로 장벽게임을 이용하여 참조적 의사소통기술을 향상시킨 결과를 보고하고 있다. Bunce의 연구에서는 색이나 크기 개념이 한 가지만 포함된 사물(예: 작은 비행기, 초록색 의자)을 고르거나 지시하는 단순한 과제를 사용하였다. 장벽게임은 두 사람이 마주보고 앉되 두 사람 사이에 장벽을 놓아 의사소통이 언어로만 이루어질 수 있도록 하는 과제이다(Bunce, 1989; Bishop & Adams, 1991; Brownell & Whiteley, 1992; Leninonen & Letts, 1997).

김영태, 김정미와 이미경(1999)은 세 명의 언어장애아동을 대상으로 장벽게임을 이용한 언어중재를 실시하여 뚜렷한 습득 및 유지효과를 얻었다고 보고하였다. 이 연구에서는 아동과 연구자가 장벽을 사이에 놓고 마주 보고 앉아 화자가 말하는 참조물에 대해 시각적 정보 없이 청각적이고 언어적인 지시에만 의존해 청자로서의 과제를 수행하도록 하였다. 또한 연구자들은 다음과 같은 중재요소를 첨가하였다. 첫째로, Sonnenschien과 Whitehurst(1984)가 강조한 차별화 규칙의 사용을 촉진하기 위해 그에 대해 '지각적인 피드백'을 사용하였다. 이는 Brownell과 Whiteley(1992)가 지적장애아동을 대상으로 참조적 의사소통기술을 향상하기 위해 사용하였던 방법이다. 아동의 정보가 참조물의 정보를 한 가지 또는 두 가지를 생략하여 모호하거나 불완전할 때 연구자는 "틀렸어. 그런 게 여기 2개(또는 4개)가 있는데. 그게 다른 거하고 어떻게 다른지 말해 줄래?"라는 피드백을 제공하였다. 또한 아동의 정보가 정확할 때는 "맞았어. 그 카드가 다른 카드랑 어떻게 다른지 잘 말해 주었네"라는 피드백을 제공하여 차이규칙을 강조하였다. 둘째로, 한 번의 과제가 끝날 때마다 Bunce(1989)가 강조한 대면시간을 가져서 아동의 그림과 연구자의 그림을 시각적으로 비교하여 수행을 평가하는 시간을 가졌다. 이 연구에서 사용한 훈련과제는 다음과 같은 옷 입히기, 집 꾸미기 그리고 얼굴 꾸미기로 구성하였다.

① 옷 입히기: 남자 아동이 그려져 있는 기본판에 잠바, 가방, 모자, 목도리, 가방, 그리고 신발 그림을 놓는 과제로, 각각의 사물은 네 가지의 선택이 가능하였다. 예를 들어 '잠바'의 경우, 초록색 네모 무늬, 초록색 둥근 무늬, 노란색 네모 무늬, 노란색 둥근 무늬 잠바의 네 가지 선택이 가능하였다. 화자는 자신이 집어든 그림카드에 있는 참조물을 보고 청자가 정확한 선택을 할 수 있도록 기술하는 것이다.
② 집 꾸미기: 집이 그려져 있는 기본판에 지붕, 벽, 굴뚝, 문, 창문, 강아지 그림을 놓게 하였으며 옷 꾸미기와 마찬가지로 각각의 사물은 네 가지의 선택이 가능하였다. '굴뚝'의 경우 빨간색 작은 굴뚝, 빨간색 큰 굴뚝, 노란색 작은 굴뚝, 노란색 큰 굴뚝의 네 가지 선택이 가능하였다.
③ 얼굴 꾸미기: 다른 두 과제와 달리 기본판에는 그림이 그려져 있지 않고 얼굴, 머리, 안경, 코, 입, 귀 그림을 조합하여 놓게 하였다. 각각의 사물은 네 가지의 선택이 가능하여 안경의 경우, 별 모양 큰 안경, 별 모양 작은 안경, 하트 모양 큰 안경, 하트 모양 작은 안경을 제시하였다.

IV. 환경중심 언어중재 프로그램

환경중심 언어중재법(milieu language intervention: Hart & Risley, 1975)은 기능적인 의사소통을 자연스럽게 유도할 수 있도록 아동의 환경 속에서 아동의 관심과 흥미에 따라서 언어중재를 한다는 다소 포괄적인 중재 접근법이다. 이 접근법은 특수교육학에서 의사소통이나 사회작용을 유도하기 위하여 많이 사용되어 왔는데, 통합교육과 일반화 문제가 대두되면서 언어치료에서도 많이 활용되고 있다.

1980년대 이후의 많은 연구자들이 환경중심 언어중재법을 결핍아동(Hart & Risley, 1975), 언어발달지체아동(Rogers-Warren & Warren, 1980), 중증 지적장애아동(Halle, Baer, & Spradlin, 1981; Halle, Marshall, & Spradlin, 1979), 그리고 자폐성장애아동(McGee, Krantz, Mason, & McClanahen, 1983)에게 실시하였는데, 특히 발화의 빈도, 반응도, 어휘 및 문장 등의 증가와 자극일반화 및 상황일반화의 증가에 대한 효과를 보고하였다. 또한 우리나라에서 환경중심 의사소통 중재를 사용하여 그 효과를 보고한 연구들도 요구하기 기능(이영철, 1993; 임희정, 2000; 최진희, 1999), 사회적 언어 사용(장선아, 1996), 그리고 낱말조합 사용(심선우, 2001) 등의 증진을 보고하였다. 그러나 이러한 효과에 대하여 모든 연구자들이 동의하는 것은 아니다. 1968~1990년 동안에 환경중심 언어중재법에 대해 실시한 19개의 연구들을 검토한 Kaiser, Yoder와 Keetz(1992)는 이들 연구들이 훈련상황에서의 치료효과는 보여 주지만 방법적인 제한으로 인해 신뢰성 있는 일반화 효과는 보여 주지는 못하고 있다고 지적하였다.

문헌에 소개된 환경중심 언어중재법들의 공통된 요소들은 다음과 같다(Kaiser, Yoder, & Keetz, 1992). ① 훈련은 아동의 흥미나 주도에 따른다. ② 언어의 형태를 가르칠 때 일상생활에서 흔히 접할 수 있는 많은 사례들을 사용한다. ③ 아동의 반응을 확실하게 촉진해 준다. ④ 아동의 반응에 대한 강화는 특정 언어형태와 연결된 것으로 하고, 훈련문맥 속에서 자연스럽게 한다. ⑤ 훈련은 교사-학생 간의 상호작용 속에서 다양하게 실시한다. 환경중심 언어중재법 역시 행동주의의 '선행사건(자극)-반응-후속사건(강화)'의 체제 속에서 행해진다. 단지 전통적인 행동주의적 접근법과 다른 것은 선행사건이 훈련자의 촉진이 아니라 아동의 관심표현이라는 점과, 후속사건이 언제나 똑같은 것이 아니라 반응과 기능적으로 연관된 것이라는 점이다.

문헌에 소개된 환경중심 언어중재법의 구성 절차 또는 기법들은 다음과 같다.

(1) 아동중심의 시범 기법

환경중심 언어중재에서의 시범은 아동위주의 언어적 시범을 의미하는데, 이 기법에서 언어치료사는 우선 아동의 관심이 어디에 가 있는지를 살피다가 그 물건이나 행동에 같이 참여하면서(joint attention & joint activity), 그에 적절한 언어를 시범 보이는 것이다. 흔히 시범을 보이기 전에는 강화가 될 수 있는 교재나 활동을 통제하다가, 아동이 바르게 반응하면 언어적 확장과 강화(교재나 활동)를 제공한다. 아동이 바르게 반응하지 못하였을 때는 다시 시범을 보이고 그에 따른 강화를 제공한다.

(2) 시간지연 기법

시간지연 기법(time-delay technique)은 언어치료사가 아동과 함께 쳐다보거나 활동하다가 아동의 언어적 반응을 가만히 기다려 주는 것이다. 아동이 말해야 하는 상황임을 눈치채고 말을 하게 되면 그에 적절하게 교정 또는 시범을 보인다. 지연은 보통 3~5초간 하는데, 좀 더 나이가 많은 아동의 경우에는 10초 이상 지연을 하기도 한다. 만약 아동이 지연에 반응하지 않으면, 언어치료사는 다른 지연을 제시하거나, 선반응요구-후시범 절차나 시범 절차를 사용한다. Halle, Baer와 Spradlin(1979)은 6명의 3~4세 발달장애아동에게 시간지연 기법을 사용하여 자발적 발화의 증가 효과가 있었음을 보고하기도 하였으며, Charlop, Schreibman과 Thibodeau(1985)는 7명의 자폐성장애아동이 시간지연 기법으로 훈련받은 요구하기 기능을 훈련받지 않은 상황, 장소, 및 자극으로 일반화시켰음을 보고하였다. 또한 Kozleski(1991)는 여가시간을 이용하여 중복장애아동에게 시간지연 기법을 실시하여 자발적인 요구하기 기술이 증가하였음을 보고하였다.

(3) 선반응요구-후시범 기법

선반응요구-후시범 기법(mand-model procedure)은 Rogers-Warren과 Warren(1980)에 의하여 일대일 언어훈련으로부터 학급으로의 일반화를 위하여 개발된 것이다. 시범 방법에서와 같이 아동과 언어치료사가 함께 활동을 하다가, 아동에게 언어적인 반응을 구두로 요구해 본 후에 시범을 보이는 것이다. 시범 방법과 다른 점은 아동에게 반응할 기회를 우선 주고 나서 언어적인 시범을 보이는 것이다. 반응을 요구할 때는 흔히 명령 후에 시범(예: "말해 봐 …… '차'")을 보이든지, 의문사질문 후에 시범(예: "뭐 가지고 놀까? …… '차'")을 보이든지, 또는 선택형질문 후에 시범(예: "차 가지고 놀까? 주사기 가지고 놀까? ……

'차' ")을 보인다. 그러나 일부 연구자들은 아동이 지나치게 언어치료사의 요구촉진에 의존함으로써 자발적인 의사소통을 저해할 수 있다는 위험성을 제기하기도 한다(Calculator, 1988; Goetz & Sailor, 1988; Owens, 1995).

(4) 우발학습

우발학습(incidental teaching procedures)은 환경중심 언어중재의 핵심적인 부분으로 아동의 의사소통 기능 및 기술을 증진시키는 데 매우 효과적인 방법이다. 우발학습이란 아동의 생활환경에서 우연히 일어나는 의사소통의 기회 또는 언어학습의 기회를 이용하여 언어훈련을 하는 것이다. 전통적인 방법에서는 언어치료사가 아동의 가정이나 학교, 교실 등 아동에게 중요한 환경에 가 보고 그 상황들 속에서 일어날 수 있는 언어훈련을 계획하여 부모나 교사와 함께 직접 또는 간접적으로 훈련을 실시한다. 그러나 '우연한 학습기회' 가 그리 자주 포착되지 않을 수도 있고, 언어치료사를 학교나 가정에 파견하기가 어렵기 때문에 변형된 환경중심 언어중재(enhanced milieu language intervention; Kaiser & Hester, 1995)가 제안되었다. 이러한 활용방안에서는 언어치료사가 아동의 환경이나 그와 유사한 상황에서 우발적인 학습의 기회를 만들어 주는 것을 허용한다. 그러므로 언어치료사는 목표하는 의사소통 기능(예: 거부하기)을 가진 언어적 표현(예: "싫어요, 치워요")을 자연스럽게 유도하는 상황(예: 흥미로운 장난감을 가지고 노는데 갑자기 그림책을 제시한다)을 만들어 그 상황에서 바람직한 언어 또는 의사소통 행동을 학습한다.

환경중심 언어중재법의 치료 및 일반화 효과를 보고한 많은 연구들은 개별 절차보다는 여러 절차를 병행하여 사용하는 경우가 많다(예: Alpert & Rogers-Warren, 1983; Farmer-Dougan, 1994; Gobbi et al., 1986). 예를 들어, Alpert와 Rogers-Warren(1983)은 언어발달지체아동의 어머니에게 시범절차, 선반응요구-후시범 절차, 시간지연 절차를 사용하도록 하여 아동의 언어발달이 촉진되었음을 보고하였으며, Alpert와 Kaiser(1992)는 환경중심 언어중재법의 네 가지 기법을 다 사용하도록 부모훈련을 시킨 결과 가정으로 일반화되었을 뿐 아니라 훈련이 끝난 3개월까지 유지되었다고 보고하였다.

이 중재법에서는 부모나 훈련자의 개입이 중요한 요소이다. 그러나 학급상황에서의 환경중심 언어중재의 효과를 관찰한 Kaiser와 Alpert(in press)는 대상 학생의 수가 1~2명일 때가 가장 효과가 있었고, 4명 이상일 때는 환경중심 언어중재는 거의 일어나지 않았다고 보고하고 있다. 이는 환경중심 언어중재가 부모나 훈련자의 집중적인 관찰과 개입이 요구되기 때문으로 보인다. 또한 이 중재법을 형제(Hancock, 1988)나 비장애 친구(장선아, 1996)를 훈련시켜 실시하기도 한다. 비장애또래를 활용하여 의사소통적 상호작용을 증가시키는 연구들도 활발한데, 이러한 방법이 효과를 거두기 위해서는 통합상황, 놀이활동, 또래의 특성, 훈련자의 관여 정도가 중요한 변인으로 보인다. 이들 연구자들은 ① 중재는 통합상황에서 실시하여야 하고, ② 가능한 한 사회적 상호작용을 많이 유도할 수 있는 놀이활동을 준비하고(Beckman & Kohl, 1984; Goldstein & Ferrell, 1987; Kugelmass, 1989; Quillitch & Risley, 1973), ③ 적극적인 상호작용을 할 수 있는 비장애또래아동을 선택하고, ④ 비장애또래아동의 적극적인 시작행동과 전략사용을 훈련자가 확인하여 촉진이나 강화를 해 주는 것이 좋다(Devaney, Guralnick, & Rubin, 1974; Odom et al., 1985)고 제안한다.

Kaiser(1993)는 환경중심 언어중재법의 촉진 전략과 함께, 언어훈련을 위해 물리적 환경을 조절하는 전략(environmental arrangement)과 반응적 상호작용 전략(responsive interaction strategies)을 사용하는 혼합형 부모중재모델(hybrid model for parent-implemented language intervention)을 제안하였다. 물리적으로 환경을 조절하는 전략에서는 아동이 흥미를 가질 장난감이나 자료 및 놀이활동을 부모가 고르는 것을 훈련시키며 좀 더 긍정적인 감정교류가 있는 놀이를 하도록 훈련시킨다. 반응적 상호작용 전략에서는 부모들이 아동의 행동에 대하여 어떻게 반응하는 것이 좋은지를 가르치는 것이다. 예를 들어, 아동의 주도를 따라서 반응해 주기, 교대로 의사소통하는 것을 촉진해 주기, 아동의 주제에 맞추어 주거나 확대해 주기 등이다.

V. 보완 · 대체 의사소통[1)]

1. 보완 · 대체 의사소통(AAC)의 정의 및 적용 대상

보완 · 대체 의사소통(Augmentative and Alternative Communication: AAC)이란 말과 언어의 표현 및 이해에 심각한 장애를 보이는 사람들에게 의사소통을 할 수 있는 기회를 주고,

1) 저자가 *AAC Research & Practice* 학술지(2014, 2권 1호)에 게재한 원고를 재구성한 것임.

의사소통 능력을 향상시키고 촉진하도록 말을 보완하거나(augment), 대체적인(alternative) 방법을 사용하는 것을 말한다(ASHA, 2005). 여기에서의 심각한 장애는 일시적이거나 영구적 손상을 모두 포함하며, 활동이 제한받거나 참여에 어려움이 있어서 그를 극복할 필요가 있는 사람을 의미한다. AAC를 사용하는 아동은 AAC를 통하여 다른 사람과의 의사소통 및 상호작용을 할 뿐 아니라, 그로 인한 문제행동의 감소 및 정서적 성장, 학습활동 참여 및 독립적인 생활의 촉진, 말과 언어발달의 촉진까지 이룰 수 있다.

그러므로 AAC는 말산출 기제의 문제로 인해 구어산출이 불가능하여 대체적인 의사소통 수단이 필요한 아동(예: 말운동장애, 심한 조음장애), 제한된 구어 사용으로 인해 보완적인 의사소통 수단이 필요한 아동(예: 지적장애, 자폐성장애)에게 적용할 수 있다. 실제로 AAC 사용자들은 장애를 하나 혹은 두 개 이상 가지고 있을 수 있다. 그러므로 본 장에서는 전반적으로 AAC 사용이 필요한 아동을 복합의사소통장애아동(Complex Communication Needs: CCN)으로 기술하고자 한다. 발달성장애아동의 경우, AAC를 사용하는 것이 구어를 포기하는 것을 의미하는 것은 아니며, 도리어 구어습득을 촉진할 수도 있다. 따라서 AAC는 아동의 현재 수준과 미래의 잠재력 등에 따라 다양한 목적으로 사용될 수 있다.

Ball과 Stading(2006)은 말실행증의 아동에게 다섯 가지 방법으로 AAC를 활용하도록 하는 다중구조 모델(multitier model)을 제안하였다. ① AAC가 전통적으로 사용되어 오던 것처럼, 구어가 너무 불명료한(즉 알아들을 수 없는) 아동의 경우에는 구어를 전적으로 대신하여 AAC를 사용할 수 있다. ② 간단한 낱말이나 일부 음소들은 알아들을 수 있게 말하는 아동의 경우에는 AAC를 보조적인 도구로 사용할 수 있다. 예를 들어, 낱말을 말할 때 시작하는 철자를 가리키면 듣는 사람에게 유용한 단서로 활용될 수 있다. ③ 주로 구어 의사소통을 하지만 상대에게 전달이 잘 안 되는 경험을 자주 하는 아동은 의사소통이 실패했을 때만 AAC를 사용할 수도 있다. ④ AAC를 읽기 및 쓰기 학습을 위한 도구로 사용할 수도 있다. 예를 들어, 음성산출이 되는 AAC, 즉 SGD(speech generation devices)나 VOCA(voice output communication aid)를 활용할 경우 읽고 쓰기의 기초가 되는 음운인식(예: 철자-소리 대응, 음소합성 등)을 가르치기에 유리하다. ⑤ 마지막으로, 명료한 구어를 연습하기 위해서 AAC를 활용할 수도 있다. 이 모델은 말실행증아동의 수준에 맞추어 AAC를 활용하기 위해 제안되기는 하였으나, 다양한 발달장애아동에게도 적용될 수 있다. Beukelman과 Mirenda(2013)는 AAC를 통해 혜택을 입을 수 있는 아동의 예로 다음과 같은 장애유형을 제안하였다.

- 말실행증(말운동장애)아동: 말명료도가 심한 아동으로부터 경도의 아동까지 적절한 목적의 AAC를 통해 보완 및 대체뿐 아니라 언어발달에도 도움을 받을 수 있다.
- 뇌성마비아동: 뇌성마비아동에게는 AAC뿐 아니라 운동 발달훈련, 조음훈련, 그리고 학습적인 면까지 아동 개인에게 필요한 지원을 균형 있게 하는 것이 중요하다. 즉 뇌성마비아동이라도 AAC와 함께, 필요하다면 근육운동, 조음훈련, 언어 및 학습훈련이 같이 이루어지는 것이 바람직하다. 이러한 균형 잡힌 접근(balanced approach)이 이루어지는 것이 중요하다.
- 자폐성장애아동: 다른 사람과의 상호작용이 부족한 자폐성장애아동에게 AAC, 특히 음성산출 AAC(예: SGD나 VOCA)는 상호작용의 기회를 높여 주기 때문에 매우 유용하다. 자폐성장애아동이 특히 어려움을 보이는 주의끌기(attention gathering)는 SGD나 VOCA를 통해 촉진할 수 있다. 말명료도가 높은 메시지 전달을 통해 친숙하지 않은 사람과도 손쉬운 상호작용이 가능하게 된다(Trottier, Kamp, & Mirenda, 2011). 여러 연구들이 자폐성장애아동에게 AAC 중재를 함으로써 의사소통(예: Schlosser, 2003; Schlosser, Sigafoos, & Koul, 2009)과 읽기 기술(예: Koppenhaver & Erickson, 2009; Light & McNaughton, 2009a)이 향상되었다고 보고하였다.
- 지적장애아동: 지적장애아동에게 AAC를 적용할 때는 그 아동의 언어 능력, 의사소통 및 사회성, 전반적인 발달 패턴 등을 고려하여야 한다. 지적 능력이 많이 떨어지는 중도 지적장애아동의 경우 구조화된 문맥 속에서 AAC를 가르치다가 점차 일반화를 유도하는 것이 바람직할 것이다. 또한 처음부터 너무 복잡한 프로그램이나 의사소통판을 제시하기보다는 아동의 인지 수준에 맞는 상징이나 어휘를 포함한 의사소통판을 제시해야 한다.
- 농맹(deaf & blindness)아동: 청각과 시각 모두에 어려움이 있는, 특히 선천적 농맹아동은 구어를 습득하기가 매우 어렵다. Dolby 등(2009)은 후천적 농맹의 경우 62.4%는 구어나 독화를 통해 의사소통을 하지만, 선천적 농맹의 경우는 23.9%만이 구어를 사용한다고 보고하였다. 이러한 아동에게 AAC를 적용하는 것 또한 쉬운 일은 아니지만, 상징을 만질 수 있는(tangible) 사물(예: 마실 것을 달라고 할 때 '컵' 을 내민다)로 제시한다든가(Sigafoos et al., 2008), 입체적인 상징(textured symbols)이나 빛이 나오는 의사소통 기기를 활용한다든가, 크게 확대시킨 상징그림을 사용할 수도 있다.

2. AAC의 구성요소

AAC를 사용하기 위해서는 언어의 어휘나 문장에 해당하는 상징(symbols)과 그 상징들을 선택할 수 있도록 탑재한, 전자 혹은 비전자 도구(aids)가 필요하다. 또한 사용자는 이러한 도구에서 자신이 전달하고자 하는 메시지를 선택하는 기법(techniques; 예: 지적하기, 스캐닝하기)과 어떻게 효율적으로 선택한 메시지를 전달할지에 대한 전략(strategies; 예: 색깔부호화, 문장예측)이 필요하다. 이러한 AAC 요소들에 대해 좀 더 자세히 살펴보도록 한다.

1) 상징(symbols)

AAC 상징을 분류할 때는 별도의 도구 사용 여부에 따라서 도구적(aided) 상징과 비도구적(unaided) 상징으로 구분하는 경우가 많다(Beukelman & Mirenda, 2013). 즉 자신의 신체 일부를 사용하는 몸짓이나 수화는 비도구적 상징이며, 그 외 다른 도구를 사용할 경우는 도구적 상징이라고 한다.

비도구적 상징은 별도의 도구 없이도 의사소통을 할 수 있으며, 항상 사용할 수 있기 때문에 편리하다. 그러나 몸짓이나 수화에 익숙하지 않은 상대방과 대화를 할 때는 제한적일 수밖에 없다. 수화를 모르는 일반 미국 성인의 경우, 미국 수화(American Sign Language: ASL)의 10~30%, 미국 인디언 제스처(Amer-Ind gestures)의 50~60%에 대해서만 그 의미를 추정할 수 있었다는 연구보고도 있다(Daniloff, Lloyd, & Fristoe, 1983; Doherty, Daniloff, & Lloyd, 1985).

도구적 상징은 유형상징, 표상상징, 철자상징으로 분류할 수 있다. 유형상징에는 실제 사물이나 축소 모형(miniature)이 있고, 표상상징에는 사진(컬러사진, 흑백사진)이나 그림(칼라, 흑백, 선화)이 포함된다. 외국 문헌이나 임상에서 가장 많이 사용하고 있는 PCS (Picture Communication Symbols)는 표상상징에 해당하는 그림상징이며 한국 문화에 맞게 개발된 이화-AAC 상징(EWHA-AAC Symbols; 박은혜, 김영태, 2013)도 유사한 수준의 구체적 그림상징이다. 또한 블리스심볼(Blissymbols)은 상징을 결합하는 원리를 따르고 있어 기본 개념을 학습하게 되면 체계적인 규칙에 따라 표현의 확장이 용이하지만, 상징의 투명성이 낮아서 인지력이 떨어지는 아동의 경우는 습득하기 어렵다. 철자상징에는 한글의 글자소(예: ㄱ ㄴ ㄷ)나 점자가 해당된다.

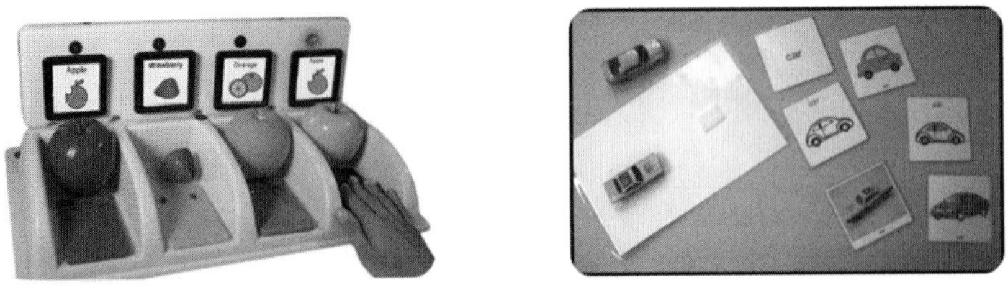

그림 14-4 유형상징과 그림 표상상징의 예

그림 14-5 PCS의 예

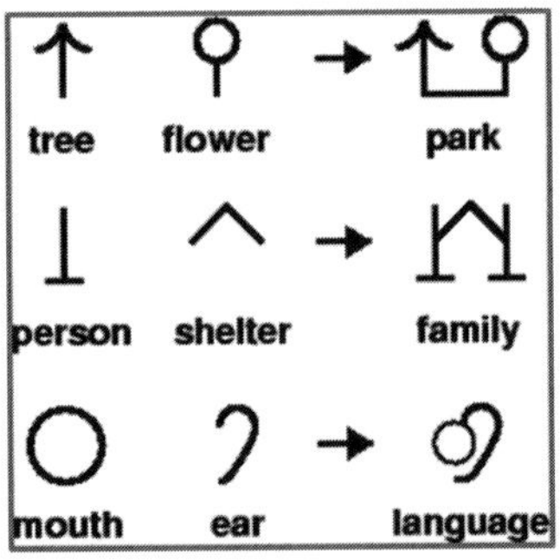

그림 14-6 Blissymbols의 예

2) 도구(aids)

보완 · 대체 의사소통 도구란 상징체계를 담기 위해 제작된 물리적인 도구를 말한다. 전자적 장치 내장 여부에 따라 비전자적인 도구(No Tech AAC)와 전자적인 도구로 분류할 수 있으며, 전자적인 도구는 단순한 전자도구를 사용하는 로우테크 AAC(Low Tech AAC),

첨단 전자도구를 사용하는 하이테크 AAC(High Tech AAC) 등으로 분류하기도 한다.

비전자적 AAC는 메시지를 전달하기 위해서 전자적인 요소가 없는 것으로 의사소통판과 의사소통책처럼 그림 또는 글자 상징을 제시하는 간단한 도구에 해당된다. 하이테크 ACC는 합성음성엔진이 탑재된 경우 음성산출기기(Speech Generating Device: SGD 또는 Voice Output Communication Aid: VOCA)라고 부르기도 한다. 로우테크와 하이테크의 구분이 분명한 것은 아니며, 로우테크라고 해서 상대적으로 기능이 떨어지는 기기를 의미하는 것은 아니다. 사용자의 개인 능력이나 활용목적에 따라 적절한 도구를 선택하는 것이 중요하다. 실제 사용되는 AAC 도구에 대해서는 'AAC 도구의 종류' 에서 다시 설명하기로 한다.

하이테크 AAC 기기는 비싸다는 단점 때문에 쉽게 접근하기 어려웠지만, 테크놀로지의 발달로 AAC 프로그램을 태블릿 PC, 또는 스마트폰에 쉽게 다운로드하여 사용할 수 있게 되어 AAC의 접근이 용이하게 되었다. AAC 어플리케이션은 자신이 사용하고 있는 휴대폰에 쉽게 다운로드해서 사용할 수 있고, 무선 인터넷 연결로 언제 어디서나 쉽게 웹에 접속할 수 있다는 점에서 AAC 도구로서의 활용도가 증가할 것으로 보인다. 특히 장애인 자신이 다른 사람들의 시선을 의식하지 않고 사용할 수 있다는 장점이 있다. 또한 자신이 가지고 있는 다양한 사진을 의사소통을 위한 AAC 상징으로 손쉽게 검색, 복사, 저장, 편집할 수 있게 되었다. 태블릿 PC와 모바일 기기의 대중화로 하이테크의 AAC 도구를 쉽게 접할 수 있게 되었다. 그러나 스마트폰과 태블릿 PC의 다양한 어플리케이션이 AAC 사용자 개개인의 의사소통 요구와 필요에 적절하게 디자인되었는지, 누가 모바일 기반의 AAC 도구를 사용하면 좋은지, 어떠한 목적으로 어떠한 것을 사용할 것인지에 대한 연구가 필요할 것으로 보인다.

3) 기법(techniques)

기법이란 대화 상대자에게 의사소통 메시지를 전달하는 방법을 말한다. 메시지를 전달하기 위해 상징을 선택하는 데는 직접 선택 방법과 간접 선택 방법(예: 스캐닝)이 있다. 직접 선택은 전달하고자 하는 메시지를 신체부위의 일부분, 즉 손가락, 손, 발가락, 머리 등을 사용하거나, 신체부위를 사용하기 어려운 경우 헤드스틱(headstick), 마우스스틱(mouth stick), 핸드그립, 빔 등과 같이 보조 도구를 사용하여 직접 선택하는 것이다. 그러나 상징을 직접 선택할 수 없는 경우, 스캐닝 기법을 사용할 수 있다. 스캐닝(scanning)이란 AAC 사용자가 선택하고자 하는 메시지가 나올 때까지 계속 진행하다가 원하는 상징이 나타났을 때 스위치를 누름으로써 선택하는 방법이다.

4) 전략(strategy)

전략이란 AAC 사용자가 자신의 메시지를 전달할 때의 효율성(예: 정확도, 시간)을 높이기 위한 방법을 말한다. AAC를 사용하는 경우 구어를 사용하는 것보다 의사소통 속도가 상대적으로 느리기 때문에 이를 보완하기 위해 메시지의 부호화 전략이나 낱말과 문장의 예측 전략 등을 사용하고 있다.

3. 복합의사소통장애아동을 위한 AAC 선택 시 고려할 사항

복합의사소통장애아동(Complex Communication Needs: CCN)들은 끝내 말을 통한 의사소통, 즉 구어를 습득하지 못하여 말을 대신하는 AAC 사용을 강구해야 하는 경우도 있고, 제한된 구어 능력으로 인해 AAC를 통한 언어적 발달을 촉진하고자 AAC를 사용하는 경우도 있다. 복합의사소통장애아동에게 AAC 체계를 선택하고 사용하도록 하는 데 있어서 고려할 사항들을 몇 가지 살펴보고자 한다(Baumgart, Johnson, & Helmstetter, 1990; Light et al., 2003 참조).

1) 생활연령

AAC 체계에 포함시킬 어휘나 문장은 아동의 정신연령보다는 생활연령에 맞는 것으로 선택하여야 한다. 아동의 정신연령은 보완 · 대체 체계를 교육하는 방법이나 교재의 선택 과정에서 좀 더 중요하게 고려해야 할 요소이다.

2) 기능성

AAC 체계의 일차적인 목적은 일상생활에서의 의사소통이다. 그러므로 아동의 AAC 체계에 포함된 모든 어휘나 문장은 아동의 의사소통 의도(예: 물건이나 행동 요구하기, 주의 끌기, 평하기, 감정이나 상태 표현하기, 질문하기 등)를 표현할 수 있고 기능적인 것이어야 한다.

3) 상호작용 가능성

의사소통은 일방적인 것이 아니라 상호적인 교류에 의하여 이루어지는 것인 만큼, 아동의 의도를 표현할(예: 요구하기 기능) 뿐 아니라 상대방의 표현에 대하여 반응(예: 대답하기 기능)을 할 수도 있어야 한다. 때로는 상대방도 아동의 대체 수단을 사용하여 아동이 상대방의 의도를 이해할 수 있도록 할 수 있어야 한다.

4) 중재 가능성

대체로 AAC 체계를 선택하거나 적용하는 기간에는 여러 가지 지원 프로그램이 제공되지만 그 후 후속 중재 프로그램이 제공되지 않기 때문에 AAC 사용도 중단되는 경우가 많다. 그러므로 계속되는 중재가 가능한지를 고려한 지원 프로그램을 제공하여야 한다.

5) 사회적 의미

대상자의 사회적 활동을 고려하여 그에 적절한 AAC 체계의 내용, 운반 방법 및 도움의 형태를 결정하여야 한다. 예를 들어, 복합의사소통장애아동의 사회활동 범위를 관찰하여 학교, 집, 종교기관 등 각 사회활동 장소에서 요구되는 조건들을 고려하여야 한다.

6) 의사소통을 위한 선수 기술

의사소통을 하기 위해서는 선행되어야 하는 기초적인 선수 기술들이 있다. 그러나 복합의사소통장애아동에게 AAC 체계를 적용할 때는 그러한 선수 기술들이 모두 습득될 때까지 기다릴 수 없는 경우가 많다. 그럴 경우, 우선 아동이 가지고 있는 최소한의 의사소통 능력을 분석하여 그에 적절한 AAC 체계를 사용하게 하고, 그 후에 그 체계를 사용하면서 좀 더 발전된 의사소통 능력을 길러 주는 것이 바람직하다. 일반적으로 기초적인 의사소통 능력을 증진시키기 위하여 사용하는 중재활동들은 함께 주목하기, 공통적인 활동하기, 선행행동과 연계된 반응 인식시키기, 지칭하기, 사회성 게임하기, 인지적 도식 확대시키기, 의사소통 수단 확대시키기, 아동 모방하기, 의사소통 차례지키기 등이다(김영태, 1997 참조).

7) 1개 이상의 AAC 도구 사용

대체로 복합의사소통장애아동에게 1개의 AAC 체계를 선정하여 적용시키면 그것으로 만족하고 더 이상의 관심을 두지 않는 경우가 많다. AAC 사용 환경에 따라 AAC 도구가 달라져야 한다. 예를 들어, 발화기나 컴퓨터의 건전지가 다 닳아 소리를 내지 못하거나, 어두운 곳에서는 수화나 의사소통판을 사용하지 못할 수도 있다. 그러므로 가능하다면, 1개 이상의 AAC 도구를 사용하도록 가르치는 것이 중요하다.

8) 자연스러운 환경에서의 중재

AAC 체계는 아동이 실생활에서 사용하지 못한다면 아무 의미가 없다. 그러므로 일반화가 어려운 복합의사소통장애아동에게는 실제 환경 속에서 직접적 또는 간접적 중재가 이루어져야 한다.

9) 아동 자신의 선호도

AAC 체계를 결정하거나 그 내용(어휘나 문장)을 선택하는 과정에서 아동 자신이 좋아하는 것을 선택하도록 배려해야 한다. 적용된 AAC 체계가 아동에게 또 하나의 학습자료에 불과한 것이 되어서는 안 된다. 아동이 애정을 가지고 기꺼이 사용하도록 하기 위해서는 아동이 그 형태와 내용을 선택하도록 하여야 한다. 그러기 위해서는 초기의 선택과정뿐 아니라, 아동이 체계를 확장해 나가는 과정에서도 아동의 의사가 반영되도록 해야 할 것이다.

10) 부모-중재자 간 협력관계

대체로 AAC 체계를 선택하는 과정에서는 부모와 중재자가 협력을 잘 하지만, 그 내용을 삽입하고 프로그래밍하는 과정에서는 부모가 배제되어 버리는 경우가 많다. 특히 복합의사소통장애아동의 경우 가정과 학교, 그리고 기타 접촉하는 사회(예: 종교기관, 그룹홈 등)에서 유사한 반응이나 강화가 있어야만 기능적으로 사용하게 되기 때문에, 이러한 관련 기관 및 가정에서의 협력관계가 중요하다.

11) AAC 체계의 특성

AAC 체계는 우선 아동의 신체적 조건에 따라 적절하게 이동할 수 있는 체계여야 하며, 의사소통 대상자에게 쉽게 이해될 수 있는 체계여야 한다. 또한 관리 및 유지가 용이하고, 아동의 적응 상태에 맞추어 어휘 및 언어의 범위나 수준을 확장할 수 있는 것이 좋다.

12) 의사소통을 위한 기초 기술

복합의사소통장애아동의 경우 아무리 좋은 AAC 도구가 주어진다고 해도 그것을 효율적으로 쓸 기초적인 기술을 배우지 못하면 의미가 없다. 이에 Light와 그의 동료들(Light, 1989; Light, Arnold, & Clark, 2003; Light, Roberts, Dimarco, & Greiner, 1998)은 다음과 같은 기초 능력을 중재할 필요가 있다고 제안하였다(Beukelman & Mirenda, 2013 참조).

- 언어적 능력(linguistic competence): AAC 사용 아동은 AAC 언어(예: 상징어휘)를 사용할 수 있어야 할 뿐 아니라 대화 상대들이 사용하는 언어(예: 한국어)를 이해할 수도 있어야 한다. 이는 마치 이중언어 학습자가 모국어와 제2외국어를 같이 사용하는 것과 같은 의미라고 할 수 있다(Light, 1989). 이러한 언어적 능력을 형성하기 위해서는 중재자가 여러 문맥 속에서 두 언어(AAC 언어, 모국어) 모두에 대한 경험을 최대한 많이 할 수 있도록 하는 것이 중요하다.
- 도구를 다루는 작동 능력(operational competence): AAC 도구를 스스로 다룰 수 있도록 하는 것은 아동에게 맞는 AAC 도구를 마련해 주는 것만큼이나 중요하다. AAC 중재를 지원하는 언어치료사들은 AAC 어휘 갱신하기, 의사소통 배열판 바꾸기, 도구나 기기 보호하기, 필요한 수리 요청하기, 미래의 필요를 고려하여 AAC 수정하기, 일상적 사용과 작동여부 파악하기 등에 대한 중재를 할 수 있어야 한다.
- 사회적 능력(social competence): AAC를 통하여 의사소통적 상호작용을 시작하고, 유지하고, 확대시키고, 끝낼 수 있는 능력을 가르쳐야 한다. Light(1998)는 AAC 사용자에게 긍정적인 자아상(self image)을 갖게 하는 것, 다른 사람에게 관심을 갖게 하여 의사소통을 하고자 하는 의욕을 갖게 하는 것, 대화에 적극적으로 참여할 수 있게 하는 것, 그리고 의사소통 상대를 편안하게 해주는 것과 같은 사회적 기술을 가르치도록 제안하였다.
- 문제상황에 대처하는 능력(strategic competence): AAC로 의사소통을 할 때는 구어로 할 때보다 여러 가지 제약이 많다. 예를 들어, 대화를 하다가 내가 원하는 어휘나 표현이 내 의사소통판에 없는 상황이 있을 수도 있고, 내가 표현한 AAC 메시지가 상대방에게 이해되지 않는 경우도 있을 수 있다. 그러므로 AAC 사용자는 이러한 문제상황에 대처할 전략을 습득하는 것이 중요하다.

4. AAC를 사용하는 복합의사소통장애아동의 언어발달

AAC를 사용하는 복합의사소통장애아동은 AAC를 사용하는 방법만 배울 것이 아니라, AAC를 통하여 언어발달도 촉진되어야 한다. 중중장애의 언어치료 임상현장에서 흔히 겪는 일은 아동의 언어 능력을 어떻게 평가할 것인가, AAC로 표현되는 메시지가 아동의 표현언어 능력을 대변할 수 있는 것인가, AAC로 표현되는 메시지로 아동의 수용언어 능력을 예측할 수 있는가와 같은 물음이다. 그러므로 AAC 사용자의 언어발달은 어떠한 특성이 있는가를 먼저 살펴볼 필요가 있다.

1) AAC 의미발달

구어로 의사소통을 하는 아동에게 있어서 입력되는 메시지(input)와 산출하는 메시지(output)의 형태(mode)는 모두 음성언어, 즉 말(speech)이다. 그러나 AAC 사용 아동에게 있어서 입력은 말의 형태이지만 산출은 상징(symbol)의 형태로 달라지게 된다. 이러한 입력과 산출 형태의 차이는 AAC 사용자의 의미론적 발달에도 영향을 미친다(Smith & Grove, 2003 참조). AAC 사용 아동은 다른 사람의 말을 이해하기 위해서 구어적 어휘(words)도 이해해야 하지만, 메시지를 표현하기 위해서는 자신의 의사소통판에 있는 상징어휘(symbol)도 습득하여야 한다. 이러한 수용어휘와 표현어휘의 형태상 차이는 AAC 사용 아동의 어휘평가에서도 고려되어야 한다.

언어습득 문헌에서는 아동에게 주어지는 성인 언어자극의 양이 중요하게 여겨지는데, AAC를 사용하는 복합의사소통장애아동에게는 성인의 언어자극 양 자체가 훨씬 적은 것으로 보고되었다(Blockberger & Sutton, 1999). 또한 의사소통판에 선택된 상징어휘들은 대부분 보호자나 중재자에 의해서 선택되기 때문에 진정한 AAC 아동의 어휘목록으로 볼 수 없다.

일반 아동이 어휘를 습득할 때 많이 사용하는 빠른 이름 연결하기 전략(일견단어학습 전략, fast mapping; 제1장 참조)을 적어도 일부 AAC 사용 아동도 사용하는 것으로 보인다(Drager et al., 2006; Romski et al., 2010; Mervis & Bertrand, 1996; Wilkinson & Albert, 2001; Wilkinson & Green, 1998). Romski 등(2010)은 음성산출기기(SGD)를 사용하는 심한 지적장애아동에게 처음 보는 사물 4개에 대해 무의미 낱말(nonsense words)과 추상적 상징(lexigrams)을 4회 들려주고 보여 주었다. 13명 중 7명에게서 상징에 대한 빠른 이름 연결하기 전략이 나타났으며 몇몇 무의미 낱말에 대한 이해력도 나타났고, 이러한 이해력은 15일 정도까지도 유지되었으며 AAC 산출로까지 일반화되었다.

2) AAC 구문 및 형태소 발달

복합의사소통장애아동의 AAC 구문 특징은 다음과 같다. ① 1~2개의 메시지가 주를 차지한다(예: Soto, 1999). ② 복문은 거의 없고 단문이 주를 이룬다(예: Soto & Toro-Zambrana, 1995). ③ 문법보다는 내용중심의 낱말배열이 많이 나타나는데(예: Trudeau, Morford, & Sutton, 2010), 언어 능력이 좋은 AAC 사용자도 복문에서의 낱말배열은 문법보다 내용중심으로 나타난다(Smith & Grove, 2003). ④ 동사나 관사 등은 의사소통판에 있어도 흔히 생략되는 경우가 많다(예: Soto & Toro-Zambrana, 1995). 그 외에도 ⑤ 여러 가지 형태의 표현을 함께 사용하는 전략을 과하게 사용하거나(예: 몸짓+상징, 소리치기+상징), 낱말의 과대일반화(예: 소, 말, 개를 모두 '개' 로)를 많이 보이거나, 상징이 없는 것을 보상하기 위해 지나치게 메타언어적 전략을 사용한다(예: Mirenda & Bopp, 2003).

이러한 특징에 대해서 이전에는 AAC 사용자의 언어문제에 기인한다는 결함 가설(deficit hypothesis)로 설명하였으나, 최근에는 특정 의사소통형태 가설(modality-specific hypothesis)로 설명하고 있다. 즉 이러한 특이한 그래픽 발화(graphic utterance)에서는 듣는 형태(즉 구어)와 실제로 의사소통하는 형태(즉 상징) 사이에 기능적인 차이가 있기 때문이라고 설명한다(Sutton et al., 2002; Smith & Grove, 2003, Beukelman & Mirenda, 2013에서 재인용). 예를 들어, "앉다"라는 상징은 흔히 누군가가 의자에 앉아 있는 그림으로 표현되기 때문에, '그 사람이 앉아 있어요' 라는 문장은 사실 "앉다"라는 그림상징 하나만 선택해도 충분할 수 있는 것이다.

복합의사소통아동의 형태소 특징에 대한 연구 결과를 요약하면 다음과 같다. ① 흔히 의사소통판에 다양한 형태소가 제공되지 않기 때문에 AAC 사용 아동이 형태소를 학습할 기회가 제한되어 있다(예: Blockberger & Johnston, 2003). ② AAC를 사용하는 복합의사소통장애아동은 메시지의 정확성보다는 전달속도를 더 중시하기 때문에 형태소를 생략하는 경향이 있다(예: Blockberger & Sutton, 2003). ③ 복합의사소통장애아동은 다양한 문맥에 적용되는 형태소 규칙을 배우기 어렵다(예: Blockberger & Johnston, 2003). ④ AAC 자체가 구어에서의 정확한 형태소 사용을 똑같이 요구하지 않는다.

3) 화용 발달

AAC를 사용하는 복합의사소통장애아동은 매우 제한된 화용기능을 사용한다. 대부분의 AAC 사용 아동은 요구하기나 반응하기를 주로 보인다. 요구하기가 많은 것은 AAC를 사용해서 가장 직접적인 강화를 받을 수 있기 때문으로 보인다. 반응하기가 많은 것은 대화 상대가 일반인일 경우 AAC 아동에게 많은 질문을 해서 반응밖에 할 수 없도록 하기 때문으로 보인다. AAC 아동을 상대로 대화하는 일반인들은 ① 의사소통 주제를 통제하려는 경향이 있고, ② '예/아니요' 나 단단어로 대답해야 하는 폐쇄형 질문(예: 뭐야? 누가? 언제?)을 많이 하는 경향이 있으며, ③ AAC 아동이 표현한 메시지를 다시 반복하거나 수정해 주는 경우가 많다고 보고되었다(Basil, 1992; Iacono, 2003; Light et al., 1985b). 반면, AAC 아동을 상대로 대화하는 AAC 사용자의 경우는 보다 동등한 수준으로 대화를 하는 것으로 보고되었다(Muller & Soto, 2002).

그러므로 AAC 사용 아동의 화용 발달을 촉진하기 위해서는 좀 더 동등한 자격의 대화나 의사소통의 기회가 많이 주어져야 하며, 다양한 의사소통 기능을 경험할 수 있는 문맥과 활동을 활용하는 것이 바람직하다고 할 수 있다.

5. AAC 중재 시 고려해야 할 어휘

AAC 사용 아동을 중재하거나 의사소통판을 만들어 줄 때 가장 중요하게 고려해야 할 부분은 어떤 어휘를 선택할 것인가 하는 것이다. AAC 문헌이나 임상에서 언급되는 어휘들의 종류는 다음과 같다.

1) 상황어휘(coverage vocabulary) 대 발달어휘(developmental vocabulary)

상황어휘는 핵심적인 메시지를 전달하기 위해 필요한 어휘(Vanderheiden & Kelso, 1987)로, 개인의 기본적인 의사소통 요구(needs)를 표현하는, 기능적 목적을 가지는 어휘이다. 즉 상황어휘로 구성된 의사소통판은 특정 상황(예: 패스트푸드)에서 보편적으로 많이 쓰일 만한 어휘들(예: 햄버거, 주스, 케첩, 냅킨 등)로 구성되기 때문에 매우 기능적이라고 할 수 있다. 상황어휘는 상황뿐 아니라 연령에 따라서도 달라져야 한다. 상황어휘로 의사소통판을 구성하는 경우 주로 활동(예: 식사, 놀이, 학교, 병원 등)어휘들로 구분하여 배열하는 경우가 많다. 상황어휘는 초기 AAC 사용자에게 매우 유용하다.

이에 반해 발달어휘는 기능적 목적보다는 언어와 어휘의 성장을 촉진할 수 있도록 하는 어휘들을 의미한다. 예를 들어, Lahey와 Bloom(1977)이 제안한 의미적 범주 어휘들은 ① 실물을 지칭하는 어휘(사람, 장소, 물건), ② 비교어휘(예: 큰, 작은), ③ 행동을 의미하는 어휘 (예: 주다, 만들다, 먹다, 마시다), ④ 감정어휘(예: 행복하다, 무섭다), ⑤ 대답어휘(예: 예, 아니요), ⑥ 재현이나 중단을 의미하는 어휘(예: 또, 그만, 없다), ⑦ 이름, ⑧ 수식어휘(예: 뜨겁다, 안 뜨겁다, 차갑다), ⑨ 색깔어휘, ⑩ 위치어휘(예: 위, 아래) 등이다.

Beukelman와 Mirenda(2013)는 초기 AAC 사용자들에게도 상황어휘뿐만 아니라 발달어휘를 포함시켜서 새 어휘나 어휘조합과 같은 언어구조나 어휘확장을 촉진하는 것이 좋다고 제안하였다. 영어의 "more, no, there" 같은 어휘는 낱말조합을 유도하기에 좋은 발달어휘가 될 수 있다. 우리 말의 경우도 "더, 안" 같은 어휘는 낱말조합(예: 더 주세요, 안 먹어요)을 유도하기에 좋은 어휘이다. Romski와 Sevcik(1996)는 언어의 계속적인 발달을 위해서 연령에 관계없이 어느 정도의 발달어휘는 포함시키는 것이 바람직하다고 제안하였다.

2) 핵심어휘(core vocabulary) 대 개인어휘(fringe vocabulary)

핵심어휘는 많은 사람들이 매우 자주 쓰는 어휘를 의미한다. 문헌에서는 핵심어휘를 적어도 세 상황 이상에서 50% 이상의 사람들이 사용하는 어휘로 보기도 한다. Banajee, Dicarlo와 Stricklin(2003)의 연구에서는 어린이집 상황에서 50명의 취학전 아동이 자주 사용하는 어휘를 분석하였다. 모든 아동이 공통적으로 사용한 어휘는 9개(I, no, yes/yeah, want, it, that, my, you, more)였으며, 그 외에 많은 아동에게서 공통적으로 나온 어휘는 mine, the, is, on, in, here, out, off, a, go, who, some, help, done/finished 등이었다.

김영태, 박현주와 민홍기(2003)의 연구에서는 우리나라 학령기 아동 24명과 성인 20명을 대상으로 음식점, 쇼핑센터, 미용실, 영화관, 비디오가게, 병원, 은행, 학교, 가정의 아홉 가지 상황에서의 발화를 전사하여 총 11,092개의 어휘를 분석하였다. 연구 결과 9개의 상황 중 5개 이상의 상황에서 나타난 핵심어휘는 40개였다. 특히 9개 상황 모두에서 나타난 핵심어휘는 "하다, 되다, 이거, 여기" 4개로, 대명사, 대동사, 지시어의 특징을 나타내었다(483쪽의 〈표 14-3〉 참조). 학령기 아동(초, 중, 고) 집단에서 공통으로 나타난 핵심어휘만 따로 떼어 봤을 때는 32개의 핵심어휘가 분석되었는데, 그중 가장 빈도가 높은 12개의 어휘는 "하다, 나, 거(것), 너, 야, 있다, 보다, 안, 애, 가다, 뭐(무엇), 되다" 였다. 핵심어휘를 품사별로 살펴보면 우선 동사가 가장 많았다. 특히 가장 많이 사용된 핵심어휘 1위도 동사 '하다' 가 차지하였다. 특이한 것은 명사에 해당하는 낱말은 '것' 과 '애' 둘뿐이었다는 점이다. 또한 대명사 어휘가 명사 어휘보다 더 다양하게 나타났는데, '나' '너' '이거' '그거' '우리' '어디' '무엇' '여기' 가 핵심어휘에 포함되었다. 핵심어휘에 포함된 접속사는 '그러면' 하나였다.

개인어휘(fringe vocabulary)에는 AAC 사용 아동 개인이 고유하게 사용하거나 표현하는 어휘와 개인적인 관심을 갖는 주제의 어휘들이 포함된다. 예를 들어, 아동이 주로 대하는 사람, 자주 가는 장소, 좋아하는 음악이나 TV 프로, 자주 쓰는 농담이나 종교적 표현 등이다. 이러한 개인어휘는 아동에게 강한 강화가 될 수 있고, AAC 사용의 동기도 부여할 수가 있어서 매우 유용하다. 특히 AAC를 처음 사용하는 아동에게는 이러한 개인어휘를 AAC 어휘목록에 넣어 줌으로써 흥미를 가지고 자주 사용하게 할 수 있다. 마치 초기 낱말을 습득시킬 때처럼 초기 AAC 학습자에게도 '여기, 지금' 문맥 속에서 배우기 쉽고, 즉각적인 결과를 볼 수 있게 하여 화용적인 기능과 연계될 수 있도록 하는 것이 중요하다(Musselwhite & St. Louis, 1998).

그러나 문제는 어떻게 이러한 개인어휘에 대한 정보를 확보하느냐이다. Fallon, Light와 Paige(2001)는 아동이 어떻게 자신의 환경 속에 참여하고 있는지를 관찰하여 환경적 혹은 생태학적 의사소통 목록(environmental or ecological inventory)을 만든다거나, 보호자에게 부탁하여 다양한 상황 속에서 필요했던 어휘들을 적게 하는 어휘 일기(vocabulary diary)를 활용할 수 있다고 제안하였다.

아동의 AAC에 어떠한 어휘를 선택해서 효율적으로 사용하게 할지는 AAC 사용 아동을 지원하는 언어치료사에게 매우 중요한 도전이다. 아동의 수준에 따라 다음과 같은 어휘 활용을 고려할 수 있다(Beukelman & Mirenda, 2013 참조).

- 전읽기(preliterate) 수준의 AAC 사용 아동: 읽기를 배우기 이전의 아동에게는 의사소통 전달 중심의 상황어휘뿐 아니라, 앞으로의 언어기술 발달을 위한 발달어휘 두 가지를 모두 사용하는 것이 바람직하다.
- 읽기가 안 되는(nonliterate) AAC 사용 아동: 지적장애 등으로 철자대기나 읽기 학습이 어려운 아동에게는 ① 발달적 관점보다는 기능적 관점에서 어휘를 선택하되, ② 생활연령과 성별에 적절한 어휘를 선택해야 한다. 또한 ③ 복잡한 구문발달을 목표로 하는 것은 아니더라도 어휘조합을 촉진하기 위하여 상황어휘뿐 아니라 발달어휘도 어느 정도는 포함시키는 것이 바람직하다.
- 읽을 수 있는(literate) AAC 사용 아동: 상징어휘 외에도 필요한 메시지는 철자로 정확하게 표현할 수 있도록 가르치되, 표현의 속도나 전달효율성을 높일 수 있도록 지원해 주는 것이 좋다. 긴급한 상황(예: 휠체어에 발이 끼었을 때, 히팅패드가 너무 뜨거워질 때)에서 쓰일 표현은 미리 메시지를 저장해서 사용하는 것이 좋으며, 낱말예측 프로그램 등을 활용하여 앞부분을 치면 나머지 낱말이나 문장이 뜨게 하는 것도 좋

표 14-3 9개 상황 중 5개 이상의 상황에서 나타난 핵심 어휘들

9개 상황		8개 상황		7개 상황		6개 상황		5개 상황	
어휘	빈도	어휘	빈도	어휘	빈도	어휘	빈도	어휘	빈도
하다	143	주다	126	오다	25	나	95	것	32
되다	119	네	81	많다	23	보다	76	가다	27
이거	91	안	72	잘	17	무엇	49	얼마	15
여기	38	있다	57	그리고	17	같다	30	왜	14
		아니다	39	시간	14	그거	28	사다	12
		좀	38			다	24	(나)오다	11
		그냥	29			맞다	14	모르다	11
		없다	17			몇	12	그러나	10
						그렇다	12	감사하다	9
						어떻게	8	수고하다	9
								또	9
								빨리	6
								얼마나	5

출처: 김영태, 박현주, 민홍기, 2003.

다. 특히 이런 수준의 AAC 사용 아동에게는 다양한 소셜미디어(예: 이메일, 트위터, 페이스북)를 사용하고 참여하는 것을 지원해 주는 것이 바람직하다.

6. AAC 도구의 종류

현재 국내에서 사용하고 있는 AAC 도구의 종류는 기술이 발달함에 따라 점점 다양해지고 있다. 앞에서 살펴본 바와 같이 AAC 도구의 종류는 크게 비전자적 도구와 전자적 도구로 나누어 볼 수 있다.

비전자적 도구의 가장 큰 특징은 전자적 기능, 즉 도구 내의 직접회로(IC)를 가지고 있지 않다는 점이다. 비전자적 도구들은 대부분 언어치료사들이 직접 제작할 수도 있다. 이 도구들은 가격이 싸고 유지비가 들지 않으며 쉽게 만들 수 있어서 처음 AAC도구 사용자에게 제공하여 AAC로 의사소통하는 방법을 훈련하는 데 용이하다. 또한 비전자적 도구는 가볍고 이동성이 좋기 때문에 신체적 활동(예: 체육시간)이나 외부활동(예: 체험학습, 소풍 등) 시 유용하게 쓰일 수 있다. 비전자적 도구의 예는 〈표 14-4〉와 같이 의사소통

판, 의사소통책, 의사소통팔찌 등이 있다.

간단한 녹음기구를 활용한 로우테크 AAC는 보통 건전지로 작동되고 기기 자체 내에서 AAC 소프트웨어를 사용하고 있지 않는 것이 특징이다. 이 도구들은 대부분 음성녹음을 이용한 음성산출이 가능하도록 하는 기능을 가지고 있다. 국내에서는 AAC 보급 초반에는 가격이 비싼 하이테크 AAC 도구를 대신하여 수퍼토커나 오케이톡톡과 같은 간단한 녹음기구를 많이 사용하였는데 이러한 간단한 녹음도구들은 〈표 14-5〉와 같다.

하이테크 AAC 도구(high-tech devices)는 일반적으로 소프트웨어를 사용하여 AAC 전용기기 및 컴퓨터, 스마트기기와 연동하여 사용할 수 있도록 한 것이 특징이다. 과거에는 고가의 AAC 전용기기들이 대부분이었으나 태블릿 PC, 스마트기기(예: 갤럭시탭, 아이패드 등)등 디지털기기가 급속히 발달함에 따라 가격이 저렴하고 이용하기 쉽게 AAC 도구를 사용할 수 있게 되었다. 하이테크 의사소통기기는 크게 AAC 전용기기, 컴퓨터에서 프로그램을 실행시킬 수 있도록 제작된 AAC 소프트웨어, iOS 및 Android 기반의 스마트기기에서 사용할 수 있는 AAC 앱으로 나뉜다. 각각의 예는 〈표 14-6〉과 같다.

표 14-4 비전자적 AAC 도구의 예

의사소통판	
의사소통책	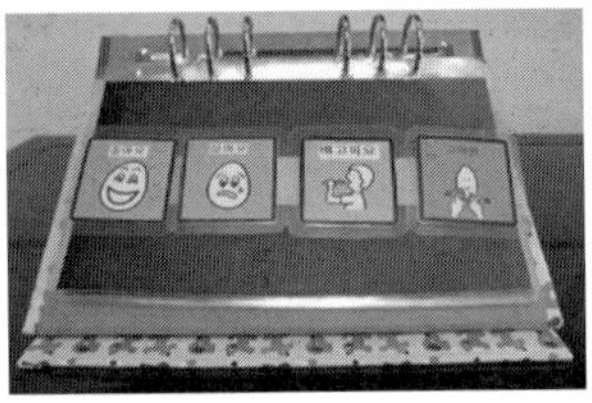
의사소통팔찌	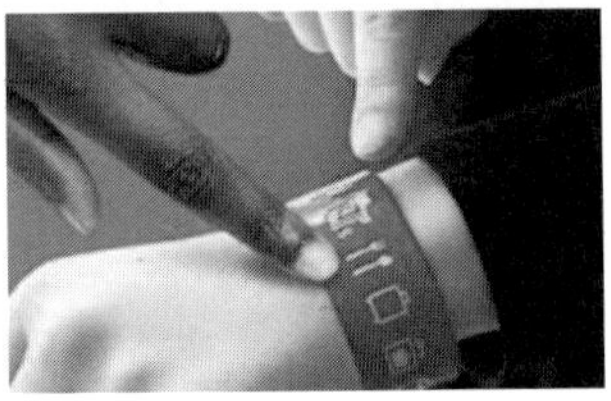

표 14-5 국내 로우테크 AAC의 예

smart오케이톡톡 (구 오케이톡톡)	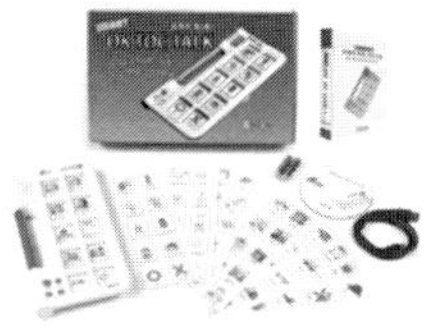	• 12개 채널 지원으로 120개의 상징 및 어휘 탑재 가능 • 상징 및 어휘를 컴퓨터로 편집 후 프린트하여 기기에 끼워서 사용함 • 음성녹음 방식으로 음성 산출 • 키가드 되어 있음
수퍼토커		• 2, 4, 8칸의 키판넬이 포함되어 있어 사용자의 능력에 따라 상징 및 어휘 탑재 • 상징 및 어휘 프린트 후 기기에 끼워서 사용 • 스위치와 연결 가능
7 Level Black Communication Builder		• 1, 2, 4, 8, 16칸으로 나누어진 프레임이 5개 있어 능력에 따른 상징 및 어휘 탑재 가능 • 상징 및 어휘 프린트 후 기기에 끼워서 사용 • 음성녹음 가능

표 14-6 국내 하이테크 AAC 전용기기 및 어플리케이션의 예

국내 개발 Android 기반 AAC 기기		
위드톡 (With Talk)		• AAC 전용기기로 제공되었지만 Android 4.2가 탑재되어 관련 프로그램을 사용할 수 있음 • 8개 범주의 3,000여 개 그림상징 제공 • 내장된 낱말 1,247개, 문장 4,328개 • 상징을 편집, 음성 녹음 및 TTS 기능 • keyboard 스캐닝 기능 제공
키즈보이스	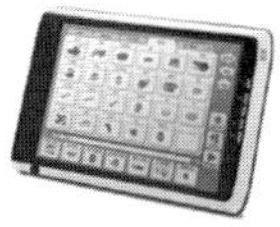	• 4, 16, 24면 분할 기능 제공 • 음성합성엔진(TTS) 탑재 • 어휘/상징 편집기능 • 음성 녹음 및 재생 기능
보이스탭		• 의사소통판과 언어훈련 프로그램을 제공함 • 음성인식 및 범주어 게임을 이용한 언어훈련 • Android OS 사용 스마트폰과 같이 다양한 콘텐츠 이용 가능 • 음성합성엔진(TTS) 탑재
이지컴		• 방송보기, 음악듣기, 멀티미디어 기능 • 전문직장 용어 1,000여 개의 어휘 내장, 문장 조합을 통해 새로운 문장 생성 및 편집 가능 • 텍스트 기반 AAC 도구

국내 Windows용 AAC 소프트웨어		
마이토키		• Windows 기반의 AAC 소프트웨어 • 다양한 장애유형 및 한국 상황을 고려한 5,000여 개의 어휘 및 그림 상징 제공(마이토키 보드) • 낱말과 문장예측 기능의 CSS 적용(Lite 제외) • 사용자 능력에 따른 다양한 셀 수의 의사소통판 선택 • 사용 환경 및 다양한 상황에 적용할 수 있는 범주 구분 • 키보드 입력 화면을 제공하여 글자기반의 AAC 옵션 제공 • 장애인을 고려한 한국어 음성(아동, 성인 여성/남성)의 음성합성엔진(TTS) 기능 • 보드캡처 및 인쇄 기능 • 운동 능력에 어려움이 있는 사용자를 위한 스캐닝 기능 제공
국내 iOS 기반 AAC 앱		
iComm		• 20개의 카테고리와 각 카테고리당 10개의 상징 및 어휘 탑재 가능 • 상징 및 어휘 편집, 음성녹음 가능 • 각 상징마다 '예/아니요'로 대답할 수 있도록 설정됨 • 사용하기 쉬운 인터페이스
jTalk AAC	jTalk	• 일상에서 자주 사용하는 낱말을 카테고리 구분 • 자연스러운 문장을 만들 수 있음 • 상징의 편집, 음성 녹음 가능 • 문자를 키보드로 입력하는 텍스트 기반의 보완·대체 의사소통 기능 제공 • 상징 및 어휘 편집 가능
CluTalk AAC (입트이는 AAC)	입트이는 AAC	• 대화상황과 대화 장소에 따른 1,200문장을 텍스트로 제공 • 남녀 성인 성우의 녹음 음성 제공 • 각 문장을 모션을 통해 빠르게 검색 • 각 문장의 조음과정을 입술, 혀 등의 발음기관들의 3차원 애니메이션으로 제시
포켓 AAC	Pocket AAC	• 1,800여 개의 낱말과 문장의 상징 제공 • 녹음음성이 내장되어 있고 음성 녹음 가능 • 어휘 및 상징 편집 가능 • 아동부터 청소년, 성인까지 최대 3개의 상징 선택을 통해 문장을 만들 수 있음
포켓 보이스	pocket voice	• 텍스트 기반의 AAC 애플리케이션 • TTS 기능 탑재 • 긴 문장 저장, 삭제, 수정이 가능
국내 Android 기반 AAC 앱		
콤마AAC (comma AAC)	AAC	• 사용자 능력에 따른 적절한 판 설정가능 (1, 2, 4, 6, 8, 15셀 제공) • 6,000개 이상의 어휘 및 상징 탑재 가능 • 상징 및 어휘 편집, 음성녹음 가능 • 사용하기 쉬운 인터페이스

핑거토커 (finger talker)		• 긴급호출, 의사소통판, 키보드, 설정이 메인화면 • TTS 기능 탑재 • 범주별 상징 및 어휘 수정 가능 • 스캐닝 기능 탑재
진소리		• TTS 기능 탑재 • 사용 기록 저장, 자주 사용하는 표현 즐겨찾기 기능 • 빈도수별 리스트 제공 • .txt 파일로 긴 문장 저장, 삭제, 수정이 가능
토크프렌드		• 학교와 일상생활 장면의 사진 상징 제공 • 상징 및 어휘 편집 가능 • 음성녹음 기능 • 사용자의 사용 기록 저장으로 활용 패턴 분석 가능함 • 8개의 자주 사용하는 의사소통 범주 제공하며, 범주 선택 시 자주 사용하는 명사와 문장표현 제공함
오케이톡톡		• 600여 개의 낱말과 문장의 상징 제공 • 성인 남성과 여성의 녹음 음성 제공 • 카테고리뿐만 아니라 어휘 및 상징 수정 가능 • 음성녹음 가능함
마이토키		• 5,000여 개의 어휘 및 그림상징 제공 • 사용 환경 및 상황별 디스플레이 • 아동, 성인 여성, 성인 남성의 TTS 제공 • 글자 옵션 제공

표 14-7 국외 AAC 앱 및 상징 학습 앱의 예

국외 AAC 앱	
Answers: YesNo	• 운영체제: iOS • 2개의 상징으로 구성된 의사소통판 제공 • 상징편집과 한글 텍스트 입력 및 음성 녹음 기능이 가능하여 한국어 사용자에게도 적용 가능함 • 한 화면에 2개의 상징만 제시되므로 보완 · 대체 의사소통 체계를 처음 시작하는 아동에게 적절함
SPEAK all!	• 운영체제: iOS • 그림상징으로 문장 만들기를 목표로 개발됨. • 음성 녹음 기능과 상징 편집 기능이 있어 한국어 사용자에게도 적용 가능하나 한글 텍스트 입력은 불가능함 • 한 화면에 제시되는 상징이 최대 10개로 제한되므로 초기 AAC 사용자들을 위한 상징연결 표현을 훈련할 때 사용하면 유용함
SPEAK one!	• 운영체제: iOS • 상징으로 의사소통하는 방법을 훈련하기 위해 개발됨 • 음성 녹음 기능이 있어 한국어 사용자에게도 적용 가능하나 한글 텍스트 입력은 불가능함 • 상징학습을 위한 아동용으로 제작되었음

SoundBoarding	• 운영체제: iOS • 직접 사진을 찍거나 사용하고 있는 기기의 사진첩 이미지를 불러와 나만의 의사소통판을 만들 수 있음 • 수백 개의 상징과 녹음된 음성 제공 • 한글 텍스트 입력과 음성 녹음 기능이 있어 한국어 사용자에게도 적용 가능함
Visual Schedule Planner	• 운영체제: iOS • 하루의 여러 가지 활동 스케줄을 시간순서에 따라 그림상징과 함께 배열하여 시각 스케줄을 만들 수 있는 App • Good Karma Applications, Inc.는 이 어플리케이션 이외에도 first and then visual schedules, Scene Speak 등의 AAC 관련 Apps를 개발함
NowWhat	• 운영체제: iOS • 텍스트 기반의 시각 스케줄 어플리케이션. 한글 텍스트 입력이 가능하여 글자기반 시각 스케줄 가능 • 문해 능력이 있는 아동, 청소년, 성인이 사용하기에 적절함
Proloquo2Go	• 운영체제: iOS • 14,000개의 상징 제공. TTS 기능 제공, 낱말 예측 기능. 텍스트 기반 의사소통판 옵션으로 제공하고 있음 • 사용자의 고빈도 사용 어휘 저장 • 가장 고성능 어플리케이션으로 아동, 청소년, 성인 등 다양한 장애인들에게 적용 가능함
GoTalk Now	• 운영체제: iOS • 세 가지 유형의 의사소통판을 제공. 상징 편집과 음성녹음이 가능하여 한국어 사용자에게도 적용 가능 • TTS, 스위치 Scanning 기능
Sono Flex	• 운영체제: iOS/Android OS • Fitzgerald Key Colour Coding, 핵심어휘, 상황에 따른 어휘/상징 분류함. • 다양한 언어로 번역되어 있음(한국어 제외) • 핵심어휘를 제공하고 아동에 맞는 다양한 상황별 어휘를 제공하고 있어 취학전, 학령기 아동에게 적절한 도구임
Dynavox Compass	• 운영체제: iOS • 모든 연령대 • 회원가입 후 1개월 동안 무료 사용가능함. 연령, 성별, 직업, 병명 등을 선택하고 사용자 유형에 따른 20, 46, 60개의 판 선택이 가능함. 편집기능이 다양하고 편리하며, 평소 자주 사용하는 문장은 미리 입력할 수 있음
Functional Communication System	• 운영체제: iOS • 사용자: 모든 연령대 • 사진 기반의 보완 · 대체 의사소통 앱 • 특징: 500개의 핵심어휘 내장되어 있음. 녹음과 상징(그림, 사진) 편집이 가능함

Custom Soundboard and Voice Memo Recorder	• 운영체제: iOS • 음성메모 기능 Apps. 최대 48개 셀로 구분되어 있고 한 화면에 보이는 셀 수는 12개로 1부터 48까지의 숫자로 부호화되어 있어 사용하는 데 일정 수준의 기억력과 인지 능력이 필요함
niki talk	• 운영체제: iOS, Android OS, Amazone Kindle • 자폐를 포함한 의사소통장애아동을 위해 개발되었음 • 사용자에게 맞는 의사소통판을 제작이 가능함. 사용자의 성별과 연령에 맞는 70여 개의 TTS 합성음성이 내장되어 있음. 텍스트 기반의 보완 · 대체 의사소통 체제가 가능함
PandaPal PECS	• 운영체제: iOS • 사진상징 • 'first & then', 시각적 스케줄, 보완 · 대체의사소통의 세 가지 기능을 가지고 있음. 12개의 범주로 구성되어 있고, 범주와 상징을 추가, 삭제할 수 있는 편집 기능이 있음. 성인 여성의 녹음 음성이 지원되고 있으며, 녹음이 가능하여 한국어 사용자가 이용할 수 있음
Pics Aloud	• 운영체제: iOS • 118개의 상징 지원. 성인 남녀의 녹음된 목소리 지원 • 상징 추가, 음성 녹음이 가능하여 한국어 사용자가 이용할 수 있음
Picture AAC	• 운영체제: iOS • 그림 기반의 보완 · 대체 의사소통 앱 • 녹음된 음성을 사용하고 있음. 상징편집, 음성녹음이 가능하여 한국어 사용자가 이용할 수 있음
Pogo	• 운영체제: iOS • 그림 기반의 보완 · 대체 의사소통 앱 • 어린 아동을 위한 시각적 장면, 사회적 이야기, 디스플레이 제공
상징 학습기능의 앱	
SymbolSupport	• 운영체제: iOS • 상징을 나열하여 표현을 지원해 주는 프로그램. 6,000여 개의 그림상징을 제공하며, 상징 편집 기능을 통하여 메시지를 상징으로 바꿔 주는 기능 제공
SpeechTree	• 운영체제: iOS • 상징 학습 과제를 통해 수용 및 표현 상징어휘 학습 프로그램. 약 5,000개의 그림상징을 제공하여 학습결과 데이터의 통계적 분석기능 제공

ilexis HD Pro 	• 운영체제: iOS • 일상생활에서 사용하는 다양한 사물 상징을 배경장면과 함께 제시하여 AAC 도구로서의 기능과 함께 다양힌 어휘를 학습할 수 있음
Icon Explorer 101 	• 운영체제: iOS • 어휘를 아이콘으로 부호화한 Minspeak 체계를 학습할 있는 프로그램
Switch Traniner 	• 운영체제: iOS • 지체장애아동을 대상으로 1개 또는 2개의 스위치를 조정하는 방법을 훈련하는 프로그램. 다양한 게임형식으로 훈련 방법이 제시되고 있음
PCS Bingo 	• 운영체제: iOS • 빙고게임을 통해 음소연습, 라임(rhyming), 어휘 학습이 가능함
PCS Vocabulary Flash Cards 	• 운영체제: iOS • 범주별로 PCS 상징을 학습할 수 있음
PCS Language Flash Card 	• 운영체제: iOS • PCS 그림상징을 통하여 범주별로 반대말, 비슷한 말, 형용사, 알파벳을 학습할 수 있음
PCS Rhyming 	• 운영체제: iOS • 낱말의 라임을 학습할 수 있음
Flash Card 	• 운영체제: iOS • 무선 스위치 기능을 하는 앱 • 윈도우 또는 다른 기기의 스캐닝 기능 사용 시 스위치 설정 가능

VI. 그림교환 의사소통 프로그램(PECS)

1. PECS의 이론적 근거

그림교환 의사소통 체계(Picture Exchange Communication System; 이하 PECS)는 Bondy와 Frost(1985)에 의해서 자폐성장애의 의사소통 기술 촉진을 위해 고안되었다. 보완·대체 의사소통에 기반을 두고 그림이나 아이콘을 첨가한 프로그램으로, 말을 통한 기능적 의사소통이 어려운 자폐성장애나 기타 무발화, 혹은 최소발화 아동에게 적용할 수 있다(Bondy & Frost, 2009; Charlop-Christy et al., 2002; Frost & Bondy, 1994). 무발화 혹은 최소발화 수준의 자폐성장애아동에게 PECS를 적용한 선행연구에서는 자폐성장애아동의 요구하기 기술 증진, 자발적 발화 증가, 평균발화길이와 어휘표현의 증가와 더불어 문제행동의 감소에도 효과가 있음을 보고하였다(문혜숙, 2007; 이슬비, 2008; 이효신, 이정남, 2004; Charlop-Christy et al., 2002; Ganz & Simpson, 2004). 자폐성장애 외에도 뇌성마비아동(Almeida, Piza, & LaMonica, 2005), 시각장애아동(Lund & Troha, 2007), 농아동(Okalidou & Malandraki, 2007) 등에게도 효과가 있었다는 연구들도 있다(Bondy & Frost, 2009에서 재인용).

PECS는 선호하는 사물을 얻거나 활동을 하기 위해 다른 사람과의 상호작용을 시도하게 하는 데 초점을 맞추고 있다. 상징의 표상성이 비교적 구체적인 사진이나 그림을 상호작용의 수단으로 사용함으로써 인지력이나 사회성이 많이 떨어지는 아동에게도 효과적인 일종의 보완·대체 의사소통 방법이라고 할 수 있다.

PECS는 자폐성장애아동의 특별한 의사소통적 필요와 연계해서 개발되었다. 자폐성장애를 지닌 아동의 공통적인 특성 중 하나는 자신의 필요나 욕구를 충족시키기 위한 사회적 도구로 기능적인 의사소통을 습득하지 못한다는 것이다. PECS는 이러한 아동에게 요구하기 기능을 충족시키는 사회적 시작 행동을 가르침으로써 이들의 독특한 의사소통적 필요를 고려한다고 할 수 있다(Bondy & Frost, 1998). PECS의 가장 큰 효과는 자발적인 의사소통적 상호작용 비율을 증가시키는 것이다.

PECS에서는 가장 기본적이고 핵심적인 의사소통 문제가 의사소통 시작의 실패라고 보고, 자기-동기화된 요구(self-motivated request)를 시도하게 함으로써 기능적인 사회 의사소통 기술을 가르친다. 즉 원하는 사물의 사진이나 그림을 상대방에게 제시함으로써 자신의 요구를 표현하게 되고, 그 결과로 아동은 사진이나 그림에 있는 사물이나 활동을 얻게 된다. 자폐성장애를 지닌 아동은 일반적으로 사회적 강화에 반응하지 않기 때문에 PECS에서는 구체적인 강화물을 요구하는 것부터 가르친다.

Ogletree와 Burns-Daniels(1993)에 따르면, 가장 효과적인 치료와 중재를 선택하기 위하여, PECS를 실시하기 이전에 아동의 의사소통 환경 속에서 어떠한 사물이나 행동이 요구되는지에 대한 평가를 실시하여야 한다. 평가 목표는 다음과 같은 요소들을 포함하는 것이 바람직하다. ① 의사소통 의도(예: 의사소통 형태와 의사소통 기능), ② 상호작용 기술(예: 공동 관심, 상호작용 관련 시작하기와 반응하기), ③ 환경적 고려사항(예: 의사소통 파트너와 장소에 대한 아동의 선호)(Ogletree, Fischer, & Turowski, 1996).

2. PECS의 적용

Frost와 Bondy(2002)는 PECS를 실행하는 데 있어서 중요하게 고려해야 할 요소들을 다음과 같이 설명하였다. 첫째, 가장 중요한 요소는 기능적인 교수 목표와 목적이다. 즉 PECS의 교수 목적은 아동이 다른 사람과 의사소통하고 자신의 요구와 생각을 이해시키기 위해, 자발적이고 독립적으로 그림을 사용할 수 있도록 하는 것이다. 둘째, PECS 프로토콜은 요구하기나 사회적 반응하기와 같은 새로운 의사소통 기술 습득을 차별적 강화를 통해 촉진한다. 적합한 행동을 강화하기 위해서 사물, 음식, 그리고 활동을 결정하게 하는 것이 중요하다고 강조한다. PECS 체계에서는 특정한 맥락에서 부적절한 행동을 다루게 한다. 즉 부적절한 행동을 기능적으로 상응하는, 의사소통적인 행동으로 대체하도록 한다. 셋째, 그 효과가 실험적으로 증명된, 즉 근거기반(evidence-based) 교수 방법들을 이용한 일반화를 계획하고 가르쳐야 한다.

PECS 교수에서 중점을 두는 핵심적인 의사소통 기술들은 의사소통 표현기술과 수용기술 측면으로 살펴볼 수 있다. 우선 표현기술들은 ① 강화물이나 활동 요구하기, ② 도움 요구하기, ③ 주어진 과제에 대한 휴식 요구하기, ④ 원하지 않는 사물이나 행동에 대한 요구 거절하기, ⑤ 원하는 사물이나 행동에 대한 요구 확인하기 등이다. 또한 수용기술들은 ① 기다리기, ② 지시 따르기, ③ 지시에 반응하기, ④ 전이 단서(transitional cue)와 시각적 스케줄 따르기 등이다.

PECS 프로그램은 학생들이 원하는 사물을 얻기 위하여 사물 그림을 교환하도록 6단계에 걸쳐 교수한다. 훈련은 각 학생들이 선호하는 강화물을 평가하는 것으로 시작된다. 아동의 선호도는 시간이 지남에 따라 변할 수 있기 때문에 강화물 평가는 훈련이 끝날 때까지 계속해서 반복된다. PECS를 시작하기 전에 준비할 것은 ① 아동과 교환할 그림들(예: 선 그림, 사진, 클립 아트, 글자), ② 그림들을 보관할 의사소통판, 그리고 ③ 여러 가지 그림으로 복잡한 생각을 조합할 때 사용하는 플라스틱 보드 등이다.

PECS 프로그램의 1단계와 2단계는 아동이 원하는 사물과 행동을 그림이나 아이콘과 교환하는 것을 가르친다. 이 단계에서는 2명의 훈련자가 필요한데, 그림교환을 시도하는 의사소통 상대(communication partner)와 신체적 단서를 제공하는 촉진자(prompter)이다. 1단계 훈련에서 의사소통 상대는 아동 앞에, 촉진자는 아동 뒤에 자리를 잡고 아동에게 원하는 사물을 그림카드로 요구하도록 가르친다. 2단계에서는 거리를 늘려 가며 의사소통판으로 가서 원하는 사물의 카드를 골라 의사소통 상대에게 가져가도록 가르친다. 3단계에서는 다양한 아이콘과 그림들을 변별하는 것을 가르친다. 변별 훈련은 아동이 좋아하는 사물과 그렇지 않은 사물의 그림카드를 변별하는 것부터 훈련한 후 2장 이상의 좋아하는 그림카드 중에서 변별할 수 있도록 한다. 4단계 훈련은 '[사물]+주세요' 문장으로 요구하기 기능을 표현하도록 한다. 5단계에서는 요구 질문에 '예/아니요'로 답하고, 6단계에서는 질문에 대답하기, 자발적인 요구하기, 언급하기(commenting)를 중심으로 배운다. 단계별로 살펴보면 다음과 같다(Bondy & Frost, 2009).

1) 단계 1: 의사소통적 교환(communicative exchange) 가르치기

이 단계에서는 아동이 독립적으로 자신이 원하는 사물을 그림카드로 교환할 수 있도록 유도한다. 즉 이 단계에서는 앞에 있는 상대에게 그림카드를 통해 요구하기를 할 수 있도록 가르친다. 우선, 의사소통 상대는 아동이 선호하는 강화물을 들고, 아동 앞에 그림카드를 놓는다. 아동에게 사물의 이름을 말하거나 요구하지 않고, 아동이 강화물에 주의를 기울이도록 시도한다(예: 과자를 조금 먹거나, 장난감을 가지고 노는 등). 아동이 원하는 사물에 가까이 다가가려고 할 때 뒤에 있는 촉진자는 아동이 그림카드를 집어서 의사소통 상대의 손에 놓는 것을 도와준다. 그때 의사소통 상대는 그림카드를 받고 즉시 아동이 원하는 사물을 주면서 사물의 이름을 말해 주고 칭찬한다. 다양한 의사소통 상대, 장소, 사물을 이용하여 연습을 계속해 나간다.

이 단계에서 의사소통 상대는 손을 내밀어 '이곳에 그림카드를 놓아'라는 단서를 행동으로 제시하고, 서서히 이와 같은 행동 단서를 줄여 나간다. 이 단계의 목적은 그림카드 교환의 반복 시도를 통해 자발적으로 그림카드를 활용하여 의사소통할 수 있다는 것을 가르치는 것이 핵심이지, 여러 카드 중 변별을 요구하는 것은 아니다.

2) 단계 2: 먼 거리에서도 요구하기 가르치기

이 단계에서는 방해요소(예: 의사소통 상대나 그림과의 거리가 멀어짐)가 있더라도 요구하기를 할 수 있도록 가르친다. 즉 요구하는 그림카드와의 거리를 늘려 가면서 그림 사용의 일반화를 가르친다. 아동은 의사소통판에서 독립적으로 그림카드를 꺼내고, 다양한 장소에서 다양한 의사소통 상대에게 그림카드를 건낸다. 1단계와 동일한 목표를 가지되, 추가적으로 의사소통 요구하기를 유지하고 그림카드, 의사소통 상대자와의 거리를 점차 늘려가는 것을 목표로 한다.

사물 그림카드와 의사소통판을 준비한 후, 아동이 원하는 사물을 얻기 위해 의사소통판에서 그림카드를 떼어서 의사소통 상대에게 주게 한다. 아동이 의사소통판에서 그림카드 떼는 것을 돕기 위해 신체적 촉진을 해 준다. 아동이 그림카드를 의사소통 상대의 손에 놓으면 즉시 아동이 원하는 사물을 제공하고 언어적으로 칭찬해 준다. 의사소통판에서 그림카드 떼기가 가능해지면, 그림카드와 아동 사이의 거리를 가깝게 유지한 상태에서 아동과 의사소통 상대의 거리를 점차 늘리면서 연습을 계속해 나간다. 다음으로 점차적으로 그림카드와 아동 사이의 거리를 늘리기 시작한다. 아동은 그림카드를 집으러 가야만 하고, 그림카드를 치료사에게 주기 위해서 치료사에게 가도록 한다.

O' Neil(1990)은 아동에게 요구하기를 가르치기 전에 주의끌기를 먼저 가르쳐야 한다고 제안하였는데, 떨어져 있는 상대방에게 의사소통(요구하기)을 목적으로 그림카드를 줄 때 현실적으로 중요한 행동은 시선을 맞추는 것(eye contact)이다. 그러므로 이 단계의 행동, 즉 떨어져 있는 상대에게 원하는 사물의 그림카드를 제시하는 행동이 숙달되면, 그림을 제시하기 전에 상대의 어깨를 가볍게 치거나 얼굴을 자기에게 돌리게 하는 행동을 가르치는 것도 바람직하다(Bondy & Frost, 2009). 이러한 행동을 자연스럽게 유도하기 위해서는 아동이 그림을 가지고 올 때 일부러 고개를 아래로 돌리고 있는 것도 좋은 방법이다(Bondy & Frost, 2009).

3) 단계 3: 그림카드 변별하기 가르치기

1, 2단계에서 다양한 사물을 한 번에 한 가지 그림카드를 제시하면서 학습했다면, 3단계에서는 여러 가지 그림들을 변별하는 연습을 한다. 이 단계의 목표는 아동 또는 의사소통 상대의 의사소통판에 있는 여러 가지 그림카드 중 아동이 원하는 사물과 관

련된 그림카드를 선택하는 것이다.

아동은 의사소통 파트너와 마주 보고 앉고 둘 사이에 의사소통판을 놓는다. 먼저, 아동은 2장의 그림카드(하나는 아동이 선호하는 사물, 다른 하나는 아동이 선호하지 않는 사물)를 변별하는 연습을 한다. 의사소통 상대는 2개의 사물을 가지고 아동의 의사소통판에 관련된 그림들을 제시한다. 아동이 원하는 사물에 대한 그림카드를 건내면(정반응) 적절하게 반응해 주고(예: "가져가, 보여줘"), 선호하지 않는 사물에 대한 그림카드를 건내면(오반응) 오반응 수정의 절차를 통해 변별을 가르친다. 오반응 수정은 4단계로 이루어진다. 먼저 의사소통 상대가 올바른 그림을 두드리고, 그다음에 아동이 올바른 그림카드를 가져올 수 있도록 언어적으로(필요하다면 신체적으로) 촉진한다. 그리고 주의를 환기시킨 후(예를 들어 쉽고 간단한 과제 제시), 마지막으로 아동에게 사물을 유도하는 것을 다시 시작한다.

선호하는 사물과 그렇지 않은 사물을 변별하는 활동 후, 선호하는 여러 가지 사물들 중에서 변별하는 것을 연습한다. 의사소통판에 제시하는 그림카드의 수를 점진적으로 늘려 가고, 요구하는 사물의 수도 늘려 나간다. 아동이 2~3개의 그림카드를 변별하기 시작하면 아동이 원하는 것을 얻기 위해서 의사소통판에서 그림카드를 적절하게 떼는지 주기적으로 확인하는 것이 중요하다.

4) 단계 4: '[사물]+주세요' 문장 구성 가르치기

'주세요'가 붙어 있는 문장카드에 좋아하는 사물의 그림카드를 붙여 문장을 완성하는 활동을 한 후, 좋아하는 사물과 '주세요' 카드를 문장카드에 붙여 의사소통 상대에게 건네는 것을 가르친다. 이러한 순서는 역행 연쇄(후진 연쇄: backward chaining)을 통해 학습한다. 즉 ① 마지막 행동(의사소통 상대에게 완성된 문장카드를 전하는 것)을 제외한 모든 단계를 촉진해 준다. ② 마지막 두 행동(사물 그림카드를 문장카드에 붙이기, 의사소통 상대에게 주기)을 제외한 단계만 촉진해 준다. ③ 모든 행동(의사소통판으로 가서 사물 그림카드 떼기 → 사물 그림카드를 문장카드에 붙이기 → 의사소통 상대에게 완성된 문장카드 전히기)을 아동 혼자 하게 한다.

아동이 문장카드를 만들어 교환하는 것을 습득하면 의사소통 상대가 문장카드를 아동을 향해 보여 주고 문장을 읽어 주며, 아동이 각각의 그림카드를 손가락으로 가리키도록 촉진한다. 이것이 가능해지면 시간지연을 통해 발화의 기회를 제공한다. 의사소통 상대가 문장카드를 읽고 아동이 해당 그림을 손가락으로 가리킬 때 3~5초 기다리며 발화를 유도한다. 3~5초 기다려도 발화를 하지 않을 경우 의사소통 상대가 낱말을 말하고 요구하는 사물을 교환한다. PECS에서는 발화를 절대로 강요하지 않는다. 만약 발화를 했을 경우 좀 더 많은 강화물을 제공하거나, 좀 더 오랜 시간 원하는 활동을 하게 해 주도록 한다.

아동이 '[주세요]+[사물]'(사물+주세요) 형태의 요구하기를 습득하고 나면, 원하는 사물을 좀 더 명확하게 하는 속성이나 수식(예: 색깔, 모양, 크기)의 사용을 배울 수 있다. 예를 들어 아동이 색칠하기를 할 때 다른 색깔 크레파스, 특별히 아동이 선호하는 어떤 색깔을 요구할 필요가 생긴다. 이때 문장 안에 속성 그림카드(예: 빨간색)를 첨가하여 3단계와 유사한 방법으로 훈련한다.

5) 단계 5: '뭐 갖고/하고 싶어?' 질문에 반응하기 가르치기

이 단계에서는 아동에게 "무엇이 갖고 싶어?"라고 물어보며 동시에 문장카드를 가볍게 친다. 이 단계의 아동은 원하는 사물을 요구하는 것이 가능하므로 문장을 만들어 교환할 수 있지만, 그렇지 않을 경우 신체 촉진을 한다. 이러한 촉진은 가리키기와 질문하기 사이에 시간 지연을 첨가함으로써 점진적으로 소거시킨다.

6) 단계 6: 요구하는 것 이상의 문장표현 가르치기

이 단계에서는 언급하기 문장에서 많이 사용되는 표현들(예: -봤어요, -가졌어요, -들었어요)을 가르친다. 우선, "뭐 갖고 싶어?" "뭐 보고 있어?" "뭐 가지고 있어?" "무슨 소리가 들려?" "그거 뭐야?" 등의 질문에 대답하고, 자발적으로 요구하고, 언급할 수 있도록 가르친다. 5단계와 동일한 방법으로 가르치며, 언급하기(예: 봐요[I-SEE], 들어요[I-HEAR])를 위해 시작 문장(sentence-starters) 그림을 첨가시킨다. 전 단계와 달리, 아동은 언급하고 있는 사물을 손으로 가져갈 필요가 없다. 이러한 변화는 요구하기와는 대조적인 언급하기의 사회적 기능을 촉진한다. 이 단계를 통해, 의사소통 상대는 매일 언급하기를 위한 다양한 기회를 준비한다. 아동이 자신이 보고 듣고 있는 사물에 대해 자발적으로 언급하게 되면, 질문하기를 종료한다. 6단계의 마지막 목표는 아동이 자발적으로 언급하는 것이다. 아동이 좋아하고 흥미로워하는 활동에 지속적으로 참여하도록 하면서 질문을 점차 줄이며 언급하기를 유도한다.

VII. 반다이크 언어이전기 의사소통 프로그램

원래 반다이크(Van Dijk) 언어이전기 의사소통 프로그램은 시각장애아동을 위하여 고안되었으나, 이 프로그램이 언어를 습득하기 위한 인지적 · 사회적 선행 능력에 초점을 맞추었기 때문에 중증 장애자들을 위한 의사소통 훈련 방법으로도 활용되게 되었다(Stillman & Battle, 1984). 자기자극 행위, 자해행위 및 특정한 사물에 대한 지나친 집착을 보이는 자폐적인 특성을 나타내는 중증 아동이나 욕구충족을 위한 상황이 아니면 결코 자발적인 의사소통을 시도하지 않는 아동에게 적용될 수 있다. 이 프로그램은 언어 능력과 관련이 높은 인지 능력에 대한 Werner와 Kaplan의 연구를 기초로 하여 훈련에서의 상황적 문맥을 중시하여 고안되었다(Werner & Kaplan, 1963).

반다이크 프로그램은 공명(resonance), 협동(co-active), 모방(imitation) 및 몸짓(gesture) 활동을 연계적으로 훈련시킨다. 공명활동은 '유아-성인 간의 상호작용' 의 형태나 내용과 거의 유사하다(Nelson, 1979). 성인은 유아와 몸을 부착하고 '시작-끝' 이 명백하게 운동(예: 흔들기, 기기, 걷기, 뛰기, 뒹굴기 등)을 반복함으로써 아동이 성인의 신호를 인식할 수 있게 한다. 협동활동은 공명활동에서 점차적으로 아동-성인 간에 거리를 둠으로써 이루어지며, 모방활동은 시간적 간격을 둠으로써 이루어진다. 모방활동은 아동이 이미 할 수 있는 움직임을 성인이 시작하는 동안 아동이 관찰하였다가 모방하는 것으로서 움직임의 수나 복잡성, 일상과의 연계성 등에서 변화를 줄 수 있다. 몸짓 활동은 아동이 사물의 형태나 움직임을 자연스러운 몸짓으로 표현할 수 있도록 도와준다.

제5부
언어장애 진단보고서 및 치료계획서 작성 방법

언어장애에 대한 진단 및 치료의 과정은 언어치료사의 세밀한 계획에 의해서 이루어져야 한다. 언어장애를 진단한 사람이 치료를 계획해서 수행하는 것이 바람직하지만 임상현장에서는 진단자와 치료자가 다른 경우가 많이 있다. 그러므로 진단자의 진단보고서와 치료에 대한 권고사항은 치료 시간이나 예후에 있어서 중요하다. 또한 아동언어에 대한 진단보고서는 부모, 관련 의료진(예: 의사, 물리치료사, 작업치료사), 및 관련 교육자에게도 보내서 통합된 중재 접근을 하는 것이 중요하다. 흔히, 언어치료계획은 부모나 관련 전문인의 의견을 수렴하여 수립하는 것이 효과적이다. 이는 계획된 언어목표를 언어치료실뿐 아니라 가정이나 학교에서도 훈련할 때 그 치료 및 일반화 효과가 높아지기 때문이다.

제5부에서는 언어치료사가 진단보고서(제15장), 장 · 단기 치료계획서(제16장), 그리고 치료보고서(제17장)를 어떻게 작성하는 것이 바람직한지 살펴보고, 언어장애아동을 대상으로 한 보고서의 전형적인 예를 제시함으로써 보고서 작성 시 참조할 수 있도록 하였다.

제15장 진단보고서 작성

I. 진단보고서 작성 방법

진단보고서에는 ① 진단에 대한 기본 정보(예: 아동의 연령, 성별, 주소, 의뢰인, 정보제공자, 진단자 등), ② 기본적인 생육, 교육, 병력 등의 배경정보, ③ 실제 말 · 언어 · 의사소통에 대한 평가 결과, 그리고 ④ 결과에 대한 요약 및 앞으로 치료가 필요한지에 대한 권고내용이 포함된다. 한국언어청각임상협회 임상수련과정에서 권하는 진단보고서 양식은 〈표 15-1〉과 같다.

평가는 표준화된 공식검사도구를 사용할 수도 있고 규준이 없는 비공식검사도구나 프로토콜을 사용할 수도 있다. 우선, 표준화된 검사 결과를 보고할 때는 검사의 목적과 사용한 검사도구의 이름을 기재한다. 그리고 검사도구의 옆에는 저자 및 발간 연도를 괄호 속에 기재한다. 결과보고를 할 때는 원점수는 기재할 필요가 없으며 그 점수가 의미하는 발달 수준을 써 주는 것이 좋다. 사용한 검사도구에서 제공하는 표준점수들, 예를 들어 등가연령(equivalent age), 표준점수, 백분위수(%ile), 표준편차(예: -1~-2*SD*), 스테나인(stanine) 등을 보고하면 된다. 또한 이러한 결과가 아동의 생활연령에 비하여 어느 정도의 지체를 나타내는 것인지를 써준다. 예를 들어, 다음과 같이 기술한다.

"이○○의 수용어휘 능력을 평가하기 위하여 수용 · 표현 어휘력 검사(REVT; 김영태

표 15-1 진단보고서 양식

진단보고서(예)

치료대상자 이름 ____________ 성별 ____ 진단일 ____________ 장애유형 ____________

생년월일(연령) ________________________ 정보제공자 ____________ 연락처 __________

수련대상자 ___________________ ㉐ 감독자 ___________________ ㉐

1. 배경정보(신체, 인지, 청력, 정서, 행동특성 등)

2. 말기관의 이상 유무

3. 말, 언어 및 의사소통 능력(의사소통 및/또는 수용 · 표현 언어, 조음, 유창성, 발성)

4. 요약 및 제언

출처: 한국언어재활사협회 임상수련과정 세부규정.

외, 2009)를 실시한 결과, 아동의 수용어휘 발달은 5;0~5;5개월의 등가연령을 나타내었다. 이는 아동의 생활연령인 7세 6개월에 비하여 $1\frac{1}{2}$~2세 정도 지체된 것을 의미한다."

비공식적인 검사나 관찰을 통해 평가를 한 경우에는 검사 방법을 간단히 설명하고 그 결과가 발달문헌의 기준에 비추어 무엇을 의미하는지 기술한다. 예를 들어,

"이○○의 자발적인 표현언어 능력을 평가하기 위하여 소꿉놀이와 그림책보기 등을 통하여 70발화 표본을 수집하여 언어분석을 실시하였다. 우선 구문론적인 측면을 분석한 결과, 평균낱말길이는 3.14로 3세 6개월 정도의 발달 수준을 나타내었다. 이는 이○○가 또래아동(7세 6개월)에 비하여 매우 짧은 문장만을 사용하는 것을 의미한다……"

평가의 영역이나 아동의 상태에 따라서는 아동의 언어행동이 또래아동에 비하여 얼마만큼 지체되었는가를 보고하기보다는 아동이 어떠한 언어행동들을 할 수 있는가를 보고하는 것이 더 유효할 때도 있다. 예를 들어, 심한 지적장애를 동반한 중증언어장애 아동의 경우, 못하는 것을 나열하기보다는 할 수 있는 것을 찾아내는 것이 훨씬 효율적이고 치료에도 도움이 될 수 있다. 이런 경우 흔히 아동이 이해하거나 표현할 수 있는 의사소통 의도나 수단을 보고하는 경우가 많다. 예를 들어,

"이○○의 의사소통 능력을 평가하기 위하여 아동 어머니의 보고와 30분의 검사자 관찰을 실시하였다. 그 결과, 물건 요구하기, 행동 요구하기, 거부하기의 의사소통 의도들이 관찰되었다. 이러한 의도는 발화나 관습적인 행동이 아닌, 아동 특유의 목표지향적 행동(예: 소리내기, 옆 사람의 옷자락 잡아당기며 대상물건 쳐다보기, 고개돌리기)으로 나타났다……"

진단보고서에 구체적으로 어떤 내용이 포함되어야 하는지는 앞에서 제시한 진단보고서 양식을 참고하도록 한다. 아동이 가지고 있는 주요 결함에 따라서는 보고서의 형태를 다소 다르게 작성할 수도 있지만 〈표 15-2〉와 같은 기본적인 진단보고서의 요소들은 포함시켜야 한다.

표 15-2 언어진단보고서의 항목별 기재 내용

언어진단보고서

이름:	성별:
진단일:	장애유형: 진단결과 나타난 언어장애유형(예: 언어장애, 조음장애)을 쓴다. 동반된 장애가 있을 경우에는 주장애와 언어장애유형을 함께 써 준다(예: "지적장애-언어발달지체" "청각장애-언어장애")
생년월일(연령): 연령은 진단일에서 생년월일을 빼서, "○세 ○개월" 또는 "○;○"로 표시한다.	
의뢰인: 아동의 언어문제 가능성을 보고 언어진단을 의뢰한 사람이다. 주로 의사, 교사들이 의뢰인이 되는 경우가 많다. 의뢰인이 정보제공자와 다를 경우에는 의뢰인을 쓰는 것이 바람직하다.	정보제공자: 배경정보를 제공하는 사람, 즉 아동을 진단기관에 데리고 와서 평가자와 대담하는 사람을 쓴다. "어머니" "교사" "주치의" 등 아동과의 관계를 표시한다.
언어치료사(검사자):	연락처: 아동의 전화번호나 주소를 기입한다.

1. 배경정보

배경정보는 아동의 발달과정 중 언어문제를 초래할 만한 요인에 대한 정보나, 현재 행동이나 인지발달 등과 같이 아동과 관련된 정보를 말한다. 이 부분에는 아동 가정의 지나치게 사적인 내용이나 언어발달과 전혀 관계없는 내용을 기재해서는 안 된다. 일반적으로 아동을 데려온 양육자가 제공하는 배경정보에는 흔히 다음과 같은 내용들이 포함되어야 한다.

(1) **생육력:** 임신 중, 출산 중, 출산 후에 문제가 있었는지, 있다면 어떠한 문제였는지를 기입한다. 임신 중의 문제로는 태아에 치명적인 약물의 복용이나 사고 등의 문제를 적고, 출산 중의 문제로는 출산 중에 아동에게 일어난 사고(예: 산소결핍증)나 조기출산 또는 저체중 등의 문제를 적는다. 출산 후 문제로는 아동의 말·언어발달 문제나 운동결함 등을 적는다. 예를 들어, 말·언어발달에서 중요한 옹알이, 음절성 발성, 첫 낱말의 출현시기 등이 정상발달과정을 잘 따르고 있는지, 감각운동기의 신체, 인지적인 발달이 잘 이루어졌는지 등의 정보를 기재한다.

(2) **병력:** 언어나 청력에 문제가 될만한 장애나 병력을 기입한다. 예를 들어, 지적장애, 자폐범주성장애 등의 병력이 있다면 진단받은 시기와 기관, 진단내용 등을 기재한다. 또한 몇 개월 이상의 장기 입원 경험이 있다면 언어자극을 충분히 받지 못하는 원인이 될 수도 있으므로 보고한다.

(3) **교육 및 치료 경력:** 언어문제에 대해 교육기관이나 치료기관에서 훈련을 받았다면, 해당기관, 훈련기간, 그리고 가능하면 그곳에서 이루어진 훈련의 내용 등도 보고한다. 이것은 언어치료

사나 관련 전문인들 간에 보고서를 공유하는 협조체제가 이루어진다면 가능한 일이며, 정확한 진단이나 치료의 방향을 설정하는 데 매우 큰 도움이 될 수 있다.

(4) **평가 중 행동관찰:** 평가가 진행되는 동안 아동이 과제에 얼마나 집중하였는지 보고하는 것은 매우 중요하다. 특히 어린 아동의 경우, 보호자와 함께 검사를 받았는지, 혼자서 받았는지, 착석이 가능하였는지, 주의집중시간이 어느 정도 되었는지 등 아동의 행동문제에 대한 정보는 평가 결과를 해석하는 데 있어서 매우 중요하다. 또한 아동이 집착하는 물건(예: 잡지, 자동차 장난감)이나 음식물이 있으면 함께 보고한다.

2. 말기관의 이상 유무

언어는 말을 통하여 표현되기 때문에 때로는 말기관의 결함으로 인해 아동의 언어 능력이 잘못 평가되는 경우도 있다. 그러므로 말소리를 만드는 구조의 이상 유무를 검사하는 것은 꼭 필요한 과정이다. 말소리를 만드는 구조로는 입술, 혀, 설소대, 치아, 입천장 등이 관찰가능하므로 구조의 기형 유무나 기능문제를 검사하여 보고한다. 연인두 구조는 육안으로는 관찰하기가 어렵지만 인두의 측면이나 뒷면 벽의 움직임을 통하여 그 기능을 평가할 수는 있다. 조음 및 공명구조나 기능결함을 판별하는 검사도구로 OSMSE가 많이 쓰인다. 발성기관인 성대는 육안으로 관찰하기가 불가능하므로 우선 목소리 자체를 들어 보아 문제의 유무가 관찰되는지 보고하고, 관찰될 경우는 내시경을 통한 정밀검사를 의뢰하여야 한다.

3. 말, 언어 및 의사소통 능력

(1) **전반적인 의사소통 능력:** 아직 발화보다 비구어적인 몸짓이나 소리로 의사소통을 하는 아동의 경우에는 구어적인 언어 능력을 평가하기가 어려우므로 의사소통에 초점을 맞추어 평가하고, 그 결과를 보고하는 것이 좋다. 의사소통 능력은 흔히 ① 의사소통 의도(예: 요구하기, 대답하기, 질문하기, 거부하기, 서술하기 등)가 어느 정도 다양하게 습득되었는지, ② 어떤 수단을 사용하여 의사소통을 하는지에 의해 평가된다. 의사소통 수단은 발화나 관습적인 몸짓(예: 손가락으로 지적하기, 보여 주기, 고개젓기, 손모아 달라고 하기, 인사하기 등)과 같은 바람직한 행동뿐 아니라, 아직 덜 구체화된 몸짓(예: 옷자락 잡아당기기, 원하는 물건 쪽으로 상대방 데려가기 등)이나 부적절한 행동(예: 달라고 떼쓰기, 소리지르기 등) 등을 모두 포함하여 관찰한다.

(2) 언어 능력

① 수용언어 능력: 수용언어 능력은 다른 사람의 말을 얼마나 이해할 수 있느냐 하는 것이므로 ㉠ 이해하는 어휘 수준(예: REVT-R)이나 ㉡ 지시따르기(예: Token Test, 문장이해력검사, 2~3단위 지시문장) 검사를 통하여 평가할 수 있다. 또한 언어의 영역별로 평가할 수도 있는데, ㉠ 구문론적 이해 능력(예: 문장이해력검사, 조사 및 시제의 이해), ㉡ 의미론적 이해 능력(예: REVT-R, K M-B CDI), ㉢ 화용론적 이해 능력(예: 언어문제해결력 검

사, 간접적인 표현이나 은유, 비유 등의 문장을 통한 검사)을 표준화검사나 직접 만든 프로토콜로 실시할 수 있다. 전반적인 수용언어 능력을 평가하기 위해서는 SELSI(3세 미만 영유아의 경우), PRES(2세 이상의 취학전 아동), LSSC(학령기 아동)의 수용언어검사 부분을 이용할 수도 있다.

② 표현언어 능력: 표현언어 능력은 적절한 어휘를 사용하여(의미론), 적절한 낱말의 배열과 문법형태소를 사용하여(구문론), 상황에 맞게 자신이 하고자 하는 말을 잘 표현할 수 있는지(화용론)를 나타낸다. 평가는 REVT-E나 K M-B CDI로 표현어휘발달 정도를 볼 수도 있고, SELSI(3세 미만 영유아의 경우), PRES(2세 이상의 취학전 아동), LSSC(학령기 아동)의 표현언어검사 부분을 이용하여 전반적인 표현언어 능력을 평가할 수도 있다. 또한 70발화 이상의 말표본을 표집하여 각 언어영역의 발달을 평가할 수도 있다(제3부 참조).

(3) 조음 · 음운 능력

① 조음 능력: 음소를 얼마나 정확하게 나타내는가를 평가하는 것으로서, 흔히 검사도구(예: U-TAP, APAC)를 이용하여 낱말이나 문장 수준에서의 자음정확도를 보고하고, 일반아동에 비하여 어떤 수준인지를 제시해 준다. 또한 대화 상대자의 입장에서 문장의 몇 %에 해당하는 낱말을 알아들을 수 있는지, 즉 말명료도로 보고하기도 한다.

② 음운 능력: 자음정확도나 말명료도가 정상 범위에 있지 않을 경우 아동의 오류음운변동을 분석하여 보고한다.

(4) 유창성 및 음성

① 유창성: 검사 중 말의 반복이나 연장, 또는 막힘 등에 의해서 말흐름에 방해가 일어나는지를 관찰하여 보고한다. 만약 말흐름에 방해가 되는 부분이 관찰되면 심도 있는 유창성검사(예: P-FA)를 실시하여 그 결과를 보고한다. 그렇지 않은 경우에는 "검사 도중 유창성 결함 행동이 관찰되지 않았다"고 보고한다.

② 음성: 검사 중 목소리의 음도, 강세, 음질 등에서 이상이 없는지 관찰한다. 이상이 있으면 심화 진단을 의뢰하거나 실시하고, 이상이 없으면 관찰되지 않았다고 보고한다.

4. 요약 및 제언

(1) **언어장애 여부**: 위의 평가항목 중 지체 또는 장애가 나타난 항목만을 요약해서 언어장애 여부(언어발달지체, 언어장애)를 진단한다. 또한 어느 영역에서 어느 정도의 지체 또는 장애를 보이는지 요약한다.

(2) 재검사/언어치료 여부

① 언어장애가 아닌 경우: 몇 개월 혹은 몇 년 후 발달이나 진전 상태를 보고 재검사를 할 필요가 있는지 기술한다.

② 언어장애인 경우: 특정 언어영역에서의 심층진단이 필요한지, 언어치료가 필요한지, 필요하다면 어떤 측면에 초점을 둔 언어치료가 필요한지에 대한 소견을 기술한다.

II. 언어진단보고서 사례

다음에는 아동의 예를 소개하여 다양한 경우의 언어진단보고서를 어떻게 쓸 수 있는지 살펴보기로 한다. 보고서 내용의 일부는 이 책의 목적에 맞게 다소 수정 보완되었다.

● 사례 1 ● 전반적 발달장애(PDD/NOS)[1]로 진단된 4세 4개월경의 남아이다.

언어진단보고서

이 름: ○○○	성 별: 남
진단일: 2012년 9월 5일, 9월 7일	장애유형: PDD/NOS로 인한 언어발달장애
생년월일(연령): 2008년 5월 23일(4;4)	정보제공자: 아동의 할머니 및 어머니
언어치료사: ○○○	연락처: XXX-XXXX

1. 배경정보

본 아동은 4세 4개월의 남아로, 2세 6개월경에 대학병원 소아정신과 전문의에 의해 전반적 발달장애로 진단받았으며, 언어발달이 느리다는 주 호소 문제로 인해 본 기관 언어치료실을 방문하였다.

주양육자인 할머니의 보고에 의하면, 아동은 출산 당시 특별한 문제 없이 자연분만으로 출산되었다고 한다. 운동발달과정에 있어서도 서기는 9개월, 걷기는 12개월, 대소변 가리기는 15개월에 가능하여 정상발달을 보였다고 한다.

언어발달력을 보면, 옹알이는 7개월경에 정상적으로 시작하였고, 첫 낱말은 12개월경에 '엄마'를 산출하였으나 이후 표현어휘가 거의 나타나지 않았다고 보고하였다. 최근 아동은 1음절씩 모방 발화를 보이고 있다고 한다. 현재 제한된 의사소통 의도만을 보이며, 얼굴을 돌리거나, 떼를 쓰거나 울음을 통해 거부하기를 나타내고, 어른의 손을 잡아끄는 제스처를 통해 요구하기가 가능하며, 뜻대로 되지 않을 때에는 발성을 통해 감정을 표현하기도 한다고 한다. 아동은 할머니 및 어머니와 비교적 안정적인 애착을 형성하고 있으며, 어린이집에서 친구들이 놀고 있을 때 다가가서 놀기도 한다고 한다. 아동이 좋아하는 놀이는 기차, 자동차, 퍼즐 맞추기, 스티커북 붙이기, 토마스기차 비디오 보기, 피아노 치기 등이라고 한다.

아동은 진단을 받은 이후 대학병원 소아정신과에서 약 1년간 언어치료, 놀이치료 및 감각통합치료를 받았다고 한다.

부모님의 맞벌이로 인해 출생 이후 줄곧 할머니가 주양육자였고 현재 할머니, 아버지, 어머니와

1) DSM-5(2013)에서는 '자폐범주성장애'로 분류되는 진단명임.

함께 거주하고 있으며, 1개월 전부터는 아동의 양육에 전념하기 위해 어머니가 잠시 휴직하고 아동을 돌보고 있다고 한다. 아동은 주 3회 일반 어린이집(월 1회 특수교사 방문 및 상담)에 다니고 있다.

2. 진단 시 대상자의 태도

2회에 걸쳐 진행된 평가 시 입실하자마자 좋아하는 장난감 기차를 찾았고 장난감을 길게 줄 세우는 모습을 보였다. 아동은 원하는 물건 및 행동을 요구하기 위해 도구나 사람을 이용하였으며, 거부 및 부정하기를 위해 떼를 쓰거나 울음을 사용하였다. 간혹 소리나 제시되는 물건에 웃음을 짓거나 고개를 돌려 짧게 주의를 집중하는 모습을 보이기도 하였지만, 대부분 치료사의 말과 행동에 무관심하며 본인이 하고자 하는 놀이에만 집중하거나 거부하여 평가순서를 바꾸어 진행하거나 생략해야 했지만, 시간이 지날수록 치료사의 상호작용에 반응하는 모습을 보였다.

3. 실시한 검사

(1) **영 · 유아 언어발달 선별검사**(SELSI; 김영태 외, 2003)

(2) **한국판 맥아더 베이츠 의사소통 발달 검사**(K M-B CDI; 배소영, 곽금주, 2011): 영/유아용

(3) **파라다이스 보완대체 의사소통 기초 능력 평가**(PAA; 박은혜, 김영태 김정연, 2008)

(4) **Evaluating Acquired Skill in Communication, Riley**(EASIC; 신문자 역, 1991): 언어이전 단계(pre-language level)

(5) 주양육자 면담

(6) 주양육자-아동의 자유놀이 관찰

4. 평가 결과

(1) 언어 능력

① 수용언어 능력

아동의 문항별 수용언어 수행 능력을 살펴보고자 영 · 유아 언어발달 검사(SELSI) 및 한국판 맥아더 베이츠 의사소통 발달 검사(K M-B CDI)를 실시하였다.

아동의 수용언어 능력을 살펴보고자 주양육자 보고를 통해 실시한 SELSI 검사 결과, 수용언어 능력은 등가연령 23개월로 2세 5개월 정도 지체된 것으로 나타났다. 아동은 각 검사항목별로 '소유자+소유'의 의미 이해, 부정 서술문 이해, 10개 이상의 동사 이해, 연속적인 지시 문장 이해, 간단한 형용사 이해, 시간을 나타내는 낱말 이해, 명령문과 의문문 구별, 긴 문장 이해, 대부분의 일상적인 동사 이해, 다양한 복문 이해, 억양에 따른 의미 차이 이해, 두 가지 지시 문장 이해, 5개 이상의 색깔 이름 이해 등이 가능한 것으로 나타났다. 그러나 말소리 변별 및 반응, 대명사 '나'와 '너' 이해, 전화 목소리 변별, 사물의 부분적인 표현 이해, 그림책에서 의문사 이해, 수량을 표현하는 낱말 이해, 크기를 나타내는 낱말 이해, '같다/다르다'의 의미 이해, 간단한 비유 표현의 의미 이해, 상대적 위치에 대한 의미 이해, 비교의 개념 이해, 다양한 호칭 이해 등은 수행하지 못하는 것으로 나타났다.

아동의 수용어휘를 파악하기 위해 주양육자 보고를 통해 실시한 K M-B CDI 유아용 이해낱말

검사 결과는 〈표 1〉과 같다. 641개(24개 범주)의 전체 낱말 중 265개를 이해하여 41%의 이해도를 나타내었으며, 그중 '소리, 일상생활' 관련 낱말이 각각 100%로 가장 높은 이해를 보였고, '의문사, 끝맺는 말, 조사, 연결하는 말, 시간, 돕는 말'이 각각 0%로 가장 낮은 이해를 보였다.

〈표 1〉 K M-B CDI 이해낱말 검사 결과

범주	획득점수	/총항목	백분율(%)	범주	획득점수	/총항목	백분율(%)
소리	11	/11	100	양, 정도	1	/14	7
탈것	10	/13	77	사람	8	/33	24
장난감 및 문구류	11	/14	79	의문사	0	/11	0
동물	13	/41	32	동사	75	/150	50
옷	13	/20	65	형용사	5	/52	10
가구 및 방안	17	/21	81	끝맺는 말	0	/15	0
음식	12	/58	21	조사	0	/12	0
신체부위	25	/31	81	연결하는 말	0	/6	0
가정용품	28	/36	78	위치	3	/8	38
외부사물	9	/26	35	시간	0	/17	0
일상생활	14	/14	100	대명사	2	/7	29
장소	8	/25	32	돕는 말	0	/6	0
소계	171	/310	–	소계	94	/331	–
총계: 265 / 641 (41%)							

② 표현언어 능력

아동의 문항별 표현언어 능력을 살펴보기 위해 SELSI와 K M-B CDI를 실시하였다.

아동의 표현언어 능력을 살펴보기 위해 주양육자 보고를 통해 실시한 SELSI 검사 결과, 표현언어 능력은 등가연령 19개월로 2세 9개월 정도 지체된 것으로 나타났다. 각 평가항목별로 아동은 대답하는 행동이나 소리내기, 행동이나 말로 도움 청하기, 일관성 있게 낱말 사용, 아니라거나 싫다는 제스처나 말 표현, 도움 청하기, 새로운 낱말 모방 시도, 어른 억양 모방, 4개 이상의 낱말 사용, "ㄱ, ㄲ, ㅋ, ㅎ" 소리내기, 표현어휘의 수 늘리기, 문장처럼 들리는 억양 사용, 다양한 위치어 사용, 사물 이름 스스로 말하기, 3~4음절의 새로운 낱말 모방, 대화 중에 들은 낱말 모방, 1개 이상의 사물 이름 대답, 10~20개의 낱말 사용, "ㅂ, ㅃ, ㅍ, ㅁ"가 들어간 낱말 정확히 발음하기 등이 가능하였으나, 호칭이 포함된 2낱말 문장 사용, 감정·느낌 표현, 물어볼 때 올라가는 억양 사용, 신체적 욕구 말로 표현, 5개 이상의 동사 사용, 2낱말 문장에서 부정어 사용, "뭐야" 질문 표현, 선택을 요하는 의문문에 대답, 2~3낱말 문장 사용, 대명사보다 이름으로 사물 표현, 조사 사용, 자기 이름으로 자신을 표현, 동작그림 질문에 적절하게 대답, "이거 뭐야?" 이외의 의문사 사용한 질문하기, 시간을 나타내는 낱말 표현, 대명사 사용, 3낱말 문장에서 형용사, 부사 사용, 질문에 대해 그림 보며 설명하기, 자기가 경험한 사건 설명하기, "왜"를 사용한 질문하기, 간단한 복문 사용, 관형어가 포함된 문장 사용 등에 어려움이 있는 것으로 나타났다.

아동의 표현어휘를 파악하기 위해 실시한 K M-B CDI 유아용 표현낱말 검사 결과는 〈표 2〉와 같다. 총 641개(24개 범주)의 전체 낱말 중 총 38개(6%)를 표현하였으며, 그중 '옷' 관련 낱말이 35%로 가장 높았고, '가구 및 방안, 장소, 양 · 정도, 사람, 의문사, 동사, 형용사, 끝맺는 말, 조사, 연결하는 말, 위치, 시간, 대명사, 돕는 말'은 각각 0%로 아직 일관적으로 사용하지 못하고 있는 것으로 나타났다.

〈표 2〉 K M-B CDI 표현낱말 검사 결과

범주	획득점수	/총항목	백분율(%)	범주	획득점수	/총항목	백분율(%)
소리	3	/11	28	양, 정도	0	/14	0
탈것	4	/13	31	사람	0	/33	0
장난감 및 문구류	4	/14	29	의문사	0	/11	0
동물	5	/41	12	동사	0	/150	0
옷	7	/20	35	형용사	0	/52	0
가구 및 방안	0	/21	0	끝맺는 말	0	/15	0
음식	5	/58	9	조사	0	/12	0
신체부위	6	/31	19	연결하는 말	0	/6	0
가정용품	1	/36	3	위치	0	/8	0
외부사물	2	/26	8	시간	0	/17	0
일상생활	1	/14	7	대명사	0	/7	0
장소	0	/25	0	돕는 말	0	/6	0
소계	38	/310	–	소계	0	/331	–
총계: 38 / 641 (6%)							

또한 문법 부분에서는 '저거 줘'와 같이 가끔 낱말을 붙여서 표현한다고 하였으나, 그 외의 '조사, 어미 사용' '불완전한 문장표현'은 나타나지 않았다고 보고되었다.

③ 의사소통기능

아동의 제스처와 놀이행동을 살펴본 결과 의사소통을 위한 방법으로 제스처를 주로 사용하고, 다른 다른 사람이나 물체의 흉내를 내는 단순상징행동이 가능한 것으로 나타났다.

초기 언어 발달단계에서 나타나는 의사소통기능 및 인지발달 수준을 파악하기 위하여 평가자와의 상호작용을 통해 비공식적으로 실시한 EASIC 언어이전단계 평가 결과, '감각자극에 반응하기(주위소리 및 말소리에 반응), 사물의 개념(영속성 및 기능) 이해, 수단-목적 관계 이해, 동작 모방, 거부나 요구 나타내기, 이해 및 몸짓으로 전달하기(인사하기, 지시에 반응하기, 선택한 것을 표시하기, 행동으로 기본적인 요구 나타내기), 사회성(적절한 신체적 접근 거리, 교대하기)' 영역에서 반응을 나타내었으나, '시각적 자극에 반응(eye tracking 및 joint attention, eye contact), 짝짓기, 물건이나 행동을 더 원한다는 것을 표현하기, 상징놀이 등'에는 무관심하거나 거부하여 평가 진행이 어려워 수행도를 파악하는 데에 어려움이 있었다.

또한 자연스러운 상황에서 나오는 음소, 어휘 목록을 수집하고 아동과 주양육자 간의 상호작용 유형 및 상징행동을 관찰하기 위해 실시한 할머니와의 자유놀이 관찰을 통해, 아동은 간혹 할머니의 무릎에 앉는 애착행동이나 함께 책보기에서 공동주목을 보이기도 하였으나 주로 할머니와의 상호작용 없이 혼자서 자신의 놀이에 집중하는 모습을 볼 수 있었다. 할머니는 아동과 직접 놀이를 하기보다는 치료사에게 평소 집에서 아동과 어떻게 상호작용하는지 설명해 주었는데, 아동은 주로 혼자 놀며 때때로 할머니가 일하고 있는 주방에 가까이 와서 놀이를 한다고 한다. 주로 구어보다는 제스처와 울음, 발성(감정 등을 표현하는 이해할 수 없는 소리)를 관찰할 수 있었다.

또한 아동은 성인의 말소리를 모방하여 거의 낱말의 첫소리만 모방하거나 한 음절씩 끊어서 모방발화하였고 구강내의 조음점과 상관없이 입모양만 모방하여 발음이 부정확함을 볼 수 있었다. 발성 시 호흡을 비효율적으로 하여 약간 과장된 입모양을 보이거나 소리 없이 입모양만 모방하는 모습, 또는 작은 소리로 구어를 산출하는 모습 또한 관찰되었다.

④ 보완 · 대체 의사소통 기초수행 능력

보완 · 대체 의사소통의 활용 등 아동의 특성과 필요에 맞는 의사소통방법을 파악하고자 PAA를 실시하였다.

주양육자 보고에 의해 실시한 PAA의 수용언어 능력 평가 결과, 아동은 '일상생활에서 자주 쓰는 어휘를 이해할 수 있고, 신변처리와 관련된 기초어휘(동작지시어)를 이해할 수 있으며, 기초적인 수준의 수식어나 상태묘사 어휘를 이해할 수 있고, 색, 숫자, 도형, 크기와 같은 기초학습어휘를 이해할 수 있다'고 보고하였다.

주양육자 보고에 의해 실시한 PAA의 표현언어 능력 실시 결과는 다음과 같다. 아동은 '수긍하기'의 방법으로 발성(이해할 수는 없으나 소리를 냄), 일반적인 제스처, 추상적인 상징('이' '으'라고 발화하면서 쳐다봄)을 사용한다고 한다. '부정 및 거부하기'를 표현하기 위해 아동은 고개나 손을 좌우로 흔들거나, 하기 싫은 활동과 관련된 물건을 치우려고 하는 등의 일반적인 제스처를 사용한다고 한다. '물건 요구하기'를 위해 몸짓 및 발성 등 사용하기, 일반적인 제스처 사용, 구체적인 상징 사용(컵을 원할 경우 '컵'이라고 말함), 추상적인 상징사용('저것 줘'라고 말함)을 하는 것으로 나타났다. '행동 요구하기'를 위해서는 몸짓 및 표정을 사용하거나, 일반적인 제스처를 사용하여 의사소통기능을 표현하며, '기분 및 감정 표현'을 위해 신체를 사용하여 자세를 바꾸려는 움직임을 보이거나, 불편한 감정에서 벗어나기 위해 특정한 행동(구체적인 상징 사용)을 보이기도 한다. '부르기, 주의 끌기'를 위해서는 주로 몸짓 및 발성을 사용하고, '인사하기'의 방법으로 몸짓 및 소리의 사용, 일반적인 제스처의 사용을 보이나, '고르기' '질문하기' '설명하기' 등의 의사소통 기능적 표현은 나타나지 않는다고 보고하였다.

보완 · 대체 의사소통 기초수행 능력을 살펴보고자 평가자가 직접 실시한 인지 능력 평가는 아동의 몸 상태가 좋지 않아 원활하게 진행되지 않았으나 자연스러운 상황에서 아동을 직접관찰한 내용 및 부모보고에 의한 내용에 의하면, 아동은 사물영속성 개념을 가지고 있었으며 일상생활에서 사용하는 사물의 기능을 이해할 수 있었으나, 부분과 전체의 개념 이해, 사물이 속해 있는 집합의 특성 이해, 실제 사물과 상징 연결에 있어서는 아동의 수행도를 파악하기 어려웠다.

(2) 조음기관의 이상 유무

아동은 지시 이해 및 수행이 어려워 조음기관 구조 및 기능과 관련된 공식검사를 실시할 수 없었으나, 검사 기간 동안 관찰한 결과 조음기관의 구조에는 이상이 없지만 씹기나 불기 등의 기능에는 문제가 있는 것으로 의심되었다. 또한 구강 자극을 위해 입을 다물고 입안에서 반복적인 소리를 산출하는 모습을 볼 수 있었으며, 주양육자의 보고에 의하면 주식 및 정해진 몇 가지 간식 외에는 음식에 별로 관심이 없으며, 음식물을 느끼는 구강 감각이 예민한 것 같다고 하였다.

(3) 유창성 및 음성

아동은 말을 할 때 크기를 작게 하거나 입모양만 모방하였는데, 목소리 자체는 단조로운 음도를 보였다.

(4) 청력의 이상 유무

아동의 청력과 관련하여 공식검사를 실시하지 않았으나, 검사 기간 동안 관찰한 결과 청력에는 이상이 없는 것으로 판단되었다.

5. 검사 결과의 요약 및 결론

아동은 4세 4개월(52개월)의 남아로 2세 6개월경 전반적 발달장애로 진단받은 후 또래에 비해 언어발달이 느리고 표현어휘가 거의 나타나지 않는다는 주 호소 문제로 인해 언어치료를 시작하게 되었다. 아동의 수용언어 및 표현언어 능력을 파악하기 위해 실시한 SELSI 결과, 수용언어 능력이 등가연령 23개월, 표현언어 능력이 등가연령 19개월의 수행을 보였으나, 6개월 전에 실시한 SELSI 검사 결과(수용언어: 등가연령 14개월/표현언어: 등가연령 11개월)와 비교해 볼 때 느리지만 수용언어 및 표현언어 능력에 있어 발달을 보이고 있음을 알 수 있었다.

K M-B CDI 유아용 이해낱말 검사 결과, 641개(24개 범주)의 전체 낱말 중 265개를 이해하여 41%의 이해도를 나타내었으며, 그중 '소리, 일상생활' 관련 낱말이 각각 100%로 가장 높은 이해를 보였고, '의문사, 끝맺는 말, 조사, 연결하는 말, 시간, 돕는 말'이 각각 0%로 가장 낮은 이해를 보였다. 표현낱말 검사에서는, 전체 낱말 중 총 38개(6%)를 표현하였으며, 그중 '옷' 관련 낱말이 35%로 가장 높았고, '가구 및 방안, 장소, 양 · 정도, 사람, 의문사, 동사, 형용사, 끝맺는 말, 조사, 연결하는 말, 위치, 시간, 대명사, 돕는 말'은 각각 0%로 아직 일관적으로 사용하지 못하고 있는 것으로 나타났다. 평가자가 아동을 2회기에 걸쳐 관찰한 결과 부모보고에 의한 표현낱말 체크 결과가 대부분 성인의 말을 따라한 모방으로 여겨지나 아동이 구어를 사용하여 의사소통하기 시작했다는 것을 알 수 있었다.

EASIC 언어이전단계 평가 결과, 감각자극에 반응하기(주위소리 및 말소리에 반응), 사물의 개념(영속성 및 기능) 이해, 수단-목적 관계 이해, 동작 모방, 거부나 요구 나타내기, 이해 및 몸짓으로 전달하기(인사하기, 지시에 반응하기, 선택한 것을 표시하기, 행동으로 기본적인 요구 나타내기), 사회성(적절한 신체적 접근 거리, 교대하기) 영역에서 반응을 나타내었으나, 시각적 자극에 반응(eye tracking 및 joint attention, eye contact), 짝짓기, 물건이나 행동을 더 원한다는 것을 표현하기, 상징놀이 등에는 무관심하거나 거부하여 수행도를 파악하는 데에 어려움이 있었다.

PAA 검사 결과, 수용언어평가에서 일상생활 어휘의 이해, 기초적인 수준의 신변처리와 관련된 동작지시어, 상태묘사 및 수식어, 기초적인 수준의 학습어휘를 이해할 수 있다고 보고되었으며, 표현언어 평가에서 '수긍하기' '부정 및 거부하기' '물건 요구하기' '행동 요구하기' '기분 및 감정 표현하기' '부르기 및 주의끌기' '인사하기' 등의 기능을 표현하기 위해, 몸짓 및 발성, 상징을 사용할 수 있다고 보고되었다. 인지영역 평가를 통해서는 아동의 사물영속성 개념, 일상생활에서 사용하는 사물의 기능 이해를 파악할 수 있었다.

6. 제언

위의 평가 결과, 본 아동은 어휘의 이해와 표현(특히 표현어휘 능력), 초기 의사소통기능의 수행에 있어 또래아동과 비교하였을 때 발달상의 지체를 나타내었고, 호흡 및 발성의 비효율성으로 인해 구어산출에 어려움을 가지고 있음을 관찰할 수 있었다. 따라서 아동의 장애와 일상생활에서의 의사소통 기능을 고려하여, (1) 어휘의 표현과 이해의 증진, (2) 초기 의사소통기능의 확대, (3) 호흡 및 발성훈련, (4) AAC 등을 활용한 의사소통방법의 다양화를 목표로 주 2회 개별 언어치료가 필요할 것으로 여겨진다.

● 사례 2 ● 언어발달장애로 진단된 4세 5개월 여아이다.

언어진단보고서

이 름: ○○○	성 별: 여
진단일: 2011년 11월 29일	장애유형: 언어발달장애
생년월일(연령): 2007년 6월 26일(4;5)	정보제공자: 아동의 어머니
언어치료사: ○○○	연 락 처: XXX-XXXX

1. 배경정보

정○○ 아동은 4세 5개월의 여자 아동으로 이해력과 표현력이 부족하다는 주 호소 문제로 인해 본 기관을 내원하였다. 어머니의 보고에 의하면 임신과 출산 시 특이한 사항은 없었으나 아동은 걷기를 17개월, 대소변 가리기를 4세부터 시작하여 운동과 신변처리 발달이 또래보다 늦었다고 한다.

언어발달 측면에서는 10개월 때 첫 낱말(예: 엄마)을 산출하기는 하였으나 첫 문장(예: 엄마 앉아)이 나타난 시기가 30개월경으로 또래에 비해 늦었으며 4세부터 본격적으로 2~3낱말조합을 나타냈다고 한다. 아동은 또래와의 관계에서 또래와 어울리는 것은 좋아하지만 구어로 적절히 상호작용하는 것이 어렵다. 그러나 잡기놀이와 같은 단순한 놀이를 모방하여 함께 어울리는 것이 가능하다고 한다. 아동은 낯선 환경에 적응하는 데 어려움을 보이고 낯선 상황과 도움이 필요할 때 울면서 의사표현을 하는 경우가 많다고 한다.

아동의 어머님은 아동이 20개월부터 언어가 늦다고 느끼셔서 3세 때 소아정신과에서 종합발달검사를 받고 9개월 동안 대학부설학교 아동가족상담클리닉에서 언어치료와 놀이치료를 주 1회 받은 경험이 있다고 한다. 현재는 유치원에서 주 2회 언어치료를 받고 있다. 가계력으로, 아동의 할아버지와 아버지가 말이 늦었고 작은 할아버지는 유창성 문제가 있다고 한다. 현재 아동은 엄마, 아빠와 함께 살고 있다.

2. 진단 시 아동의 태도

아동은 검사를 실시하기 전에는 치료사의 간단한 행동 요구(예: 의자 당겨 앉으라고 요구 시, 아동이 떨어트린 물건을 줍도록 지시 시 등)에 울면서 지시를 따르는 모습을 보이기도 하였으나, 평가가 시작된 이후에는 특별한 행동 문제를 보이지 않았다.

3. 실시한 검사

(1) 취학전 아동의 수용언어 및 표현언어 발달척도(PRES; 김영태, 성태제, 이윤경, 2009)

(2) 수용 · 표현 어휘력 검사(REVT; 김영태 외, 2009)

(3) 자발화 수집 및 분석

4. 평가 결과

(1) 언어 능력

① 수용언어

(가) 전반적 수용언어 능력

PRES를 실시한 결과, 수용언어발달 수준이 10~20%ile에 속하는 것으로 나타났다. 아동은 신체부위 이름 이해, 밤/낮 이해, 범주어 이해 등은 가능하였으나 같다/다르다 개념, 길이 개념, 신체 부위의 기능 이해, 연관된 어휘 이해 등에서는 어려움을 보였다.

(나) 수용어휘 능력

REVT-R을 실시한 결과, 10~20%ile에 속하는 것으로 나타났다. 명사(70.8%)에서 정반응률이 높았으며, '뱉다, 바르다, 재다, 당기다' 등 동사 사용(60%)에서 가장 어려움을 보였다.

② 표현언어

(가) 전반적 표현언어 능력

PRES를 실시한 결과, 표현언어발달 수준이 10~20%ile에 속하는 것으로 나타났다. 아동은 2~

3낱말 문장 사용, 부정어 사용, 신체 및 감정 표현 등은 가능하였으나 다양한 연결어미 사용, 의문사 사용, 일상사물의 기능 설명 등에서는 어려움을 보였다.

(나) 의미 능력

REVT-E를 실시한 결과, 10%ile 미만에 속하는 것으로 나타났다. 명사(75%)에서 정반응률이 높았으며, 오반응의 경우, '신문'→ '책' '병아리'→ '타조' '연필'→ '크레파스' 와 같이 언급하여 범주 내의 유사한 하위 범주 어휘를 혼동하는 모습을 보였다. 자발화 분석을 통한 개별의미유형 분석 결과, 용언부 40.9%(88/215), 체언부 32.1%(69/215)의 순으로 출현 빈도가 나타났으며 수식부와 대화요소는 각 13.5%(29/215)로 나타났다. 세부적인 내용은 다음과 같다. 체언부에서는 행위자 27.5%, 대상 24.6%, 실체 15.9%가 높은 출현 빈도를 나타냈다. 이 외에 경험자와 소유자가 각각 11.6%, 수여자 5.8%, 공존자 2.8% 순으로 다양하게 나타났다. 용언부에서는 행위 53.9%, 상태서술 28.4%의 출현 빈도를 나타냈으며, 이 외에 실체서술 8.0%, 부정 5.7%, 용언수식 4.5% 순으로 출현 빈도를 나타냈다. 수식부에서는 부정이 51.7%로 가장 높은 출현빈도를 나타냈으며 때와 재현, 장소, 조건 순으로 나타냈다. 대화요소에서는 감탄 51.7%(15/29), 동반소리 34.5%(10/29), 대답 6.9%(2/29), 주의끌기와 강조가 각 3.4%(1/29) 순으로 출현 빈도를 나타냈다.

문장 내 의미관계 분석 결과, 2낱말 의미관계 60.5%(46/76), 3낱말 의미관계 34.2%(26/76), 4낱말 의미관계 5.3%(4/76) 순으로 출현 빈도를 나타냈다. 세부적인 결과는 다음과 같다. 2낱말 의미관계에서는 '행위자-행위' '경험자-상태서술' 'CD(감탄)-상태서술'과 '부정-상태서술' 순으로 출현 빈도를 나타냈다. 3낱말 의미관계에서는 '행위자-대상-행위'와 'CD(소리)-CD(감탄)-상태서술' '행위자-용언수식-행위' '실체-소유자-실체서술' '공존자-대상-행위' '경험자-실체-상태서술' 순으로 출현 빈도를 나타냈다. 4낱말 의미관계에서는 '부정-실체-소유자-실체서술' '실체-조건-부정-상태서술' '강조-행위자-부정-행위' 순으로 나타냈다.

어휘다양도(TTR) 분석 결과, 0.32로 나타났으며 세부적인 내용은 다음과 같다. 서로 다른 낱말 수(NDW)에서는 동사, 명사, 부사, 형용사/관형사와 조사 순으로 나타났다. 전체 낱말 수(TNW)에서는 명사, 동사, 조사, 부사, 형용사/관형사, 대명사 순으로 다양한 낱말을 사용하는 것으로 나타났다.

(다) 구문 능력

평균발화길이를 분석한 결과, 평균형태소길이(MLU-m)는 4.06, 평균구문길이(MSL)는 4.51, 최장형태소길이(UBL)는 12로 나타났으며, 또래 연령과 비교 시 모두 −1*SD*와 −2*SD* 사이에 속하는 것으로 나타났다. 평균낱말길이(MLU-w)는 2.39, 최장낱말길이는 7로 나타났으며, 또래연령과 비교 시 모두 −1*SD*와 −2*SD* 사이에 속하는 것으로 나타났다.

문법형태소 분석 결과, 격조사에서는 주격조사 '이/가', 호격조사 '-야', 처소격조사 '-에', 보조사 '-는' '-도' '-만', 종결어미에서는 '-다' '-어' '-ㄹ까' '-자', 연결어미 '-면' '-이야' '-고', 선어말어미로는 시제의 '-었' 존대 '-요'를 산출하였다.

아동은 주격조사를 겹쳐서 사용하는 발달기적 오류현상(예: 선생님이가)뿐 아니라 '이'를 '가'로 대치하는 오류 현상(예: 선생님이→선생님가)도 빈번하게 나타냈다.

(라) 화용 능력

아동의 의사소통 기능을 발화 수준과 담화 수준에서 분석하였다. 발화 수준에서의 발화를 살펴본 결과, 주장적인 대화행위(76.8%), 반응적인 대화행위(16.2%), 모방(3.0%), 기타(4.0%) 순으로 다양한 발화 기능을 나타냈다. 세부적으로는 행동요구하기(24.2%)와 언급하기(23.2%)가 가장 빈번히 나타났다.

담화 수준에서 아동의 발화를 살펴본 결과, 주제유지(51%), 주제확장(41%), 주제개시(7%), 주제확장-이탈(1%) 순으로 나타나 대화의 주제가 유지되며 상호작용하는 것으로 나타났다. 아동은 놀이 상황에서 다양한 표현 및 연령에 적절한 긴 발화를 산출하지는 못했으나 한 가지 주제가 일정 시간 유지되며 주제를 확장하는 모습을 보여 주었다. 그러나 간식 먹기를 제외한 놀이에서는 타인의 상호작용을 적절히 유도하지 못하고 언급하기로 놀이를 진행하는 모습을 보였다. 또한 자신의 소유물이 아님에도 불구하고 자신의 것이라고 주장하며 사물을 요구하거나 가정에서 즐겨 하는 놀이를 부적절하게 치료사와의 상황에 개입시키는 모습을 보였다.

(2) 구강조음기제

공식검사는 실시하지 않았으나 아동의 구강구조과 기능에는 특별한 문제점이 없는 것으로 보인다.

(3) 조음 및 청각

공식검사는 실시하지 않았으나 아동의 조음과 청각에는 특별한 문제점이 없는 것으로 보인다.

(4) 유창성 및 음성

공식검사는 실시하지 않았으나 아동의 유창성 및 음성에는 특별한 문제점이 없는 것으로 보인다.

5. 요약 및 결론

아동(4;5, 여아)은 이해력과 표현력이 부족하다는 주 호소 문제로 인해 본 기관을 내원하였다. 신체발달과 대소변 가리기가 또래보다 늦었고, 언어발달도 생후 10개월경의 첫 낱말 산출 이후 매우 느린 진전을 보여 4세부터 본격적인 낱말조합을 시작했다고 보고되었다.

공식검사(PRES와 REVT)를 사용한 언어평가 결과 전반적 언어발달 수준 및 어휘발달 수준이 모두 약 10~20%ile로 나타났다. 비공식검사인 자발화 분석 결과 평균형태소발화길이 4.06, 평균낱말발화길이 2.39로 생활연령에 비해 지체된 수준을 보였다. 문법형태소의 경우 다양한 문법형태소 사용이 어려웠으며 이중주격조사 사용(예: 선생님이가) 및 '이'를 '가'로 대체하는 오류 현상(예: 선생님이→선생님가)이 빈번하였으나, 연결어미, 선어말어미 등의 사용이 나타났다. 화용 영역에서는 자발적 상호작용의 개시 비율이 낮고, 언급하기와 행동 요구하기가 가장 빈번히 나타났다. 대화 시 주제 운영 면에서는 주제 이탈 없이 주제를 유지하고 확장하는 모습을 보였다.

결과적으로, 아동은 언어의 전 영역(구문, 의미, 화용)에서 지체를 보이는 언어발달장애로 진단되었다.

6. 제언

본 아동은 언어의 전반적인 영역의 발달 촉진과 함께 특히 상호작용 상황에서 주제개시의 비율과 효율적인 의사 전달력을 높이는 데 초점을 둔 언어치료를 권고한다.

● 사례 3 ● 아스퍼거증후군으로 진단된 6세 11개월(초등 1학년) 남아이다.

언어진단보고서

이 름: ○○○	성 별: 남
진단일: 2011년 3월 4일, 3월 7일, 3월 11일	장애유형: 언어발달지체(아스퍼거증후군)
생년월일(연령): 2004년 3월 25일(6;11)	정보제공자: 전임 치료사, 아동의 어머니
언어치료사: ○○○	연 락 처: XXX-XXXX

1. 배경정보(신체, 인지, 청력, 정서, 행동특성 등)

본 아동은 6세 11개월의 남아로, 현재 초등학교 1학년에 재학 중이다. 2년 전 대학병원 신경정신과에서 아스퍼거증후군으로 진단받았다고 한다.

어머니 보고에 따르면 아동은 출생 후 지금까지 또래에 비해 키가 크고 좋은 신체 발달을 하였고, 9개월에 기기, 10개월에 앉기, 12개월에 서기, 13개월에 걷기 등 운동 발달도 또래아동과 비슷하였다고 한다. 또한 4살에 혼자 먹기, 5살에 혼자 입기, 4세 후반에 대소변 가리기가 가능하였고, 4세 후반에 엄마와의 분리가 가능하여 사회성 발달도 또래아동과 비슷하였다고 한다. 첫 낱말은 '맘마'로 15개월 때 나타났으나, 활발한 말은 24개월에 시작하여 또래보다 약간 늦은 언어적 발달을 하였다고 한다. 또래들과의 관계에서는 아동이 친구들과의 상호작용에서 원활하지 못하여 스트레스를 많이 받으며, 겉으로는 활발하고 명랑해 보이지만 마음이 여리고 작은 말에도 상처를 받고 울기도 한다고 한다.

2. 진단 시 아동의 태도

아동은 검사자에게 "어려운 거 하고 싶어요"라고 말하면서 비교적 검사자의 지시에 잘 따랐으나 시간이 지날수록 집중력이 떨어지면서 주변을 두리번거리거나 치료실 안의 장난감에 관심을 보이고, 양말을 벗거나, 다른 주제의 이야기를 하는 등의 산만한 모습을 보였다. 또한 검사가 진행될수록 " 얼마나 남았어요?" 등의 질문을 하면서 검사도구를 넘겨보는 모습을 보였고, 한 문제를 풀 때마다 "맞아요?"라고 물으며 맞고 틀린 것을 확인하는 모습도 보였다. 하지만 검사자가 주의집중을 시키면 곧바로 다시 집중하려고 노력하는 모습이 보였다.

3. 실시한 검사

(1) 공식검사

① 수용 · 표현 어휘력 검사(REVT; 김영태 외, 2009)

② 언어문제해결력 검사(배소영 외, 2000)

③ 구문의미 이해력 검사(배소영 외, 2004)

④ 우리말 조음 · 음운 검사(U-TAP; 김영태, 신문자, 1994)

(2) 비공식검사

① 면담지

② 자발화 분석

③ 이야기 다시말하기 및 이야기 이해 과제: '개구리 이야기'(윤혜련 편역, 2005)

④ 문법오류판단 과제(이수영, 2008)

4. 평가 결과

(1) 조음기관의 기능, 유창성 및 음성

육안으로 보았을 때 조음기관의 구조와 기능에는 특별한 이상이 관찰되지 않았다. 또한 비유창성이나 음성이상은 관찰되지 않았다.

(2) 청력 검사 결과

어머니 보고에 따르면 1년에 1회씩 청력 검사를 이비인후과에서 실시했으며, 모두 다 정상적인 결과를 나타냈다고 한다.

(3) 조음 · 음운 능력 평가

아동의 조음 문제 여부를 평가하기 위해 우리말 조음, 음운 검사(U-TAP; 김영태, 신문자, 1994)를 실시한 결과, 낱말 수준, 문장 수준 모두 자음 정확도 100%, 낱말 수준, 문장 수준 모두 모음 정확도 90%로 또래아동과 비교하였을 때 정상 범주에 속하였다.

(4) 언어 능력 평가

① 언어 이해력

(가) 수용어휘 능력

아동의 수용어휘 능력을 알아보기 위해 REVT-R을 실시한 결과, 수용어휘 등가연령 7세 0개월~7세 5개월(백분위점수 40%ile)로, 또래 집단 아동과 비교해 볼 때 정상발달 범주에 속하는 것으로 나타났다.

(나) 구문 이해 능력

아동의 구문 이해 능력을 알아보기 위해 실시한 구문의미 이해력 검사 결과 연령 규준에 따른 백분위점수는 11%ile로 −1.25*SD*~−1.5*SD*에 해당되고, 학년규준은 6%ile로 −1.5*SD*~−2*SD*에 해당되어 또래아동과 비교해 볼 때 구문 이해 능력이 지체된 것으로 나타났다.

아동의 문법 이해 능력을 알아보고자 실시한 문법오류판단 과제 결과, 아동은 총 30문항 중 4문항(13.33%)에서 정반응을 보였다. 오반응 문항을 살펴보면, 격조사, 시제, 피동/사동표현, 연결어미 이해에 모두 어려움을 나타냈다. 오류 유형에서는 판단오류가 30문항 중 19개로 가장 많았다.

(다) 이야기 이해 능력

아동의 이야기 이해 능력을 알아보기 위해 '개구리 이야기'(윤혜련 편역, 2005)를 실시한 결과,

사실적인 정보 질문(LI)에는 50%(3/6), 텍스트 연결 추론(TC)에서는 66.66%(4/6), 빠진 정보 추론(GF)에서는 0%의 이해가 가능한 것으로 나타났다. 6;9~8;11세 사이의 정상 발달 학령기 아동과 비교하였을 때 (LI: 평균 10.52, TL: 평균 9.82, GI: 평균 7.52) 전반적으로 모든 영역에서 어려움이 있는 것으로 나타났다. 오류 유형에서는 추론 오류가 90.91%로 가장 많았고 질문 범위 오류도 9.09%로 나타났다.

② 언어 표현력

(가) 표현어휘 능력

아동의 표현어휘 능력을 알아보기 위해 실시한 REVT-E 결과, 표현 어휘 등가연령이 6세 0개월~6세 5개월(백분위점수 10~20%ile)로 또래 집단 아동과 비교해 볼 때 약간 지체로 나타났고, 특히 동사와 명사의 표현에 어려움이 있는 것으로 나타났다.

(나) 이야기 산출 능력

아동의 이야기 산출 능력을 알아보기 위해 '개구리 이야기'를 들려준 후 그림을 보여 주며 다시 말하기를 실시한 결과, 아동의 회상 구성력은 도입 0점, 주제 1점, 구성 0점, 순서 2점으로, 순서를 제외한 모든 영역에서 또래에 비해 낮은 수행력을 나타냈다. 하지만 순서 영역도 그림을 보여 준 것을 고려한다면 현재 평가와 차이가 나타날 수도 있을 것으로 보인다. 또한 명제 회상률은 33.33%로 또래아동 평균 60%와 비교하여 볼 때 낮은 수행력을 보였다.

(다) 상위 언어 능력

아동의 문제 해결 및 추론 능력을 평가하기 위해 실시한 언어문제해결력검사 결과, 백분위수 34%ile에 해당하는 것으로 나타나 또래 집단(6세)과 비교해 볼 때 정상 범주에 포함되었다. 범주별로 살펴보면, 원인이유 19%ile, 해결추론 48%ile, 단서추측 58%ile로 모두 정상범주에 속하는 것으로 나타났다.

(라) 자발화 분석을 통한 표현언어 능력

치료실 내 자연스러운 놀이 상황에서 자발화를 수집하여 아동의 발화를 분석하였다. 김영태(1997)의 개별 의미유형에 따른 분석 결과, 아동은 행위가 21.95%, 실체가 16.77%, 용언 수식이 13.72%, 상태서술이 7.93%, 대상이 6.10%로 나타났다. 문장 내 의미관계를 분석한 결과, 2낱말 의미관계는 용언수식-행위 25.71%, 배경-행위 14.29%, 실체-서술, 대상-행위 12.86%, 체언수식-실체 5.71%, 배경-실체 4.29%, 용언수식-서술 2.86% 등이 나타났다. 3낱말 의미관계는 용언수식-배경-행위 21.43%, 대상-배경-행위 17.86%, 실체-배경-서술 14.29%, 대상-용언수식-행위, 실체-용언수식-서술 7.14%, 체언수식- 실체-서술 3.57%가 나타났다. 그러나 4낱말 의미관계는 2회(배경-실체-용언수식-서술, 기타)밖에 나타나지 않았다. 특히 3세 이후에 20% 이상 아동이 나타내는 행위자-배경-대상-행위, 행위자-대상-용언수식-행위는 전혀 나타나지 않았다. 어휘 다양도 분석에서는 NDW가 129, NTW가 333, TTR이 0.387로 나타났다.

평균발화길이의 분석 결과에서는 MLU-c가 2.73어절로 나타났다 또한 문법형태소 분석에서는 주격, 목적격, 처소격, 도구격, 비교, 동반, 접속조사, 보조사, 현재형, 과거형, 미래형, 존대, 평서문, 의문문, 부사형은 아동의 발화에서 나타났지만, 복수, 서술격, 보조사, 태(피동형, 사동형), 문장어미(명령문, 청유문), 파행형(명사형, 관형형)은 나타나지 않았다.

대화의 기능을 분석해 본 결과, '요구-예/아니요'는 3.23%, '요구-의문사'는 10.75%, '요구-행위 요구'는 7.53%, '요구-사물 요구'는 1.08%, '반응-예'는 10.75%, '반응-아니요'는 1.08%, '반응-명료화'는 1.08%, '반응-순응'은 1.08%, '반응-반복'은 1.08%, '객관적 언급-이름대기' 10.75%, '객관적 언급- 사건, 상태'는 4.30%, '객관적 언급-고유의 특성'은 1.08%, '객관적 언급-위치'는 1.08%, '주관적 진술-내적 보고'는 5.38%, '주관적 진술-주장'은 17.20%, '주관적 진술-설명'은 20.43%, '구성요소-부르기'는 1.08%, '구성요소-감탄'은 1.08%로 나타났다.

5. 검사 결과의 요약

본 아동은 6세 11개월의 초등학교 1학년 아동으로 2년 전 아스퍼거증후군으로 진단받았다. 아동의 말 능력 평가를 위해 우리말 조음, 음운 검사(U-TAP)를 실시한 결과, 자음과 모음 정확도 모두 정상 범주에 속하는 것으로 나타났다.

REVT를 통한 어휘검사 결과 수용어휘 능력은 또래 집단 아동과 비교해 볼 때 정상발달 범주에 속하는 것으로 나타났지만, 표현어휘 능력은 또래 집단 아동과 비교해 볼 때 약간 지체로 나타났다.

구문 이해 능력을 알아보고자 실시한 구문의미 이해력 검사 결과 약간 지체된 것으로 나타났다. 문법이해 과제에서는 격조사, 시제, 피동/사동, 연결 어미 이해에 모두 어려움을 보이는 것으로 나타났다.

이야기 이해 및 산출 능력을 알아보고자 이야기 평가를 실시한 결과, 아동은 또래에 비해 낮은 회상 구성력과 명제 회상률을 나타내었다. 또 사실적 정보, 텍스트 연결 추론, 빠진 정보 추론 모든 영역에서 어려움이 있었다.

아동의 상위 언어 능력을 보기 위해 실시한 언어문제해결력 검사 결과는, 원인이유, 해결추론, 단서추측 모두 정상범주에 속하는 것으로 나타났다.

자연스러운 상황에서의 자발화를 분석한 결과, 4어절 이상 문장을 표현하지 못하였고, 주제유지가 어려워 보였다.

6. 제언

아동은 표현어휘 능력, 이야기 이해 및 산출 능력, 문법 구조의 이해 및 산출, 상위 언어 능력 수행에 어려움을 보이는 것으로 나타나 아래와 같은 목표를 중심으로 언어 능력 및 의사소통 능력을 촉진시키기 위해 주 2회 언어치료가 필요할 것으로 판단된다.

1. 치료실 내 상황에서 대화 규칙을 이해하고 적절하게 사용할 수 있다.
2. 치료실 내 구조화된 상황에서 4어절 이상의 문장을 산출할 수 있다.
3. 치료실 내 구조화된 상황에서 초등학교 1학년 수준의 이야기를 듣고 이해하여 표현할 수 있다.

●사례 4● 발달장애로 진단된 7세 4개월(초등 1학년) 남아이다.

언어진단보고서

이 름: ○○○	성 별: 남
진단일: 2011년 9월 15일	장애유형: 발달장애로 인한 언어발달지체
생년월일(연령): 2006년 5월 30일(7;4)	정보제공자: 아동의 어머니
언어치료사: ○○○	연 락 처: XXX-XXXX

1. 배경정보

본 아동은 7세 4개월 된 초등학교 1학년 남아로 발달장애로 인한 언어발달지체라는 주 호소 문제로 인해 본 기관에 내원하였다. 주양육자인 어머니 보고에 의하면 임신 중에 별다른 문제가 없었다고 한다. 발달과정을 보면 걷기는 10개월, 대소변 가리기는 24개월에 시작하여 정상적인 발달과정을 보였다고 한다. 의미 있는 첫 낱말을 12개월경에 '엄마' 부터 산출하였으나, 4세경에는 또래 아이들에 비해 언어가 늦다고 생각되어 병원에서 검사를 받게 되었고 그 당시 발달장애 2급 진단을 받았다고 한다. 현재는 아동의 전반적인 수준이 향상되어 3급으로 재진단을 받은 상태이다.

현재 초등학교 1학년에 재학 중이며, 학교 수업과 또래 친구들과의 관계에 있어서는 큰 어려움 없이 다니고 있으나 온순한 성격과 말투로 인해 또래 친구들에게 가끔 놀림을 받는 것에 대해 속상함을 느낀다고 한다. 학교 진도에 따라가기 위해 학습지 수업을 받고 있으나, 수학과목에서는 또래 아이들에 비해 높은 수준의 문제지로 나가고 있다고 한다. 받아쓰기에서 대부분 만점을 맞지만, 어머니의 보고에 따르면 아동이 통문장으로 외우는 듯하다고 한다. 특별한 병력과 가족력은 없다고 한다.

2. 진단 시 아동의 태도

몇 회기에 걸친 검사에서 아동은 싫증을 내거나 거부하는 모습 없이 바른 자세로 적극적으로 검사에 임하였다. 다만, 언어문제해결력 검사에서 후반부로 갈수록 지치는 모습을 보였고 그림과 질문에 적절치 않은 대답을 나열하기도 하였다.

3. 실시한 검사

(1) 수용 · 표현 어휘력 검사(REVT; 김영태 외, 2009)
(2) 구문의미 이해력 검사(배소영 외, 2004)
(3) 언어문제해결력 검사(배소영, 임선숙, 이지희, 2000)
(4) 기초학습기능 수행평가체제: 읽기검사(BASA; 김동일, 2000)
(5) 이야기평가: 개구리이야기(윤혜련 편역, 2005)
(6) 자발화 표본(엄마와의 대화) 수집 및 분석

4. 검사 결과

(1) 언어 능력

① 수용언어

REVT-R 검사 결과, 또래 연령의 10%ile 미만에 속하는 것으로 나타났다. 오답을 보인 어휘 중 아동의 일상생활에서 쉽게 접할 수 있는 어휘에 오답을 많이 보인 것으로 나타났다. 예를 들면 '세면대, 체온계, 뿌리, 씹다' 등이 있다.

구문의미 이해력 검사 결과, 연령규준과 학년규준 모두 1%ile 미만, −2*SD* 이하로 나타났다. 아동이 오답을 보인 5문항 중 4문항이 구문구조에 초점을 맞춘 문항이었고, 나머지 문항은 의미에 초점을 맞춘 문항이었다. 오답 문항을 보면, '수영이는 하나 남은 빵을 동생에게 주었다, 심판은 두 선수의 권투경기를 보고 나서 판정을 내렸다, 사람들은 아주머니가 올 때까지 식사를 할 수 없었다, 엄마는 수영이에게 선물을 들게 했다, 민수는 자전거를 타고 있는 수영이에게 손을 흔들었다.' 이다.

② 표현언어

(가) 의미 능력

REVT-E 검사 결과, 또래 연령의 10%ile 미만에 속하였으며 어휘 능력 발달지체로 구분되었다. 오답을 보인 어휘는 모르겠다고 답한 항목이 대부분이며, 그중 관련 있는 어휘로 답하여 오답으로 처리된 항목이 있는데, 예를 들어 '북'을 '탬버린, 리듬악기'로, '기어가다'를 '살금살금 걸어가다' 등이 있다.

아동의 자발적인 발화 분석을 위해 일상생활에서 엄마와 대화를 나누고 있는 10분가량의 시간동안 총 50발화를 수집하여 분석한 결과, 서로 다른 낱말 수(NDW)는 75, 전체 낱말 수(TNW)는 151로 어휘다양도(TTR)가 0.5로 나타났다. 대명사 사용이 가장 적었으며, 명사, 형용사/관형사, 동사의 어휘다양도가 조사와 부사/사회어보다 상대적으로 높게 나타났다.

(나) 구문 능력

어머니의 보고에 의하면 아동은 일상생활에서 또래아동에 비해 짧은 길이의 문장을 사용한다고 하며, 평가 시에 아동의 산출 문장이 대부분 2,3어 조합이었다. 아동의 자발적인 발화를 분석한 결과, 수집된 50발화의 평균발화길이는 낱말 기준(MLU-w) 2.8, 형태소 기준(MLU-m) 3.9로 또래연령에 비하여 낮게 나타났으며, 2개 낱말 이상의 문장 또한 평균발화길이는 낱말 기준(MSL-w) 3.3, 형태소 기준(MSL-m) 4.6으로 나타났다. 총 50발화 중 20개 발화가 T-unit으로 구분(한 발화를 제외하고 모두 주어가 생략되어 표현됨)되었으며, 그중 종속절이 포함된 발화는 2개(모두 부사절)였다. T-unit 분석 결과, T-nuit당 낱말 수는 4.1, 형태소 수는 5.9로 나타났으며, 주로 사용한 문법형태소는 연결어미(-어야, -어서, -(으)면 등), 보조사(-까지, -도, -에서 등), 종결어미(-어/아, -지, -잖아 등), 시제 선어말어미(-었/았-, -겠- 등)였다.

(다) 상위언어 능력

언어문제해결력 검사 결과, 원인이유는 8~12%ile, 해결추론은 5~9%ile, 그리고 단서추측은 12

~22%ile로 나타났다. 총점(15점)에 따른 백분위수는 7~8%ile로 또래 연령의 *-1SD* 미만에 속하는 것으로 나타났다. 아동은 전반적으로 그림에 관련은 있으나 질문에 적절치 않은 대답을 보였는데, 예를 들어 한 친구가 주방에서 라면을 끓인 냄비를 들려다가 손을 덴 그림에서 "여기가 부엌이라는 것을 어떻게 알 수 있나요?"(추측) 질문에 "라면 끓였는데 손에 불이 났어요"라고 대답하였고, "친구는 손을 데었어요. 어떻게 해야 하나요?"(해결) 질문에 "밴드 붙여도 안 돼요"라고 대답하였고, "친구는 왜 손을 데었을까요?"(원인) 질문에 "어른이 해야 해요"라고 대답하였다.

(라) 읽기 능력

BASA 검사 결과, 원점수(중앙치) 198점, T점수(중앙치)가 55.85로 또래 연령의 71%ile로 나타났으며, 정상적인 읽기 수준에 속하는 것으로 구분되었다.

(마) 이야기 능력

'개구리 이야기'를 통한 이야기 평가 결과, 아동은 총 5개의 일화 중 1개만 안전한 구성을 보였으며, 전체 이야기 회상률이 35.8%로 나타났다. 전체 이야기 문법(배경, 계기사건, 시도, 결과, 내적반응) 중 계기사건과 결과가 40% 이상으로 가장 높았으며, 내적반응이 11.1%로 가장 낮은 회상률을 보였다. 전반적으로 아동은 이야기의 순서적 흐름을 따라가려고 하였으나 짜임새 있는 이야기보단 그림을 기억하여 그림에 대한 문장을 산출하는 경향을 보였다.

'개구리 이야기'를 통한 이야기 평가 결과, 총 T-unit 수는 18개로 나타났으며 이 중 적절한 종속절이 포함된 T-unit은 5개(부사절 3개, 명사절 2개)로 나타났다. T-unit당 낱말 수는 7.8, 형태소 수는 11.1, 그리고 이 중 적절하게 사용한 문법형태소 수는 4.6으로 나타났다. 결속표지의 수는 29개였으나 이 중 적절한 사용을 보인 것은 14개로 48.3%의 정확률을 보였는데, 결속표지 중 상대적으로 연결어미를 가장 적절하게 사용(10개 중 6개)한 반면에 접속사에서 오류(12개 중 8개)를 가장 많이 보였다. 아동은 18개의 T-unit 중 12개의 T-unit에서 문장의 시작을 '그래서'로 시작하였고, 접속사 이외에도 문장 내 어순이 뒤섞여 있거나 문법오류가 빈번히 나타났다(예: "철수가 나무 구멍에서 부엉이 개구리 없는지 알았어요, 그래서 연못에 연못 옆에서 개구리가 철수의 강아지를 쉿 했어요" 등).

(2) 말

① 조음

공식적인 조음검사는 실시하지 않았다.

② 구강 구조 및 기능

평가하는 동안 구강 조음기관에는 문제점이 관찰되지 않았다.

③ 음성 및 유창성

평가하는 동안 음성 및 유창성 영역에 문제점이 관찰되지 않았으나, 아동의 음도가 또래 남자아이들보다 조금 높게 여겨지며, 가끔 억양의 부자연스러움이 관찰되기도 하였다.

(3) 청각
평가하는 동안 청각 영역에서는 문제점이 관찰되지 않았다.

5. 검사 결과의 요약

아동은 7세 4개월의 초등학교 1학년 남아로 발달장애로 인한 언어발달지체라는 주 호소 문제로 인해 2012년 3월에 본 기관에 내원하였다. 현재 학교 수업과 또래 친구들과의 관계에 있어서 큰 어려움은 없으나, 가끔 아동의 성격과 말투로 인하여 놀림을 받는다고 한다.

REVT 검사 결과, 수용과 표현어휘 모두 또래연령에 비해 10%ile 미만, −2*SD* 이하로 어휘 능력 발달지체로 구분되었으며 일상생활에서 접하기 쉬운 어휘에 오답을 많이 보인 것으로 나타났다. 구문의미 이해력 검사 결과, 연령규준과 학년규준 모두 1%ile 미만, −2*SD* 이하로 또래연령의 평균과 큰 차이를 보였다. 언어문제해결력 검사 결과, 백분위수는 7~8%ile로 또래 연령의 −1*SD* 미만에 속하는 것으로 나타났다. 전반적으로 아동은 검사 시에 제시된 그림과 관련은 있으나 질문(왜, 어떻게 등)에 적절치 않은 대답을 빈번하게 보였다. 아동의 자발적인 발화를 분석한 결과, 수집된 50발화의 평균발화길이는 낱말 기준(MLU-w) 2.8, 형태소 기준(MLU-m) 3.9로 또래연령에 비하여 낮게 나타났으며, 전체 발화 중 T-unit을 분석한 결과, T-nuit당 낱말 수는 4.1, 형태소 수는 5.9로 나타났다. 그리고 '개구리 이야기'를 통한 이야기 평가 결과, 18개의 T-unit 중 적절한 종속절이 포함된 T-unit은 5개로 주로 아동은 복문 산출 비율이 낮은 것을 알 수 있으며, T-unit당 낱말 수는 7.8, 형태소 수는 11.1로 자발적 대화 상황보다 길이가 훨씬 늘어난 것을 볼 수 있으나, 이 중 적절하게 사용한 문법형태소 수는 4.6으로 이야기 회상에서의 문법 오류가 빈번함을 알 수 있다. 또한 이야기 회상률이 35.8%로 낮게 나타났다.

아동의 읽기 능력을 검사하기 위해 BASA를 실시한 결과, 또래 연령의 71%ile로 나타났으며, 정상적인 읽기 수준에 속하는 것으로 구분되었다. 그리고 음성 및 유창성 영역에 문제점이 관찰되지 않았으나, 다만 아동의 pitch가 또래 남자아이들보다 조금 더 높게 여겨지며, 가끔 억양의 부자연스러움이 관찰되기도 하였다.

6. 제언

본 아동은 일상생활과 교과과정에서 사용되는 고빈도 어휘들을 중심으로 다양한 자료와 과제들을 통하여 어휘를 습득하고, 습득된 어휘를 가지고 표현하는 능력을 향상시켜야 하며, 문장이해력(의문사 질문 포함) 또한 향상시켜 그에 적절한 반응(대답)들을 보일 수 있도록 훈련하여야 한다. 그리고 적절한 문법형태소를 사용한 문장 사용, 문장 길이 향상, 복문 사용 증진, 학년에 맞는 이야기 중재 또한 필요하다. 이에 주 2회 언어치료를 권고한다.

● 사례 5 ● ADHD로 진단받은 7세 7개월(학령기) 여아이다.

언어진단보고서

이 름: ○○○ | 성 별: 여
진단일: 2012년 9월 4일, 9월 6일, 9월 11일 | 장애유형: ADHD 인한 언어발달지체
생년월일(연령): 2005년 1월 27일(7;7) | 정보제공자: 아동의 어머니
언어치료사: ○○○ | 연 락 처: XXX-XXXX

1. 배경정보

아동은 7세 7개월의 여아로 언어발달지체라는 주 호소 문제로 인해 본 기관을 내원하여 언어평가를 받았다. 어머니의 보고에 따르면 임신 기간 동안 별다른 문제가 없었고, 특이한 병력, 신체 및 운동발달에 이상이 없었다고 한다.

아동은 문장을 쓸 때 조사를 적절하게 사용하지 못하고, 자기의 의사표현을 논리적으로 하지 못하며, '지시 따르기'를 할 때 두 가지 지시를 내릴 경우 뒤에 지시한 것을 기억하는 데 어려움을 보인다고 하였다.

아동은 3개월 전(7세 4개월 당시)에 신경정신과의 심리학적 평가 결과, ADHD(주의력 결핍 과잉행동장애)로 진단받았고 현재 약물복용 중이라고 한다.

2. 진단 시 아동의 태도

아동은 거부감 없이 치료실에 입실하였고 밝게 인사하며 곧바로 착석이 가능하였다. 모든 검사에 대해 매우 협조적이고 적극적으로 임하였으며 치료사가 어떤 활동을 할지에 대해 궁금해하는 모습을 보였다. 아동의 목소리는 전반적으로 큰 편이었고, 말의 속도가 빠른 편이었으며 치료사의 질문이 모두 끝나기도 전에 대답을 하려는 모습이 관찰되었다. 또한 치료사의 질문에 대한 대답을 하다가 주제를 이탈하여 다른 이야기를 하는 모습이 종종 관찰되었으며, 질문에 적절하지 않거나 엉뚱한 대답을 하는 모습이 관찰되었다.

3. 실시한 검사

(1) 공식검사

① 수용 · 표현 어휘력 검사(REVT; 김영태 외, 2009)

② 구문의미 이해력 검사(배소영 외, 2004)

③ 언어문제해결력 검사(배소영, 임선숙, 이지희, 2000)

(2) 비공식검사

① 아동 화용언어 체크리스트(CPLC; 오소정, 이은주, 김영태, 출간 중)

② 이야기 다시말하기 및 이야기 이해 과제– '은지의 주말 이야기'(윤혜련 편역, 2005)
③ 자유로운 대화상황에서 자발화
④ 부모 면담지 및 면담

4. 평가 결과

(1) 말 운동기관 및 조음 · 음운, 유창성, 음성

공식적인 검사는 실시하지 않았으나, 평가하는 동안 말 운동 능력에는 특이사항이 관찰되지 않았고, 특별한 조음오류의 문제나, 유창성 및 음성의 문제는 없었지만 말속도가 빠르고 성급하게 말을 하려는 경향으로 인해 낱말의 반복이 나타나는 모습이 관찰되었다.

(2) 언어 이해 능력

① 수용언어

REVT–R 검사 결과, 백분위점수 10%ile 미만, 표준편차 –2*SD*에 해당하여 '수용어휘 능력 발달지체'로 판단되었다. 아동이 보인 오류는 총 9회로 명사 오류 6/9, 동사오류 2/9, 형용사 오류 1/9 순으로 나타났다. 명사 오류의 경우, 해당하는 낱말을 비슷한 범주에 있는 낱말로 생각하거나 단순화시킨 뒤, 다른 낱말을 지목하는 경향을 보였다(예: 자매 → 형제, 식료품 → 게, 돛 → 돛단배, 해안 → 바닷가, 도표 → 표).

구문의미 이해력 검사를 실시한 결과, 연령규준에 의한 백분위점수는 84%ile, 학년 규준에 의한 백분위점수는 88%ile로, 정상발달을 보이는 것으로 나타났다.

이야기 다시말하기 및 이야기 이해 과제('은지의 주말이야기')를 실시한 결과, 이해 과제 수행점수에 따른 분석에서 사실적 정보 9/12점, 텍스트 연결 추론 9/12점, 빠진 정보 추론 7/12점으로 평가되었다. 오류유형의 분석에서는 질문범위의 오류가 가장 많이 나타났고(예: 은지의 동생을 동생, 수건과 수영복 중 수영복만 대답함), '모른다' 반응도 관찰되었다.

(3) 언어 표현 능력

① 표현언어

REVT–E 검사 결과, 백분위점수 50~60%ile에 속하여, '정상발달'에 해당되었다. 표현어휘 오류의 경우, 총 11개의 오류 중 명사 오류 5/11(줄기, 천정, 탑, 논, 기와), 동사 오류 4/11(누르다, 쓰다듬다, 캐다, 비추다), 형용사 오류 2/11(배부른, 유연한)로 나타났다.

언어문제해결력 검사를 실시한 결과, 원인이유 52~63%ile, 해결추론 55~64%ile에, 단서추측 61~75%ile에 해당하였으며, 전체적인 언어문제 해결력은 64~67%ile로 '정상발달'에 속하는 것으로 나타났다.

좋아하는 주제의 대화를 통한 자발화 분석 결과, 담화 수준에서 '주제유지'는 68.8%로 나타났고, '주제확장'이 15%, '주제확장–이탈'은 11.3%, '주제개시'는 4.7%로 나타났다. 아동은 주어진 주제에 대하여 7번 이상의 주고받기를 하며 주제유지를 할 수 있었으나, 주제개시의 비율이 낮았다. 주제는 유지되지만 특정 상황이나 이야기에 대하여 설명할 때 상대방이 무슨 이야기인지 이해하기 어려운 경우가 종종 있었다(예: "며칠 전 체조(다리 찢기)는 너무 많이 잘했어요. 조금 못했어요": 원래 다리 찢기를 잘 하지 못하는데 열심히 해서 평소보다 잘했다는 뜻).

어머니의 보고에 의하면, 말을 구체적으로 정확히 표현하는 데 어려움이 있고 목소리 톤이 크고 높은 편이며 속도가 빠른 편이라고 하였다.

② 화용기능분석

아동은 완전한 문장으로 표현하지 않고 문장을 계속 이어 가며 문장종결에 어려움을 나타냈다(예: "저는 유치원 때 리본끈 리본끈을 좀 했는데 노래처럼 했는데 한 가지 했는데 난 리듬체조에서 한 가지"). 또한 이야기를 할 경우 일이 일어난 순서 및 인과관계가 불명확하였으며 완전한 에피소드가 나타나지 않았다. 대화체를 인용하여 말하는 모습(예: "자 모두 먹고 놀자 했는데")이 종종 관찰되었고, 대화 시 주어와 주격조사를 생략하기도 하였다.

아동화용언어 체크리스트 분석 결과, 상대방과 대화 중 다른 사람이 관심을 보이지 않는 주제에 대하여 반복적으로 이야기를 하거나 대화 주제를 갑자기 엉뚱한 내용으로 바꾸는 행동을 보이며, 그로 인해 대화를 적절히 유지해 나가는 데에 어려움이 있다고 하였다. 낱말이나 상황에 대해서 구체적으로 설명하기에 어려움을 보인다고 하였으며 이 밖에도 타당한 이유대기, 적절하게 언어적으로 협상하기(화해, 조정)와 같은 능력에 어려움을 보인다고 한다. 그 외에 상호관계가 있는 말(가져오다/가져가다, 빌리다/빌려주다, 안녕히 계세요/안녕히 가세요)과 사물을 적절히 꾸미거나 비슷한 사물과 변별하여 표현하는 능력이 부족한 것으로 보인다고 하였다.

5. 제언

아동은 7세 7개월의 여아로 언어발달지체라는 주 호소 문제로 인해 본 기관에 내원하여 언어 평가를 받았다. 수용어휘평가 결과, 아동의 수용언어 능력은 백분위점수 10%ile 미만으로 $-2SD$에 속한 것으로 나타났으며 표현어휘 능력은 백분위점수 50~60%ile로 '정상발달'로 나타나 아동의 수용어휘 능력이 표현어휘에 비해 지체되는 '수용어휘발달지체'로 나타났다. 또 아동은 구문의미 이해력 검사와 언어문제해결력 검사에서 모두 '정상발달' 범주에 속하는 것으로 나타났다.

이야기 다시말하기 평가 결과, 일이 일어난 순서 말하기는 가능하지만 많은 에피소드와 핵심 낱말을 빠뜨린 채 이야기하고, 특히 인과관계와 문장종결에 어려움을 보였다. 주어와 주격조사, 목적격 조사 등이 생략되거나 왜곡되는 오류도 보였다.

아동 화용언어 체크리스트 평가 결과, 상대방과 대화 중 자신의 이야기에만 집중하거나 갑자기 엉뚱한 주제로 내용을 바꾸는 행동으로 대화를 유지해 나가는 데 어려움이 있고, 낱말의 뜻이나 상황, 이유, 협상 등과 같은 구체적으로 설명하고 표현하기에 어려움을 보인다고 하였다.

이러한 평가 결과를 바탕으로 다음과 같은 언어 능력 및 의사소통 능력 향상을 목표로 주 2회 이상의 개별 언어치료를 제언한다.

1. 다양한 일상생활(예: 학교, 사회 등)과 관련된 어휘를 이해하여 표현할 수 있다.
2. 다양한 문법요소(예: 조사, 접속사 등)를 적절히 사용하여 완전한 문장으로 표현할 수 있다.

3. 다양한 주제(예: 사물, 상황, 이유 등)에 대한 설명하기를 할 수 있다.
4. 이야기 말하기(예: 순서에 맞게 말하기, 중심 에피소드 말하기) 능력을 향상시킬 수 있다.
5. 이야기를 듣고 사실적 정보에 관한 질문, 추론적 정보에 관한 질문 등에 대답할 수 있다.

● 사례 6 ● 지적장애로 진단된 8세 10개월(초등 1학년) 남아이다.

언어진단보고서

이 름: ○○○	성 별: 남
진단일: 2013년 1월 29일	장애유형: 지적장애로 인한 언어발달지체
생년월일(연령): 2004년 3월 10일(8;10)	정보제공자: 아동의 어머니
언어치료사: ○○○	연 락 처: XXX-XXXX

1. 배경정보

아동(8;10, 남)은 언어발달이 또래보다 늦다는 주 호소 문제로 인해 2009년 본 기관을 방문하여 현재까지 주 2회 언어치료를 받고 있다. 어머니의 보고에 의하면 아동은 자연분만으로 출생했으며 출생 시 체중은 3.3kg이었다고 한다. 아동은 2남 2녀 중 막내이며, 신체 및 운동 발달과정을 보면 목가누기가 3~4개월에, 기기가 7~8개월, 대소변 가리기가 25~26개월경으로 크게 지체되지 않았다고 한다.

아동은 2세에 경기로 인해 찾은 병원에서 결절성경화증을 진단받았다고 한다. 6세에는 신촌 세브란스병원에서 수면뇌파검사를 받았으며 검사 이후 수술은 하지 않았으나 잦은 경기로 인하여 1일 2회 경기약을 복용하였고, 8세인 2012년 4월 지속적인 경기로 인해 같은 병원에서 뇌수술을 받았다고 한다.

아동은 6세에 인지검사를 받았으며 당시 결과는 3~4세 수준으로 나타났고, 5세 때부터 지속적으로 언어치료와 인지치료, 작업치료를 받아 오고 있다고 한다. 현재 초등학교 1학년생으로 통합학급에서 교육을 받고 있으며 친구와의 관계에서는 소극적이고 수줍음을 타며 일방적인 놀이가 많다고 한다.

아동은 현재 수 개념과 읽기, 쓰기가 가능하며, 일상적인 문장 이해에 큰 어려움이 없고 질문에 답하기, 스스로 질문하기, 대화 시 상황에 맞는 말하기가 가능한 수준이라고 한다. 의사소통은 주로 가족과 이루어진다고 한다.

이전 치료사의 보고에 의하면 1년 전 치료실을 방문하였을 때는 소극적이고 수동적인 태도를 취하였으나 그 후 비교적 적극적인 태도로 변하고 있다고 한다. 현재 '왜' '어떻게'와 같은 의문사에 반응하여 추론하는 능력은 부족하나 이어진 문장 산출 및 복문 산출이 가능하다고 한다.

2. 진단 시 아동의 태도

아동은 평가가 진행되는 동안 착석이 잘 되었고 검사자의 지시에 잘 따랐다. 그러나 공식검사가 진행되면서 점차 집중도가 떨어지는 모습을 보였고, 특히 REVT 수용 어휘력 검사를 실시하는 동안 검사자가 수시로 네 가지 그림을 모두 보아야 한다고 지시해야 할 정도로 보기를 제대로 살피지 않고 답을 선택하였다. 자발화 수집을 위한 검사자와의 놀이상황에서는 발화의 수가 많지 않았으며 수동적이었으나 놀이상황이 진행되면서 초반에 비해 조금씩 능동적인 태도를 취하였다. 평가는 3회기에 걸쳐 진행되었으며, 아동은 그 날의 컨디션에 따라 집중 및 참여의 정도에 큰 차이를 보였다. 이러한 아동의 태도는 각 진단 결과에 영향을 미친 것으로 보인다.

3. 실시한 검사

(1) **수용 · 표현 어휘력 검사**(REVT; 김영태 외, 2009)
(2) **구문의미 이해력 검사**(배소영 외, 2004)
(3) **자발화 분석**(화용: 자유놀이, 구문: 이야기 그림책)
(4) **의문사 이해 검사**(비공식검사, Sequence Card)
(5) **취학전 아동의 수용언어 및 표현언어 발달 척도**(PRES; 김영태, 성태제, 이윤경, 2003): 검사 연령대를 벗어나므로 규준의 적용 없이 평가 후 오류 문항만 분석

4. 평가 결과

(1) 언어 능력

① 수용언어

(가) 전반적 수용언어 능력

PRES를 실시한 결과, 기본적인 수개념을 이해하고 있었으며 범주어, 연관된 어휘, 밤/낮, 길이 개념, 복수, 내포문, '행위자+목적+행위'와 같은 3어절 형태의 간단한 문장구조, 간접적인 표현, 신체부위 이름 등의 문항에서는 정반응을 나타냈다. 그러나 신체부위의 기능이나, 동시 연결어미 '-면서' '부정-행위' 문장, 과거/현재진행 문장, '같다/다르다', 수여자(여격), 감정상태어, 시제, 계절, 간단한 은유, 방향, 측량도구, 사물에 대한 설명문, 관형구, '전/후' 등의 검사문항에서는 오반응을 보였다

(나) 수용어휘 능력

REVT-R을 실시한 결과, 백분위점수 10%ile 미만, 표준편차 -2*SD* 미만의 수용어휘 능력 지체를 나타냈다. 오반응 문항을 살펴보면, '놀라다' '당기다' '파괴하다' '윷' '재다' '삽' '따뜻하다' '묶다' '망원경' '격파하다' '깎다' '마르다' '실망하다' 등의 어휘에 대해 이해가 부족한 것으로 나타났다.

(다) 구문 이해 능력

구문의미 이해력 검사를 실시한 결과, 연령규준에서 백분위점수 2%ile, 표준편차 -2*SD*로 나타

났으며, 학년규준에서 백분위수 7%ile, 표준편차 -1.5*SD*로 나타났다. 아동은 간단한 의미가 담긴 문장 및 사동표현, '-하는 동안' '-부터 -까지'가 포함된 문장을 이해하고 있었으며, 관형절 안은 형태의 문장(예: '민수는 아이스크림을 먹고 있는 수영이와 마주쳤다.')도 이해하는 것으로 보였다. 그러나 아동은 '-면서' '-하게 만들었다' '-하고 나서' '되어 있다' '-가 -한테 잡혔다' 등이 포함된 문장 및 수여의 의미가 담긴 문장과 추론이 필요한 문장 등에서 어려움을 보였다. 또한 조사 '-밖에'가 포함된 3개의 문장 중 2개의 문장(예: '놀이터에는 나밖에 없다.' '두 명을 빼고는 모두 반밖에 안 마셨다.')에서는 정반응을 보였으나 1개의 문장(예: '친구들이 몇 명밖에 없다.')에서는 오반응을 보여 완전히 습득하지 못한 것으로 나타났다.

(라) 상위언어 능력

추론 능력을 알아보기 위하여 인과관계를 나타내는 2장의 Sequence card 5세트('벌이 풍선을 터뜨려서 팬더가 떨어진 그림' '불이 나서 119에 전화한 그림' '추운 날 난로에 불을 켜서 따뜻해 하는 그림' '돌에 걸려 넘어져서 아이스크림을 떨어뜨린 그림' '외나무다리에서 토끼들이 서로 먼저 건너려고 싸우는 그림')를 준비하여 검사를 진행하였다. 검사 결과 아동은 5개의 '왜' 질문 중 2개의 질문에는 적절한 대답을 하였으나, '왜 119에 전화했어?' 질문에 '소방차가 와야 해요, 불을 끌 때'; '왜 따뜻해졌어?' 질문에 '추워서요'; '토끼들이 왜 싸웠어?' 질문에 '내가 먼저 갈 거야' 라는 등의 불완전하거나 부적절한 반응을 보였다.

② 표현언어

(가) 전반적 표현언어 능력

PRES를 실시한 결과, 등위절, 위치 부사어, 색이름, 목적격 조사, 상위범주어, 일상 사물의 기능 및 상황 설명, 익숙한 이야기 재구성, '어떻게' 질문에 답, /ㅅ/와 /ㅈ/ 계열 소리 모방, 낱말 회상, 단순한 문제해결 관련 문항들에서는 정반응을 나타냈다. 그러나 반대말이나, 사동사, 비교급, 위치부사어 '옆', 셈의 단위, 피동사를 사용하는 데 어려움을 보였으며, '언제' 질문에 답하지 못하였고, 낱말 정의, 문장 모방, 사건의 전개 설명, 문법형태소 오류 문장 수정 등에 오반응을 나타냈다. 또한 어머니 보고로 실시한 문항에서는 의문사 및 과거시제, 미래시제, 조건연결어미 표현이 가능하나 이유를 포함하는 복문 및 '왜, 어떻게'와 같은 어려운 의문사 표현은 어려운 것으로 보고되었다.

(나) 의미 능력

REVT-E를 실시한 결과, 백분위점수 10%ile 미만, 표준편차 -2*SD* 미만에 속하는 표현어휘 능력 지체를 나타냈다. 아동의 오반응은 '똑같다'를 '커요' '연'을 '바람' '뾰족한'을 '작아요, 커요' '굴뚝'을 '연기, 벽돌' '폭포'를 '바다, 파도' '부딪히다'를 '쾅 하고 아팠어요.' '백조'를 '거위, 오리, 기러기' '쓰다듬다'를 '개를 키워요'라고 답하여 의미적으로 관련 있는 오반응을 보였다. 치료사와의 자유놀이상황에서 수집한 68개의 발화에서는 4낱말 의미관계가 1회(1.47%), 3낱말 의미관계가 5회(7.35%), 2낱말 의미관계가 14회(20.58%), 단단어가 48회(70.58%) 나타났다. 세부적인 의미유형을 살펴보면 단순한 의성어나 물체를 움직이며 관습적인 소리를 내는 CD(소리)가 12회

(17.64%)로 가장 높았으며, 검사자에게 물건을 제시하며 이름을 명명하는 실체가 11회(16.17%), 검사자의 질문에 단순히 '네'라고 답하는 CD(대답)이 8회(11.76%), 대상+행위(예: 딸기도 먹어요)가 6회(8.82%), 검사자가 '무엇을?'의 형태로 질문을 할 때 행위를 생략하고 물체 이름만 답하는 등의 대상과 검사자가 '그건 뭐야?'라고 물었을 때 '치즈예요'라고 답하는 등의 실체서술이 4회(각 5.88%), 특정 행위를 통해 물체를 이동시킨 후 '완성'이라고 말하는 등의 상태서술과 치료사에게 특정 행동을 요구하는 등의 행위가 3회(각 4.41%), 실체+장소+실체서술(예: 이거 치즈는 우리 집에 있는 거), CD(주의)+대상+행위(예: 자, 초콜릿 먹으세요)와 부정서술(예: 안 돼)이 2회(각 2.94%), 소유자+대상(예: 성준이 오이), 인용/창조물+실체서술(예: 이렇게, 이런 거예요), 인용/창조물+대상+행위(예: 이렇게 케찹 먹어요), CD(소리)+실체(예: 짜잔, 피자), CD(접속)+인용/창조물(예: 근데 이렇게), CD(주의)+행위(예: 자자, 먹으세요), CD(주의)+실체서술(예: 자, 아이스크림이에요), 실체+실체서술(예: 이것도 있어요), CD(주의)+실체+행위+부정(예: 자, 이런 거 하지 마세요), 실체+부정서술(예: 이거는 필요 없어), 치료사의 말에 다시 명료화를 요구한 CD(되묻기)가 1회(1.47%)씩 나타났다.

(다) 구문 능력

그림책을 보여 주고 아동에게 무슨 그림인지 이야기해 달라고 하여 수집한 50여 개의 발화를 토대로 분석한 결과 평균형태소길이(MLU-m)는 9.11, 평균낱말길이(MLU-w)는 5.0, 평균어절길이(MLU-c)는 3.94로 나타났으며, 모든 발화가 2개 이상의 형태소나 낱말로 구성되었다. 검사 시 나타난 아동의 최장형태소길이는 15(예: '그때 연못에 있던 개구리 한 마리가 시소를 탔어요')였다.

아동은 발화 내에서 문법형태소를 총 85회 사용하였는데, 주격조사 '이/가', 목적격조사 '을/를', 보조사 '은/는, 도', 부사격조사 '로, 에, 와', 연결어미 '-고, -아, -지', 종결어미 '-어요, -다, -ㅂ니다', 전성어미 '-게, -던, -는', 선어말어미 '-았-/-었-', 접사 '이, -ㅅ-, 들' 등이었다. 발화 중 목적격 조사 '를' 대신 주격조사 '이'와 부사격조사 '로'를 사용함으로써 2회의 문법형태소 오류를 보여 문법형태소 오류율이 2.35%인 것으로 나타났다.

(라) 화용 능력

수집된 68발화 중 대부분(91%)이 주제유지였으며, 주제확장은 3회(4%) 나타났다. 주제개시는 1회 나타났으나 주제가 이탈된 부적절한 발화였다.

발화 수준의 의도를 분석한 결과, 개시적인 행동에서는 행동 요구하기가 11회(16.18%)(예: "먹으세요"), 관심 요구하기가 9회(13.24%)(예: 의성어를 사용하거나 새로운 장난감을 꺼내 들었을 때 검사자에게 그 장난감을 보이며 "짜잔"), 진술하기가 17회(25%)(예: 작은 통을 가리키며 "여기 꿀이 있어요")로 많이 나타났으며, 명료화 요구하기도 1회(1.47%)(예: 검사자의 말에 되물으며 "네?") 나타났다. 반응적인 행동에서는 정보 요구하기에 대한 반응이 12회(17.65%)(예: "이렇게 하는 거예요")와 메시지 수신반응이 9회(13.24%)(예: 치료사의 질문에 추가 정보 없이 "네" 대답) 나타났으나, 행위 요구하기에 대한 반응(기회 3번 중 0), 명료화 요구하기에 대한 반응(2번의 기회 중 0), 관심 요구하기(2번의 기회 중 0)에 대한 반응은 보이지 않았다. 전체적으로 개시/주장적인 대화 행위의 비율이 63.24%로 반응/수동적인 대화 행위의 비율(30.88%)보다 높았다.

(2) 구강조음기제

구강조음기관 구조 및 기능 검사는 실시하지 않았으나 육안 관찰 결과 이상이 발견되지 않았다.

(3) 청각

6세에 OO 종합 병원에서 청력 검사를 실시한 결과 정상이었다고 한다.

(4) 조음, 유창성 및 음성

자발화 분석 시 특이한 조음이나 음운 오류는 나타나지 않았다.

(5) 유창성 및 음성

공식적인 검사는 따로 실시하지 않았으나 이상현상이 발견되지 않았다.

5. 결과 요약 및 제언

검사 결과 아동(8;10)은 생활연령에 비해 언어발달이 현저하게 지체(표준화된 검사 −2*SD* 이하)된 언어발달장애로 나타났다. 아동은 간단한 문장구조의 이해와 산출은 가능하나, 추상적인 어휘, 감정 상태어, 피동과 사동 형태의 이해, '부정+행위' 문장과 과거/현재진행 문장의 이해, 조사사용, 의존 명사와 의문사 '왜' 등의 검사문항에서 어려움을 나타냈다. 자발화 분석을 통한 아동의 평균형태소 발화길이는 공식검사 결과와 비교했을 때 상대적으로 높게 나타났으나 적절하지 않은 낱말 사용 등의 문제를 보였다. 또한 이야기하기, 낱말 정의하기, 사건의 전개 설명과 같이 다소 인지적인 능력과 상위언어기술이 필요한 부분에 어려움이 있는 것으로 나타났는데, 이는 아동이 학령기에 들어섰음을 고려할 때 학교생활 및 또래집단과의 언어소통에 어려움으로 작용할 것으로 사료된다.

아동은 가정 내 일상생활에서의 언어 이해 및 표현에는 큰 어려움이 없으나 또래 집단에서의 언어 생활에는 어려움이 있는 것으로 보인다. 따라서 학교생활을 비롯한 다양한 환경에서의 전반적인 언어 능력 향상에 초점을 둔 언어치료를 주 2회 40분 회기로 실시할 것을 제언한다.

● 사례 7 ● 난독증으로 진단된 8세 10개월(초등 1학년) 남아이다.

언어진단보고서

임상대상자(성별): OOO(남)	장애유형: 난독증
생년월일(CA): 2004년 1월 9일(9;8)	평가 · 진단일: 2013년 9/6, 9/13, 9/27
정보제공자 · 의뢰인: 아동의 어머니, 담임교사	보고서 작성일: 2013년 10월 19일
언어치료사: OOO	연락처:XXX-XXXX

1. 배경정보(신체, 인지, 청력, 정서, 행동특성 등)

본 아동은 9세 8개월의 초등학교 4학년 남아로, 읽기장애라는 주 호소 문제로 인해 본 기관에 방문하였다. 2005년 2월(1;1) 심실중격결손으로 수술을 받은 후 현재는 건강상에 이상이 없으며, 2009년 10월(5;8) 중이염 수술을 받았으나 청력에는 이상이 없는 것으로 보고되었다. 부모 보고에 의하면 아동은 글을 배우기 시작하면서 거울상(mirror image)으로 글씨를 쓰는 특이행동을 보였으며, 7세 때 초등학교에 입학하였으나 그 후에도 한글을 떼지 못하여 아동의 언어문제에 관심을 갖게 되었다고 한다. 아동은 3형제 중 막내로 형 둘은 각각 중학교와 고등학교에 재학 중이며, 난독증 관련 가족력은 없는 것으로 보고되었다. 혼자 지내기보다는 또래 친구들과 어울리는 것을 좋아하며, 방과 후에는 태권도, 생활체육, 줄넘기 등의 활동을 하고 있다고 한다. 아동은 2013년 1월(9;0) ○○ 병원에서 난독증 진단을 받았으며, 2013년 2월부터 난독증 치료를 받고 있다고 보고되었다.

2. 진단 시 아동의 태도

아동은 임상가와의 첫 만남에서 다소 작은 음성과 조용한 태도로 약간 낯을 가리는 것처럼 보였으나, 임상가의 질문에 대답을 이어가며 점차 라포를 형성하면서 잘 웃는 모습을 보였다. 착석에는 문제가 없었으나, 차후 점검을 위한 동영상 녹화에 대해 카메라를 의식하고 가리거나 피하는 등 다소 민감한 반응을 보였다. 모든 검사에 무리 없이 임하였으며, 음독 과제에서는 낱말을 자주 수정하여 다시 읽는 모습이 관찰되었고, 시간제한이 있는 검사에 대하여는 승부욕을 보이기도 하였다.

3. 실시한 검사 목록

1) 공식검사

(1) **국립특수교육원 기초학력검사**(KISE-BAAT; 박경숙 외, 2005): 읽기(나형), 쓰기(나형)

(2) **기초학습기능 수행평가체제**(BASA; 김동일, 2010): 읽기검사

(3) **기초학습기능 수행평가체제**(BASA; 김동일, 2011): 초기 문해(EL)

(4) **수용 · 표현 어휘력 검사**(REVT; 김영태 외, 2009)

2) 비공식 검사

(1) **부모 면담**

(2) **비단어 따라말하기 및 따라읽기**(Lee, Kim, & Yim, 2013)

4. 평가 결과

1) 어휘력

REVT 검사 결과 수용어휘력은 등가연령 10세, 백분위점수 25%ile로 평가되었으며, 표현어휘력은 등가연령 10세, 백분위점수 40~50%ile로 평가되어, 수용어휘력 및 표현어휘력 모두 정상발달(평균~-1*SD*) 범위에 해당되었다.

2) 읽기 능력

KISE-BAAT로 아동의 읽기 기초학력을 평가한 결과, 백분위점수 67%ile, 학력지수는 109점으로 또래 집단 대비 평균 수준인 것으로 나타났다. 검사영역 간 백분위점수를 비교해 보면 아동은 낱말

이해(58%ile), 어휘선택(59%ile), 문장배열(70%ile)보다는 짧은 글 이해(22%ile)에서 같은 학년집단 대비 수행력이 낮은 것으로 나타났으며, 검사영역별 환산점수 프로파일을 분석해 보았을 때에는 낱말이해와 어휘선택, 특히 짧은 글 이해 영역에서 자신의 평균치보다 낮은 수행력을 보였다. BASA를 통하여 아동의 읽기유창성을 평가한 결과, 본 검사의 규준이 되는 최고학년인 3학년 규준을 적용했을 때에도 현재 4학년인 본 아동의 백분위점수는 14.46%ile, 백분위점수 단계는 4단계로, 기초읽기 능력 향상을 위한 지도가 필요한 수준으로 평가되었으며, 학년점수는 1.9학년으로, 현재 학년(4.5학년)에 비해 2.6학년 지체된 것으로 나타났다. BASA:EL을 통하여 아동의 읽기 능력의 기반이 되는 초기 문해 수행 수준을 평가한 결과, 연령점수를 고려해 보았을 때 음운인식 영역의 연령점수는 6점으로 현재연령인 9.5세보다 3.5세 지체된 것으로 나타났다. 비공식검사로서 음운적 작업기억 능력을 평가하기 위하여 비단어 따라말하기 및 비단어 따라읽기 검사를 실시한 결과, 비단어 따라말하기는 음절 기준 정반응률 90%, 음소 기준 정반응률 95.6%로 나타났으며, 음소 기준 오반응 항목을 살펴보면 특히 /ㅂ/를 /ㄱ/로 대치하는 반응(3/8=37.5)이 두드러졌다. 동일한 비단어 목록으로 따라읽기 검사를 실시한 결과, 아동은 음소 하나에서만 오반응하여 정반응률은 음절 기준 98.75%, 음소 기준 99.37%로 나타났다. 그러나 BASA:EL의 하위과제인 음운적 작업기억 능력검사(숫자 회상 검사 및 무의미 낱말 회상 검사)에서 아동의 정반응률은 50%로서, 검사 간 결과의 차이를 보였다.

3) 쓰기 능력

KISE-BAAT로 아동의 쓰기 기초학력을 평가한 결과, 백분위점수 55%ile, 학력지수는 103점으로 또래 집단 대비 평균 수준인 것으로 나타났다. 검사영역 간 백분위점수를 비교해 보면 아동은 특히 표기 능력(22%ile)에서 같은 학년집단의 하위 집단에 속하는 것으로 나타났다. 검사영역별 환산점수 프로파일을 분석해 보았을 때에도 마찬가지로 표기 능력 영역에서 자신의 평균치보다 낮은 수행력을 보였다.

5. 검사 결과의 요약 및 결론

아동은 9세 8개월의 초등학교 4학년 남아로, 공식 및 비공식 평가에 따르면 수용어휘력은 등가연령 10세, 백분위점수 25%ile로 평가되었으며, 표현어휘력은 등가연령 10세, 백분위점수 40~50%ile로 평가되어, 수용어휘력 및 표현어휘력 모두 정상발달 범위에 해당되었다. 쓰기 기초학력을 평가한 결과 전반적인 쓰기 능력은 백분위점수 55%ile로 또래 집단 대비 평균 수준인 것으로 나타났으나, 하위 검사영역 중 '표기 능력'에서 또래에 비해 낮은 수행력(22%ile)을 보였으며 영역별 자신의 평균치에 비해서도 낮은 수행력을 보였다. 읽기 기초학력을 평가한 결과 전반적인 읽기 능력은 백분위점수 67%ile로 또래 집단 대비 평균 수준인 것으로 나타났으나, '짧은 글 이해' 과제로 평가한 독해 능력이 또래에 비해 부족(22%ile)한 것으로 평가되었다. 읽기유창성은 현재 학년(4.5학년) 대비 2.6학년 지체된 것으로 나타나 기초읽기 능력 향상을 위한 지도가 필요한 수준으로 평가되었다.

6. 제언

검사 결과를 바탕으로 1) 읽기유창성 향상, 2) 맞춤법에 맞는 쓰기, 3) 짧은 글 이해 능력에 중점을 둔 언어치료를 제언한다.

● 사례 8 ● 발달장애로 진단된 11세(초등 4학년) 남아이다.

언어진단보고서

이 름: ○○○	성별: 남
평가 · 진단일: 2011년 9월 5, 7, 14일	장애유형: 언어발달장애
생년월일(CA): 2000년 9월 4일 (11세)	정보제공자: 아동의 어머니
언어치료사: ○○○	연락처: XXX-XXXX

1. 배경정보(신체, 인지, 청력, 정서, 행동특성 등)

아동은 11세 남아로, 현재 부모님과 6살 위의 누나(중학생)와 함께 살고 있으며 주양육자는 어머니라고 한다. 어머니의 보고에 의하면, 임신 중 어머니와 태아는 건강하였고, 출생 시에도 정상이었다고 한다. 출생 직후 선천적 후두연화로 인한 호흡곤란이 있었으나 별다른 치료 없이 좋아졌다고 한다. 아동의 신체발달은 정상이었고, 운동발달에서 걷기는 15개월, 대소변 가리기는 28개월에 가능하였다고 한다. 사회 · 정서발달에서 엄마와의 분리는 48개월의 가능하였고, 청각, 시각 문제는 없었다고 한다. 아동의 언어발달을 살펴보면, 첫 낱말은 '물'로 12개월쯤에 나왔으나 첫 낱말 출현 이후 표현어휘 발달 속도가 느렸다고 하며, 2~3낱말을 사용한 문장(낱말의 연결표현)은 7세경 나타났다고 한다. 현재 일반 초등학교의 일반학급 4학년에 재학 중이며, 공부하는 데 방해가 되지는 않지만 집중하여 참여하는 것은 부족한 부분이 있다고 한다. 또 또래와의 놀이나 게임 등은 어려워하며 잘 어울리지 못하는 편이라고 한다. 어머니 보고에 의하면 아동은 상대방이 큰소리를 칠 때 특별히 어려움(스트레스)을 느끼고 겁에 질려 우는 모습을 보이지만 대체적으로 밝고 긍정적이며 적극적인 성격이라고 한다.

2. 진단 시 대상의 태도

아동은 치료사와의 첫 만남에서부터 거부감 없이 적극적인 모습을 보여 주었다. 아동과의 라포 형성에 긴 시간이 소요되지 않았으며, 착석과 주의집중이 잘 되었다. 한 과제가 10분 이상 진행될 때에는 다리와 손을 움직이는 등 약간 집중이 분산되기는 하였으나 주의를 주면 다시 집중할 수 있었다. 치료실에 들어와서 치료사와 활동내용에 관심을 보였고, 먼저 활동에 대한 질문을 하는 등 기대감을 보였다. 아동은 치료사의 지시를 잘 따랐고 모르는 부분은 '모르겠어요'라고 의사표시를 한 뒤에 궁금한 부분은 질문할 수 있었다. 치료사에게 칭찬을 받았을 때, 박수를 크게 치거나 목소리가 커지기도 하였다. 그림그리기, 자동차, 스티커 등을 좋아하였으며, 검사진행 시 그림자료가 있을 때 더 관심을 보이며 집중하였다.

3. 실시한 검사

1) 공식검사

(1) **수용 · 표현 어휘력 검사**(REVT; 김영태 외, 2009)

(2) **언어문제해결력 검사**(배소영 외, 2000)

(3) **국립특수교육원 기초학력검사**(KISE-BAAT; 박경숙 외, 2005): **읽기**(나형)

(4) **구문의미 이해력 검사**(배소영 외, 2004)

2) 비공식 검사

(1) **자발화 수집 및 화용 분석**

(2) **아동 화용언어 체크리스트**(CPLC; 오소정, 이은주, 김영태, 출간 중)

(3) **부모면담**

(4) **이야기 과제: '호랑이 이야기'**(윤혜련 편역, 2005)_호랑이 이야기

(5) **접속어 이해 평가**(유경, 정은희, 2006)

(6) **관찰: 개별치료 1회, 그룹치료 1회**

4. 평가 결과

1) 언어 능력

(1) 수용언어

REVT-R을 통해 아동의 수용어휘 능력을 알아본 결과, 등가연령 8세~8세 5개월, 백분위점수 10%ile 미만을 나타내었다. 이는 아동의 생활연령 또래집단과 비교하였을 때, –2*SD*에 해당하여 '수용어휘 능력 발달지체'로 판단되었다.

이야기 이해 능력을 알아보기 위해 청각적 자료(듣기)를 사용하여 이야기 다시말하기 및 이야기 이해 과제('호랑이 이야기')를 실시한 결과, 이해 과제 수행점수에 따른 분석에서 사실적 정보 6점, 텍스트 연결 추론 5점, 빠진 정보 추론 2점으로 평가되었다. 오류유형의 분석에서는 '추론오류'(36.36%)가 가장 많았고, 다음으로 '질문 범위 오류'(27.27%), 그리고 '질문 이해 오류'와 '모른다'가 각각 18.18%로 나타났다.

아동의 구문의미 이해력을 평가하기 위해 구문의미 이해력 검사를 실시한 결과, 문법형태소와 구문구조, 의미적인 요소에서 어려움을 보였다. 결과는 다음과 같다.

구문 의미적 요소	해당 문항 수	아동 정반응 수	정반응률
문법형태소에 초점을 맞춘 문항	10문항	3문항	30%
구문구조에 초점을 맞춘 문항	28문항	10문항	36%
의미에 초점을 맞춘 문항	19문항	5문항	26%

문법형태소에서 사동, 피동 표현은 1문항을 제외하고 모두 오류를 보였으며, 9세 아동 기준으로 정답률이 98~100%에 해당하는 항목들에서도 오반응을 보였음을 알 수 있었다. 검사 시 구문 전체의 내용이 반영된 그림을 선택하는 것이 아닌, 어미부분의 내용이 반영된 그림을 선택하는 경우가 잦았다(예: '몇 명밖에 없다' → 사람이 없는 그림 선택).

아동의 접속어 이해 능력을 평가하기 위하여 '접속어 이해 평가'를 실시하였고, 총 20문항(각 접속사별-그리고, 그러나, 그래서, 왜냐하면- 5문항) 중 '왜냐하면'은 모두 오류를 보였고, 각 접속사의 오류빈도도 4학년의 평균보다 모두 높게 나타났다.

접속어	해당 문항 수	오반응 문항 수 (오류빈도)	4학년 이해오류	
			평균	표준편차
그리고	5	1	0.96	0.71
그러나	5	3	1.11	0.80
그래서	5	2	1.15	0.95
왜냐하면	5	5	0.04	0.19
계	20	11	3.26	

(2) 표현언어

REVT를 통해 아동의 표현어휘 능력을 알아본 결과, 등가연령 8세~8세 5개월, 백분위점수 10%ile 미만을 나타내었다. 이는 아동의 생활연령 또래집단과 비교하였을 때, $-2SD$에 해당하여 '표현어휘 능력 발달지체'로 판단되었다. '낚시하다'를 '고기잡다' '분수'를 '물'로, '운동회'를 '운동하는 거'로 표현하는 등, 아동의 학년 수준에 비하여 표현어휘 사용이 제한되었다.

상위언어 능력(원인이유, 해결추론, 단서추측)을 평가하기 위하여 언어문제해결력 검사를 실시한 결과, 원인이유 1%ile 미만, 해결추론 2~3%ile, 단서추측 1%ile 미만으로 전체적인 언어문제 해결력은 1%ile 미만으로 평가되었다.

자발화 상황에서 아동의 의사소통기능을 평가하기 위하여 인사하기와 여러 가지 주제로 자유대화(가족, 로보카폴리, 음식, 생일, 친구, 방학, 게임, TV, 과목, 색깔, 운동, 동물의 총 열두 가지 주제, 발화 수 178개 중 115개 분석) 하기를 통해서 자발화를 수집하였다. 담화 수준에서 Fey(1986)의 의사소통 기능 분석표를 사용하여 분석한 결과, 아동의 '주제유지'는 79.1%로 나타났고, '주제확장-이탈'이 8.7%, '주제확장'은 6.1%, '주제개시'는 3.5%로 나타났다. 아동은 주어진 주제에 대하여 10번 이상의 주고받기를 하며 주제유지를 할 수 있었으나, 주제확장이나 개시의 비율이 낮았고, 주제유지를 할 때에, 문법적 오류(조사 및 연결어미 등)를 보이기도 하였다. 또 부가적으로 주제유지의 지속시간을 살펴본 결과, 열두 가지 주제의 평균 지속시간은 84초 67(약 1분 15초)로 나타났으며, 제일 긴 유지시간은 2분 35초로 '방학'에 대해 이야기했던 상황이었다. 아동은 자발화상황과 그룹치료관찰에 있어서도 자신의 이야기를 할 때 접속사 사용에 오류가 관찰되었다(예: 저는 조윤성이에요 그래서 저는 4학년 2반이에요). 뿐만 아니라 어머니의 보고에 의하면, 일기쓰기와 자유대화상황에서 대등접속사 '그리고'는 오류 없이 사용하지만 다른 접속사를 사용하는 상황에서 모두 '그래서'를 사용하는 모습을 보인다고 한다. 또 관찰상황에서 시제표현에서의 오류를 관찰할 수 있었다(예: 저는 매동초등학교에 다녔어요). 문장 내 연결어미에서의 오류도 관찰되었다. 또한 이야기를 순서에 맞게 구성하는 능력에 제한된 모습을 보였다.

이야기 회상 능력을 알아보기 위해 이야기 듣고 다시말하기 과제('호랑이 이야기')를 실시하였으나, 스스로 이야기 다시말하기를 할 수 없었고, 검사자가 개입하여 의문사질문을 했을 때 대답하였다. 따라서 회상구성력과 명제회상률 평가방법에 따른 결과는 도출 할 수 없었다.

(3) 화용기능분석

아동은 상대방의 이야기를 듣고, 질문하기가 가능하였고, 순서를 지켜 대화할 수 있었다. 또 치료사의 규칙을 준수하며 자신의 차례를 지켜 손을 들고 대답하기가 가능하였다.

아동이 다른 사람과 언어를 통해 상호작용을 하는 데 있어 강점과 약점을 파악하기 위해 실시한 아동화용언어 체크리스트를 어머니 보고에 의하여 분석한 결과, 상대방의 표정과 목소리를 통하여 감정을 파악하는 것은 가능하지만, 대화상황에서 상대방이 간접적으로 표현했을 때에는 상대방의 감정을 파악하기와 반응하기에 어려움이 있다고 한다. 또 상대방에게 집중하거나 대화하기, 질문하기는 가능하지만 자신의 감정을 표현하거나 적절하게 거부하기는 잘 되지 않는다고 한다. 또한 자신의 관심과 상대방의 관심사에 대해서도 이야기할 수 있지만 상대방이 관심을 보이지 않는 주제에 대해서도 이야기한다고 한다. 그 외에 지시어(이/그/저, 이거/그거/저거/, 여기/저기/거기)의 사용이나, 상상표현 등이 부족한 것으로 보인다고 한다.

(4) 읽기 능력

읽기 능력을 세분화하여 평가하기 위하여 KISE-BAAT(읽기) 나형을 실시한 결과, 낱말이해 14%ile, 문장완성 3%ile, 어휘선택 16%ile, 문장배열 9%ile, 짧은 글 이해 1%ile 미만으로 평가되었다. 아동은 낱말이해에서는 비슷한 말을 어려워하였고 존대어에서도 오류를 보였다. 문장완성에 있어서는 제시된 낱말을 사용하여 한 문장을 만드는 과제에서 모두 어려움을 보였다. 특히 4어절 이상의 문장배열에 어려움을 보였다. 짧은 글 이해는 1문항을 제외하고 모든 문항에서 오반응하였다.

2) 유창성 및 발성의 이상 유무

공식적인 검사는 실시하지 않았으나, 평가하는 동안 조음오류의 문제나 유창성 및 음성의 문제는 관찰되지 않아 말산출 능력과 발성에는 이상이 없는 것으로 판단되었다.

3) 청력 및 조음기관의 이상 유무

공식적인 검사는 실시하지 않았으나, 검사 진행 동안 관찰한 결과 청력 및 조음기관의 구조 및 기능에는 이상이 없는 것으로 판단되었다.

5. 검사 결과의 요약 및 결론

본 아동은 11세의 남아로, 아동의 수용, 표현언어 능력은 공식검사 결과 모두 −2*SD*에 해당되어 또래에 비해 많이 지체된 것으로 나타났다. 또 아동은 긴 문장을 듣고 기억하여 처리하는 능력의 저하로 구문의미이해력 검사와 읽기검사 등에서 복잡한 구문의 이해에 어려움을 보였다. 특히 4어절 이상의 문장배열에서부터 어려움을 보였고, 짧은 글 이해 과제로 더 긴 문장이 제시되었을 때, 읽기는 가능하였으나 이해하여 질문에 대답하지 못하였다. 뿐만 아니라 표현에 있어서도 4어절 이상의 발화가 적고, 문장이 길어졌을 때 조사와 연결어미, 접속사와 종결어미의 오류를 관찰할 수 있었다. 이야기 능력에서 전체적인 내용을 기억하여야 하는 이야기 텍스트 연결 추론, 빠진 정보 추론, 이야기의 구성에 문제를 보였다. 상위언어기술은 언어문제해결력 검사를 통하여서도 1%ile 미만의 결과를 보였고 특히 단서추측의 경우 가장 어려움을 보이는 것으로 나타났다. 또한 대화 능력에서는 치료 상황과 놀이상황에서 주제개시나 주제확장이 10%ile 미만으로 나타났다. 화용기능 분석을 통하여, 아동은 직접적인 언어 표현이나 제스처, 표정들이 있을 때에는 상대방과의 상호작용에 어려움이 덜하지만, 간접적인 표현이나 은유적 관용적 표현 등에 있어서는 상대방의 감정이나 목적을 파악하는 것이 어려울 것으로 판단된다.

6. 제언

4학년 이상의 학령기에 관용어, 직유, 은유 나아가 속담에 이르기까지 직접적인 언어 표현이 아닌 간접적인 언어 표현이 더욱 많이 사용되는 것을 감안할 때, 본 아동에게도 적절한 중재가 필요할 것으로 보인다. 위 평가를 바탕으로 대상아동의 전반적인 언어 능력과 대화기술을 향상시키기 위해 나음과 같은 목표로 수 2회 개별 언어치료를 지속할 것을 제언한다.

1. 다양한 일상생활(학교, 지역사회 등)에 관련된 어휘력 향상
2. 관용어, 직유, 은유 등의 비유 표현의 이해와 표현
3. 다양한 문법요소의 적절한 사용으로 구문 능력 향상
4. 이야기 능력의 향상(사실적, 추론적 과제, 중심내용찾기, 순서에 맞게 요약하기 등)

제16장 장 · 단기 치료계획서 작성

I. 장 · 단기 치료계획서 작성 방법

언어진단 결과 언어장애로 판정되어 언어치료를 받게 되면 우선 해야 하는 일이 언어치료의 방향과 목적을 세우는 일이다. 아동의 주요 언어문제가 무엇인지, 의사소통을 하는 데 무엇이 가장 방해가 되는지, 어떤 훈련을 어떤 순서와 강도로, 어떤 접근 방법을 사용하여 실시할 것인지에 대한 방향설정이 있어야 한다. 이러한 언어치료계획은 크게 장기 언어치료계획과 단기 언어치료계획으로 구분할 수 있다. 장기 언어치료계획은 언어치료를 종료하는 언어 수준에 맞추어 계획하기도 하지만, 많은 언어장애아동이 몇 년에 걸쳐 언어치료를 받기 때문에 흔히 1년 계획을 세운다. 단기 언어치료계획은 장기 언어치료계획을 수행하기 위한 세부계획으로 설정한다. 장 · 단기 언어치료계획을 수립할 때 유의할 사항은 다음과 같다.

① 기간 내에 실현 가능한 계획을 세워야 한다. 아동이 달성할 수 없는 언어치료계획은 무의미한 것이므로 정해진 기간(예: 6개월, 1년) 안에 달성할 수 있는 목표를 수립해야 한다. 예를 들어, 무발화 수준으로 3년 이상의 언어발달지체를 나타내는 아동에게 "문장을 사용하여 자발적으로 표현할 수 있다"는 장기계획은 1년 장기계획으로는 적절치 못하다. 〈표 16-1〉은 한국언어청각임상협회에서 수련과정 중

표 16-1 장 · 단기치료계획서 양식

장 · 단기 치료보고서(예)

대상자 이름 ____________________ 성 별 ____________________

진 단 일 ____________________ 장애유형 ____________________

생년월일(연령) ____________________ 정보제공자 ____________________

수 련 자 ____________________ ㉤ 연 락 처 ____________________

감 독 자 ____________________ ㉤

언어 □ 유창성 □ 발성 □ 조음 □

현행 수준		
장기목표 1		
단기목표	세부계획	강화 방법
장기목표 2		
단기목표	세부계획	강화 방법
장기목표 3		
단기목표	세부계획	강화 방법

사용을 권장하는 장 · 단기 치료계획서 양식이다.

② 주양육자의 의견이 반영된 계획을 세워야 한다. 장기계획을 세울 때 주양육자를 참여시켜 아동의 환경에서 우선 필요한 언어 및 의사소통 기술에 대한 의견이 반영되도록 하는 것이 중요하다. 아무리 훌륭한 계획이라도 아동이 사용할 가능성이 높지 않다면 훈련의 의미가 없을뿐더러 실생활로 일반화시키거나 시간이 지나도 유지될 가능성이 낮기 때문이다. 학령기 아동의 경우에는 학교에서의 생활이 중요하기 때문에 일반학급이나 특수학급 교사의 의견을 반영하는 것도 중요하다.

③ 장기계획을 먼저 세우고 그에 따라 단기계획을 세운다. 장 · 단기 치료계획을 세울 때는 2~4개 정도의 장기계획을 먼저 세우고 각 장기계획마다 필요한 단계별 계획(단기계획)을 3~4개씩 세운다. 전반적인 언어발달지체 또는 언어장애가 있는 아동의 장기계획을 세울 때는 흔히 수용언어 능력과 표현언어 능력에서 1개씩 선택한다. 그러나 수용언어 능력과 표현언어 능력 간 격차가 심한 경우에는 더 심한 문제를 보이는 영역에 주안점을 둘 수도 있다. 또한 수용언어와 표현언어로 나누기보다는 의미영역, 구문영역, 그리고 화용영역과 같은 언어의 영역에서 한 가지씩의 목표를 정하고 그 속에서 이해 및 표현 능력을 함께 훈련할 수도 있다. 아동에 따라서는 수용언어 및 표현언어뿐만 아니라 기본적인 의사소통 능력이 결여된 경우도 있는데, 그런 경우에는 의사소통 능력에 대한 장 · 단기 언어치료계획도 세워야 한다. 〈표 16-2〉는 수용언어와 표현언어에 대한 장 · 단기계획의 예이다. 이 계획은 5세 3개월의 청각장애를 동반한 언어발달장애아동을 위한 것이다.

④ 단기계획에는 목표행동, 목표준거, 그리고 문맥이나 상황이 구체적으로 명시되어야 한다. 장기계획도 구체적이면 좋지만 현실적으로 정확도나 목표행동을 모두 명시하기에는 다소 어려움이 따른다. 그러나 단기계획에는 정확한 목표행동, 목표준거, 그리고 그 목표행동이 나타날 상황이나 문맥이 명시되어야 한다. 〈표 16-2〉의 표현언어 장기계획 1 중 단기계획 1의 예를 들어 보자. "그림으로 주어지는 두 상황을 적절한 접속사와 연결어미를 사용하여 90% 이상 정확하게 복문으로 표현한다" 에서 "그림으로 주어지는 두 상황을" 은 상황/문맥을 나타낸 것이고 "90% 이상 정확하게" 는 목표준거를, 그리고 "적절한 접속사와 연결어미를 사용하여 복문으로 표현한다" 는 목표행동을 기술한 것이다.

표 16-2 수용언어 및 표현언어에 따른 장 · 단기목표의 예

장기계획 1 (수용언어)	부사와 피동사가 포함된 문장을 듣고 지시에 따를 수 있다.	
	단기계획 1	상대적인 관계(양, 길이, 무게, 높이)를 나타내는 어휘 8개를 이해하여 90% 이상 정확하게 지시에 따를 수 있다.
	단기계획 2	피동사와 사동사가 포함된 10개의 문장을 듣고 90% 이상 정확하게 수행할 수 있다.
	단기계획 3	시간을 나타내는 부사 6개를 90% 이상 정확하게 이해할 수 있다.
장기계획 2 (표현언어)	다양한 상황에서 접속사와 연결어미가 포함된 복문을 정확하게 사용할 수 있다.	
	단기계획 1	그림으로 주어지는 두 상황을 적절한 접속사와 연결어미를 사용하여 90% 이상 정확하게 복문으로 표현할 수 있다.
	단기계획 2	스크립트 문맥에서 적절한 접속사와 연결어미를 사용하여 90% 이상 정확하게 복문으로 표현할 수 있다.
	단기계획 3	역할놀이의 다양한 상황에서 접속사와 연결어미를 사용하여 80% 이상 정확하게 복문으로 표현할 수 있다.

II. 장 · 단기 치료계획서 사례

다음에는 몇 가지 장 · 단기 치료계획서의 예를 들어 다양한 계획서 작성 방법을 익히도록 한다. 본문에서는 사례에 따라 장기목표당 설정한 근거를 같이 기재하기도 하였다.

● 사례 1 ● 전반적 발달장애[1)]로 진단된 4세 4개월 남아이다.

장 · 단기 치료계획서

언어■ 유창성□ 발성□ 조음□

현행 수준

본 아동은 4세 4개월(52개월)의 남아로 2세 6개월(30개월)경 전반적 발달장애(PDD/NOS)로 진

1) DSM-5(2013)에서는 '자폐범주성장애' 로 분류되는 진단명임.

단받은 후 또래에 비해 언어발달이 느리고 표현어휘가 거의 나타나지 않는다는 주 호소 문제로 인해 언어치료를 시작하게 되었다. 아동의 수용언어 및 표현언어 능력을 파악하기 위해 실시한 영 · 유아 언어발달 선별검사(SELSI) 결과, 수용언어 능력이 등가연령 23개월, 표현언어 능력이 등가연령 19개월의 수행을 보였으나, 6개월 전에 실시한 SELSI 검사 결과(수용언어: 등가연령 14개월/표현언어: 등가연령 11개월)와 비교해 볼 때 아동은 느리지만 수용언어 및 표현언어 능력에 있어 발달을 보이고 있음을 알 수 있었다.

K M-B CDI 유아용 이해낱말 검사 결과, 641개(24개 범주)의 전체 낱말 중 265개를 이해하여 41%의 이해도를 나타내었으며, 그중 '소리, 일상생활' 관련 낱말이 각각 100%로 가장 높은 이해를 보였고, '의문사, 끝맺는 말, 조사, 연결하는 말, 시간, 돕는 말'이 각각 0%로 가장 낮은 이해를 보였다. 표현낱말 검사에서는, 전체 낱말 중 총 38개(6%)를 표현하였으며, 그중 '옷' 관련 낱말이 35%로 가장 높았고, '가구 및 방안, 장소, 양 · 정도, 사람, 의문사, 동사, 형용사, 끝맺는 말, 조사, 연결하는 말, 위치, 시간, 대명사, 돕는 말'은 각각 0%로 아직 일관적으로 사용하지 못하고 있는 것으로 나타났다. 아동을 3~4회기에 걸쳐 관찰한 결과 부모보고에 의한 표현낱말 체크 결과가 대부분 성인의 말을 따라한 모방도 포함한 것으로 여겨지나 아동이 구어를 사용하여 의사소통하기 시작했다는 것을 알 수 있었다.

보완 · 대체 의사소통 기초수행 능력을 살펴보고자 실시한 PAA 검사 결과, 수용언어평가 결과 일상생활 어휘의 이해, 기초적인 수순의 신변처리와 관련된 동작지시어, 상태묘사 및 수식어, 기초적인 수준의 학습어휘를 이해할 수 있다고 보고되었으며, 표현언어 평가에서 '고르기' '질문하기' '설명하기' 기능은 보고되지 않았다. 그러나 '수긍하기' '부정 및 거부하기' '물건 요구하기' '행동요구하기' '기분 및 감정 표현' '부르기, 주의끌기' '인사하기' 등의 기능을 표현하기 위해, 몸짓 및 발성, 상징을 사용할 수 있다고 보고되었다. PAA 인지영역 평가를 통해서는 아동의 사물영속성 개념, 일상생활에서 사용하는 사물의 기능 이해를 파악할 수 있었다.

비공식적으로 실시한 EASIC 언어이전단계 평가 결과, 감각자극에 반응하기(주위소리 및 말소리에 반응), 사물의 개념(영속성 및 기능) 이해, 수단-목적 관계 이해, 동작 모방, 거부나 요구 나타내기, 이해 및 몸짓으로 전달하기(인사하기, 지시에 반응하기, 선택한 것을 표시하기, 행동으로 기본적인 요구 나타내기), 사회성(적절한 신체적 접근 거리, 교대하기) 영역에서 반응을 나타내었으나, 시각적 자극에 반응(eye tracking 및 joint attention, eye contact), 짝짓기, 물건이나 행동을 더 원한다는 것을 표현하기, 상징놀이 등에는 무관심하거나 거부하여 평가 진행이 어려워 수행도를 파악하는 데에 어려움이 있었다.

장 · 단기 치료목표

장기목표 1	치료실 내 놀이 상황에서 아동의 일상생활 고빈도 어휘를 주어진 기회의 70% 이상 모방할 수 있다.
단기목표	1-1. 치료실 내 놀이 상황에서 신체부위 어휘(머리, 눈, 코, 입, 귀, 이[이빨], 목, 손)를 주어진 기회의 70% 이상 정확하게 모방할 수 있다. 1-2. 치료실 내 놀이 상황에서 호칭 어휘(엄마, 아빠, 할머니, 할아버지, 선생님)를 주어진 기회의 70% 이상 정확하게 모방할 수 있다. 1-3. 치료실 내 놀이 상황에서 탈것 및 소리(배, 버스, [자동]차-빵빵, 트럭, 기차-칙칙폭폭)와 장난감류 어휘(공, 블록, 책, 풍선)를 주어진 기회의 70% 이상 정확하게 모방할 수 있다. 1-4. 치료실 내 놀이 상황에서 가정용품 및 음식 어휘(숟가락, 포크, 컵, 물, 밥, 과자/까까)를 주어진 기회의 70% 이상 정확하게 모방할 수 있다. 1-5. 치료실 내 놀이 상황에서 일상생활 어휘(응/어, 뽀뽀, 쉬, 응가, 지지)를 주어진 기회의 70% 이상 정확하게 모방할 수 있다.
근거	주양육자의 보고 및 치료사의 관찰 결과, 아동은 몇 가지 기능적 어휘의 모방발화를 할 수 있었다. 따라서 아동의 일상생활에서 자주 쓰이는 어휘의 표현을 증가시켜 환경 내에서 기능적인 의사소통이 가능하도록 촉진하고자 한다. 목표어휘의 선정은 K M-B CDI 주양육자(어머니) 보고에서 나타난 아동의 이해 어휘 목록에서 우선적으로 선택하였다.

장기목표 2	치료실 내 놀이 상황에서 초기 의사소통 기능을 몸짓(상징 활용), 발성 또는 구어로 주어진 기회의 70% 이상 정확하게 표현할 수 있다.
단기목표	2-1. 치료실 내 놀이 상황에서 몸짓(고개 끄덕이기, 상징 가리키기 등), 발성 또는 구어(응, 어)로 주어진 기회의 70% 이상 정확하게 '대답하기'를 할 수 있다. 2-2. 치료실 내 놀이 상황에서 몸짓(손 내밀기, 실물이나 상징 가리키기 등), 발성 또는 구어(줘, 주세요, 도와줘)로 주어진 기회의 70% 이상 정확하게 '행동 요구하기'를 할 수 있다. 2-3. 치료실 내 놀이 상황에서 몸짓(손짓하기, 책상 치기, 상징 가리키기 등), 발성 또는 구어(여기/엄마, 아빠, 할머니, 할아버지, 선생님 등 호칭)로 주어진 기회의 70% 이상 정확하게 '부르기'를 할 수 있다. 2-4. 치료실 내 놀이 상황에서 몸짓(손 흔들기, 고개 숙이기), 발성 또는 구어(안녕하세요, 안녕, 안녕히 계세요, 빠이빠이)로 주어진 기회의 70% 이상 정확하게 '인사하기'를 할 수 있다. 2-5. 치료실 내 놀이 상황에서 몸짓(고개 돌리기, 실물이나 상징 가리키기 등), 발성 또는 구어(아니[야])로 주어진 기회의 70% 이상 정확하게 '저항하기'를 할 수 있다. 2-6. 치료실 내 놀이 상황에서 몸짓(실물이나 상징 가리키기 등), 발성 또는 구어(이거)로 주어진 기회의 70% 이상 정확하게 '반응하기(행위 요구에 대한 반응/선택하기)'를 할 수 있다. 2-7. 치료실 내 놀이 상황에서 몸짓으로 주어진 기회의 70% 이상 정확하게 '교대하기'를 할 수 있다.
근거	의사소통기능 검사 결과, 아동은 Dore(1974)가 제시한 초기 의사소통기능 중 자발적인 몸짓 및 발성, 또는 구어모방을 통하여 '인사하기, 저항하기, 행동 요구하기 등'을 표현하였으나, 몸짓사용으로는 아동의 구체적인 의사표현 및 대화 상대자의 이해를 이끌어 내기에 한계가 있었으며, 그로 인해 부정적 감정을 동반한 무의미 발성과 떼쓰기 등으로 자신의 의도를 표현하려고 하는 모습이 관찰되었다. Mirenda(2003)는 AAC 상징 활용과 구어 중재가 함께 이루어지면 AAC를 활용한 의사소통과 구어산출의 빈도가 모두 증가한다고 주장하였다. 따라서 Dore(1974)의 초기 의사소통기능 및 Fey(1986)의 의사소통기능 중 아동의 생활에서 우선적으로 필요하다고 여겨지는 항목을 목표로 선정하여, 각 기능에 맞는 몸짓, 발성 및 구어의 일관성 있는 사용을 확립하고, 더불어 구어산출 촉진 및 의사소통방법의 확대를 위한 AAC 중재를 실시하고자 한다.

● 사례 2 ● 아스퍼거증후군으로 진단된 6세 11개월 학령기 남아이다.

장 · 단기 치료계획서

언어■ 유창성□ 발성□ 조음□

현행 수준

본 아동(6;11)의 전반적인 언어 능력에 대한 평가를 실시한 결과, 수용 · 표현 어휘력 검사(REVT)에서 수용어휘는 정상 범위에 속하였으나, 표현어휘는 또래 연령보다 낮은 수행력을 나타내었고, 특히 동사와 명사 표현의 정확한 사용에 어려움이 있었다.

문법이해 과제에서는 피동/사동과 연결 어미 이해에 어려움이 있는 것으로 나타났다.

이야기 평가에서는, 아동은 또래에 비해 낮은 회상구성력과 명제 회상률을 나타내었다. 또 텍스트 연결 추론과 빠진 정보 추론에서 어려움이 있었다.

아동은 자연스러운 대화 상황에서 상대방에 집중을 하지 못하고 주제유지에 어려움이 있었다.

장 · 단기 치료 계획

장기목표 1	치료실 내 이야기 상황에서 대화규칙을 이해하고 적절하게 사용하여 회기당 2회 미만의 위반율을 보일 수 있다.
단기목표	1-1. 치료실 내 이야기 상황에서 대화 상대자의 발화 도중 한 회기당 2회 이상 끼어들지 않는다. 1-2. 치료실 내 이야기 상황에서 주제에 벗어난 발화를 한 회기당 2회 미만으로 줄일 수 있다.

장기목표 2	치료실 내 구조화된 상황에서 제시되는 초등학교 1학년 수준의 어휘(명사와 동사)를 80% 이상 적절하게 산출할 수 있다.
단기목표	2-1. 치료실 내 구조화된 상황에서 초등학교 1학년 수준의 명사를 80% 이상 산출할 수 있다. 2-2. 치료실 내 구조화된 상황에서 초등학교 1학년 수준의 동사를 80% 이상 산출할 수 있다.

장기목표 3	치료실 내 구조화된 상황에서 피동/사동 및 연결어미가 포함된 복문을 80% 이상 정확히 이해하고 표현할 수 있다.
단기목표	3-1. 치료실 내 구조화된 상황에서 사동이 포함된 구문을 90% 이상 이해하고 표현할 수 있다. 3-2. 치료실 내 구조화된 상황에서 피동이 포함된 구문을 90% 이상 이해하고 표현할 수 있다. 3-3. 치료실 내 구조화된 상황에서 피동/사동이 포함된 구문을 80% 이상 구별하여 이해하고 표현할 수 있다. 3-4. 치료실 내 구조화된 상황에서 인과 연결어미(-(아, 어)서, -니까)가 포함된 구문을 80% 이상 이해하고 표현할 수 있다. 3-5. 치료실 내 구조화된 상황에서 조건 연결어미(-면, -(아, 어)야)가 포함된 구문을 80% 이상 이해하고 표현할 수 있다.

장기목표 4	치료실 내 구조화된 상황에서 초등학교 1학년 수준의 이야기를 듣고 80% 이상 정확히 이해하여 표현할 수 있다.
단기목표	4-1. 치료실 내 구조화된 상황에서 초등학교 1학년 수준의 이야기를 듣고 핵심 내용을 80% 이상 찾아낼 수 있다. 4-2. 치료실 내 구조화된 상황에서 초등학교 1학년 수준의 이야기를 듣고 사건 순서에 따라 80% 이상 적절하게 표현할 수 있다. 4-3. 치료실 내 구조화된 상황에서 초등학교 1학년 수준의 이야기를 듣고 다양한 질문(사실적 질문, 텍스트 연결 추론, 빠진 정보 추론)에 80% 이상 적절하게 대답할 수 있다.
근거	아스퍼거증후군은 지적장애를 동반하지 않는 고기능의 자폐범주성장애에 해당한다(DSM-5). 기초적인 언어 능력에는 문제를 보이지 않고 말도 잘 하는 편이지만, 이 사례의 아동처럼 문장을 추론하는 이야기나 주제유지 같은 화용적인 면에서 어려움을 보이는 경우가 많다. 따라서 아동이 보이는 대화규칙, 학습어휘, 추론구문의 문제를 중심으로 중재하고자 한다.

목표어휘

	목표어휘 목록
명사	생각, 자료, 얼음, 생활, 활동, 상상, 자연, 미소, 쪽지, 초대, 사용법, 곡식, 동산, 무늬, 비교, 학습, 열매, 기구, 충치, 외식, 작품, 가정, 연결, 행동, 풍경, 실수, 자신, 보통, 다짐, 기회, 모둠, 식물
동사	생각하다, 정리하다, 살펴보다, 바꾸다, 보이다, 들다, 지나다, 가지다, 통하다, 따르다, 받다, 위하다, 이상하다, 시작하다, 돌아보다, 돌리다, 끝내다, 터지다, 조르다, 떨리다, 괴롭히다, 느끼다, 엎드리다, 오르다, 접다, 묶다, 버리다, 즐기다, 줍다, 빌리다, 소리치다, 가리키다, 섞다, 옮기다, 고치다, 막히다, 생활하다, 다투다, 밟다, 떠들다, 소개하다, 놀리다, 대답하다, 읽다, 돌보다, 걱정하다, 치료하다, 던지다, 자르다, 부러지다, 깎다, 누르다, 씹다, 바느질하다, 쓰다듬다, 짜다, 굴리다, 겨루다

출처: 교과서 낱말 펴즐 1학년 1학기, 이필영, 김정선(2008), 초등학생의 구어에 나타난 어휘 빈도와 분포도 조사. 국어교육학 연구. 제33집; 곽철호(2009), 초등학생 어휘 이해 능력 실태 분석을 통한 어휘 지도 방법 고찰. 문법교육. 제11호; 곽재용(2004), 초등학교 국어 교과서의 어휘 분석. The Korea language and literature, 32, 1-28.

●사례 3● ADHD로 진단된 7세 7개월 학령기 여아이다.

장 · 단기 치료계획서

언어■ 유창성□ 발성□ 조음□

현행 수준

아동은 7세 7개월의 여아로 수용 · 표현 어휘력 검사를 실시한 결과 수용어휘력은 백분위점수 10%ile 미만, 표현어휘력은 백분위점수 50~60%ile로 나타나 수용어휘력이 표현어휘력에 비해 지체된 '수용어휘 능력 지체' 로 나타났다.

이야기 다시말하기 및 이야기 이해 과제를 실시한 결과, 사실적 정보 9/12점, 텍스트 연결 추론 9/12점, 빠진 정보 추론 7/12점으로 평가되었고, 질문범위의 오류가 가장 많이 나타났다.

구문의미 이해력 검사 및 언어문제해결력 검사를 실시한 결과 '정상발달' 에 속하는 것으로 나타났다.

자발화를 분석한 결과, '주제유지' 68.8%, '주제 확장' 15%, '주제 확장-이탈' 11.3%, '주제개시' 4.7%로 나타났다. 아동은 주제는 유지하지만 특정 상황이나 이야기에 대하여 설명하기에 어려움을 보였다. 아동화용언어 체크리스트를 분석한 결과, 상대방과 대화 중 다른 사람이 관심을 보이지 않는 주제에 대하여 반복적으로 이야기를 하거나 상대방과 적절한 대화 주고받기에 어려움을 보였다.

또한 아동은 문장 종결에 어려움을 보였으며 인과관계가 불명확하였다. 대화체를 인용하고 주어와 조사(주격, 목적격)를 생략하는 모습을 보였다. 구체적으로 설명하기, 타당한 이유대기, 적절하게 언어적으로 협상하기에도 어려움을 보이는 것으로 나타났다. 그 외에 상호관계가 있는 말과 사물을 적절히 꾸미거나 비슷한 사물과 변별하여 표현하는 능력이 부족한 것으로 나타났다.

어머니의 보고에 의하면, 말을 구체적으로 정확히 표현하는 데 어려움이 있고 목소리가 크고 높은 편이며 속도가 빠른 편이라고 하였다.

장 · 단기 치료계획

장기목표 1	치료실 내 상황에서 일상생활(학교, 가정 등)과 관련된 초등학교 1학년 수준의 어휘를 80% 이상 정확하게 이해하고 표현할 수 있다.
단기목표	1-1. 치료실 내 상황에서 일상생활과 관련된 어휘를 80% 이상 정확하게 이해하고 표현할 수 있다. 1-2. 치료실 내 상황에서 초등학교 1학년 교과서에서 사용되는 어휘를 80% 이상 정확하게 이해하고 표현할 수 있다. 1-3. 치료실 내 상황에서 목표 어휘를 활용한 짧은 글짓기를 80% 이상 정확하게 할 수 있다.

근거	수용 · 표현 어휘력 검사(REVT, 김영태 외, 2009)를 실시한 결과, 아동의 수용어휘 능력이 표현어휘 능력에 비해 현저히 떨어지는 것을 알 수 있었다. 또한 표현어휘 능력이 '정상발달' 범주에 속하기는 하였으나 실제 사용에 있어서 상황에 알맞은 낱말선택을 하여 문장을 구성하지 않고 의성어, 의태어로 표현하거나 자신이 새롭게 낱말을 만들어 사용하는 모습이 관찰되었기에 본 목표를 설정하였다.

장기목표 2	치료실 내 상황에서 초등학교 1학년 수준의 이야기를 듣고 이해하여 주어진 기회 중 90% 이상 올바르게 대답할 수 있다.
단기목표	2-1. 초등학교 1학년 수준의 이야기 과제를 듣고 사실적 정보에 대한 질문에 90% 이상 정확하게 대답할 수 있다. 2-2. 초등학교 1학년 수준의 이야기 과제를 듣고 텍스트 연결 추론에 대한 질문에 90% 이상 정확하게 대답할 수 있다. 2-3. 초등학교 1학년 수준의 이야기 과제를 듣고 빠진 정보 추론과 등장인물 감정추론에 90% 이상 적절하게 표현할 수 있다.
근거	이야기 다시말하기 과제를 실시한 결과, 사실적 정보 9/12점, 텍스트 연결 추론 9/12점, 빠진 정보 추론 7/12점으로 평가되었고, 특히 빠진 정보 추론에 가장 어려움을 보이는 것으로 나타났기 때문에 본 목표를 설정하였다.

장기목표 3	치료실 내 상황에서 객관적 언급과 주관적 진술을 주어진 기회의 80% 이상 표현할 수 있다.
단기목표	3-1. 치료실 내 상황에서 다양한 대상에 대한 객관적 언급(외형적 특성, 기능)을 주어진 기회 중 90% 이상 표현할 수 있다. 3-2. 치료실 내 상황에서 다양한 대상에 대한 주관적 진술(규칙, 속성, 주장, 설명)을 주어진 기회 중 80% 이상 표현할 수 있다.
근거	자발화 수집과 아동을 평가하는 동안 관찰한 결과, 아동은 자신의 생각에 대하여 정확하게 표현하기나 특정 대상/상황에 대해 구체적으로 설명하기에 어려움을 보였다. 또한 부모님 보고에 의하면 아동이 자신의 생각이나 경험에 대하여 구체적으로 표현하기에 어려움이 있고 학교생활에서도 이러한 경향을 보인다고 하였다.

장기목표 4	치료실 내 이야기 상황에서 구문을 연결하는 접속사나 연결어미를 사용하여 80% 이상 정확하게 문장으로 표현할 수 있다.
단기목표	4-1. 치료실 내 이야기 상황에서 연결어미(-고, -지만, -면서, -서, -므로, -려고)를 사용하여 80% 이상 정확하게 문장으로 표현할 수 있다. 4-2. 치료실 내 이야기 상황에서 접속사(그래서, 왜냐하면, 그리고, 그러나, 하지만)를 사용하여 80% 이상 정확하게 문장으로 표현할 수 있다.
근거	자발화 분석 결과, 아동은 이야기를 할 때 연결어미와 접속사 사용에 오류를 보이는 모습이 종종 관찰되어 자신의 표현하고자 하는 바를 정확하게 전달함에 있어 제한이 있었다. 또한 아동은 이야기 다시말하기를 할 때 일이 일어난 순서에 따라 이야기하기는 가능하였지만 인과관계가 불명확하였으며, 완전한 에피소드가 나타나지 않았다. 또한 대화체(예: 소년이 "어? 개구리가 어디 갔지?" 했구, "찾으러 가야지 했구.")를 직접 인용하거나, 의성어, 의태어를 주로 사용하여 이야기가 불명확하게 전개되는 모습이 관찰되었기에 본 목표를 설정하였다.

●사례 4● 난서증으로 진단된 10세 1개월(초등 4학년)의 여아이다.

장 · 단기 치료계획서

언어■ 유창성□ 발성□ 조음□

현행 수준

본 아동(10;1)은 초등학교 4학년에 재학 중인 여아로, 난서증이라는 주 호소 문제로 인해 평가가 의뢰되었다. 검사 결과, 표현언어 및 쓰기 능력이 현재 연령에 비해 지체된 것으로 나타났다. REVT 검사 결과, 표현 등가연령은 9세 0~5개월(10%ile 미만)로 −2*SD* 이하에 속하여 '표현어휘 능력 발달지체'로 나타났다. KISE-BAAT 쓰기(가형) 검사 결과, 학년규준은 3.6학년으로 아동의 쓰기학력이 현재 학년인 4.5학년보다 0.9년 지체되어 있는 것으로 나타났다. BASA 쓰기검사 결과, 백분위수 11%ile에 해당하여 기초쓰기 능력 향상을 위한 지도가 필요한 것으로 나타났다.

BASA 읽기검사 및 REVT 수용어휘 검사 결과, 아동의 수용언어 및 읽기 능력은 정상발달 범주에 있는 것으로 나타났다. BASA 문해검사 결과, 음운인식 및 음운적 정보회상 능력은 정상적인 수행 수준을 보이는 것으로 나타났다. 비공식검사에서 비단어 따라말하기 과제 검사 결과, 정반응률이 음절은 91.3%, 음소는 95.6%로 나타나 정상적인 수행 수준을 보이는 것으로 나타났다. 또한 빠른 자동 이름대기(RAN) 과제 검사에서 초당 읽은 항목의 개수는 각각 숫자 이름대기에서 2.5개, 글자 이름대기에서 1.16개, 사물 이름대기에서 1.31개, 색깔 이름대기에서 1.06개로 정상 범주에 속하는 것으로 나타났다.

장 · 단기 치료계획

장기목표 1	구조화된 치료 상황에서 초등학교 4학년 교과 수준의 고빈도 어휘를 80% 이상 적절하게 표현할 수 있다.
단기목표	1-1. 그림카드나 지문을 활용하여, 한자어와 추상어를 80% 이상 적절하게 표현할 수 있다. 1-2. 그림카드나 지문을 활용하여, 1-1의 목표어휘의 동의어를 80% 이상 적절하게 표현할 수 있다. 1-3. 그림카드나 지문을 활용하여, 1-1의 목표어휘의 반의어를 80% 이상 적절하게 표현할 수 있다.
근거	REVT 표현 어휘력 검사 결과, 표현 등가연령은 9세 0~5개월(10%ile 미만)로 −2*SD* 이하에 속하여, '표현어휘 능력 발달지체'로 평가되었다. KISE-BAAT 읽기(가형) 검사 결과, '독해 능력'의 하위영역인 '낱말이해'에서 낱말관계 유추하기, 비슷한 말, 반대말 문항에서 오반응 하였다. 따라서 아동의 표현어휘 증진을 위하여 초등학교 4학년 교과 수준의 고빈도 어휘를 선정하여 중재하고자 한다.

장기목표 2	구조화된 치료 상황에서 음운변동 규칙에 따라 소리나는 낱말을 어법에 맞게 문장 내에서 80% 이상 정확하게 쓸 수 있다.
단기목표	2-1. 구조화된 치료 상황에서 연음법칙에 따라 소리나는 낱말을 어법에 맞게 80% 이상 문장 내에서 정확하게 쓸 수 있다. 2-2. 구조화된 치료 상황에서 경음화에 따라 소리나는 낱말을 어법에 맞게 80% 이상 문장 내에서 정확하게 쓸 수 있다. 2-3. 구조화된 치료 상황에서 평폐쇄음화(7종성)에 따라 소리나는 낱말을 어법에 맞게 80% 이상 문장 내에서 정확하게 쓸 수 있다. 2-4. 구조화된 치료 상황에서 자음군 단순화에 따라 소리나는 낱말을 어법에 맞게 80% 이상 문장 내에서 정확하게 쓸 수 있다.
근거	KISE-BAAT 쓰기(가형) 검사 결과 학년규준은 3.6학년으로 아동의 쓰기학력이 현재 학년인 4.5학년보다 0.9년 지체되어 있는 것으로 나타났으며, BASA 쓰기검사 결과 기초쓰기 능력 향상을 위한 지도가 필요한 것으로 나타났다. 본 대상자는 쓰기검사에서 맞춤법의 오류를 빈번하게 보이므로 음운변동 규칙에 따라 소리나는 낱말을 어법에 맞게 문장 내에서 정확하게 쓰는 것을 중재 목표로 설정하였다.

장기목표 3	초등학교 4학년 수준의 읽기자료를 읽고 중심내용을 파악하여 80% 이상 적절한 문장으로 표현할 수 있다.
단기목표	3-1. 제시된 읽기자료를 읽고 사실적 정보 질문에 80% 이상 정확하게 대답하고 쓸 수 있다. 3-2. 제시된 읽기자료를 읽고 원인이유 질문에 80% 이상 정확하게 대답하고 쓸 수 있다
근거	KISE-BAAT 읽기(가형) 검사 결과, '독해 능력'의 하위영역인 '짧은 글 이해'에서 글의 제목 및 중심내용 파악 문항과 문장을 순서대로 배열하는 문항에서 오반응하였으며, KISE-BAAT 쓰기(가형) 검사 결과, '글 구성력' 영역에서도 글의 제목 및 중심내용 파악 문항 및 문장을 순서대로 배열하는 문항에 있어서 오반응을 보였다. 따라서 초등학교 4학년 수준의 읽기자료를 읽고 중심내용에 관련된 질문에 대해 정확하게 대답하고 쓸 수 있는 것을 중재 목표로 설정하였다.

제17장 치료보고서 작성

I. 회기별 치료보고서의 작성 및 사례

장 · 단기 치료계획이 결정되면 개별 치료회기를 계획해야 한다. 개별회기에 대한 계획은 매 회기마다 계획하는 것이 좋지만 아동언어치료에서는 흔히 주별 치료계획을 사용한다. 그러나 주별 치료계획서를 사용하더라도 아동의 목표행동에 대한 반응은 매 회기 기록하여 다음 치료에 반영하는 것이 좋다.

회기별 보고서는 치료를 실시하기 전에 작성하는 회기별 활동계획 부분과 치료를 실시하고 작성하는 결과보고 부분으로 나뉘어진다. 회기별 활동계획에는 ① 해당되는 회기의 단기계획을 제시해 주고, ② 회기의 날짜나 치료 시간, ③ 치료활동 및 문맥에 대한 세부계획, ④ 그 활동에서 유도되는 목표언어, 그리고 ⑤ 강화 방법이나 준거를 포함한다. 강화 방법은 아동의 언어목표나 습득단계에 따라 적절한 방법을 사용한다. 예를 들어, 치료 시작단계에서는 아동이 전혀 보이지 않던 언어행동을 나타내거나, 목표행동과 유사한 반응을 보이거나, 혹은 반응하려는 의도만 보여도 매번 칭찬이나 토큰, 또는 아동이 좋아하는 활동과 연결해서 강화를 해 준다. 그러나 이미 습득된 행동이 좀 더 자연스럽고 자주 나타나도록 하는 자동화단계에 있다면 매번 강화를 해 주는 것보다는 가끔씩 또는 예측하기 어렵게 불시에 강화를 해 주는 것도 좋은 방법이다. 지나치게 강화물에 집착하는 아동은 매번 강화물이 주어지지 않는 일상생활에서는 금방 좌절하여 목표언어를 사용하지 않는 경우가 많기 때문이다.

결과보고 부분에는 회기별 치료계획서의 세부계획이 어느 정도 달성되었는지 기재하는 것으로 치료회기 중이나 치료가 끝난 다음에 기록한다. 흔히 목표언어의 정확한 반응횟수나 반응률을 적기도 하고, 처음으로 관찰된 발화 등을 적는다. 또한 아동이 특

표 17-1 회기별 치료보고서 양식(예 1)

회기별 치료보고서(예 1)

치료대상자 이름 ____________ 성 별 ______ 진단일 ______ 장애 유형 ______

생년월일(연령) ________________ 정보제공자 ________________

수련대상자 ________________ ㉷ 연 락 처 ________________

감 독 자 ________________ ㉷

장기계획

단기계획

날짜	세부계획 (활동 및 문맥)	목표 언어 형태	강화절차 /준거	치료 결과	비고

다음 회기 계획:

출처: 한국언어재활사협회 임상수련과정 세부규정.

별히 선호하는 강화물, 그 날 관찰된 아동행동의 특이한 점(과잉행동이나 경련 등), 아동의 언어적인 오류 등 다음 회기에 참고할 사항도 기재한다. 그 외에도 보고서 밑에는 다음 회기계획에서 변경하거나 추가 또는 첨가할 사항들을 기재하는 것이 좋다.

한국언어재활사협회에서 권하는 회기별 치료계획서 양식은 〈표 17-1〉과 같으며, 회기별(주별) 치료계획서의 사례들은 〈표 17-2〉 및 〈표 17-3〉에 제시하였다.

표 17-2 회기별 치료계획서 예 1

단기목표
1-3. 아동이 원하지 않는 사물이나 행동을 아동에게 요구하여 '싫어' '아니야' '안 해' 등의 발화로 거부하기를 표현할 수 있다.
2-1. 2-2. 구조화된 상황에서 '누구' '어디'의 질문에 대하여 주어진 기회 중 80% 이상 정확하게 표현할 수 있다.
3-1. 치료실 상황의 여러 활동 내에서 아동이 일상적으로 접하는 사건에서 사용되는 어휘를 80% 이상 이해하고 표현할 수 있다.
3-2. 치료실 상황의 여러 활동 내에서 일상생활에서 쉽게 접할 수 있는 사물들의 기능을 이해하고 표현할 수 있다.

날짜	세부계획(활동 및 문맥)	목표언어(반응)형태	강화절차/준거	치료결과
4/15 4/18	2-1. 3-1. 동물들의 달리기 시합 1. 동물 인형을 놓고 달리기 시합을 한다. 2. '누가 뛰어/걸어/멈춰/달려/부딪혀?'의 질문을 통해 'OO가 (뛰어)'라고 주격조사를 반복하여 모델링 한다.	1. 동사: 간다, 걸어, 뛰어, 멈춰, 부딪혀, 달려서, 2. 2어 조합	모방/자발산출시 사회적 강화. 준거: 50% 이상 모방하기	'걸어, 뛰어?'의 질문에 원하는 동작을 대답하는 것은 가능하나 자발화로 표현되지는 않음. 'OO가'의 주격조사 '~가' 모방 0%.
	2-2. 3-1. 김밥 만들기 1. 플레이도를 이용하여 김밥을 만든다. 2. 상황에 맞는 동사를 반복 모델링 한다.	1. 동사: 놓다, 먹다, 밀다, 잘라, 주다, 말다, 닦다, 덮다, 만들다, 올려,	상황에 맞는 반응 산출 시 사회적 강화, script 종료 후 간식을 준다.	색종이에 찰흙을 밀어 올릴 때 자발화 '놔(놓아)' 산출. 칼을 보여 주자 '줘' 요구. "어떻게 할까?"라고 질문하자 '잘라'의 자발산출은 없었지만 모방은 100% 가능.
	3-2. 빨래하고 다리미질하기(엄마흉내) 1. 아가 인형 옷을 벗겨서 세탁기에 넣고 빤다. 2. 꺼내서 옷을 짜고, 말리고, 다리미질하는 일련의 활동 속에서 어휘를 늘린다.	1. 형용사: 예뻐, 미워, 차가워, 더러워 2. 동사: 벗겨, 넣어, 눌러, 돌려, 열어, 닫어, 짜, 말려, (다리미) 해	정확한 표현으로 산출할 때 사회적 강화 준거: 50% 이상 모방하기	'벗어, 넣어, 빼, 털어'의 모방 50% 가능. 원하는 사물이 있는 경우 발화로 요구하기는 100%. '인형, 세수, 시어(씻어)'는 먼저 발화 시작하기 시도함. 활동 도중 치료사의 개입을 원하지 않는 경우 몸짓 사용 후 '나'를 산출함.
	1-3-2. 3-1. 스팟 그림책 1. 거부발화가 있는 그림책을 보면서 상황에 맞는 거부발화를 산출하도록 한다. 2. 자신이 원하는 것을 요구하게 한다.	안 해, 싫어, 다른 거, 더, 조금	정확한 표현으로 산출할 때 사회적 강화	그림책 보면서 익숙한 사물, 장난감이 나오면 '있어'를 산출함. '(불)켜' '놀아' '닦아'의 모방 가능

표 17-3 회기별 치료계획서 예 2

단기목표
1-1. 일상생활에서 자주 사용되는 6세 수준의 어휘를 정확히 이해하게 한다.
3-3. 2개의 짧은 문장을 듣고 그 내용을 이해할 수 있게 한다.
3-4. 3개의 짧은 문장으로 구성된 이야기를 듣고 그 이야기(사건 1개)를 순서대로 배열할 수 있게 한다.
5-2. '누가' '무엇'으로 시작되는 의문사를 이해하여 각각의 질문에 적절히 대답할 수 있게 한다.
6-3. 장소격조사를 정확히 이해하여 적절히 사용할 수 있게 한다.

날짜	세부계획(활동 및 문맥)	목표언어(반응)형태	강화절차/준거	치료 결과
5/28 5/30	단기목표 5-2 간단한 전제를 이해하고 추론하기: ① 오늘 생일인 사람이 이 모자 쓰자. 오늘 은지 생일이야. 누가 모자 쓸까? ② 제일 늦게 온 사람이 사과를 먹기. ○○이가 제일 늦게 왔어. 누가 사과 먹을까? ③ 무거운 물건은 어른이 들고 가야 돼. ○○이는 6살이야. ○○이가 이거 들고 갈까? ④ 빨간 사탕을 먹으면 매워서 눈물이 난대. (여러 가지 표정의 얼굴 그림을 보여 줌) 누가 빨간 사탕을 먹었을까? ⑤ 은지는 장갑을 잃어버렸어. 지수는 모자를 잃어버렸어. (네 명의 아동 그림을 보여 준다) 누가 지수야?누가 은지야? ⑥ 은지는 눈 오는 날 집에서 TV를 본대. 오늘은 눈이 오네. 은지는 지금 뭘 할까?	은지가 모자 써. 은지 생일이니까. ○○이가 사과 먹어야 돼. ○○이는 아이라서 안 들어. ○○이가 먹었어. ○○이가 매워서 울어. 모자 안 쓴 아이가 지수야. 장갑 안 낀 아이가 은지야. 은지는 눈이 와서 TV봐.	정답을 맞춘 다음 그 이유를 말하면, 맞춘 그림에 색칠을 하게 한다.	①②③ 어려움. ④⑤ 그림 찾음. ⑥ 이해 못 함.
	단기목표 1-1, 3-4, 6-3 빨래하기 스크립트 이해하고 표현하기: 바지가 더러워져서 빨래하고 말리고 옷장에 넣고 다시 꺼내 입기까지의 과정을 그림을 보고 말하기. 잘 하면 그림자료 없이 순서대로 말하기.	바지가 더러워졌어. 바지를 세탁기 속에 집어 넣어야 돼. 빨래를 돌려. 세탁기에서 꺼내. 바지가 젖었다. 바지를 빨랫줄에 널어. 햇빛에 말려/다 말랐다. 빨래를 걷어. 빨래를 예쁘게 개켜. 옷장 속에 집어넣어. 옷장에서 꺼내 입어.	스크립트를 끝내면 바지 색종이를 접어 준다.	그림을 보면서 외워서 말함.

II. 진전보고서의 작성 및 사례

장기계획이 끝나는 시점이나 아동이 어떤 사유로든 치료를 종료해야 할 경우 진전보고서를 작성하여야 한다. 진전보고서는 다음 장기계획을 세우는 기초자료로 활용할 수도 있고, 아동의 언어문제뿐 아니라 다른 문제를 다루는 전문가나 부모에게 앞으로의 교육이나 치료 방향을 설정하는 데 도움이 될 수 있다.

진전보고서에는 각 단기목표 및 장기목표가 어느 정도 달성되었는지를 기술한다. 가능하면 아동이 각 목표에 대해 치료초기에는 어느 정도의 수행 능력을 보이다가 보고(종료) 시점에는 어떻게 변했는지 그 변화정도, 즉 진전상황을 써 주는 것이 좋다. 예를 들어, 다음과 같이 진전상황을 기술한다.

단기목표	발성을 동반한 몸짓을 사용하여 주어진 기회 중 60% 이상 사물을 요구하거나 거부할 수 있다.
치료 전 수준	구조화된 상황에서 눈맞춤을 회피하거나 인상을 쓰는 정도로 거부할 수 있었고 몸짓을 사용하지는 않았다.
진전상황	20% 수준에서 발성을 동반한 몸짓을 사용하여 사물을 요구할 수 있다.

의미 있는 진전보고서를 쓰기 위해서는 장 · 단기목표를 결정할 때 각 단기목표 행동을 아동이 어느 정도 수행하는지 초기 수행 수준을 잘 관찰 또는 평가하는 것이 중요하며, 매 회기 또는 정기적인 계속평가가 중요하다. 한국언어청각임상협회에서 권하는 진전보고서 양식은 〈표 17-4〉 〈표 17-5〉와 같으며, 〈표 17-6〉 〈표 17-7〉은 진전보고서의 사례들이다.

표 17-4 치료진전(종료)보고서 양식(예 1)

치료진전(종료)보고서(예 1)	
치료대상자 이름 ________(성별 남 여) 생년월일(연령) ________ 수련대상자 ________ ㊞ 감독자 ________ ㊞	진단일 ______ 작성일 ______ 장애유형 ________ 정보제공자 ________ 연 락 처 ________
치료 전 수준	
장기목표	
단기목표	진전상황
장기목표	
단기목표	진전상황
장기목표	
단기목표	진전상황

출처: 한국언어재활사협회 임상수련과정 세부규정.

표 17-5 치료진전(종료)보고서 양식(예 2)

치료진전(종료)보고서(예 2)

이름 ____________ 생년월일 ____________

나이 ____________ 전화 ____________

주소 ________________________________

1. 치료 기간: ○년 ○월 ○일~○년 ○월 ○일
2. 치료 횟수: 주 ○회(총 ○○회기)
3. 첫 진단일: (진단명)
4. 진단 시 언어 상태

____

____

____

5. 치료목표 및 달성

____

____

____

6. 종료시 언어 상태

____

____

____

7. 앞으로의 계획

____

____

____

8. 기타

____

____

____

표 17-6 진전보고서 예 1

치료 전 수준: 4세 7개월의 자폐성향이 있는 언어발달지체아동이다. 수용언어 및 표현언어연령이 대략 1세 미만으로 아동의 생활연령에 비해 현저하게 언어가 지체되어 있는 것으로 나타났다. 자발적으로 의미 있게 산출하는 낱말은 없고, 다양한 음소가 포함된 무의미음절 발화만 나타나고 있다. 이해하고 있는 명사 또는 동사도 일상생활에서 빈번하게 접하는 어휘에 한정되어 있다. 상징행동 놀이에서 전상징기적 행동(12~14개월 수준)이 나타나기는 하나, 탐험적 놀이가 주를 이루고 있어 놀이에 대한 관심과 흥미를 높일 수 있도록 더 많은 놀이자극이 필요할 것으로 보인다. 의사소통 기능의 활용에서 요구하기를 몸짓 및 발성을 이용하여 표현하며 의사소통에 대한 의도는 있으나 주로 음식물을 매개로 한 것이 대부분이며 음식물(과자)에 대한 집착이 대단히 많다.

장기목표 1	치료실 상황에서 치료사와 적절히 상호작용 놀이를 할 수 있다.		
		치료 전 수준	진전 상황
단기목표	1-1. 치료사와의 상호작용 놀이에서 10초 이상 주의집중을 유지할 수 있다.	1-1. 상호작용 놀이에서 2~3초 정도 눈맞춤 하였다.	1-1. 상호작용 놀이에서 10초 정도 눈맞춤을 하고, 선호하는 놀이일 경우 1분 정도 집중할 수 있다.
	1-2. 치료사와의 상호작용 놀이에서 교환, 차례 개념을 이해할 수 있다.	1-2. 교환과 차례 개념을 이해하지 못하였다.	1-2. 주고받기는 아직 어려우며, 구조화된 상황에서의 반복적인 활동의 경우 차례개념에 따라 놀이활동을 유지할 수 있다.
	1-3. 치료사에게 행동 요구하기를 표현하여 상호작용 놀이를 시작 혹은 유지할 수 있다.	1-3. 상호작용 놀이를 시작 혹은 유지하기 위한 행동 요구하기 표현이 거의 없었다.	1-3. 선호하는 몇 가지 활동에 대해서(신체놀이) 손을 끌어다가 행동 요구하기를 표현하면서 자발적으로 상호작용 놀이를 시작 혹은 유지할 수 있다.

장기목표 2	치료실 상황에서 치료사의 다양한 요구 및 지시에 따라 80% 이상 반응할 수 있다.		
		치료 전 수준	진전 상황
단기목표	2-1. 몸짓을 동반한 간단한 명령 수행을 주어진 기회 중 80% 이상 적절히 반응할 수 있다.	2-1. 몸짓으로 지시를 했을 때, 주어진 기회 중 50% 수준에서 반응을 보이고 지시 따르기를 할 수 있었다.	2-1. 몸짓을 동반한 간단한 명령지시어에 대해 주어진 기회 중 80% 수준으로 적절히 반응할 수 있다(버려, 주워, 열어, 닫아, 올려, 내려, 앉아, 줘 등).
	2-2. 몸짓을 동반한 간단한 금지 명령을 주어진 기회 중 80% 이상 적절히 반응할 수 있다.	2-2. 금지 명령에 대해, 주어진 기회 중 50% 수준에서 행동을 일시적으로 멈출 수 있으나 행동은 계속 유지되었다.	2-2. 몸짓을 동반한 금지 명령에 대해 행동을 일시적으로 멈출 수 있다(안 돼, 기다려, 먹지 마 등).
	2-3. 일상생활과 관련된 치료사의 언어적 요구 및 지시를 주어진 기회 중 80% 이상 적절히 반응할 수 있다.	2-3. 몸짓을 동반하지 않고 언어적인 요구 및 지시만을 제시했을 때에는 거의 반응하지 않거나 잘못된 반응을 보였다.	2-3. 치료실 상황에서의 반복적으로 제시되었던 몇 가지 지시어에 대해서는 몸짓의 유도 없이 주어진 기회 중 50% 수준에서 지시 따르기를 할 수 있다(앉아, 닫아, 열어 등).

장기목표 3	모방 및 촉진에 의해 단단어 이상의 발화로 주어진 기회 중 50% 이상 사물과 행동을 요구할 수 있다.		
		치료 전 수준	진전 상황
단기목표	3-1. 의사소통 의도가 유발되는 구조화된 상황에서, 주어진 기회 중 70% 이상 몸짓을 이용해 행동이나 사물을 요구할 수 있다.	3-1. 반복적인 구조화된 상황에서는 50% 수준에서 눈맞춤 없이 치료사의 손을 끌어다가 도움을 요청할 수 있었다. 다만 새로운 상황에서의 자발적인 요구 표현은 거의 없었다.	3-1. 초기에 비해 좀 더 다양한 상황에서 상대방의 손을 끌어다가 자발적으로 자신의 요구를 표현할 수 있다.
	3-2. 의사소통 의도가 유발되는 구조화된 상황에서, 주어진 기회 중 70% 이상 몸짓을 이용해 행동이나 사물을 거부할 수 있다.	3-2. 구조화된 상황에서 눈맞춤을 회피하거나 인상을 쓰는 정도로 자신의 의사를 거부할 수는 있으나 몸짓을 사용하지는 않았다.	3-2. 싫어하는 음식이나 사물에 대해 던지거나 버리는 등 표현방식이 부적절하기는 하지만 자신의 거부의사를 몸짓으로서 표현할 수 있다.
	3-3. 발성을 동반한 몸짓을 사용하여 주어진 기회 중 60% 이상 사물을 요구 혹은 거부할 수 있다.	3-3. 사물을 요구하거나 거부하는 데 있어 발성을 동반한 몸짓 사용은 거의 나타나지 않았다.	3-3. 20% 수준에서 발성을 동반한 몸짓을 사용하여 사물을 요구할 수 있다.
	3-4. 모방으로 1개 이상의 낱말을 사용하여 주어진 기회 중 50% 이상 행동을 요구할 수 있다. 3-5. 아동이 의사소통 의도가 생겼을 때, 1음절 이상의 동사와 명사를 사용하여 행동을 요구하게 한다.	3-4. 3-5. 모방이나 촉진, 자발적인 낱말 산출은 치료실 내에서 관찰되지 않았다.	3-4. 3-5. 반복적인 모방 촉진에 따라 주어진 기회 중 5% 수준에서 낱말로 행동을 요구할 수 있다(주[줘], 주어[줘요] 등). 자발적인 낱말 산출은 나타나지 않으나, 5% 수준에서 치료사에 의해 반복 유도된 낱말의 운율을 표현할 수 있다.

장기목표 4	일상생활에서 빈번히 사용되는 사물, 사람명칭과 동사를 주어진 기회 중 70% 이상 이해할 수 있다.		
		치료 전 수준	진전 상황
단기목표	4-1. 신체부위 명칭(머리, 발, 손 등)과 얼굴 명칭(눈, 코, 입 등)을 듣고 자신의 신체에서 주어진 기회 중 70% 이상 지적할 수 있다.	4-1. 스티커 붙이기 놀이에서 습관적으로 코에 스티커를 붙이며, 신체부위 명칭에 대해 바르게 지적하는 모습은 보이지 않았다.	4-1. 신체부위나 얼굴명칭에 대한 변별적인 이해는 어려우나, 노래에 따라서는 얼굴 명칭을 듣고 50% 수준에서 자신의 신체를 바르게 지적할 수 있다.
	4-2. 가족명칭에 대해 주어진 기회 중 70% 이상 이해하여, 선택 혹은 지적할 수 있다.	4-2. 부모보고에 의하면 엄마, 아빠, 할머니, 형을 변별적으로 이해하고 있지는 못하다고 하였다.	4-2. 치료 회기에 도입되지 않았다.
	4-3. 일상생활에 빈번히 사용되는 친숙한 사물의 명칭을 듣고 주어진 기회 중 70% 이상 선택 혹은 지적할 수 있다.	4-3. 매우 제한된 친숙한 사물(예: 전화, 컵, 칫솔)에 대해서 그 기능을 이해하고는 있으나 사물명칭만을 듣고 이를 선택 혹은 지적하지는 못하였다.	4-3. 초기에 비해 좀 더 다양한 낱말들(예: '비누' '신발' '휴지' '가위' '수건' 등)에 대해 그 명칭을 듣고 주어진 기회 중 70% 정도 선택할 수 있다.
	4-4. 일상생활에서 빈번히 사용되는 동사(먹다, 닫다, 간다, 신다 등)를 듣고 주어진 기회 중 70% 이상 이해하고 행동할 수 있다.	4-4. 상황적인 맥락을 활용한 예측 가능한 상황에서 '버려' '주워' '앉아' 등의 제한된 동사 어휘 이해만이 가능하였다.	4-4. 초기에 비해 좀 더 다양한 낱말들('닦아' '내려' '닫아' '열어' '꺼내' '넣어' 등)을 듣고 주어진 기회 중 70% 이상 이해하고 행동할 수 있다.

표 17-7 진전보고서 예 2

치료 전 수준: 4세 3개월인 본 아동은 단순언어장애아동이다. 언어검사 결과, 수용언어 및 표현언어 연령이 대략 2세 6개월 정도로 평가되어 생활연령에 비해 많이 언어가 지체되어 있는 것으로 나타났다. 특히 이해하고 있는 낱말에 비하여 산출할 수 있는 낱말이 현저히 적은 것으로 관찰되었고, 적절한 언어 표현을 산출할 수 있을 것이라 기대되는 상황에서도 발화 없는 몸짓이나 무의미 발화인 "어"를 자주 사용하는 것으로 나타났다. 상징행동 놀이에서는 자동적 상징행동과 단순상징행동이 나타났으며, 의사소통 기능으로는 다양한 요구하기 기술과 반응하기, 메시지 수신 기능의 능력을 가지고 있는 것으로 판단되었다.

장기 목표 1	치료실 상황의 여러 활동 내에서 요구하기, 반응하기 의도를 주어진 기회 중 80% 이상 적절한 발화로 표현할 수 있다.		
		치료 전 수준	진전 상황
단기 목표	1-1. 아동이 원하는 사물이나 행동을 요구할 때 80% 이상 발화를 통해 표현할 수 있다.	1-1. 원하는 사물, 행동을 지적하며 무의미발화 '어'를 산출하였다.	1-1. 자신이 원하는 사물에 대하여 '줘'라고 발화로 표현할 수 있으나 행동 요구 시에도 '할래' 등의 표현이 아닌 '줘'를 사용한다.
	1-2. 예/아니요 질문에 대하여 80% 이상 발화를 통해 적절한 반응을 표현할 수 있다.	1-2. 몸짓으로 표현하였다.	1-2. 질문에 적절하게 발화로 '예/아니요' 표현이 가능하다.
	1-3. 아동에게 질문과 요구가 주어질 경우 주어진 기회 중 80% 이상 적절한 반응(순응/거부)을 발화로 표현할 수 있다.	1-3. 순응반응은 고갯짓으로, 거부반응은 표정과 함께 무의미 발화로 표현하였다.	1-3. 순응의도는 발화로 표현하나 거부 시 모든 상황에서 '싫어' 등의 표현이 아닌 '아니'의 표현만을 사용한다.

장기 목표 2	구조화된 상황에서 의문사를 사용한 질문에 대해 자신의 차례에 주어진 기회 중 80% 이상 이해하고 적절한 발화로 표현할 수 있다.		
		치료 전 수준	진전 상황
단기 목표	2-1. 구조화된 상황에서 '누구'의 질문에 대하여 주어진 기회 중 80% 이상 정확하게 표현한다.	2-1. 인형이나 그림을 보여 주고 질문할 때에만 주로 '엄마, 아빠'의 대답을 산출하였다.	2-1. 여러 놀이상황에서 가족호칭, 몇 가지 동물 이름을 사용할 수 있고 자신에 대하여 50% 미만으로 '나'라고 표현한다.
	2-2. 구조화된 상황에서 '어디'의 질문에 대하여 주어진 기회 중 80% 이상 정확하게 표현한다.	2-2. 질문은 이해하나 가리키기로 표현하였다.	2-2. '어디 있어?'나 '어디 가?'의 질문에 '요기(여기), 집, 오외(교회),
	2-3. 구조화된 상황에서 '무엇'의 질문에 대하여 주어진 기회 중 80% 이상 정확하게 표현한다.	2-3. '뭐야?'의 질문에 자신이 산출할 수 있는 몇 가지 낱말을 적절치 않은 상황에서 사용하거나 반응이 없었다.	2-3. '뭐야?'나 '뭐해?' 등의 질문에 대해 사물이나 행위를 나타내는 말을 10여 가지 자발적으로 산출할 수 있다(모다(모다), 으다(의자), 신체부위, 인영(인형), 시어(시소), 입어, 잘라, 여어(열어) 등)

장기 목표 3	치료실 상황의 여러 활동 내에서 일상생활의 기능적인 어휘들을 이해하고 표현(모방과 자발산출)할 수 있다.		
		치료 전 수준	진전 상황
단기 목표	3-1. 치료실 상황의 여러 활동 내에서 아동이 일상적으로 접하는 사건에서 사용되는 어휘를 80% 이상 올바르게 이해하고 표현할 수 있다.	3-1. 표현 가능한 동사어휘는 '너(넣어), 먹어'이며 자발적으로 발화시도를 하지 않았다.	3-1. '타, 잘라, 부어(붙여), 입어, 여어(열어), 그려, 칠해, 시어(신어), 써, 닦아, 부어(불어), 있어, 세수(해), 시어(씻어), 켜' 등의 동사를 상황에 맞게 표현한다.
	3-2. 치료실 상황의 여러 활동 내에서 일상생활에서 쉽게 접할 수 있는 사물들의 기능을 80% 이상 올바르게 이해하고 이를 표현할 수 있다.	3-2. 여러 사물의 기능을 이해하고 있기는 하지만 발화로 표현하지는 못하였다.	3-2. 실제 사물이나 그림을 보고 각 사물의 기능을 이해하며 가위나 풀, 컵, 숟가락 등의 기능을 놀이에서 발화로 스스로 표현한다.
	3-3. 치료실 상황의 여러 활동 내에서 사물의 속성을 설명하는 서술어를 80% 이상 올바르게 이해하고 표현할 수 있다.	3-3. 사물의 속성을 설명하는 서술어의 이해가 매우 부족하며 표현 또한 불가능하였다.	3-3. '많이, 예뻐, 미워, 기어(길어)' 등의 형용사를 이해하고 표현하며 '작다, 조금' 등을 몸짓으로 표현할 수 있다.

장기 목표 4	스크립트 상황에서 2어 조합을 통해 다양한 의미관계를 주어진 기회 중 50% 이상에서 정확하게 산출할 수 있다.		
		치료 전 수준	진전 상황
단기 목표	4-1. 스크립트 상황에서 '행위자+행위'의 의미관계를 주어진 기회 중 50% 이상에서 정확하게 산출할 수 있다.	4-1. 2어조합의 발화를 보이지 않는다.	4-1. 특정 어휘와 관련된 2어조합(예: 엄마 타, 아빠 타)만 발화로 산출할 수 있다.
	4-2. 스크립트 상황에서 '대상+행위'의 의미관계를 주어진 기회 중 50% 이상에서 정확하게 산출할 수 있다.	4-2. 2어조합의 발화를 보이지 않는다.	4-2. 특정 어휘와 관련된 2어조합(예: 차 타, 불 켜)만 발화로 산출할 수 있다.
	4-3. 스크립트 상황에서 '배경(장소)+행위'의 의미관계를 주어진 기회 중 50% 이상에서 정확하게 산출할 수 있다.	4-3. 2어조합의 발화를 보이지 않는다.	4-3. 치료회기에 도입되지 않았다.
	4-4. 스크립트 상황에서 '소유자+대상'의 의미관계를 주어진 기회 중 50% 이상에서 정확하게 산출할 수 있다.	4-4. 2어조합의 발화를 보이지 않는다.	4-4. '내 거, 아빠 거, 엄마 거, 아기 거'를 80% 정도 모방할 수 있으나 '누구 거야?'에 스스로 대답하지는 못한다.

강나림(2009). 학령전기 중증 다운증후군 아동의 손짓기호와 그림의사소통판을 이용한 요구하기 중재 효과 비교. 이화여자대학교 일반대학원 석사학위논문.

강민경(2005). 학령전 저소득층 가정의 아동과 일반아동의 표현 어휘능력 비교 연구: 이름대기 및 정의하기 과제를 중심으로. 이화여자대학교 대학원 석사학위논문.

고영근, 구본관(2008). 우리말 문법론(양장본). 집문당.

곽금주, 박혜원, 김청택(2001). 한국 웩슬러 아동 지능검사(K-WISC-III). 서울: 특수교육.

구지혜, 김영태(2009). 역동적 평가를 통한 학령기 다운증후군 아동의 이야기 학습잠재력 연구. 언어청각장애연구, 14(3), 288-302.

권도하 외(1994). 언어치료학 개론. 대구: 언어치료학회.

권도하, 이규식(1985). 한국-노스웨스턴 구문선별검사. 대구: 대구대학교 출판부.

권유진, 배소영, 진연선(2009). 이야기 평가: KONA. 한림대학교 언어청각학부.

김근영, 곽금주, 배소영(2009). 다문화가정 연구개관과 향후 방향성. 한국심리학회지: 일반, 28(3), 571-597.

김나형(2011). AAC 그림 상징의 표현 및 이해과제에 나타난 한국인의 생애 주기별 어순 전략 특성. 이화여자대학교 일반대학원 석사학위논문.

김동일(2006). 기초학습기능 수행평가체제: 읽기검사(Basic Academic Skills Assessment: BASA). 서울: 학지사 심리검사연구소.

김미수(2012). 애니메이션과 제스처 영상을 이용한 AAC 동작어 상징 학습 효과. 이화여자대학교 일반대학원 석사학위논문.

김민정, 배소영, 박창일(2007). 아동용 발음평가(Assessment of Phonology and Articulation for Children: APAC). 서울: 휴브알앤씨.

김선정, 김영태(2006). 음운생략과제를 통한 5-6세 아동의 음운인식 발달 및 음운처리.

김수진(2010). 기능적 조음음운장애 아동의 종성 음운변동 분석. 언어청각장애연구, 15(4), 549-560.

김승국(1983). 수화사전. 서울: 단국대학교출판부.

김승국(1993). 표준수화사전. 서울: 오성출판사.

김승국(2010). 한국수화 문형 연구. 한국수화연구, 2, 71-100. 국립국어원.

김애화, 김의정, 황민아, 유현실(2014). 읽기 성취 및 읽기 인지처리 검사(Test of Reading Achievement and Reading Cognitive Processes: RA-RCP). 서울: 학지사 심리검사연구소.

김영란, 김영태(2011). 취학전 저소득층 다문화가정

아동의 언어능력. 언어치료연구, 20(3), 73-88.

김영란, 김영태, 이은주(2007). 이중언어아동의 어휘 학습능력 측정에 적용된 역동적 평가에 대한 타당성 고찰-1990년 이후의 문헌을 중심으로-. 언어치료연구, 16(3), 59-77.

김영태(1992a). 2~6세 아동의 음운변동에 관한 연구(Ⅰ): 생략 및 첨가변동을 중심으로. 재활과학연구, 10, 49-58.

김영태(1992b). 서울-경기 지역 2~6세 아동의 발달기적 음운변동에 관한 연구. 말소리, 21, 3-24.

김영태(1994). 구어-언어진단 검사. 대구: 한국언어치료학회.

김영태(1995). 조음장애아와 정상아의 음운변동 패턴에 관한 비교 연구. 특수교육논총, 12, 211-235.

김영태(1996). 그림자음검사를 통한 2~6세 아동의 자음정확도 연구. 말-언어장애연구, 1, 7-33.

김영태(1997). 언어장애의 화용론적 접근 방법에 관한 고찰. 인간발달연구, 25, 115-135.

김영태(1997). 한국 2~4세 아동의 발화길이에 관한 기초연구. 말-언어장애연구, 2, 5-26.

김영태(1998). 한국 2~3세 아동 문장의 의미론적 분석: 의미단위수, 의미유형, 의미관계를 중심으로. 언어청각장애연구, 3, 20-34.

김영태, 김경희, 윤혜련, 김화수(2003). 영·유아 언어발달 검사(Sequenced Language Scale for Infants: SELSI). 서울: 파라다이스복지재단.

김영태, 김수진, 이희란(1997). 주기를 이용한 기능적 조음치료법의 치료 및 일반화 효과에 관한 연구. 말-언어장애 연구, 2, 65-88.

김영태, 김정미, 이미경(1999). 장벽게임을 이용한 언어중재가 언어발달지체 아동의 참조적 의사소통기술 향상에 미치는 효과. 특수교육학회, 34(2), 153-173.

김영태, 박은혜(2007). 보완대체 의사소통에 대한 언어치료사들의 인식 및 사용실패 조사 연구. 특수교육, 6(1), 27-39.

김영태, 박현주, 민홍기(2003). 보완대체 의사소통도구 개발을 위한 학령기 아동 및 성인의 핵심어휘 조사. 언어청각장애연구, 8(2), 93-110.

김영태, 성태제, 이윤경(2003). 취학전 아동의 수용언어 및 표현언어 발달 척도(Preschool Receptive & Expressive Scale: PRES). 서울: 서울장애인종합복지관.

김영태, 신문자(1992). 아동의 음운변동에 관한 연구(II): 대치 변동을 중심으로. 언어치료연구, 2(1), 29-51.

김영태, 신문자(2004). 우리말 조음·음운 평가(Urimal Test of Articulation and Phonology: U-TAP). 서울: 학지사.

김영태, 심현섭, 김수진 공역(2012). 조음·음운장애(6판). 서울: 박학사.

김영태, 이영철 편역(1992). 조기언어교육 프로그램. 서울: 도서출판 특수교육.

김영태, 이윤경(2000). 중고도 청각장애아동과 일반아동의 발화길이 비교, 특수교육학연구, 35(3), 1-15.

김영태, 이윤경, 정부자, 홍경훈 공역(2012). 언어 장애: 기능적 평가 및 중재(5판). 서울: 시그마프레스.

김영태, 이희란, 박소현(2006). 보완대체 의사소통(AAC) 체계 적용을 위한 언어치료사와 특수교사의 지원요구에 대한 질적 연구. 언어청각장애연구, 11(3), 234-254.

김영태, 장혜성, 임선숙, 백현정(1995). 그림어휘력 검사. 서울장애인종합복지관.

김영태, 홍경훈, 김경희, 장혜성, 이주연(2009). 수용·표현 어휘력 검사(Receptive & Expressive Vocabulary Test: REVT). 서울: 서울장애인종합복지관.

김영태, Linda J. Lombardino(2006). 학령전 아동의 한국어 초기 읽기 능력 검사. 읽기장애의 진단 및 치료 워크숍 자료집. 서울: 이대발달장애아동센터.

김영태, Linda J. Lombardino, 박은혜, 이소현(2008). 한국형 진단 프로토콜을 이용한 3~5세 한국 아동의 초기읽기 발달연구. 언어청각장애연구, 13(3), 418-437.

김재리(2011). AAC 사용자의 오류 문장 유형이 의사소통 상대자의 태도 및 선호도에 미치는 영향. 이화여자대학교 일반대학원 석사학위논문.

김정우, 이미옥(2000). 여성 장애인의 자녀양육 장애의 심리적 극복과의 관계. 한국가족복지과, 10, 9-36.

김지은, 김영태(2002). 고기능 자폐아동과 정상아동의 어휘다양도 비교연구. 언어청각장애연구, 7(1), 13-29.

김태연, 김영태, 이은주(2011). 수화를 사용하는 청각장애 가정 건청 아동의 의사소통단절 및 발화 수정전략 특성. 한국언어청각임상학회 · 한국언어치료학회 공동학술대회 발표논문집, 347-349.
김향희, 나덕렬(2007). 아동용 한국판 보스톤이름대기검사(Korean version-Boston Naming Test for children: K-BNT-C). 서울: 학지사.
남기심, 고영근(1996). 표준국어문법론. 서울: 탑출판사.
노대규, 김영희, 이상복, 임용기, 성낙수, 최기호 (편)(1988). 국어학서설. 서울: 정음사.
문혜숙(2003). 여성장애인의 문제와 지원방안 연구. 인문사회과학연구, 12, 210-230.
문혜숙(2007). 자폐성 아동의 자발어 증진을 위한 보완적 의사소통중재 연구. 대구대학교 대학원 박사학위논문.
박경숙, 정동영, 정인숙, 김계옥, 송영준(2005). 기초학력검사: 쓰기(Korea National Institute for Special Education-Basic Academic Achievement Test: KNISE-BAAT: 쓰기). 국립특수교육원.
박경숙, 정동영, 정인숙, 김계옥, 송영준(2005). 기초학력검사: 읽기(Korea National Institute for Special Education-Basic Academic Achievement Test: KNISE-BAAT: 읽기). 국립특수교육원.
박상희(2006). 이중언어환경 아동의 조음과 음운패턴 연구. 특수교육저널: 이론과 실천, 7(4), 143-152.
박상희(2009). 다문화가정 아동의 조음산출에 관한 종단적 연구. 언어치료연구, 18(1), 89-97.
박소은(2002). 일반 아동과 학습장애 아동의 자기발화수정능력 비교 연구: 결속표지에 대한 자기발화수정을 중심으로. 이화여자대학교 대학원 석사학위논문.
박승희(1994). 정신지체 정의, 분류, 지원의 체계. 서울: 교육과학사.
박은혜, 김영태(2003). 보완대체 의사소통판에서의 핵심어휘와 상황어휘 적정 비율에 관한 연구. 언어청각장애연구, 8(2), 111-126.
박은혜, 김영태, 김정연(2008). 파라다이스 보완대체 의사소통 기초능력 평가. 서울: 파라다이스복지재단.
박정은, 김영태(2003). 표현언어장애아동의 학습잠재력(ZPD)에 기초한 역동적 평가의 치료예측 타당도 연구. 언어청각장애연구, 8(1), 100-116.
박지윤(2007). 이중언어 환경 아동의 언어발달 특성. 대구대학교 대학원 석사학위논문.
박지윤, 박상희, 석동일(2007). 학령전기 이중언어 환경 아동의 언어학적 특성-형태론적 분석-. 언어치료연구, 16(2), 131-145.
박향아(2000). 아동의 음운인식 발달. 아동학회지, 21(1), 35-44.
박혜연(2009). 그룹홈 거주 지적장애성인의 핵심어휘 및 부수어휘 분석을 통한 의미적 언어사용 연구. 이화여자대학교 일반대학원 석사학위논문.
박혜원, 곽금주, 박광배(2001). 한국 웩슬러 유아 지능검사(Korean-Wechsler Preschool and Primary Scale of Intelligence: K-WPPSI). 서울: 도서출판 특수교육.
배소영(1987). 정상 말소리의 발달(I). 1;4-3;11세의 아동. 아동의 조음장애치료(편). 서울: 한국언어병리학회.
배소영(1993, 1998). 언어발달. 학령기 아동의 말-언어장애 진단 및 치료교육. 서울: 한국언어병리학회.
배소영, 곽금주(2011). 한국판 맥아더 베이츠 의사소통발달 평가(Korean version of M-B CDI: K M-B CDI). 서울: 마인드프레스.
배소영, 곽금주, 김근영, 정경희, 김효정(2009). 다문화가정 어머니와 발달지원자 설문을 통해 본 아동의 언어환경 및 언어발달 실태. 한국언어치료학회, 18, 4, 165-184.
배소영, 임선숙, 이지희(2000). 언어문제해결력검사(TOPS). 서울: 서울장애인복지관.
배소영, 임선숙, 이지희, 장혜성(2004). 구문의미 이해력 검사(KOSCET). 서울: 서울장애인종합복지관.
배승아, 김영태, 오소정(2012). 수용어휘 수준에 따른 다문화가정 아동과 일반가정 아동의 표현어휘 및 구문 오류 특성 연구. 유아특수교육연구, 16(4), 81-104.
백미정(2006). 부모의 사회경제적지위 · 양육스트레스와 아동의 표현어휘발달과의 관계. 단국대학교 대학원 석사학위논문.
보건복지부(2005). 2005년 장애인실태조사. 서울: 보건복지부.
보건복지부(2006). 2006년 국민기초생활보장사업 안내. 서울: 보건복지부.
성영주, 윤미선, 홍경훈(2010). 와우이식유아의 의사소통의도 분석. 언어청각장애연구, 15(2), 205-219.
성태제(1995). 타당도와 신뢰도. 서울: 양서원.

신경혜, 황상민(1994). 성별과 사회경제적 환경이 학령전 아동의 언어발달에 미치는 효과. 한국심리학회지: 발달, 7(2), 74-91.

신문자, 김영태, 정부자, 김재옥(2011). 한국 아동 토큰 검사(Korean-Token Test for Children-2: K-TTFC-2). 서울: 학지사 심리검사연구소.

신혜원, 이은홍(2008). 글자 없는 그림책(제 3권). 사계절출판사.

심선우(2001). 어머니 훈련을 통한 환경언어중재가 언어발달지체 아동의 자발적인 발화 및 단어조합 사용에 미치는 효과. 이화여자대학교 대학원 석사학위논문.

양수진(2000). 이야기 결속표지 발달: 4세, 6세, 8세 및 성인을 대상으로. 이화여자대학교 대 학원 석사학위논문.

염동문, 허명자, 이한우(2004). 청각장애인 부모의 건청 자녀에 대한 양육부담. 특수교육 저널: 이론과 실천, 5(2), 357-380.

오소정, 이은주, 김영태(개발 중). 아동 화용언어 체크리스트(Children' s Pragmatic Language Checklist: CPLC).

오소정, 김영태, 김영란(2009). 서울 및 경기지역 다문화가정 아동의 언어특성과 관련변인 에 대한 기초 연구. 특수교육, 8(1), 137-161.

오소정, 김영태, 임동선(2011). 다문화가정 아동의 품사별 어휘정확도 및 반응속도 특성. 언어치료연구, 20(4), 125-142.

오혜경(2002). 기혼여성 장애인의 일반적 특성 및 생활 실태. 재활복지, 6(2), 55-81.

유명화, 엄미선(2007). 여성 장애인의 임신 · 출산 · 육아와 사회적 지원. 재활복지, 11(2), 131-157.

윤미선, 최은아(2010). 청각장애영유아 조기중재: 의사소통 능력의 평가. 언어청각장애연구, 15(1), 1-19.

윤병천(2005). 국내 수화 연구의 동향 분석. 특수교육저널: 이론과 실천, 6(1), 19-36.

윤혜련, 김영태(2005). 학령기 단순언어장애아동의 이야기 이해특성. 언어청각장애연구, 10(3), 41-56.

이광오(1996). 한글 글자열의 음독과 음운규칙. 한국심리학회지: 인지 및 생물, 8(1), 1-23

이규호(2006). 접속조사의 분류와 목록. 우리말글, 37, 171-195.

이선미(2010). 이야기 제시 조건에 따른 인공와우이식 아동의 이야기 접속표지 사용. 이화여자 대학교 대학원 석사학위논문.

이성은(1995). 도시 저소득층 아동의 언어학습태도 발달을 위한 사회지원 프로그램 개발: 총체적 언어접근법을 중심으로. 한국문화연구원 논총, 66(1-3), 287-307.

이수정(2010). 6세 읽기 위험군(at-risk reader) 아동의 음운인식능력 특성 연구. 이화여자 대학교 대학원 석사학위논문.

이수정, 김영태(2013). 자폐범주성장애 아동과 청소년의 운율 특성에 관한 연구문헌 분석. 자폐성 장애연구, 13, 1.

이슬비(2008). 그림교환의사소통체계를 통한 언어중재가 발달지체아동의 자발적인 구어표현에 미치는 영향. 공주대학교 특수교육대학원 석사학위논문

이영미, 김영태, 박은혜(2005). 학령기 아동의 학교상황 어휘 연구: 보완 대체 의사소통체계 적용을 위한 기초연구. 언어청각장애연구, 10(1), 134-152.

이영철(1993). 환경중심 언어지도가 정신지체아의 자발 발화에 미치는 효과. 대구대학교 특수교육학과 대학원 미간행 박사학위논문.

이윤경(2014). 학령기 아동 언어검사(Language Scale for School-aged Children: LSSC). 서울: 학지사 심리검사연구소.

이윤경, 김영태(2000). 자발화분석을 통한 중고도 청각장애아동과 정상아동의 어휘다양도 비교. 재활복지, 4(2), 1-14.

이윤경, 김영태(2002). 단순언어장애아동의 낱말찾기 특성. 언어청각장애연구, 7(1), 65-80.

이은정(1991). 최신 표준어 · 맞춤법 사전. 서울: 국어문화사.

이은정, 김영태(1999). 주기를 이용한 음운패턴 훈련법이 심한 음운장애 아동의 오류음운과정 및 문장 수준의 말명료도에 미치는 효과. 교육과학연구, 29, 139-156.

이은주, 김영태(2011). 청각장애부모 가정 건청아동(CODA)의 언어발달 관련 연구 문헌분 석. 이중언어학, 46, 237-252.

이종숙, 신은수, 박은혜, 김영태, 곽영숙, 유영의, 최일선, 유홍옥, 고혜란(2008). 영유아 언어, 인지, 사회 · 정서 발달 평가 도구(Korean Evidence-Baced

Assessement for Age 2to 5: KEBA-2 to 5). 교육과학기술부 · 제주도교육청.

이지연, 곽금주(2008). 아동초기 사회경제적 지위(SES)와 가정환경이 언어발달에 미치는 영향. 한국심리학회지: 발달, 21(3), 151-165.

이해숙, 김정오(2003). 음운 규칙의 적용 용이성이 음운 정보처리에 미치는 효과. 한국심리학회지: 인지 및 생물, 15(3), 425-454.

이현진, 박영신, 김혜리(공역). (2007). 언어발달(3판). 서울: 시그마프레스.

이혜영(2004). 교육의 경쟁력 제고 측면에서 본 한국교육의 과제. 서울: 한국교육개발원.

이호영(1996). 국어음성학. 서울: 태학사.

이효신, 이정남(2004). PECS를 이용한 자폐장애 유아의 자발적 의사표현 행동 향상. 정서 · 행동장애연구, 20(4), 335-351.

이효진, 김영태(2001). 단순언어장애 아동의 대화 말차례 특성. 언어청각장애연구, 6(2), 293-312.

이희정, 김영태(1999). 자발화 표본 분석의 정량화를 통한 언어발달지체의 판별 연구: 발화길이를 중심으로. 말-언어장애연구, 4, 153-166.

임유경(2006). 한글단어재인에서 음운규칙의 적용도 연구. 이화여자대학교 대학원 석사학위논문.

임유진, 김영태(2008). 단어 읽기 과제에서 초등 2학년과 5학년 아동의 음운규칙 적용능력 의 비교. 언어청각장애연구, 13(4), 635-653.

임희정(2000). 사진교환 의사소통 체계를 이용한 환경중심 의사소통 중개가 자폐아동의 사물요구하기 수행에 미치는 효과. 이화여자대학교 대학원 석사학위논문.

장선아(1996). 비장애아동의 환경언어중재전략 사용이 장애아동의 사회적 언어에 미치는 영향. 이화여자대학교 대학원 석사학위논문.

장혜성, 임선숙, 백현정(1992). 언어이해 · 인지력 검사. 서울: 서울장애인종합복지관.

정성윤(1983). 음운론. 서울: 형설출판사.

정부자(2013). 2-4세 일반아동의 자발화 표본크기와 평균발화길이의 비교. 자폐성장애연구, 13(3), 39-51.

정윤희(2012). 나사렛말뭉치 자료와 분석방법에 따른 2, 3, 4세 일반아동의 평균발화길이. 나사렛대학교 미간행 석사학위논문.

정은희(2004). 농촌지역 국제결혼 가정 아동의 언어발달과 언어 환경. 언어치료연구, 13, 33-52.

정현진(2008). Four-year-old children's narrative and maternal verbal behavior: a comparative study between poverty and non-poverty children. 서울대학교 대학원 석사학위논문.

정훈영, 서경희(2010). 정서장애학교의 학교수준 교육과정 편성 실태 분석. 특수교육저널: 이론과 실천, 11, 4.

조명한(1982). 한국 아동의 언어획득 연구: 책략 모형. 서울: 서울대학교 출판부.

조선하, 우남희(2004). 한국 유아의 창안적 글자쓰기 발달 과정 분석. 유아교육연구, 24(1), 315-339.

조효인, 김영태(2003). 비디오 자기모델링을 활용한 보완대체 의사소통 중재가 중도 정신지체아동의 의사소통 능력에 미치는 효과. 특수교육연구, 10(1), 193-217.

조홍식(2006). http://www.blog.com, 2006년 10월 19일자.

채은화(2007). 저소득 가정 만 3~5세 유아의 어휘력, 수용 · 표현언어 및 인쇄물 개념. 연세 대학교 교육대학원 석사학위논문.

최소영, 김영태, 윤선아(2013). 이야기 제시 조건에 따른 초등학교 저학년 고기능 자폐성 장애 아동들의 쓰기 응집력 특징. 자폐성 장애연구, 13(2), 15-39.

최은아, 윤미선(2008). 국어문법연습: 조사와 어미. 나사렛언어청각센터.

최인자(2001). 청각장애 아동의 명료화요구에 대한 발화수정전략 사용 연구. 이화여자대학교 대학원 석사학위논문.

최진희(1999). 환경중심 의사소통 중재가 중도 장애아동의 칩톡(Cheap Talk)을 이용한 요구하기 수행에 미치는 효과. 이화여자대학교 대학원 석사학위논문.

통계청(2008). 국제통계연감. http://www.nso.go.kr

하가영(2000). 기능적 읽기활동을 통한 AAC 훈련이 비구어 뇌성마비아동의 의사소통 능력에 미치는 습득 및 일반화 효과. 이화여자대학교 일반대학원 석사학위논문.

한국심리학회(1998). 심리검사 제작 및 사용 지침서. 서울: 중앙적성출판사.

한국표준수화규범제정 추진위원회(2008). 한국수화 (1). 서울: 국립국어원.

한국표준수화규범제정 추진위원회(2009). 한국수화 (2). 서울: 국립국어원.

한국표준수화규범제정 추진위원회(2010a). 한국수화 (3). 서울: 국립국어원.

한국표준수화규범제정 추진위원회(2010b). 한국수화 동영상 웹사전. 국립국어원.

한국표준수화규범제정 추진위원회(2010c). 한국수화에 의한 한국어 문법 교육. 서울: 국립국어원.

한선경, 김영태, 박은혜(2012). 태블릿 PC를 이용한 AAC 중재가 무발화 중도 자폐범주성장애 학생의 의사소통 양상에 미치는 영향. 언어청각장애연구, 17, 92-106.

한재순, 신문자(1987). 조음분석의 방법. 아동의 조음장애치료(편). 서울: 한국언어병리학회.

한지영, 김영태, 김경희(2002). 초기 표현언어발달에 관한 부모보고 평가의 타당도 연구. 언어청각장애연구, 7(2), 46-63.

행정안전부(2009). http://news.mopas.go.kr/govnews, 2009년 5월 6일자.

허웅(1983). 국어학. 서울: 샘문화사.

홍경훈(2005). '말늦은아동(late-talker)' 의 표현어휘 발달 예측요인에 대한 종단연구. 이화여자대학교 대학원 박사학위논문.

홍경훈, 김영태(2001). 아동의 의사소통의도 습득에 대한 종단연구. 언어청각장애연구, 6(1), 17-39.

홍성인(2001). 한국아동의 음운인식발달. 연세대학교 대학원 석사학위논문.

황보명, 김경신(2010). 지적장애아동 언어치료. 서울: 학지사.

황상심(2007). 농촌지역 다문화가정 아동들의 언어 특성 연구. 대구대학교 대학원 박사학위논문.

황진애, 김영태, 이주연(2007). 학령기 아동의 읽기 이해력 발달. 언어청각장애연구, 12(3), 412-428.

황현이(2005). 가정의 소득 수준과 아동의 언어능력 및 가정문해환경. 연세대학교 대학원 석사학위 논문.

Abbeduto, L., Davies, B., & Furman, L. (1988). The development of speech act comprehension in mentally retarded individuals and non-retarded children. *Child Development, 59*, 1460-1472.

Abbeduto, L., Davies, B., Solesby, S., & Furman, L. (1991). Identifying the referents of spoken messages: Use of context and clarification requests by children with and without mental retardation. *American Journal of Mental Retardation, 95*, 551-562.

Abbeduto, L., Furman, L., & Davies, B. (1989). Relation between the receptive language` and mental age of persons with mental retardation. *American Journal on Mental Retardation, 93*, 535-543.

Abbeduto, L., Murphy, M. M., Richmond, E. K., Amman, A., Beth, P., Weissman, M. D., Kim, J. S., Cawthon, S. W., & Jaradottir, S. (2006). Collaborationin referential communicationL Comparison of youth with Down syndrome or Fragile X syndrome. *American Journal on Mental Retardation, 111*, 170-183.

Abbeduto, L., Short-Meyerson, K., Benson, G., Dolish, J., & Weissman, M. (1998). Understanding referential expressions in context: Use of common ground by children and adolescents with mental retardation. *Journal of Speech, Language and Hearing Research, 41*, 1348-1362.

Adams, M. J., & Treadway, J. (2000). *Fox in a Box: An Adventure in Literacy*. CTB/McGraw-Hill.

Aeredolo, L., & Goodwyn, S. (1988). Symbolic gesturing in normal infants. *Child Development, 59*, 450-466.

Akneuda, M., Piza, M., & LaMonica, D. (2005). Adaptation of the Picture Exchange Communication System in a school context. *Pró-Fono Revista de Atualizaçã0 Ciaentifica, 17*, 233-240.

Allen, J., & Mason, J. M. (1989) *Risk makers, risk takers, risk breakers: Reducing the risks for young literacy learners*. Portsmouth, NH: Heinemann.

Alt, M., & Plante, E. (2006). Factors that influence lexical and semantic fast mapping of young children with specific language impairment. *Journal of Speech, Language, and Hearing Research, 49*, 941-954.

Alt, M., Plante, E., & Creusere, M. (2004). Semantic features in fast-mapping: Performance of preschoolers with specific language impairment versus preschoolers with normal language. *Journal of Speech, Language, and Hearing Research, 47*, 407-420.

American Associaion on Intellectual and Developmental Disabilities (AAIDD). (2010). *Intellectual disability: Definition, classification, and system of support.* Washington, DC: Author.

American Psychiatric Association (APA). (2000). *Diagnostic and statistical manual of mental disorders: DSM-IV-TRÆ.* Washington, DC and London: American Psychiatric Publishing.

American Psychiatric Association. (2013). *Autism spectrum disorder. In Diagnositc and statistical manual of mental disorders* (5th ed.). Seoul, Korea: Hakjisa.

American Psychiatric Association. (2013). *Diagnostic and Statistical Manual of Mental Disorders (DSM-5).* Arlington. VA, US: American Psychiatric Publishing.

American Speech, Language, and Hearing Association (ASHA) (2012). ASHA' s recommended revisions to the DSM-5. Retrieved from http://www.asha.org /uploadedFiles/ DSM-5-Final-Comments.pdf. (Accessed 15 Jan 2014).

American Speech-Language-Hearing Association. (2005). Roles and responsibilities of speech-language pathologists with respect to augmentative and alternative communication: position statement [Position Statement]. Available from www.asha.org/policy.

Applebee, A. (1978). The child' s concept of story. Chicago: University of Chicago Press.

Applegate, M. D., Quinn, K. B., & Applegate, A. J. (2004). *The Critical Reading Inventory: Assessing Students' Reading and Thinking.* Prentice Hall.

Archbold, S., Harris, M., O' Donoghue, G., Nikolopoulos, T., White, A., & Lloyd R. H. (2008). Reading abilities after Cochlear implantation: The effect of age at implantation on outcomes at 5 and 7 years after implantation. *International Journal of Pediatric Otorhinolaryngology, 72*(10), 1471-1478.

Archibald, L. M. D. (2008). The promise of non-word repetition as a clinical tool. *Canadian Journal of Speech Language Pathology and Audiology, 32*, 21-28.

Archibald, L. M. D., & Gathercole, S. E. (2006). Nonword repetition: A comparison of tests. *Journal of Speech, Language, and Hearing Research, 49*, 970-983.

Asher, S. R. (1979). Referential communication. In G. J. Whitehurst & B. J. Zimmerman (Eds.), *The functions of language cognition.* New York, NY: Academic Press.

Baddeley, A. D. (1986). *Working memory.* Oxford: Oxford University Press.

Bader, L. A. (2005). *Reading and Language Inventory* (5th ed.). Upper Saddle River, NJ: Prentice Hall.

Bagley, C., & McGeein, V. (1989). The taxonomy and course of childhood autism. *Perceptual and Motor Skills, 69*, 1264-1266.

Bagshaw, N. (1978). An acoustic analysis of fundamental frequency and temporal parameters of autistic children' s speech. Unpublished master' s thesis, University of California at Santa Barbara.

Bailey, D. (1989). Assessment and its importance in early intervention. In D. Bailey & M. Wolery (Eds.), *Assessing infants and preschoolers with handicaps* (pp. 1-21). Columbus, OH: Charles E. Merrill.

Bailey, D., & Bricker, D. (1986). A psychometric study of a criterion-referenced assessment instrument designed for infants and young children. *Journal of the Division for Early*

Childhood, 10, 124–134.

Ball, E. W. (1993). Assessing phoneme awareness. *Language, Speech, and Hearing Services in Schools, 24*, 130–139.

Ball, J. (1978). A pragmatic analysis of autistic children' s language with respect to aphasic and normal language development. Unpublished honors thesis, Melbourne University.

Ball, L. J., & Stading, K. L. (2006). Functional communication strategies for children with apraxia of speech. Seminar presentation at the American Speech, Language, and Hearing Association Annual Convention.

Baltaxe, C. A. (1977). Pragmatic deficits in the language of autistic adolescents. *Journal of Pediatric Psychology, 2*, 176–180.

Baltaxe, C. A. (1981). Acoustic characteristics of prosody in autism. International Congress for the Scientific Study of Mental Deficiency. In P. Mittler (Ed.), *New frontiers of knowledge in the scientific study of mental deficiency* (pp. 223–233). Baltimore, MD: University Park Press.

Baltaxe, C., & Simmons, J. Q. (1981). Disorders of language in childhood psychosis: Current concepts and approaches. In J. Darby (Eds.), *Speech evaluation in psychiatry*. New York: Grune and Stratton.

Banajee, M., Dicarlo, C., & Stricklin, S. (2003). Core vocabulary determination for toddlers. *Augmentative and Alternative Communication, 19*, 67–73.

Baron-Cohen, S. (1988). Social and pragmatic deficits in autism: Cognitive or affective. *Journal of Child Language, 2*, 395–418.

Baron-Cohen, S. (2002). The extreme male brain theory of autism. *Trends in Cognitive Sciences, 6*, 248–254.

Baron-Cohen, S., Baldwin, D., & Crowson, M. (1997). Do children with autism use the Speaker' s Direction of Gaze (SDG) strategy to crack the code of language? *Child Development, 68*, 48–57.

Barrett, M. D. (1986). Early semantic representations and early word usage. In S. A. Kuczaj & M. D. Barrett (Eds.), *The development of word meaning*. New York: Springer-Verlag.

Barrett, M., Harris, M., & Chasin, J. (1991). Early lexical development and material speech: A comprehension of children' s initial and subsequent uses of words. *Journal of Child Language, 18*, 21–40.

Bar-Shalom, E. G., Crain, S., & Shankweiler, D. (1993). A comparison of comprehension and production abilities of good and poor readers. *Applied Psycholinguistics, 14*, 197–197.

Bartak, L., & Rutter, M. (1976). Differences between mentally retarded and normally intelligent autistic children. *Journal of Autism and Childhood Schizophrenia, 6*, 109–120.

Bartak, L., Rutter, M., & Cox, A. (1975). A comparative study of infantile autism and specific developmental receptive language disorder: I. The children. *British Journal Psychiatry, 126*, 127–145.

Bartolucci, G., & Alberts, R. J. (1974). Deictic categories in the language of autistic children. *Journal of Autism and Childhood Schizophrenia, 4*, 131–141.

Bartolucci, G., Pierce, S. J., & Steiner, D. (1980). Cross-sectional studies of grammatical morphemes in autistic and mentally retarded children. *Journal of Autism and Developmental Disorders, 10*, 39–50.

Bartolucci, G., Pierce, S. J., & Steiner, D., & Eppel, P. T. (1976). Phonological investigation of verbal autistic and mentally retarded subjects. *Journal of Autism and Childhood Schizophrenia, 6*, 303-316.

Bartolucci, G., Pierce, S. J., Steiner, D. (1980). Cross-sectional studies of grammatical morphemes in autistic and mentally retarded children. *Journal of Autism and Developmental Disorders, 10*, 39-50.

Basil, C. (1992). Social interaction and learned

helplessness in severely disabled children. *Augmentative and Alternative Communication, 8*, 188-199.

Bates, E. (1974). Acquisition of pragmatic competence. *Journal of Child Language, 1*, 277-281.

Bates, E. (1976). *Language and context: Studies in the acquisition of pragmatics*. New York: Academic Press.

Bates, E., & MacWhinney, B. (1989). Functionalism and the competition model. In B. MacWhinney (Ed.), *The crosslinguistic study of sentence processing* (pp. 3-76). Cambridge, UK; Cambridge University Press.

Bates, E., Bretherton, I., & Snyder, L. (1988). *From first words to grammar: Individual differences and dissociable mechanism*. New York: Cambridge University Press.

Bates, E., Camaioni, L., & Volterra, V. (1975). The acquisition of performatives prior to speech. *Merrill Palmar Quarterly, 21*(3), 205-226.

Bates, E., Friederici, A., & Wulfeck, B. (1987). Sentence comprehension in aphasia: A cross-linguistic study. *Brain and Language, 32*, 19-67.

Bates, E., Thal, D., & MacWhinney, B. (1991). A functionalist approach to language and its implications for assessment and intervention. In T. M. Gallagher (Ed.), *Pragmatics of Language: Clinical Practice Issues*. San Diego: Singular Publishing Group.

Bates, O' Connell, & Shore. (1987). Language and communication in infancy. In J. Osofsky (Ed.), *Handbook of infant development* (pp. 149-203). New York: John Wiley.

Baumgart, D., Johnson, J., & Helmstetter, E. (1990). *Augmentative and alternative communication systems for persons with moderate and severe disabilities*. Baltimore, ML: Paul Brooks.

Bavin, E. L., & Bretherton, L. (2013). The early language in Victoria study: Late talkers, predictors, and outcomes. In Rescorla, L. A., & Dale, P. S. (Eds.), *Late talkers: Language development, interventions, and outcomes* (pp. 3-21). Baltimore: Paul H. Brookes Publishing Co.

Beckman, P., & Kohl, A. (1984). The effects of social and isolated toys on the interactions and play of integrated and nonintegrated groups of preschools. *Education and Training of the Mentally Retarded, 19*, 169-174.

Bedore, L., & Lonard, L. B. (1998). Specific language impairment and gramatical morphology: A discriminant function analysis. *Journal of Speech, Language, and Hearing Research, 41*, 1185-1192.

Bedrosian, J. L. (1982). *A sociolinguistic approach to communication skills: Assessment and treatment methodology for mentally retarded adults*. Unpublished doctoral dissertation, University of Wisconsin.

Bedrosian, J. L. (1988). Adults who are mildly to moderately mentally retarded: Communicative performance, assessment and intervention. In S. Calculator & J. Bedrosian(Eds.). *Communication assessment and intervention for adults with mental retardation* (pp. 265-307). San Diego: College-Hill.

Bedrosian, J. L. (1993). Making minds meet: Assessment of conversational topic in adults with mild to moderate mental retardation. *Topics in Language Disorder, 13*(3), 36-46.

Bell, S. M., & Ainsworth, M. D. S. (1972). Infant crying and maternal responsiveness. *Child Development, 43*, 1171-1190.

Bender, N., & Carlson, J. (1982). Prosocial behavior and perspective-taking of mentally retarded and nonretarded children. *American Journal of Mental Deficiency, 86*, 361-366.

Benedict, H. (1979). Early Lexical Development: Comprehension and Production. *Journal of Child Language, 6*, 183-200.

Berko-Gleason, J. (2005). *The development of language* (6th ed.). Boston, MA: Allyn & Bacon.

Bernard-Opitz, V. (1982). Pragmatic analysis of the communicative behavior of an autistic child. *Journal of Speech and Hearing Disorders, 47*, 99-109.

Berninger, W., & Thalberg, P. (1987). Preventing reading disabilities by assessing and remediating phonemic skills. *School Psychology Review, 16*(4), 554-565.

Bernstein, D. K., & Tiegerman-Farber, E. (2002). *Language and communication disorders in children.* Boston: Allyn and Bacon.

Bernthal, J. E., & Bankson, N. W. (1998). *Articulation Disorders.* Englewood Cliffs, NJ: Prentice-Hall.

Bernthal, J. E., Bankson, N. W., & Flipsen, P. (2009). *Articulation and phonological disorders: speech sound disorders in children.* Boston: Allyn and Bacon.

Beukelman, D., & Mirenda, P. (2013). *Augmentative and Alternative Communication: Supporting children and adults with complex communication needs* (4th ed.). Baltimore, MD: Brookes.

Bishop, D. (1979). Comprehension in developmental language disorders. *Developmental Medicine and Child Neurology, 21*, 225-238.

Bishop, D. (2006). *Children' s Communication Checklist-2 U.S. Edition.* New York, NY: The Psychological Corporation.

Bishop, D. V. M., & Adams, C. (1990). A prospective study of the relationship between specific language impairment, phonological disorders and reading retardation. *Journal of Child Psychology and Psychiatry, 31*, 1027-1050.

Bishop, D. V. M., & Adams, C. (1992). Comprehension problems in children with specific language impairment: literal and inferential meaning. *Journal of Speech and Hearing Research, 35*, 119-129.

Bishop, D. V. M., North, T., & Donlan, C. (1996). Nonword repetition as a behavioural marker for inherited language impairment: Evidence from a twin study. *Journal of Child Psychology and Psychiatry, 37*, 391-403.

Blachman, B. (1984). Relationship of rapid naming ability and language analysis skills to kindergarten and first-grade reading achievement. *Journal of Educational Psychology, 76*, 610-622.

Blachman, B. (2000). Phonological awareness. In M. Kamil, P. Mosenthal, D. Pearson, & R. Barr (Eds.), *Handbook of reading research* (Vol. 3). Mahwah, NJ: Erlbaum.

Blair, J. C., Peterson, M. G., & Viehweg, S. H. (1985). The effects of mild sensorineural hearing loss on on the academic performance of young school children. *The Volta Review, 87*, 87-94.

Blake, J. K. (1984). *Language development in working-class black children: An examination of form, content, and use.* Unpublished doctoral dissertation, Columbia University, New York City.

Blamey, P. J. (2003). Development of spoken language by deaf chidlren, In M. Marschark and P. Spencer (Eds.), *Deaf studies, language, and education* (pp. 232-246). New York: Oxford University Press.

Blamey, P., Sarant, J. Z., Paatsch, L. E., Barry, J. G., Bow, C., Wales, R. J., Wright, M., Psarros, C., Rattigan, K., Tooher, R. (2001). Relationships among speech perception, production, language, hearing loss, and age in chidlren with impaired hearing. *Journal of Speech, Language, and Hearing Research, 44*, 264-285.

Blanchard, I. (1964). Speech pattern and etiology in mental retardation. *American Journal of Mental Deficiency, 68*, 612-617.

Blank, M., Rose, S., & Berlin, L. (2003). *Preschool Language Assessment Instrument, Second Edition (PLAI-2).* Austin, TX: Pro-Ed.

Blockberger, S., & Johnston, J. (2003). Grammatical morphology acquisition by children with complex communication needs. *Augmentative and Alternative Communication, 19*, 207.

Bloom, L. (1970). *Language development: Form and function of emerging grammars.* Cambridge:

The MIT Press.

Bloom, L. (1973). *One word at a time: The use of single-word utterances before syntax*. Hague: Mouton.

Bloom, L. (1974). Talking, understanding, and thinking. In R. L. Schiefelbusch & L. L. Lloyd (Eds.), *Language perspectives: Acquisition, retardation and intervention*. Baltimore: University Park Press.

Bloom, L. (1983). Of continuity, nature, and magic. In R. Golinkoff (Ed.), *The transition from preverbal to verbal communication*. Hillsdale, NJ: Erlbaum.

Bloom, L. (1993). *The transition from infancy to language: Acquiring the power of expression*. New York: Cambridge University Press.

Bloom, L., & Lahey, M. (1978). *Language development and language disorders*. New York: John Wiley and Sons.

Bloom, L., Rocissano, L., & Hood, L. (1976). Adult-child discourse: Developmental interaction between information processing and linguistic knowledge. *Cognitive Psychology, 8(4)*, 521-552.

Boehm, A. (2000). *Boehm Test of Basic Concepts-Third Edition (Boehm-3)*. The Psychological Corporation.

Boehm, A. (2001). *Boehm Test of Basic Concepts-3 Preschool (Boehm-3 Preschool)*. The Psychological Corporation.

Bondy, A. S., & Frost, L. A. (1998). The picture exchange communication system. *Seminars in Speech and Language, 19*(4), 373-389.

Bondy, A., & Frost, L. (2002). The picture exchange communication system: clinical and research applications. In P. Mirenda & Iacono, T. (Eds.), *Autism spectrum disorders and AAC*. Baltimore, ML: Brookes.

Bondy, A., & Frost, L. (2009). The Picture Exchange Communication System: Clinical and research applications. In P. Mirenda & T. Iacono (Eds.), *Autism spectrum disorders and AAC* (pp. 279-302). Baltimore: Paul H. Brookes Publishing Co.

Bonvillian, J. D., & Nelson, K. E. (1976). Sign language acquisition in a mute autistic boy. *Journal of Speech and Hearing Disorder*, 339-347.

Bonvillian, J. D., Orlansky M. D., & Folven R. J. (1990) Early sign language acquisition: Implications for theories of language acquisition. In V. Volterra & C. J. Erting (Eds.), *From gesture to language in hearing and deaf children* (pp. 219-232). Berlin: Springer-Verlag.

Bonvillian, J. D., Orlansky, M. D., & Novack, L. L. (1983). Developmental milestones: Sign language acquisition and motor development. *Child Development, 54*, 1435-1445.

Boons, T., Brokx, J. P. L., Frijns, J. H. M., Peer, L., Philips, B., Vermevlen, A., Wouters, J., & van Wieringen, A. (2012). Effect of Pediatric Bilateral Cochlear Inmplantation on Language Development. *JAMA Pediatrics, 166*(1), 28-34.

Botting, N., Faragher, B., Simkin, Z., Knox, E., and Conti-Ramsden, G. (2001). Predicting pathways of specific language impairment: what differentiates good and poor outcome? *Journal of Child Psychology and Psychiatry, 42*(8), 1013-1020.

Boucher, J. (1976). Articulation in early childhood autism. *Journal of Autism and Childhood Schizophrenia, 6*, 297-302.

Boucher, J., Lewis, V., & Collis, G. M. (2000). Voice processing abilities in children with autism, children with specific language impairments, and young typically developing children. *Journal of Child Psychology and Psychiatry, and Allied Disciplines, 41*, 847-857.

Boudreau, D. M., & Chapman, R. S. (2000). The relationshil between event representation and linguistic skill in narratives of children and adolescents with Down syndrome. *Journal of Speech, Language, and Hearing Research, 43*, 1146-1159.

Bowerman, M. F. (1973). *Learning to talk: A cross-*

linguistic comparison of early syntactc development, with special reference to Finnish. London: Cambridge University Press.

Bowerman, M. F. (1980). Language development. In H. C. Triandis & A. Heron (Eds.). *Handbook of cross-cultural psychology* (Vol. 4). Boston: Allyn and Baccon.

Bowers, L., Barrett, M., Huisingh, R., Orman, J., & LoGiudice, C. (2007). *Test of Problem Solving-2 Adolescent (TOPS-2)*. LinguiSystems.

Bowers, L., Huisingh, R., & LoGiudice, C. (2008). *Social Language Development Test Elementary*. LinguiSystems.

Bowers, L., Huisingh, R., & LoGiudice, C. (2010a). *Social Language Development Test Adolescent*. LinguiSystems, Inc.

Bowers, L., Huisingh, R., & LoGiudice, C. (2010b). *Social Language Development Test Adolescent (SLDT A)*. LinguiSystems, Inc.

Bowers, L., Huisingh, R., LoGiudice, C., & Orman, J. (2005a). *The WORD Test-2: Adolescent*. LinguiSystems, Inc.

Bowers, L., Huisingh, R., LoGiudice, C., & Orman, J. (2005b). *The WORD Test-2: Elementary*. LinguiSystems, Inc.

Bowers, L., Huisingh, R., LoGiudice, C., & Orman, J. (2010). *Expressive Language Test 2 (ELT 2)*. LinguiSystems, Inc.

Bowers, P. G., & Swanson, L. B. (1991). Naming speed deficits in reading disability: Multiple measures of a singular process. *Journal of experimental child psychology, 51*(2), 195-219.

Bowman, S. (1984). A review of referential communication skills. *Australian Journal of Human Communication Disorders, 12*, 93-112.

Brackenbury, T., & Pye, C. (2005). Semantic deficis in children with language impairment: Issues for clinical assessment. *Language, Speech, and Hearing Services in Shools, 36*, 5-16.

Bradley, L., & Bryant, P. (1983). Categorizing sounds and learning to sound: A casual connection. *Nature, 30*, 419-421.

Braine, M. (1963). The ontogeny of English phrase structure: The first phrase. *Language, 39*, 1-13.

Braine, M. (1976). Children' s first word combinations. *Monographs of the Society for Research in Child Development, 41*(Serial No. 164).

Brannon, J. B. (1968). Linguistic word classes in the spoken language of normal, hard-of-hearing, and deaf children. *Journal of Speech and Hearing Research, 11*, 268-278.

Bricker, D. (1993). *Assessment, evaluation, programming system for infants and toddlers*. Baltimore, MD: Paul H. Brookes.

Bricker, D., & Cripe, J. J. W. (1992). *An activity-based approach to early intervention*. Baltimore: Paul H. Brookes Publishing Co.

Brinton, B., & Fujiki, M. (1984). Development of topic manipulation skills in discourse. *Journal of Speech, Language, and Hearing Research, 27*(3), 350-358.

Brinton, B., Fujiki, M., Loeb, D. F., & Winkler, E. (1986). Development of conversational repair strategies in response to requests for clarification. *Journal of Speech, Language, and Hearing Research, 29*(1), 75-82.

Bronfenbrenner, U. (1979). *The ecology of human development*. Cambridge, MA: Harvard University Press.

Brown, J. B. (1984). Examination of grammatical morphemes in the language of hard-of-hearing chidlren. *The Volta Review, 4*, 229-238.

Brown, R. (1973). *A first language: the early stages*. Cambridge, MA: Harvard University Press.

Brownell, M. D., & Whiteley, J. H. (1992). Development and training of referential communication in children with mental retardation. *American Journal of Mental Retardation, 97*, 161-172.

Brownell, R. (2000). *The Expressive One-Word Picture Vocabulary Test: Spanish-Bilingual Edition (EOWPVT-SBE)*. Novato, CA: Academic

Therapy Publications.

Brownell, R. (2001). *Receptive One-Word Picture Vocabulary Test: Spanish-Bilingual Edition (ROWPVT-SBE).* Academic Therapy Publications.

Brownell, R. (2004). *Phonics Based Reading Test (PRT).* Academic Therapy Publications.

Brownell, R. (2010a). *Expressive One-Word Picture Vocabulary Test-4 (EOWPVT-4).* Academic Therapy Publications.

Brownell, R. (2010b). *Receptive One-Word Picture Vocabulary Test-4 (ROWPVT-4).* Academic Therapy Publications.

Bruck, M. (1990). Word-recognition skills of adults with childhood diagnoses of Dyslexia. *Developmental Psychology, 26*(3), 439-454.

Bruck, M. (1992). Persistence of dyslexics' phonological awareness deficits. *Developmental psychology, 28*(5), 874.

Bruner, J. S. (1964). The course of cognition growth. *American Psychologist, 19*, 9-15.

Bruner, J. S. (1975). The ontogenesis of speech acts. *Journal of Child Language, 2*, 1-19.

Bruner, J. S. (1978). From communication to language: A psychological perspective. In I. Markova (Ed.), *The social context of language.* New York: John Wiley & Sons.

Bruner, J. S. (1978). The role of dialogue in language acquisition. In A. Sinclair, R. J. Jarvella & W. J. M. Levelt (Eds.). *The child conception of language* (pp. 241-256). New York: Springer-Verlag.

Bryant, B. R., Wiederholt, J. L., & Bryant, D. P. (2004). *Gray Diagnostic Reading Tests-Second Edition (GDRT-2).* PRO-ED.

Bunce, B. (1989). Using a barrier game format to improve children' s referential communication skills. *Journal of speech and Hearing Disorders, 54*, 33-43.

Bunce, B. (1991). Referential communication skills: Guidelines for therapy. *Language, Speech, and Hearing Services in Schools, 22*, 96-301.

Byrne, B. (1981). Deficient syntactic control in poor readers: Is a weak phonetic memory code responsible?. *Applied psycholinguistics, 2*(3), 201-212.

Bzoch, K., & League, R. (1971). *Assessing language skills in infancy.* Baltimore: University Park Press.

Cain, K., & Oakhill, J. V. (1999). Inference making ability and its relation to comprehension failure in young children. *Reading and Writing, 11*, 489-503.

Calcualtor, S. N. (1988). Promoting the acquisition and generalization of conversational skills by individuals with severe disabilities. *Augmentative and Alternative Communication, 4*(2), 94-113.

Calkins, S., & Tager-Flusberg, H. (1986). A comparison of echolalic and spontaneous speech in autistic and Down syndrome children. Paper presented at the annual meeting of the American Psychological Association, Washington DC

Camarata, S. (2013). Which late talkers require intervention?: Matching child characteristics and risk factors to treatment. In Rescorla, L. A., & Dale, P. S. (Eds.), *Late talkers: Language development, interventions, and outcomes* (pp. 303-323). Baltimore: Paul H. Brookes Publishing Co.

Cantwell, D., Baker, L., & Rutter, M. (1978). A comparative study of infantile autism and specific developmental receptive language disorder: IV. Analysis of syntax and language function. *Journal of Child Psychology and Psychiatry, 19*, 351-362.

Cantwell, D., Baker, L., & Rutter, M. (1978). A comparative study of infantile autism and specific developmental receptive language disorder: IV. Analysis of syntax and language function. *Journal of Child Psychology and Psychiatry, 19*, 351-362.

Capirci, O, Iverson, J. M., Pizzuto, E., & Volterra, V. (1996). Gesture and words during the transition to two-word speech. *Journal of Child Language, 23*, 645-673.

Cappella, J. N. (1979). Talk and silence sequences in

informal conversation I. *Human Communication Research*, *6*, 3-17.

Cappella, J. N., & Planalp, S. (1981). Talk and silence sequences in informal conversation Ⅲ : Interspeaker influence. *Human Communication Research*, *7*, 117-132.

Carpenter, M., Pennington, B. F., &Rogers, S. J. (2002). Interrelations among social-cognitive skills in young children with autism. *Journal of Autism and Developmental Disorders*, *32*, 91-06.

Carpenter, R. L., Mastergeorge, A. M., & Coggins, T. E. (1983). The acquisition of communicative intentions in infants eight to fifteen months age. *Language and Speech*, *26*, 101-116.

Carr, E. G., Pridal, C., & Dores, P. A. (1984). Speech versus sign comprehension in autistic children: Analysis and prediction. *Journal of Experimental Child Psychology*, *37*, 587-597.

Carr, E. G., Pridal, C., & Dores, P. A. (1984). Speech versus sign comprehension in autistic children: Analysis and prediction. *Journal of Experimental Child Psychology*, *37*, 587-597.

Carrow-Woodfolk, E., & Lynch, J. (1982). *An integrative approach to language disorders in children*. New York: Grune & Stratton.

Casby, M. W. (1992). An intervention approach for naming problems in children. *American Journal of Speech-Language Pathology*, *1*, 35-42.

Catts, H. W. (1991). Early Identification of reading disabilities. *Topics in Language Disorders*, *12*(1), 1-16.

Catts, H. W. (1993). The relationship between speech-language impairments and reading disabilities. *Journal of Speech and Hearing Research*, *36*, 948-958.

Chall, J. S. (1983). *Learning to read: The great debate*. New York: McGraw-Hill.

Chapman, R. (1978). Comprehension strategies in children. In J. F. Kavanaugh & W. Strange (Eds.), *Speech and language in the laboratory, school and clinic* (pp. 308-327). Cambridge, MA: MIT Press.

Chapman, R. S. (1997). Language development in chidlren and adolescents with Down syndrome. *Mental Retardation and developmental Disabilities Reviews*, *3*, 307-312.

Chapman, R. S., & Miller, J. F. (1975). Word order in early two and three word utterances: Does production precede comprehension? *Journal of Speech and Hearing Research*, *18*, 355-371.

Chapman, R. S., Kay-Raining Bird, E., & Schwartz, S. E. (1990). Fast mapping of words in event contexts by children with Down Syndrome. *Journal of Speech and Hearing Disorders*, *55*, 761-770.

Charlop, M., Schreibman, L., & Thibodeau, M. (1985). Increasing spontaneous verbal responding in autistic children using time delay. *Journal of Applied Behavior Analysis*, *18*, 155-166.

Charlop-Christy, M. H., Carpenter, M., Le, L., LeBlanc, L. A., & Kellet, K. (2002). Using the Picture Exchange Communication System (PECS) with children with autism: Assessment of pecs acquisition, speech, social-communicative behavior, and problem behavior. *Journal Applied Behavior Analysis*, *35*(3), 213-231.

Charman, T., & Stone, W. (2006). *Social & Communication Development in Autism Spectrum Disorders: Early Identification, Diagnosis, & Intervention*. New York: The Guilford Press.

Charman, T., Baron-Cohen, S., Swettenham, J., Baird, G., Drew, A., & Cox, A. (2003). Predicting language outcome in infants with autism and pervasive development disorder. *International Journal of Language and Communication Disorders*, *38*, 265-285.

Cherry, L., & Lewis, M. (1976). Mothers and two-year-olds: A study of sex-differentiated aspects of verbal interaction. *Developmental Psychology*, *12*, 278-282.

Ching, T. Y., Dillon, H., Day, J., Crowe, K., Close, L., Chisholm, K., & Hopkins, T. (2009). Early language outcomes of children with Cochlear implants: Interim findings of the NAL study on longitudinal outcomes of children with hearing impairment. *Cochlear Implants International, 10*(SUP1), 28-32.

Ching, T. Y., Dillon, H., Marnane, V., Hou, S., Day, J., Seeto, M., Crowe, K., Street, L., Thomson, J., Van Buynder, P., Zhang, V., Wong, A., Burns, L., Flynn, C., Cupples, L., Cowan, R. S., Leigh, G., Sjahalam-King, J., & Yeh, A. (2013). Outcomes of early-and late-idenetified children at 3 years of age: Findings from a prospective population-based study. *Ear and Hearing, 34*, 535-552.

Chomsky, N. (1957). *Syntactic structures*. The Hague, The Netherlands: Mouton.

Chomsky, N. (1968). *Language and mind*. New York: Harcourt, Brace & World.

Clark, E. V. (1973). Non-linguistic strategies and the acquisition of word meanings. *Cognition, 2*, 161-182.

Clark, E. V. (1973). What' s in a word? On the child' s acquisition of semantics in his first language. In T. E. Moore (Ed.), *Cognitive development and the acquisition of language*. New York: Academic Press.

Cleland, J., Gibbon, F., Peppe, S., O' Hare, A., & Rutherford, M. (2010). Phonetic and phonological errors in children with high functioning autism and Asperger syndrome. *International Journal of Speech-Language Pathology, 12*, 69-76.

Cobo-Lewis, A. B. (1997). An adaptive psychophysical method for subject classification. *Perception & Psychophysics, 59*, 989-1003.

Coelho, C. A., Liles, B. Z., & Duffy, R. J. (1991). Conversational patterns of aphasic, closed head injured, and normal speakers. Paper presented at the 21st Annual Clinical Aphasiology Conference, Desten, Fl.

Coggins, T. (1991). Bringing context back into assessment. *Topic in Language Disorders, 11*, 43-54.

Coggins, T. (1998). Clinical assessment of emerging language: How to gather evidence and make informed decisions. In A. M. Wetherby, S. F. Warren, & J. Reichle (Eds.), *Transitions in prelinguisitic communication* (pp. 233-259). Baltimore, MD: Paul H. Brookes.

Coggins, T. E., & Carpenter, R. L. (1981). The communicative intention inventory: A system for observing and coding children' s early intentional communication. *Applied Psycholinguistics, 2*, 235-251.

Cole, K. N., Mills, P. E., & Dale, P. S. (1989). Examination of test-retest and split-half reliability for measures derived from language samples of young handicapped children. *Language, Speech, and Hearing Services in Schools, 20*(3), 259-268.

Collier, V. P. (1987). Age and rate of acquisition of second language for academic purposes. *TESOL Quarterly, 21*, 617-641.

Collier, V. P. (1989). How long? A synthesis of research on academic achievement in second language. *TESOL Quarterly, 23*, 509-531.

Coltheart, M. (1978). Lexical access in simple reading tasks. In G. Underwood (Ed). *Strategies of information processing*. London & New York: Academic Press.

Coltheart, M. (2006). Dual route and connectionist models of reading: an overview. *London review of Education, 4*(1), 5-17.

Connor, C. M., Craig, H. K., Raudenbush, S. W., Heavner, K., & Zwolan, T. A. (2006). The age at which young deaf children receive Cochlear implants and their vocabulary and speech-production growth: Is there an added value for early implantation? *Ear & Hearing, 27*, 628-644.

Constable, C. M. (1983). Creating communicative context. In H. Winitz (Ed.), *Treating language disorders: For clinicians by clinicians* (pp. 97-

120). Baltimore: University Park Press.

Constable, C. M. (1986). The application of scripts in the organization of language intervention contexts. In K. Nelson (Ed.), *Event knowledge: Structure and function in development* (pp. 205–230). Hillsdale, NJ: Lawrence Erlbaum.

Conti-Ramsden, G. (2003). Processing and linguistic markers in young children with specific language impairment (SLI). *Journal of Speech, Language, and Hearing Research, 46*, 1029–1037.

Conti-Ramsden, G., & Friel-Patti, S. (1986). Situational variability in mother-child conversations. In K. Nelson (Ed.), *Children's language* (Vol. 6). New York: Gardner Press.

Conti-Ramsden, G., & Jones, M. (1997). Verb use in specific language impairment. *Journal of Speech, Language, and Hearing Research, 40*, 1298–1313.

Cossu, G., Rossini, F., & Marshall, J. C. (1993). When reading is acquired but phonemic awareness is not: A study of literacy in Down' s syndrome. *Cognition, 46*, 129–138.

Cowan, R. S., DelDot, J., Barker, E. J., Sarant, J. Z., Pegg, P., Dettman, S., ... & Clark, G. M. (1997). Speech perception results for chidlren with implants with different levels of preoperative residual hearing. *The American Journal of Otology, 18*(6 Suppl), S125–126.

Craig, H. K. (1991). Pragmatic characteristics of the child with specific language impairment: An interactionist perspective. In T. M. Gallagher (Ed.), *Pragmatics of Language: Clinical practice issues*. San Diego: Singular Publishing Group.

Craig, H. K., & Evans, J. L. (1989). Turn exchange characteristics of SLI children s simultaneous and nonsimultaneous speech. *Journal of Speech and Hearing Disorders, 54*, 334–347.

Craig, H. K., & Evans, J. L. (1993). Pragmatics and SLI: Within-group variations in discourse behaviors. *Journal of Speech and Hearing Research, 36*, 777–789.

Craig, H. K., & Gallagher, T . M. (1982). Gaze and proximity as turn regulators within three-party and two-party child conversations. *Journal of Speech and Hearing Research, 25*, 65–74.

Craig, H. K., & Washington, J. A. (1986). Children's turn-taking behaviors: Social-linguistic interaction. *Journal of Pragmatics, 10*, 173–197.

Craig, H., & Washington, J. (1993). The access behaviors of children with specific language impairment. *Journal of Speech and Hearing Research, 36*, 322–337.

Craik, F., & Lockart, R. (1972). Levels of processing: A framework for memory research. *Journal of Verbal Learning and Verbal Behavior, 11*, 671–684.

Crais, E. R., & Chapman, R. S. (1987). Story recall and inferencing skills in language/learning-disabled and nondisabled children. *JSHD, 52*, 50–55.

Crystal, D. (1979). *Working with LARSP*. New York: Elsevier.

Cummins, J. (1979). Linguistic interdependence and the educational development of bilingual children. *Review of Educational Research, 49*, 222–251.

Cummins, J. (1991). Interdependence of first- and second-language proficiency in bilingual children. In E. Bialystok (Ed.), *Language processing in bilingual children* (pp. 70–89). Cambridge, England: Cambridge University Press.

Cummins, J. (2000). *Language, power, and pedagogy. Bilingual children in the crossfire*. Clevedon, England: Multilingual Matters.

Cunningham, C., & Sloper, P. (1984). The relationship between maternal ratings of first word vocabulary and Reynell language scores. *British Journal of Educational Psychology, 54*, 160–167.

Cupples, L., & Iacono, T. (2000). Phonological awareness and oral reading skills in children with Down Syndrome. *Journal of Speech,*

Language, and Hearing Research, 43, 595-608.

Curtiss, S., Katz, R., & Tallal, P. (1992). Delay versus deviance in the language acquisition of language-impaired children. *Journal of Speech and Hearing Research, 35*, 373-383.

Curtiss, S., Prutting, C. A., & Lowell, E. L. (1979). Pragmatic and semantic development in young children with impaired hearing. *Journal of Speech and Hearing Research, 22*, 534-552.

Dale, P. (1991). The validity of a parent report measure of vocabulary and syntax of 24 months. *Journal of Speech and Hearing Research, 34*, 565-571.

Dale, P., Bates, E., Reznick, S., & Morisset, C. (1989). The validity of a report instrument of child language at twenty months. *Journal of child language, 16*, 239-250.

Daneman, M., & Carpenter, P. A. (1983). Individual differences in integrating information between and within sentences. *Journal of Experimental Child Psychology, 9*, 561-584.

Daniloff, J., Lloyd, L., & Fristoe, M. (1983). Amer-Ind transparency. *Journal of Speech and Hearing Disorders, 48*, 103-110.

Darley, F., & Moll K. (1960). Reliability of language measures and size of language sample. *Journal of Speech and Hearing Research, 3*, 166-173.

Davis, J. M., Shepard, N. T., Stelmachowicz, P. G., & Gorga, M. P. (1981). Characteristics of hearing impaired chidlren in the public schools, Part II: Psychoeducational data. *Journal of Speech and Hearing Research, 46*, 123-129.

Dawson, G., Meltzoff, A. N., Osterling, J., Rinaldi, J. and Brown, E. (1998). Children with autism fail to orient to naturally occurring social stimuli. *Journal of Autism and Developmental Disorders, 28*, 479-485.

Dawson, J., Stout, C., & Eyer, J. (2005). *Structured Photographic Expressive Language Test-3 (SPELT-3)*. Janelle Publications.

Dawson, J., Stout, C., Eyer, J., Tattersall, P., Fonkalsrud, J., & Crowley, K. (2004). *Structured Photographic Expressive Language Test-Preschool 2 (SPELT-P 2)*. Janelle Publications.

De Villiers, J. G. (1995). Questioning minds and answering machines. In D. MacLaughlin & S. McEwen (Eds.), *Proceeding of the 19th Annual Boston University Conference on Language Development* (pp. 20-36). Somerville, MA: Cascadilla Press.

De Villiers, J. G., & de Villiers, P. A. (1993). A cross-sectional study of the acquisition of grammatical morphemes in child speech. *Journal of Psycholinguistic Research, 2*, 267-278.

DeGarmo, D. S., Forgatch, M. S., & Martinez, C. R. (1999). Parenting of divorced mothers as a link between social status and boy' s academic outcomes: Unpacking the effects of socioeconomic status. *Child Deveiopment, 70*, 1231-1245.

Delage, H., & Tuller, L. (2007). Langauge development and mild-to-moderate hearing loss: Does language normalize with age? *Journal of Speech, Language, and Hearing Research, 50*, 1300-1313.

DeMyer, M. K., Alpern, G., Barton, S., Deyer, W. E., Churchill, D., Hingtgen, J. N., et al. (1972). Imitation in autistic, early schizophrenic, and nonpsychotic subnormal children. *Journal of Autism and Childhood Schizophrenia, 2*(3), 264-287.

DeMyer, M. K., Hingtgen, J. N., & Jackson, R. K. (1981). Infantile autism reviewed: A decade of research. *Schizophrenia Bulletin, 7*, 388-451.

Denckla, M. B., & Rudel, R. (1976). Naming of object-drawings by dyslexic and other learning disabled children. *Brain and Language, 3*, 1-15.

DesJardin, J. L., Ambrose, S. E., Martinez, A. S., & Eisenberg, L. S. (2009). Relationships between speech perception abilities and spoken language skills in young chidlren with hearing loss. *International Journal of Audiology, 48*,

248-259.

Devaney, C., Guralnick, M., & Rubin, H. (1974). Integrating handicapped and nonhandicapped preschool children: Effects on social play. *Childhood Education, 50*, 360-364.

Diamond, E., & Squires, J. (1993). The role of parental report in the screening and assessment of young children. *Journal of Early Intervention, 17*, 107-115.

Dickinson, D. K., & DeTemple, J. (1998). Putting parents in the picture: Maternalreports of preschooler' s literacy as a predictor of early reading. *Early Childhood Research Quarterly, 13*(2), 241-263.

Diehl, J. J., Bennetto, L., & Young, E. C. (2006). Story Recall and Narrative Coherence of High-Functioning Children with Autism Spectrum Disorders. *Journal of Abnormal Child Psychology, 34*, 87-102.

Dodd, B. (1976). A comparison of the phonological systems of mental age matched normal, severely subnormal, and Down' s syndrome children. *British Journal of Disorders of Communication, 11*, 27-42.

Dodd, B. (1976). The phonological systems of deaf children. *Journal of Speech and Hearing Disorders, 41*, 185-198.

Doherty, J., Daniloff, J., & Lloyd, L. (1985) The effect of categorical presentation on Amer-Ind transparency. *Augmentative and Alternative Communication, 1*, 10-16.

Dore, J. (1974). A pragmatic description of early language development. *Journal of Psycholinguistic Research, 3*, 343-350.

Dore, J. (1978). Conditions for the acquisition of speech acts. In I. Markova (Ed.), *The Social Context of Language*. Chichester: John Wiley and Sons.

Dore, J. (1986). The development of conversational competence. In R. Schiefelbusch (Ed.), *Language competence: Assessment and intervention* (pp. 3-60). San Diego: Colledge-Hill.

Dore, J. et al. (1976). Transitional phenomena in early language acquisition. *Journal of Child Language, 3*, 13-28.

Dowell, R. C., Dettman, S. J., Blamey, P. J., Barker, E. J., & Clark, G. M. (2002). Speech perception in children using Cochlear implants: prediction of long-term outcomes. *Cochlear Implants International, 3*(1), 1-18.

Drager, K., Postal, V., Carrolus, L., Castellano, M., Gagliano, C., & Glynn, J. (2006). The effect of aided language modeling on symbol comprehension and production in 2 preschoolers with autism. *American Journal of Speech-Language Pathology, 15*, 112-125.

Duchesne, L., Sutton, A., & Bergeron, F. (2009). Language achievement in children who received Cochlear implants between 1 and 2 years of age: Group trends and individual patterns. *Journal of Deaf Studies and Deaf Education, 14(4)*, 465-485.

Dunn, C. C., Walker, E. A., Oleson, J., Kenworthy, M., Van Voorst, T., Tomblin, J. B., ... & Gantz, B. J. (2014). Longitudinal speech perception and language performance in pediatric Cochlear implant users: The effect of age at implantation. Ear and Hearing.

Dunn, L. M., & Dunn, L. M. (2007). *The Peabody Picture Vocabulary Test, Fourth Edition.* Minneapolis, MN: Pearson Assessments.

Dunst, C. J. (1981). *Infant learning: A cognitive-linguistic intervention strategy.* New York: Teaching Resources.

Eadie, P. A., Fey, M. E., Douglas, J. M., & Parsons, C. L. (2002). Profiles of grammatical morphology and sentence imitation in children with specific language impairment and Down Syndrome. *Journal of Speech, Language, and Hearing Research, 45*, 720-732.

Edwards, M. L. (1979). Phonological processes in fricative acquisition. *Papers and Reports on Child Language Development, 17*, 98-105.

Edwards, M. L. (1992). Clinical forum: Phonological

assessment and treatment in support of phonological processes. *Language, Speech, and Hearing Services in Schools, 23*, 233-240.

Edwards, M. L., & Shriberg, L. D. (1983). *Phonology: Application in communicative disorders*. San Diego, CA: College-Hill Press.

Eimas, P. D. (1974). Linguistic processing of speech by young infants. In R. L. Schiefelbusch & L. L. Lloyd (Eds.), *Language Perspectives: Acquisition, retardation and intervention*. Baltimore: University Park Press.

Eisenberg, S. L., McGovern Fersko, T., & Lundgren, C. (2001). The use of MLU for identifying language impairment in preschool children: A review. *American Journal of Speech-Language Pathology, 10*, 323-342.

Eisert, D., Spector, S., Shankaran, S., Faigenbaum, D., & Szego, E. (1980). Mothers' reports of their low birth weight infants' subsequent development on the Minnesota Child Development Inventory. *Journal of Pediatric Psychology, 5*, 353-364.

Elbow, P. (1990). *What Is English?*. New York: Modern Language Association of America.

Elfenbein, J. L., Hardin-Jones, M. A., & Davis, J. M. (1994). Oral communication skills of children who are hard of hearing. *Journal of Speech and Hearing Research, 37*, 216-226.

Elfenbein, J. L., Hardin-Jones, M. A., & Davis, J. M. (1994). Oral communication skills of children who are hard of hearing. *Journal of Speech and Hearing Research, 37*, 216-226.

Ellis-Weismer, S. (1985). Constructive comprehension abilities exhibited by language-disordered children. *Journal of Speech and Hearing Research, 28*, 175-184.

Ellis-Weismer, S. (2007). Typical talkers, late talkers, and children with specific language impairment: A language endowment spectrum? In Paul R (Ed.) *Language disorders from a developmental perspective: Essays in honor of Robin S. Chapman*. Mahwah, NJ: Lawrence Erlbaum, 83-102.

Ellis-Weismer, S. E., Murray-Branch, J., & Miller, J. F. (1994). A prospective longitudinal study of language development in late talkers. *Journal of Speech and Hearing Disorders, 37*, 852-867.

Evans, J. (1996). Plotting the complexities of language sample analysis: Linear and nonlinear dynamic models of assessment. In K. N. Cole, P. S. Dale, & D. J. Thal (Eds.), *Communication and language intervention series (Vol. 6): Assessment of communication and language* (pp. 207-256). Baltimore: Paul H. Brookes Publishing Co.

Evans, J. L., Saffran, J. R., & Robe-Torres, K. (2009). Statistical Learning in children with Specific Language Impairment. *Journal of Speech, Language, and Hearing Research, 52*, 321-335.

Eyer, J. A., & Leonard, L. (1995). Functional categories and specific language impairment: A case study. *Language Acquisition, 4*, 177-203.

Eyer, J. A., Leonard, L. B., Bedore, L. M., McGregor, K. K., Anderson, B., & Viescas, R. (2002). Fast mapping of verbs by children with specific language impairment. *Clinical Linguistics and Phonetics, 16*, 59-77.

Eyer, J., & Leonard, L. (1995). Functional categories and specific language impairment: A case study. *Language Acquisition, 4*, 177-203.

Ezell, H., & Goldstein, H. (1991). Comparison of idiom comprehension of normal children and children with mental retardation. *Journal of Speech and Hearing Research, 34*, 812-819.

Ezell, H., & Goldstein, H. (1991). Comparison of idiom comprehension of normal children and children with mental retardation. *Journal of Speech and Hearing Research, 34*, 812-819.

Fallon, K., Light, J., & Paige, T. (2001). Enhancing vocabulary selection for preschoolers who require augmentative and alternative communication (AAC). *American Journal of Speech-Language Pathology, 10*, 81-94.

Famer-Dougan, V. (1994). Increasing requests by adults with developmental disabilities using incidental teaching by peers. *Journal of Applied Behavior Analysis, 24*(3), 533-544.

Fay, W. H. (1969). On the basis of autistic echolalia. *Journal of Communication Disorders, 2*, 38-47.

Fay, W. H. (1980). Aspects of language. In W. H. Fay & A. L. Schuler (Eds.), *Emerging language in autistic children* (pp. 51-85). London: Edward Arnold.

Fay, W. H., & Schuler, A. L. (1980). *Emerging language in autistic children*. Baltimore: University Park Press.

Fein, D., & Waterhouse, L. (1979). Autism is not a disorder of language. Paper presented at the meeting of the New England Child Language Association, Boston.

Feldman, M. A., Ducharme, J. M., & Case, L. (1999). Using self-instructional pictorial mannuals to teach child-care skills to mothers with intellectual disabilities. *Journal of Behavioral Education, 23*(3), 480-497.

Feldstein, S., Konstantareas, M. M., Oxman, J., & Webster, C. D. (1982). The chronography of interactions with autistic speakers. *Journal of Communication Disorders, 15*, 445-460.

Fellbaum, C., Miller, S., Curtiss, S., & Tallal, P. (1995). An auditory processing deficit as a possible source of SLI. In D. Maclaughlin & S. McEwen (Eds.), *Processings of the 19th Annual Boston University Conference on Language Development, 1*, 204-215. Somerville, MA: Cascadilla Press.

Felton, R. H., & Pepper, P. P. (1995). Early identification and intervention of phonological deficits in kindergarten and early elementary children at risk for reading disability. *School Psychology Review, 24*(3), 405-414.

Felton, R. H., Naylor, C. E., & Wood, F. B. (1990). Neuropsychological profile of adult dyslexics. *Brain and Language, 39*, 485-497.

Fenson, L., Dale, P. S., Reznick, J. S., Bates, E., Thal, D. J., & Pethick, S. J. (1994). Variability in early communicative development. *Monographs of the Society for Research in Child Development, 59*(Serial No. 242).

Fenson, L., Dale, P., Reznick, J. S., Bates, E., Thal, D. J., Hartung, J., & Reilly, J. (1993). *Technical manual for the MacArthur communicative development inventory*. San Diego, CA: Singular Publishing Group.

Fenson, L., Dale, R., Reznick, S., Thal, D., Bates, E., Hartung, J., Pethick, S., & Reilly, J. (1993). *MacArthur communication development inventories*. San Diego: Singular.

Fenson, L., Marchman, V. A., Thal, D. J., Dale, P. S., Reznick, J. S, & Bates, E. (2007). *MacArthur-Bates communicative development inventories: User's guide and technical manual* (2nd ed.). Baltimore: Paul H. Brookes Publishing Co.

Ferguson, C. (1977). Baby talk as a simplified register, In C. Snow & E. Ferguson (Eds.), *Talking to children: Language input and acquisition* (pp. 209-235). Cambridge, UK: Cambridge University Press.

Fernald, A., & Kuhl, P. (1987). Acoustic determinants of infant preference for motherese speech. *Infant Behavior and Development, 10*, 279-293.

Fernald, A., & Marchman, V. A. (2012). Individual differences in lexical processing at 18 months predict vocabulary growth in typically developing and late-talking toddlers. *Child Development, 83*, 203-222.

Fernald, A., & Mazzie, C. (1991). Prosody and focus in speech to infants and adults. *Developmental Psychology, 27*, 209-221.

Feuerstein, R., Rand, Y., & Hoffman, M. (1979). *The dynamic assesment of retarded performers*. Baltimore: University Park Press.

Fey, M., Catts, H., & Larrivee, L. (1995). *Preparing preschoolers for the academic and social challenges of school*. In M. Fey, J. Windsor., & S. Warren (Eds.), Language intervention:

Preschool through the elementary years (pp. 3–34). Baltimore: Paul H. Brookes.

Fey, M. E., Catts, H. W., Proctor-Williams, K., Tomblin, J. B., & Zhang, X. (2004). Oral and written story composition skills of children With language impairment. *Journal of Speech, Language, and Hearing Research, 47*(6), 1301–1318.

Fey, M., & Leonard, L. (1984). Partner age as a variable in the conversational performance of specifically language-impaired children and normal-language children. *Journal of Speech and Hearing Research, 27*, 413–423.

Fish, B., Shapiro, T., & Campbell, M. (1966). Long-term prognosis and the response of schizophrenic children to drug therapy: A controlled study of trifluoperazine. *American Journal of Psychiatry, 123*, 32–39.

Fish, M., & Pinkerman, B. (2003). Language skills in low-SES rural Appalachian children: normative development and individual differences, infancy to preschool Language skills in low-SES rural Appalachian children: normative development and individual differences, infancy to preschool. *Journal of applied developmental psychology, 23*(5), 539–565.

Fitzpatrick, E. M., Crawford, L., Ni, A., & Durieux-Smith, A. (2011). A descriptive analysis of language and speech skills in 4- to 5-yr-old children with hearin gloss. *Ear and Hearing, 32*, 605–616.

Fitzpatrick, E. M., Durieux-Smith, A., Eriks-Brophy, A., Olds, J., & Gaines, R. (2007). The impact of newborn hearing screening on communication development. *Journal of Medical Screening, 14*, 123–131.

Fitzpatrick, E. M., Stevens, A., Garritty, C., & Moher, D. (2013). The effects of sign language on spoken language acquisition in children with hearing loss: A systemetic review protocol. *Systematic Review, 2*, 108–115.

Fletcher, C. (1976). A comparison of pitch patterns of normal and autistic children. Unpublished master' s thesis. University of california at Santa Barbara.

Fletcher, P., & Peters, J. (1984). Characterizing language impairment in children: An exploratory study. *Language Testing, 1*, 33–49.

Fluharty, N. B. (2000). *Fluharty Preschool Speech and Language Screening Test-Second Edition (FPSLST-2)*. PRO-ED.

Flynt, S. E., & Cooper, R. B. (2004). *Reading Inventory for the Classroom* (5th ed.). Prentice Hall.

Fokes, J. (1982). Problems confronting the theorist and practitioner in child phonology. In M. Carry (Ed.), *Phonological Intervention: Concepts and Procedures*. San Diego, CA: College-Hill Press.

Fowler, A. (1998). *Language in mental retardation: Associations with and dissociations from general cognition*. Handbook of mental retardation and development, 290–333.

Frankenburg, W., Coons, C., & Jer, C. (1982). Screening infants and preschoolers to identify school learning problem. In E. Edgar, N. Haring, J. Jenkins, & C. Pious(Eds.), *Mentally handicapped children* (pp. 11–28). Baltimore: University Park Press.

Freel, B. L., Clark, M. D., Anderson, M. L., Gilbert, G. L., Musyoka, M. M., & Hauser, P. C. (2011). Deaf individuals' bilingual abilities: American Sign Language proficiency, reading skills, and family characteristics. *Psychology, 2*(1), 18–23.

Freeman, P. P., & Carpenter, R. L. (1976). Semantic relations used by normal and language-impaired children at stage 1. *Journal of Speech and Hearing Research, 19*, 784–795.

French, L. A. (1986). The language of events. In K. Nelson (Ed.), *Event knowledge: Structure and function in development* (pp. 119–136). Hillsdale, NJ: Lawrence Erlbaum.

Fried-Oken, M. (1984). *The development of naming skills in normal and language deficient children*. Unpublished doctoral dissertation, Boston University.

Fried-Oken, M. (1987). Qualitative examination of children' s naming skills through test adaptations. *Language, Speech, and Hearing Services in Schools, 18*, 206-216.

Frith, U. (1985). Beneath the surface of developmental dyslexia. In K. Patterson, J. Marshall and M. Coltheart (Eds.), Surface Dyslexia, London: Erlbaum.

Frith, U. (1989). *Autism: Explaining the enigma*. Oxford: Blackwell.

Frith, U. (2003). Autism: Explaining the enigma (2nd ed.). Oxford: Blackwell.

Frith, U., & Happé, F. (1994). Autism: beyond "theory of mind". *Cognition, 50*, 115-132.

Frost, L. A., & Bondy, A. S. (1994). *The picture exchange communication system training manual*. Cherry Hill, NJ: Pyramid Educational Consultants, Inc.

Fryauf-Bertschy, H., Tyler, R. S., Kelsay, D. M., Gantz, B. J., & Woodworth, G. G. (1997). Cochlear implant use by prelingually deafened children: the influences of age at implant and length of device use. *Journal of Speech, Language and Hearing Research, 40*(1), 183-199.

Fujiki, M., & Brinton, B., Todd, C. M. (1996). Social skills of children with specific language impairment. *Language, Speech, and Hearing Services in Schools, 27*, 195-202.

Fujiki, M., & Willbrand, M. (1982). A comparison of four informal methods of language evaluation. *Language, Speech, and Hearing Services in Schools, 13*, 42-52.

Fujiki, M., Brinton, B., & Sonnenberg, E. A. (1990). Repair of overlapping speech in the conversations of specifically language-impaired and normally developing children. *Applied Psycholinguistics, 11*, 201-215.

Gantz, J. B., & Simpson, R. L. (2004). Effects on communicative requesting and speech development of the picture exchange communication system in children with characteristics of autism. *Journal of Autism and Developmental Disorders, 34*(4), 395-409.

Gardner, M. F. (2000). *TORCS: Test of Oral Reading and Comprehension Skills*. Hydesville, Calif: Psychological and Educational Publications.

Gardner, M. F. (2001). *Test of Silent Reading Skills (TSRS)*. Academic Therapy Publications.

Gardner, R. (1990). *Expressive One-Word Picture Vocabulary Test-Revised*. Novato, CA: Academic Therapy Publications.

Garvey, C. (1984). *Children's Talk*. Cambridge, MA: Harvard University Press.

Gathercole, S. E. (2006). Nonword repetition and word learning: The nature of the relationship. *Applied psycholinguistics, 27*, 513-543.

Gathercole, S. E., & Baddeley, A. D. (1990). The role of phonological memory in vocabulary acquisition: A study of young children learning new names. *British Journal of Psychology, 81*, 439-454.

Gathercole, S. E., Hitch, G. J., Service, E., & Martin, A. J. (1997). Phonological short-term memory and new word learning in children. *Developmental Psychology, 33*, 966-979.

Gathercole, S. E., Willis, C., S., Emslie, H., & Baddeley, A. D. (1991). The influences of number of syllables and wordlikeness on children' s repetition of nonwords. *Applied Psycholinguistics, 12*, 349-367.

Gathercole, S. E., Willis, C., S., Emslie, H., & Baddeley, A. D. (1992). Phonological memory and vocabulary development during the early school years: A longitudinal study. *Developmental Psychology, 28*, 887-898.

Geers A. E., & Moog, J. S. (1978). Syntactic maturity of spontaneous speech and elicited imitations of hearing-impaired children. *Journal of Speech and Hearing Disorders, 43*, 380-391.

Geers, A. E. Strube, M. J., Tobey, E. A., Pisoni, D. P., & Moog, J. S. (2011). Epilogue: Factors contributing to long-term outcomes of Cochlear implantation in early childhood. *Ear and Hearing, 32*, 845-925.

Geers, A. E., & Brenner, C. (2004). Educational intervention and outcomes of early Cochlear implantation. *International Congress Series-ASTERDAM-EXCERPA MEDIA THEN ELSEVIER SCIENCE-, 1273*, 405-408.

Geers, A. E., & Moog, J. S. (1978). Syntactic maturity of spontaneous speech and elicited imitations of hearing-impaired children. *Journal of Speech and Hearing Disorders, 43*, 380-391.

Geers, A. E., Moog, J., S., Biedenstein, J., Brenner, C., & Hayes, H. (2009). Spoken language scores of children using Cochlear implants compared to hearing age-mates at school entry. Journal of Deaf Studies and Deaf Education, 14, 371-385.

Geers, A. E., Nicholas, J. G., & Sedey, A. L. (2003). Language skills of children with early Cochlear implantation. *Ear and Hearing, 24*(1 Suppl), 46S-58S.

Gentner, D. (1982). Why nouns are learned before verbs: linguistic relativity versus natural partitioning. In S. A. Kuczaj (Ed.), *Language development: syntax and semantics*. Hillsdale, NJ: Erlbaum.

Gerard, J. M., Deggouj, N., Hupin, C., Buisson, A. L., Monteyne, V., Lavis, C., Dahan, K., & Gersdorff, M. (2010). Evolution of communication abilities after Cochlear implantation in prelingually deaf children. *International Journal of Pediatric Otorhinolaryngology, 74*(6), 642-648.

German, D. (2000). *Test of Word Finding* (2nd ed.). Austin, TX: PRO-ED, Inc.

German, D. J. (1979). Word-finding skills in children with learning disabilities. *Journal of Learning Disabilities, 12*, 43-48.

German, D. J. (1987). Spontaneous language profiles of children with word-finding problem. *Language, Speech, and Hearing Services in Schools, 18*, 217-230.

German, D. J. (1992a). Remediation, compensatory programming, and self-advocacy instruction for word finding disorders. Paper presented at the American Speech-Language-Hearing Association annual convention, San Antonio, TX.

German, D. J. (1992b). Word-finding intervention for children and adolescents. *Topics in Language Disorders, 13*, 33-50.

German, D. J. (1993). *Word Finding Intervention Program*. Tucson, AZ: Communication Skill Builders.

German, D. J. (1994). Word finding difficulties in children and adolescents. In G. P. Wallack & K. G. Butler (Eds.), *Language learning disabilities in school age: Some principles and applications*. New York: MacMillan Colledge Publishing Company.

German, D. J. (2000). *Test of Word Finding*. Austin, TX: Pro-Ed.

Gibbons, J., Anderson, R., Smith, R., Field, D. E., & Fischer, C. (1986). Young children' s recall and reconstruction of audio and audiovisual narratives. *Child Development, 57*, 1014-1023.

Gilbertson, M., & Bramlett, R. K. (1998). Phonological awareness screening to identity at risk readers: Implications for practitioners. *Language, Speech, and Hearing Services in Schools, 29*, 109-116.

Gillam, R. B., & Johnston, J. R. (1992). Spoken and written language relationships in language/learning impaired and normally achiving school-aged children. *Journal of Speech and Hearing Research, 35*, 1303-1315.

Gillam, R. B., & Pearson, N. (2004). Test of Narrative Language. Austin, TX: Pro-Ed.

Gillberg, C., & Steffenburg, S. (1987). Outcome and prognostic factors in infantile autism and similar conditions: A population-based study of 46 cases followed though puberty. *Journal of Autism and Developmental Disorders, 17*, 273-287.

Gilliam, J., & Miller, L. (2006). *PLSI: Pragmatic Language Skills Inventory*. Austin, Tx: Pro-Ed.

Girbau, D., & Schwartz, R. G. (2008). Phonological

working memory in Spanish-English bilingual children with and without specific language impairment. *Journal of Communication Disorders*, *41*, 124-145.

Girolametto, L., Pearce., P., & Weitzman, E. (1996). Interactive focused stimulation for toddlers with expressive vocabulary delays. *Journal of Speech and Hearing Research*, *39*, 1274-1283.

Glenn, C., & Stein, N. (1980). *Syntactic structures and real world themes in stories generated by children* (Technical report). Urbana: University of Illinois, Center for the Study of Reading.

Gobbi, L., Cipani, E., Hudson, C., & Lapenta-Neudeck, R. (1986). Developing spontaneous requesting among children with severe mental retardation. *Mental Retardation*, *24*(6), 357-363.

Goetz, L., & Sailor, W. (1988). New Direction: Communication development in persons with severe disabilities. *Topics in Language Disorders*, *8*(4), 41-54.

Goldberg, H., Paradis, J., & Crago, M. (2008). Lexical acquisition over time in minority first language children learning English as a second language. Applied Psycholinguistics, 29, 1-25.

Goldfarb, W., Braunstein, P., & Lorge, I. (1956). A study of speech patterns in a group of schizophrenic children. *American Journal of Orghopsychiatry*, *26*, 544-555.

Goldfarb, W., Goldfarb, N., Braunstein, P., & Scholl, H. (1972). Speech and language faults of schizophrenic children. *Journal of Autism and Childhood Schizophrenia*, *2*, 219-233.

Goldin-Meadow, S., & Morford, M. (1985). Gesture in early child language: Studies of deaf and hearing children. *Merrill-Palmer Quarterly*, *31*, 145-176.

Goldstein, H., & Ferrell, D. R. (1987). Augumenting communicative interaction between handicapped and nonhandicapped preschool children. *Journal of Speech and Hearing Disorders*, *52*, 200-211.

Golinkoff, R. M., Mervvis, C. B., & Hirsh-Pasek, K. (1994). Early object labels: The case for a developmental lexical principles framework. *Journal of Child Language*, *21*, 135-155.

Good III, R., & Kaminski, R. (2003). *Dynamic Indicators of Basic Early Literacy Skills-Sixth Edition (DIBELS)*. Sopris West Educational Services.

Goodglass, H., & Wingfield, A. (1997). *Anomia: Neuroanatomical and cognitive correlates*. San Diego: Academic Press.

Gopnik, A., & Meltzoff, A. (1986). Relations between semantic and cognitive development in the one word stage: The specificity hypothesis. *Child Development*, *57*, 1040-1053.

Goswami, U. (1990). Phonological priming and orthographic analogies in reading. *Journal of Experimental Child Psychology*, *49*, 323-340.

Goswami, U. (2000). Phonological and lexical process. In L. Kamil, B. Mosenthal, P. Pearson & R. Barr(Eds.), *Handbook of reading research*(vol. Ⅲ.). Hillsdale, NJ: Lawrence Erlbaum Associates, Inc.

Graf Estes, K., Evans, J. L., & Else-Quest, N. M. (2007). Differences in the non-word repetition performance of children with and without specific language impairment: A meta-analysis. *Journal of Speech, Language, and Hearing Research*, *50*, 177-195.

Gray, C. (1998). Social StoriesTM and comic strip conversations with students with Asperger syndrome and high-functioning autism. In E. Schopler (Ed.), Asperger syndrome or high functioning autism? (pp. 167-194). New York, NY: Plenum Press.

Gray, S. (2004). Word learing by preschoolers with specific language impairment: Predictors and poor learners. *Journal of Speech, Language, and Hearing Research*, *47*, 1117-1132.

Gray, S. (2006). The relationship between phonological memory, receptive vocabulary, and fast maping in young children with specific language impairment. *Journal of Speech, Language, and Hearing Research, 49*, 955-969.

Graybeal, C. (1981). Memory for stories in language subtypes in learning disabled children. *Journal of Educational Psychology, 78*, 358-364.

Greenfield, P., & Smith, J. (1976). *The structure of communication in early language development*. New York: Academic Press.

Greenwald, C., & Leonard, L. (1979). Communication and sensorimotor development of Down's syndrome children. *American Journal of Mental Deficiency, 84*, 296-303.

Griffiths, P. (1974). Review of M. Bowerman, Early syntactic development. *Journal of Child Language, 1*, 111-123.

Griswold, E., & Cummings, J. (1974). The expressive vocabulary of preschool deaf children. *American Annals of the Deaf, 119*, 16-28.

Groome, D. (1999). *An introduction to cognitive psychology: Processes and disorders*. London, UK: Psychological Press Ltd.

Grossman, R. B., Bemis, R. H., Plesa Skwerer, D., & Tager-Flusberg, H. (2010). Lexical and affective prosody in children with high-functioning autism. *Journal of Speech, Language, and Hearing Research, 53*, 778-793.

Gutiérrez-Clellen, V., & Peña, E. (2001). Dynamic assessment of diverse children: A tutorial. *Language, speech, and Hearing Services in Schools, 32*, 212-224.

Gutiérrez-Clellen, V. F., & Simon-Cereijido, G. (2010). Using nonword repetition tasks for the identification of language impairment in Spanish-English-Speaking children: Does the language of assessment matter? *Learning Disabilities Research and Practice, 25*, 48-58.

Hadley, P. A., & Short, H. (2005). The onset of tense marking in children at risk for specific language impairment. *Journal of Speech, Language, and Hearing Research, 48*, 1344-1362.

Hall, W., & Cole, M. (1978). On participants' shaping of discourse through their understanding of the task. In K. Nelson (Ed.), *Children's Language* (Vol. 1). New York: Gardner Press.

Hallahan, D. P., Lioyd, J. W., Kauffman, J. M., Weiss, M. P., & Martinez, E. A. (2005). *Learning disabilities*. Boston, MA: Allyn and Bacon.

Hallahan, K., Holtzhausen, D., Van Ruler, B., Verčič, D., & Sriramesh, K. (2007). Defining strategic communication. International *Journal of Strategic Communication, 1*(1), 3-35.

Halle, J. W., Baer, D. M., & Spradlin, J. E. (1981). An analysis of teachers' generalized use of delay in helping children. *Journal of Applied Behavior Analysis, 14*, 389-409.

Halle, J. W., Marshall, A., & Spradlin, J. (1979). Time delay: A technique to increase language use and facilitate generalization in retarded children. *Journal of Applied Behavior Analysis, 12*, 431-439.

Halliday, M. (1975). Learning how to mean. In E. Lenneberg & E. Lenneberg (Eds.), *Foundations of language development: A multi-disciplinary approach* (Vol. 1). New York: Academic Press.

Halliday, M. (1975). *Learning How to Mean: Explorations in the Development of Language*. New York: Arnold.

Halliday, M. A., & Hasan, R. (1976). *Cohesion in English*. London: Longman.

Hammer, A. (2010). *The acquisition of verbal morphology in coclear-implanted and specific language impaired children*. LOT, Utrecht.

Hammill, D. D., & Newcomer, P. L. (2008). *Test of Language Development-Intermediate, Fourth Edition (TOLD-I: 4)*. PRO-ED.

Hammill, D. D., Wiederholt, J. L., & Allen, E. A. (2006). *Test of silent contextual reading fluency*. Austin, TX: PRO-ED.

Hammill, D., Mather, N., & Roberts, R. (2001). *Illinois Test of Psycholinguistic Abilities, Third Edition (ITPA-3).* Austin: PRO-ED.

Happé, F. (1999). Autism: Cognitive deficit or cognitive style? *Trends in Cognitive Sciences, 3,* 216-222.

Harris, J. (1992). I can read it with my eyes shut: A case-study of reading difficulty in a language-impaired child. *Child Language Teaching and Therapy, 8,* 314-326.

Harrison L. J., & McLeod, S. (2010). Risk and protective factors associated with speech and langauge impairment in a nationally representative sample of 4- to 5-year-old children. *Journal of Speech, Language, and Hearing Research, 5,* 508-529.

Harrison, J. (1989). *Language comprehension stratesies used by young children in scripted-routines.* Unpublished doctoral dissertation. University of Flodida, Gainesville.

Hart, B., & Risley, T. (1975). Incidental teaching of language in the preschool. *Journal of Applied Behavior Analysis, 8,* 411-420.

Hart, B., & Risley, T. R. (1995). *Meaningful differences in the everyday experience of young Americal children.* Baltimore: Brooks.

Hart, B., & Rogers-Warren, A. (1978). A milieu approach to teaching language. In R. Schifelbusch (Ed.), *Language intervention strategies* (pp. 193-236). Baltimore: University Park Press.

Haynes, C. (1992). Vocabulary deficit-one problem or many? *Child Language Teaching and Therapy, 8,* 1-17.

Hayward, D., Gillam, R. B., & Lien, P. (2007). Retelling a script-based story: Do children with and without language impairments focus on script or story element? *Journal of Speech-Lanugage Pathology, 16,* 235-245.

Hedrick, L., Prather, M., & Tobin, R. (1984). *Sequences Inventory of Communicative Development.* Seattle: University of Washington Press.

Heighway, S. M., Kidd-Webster, S., & Snodgrass, P. (1988). Supporting parents with mental retardation. *Children Today, 17*(6), 24-27.

Hermelin, B., & O' Connor, N. (1967). Remembering of words by psychotic and subnormal children. *British Journal of Psychology, 58,* 213-218.

Hess, C., Haug, H., & Landry, R. (1989). The reliability of type-token ratios for the oral language of school age children. *Journal of Speech and Hearing Research, 32,* 536-540.

Hess, C., Sefton, K., & Landry, R. (1986). Sample size and type-token ratios for oral language of preschool children, *Journal of Speech and Hearing Research, 29,* 129-134.

Hickman, S. E., Watson, P. J., & Morris, R. J. (1996). Optimism, pessimism, and the complexity of narcissism. *Personality and Individual Differences, 20*(4), 521-525.

Hicks, J. (1972). Language disabilities of emotionally disturbed children. In J. Irwin & M. Marge (Eds.), *Principles of childhood language disabilities* (pp. 137-158). Englewood Cliffs, NJ: Prentice-Hall.

Hobson, R. P. (1986). The autistic child' s appraisal of expressions of emotion, *Journal of Child Psychology and Psychiatry, 27,* 321-342.

Hodson, B. W., & Paden, E. P. (1981). Phonological processes which characterize unintelligible and intelligible speech in early childhood. *Journal of Speech and Hearing Disorders, 46,* 369-373.

Hodson, B. W., & Paden, E. P. (1983). *Targeting intelligible speech: A phonological approach to remediation.* San Diego, CA: College Hill Press.

Hoff, E., & Naigles, L. (2002). How children use input to acquire a lexicon. *Child Development, 73,* 418-433.

Hoff, E., Core, C., Place, S., Rumiche, R., Senor, M., & Parra, M. (2012). Dual language exposure and early bilingual development. *Journal of Child*

Language, 39, 1-27.

Hoff-Ginsbérg, E. (1986). Function and structure in maternal speech: Their relation to the child's development of syntax. *Development Psychology, 22,* 155-163.

Hoff-Ginsberg, E. (1997). *Language Development.* Belmont, CA: Wadsworth/Thomson Learning.

Hoff-Ginsberg, E. (1998). The relation of birth order and socioeconomic status to children's language experience and language development. *Applied Psycholinguistics, 19,* 603-630.

Hoff-Ginsberg, E., & Naigles, L. (2002). How children use input in acquiring a lexicon. *Child Development, 73,* 418-433.

Houston, D. M., & Miyamoto, R. T. (2010). Effects of early auditory experience on word learning and speech perception in deaf children with Cochlear implants: implications for sensitive periods of language development. *Otology and Neurotology, 31*(8), 1248-1253.

Hudry, K., Leadbitter, K., Temple, K., Slonims, V., McConachie, H., Aldred, C., Howlin, P., Charman, T., & PACT Consortium(2010). Preschoolers with Autism show greater impairment in receptive compared with expressive language abilities. *International Journal of Language & Communication Disorders, 45*(6), 681-690.

Huisingh, R., Bowers, L., LoGiudice, C., & Orman, J. (2003). *Test of Semantic Skills-Intermediate (TOSS-I).* LinguiSystems.

Hutchins, T. L., Prelock, P. A., & Bonazinga, L. (2012). Psychometric Evaluation of the Theory of Mind Inventory(ToMI): A study of Typically Developing Children and Children with Autism Spectrum Disorder. *Journal of Autism and developmental disorder, 42*(3), 327-341.

Huttenlocher, J. (1974). The origins of language comprehension. In R. Solso (Ed.), *Theories in cognitive psychology, 3,* 187-190.

Huttunen, K., & Ryder, N. (2012). How children with normal hearing and children with a Cochlear implant use mentalizing vocabulary and other evaluative expressions in their narratives. *Clinical Linguistics & Phonetics, 26,* 823-844.

Hyltenstam, K., & Abrahamsson, N. (2003). Maturational constraints in SLA. In: C. J. Doughty & M. H. Long (eds.), *The Handbook of Second Language Acquisition* (pp. 539-588). Oxford: Blackwell.

Hyun, S., & Yim, D. (2013). The Performance on degraded listening task in children with Cochlear implants. *Communication Sciences and Disorders, 18*(1), 86-97.

Iacono, T. A. (2003). Pragmatic development in individuals with developmental disabilities who use AAC. In J. C. Light, D. R. Beukelman, & J. Reichle (Eds.), *Communicative competence for individuals who use AAC: From research to effective practice* (pp. 323-360). Baltimore, MD: Paul H. Brookes.

Ingram, D. (1976). *Phonological Disability in Children.* New York: Elsvier.

Ingram, D. (1981). *Procedures for the phonological analysis of children's language.* Baltimore: University Park Press.

Invernizzi, M. (2004). *Phonological Awareness and Literacy Screening (PALS).* The Rector and The Board of Visitors of the University of Virginia.

Ireton, H., & Thwing, E. (1974). *Manual for the Minnesota Child Development Inventory.* Minneapolis, MN: Behavior Science Systems.

Jackson-Maldonado, D., Bates, E., & Thal, D. (1992). *Fundacion MacArthur: Inventario del desarrollo de habilidades comunicativas.* San Diego, CA: San Diego State University.

Johnson, C. J., Paivio, A., & Clark, J. M. (1996). Cognitive components of picture naming. *Psychological Bulletin, 120*(1), 113-139.

Johnson, J., & Schery, T. (1976). The use of grammatical morphemes by children with communicative disorders. In D. Morehead & A. Morehead (Eds.), *Normal and deficient child language* (pp. 239-258). Baltimore: University Park Press.

Johnston, A., Johnston, E., & Weinrich, B. (1984). Assessing pragmatic skills in children' s language. *Language, Speech, and Hearing Services in Schools, 15*, 2-9.

Johnston, J. R. (1982). Narratives: A new look at communication problems in older language disordered children. *Language, Speech, and Hearing Services in Schools, 13*, 144-145.

Jones, M. L., & Quigley, S. P. (1979). The acquisition of question formation in spoken english and american sign language by two hearing children of deaf parents. *Journal of Speech and Hearing Disorders, 44*, 196-208.

Jones, S. S. (2003). Late talkers show no shape bias in a novel name extention task. *Development Science, 6*(5), 477-483.

Justice, M. J., Invernizzi, M. A., & Meier, J. D. (2002). Designing and implementing an early literacy screening protocol. *Language-Speech and Hearing Services in Schools, 33*, 84-101.

Kaderavek, J., & Sulzby, E. (1998). Emergent literacy issues for children with language impairment. In L. R. Watson, T. L. Layton, & E. R. Crais (Eds.), *Handbook of early language impairments in children. Volume II: Assessment and treatment.* New York: Delmar.

Kail, R., Hale, C. A., Leonard, L. B., & Nippold, M. A. (1984). Lexical storage and retrieval in language-impaired children. *Applied Psycholinguistics, 5*, 37-49.

Kaiser, A. P. (1993). Parent-Implemented Language Intervention. An Enviromental System Perspective. In A. P. Kaiser & D. B. Gray (Eds.), *Enhancing Children' s Communication.* Baltimore, Maryland: Paul Brookes.

Kaiser, A. P., Alpert, C. L., & Warren, S. F. (1987). Teaching functional language: strategies for language intervention. In M. E. Snell (Ed.), *Systematic instruction of persons with severe handicaps.* Columbus, OH: Merrill Publishing.

Kaiser, A. P., Yorder, P. J., & Keetz, A. (1992). Evaluating milieu teaching. In S. F. Warren & J. Reichle (Eds.), *Cause and Effects in Communication and Language Intervention.* Baltimore, Maryland: Paul Brookes.

Kamhi, A., & Catts, H. (2012). *Language and reading disabilities* (3rd ed.). Boston, MA: Pearson Education.

Kamhi, A., & Koenig, L. (1985). Metalinguistic awareness in normal and language-disordered children. *Language, Speech, and Hearing Services in Schools, 16*, 199-210.

Kanner, L. (1943). Autistic disturbances of affective contact. *Nervous Child, 2*, 217-250.

Kaplan, E. L., & Kaplan, G. A. (1970). The prelinguistic child. In J. Elliot (Ed.), *Human development and cognitive processes.* New York: Holt, Rinehart & Winston.

Kaplan, E., Goodglass, H., & Weintraub, S. (1983). *The Boston Naming Test.* Boston: Veterans Administration.

Karlsen, B., Madden, R., & Gardner, E. F. (1984). *Stanford Diagnostic Reading Inventory-III.* New York: Psychological Corporation.

Kasari, C., Sigman, M., Mundy, P. and Yirmiya, N. (1990). Affective sharing in the context of joint attention interactions of normal, autistic and mentally-retarded children. *Journal of Autism and Developmental Disorders, 20*, 87-00.

Kelly, D. J. (1998). A clinical synthesis of the 'late talker' literature: Implications for service delivery. *Language, Speech, and Hearing Services in Schools, 29*, 76-84.

Kelly, D., & Rice, M. (1994). Preference for verb interpretation in children with specific language impairment. *Journal of Speech and Hearing Research, 37*, 182-192.

Keltner, B. R., Wise, L. A., & Taylor, G. (1999). Mothers with intellectual limitations and their 2-year-old children' s developmental outcomes. *Journal of Intellectual & Developmental Disability, 24*(1), 45-57.

Kern, L., Gallagher, P., Staosta, K., Hickman, W., & George, M. (2006). Longitudinal outcomes of functional behavioral assessment-based intervention. *Journal of Positive Behavior Interventions, 8*, 67-78.

Kernan, K. (1990). Comprehension of syntactically indicated sequence by Down's syndrome and other mentally retarded adults. *Journal of Mental Deficiency Research, 34*, 169-178.

Kies, D. A. (1993). Oral Language Development through Storytelling: An Approach to Emergent Literacy. *Reading Improvement, 30*(1), 43-48.

Kim, Y. T. (1999). Semantic Analyzability of the Intra- and Inter- sentences of the Language-Disordered Children at 2- to 3- year of Language Age. 언어청각장애연구, 4, 61-78.

Kim, Y. T., & Lombardino, L. T. (1991). The efficacy of script context in language comprehension in intervention with children who have mental retardation. *Journal of Speech and Hearing Research, 34*, 845-857.

Kim, Y. T., Lombardino, L. J., Rothman, H., & Vinson, B. (1989). Effects of symbolic play intervention with children who have mental retardation. *Mental Retardation, 27*(3), 159-165.

Kim, Y. T., Yang, Y. S., & Hwang, B. S. (2001). Generalization effects of script-based intervention on language expression of preschool children with language disorders. *Education and Training in Mental Retardation and Developmental Disabilities, 36*, 413-425.

Kirchner, D. M. (1991). Reciprocal book reading: A discourse-based intervention strategy for the child with atypical language development. In T. M. Gallagher (Ed.), *Pragmatics of language: Clinical practice issues*. San Diego: Singular Publishing Group.

Kirk, K. I., Miyamoto, R. T., Lento, C. L., Ying, E., O'Neill, T., & Fears, B. (2002). Effects of age at implantation in young children. *Annals of Otology, Rhinology & Laryngology. Supplement, 111*(189), 69-73.

Kitchner, K. M., Lynch, C. L., Fischer, K. W., & Wood, P. K. (1993). Development range of reflective judgment: The effect of contextual support and practice on developmental stage. *Developmental Psychology, 29*, 893-906.

Kjelgaard, M. M., & Tager-Flusberg, H. (2001). An investigation of language impairment in autism: Implications for genetic subgroups. Language & Cognitive Processes, 16, 287-308.

Klee, T. (1992). Developmental and diagnostic characteristics of quantitative measures of children's language production. *Topics in Language Disorders, 12*(2), 28-41.

Klee, T., & Fitzgerald, M. D. (1985). The relation between grammatical development and mean length of utterance in morphemes. *Journal of Child Language, 12*, 251-269.

Klima, E. S., & Bellugi, U. (1972). *The signs of language in child and chimpanzee. In T. Alloway (Ed.), Communication and affect.* New York: Academic Press.

Klink, M., Gerstman, L., Raphael, L., Schlanger, B., & Newsome, L. (1986). Phonological process usage by young EMR children and nonretarded preschool children. *American Journal of Mental Deficiency, 91*, 190-195.

Koehinger, K. M., Owen Van Horne, A. J., & Moeller, M. P. (2013) Grammatical outcomes of 3-and 6-year-old children who are hard of hearing. *Journal of Speech, Language, and Hearing Research, 56*(5), 1701-1714.

Kohnert K, Yim D, Nett K, Kan PF, & Duran L. (2005). Intervention with linguistically diverse preschool children: a focus on developing home language(s). *Language, Speech, Hearing Services in Schools, 36*, 251-263.

Kohnert, K. J., Bates, E., & Hernandez, A. E. (1999). Balancing bilinguals: Lexical-semantic production and cognitive processing in children learning Spanish and English. *Journal of Speech, Language, and Hearing Research, 42*, 1400-1413.

Kohnert, K. K., & Goldstein, B. (2005). Speech,

language, and hearing in developing bilingual children: From practice to research. *Language speech and hearing services in school, 36*, 169–171.

Kohnert, K., & Bates, E. (2002). Balancing bilinguals II: Lexical comprehension and cognitive processing in children learning spanish and english. *Journal of Speech, Language, and Hearing Research, 45*, 347–359.

Kohnert, K., & Windsor, J. (2004). The search for common ground: Part II. Nonlinguistic performance by linguistically diverse learners. *Journal of Speech, Language, and Hearing Research, 47*, 891–903.

Kohnert, K., Windsor, J., & Yim, D. (2006). Do Language-Based Processing Tasks separate Children with Language Impairment from Typical Bilinguals? *Language Disabilities Research and Practice, 21*(1), 19–21.

Kohnert, K., Yim, D., Nett, K., Kan, P. F., & Duran, L. (2005). Intervention with linguistically diverse preschool children: A focus on developing home language(s). *Language speech and hearing services in school, 36*, 251–263.

Koppenhaver, D. A., & Erickson, K. A. (2009). Literacy in individuals with autism spectrum disorders who use AAC. In P. Mirenda & T. Iacono (Eds.), *Autism spectrum disorders and AAC* (pp. 385–412). Baltimore, MD: Paul J. Brookes.

Kozleski, E. B. (1991). Expectant delay procedure for teaching requests. *Augmentative and Alternative Communication, 7*(1), 11–19.

Kugelmass, J. W. (1989). The "shared classroom": A case study of interactions between early children and special education staff and children. *Journal of Early Intervention, 13*, 36–44.

Kunze, L., Lockhart, S., Didow, S., & Caterson, M. (1983). Interactive model for the assessment and treatment of the young child. In H. Winits (Ed.), *Treating language disorders: For clinicians by clinicians* (pp. 19–96). Baltimore: University Park Press.

Lahey, M. (1988). *Language disorders and language development*. New York: Macmillan.

Lahey, M., & Bloom, L. (1977). Planning a first lexicon: Which words to teach first. *Journal of Speech and Hearing Disorders, 42*, 340–349.

Lahey, M., & Edwards, J. (1996). Why do children with specific language impairment name pictures more slowly than their peers? *Journal of Speech and Hearing Research, 39*, 1081–1098.

Lahey, M., & Edwards, J. (1999). Naming errors of children with specific language impairment. *Journal of Speech, Language, and Hearing Research, 42*, 195–205.

Law, J., Tomblin, J. B., & Zhang, X. (2008) Characterizing the growth trajectories of language-impaired children between 7 and 11 years of age. *Journal of Speech, Language, and Hearing Research, 51*, 739–749.

Layton, T. (1987). *Language and treatment of autistic and developmentally disordered children*. Springfield, IL: Charles C. Thomas Publisher.

Layton, T., & Baker, P. S. (1981). Description of semantic-syntactic relations in an autistic child. *Journal of Autism and Developmental Disorders, 11*, 385–399.

Lee, H. J., Kim, Y. T., & Yim, D. (2013). Nonword repetition performance in Korean-English bilingual children. *International Journal of Speech-Language pathology, 15*(4), 375–382.

Lee, Y., Yim, D., & Sim, H. (2012). Phonological processing skills and its relevance to receptive vocabulary development in children with early Cochlear implantation. *International Journal of Pediatric Otorhinolaryngology, 76*, 1755–1760.

Lempert, H. (1985). Preschool children's sentence comprehension: Strategies with respect to animacy. *Journal of Child Language, 12*, 79–

93.

Leninonen, E., & Letts, C. (1997). Referential communication task: Performance by normal and pragmatically impaired children. *European Journal of Disorders of Communication, 32*, 53-65.

Lenneberg, E., Nichols, I., & Rosenberger, E. (1964). Primitive stages of language development in mongolism. In D. Rioch and E. A. weinstein (Eds.), *Disorders of communication, 119-137* (Research Publications of the Association for Research in Nervous and Mental Disease). Boltimore: Williams & Wilkins.

Leonard, L. B., Nippold, M. A., Kail, R., & Hale, C. (1983). Picture naming in language-impaired children. *Journal of Speech and Hearing Research, 26*, 609-615.

Leonard, L. B. (1986). Conversational replies of children with specific language impairment. *Journal of Speech and Hearing Research, 29*, 114-119.

Leonard, L. B. (1998). *Children with Specific Language Impairment*. Cambridge, MA: The MIT Press.

Leonard, L. B., Bolders, J., & Miller, J. (1976). An examination of the semantic relations reflected in the language usage of normal and language-disordered children. *Journal of Speech and Hearing Research, 19*, 371-392.

Leonard, L. B., Ellis Weismer, S., Miller, C. A., Francis, D. J., Tomblin, J. B., & Kail, R. V. (2007). Speed of processing, working memory, and lnaguage impairment in children. *Journal of Speech, Language, and Hearing Research, 50*, 408-428.

Leonard, L. B., Nippold, M. A., Kail, R., & Hale, C. (1983). Picture naming in language-impaired children. *Journal of Speech and Hearing Research, 26*, 609-615.

Leonard, L. B., Schwartrz, R., Chapman, K., Rowan, L., Prelock, P., Terrell, B., Weiss, A., & Merrick, C. (1982). Early lexical acquisition in children with specific language impairments. *Journal of Speech and Hearing Research, 25*(4), 554-559.

Leonard, L. B., Steckol, K., & Schwartz, R. (1978). Semantic relations and utterance length in child language. In F. Peng & W. von Raffler-Engel (Eds.), *Language acquisition and development kinesics*. Tokyo: Bunka Hyoron.

Leonard, L., Ellis Weismer, S., Miller, C., Francis, D., Tomblin, B., & Kail, R. (2007). Speed of processing, working memory, and language impairment in children. *Journal of Speech, Language, and Hearing Research, 50*, 408-428.

Leonard, L., Eyer, J., Bedore, L., & Grela, B. (1997). Three accounts of the grammatical morpheme difficulties of English-speaking children with specific language impairment. *Journal of Speech, Language, and Hearing Research, 40*, 741-753.

Leonard, L., Sabbadini, L., Leonard, J., & Volterra, V. (1987). Specific language impairment in children: A cross-linguistic study. *Brain and Language, 32*, 233-252.

Leonard, L., Sabbadini, L., Volterra, V., & Leonard, J. (1988). Some influences on the grammar of English and Italian-speaking children with specific language impairment. *Applied Psycholinguistics, 9*, 39-57.

Leonard, L., Schwartz., R., Allen, G., Swanson, L., & Loeb, D. (1989). Unusual phonological behavior and the avoidance of homonymy in children. *Journal of Speech and Hearing Research, 25*, 554-564.

Leonard, L., Steckol, K., & Panther, K. (1983). Returning meaning to semantic relations: Some clinical applications. *Journal of Speech and Hearing Disorders, 48*, 25-36.

Leonard, L., Steckol, K., & Schwartz, R. (1978). Semantic relations and utterance length in child language. In F. Peng & W. von Raffler-Engel (Eds.), *Language acquisition and developmental kinesics*. Tokyo: Bunka Hyoron.

Leonard, M., Nippold, M., Kail, R., & Hale, C.

(1983). Picture naming in language- impaired children. *Journal of Speech and Hearing Research, 26*, 609–615.

Liberman, I. Y., & Shankweiler, D. (1991). *Phonology and beginning reading: A tutorial.* Learning to read: Basic research and its implications, 3–17.

Liberman, I. Y., Shankweiler, D., Fischer, F. W., & Carter, B. (1974). Explicit syllabic and phoneme segmentation in the young child. *Journal of Experimental Child Psychology, 18*, 201–212.

Light, J. (1989). Toward a definition of communicative competence for individuals using augmentative and alternative communication systems. *Augmentative and Alternative Communication, 5*, 137–144.

Light, J. C., Arnold, K. B., & Clark, E. A. (2003). Finding a place in the "social circle of life." In J. C. Light, D. R. Beukelman, & J. Reichle (Eds.), *Communicative competence for individuals who use AAC: From research to effective practice* (pp. 361–397). Baltimore, MD: Paul H. Brookes.

Light, J. C., Beukelman, D. R., & Reichle, J. (Eds.). (2003). *Communicative competence for individuals who use AAC: From research to effective practice.* Baltimore, MD: Paul H. Brookes.

Light, J., & McNaughton, D. (2009a). Accessible Literacy Learning (ALL): *Evidence-based reading instruction for learners with autism, cerebral palsy, Down syndrome, and other disabilities.* Pittsburgh, PA: Meyer-Johnson.

Light, J., Collier, B., & Parnes, P. (1985b). Communication interaction between young nonspeaking physically disabled children and their primary caregivers: Part II. *Communicative functions. Augmentative and Alternative Communication, 1*, 98–107.

Light, J., Roberts, B., Dimarco, R., & Greiner, N. (1998). Augmentative and alternative communication to support receptive and expressive communication for people with autism. *Journal of Communication Disorders, 31*, 153–180.

Lindholm-Leary, K., Block, N. (2010). Achievement in predominantly low SES/Hispanic dual language schools. *International Journal of Bilingual Education and Bilingualism*, 43–60.

Lindner, A., Haarmeier, T., Erb, M., Grodd, W., & Thier, P. (2006). Cerebrocerebellar circuits for the perceptual cancellation of eyemovement-induced retinal image motion. *Journal of Cognitive Neuroscience, 18*, 1899–1912.

Lloyd, P. (1994). Referential communication: Assessment and intervention. *Topic in Language Disorders, 14*(3), 55–69.

Lobato, D., Barrera, R., & Feldman, R. (1981). Sensorimotor functioning and prelinguistic communication of severely and profoundly mentally retarded individuals. *American Journal of Mental Deficiency, 85*, 489–496.

Loeb, D., & Leonard, L. (1991). Subject case marking and verb morphology in normally developing and specifically language-impaired children. *Journal of Speech and Hearing Research, 34*, 340–346.

Lombardino, L. (2011). *Foundations for a practitioners' model of reading assessment.* Florence, KY: Cengage Learning.

Lombardino, L. (2012). *Assessing and differentiating reading and writing disorders.* Clifton Park, NY: Delmar, Cengage Learning.

Lombardino, L. J., Bedford, T., Fortier, C., Cater, J., & Brandi, J. (1997). Invented spelling: Developmental patterns in kindergarten children and guidelines for early literacy intervention. *Language, Speech & Hearing Services in Schools, 28*(4), 333–343.

Lombardino, L. J., Lieberman, R. J., & Brown, J. C. (2005). *Assessment of Literacy and Language (ALL).* Pearson.

Lombardino, L. J., Morris, D., Mercado, L., DeFillipo, F., Sarisky, C., & Montgomery, A. (1999). The early reading screening instrument: A method for identifying kindergarteners at risk for learning to read. *International Journal of Language and Communication Disorders*, *34*(2), 135-150.

Long, S. (2005). Language and children with intellectial disabilities. In V. Reed (Ed.), Children with language disorders (3rd ed.) (pp. 220-252). Boston: Allyn & Bacon.

Lonigan, C. J., Wagner, R. K., Torgesen, J. K., & Rashotte, C. A. (2007). *TOPEL: Test of preschool early literacy*. Austin, TX: PRO-ED.

Lord, F., & Novick, M. (1985). *Statistical theories of mental test scores*. New York: Pergamon.

Lotter, V. (1974). Factor related to outcome in autistic children. *Journal of Autism and Childhood Schizophrenia*, *4*, 263-277.

Lucariello, J., & Nelson, K. (1982). Situational variation in mother-child interaction. Paper presented at the Third International Conference on Infant Studies, Austin, TX.

Lucariello, J., Kyratzis, A., & Nelson, K. (1983). The interrelationships between event representations and language use. In L. French (Ed.), *The cognitive context of language use*. Symposium presented at the meetings of the developmental section of the British Psychological Society. Oxford, England.

Lund, N. J., & Duchan, J. (1993). *Assessing Children's language in naturalistic contexts*. Englewood Cliffs, NJ: Prentice-Hall.

Lund, S. K., & Troha, J. M. (2007). Teaching young people who are blind and have autism to make requests using a variation on the picture exchange communication system with tactile symbols: A Preliminary investigation. *Journal of Autism and Developmental Disorders*, *38*, 719-730.

Lyon, G. R., Shaywitz, S. E., & Shaywitz, B. A. (2003). A definition of dyslexia. *Annals of Dyslexia*, *53*(1), 1-14.

Lyytinen, P., Poikkeus, A., Leiwo, M., Ahonen, T., & Lyytinen, H. (1996). Parents as informants of their child's vocal and early language development. *Early Childhood Development and Care*, *126*, 15-25.

MacDonald, J. D. (1978). *Environmental Language Inventory*. Columbus, OH: Charles E. Merrill.

MacDonald, J. D., & Nickols, M. (1974). *Environmental language inventory manual*. Columbus: The Ohio State University.

Mace, F. C., & Roberts, M. L. (1993). Factors affecting selection of behavioral interventions. In J. Reichle & D. P. Wacker (Eds.), *Communication and Language intervention series: Vol. 3. Communicative alternatives to challenging behavior: Integrating functional assessment and intervention strategies* (pp. 113-134). Baltimore: Paul H. Brookes Publishing Co.

Maclean, M., Bryant, P., & Bradley, L. (1987). Rhymes, nursery rhymes, and reading in early childhood. *Merrill-Palmer Quarterly*, *33*, 255-281.

MacWhinney, B. (1989). Competition and teachability. In M. Rice & R. Schiefelbusch(Eds.), *The teachability of language* (pp. 63-104). Baltimore: Paul H. Brookes.

MacWhinney, B. (Ed.). (1999). *The emergence of language*. Mahwah, NJ: Erlbaum.

Malacrida, C. (2007). Negotiating the dependency/nurturance tightrop: Dilemmas of motherhood and disability. *The Canadian Review of Sociology and Anthropology*, *44*(4), 469-493.

Manis, F. R., McBride-Chang, C., Seidenberg, M. S., Keating, P., Doi, L. M., Munson, B., & Petersen, A. (1997). Are speech perception deficits associated with developmental dyslexia?. *Journal of Experimental Child Psychology*, *66*(2), 211-235.

Manrique, M., Cervera-Paz, F. J., Huarte, A., & Molina, M. (2004). Prospective long-term auditory results of Cochlear implantation in prelinguistically deafened children: the importance of early implantation. *Acta Oto-*

Laryngologica, 124(Supplement 552), 55-63.

Marcell, M., & Jett, D. (1985). Identification of vocally expressed emotions by mentally retarded and nonretarded children. *American Journal of Mental Deficiency, 87*, 86-95.

Marchman, V. A., Fernald, A., & Hurtado, N. (2010). How vocabulary size in two languages relates to efficiency in spoken word recognition by young Spanish- English bilinguals. *Journal of Child Language, 37*(4), 817-840.

Marchman, V.A., & Fernald, A. (2008). Speed of word recognition and vocabulary knowledge predict cognitive and language outcomes in later childhood. *Developmental Science, 11*(3), F9-F16.

Marcott, A. (2009). *Evaluating Acquired Skills in Communication - Third Edition (EASIC-3).* PRO-ED, Inc.

Markman, E. M. (1992). The whole object, taxonomic, and mutual exclusivity assumptions as initial constraints on word meanings. In J. P. Byrnes & S. A. Gelman(Eds.), *Perspectives on language and cognition: Interrelations in development.* New York: Cambridge University Press.

Masterson, J. J., Apel, K., & Wasowicz, J. (2006). *SPELL-2 Spelling Performance Evaluation for language and Literacy* (2th ed.). Evanston, IL: Learning by Design.

Masterson, J., Hazan, V., & Wijatilake, L. (1995). Phonemic processing problems in developmental phonological dyslexia, *Cognitive Neuropsychology, 12*, 233-259.

Mather, N., Hammill, D. D., Allen, E. A., & Roberts, R. (2004). *TOSWRF: Test of Silent Word Reading Fluency.* Austin, TX: PRO-ED.

Mattas & Saldanã -Illingworth. (2009). *Bilingual Communication Assessment Resource: Tools for assessing speech, language, & learning.* Academic Communication Associates.

Mayer, M. (1969). *Frog, where are you?* NY: Dial Books for Young Readers.

McArther, D., Adamson LB (1996). Joint attention in preverbal children: Autism and developmental disorders. *J. Autism Dev. Disord, 26*, 481-496.

McCabe, A., & Rollins, P. R. (1994). Assessment of preschool narrative skills. *American Journal of Speech Language Pathology, 3*(1), 45-56.

McCann, J., & Peppe, S. (2003). Prosody in autism spectrum disorders: A critical review. *International Journal of Language and Communication Disorders, 38*, 25-35.

McCarthy, D. (1954). Language development in children. In L. Carmichael (Ed.), *Manual of child psychology* (2nd ed.). New York: John Wiley & Sons.

McConnell, D., Llewellym, G., Mayes, R., Russo, D., & Honey, A. (2003). Developmental profiles of children born to mothers with intellectual disability. *Journal of Intellectual & Developmental Disability, 28*(2), 122-134.

McCune-Nicolich, L. (1981). Toword symbolic functioning: Structure of early pretend games and potential parallels with language: *Child Development, 52*, 386-388.

McDuffie, A., Yoder, P., & Stone, W. (2005). Prelinguistic predictors of vocabulary in young children with autism spectrum disorders. *Journal of Speech, Language, and Hearing Research, 48*, 1080-1097.

McFalls, E. L., Schwanenflugel, P. J., & Stahl, S. A. (1996). Influence of word meaning on the acquisition of a reading vocabulary in second-grade children. *Reading and Writing, 8*(3), 235-250.

McGee, G., Krantz, P., Mason, D., & McClanahan, L. (1983). A modified incidental-teaching procedure for autistic youth: Acquisition and generalization of receptive object labels. *Journal of Applied Behavior Analysis, 16*, 329-338.

McGhee, R., Ehrler, D., & DiSimoni, F. (2007). *The Token Test for Children-Second Edition (TTFC-2).* Austin, TX: Pro-Ed.

McGregor, K. K, & Leonard, L. B. (1995). Intervention for word-finding deficits in children. In M. Fey, J. Windsor, & S. Warren (Eds.), Language Intervention: *Preschool through the elementary years* (pp. 85-105). Baltimore: Paul H. Brooks.

McGregor, K. K. (1994). Use of phonological information in a word-finding treatment for children. *Journal of Speech and Hearing Research, 17*, 1381-1393.

McGregor, K. K. (1997). The nature of word-finding errors of preschoolers with and without word-finding deficits. *Journal of Speech, Language, and Hearing Research, 40*, 1232-1244.

McGregor, K. K., & Leonard, L. B. (1989). Facilitation word-finding skills of language-impaired children. *Journal of Speech and Hearing Disorders, 54*, 141-147.

McGregor, K. K., & Windsor, J. (1996). Effects of priming on the naming accuracy of preschoolers with word-finding deficits. *Journal of Speech and Hearing Research, 39*, 1048-1058.

McGuckian, M., & Henry, A. (2007). The grammatical morpheme deficit in moderate hearing impairment. *International Journal of Langauge and Communication Disorders, 42*(Suppl. 1), 17-36.

McLean, J. E., & Snyder-McLean, L. K. (1978). *A transactional approach to early language training*. Columbus: Charles E. Merrill Publishing.

McLeavey, B., Toomey, J., & Dempsey, P. (1982). Nonretarded and mentally retarded children' s control over syntactic structures. *American Journal of Mental Deficiency, 86*, 485-494.

McShane, J. (1980). *Learning to Talk*. Cambridge: Cambridge University Press.

McTear, M., & Conti-Ramsden, G. (1992). *Pragmatic disability in children*. Sam Diego, CA: Singular Publishing Group.

Mecham, M. (2003) *Utah Test of Language Development, Fourth Edition (UTLD-4)*. Austin, TX: Pro-Ed.

Meline, T. (1986). Referential communication skills of language disabled/language impaired children. *Applied Psycholinguistics, 7*, 129-140.

Meline, T. (1988). The encoding of novel referents by language-impaired children. *Language, Speech, and Hearing Services in Schools, 19*, 119-127.

Meline, T. (1997). Description of phonological patterns for nineteen elementary-age children with hearing loss. *Perceptual and Motor Skills, 85*, 643-653.

Meline, T. J. (1986). Referential communication skills of learning disabled/language impaired children. *Applied Psycholinguistics, 7*, 129-140.

Meline, T. J. (1988). The encoding of novel reference by language-impaired children. *Langage, Speech & Hearing Services in School, 19*(2), 119-127.

Mentis, M., & Prutting, C. A. (1987). Cohesion in the discourse of normal and head-injured adults. *Journal of Speech and Hearing Research, 34*, 583-595.

Merrill, E., & Bilsky, L. (1990). Individual differences in the representation of sentences in memory. *American Journal of Mental Retardation, 95*, 68-76.

Merritt, D. D., & Liles, B. Z. (1987). Story grammar ability in children with and without language disorder: Story generation, story retelling, and story comprehension. *Journal of Speech and Hearing Research, 30*, 539-552.

Mervis, C. B (1990). Operation principles, input, and early lexical development. *Communiczioni Scientifiche de Psicologia Generala, 4*, 31-48.

Mervis, C. B., & Bertrand, J. (1996). Relations between cognition and language: a developmental perspective. In Adamson, L. B., & Romski, M. A. (Eds.), *Research on communication and languae disorders: contributions to theories of language development*. New York: Brookes, in press.

Mervis, C., & Bertran, E. (1993). Perceptual knowledge, conceptual knowledge, and expertise: Comment on Jones and Smith. *Cognitive Development, 8*,

149–155.

Miller, F., Sedey, L., & Miolo, G. (1995). Validity of parent report measures of vocabulary development for children with down syndrome. *Journal of Speech and Hearing Research, 38*, 1037–1044.

Miller, J. (1978). Assessing Children's Language Behavior. In R. L. Schiefelbusch (Ed.), *Bases of Language Intervention*. Baltimore: University Park Press.

Miller, J. F. (1981). *Assessing language production in children: Experimental procedures*. Baltimore, ML: University Park Press.

Miller, J. F. (1991). Quantifying productive language disorders. In J. F. Miller (Ed.), *Research on child language disorders: A decade of progress*. Austin, TX: Pro-Ed.

Miller, J. F., & Chapman, R. S. (1981). The relation between age and mean length of utterance in morphemes. *Journal of Speech and Hearing Research, 24*, 154–161.

Miller, J. F., Chapman, R. S., & MacKenzie, H. (1981). Individual differences in the language acquisition of mentally retarded children. *Proceedings from the Second Wisconsin Symposium on Research in Child Language Disorders*. Madison: University of Wisconsin.

Miller, J. P., Sedey, A. L., & Miolo, G. (1995). Validity of parent report measures of vocabulary development for children with Down syndrome. *Journal of Speech and Hearing Research, 38*, 1037–1044.

Miller, L. Gillam, R. B., & Pena, E. D. (2001). *Dynamic Assessment and Intervention*. PRO-ED.

Miller, P. J., & Sperry, L. L. (1988). Early talk about the past: The origin of conversational stories of personal experience. *Journal of Child Language, 15*, 293–315.

Minick, N. (1987). Implications of Vygotsky's theories for dynamic assessment. In C. Lidz (Ed.), *Dynamic assessment: An interactional approach to evaluating learning potential* (pp. 116–140). New York: Guilford Press.

Mirenda, P., & Bopp, K. D. (2003). "Playing the game": Strategic competence in AAC. In J. C. Light, D. R. Beukelman, & J. Reichle (Eds.), *Communicative competence for individuals who use AAC: From research to effective practice* (pp. 401–437). Baltimore, MD: Paul H. Brookes.

Mody, M., Studdert-Kennedy, M., & Brady, S. (1997). Speech perception deficits in poor readers: auditory processing or phonological coding?. *Journal of experimental child psychology, 64*(2), 199–231.

Moeller, M. P., McCleary, E., Putman, C., Tyler-Krings, A., Hoover, B., & Stelmachowicz, P. (2010). Longitudinal development of phonology and morphology in chidlren with late-identified mild-moderate sensorineural hearing loss. *Ear and Hearing, 31*, 625–635.

Mongomery, J. W., & Leonard, L. B. (2006). Effects of acounstic manipulation on the real-time inflectional processing of children with specific language impairment. *Journal of Speech, Language, and Hearing Research, 49*, 1238–1256.

Montgomery, J. K. (2008). *Montgomery Assessment of Vocabulary Acquisition (MAVA)*. Super Duper Publications, Inc.

Moog, J. S., & Geers, A. E. (2003). Epilogue: Major findings, conclusions and implications for deaf education. *Ear and Hearing, 24*(1 Suppl), 121S–125S.

Moore, M. E. (1995). Error analysis of pronouns by normal and language-impaired children. *Journal of Communication Disorders, 28*, 57–72.

Moore, M. E. (2001). Third person pronoun errors by children with and without language impairment. *Journal of Communication Disorders, 34*, 207–228.

Moran, M., Mondy, S., & Leonard, D. (1984). Phonological process analysis of the speech of mentally retarded adults. *American Journal of Mental Deficiency, 89*, 304-306.

Morehead, D., & Ingram, D. (1973). The development of base syntax in normal and linguistically deviant children. *Journal of Speech and Hearing Research, 16*, 330-352.

Morris, D., & Perney, J. (1984). Defining phonological awareness and its relationship to early reading. *Journal of Educational Psychology, 86*, 221-234.

Morse, P. A. (1972). The discrimination of speech and non-speech stimuli in early infancy. *Journal of Experimental Child Psychology, 14*, 477-492.

Most, T. (2002). The use of repair strategies by children with and without hearing impairment. *Language, Speech, and Hearing Services in Schools, 33*, 112-123.

Muller, E., & Soto, G. (2002). Conversation patterns of three adults using aided speech: Variations across partners. *Augmentative and Alternative Communication, 18*, 77-90.

Mundy, P., Kasari, C., Sigman, M., & Ruskinm, E. (1995). Nonverbal communication and early language acquisition in children with Down syndrome and in normally developing children. *Journal of Speech and Learning Research, 38*, 157-167.

Mundy, P., Sigman, M. and Kasari, C. (1990). A longitudinal study of joint attention and language development in autistic children. Journal of Autism and Developmental Disorders, 20, 115-128.

Murphy, J., & Slorach, N. (1983). The Language Development of Pre-Preschool Hearing Children of Deaf Parents. *International Journal of Language & Communication Disorders, 18*(2), 118-126.

Murphy, M. M., & Abbeduto, L. (2007). Gender differences in repetitive language in fragile X syndrome. *Journal of Intellectual Disability Research, 51*, 387-400.

Nash, J. E. (1973). Cues or signs: A case study in langauge acquisition. *Sign Language Studies, 3*, 79-92.

Nation, K., & Snowling, M. J. (1998). Semantic processing and the development of word-recognition skills: Evidence from children with reading comprehension difficulties. *Journal of Memory and Language, 39*(1), 85-101.

Nation, K., Marshall, C. M., & Snowling, M. J. (2001). Phonological and semantic contributions to children's picture naming skill: Evidence from children with developmental reading disorders. *Language and Cognitive Processes, 16*(2-3), 241-259.

Nelson, K. (1973). Some evidence for the cognitive promacy of categorization and its functional basis. *Merrill-Palmer Quarterly of Behavior and Development, 19*, 21-39.

Nelson, K, (1973). Structure and strategy in learning to talk. Monographs of the Society for Research in Children Development, 38, 1-2(Serial No. 149).

Nelson, K. (1979). Explorations in the development of a functional semantic system. In W. Collins (Ed.), *Children's language and communication: Minnesota symposium on child psychology* (Vol. 12). Hillsdale, NJ: Erlbaum.

Nelson, K. (1986). *Event knowledge: Structure and function in development*. Hillsdale, NJ: Lawrence Erlbaum.

Nelson, K., & Gruendel, J. M. (1979). At morning it's lunchtime: A scriptal view of children's dialogues. *Discourse Processes, 2*, 73-94.

Nelson, K., & Gruendel, J. M. (1981). Generalized event presentations: Basic building blocks of cognitive development. In A. Brown & M. Lamb (Eds.), *Advances in Developmental Psychology* (Vol. 1). Hillsdale, NJ: Lawrence Erlbaum.

Newcomer, P. L., & Hammill, D. D. (2008). *Test of Language Development - Primary, Fourth Edition*. Austin, TX: Pro-Ed, Inc.

Newport, E., Gleitman, L., & Gleitman, H. (1977).

Mother I' d rather do it myself: Some effects and non-effects of motherese. In C. Snow & C. Ferguson (Eds.), *Talking to children: Language input and acquisition* (pp. 109 149). Cambridge University Press.

Nicholas, J. G., & Geers, A. E. (2007). Will they catch up? The role of age at Cochlear implantation in the spoken language development of children with severe to profound hearing loss. *Journal of Speech, Language, and Hearing Research, 50*, 1048-1062.

Nikolopoulos, T. P., Archbold, S. M., & Gregory, S. (2005). Young deaf children with hearing aids or Cochlear implants: early assessment package for monitoring progress. *International Journal of Pediatric Otorhinolaryngology, 69*(2), 175-186.

Ninio, A., & Bruner, J. S. (1978). The achievement and antecedents of labelling. *Journal of Child Language, 5*, 1-15.

Ninio, A., & Snow, C. E. (1996). *Pragmatic Development.* Colorado: Westview Press.

Niparko, J. K., Tobey, E. A., Thal, D. J., Eisenberg, L. S., Wang, N. Y., Quittner, A. L., & Fink, N. E. (2010). Spoken language development in children following Cochlear implantation. JAMA: *The Journal of the American Medical Association, 303*(15), 1498-1506.

Nippold, M. A., Mansfield, T. D., Billow, J. L., & Tomblin, J. B. (2008). Expository discourse in adolescents with language imparements: Examining syntactic development. *Americal Journal of Speech-Language Pathology, 17*, 356-366.

Nippold, M. A., Mansfield, T. D., Billow, J. L., & Tomblin, J. B. (2009). Syntactic development in adolescents with a history of language imparements: A follow-up investigation. *Americal Journal of Speech-Language Pathology, 18*, 241-251.

Nishimura, B., Watamaki, T., Sato, M., & Wakabayashi, S. (1987). The criteria for early use of nonvocal communication systems with nonspeaking autistic children. *Journal of Autism and Developmental Disorders, 17*(2), 243-253.

Norbury, C. F., & Bishop, D. V. M. (2002). Inferential processing and story recall in children with communication problems: A comparison of specific language impairment, pragmatic language disorder, and high-functioning autism. *International Journal of Language and Communication Disorders, 37*, 227-251.

Norbury, C. F., Bishop, D. V. M., & Briscoe, J. (2001). Production of Enlish finite verb morphology: A comparison of SLI and mild-moderate hearing impairment. *Journal of Speech, Language, and Hearing Research, 44*, 165-178.

Nunnally, J. C. (1967). *Psychometric theory.* New York: McGraw-Hill.

O' Neil, P. (1990). Transforming managers for organizational change. *Training & development Journal, 44*(7), 87-94.

O' Neill, D. (2009). *Language Use inventory: An assessment for young children' s pragmatic language.* Canada: Knowledge in Development.

O' Neill, P. (1981). Functional and semantic characteristics of spontaneous speech of autistic children. In D. Park (Ed.), *Proceedings of the 1981 international conference on autism.* Washington, DC: The National Society for Children and Adults with Autism.

O' Toole, C. (in press). Using parent report to assess bilingual vocabulary acquisition: A model from Irish. In V.C. Mueller Gathercole (Ed.), *Bilinguals and assessment: State of the art guide to issues and solutions from around the world.* Clevedon, United Kingdom: Multilingual Matters.

Odom, S. L., Hoyson, M., Jamieson, B., & Strain, P.

S. (1985). Increasing handicapped preschooler's peer social interactions: Cross-setting and component analysis. *Journal of Applied Behavior Analysis, 18*, 3-16.

Oetting, J., & Horohov, J. (1997). Past tense marking by children with and without specific language impairment. *Journal of Speech and Hearing Research, 40*, 62-74.

Ogletree, B. T., & Burns Daniels, D. (1993). Communication-based assessment and intervention for prelinguistic infants and toddlers: Strategies and issues. *Infants and Young Children, 5*, 23-30.

Ogletree, B. T., Fischer, M. A., & Turowski, M. (1996). Assessment targets and protocols for nonsymbolic communicators with profound disabilities. *Focus on Autism and other Developmental Disabilities, 11*(1), 53-58.

Ogletree, B. T., Wetherby, A. M., & Westling, D. L. (1992). Profile of the prelinguistic intentional communicative behavior of children with profound mental retardation. *American Journal of Mental Retardation, 97*, 188-196.

OKalidour, A., & Malandraki, G. (2007). The application of PECS in children with autism and deafness: A case study. *Focus on Autism and Other Developmental Disabilities, 22*, 23-32.

Oller, D. K., & Kelly, C. A. (1974). Phonological substitution processes of a hard of hearing child. *Journal of Speech and Hearing Disorders, 39*, 65-74.

Oller, D. K., Pearson, B. Z., & Cobo-Lewis, A. B. (2007). Profile effects in early bilingual language and literacy. *Applied Psycholinguistics, 28*, 191-230.

Oller, D., & Seibert, J. (1988). Babbling of prelinguistic mentally retarded children. *American Journal of Mental Retardation, 92*, 369-375.

Olswang, L. (1996). *Preschool Functional Communication* Inventory. Seattle, WA: University of Washington Speech and Hearing Clinic.

Olswang, L., & Bain, B. (1991). Intervention issues for toddlers with specific language impairment. *Topics in Language Disorders, 11*(4), 69-84.

Olswang, L., & Carpenter, R. (1978). Elicitor effects on the language obtained from young language-impaired children. *Journal of Speech and Hearing Disorders, 43*, 76-88.

Olswang, L., Bain, B., & Johnson, G. (1990). Using dynamic assessment with children with language disorders. In S. Warren & J. Reichle (Eds.), *Causes and effects in communication and language intervention* (pp. 87-215). Baltimore: Paul H. Brookes.

Olswang, L., Bain, B., & Johnson, G. (1992). Using dynamic assessment with children with language disorders. In S. F. Warren & J. Reichle, *Causes and Effects in Communication and Language Intervention*. Baltimore, ML: Paul H. Brookes Publishing.

Owens, R. (2002). Mental retardation: Difference and delay. In D. K. Bernstein & E. Tiegerman-Farber (Eds.), *Language and communication disorders in children* (pp. 436-509). Boston: Allyn and Bacon.

Owens, R. E. (1991). *Language Disorders: A functional approach to assessment and treatment*. New York: Macmillan.

Owens, R. E. (1992). *Language development: An introduction* (2nd ed.). Columbus, OH: Charles E. Merrill.

Owens, R. E. (1995, 1999). *Language disorders: A functional approach to assessment and intervention*. Needham Heights, MA: Allyn and Bacon.

Owens, R. E. (2010). *Language Disorders of Functional approach to assessment and intervention* (5th ed.). Boston, MA: Allyn and Bacon.

Owens, R. E. (2012). *Language development*: An introduction (8th ed.). Boston, MA: Pearson.

Owens, R. E. (2014). *Language disorders: a functional approach to assessment and intervention* (6th ed.). Boston, MA. Allyn and

Bacon.

Owens, R. E., & MacDonald, J. (1982). Communication uses of the early speech of nondelayed and Down syndrome children. *American Journal of Mental Deficiency, 86*, 503–510.

Ozonoff, S., Pennington, B. F., & Rogers, S. J. (1991). Executive function deficits in high-functioning autistic individuals: relationship to theory on mind. *Journal of Child Psychology and Psychiatry, and Allied Disciplines, 32*, 1081–1105.

Paccia, J., & Curcio, F. (1982). Language processing and forms of immediate echolalia in autistic children. *Journal of Speech and Hearing Research, 25*, 42–47.

Pae, S. (1993). *Early vocabulary in Korean: Are nouns easier to learn than verbs?* Unpublished doctoral dissertation, University of Kansas.

Paradis, J. (2010). The interface between bilingual development and specific language impairment. (Keynote article). *Applied Psycholinguistics, 31*, 227–252. doi: 10.1017/S0142716409990373

Paradis, J., & Phyllis Schneider. (2008). Distinguishing bilingual children from monolinguals with SLI: Profile effects on the Edmonton narrative Norms Instrument. Poster presented at the Symposium on Research in Child language Disorders, June 2008. University of Wisconsin, Madison, WI.

Paradis, J., Genesee, F., & Crago, M. B. (2011). *Dual Language Development & Disorders: A handbook on Bilingualism & Second Language Learning* (2nd ed., pp. 265 & 272). Baltimore: Paul H. Brookes Publishing Co.

Parccia, J., & Curcio, F. (1982). Language processing and forms of immediate echolalia in autistic children. *Journal of Speech and Hearing Research, 25*, 42–47.

Parccia-Cooper, J., Curcio, F., & Sacharko, G. (1981). A comparison of discourse features in normal and autistic language. Paper presented at the Sixth Annual Boston University Conference on Language Development, Boston, MA.

Parish, S. L., Maga, A., S., & Cassiman, S. A. (2008). It' s just that much harder: multilayered hardship experiences of low-income mothers with disabilities. *Journal of Women and Social Work, 23*(1), 51–65.

Paul, R. (1987). Communicaion. In D. J. Cohen & A. M. Donnellan (Eds), *Handbook of autism and pervasive developmental disorders* (pp. 61–84). New York: John Wiley and Sons.

Paul, R. (1989). Outcomes of early expressive language delay: Age three. Paper presented at the Symposium for Research in Child Language Disorders, University of Wisconsin, Madison, WI.

Paul, R. (1993). Patterns of outcome in late talkers: Preschool years. *Journal of Childhood Communication Disorders, 15*, 7–14.

Paul, R. (1995). *Language disorders from infancy through adolescence: Assessment and intervention.* St. Louis: Mosby.

Paul, R. (1996). Clinical Implications of the Natural History of Slow Expressive Language Development. *American Journal of Speech Language Pathology, 5*(2), 5–21.

Paul, R. (2007). *Language Disorders; From Infancy through Adolescence; Assessment & Intervention* (3rd ed.), st. Louis; Mosby.

Paul, R., & Fisher, M. (1985). Sentence comprehension strategies in children with autism and developmental language disorders. *Proceedings of the Symposium on Research in Child Language Disorders, 6*, 11–19. University of Wisconsin, Madison.

Pearson, B. Z. (1998). Assessing lexical development in bilingual babies and toddlers. *The International Journal of Bilingualism, 2*, 347–372.

Pearson, B. Z. (2008). *Raising a bilingual child.* New York: Random House.

Pearson, B. Z. (2003). *Early Reading Diagnostic Assessment-Second Edition (ERDA Second Edition).* Pearson

Pena, E, Gillam, R. B., Malek, M., Ruiz-Felter, R., Resendiz, M., Fiestas, C., & Sabel, T. (2006). Dynamic assessment of school-age children' s narrative ability: An experimental investigation of classification accuracy. *Journal of Speech, Language, and Hearing Research, 49*(5), 1037-1057.

Peppe, S., Cleland, J., Gibbon, F., O' Hare, A., & Martinez-Castilla, P. (2011). Expressive prosody in children with autism spectrum conditions. *Journal of Neurolinguistics, 24,* 41-53.

Perfetti, C. A. (1985). *Reading Ability.* New York: Oxford University Press.

Perfetti, C. A., & Hogaboam, T. (1975). Relationship between single word decoding and reading comprehension skill. *Journal of Educational Psychology, 67*(4), 461.

Petitto, L., M. Katerelos, B. Levy, K. Gauna, K. Tétreault & V. Ferraro. (2001). Bilingual signed and spoken language acquisition from birth: implications for the mechanisms underlying early bilingual language acquisition. *Journal of Child Language, 28,* 453-496.

Petruccelli, N., Bavin, E. L., & Bretherton, L. (2012). Children with specific language impairment and resolved late talkers: Working memory profiles at 5 years. *Journal of Speech, Language, and Hearing Research, 55,* 1690-1703.

Phelps Terasaki, D., & Phelps-Gunn, T. (2007). *Test of Pragmatic Language, Second Edition.* Austin, TX: Pro-Ed.

Piaget, J. (1962). *Play, dreams and imitation in childhood.* New York: Norton.

Piaget, J. (1970). Piaget' s theory. In P. Mussen (Ed.), *Manual of child psychology* (Vol. 2, pp. 703-792). New York: Wiley.

Pierce, S. J., & Bartolucci, G. (1977). A syntactic investigation of verbal autistic, mentally retarded and normal children. *Journal of Autism and Childhood Schizophrenia, 7,* 121-134.

Pierce, S. J., & Bartolucci, G. (1977). A syntactic investigation of verbal autistic, mentally retarded and normal children. *Journal of Autism and Childhood Schizophrenia, 7,* 121-134.

Prater, R. (1982). Functions of consonant assimilation and reduplication in early word productions of mentally retarded children. *American Journal of Mental Defiency, 86,* 399-404.

Pratt, M., & MacKenzie-Keating, S. (1985). Organizing stories: effects of development & task difficulty on referential cohesion in narrative. *Developmental Psychology, 21*(2), 350-356.

Prelock, P., Messick, C., Schwartz, R., & Terrell, B. (1981). Mother-child discourse during the one-word stage. Paper presented at the Symposium on Research in Child Language Disorders, University of Wisconsin, Madison.

Prizant, B. M. (1978). *An analysis of the functions of immediate echolalia in autistic children.* Unpublished doctoral dissertation, State University of New York, Buffalo.

Prizant, B. M. (1978). *The function of immediate echolalia in autistic children.* Unpublished doctoral dissertation, State University of New York at Buffalo.

Prizant, B. M., & Duchan, J. F. (1981). The functions of immediate echolalia in autistic children. *Journal of Speech and Hearing Disorders, 46,* 241-249.

Prizant, B. M., & Rydell, P. J. (1984). Analysis of the functions of delayed echolalia in autistic chileren. *Journal of Speech Hearing Research, 27,* 183-192.

Pronovost, W., Wakstein, M., & Wakstein, P. (1966). A longitudinal study of the speech behavior and language comprehension of fourteen children diagnosed atypical or autistic. *Exceptional Children, 33,* 19-26.

Pruess, J., Vadasy, P., & Fewell, R. (1987). Language development in chidlren with Down syndrome: An overview of recent research. *Education and Training in Mental Retardation, 22,* 44-55.

Quigley, S., & King, C. (1982). Language

development of deaf children and youth. In S. Rosenberg (Ed.), *Handbook of applied psycholinguistics*. Hillsdale, NJ: Erlbaum.

Quigley, S., Power, D., & Steinkamp, M. (1977). *The language structure of deaf children. Volta Review, 79*, 73-83.

Quigley, S., Steinkamp, M., Power, D., & Jones, B. (1978). *Test of Syntactic Abilities*. Beaverton, OR: Dormac

Quillitch, H. R., & Risley, T. R. (1973). The effects of play materials on social play. *Journal of Applied Behavior Analysis, 6*, 573-578.

Rack, J. P., Snowling, M. J., & Olson, R. K. (1992). The nonword reading deficit in developmental dyslexia: A review. *Reading Research Quarterly, 27*(1), 29-53.

Ramkalawan, T. W., & Davis, A. C. (1992). The effects of hearing loss and age of intervention on some langauge metrics in young hearing-impaird children. *British Journal of Audiology, 26*, 97-107.

Ramos, M., & Ramos, J. (2007). *Test of Early Language Development-Third Edition: Spanish*. PRO-ED.

Rathmann, C., Mann, W., & Morgan, G. (2007). *Narrative Structure and Narrative Development in Deaf Children. Deafness Educ. Int. 9*, 187-196.

Ratner, N., & Bruner, J. (1978). Games, social exchange, and the acquisition of language. *Journal of Child Language, 5*, 391-402.

Reid, D. K., Hresko, W. P., & Hammill, D. D. (2001). *The Test of Early Reading Ability-Third Edition (TERA-3)*. Austin, TX: PRO-ED.

Rein, R., & Kernan, K. (1989). The functional use of verbal perseverations by adults who are mentally retarded. *Education and Training in Mental Retardation, 24*, 381-389.

Remmel, E., & Peters, K. (2009). Theory of mind and language in children with Cochlear implants. *Journal of Deaf Studies and Deaf Education, 14*, 218-236.

Rescoral, L., Roverts, J., & Dahlsgaard, K. (1997). Late-talking toddlers: MLU and IPSyn outcomes at 3;0 and 4;0. *Journal of Child Language, 27*, 643-664.

Rescorla, L. (1989). The language developmental survey: A screening tool for delayed language in toddlers. *Journal of Speech and Hearing Disorders, 39*, 587-599.

Rescorla, L. (2002). Language and reading outcomes to age 9 in late-talking toddlers. *Journal of Speech, Language, and Hearing Research, 45*, 360-371.

Rescorla, L. (2009). Age 17 language and reading outcomes in late-talking toddlers: support for a dimensional perspective on language delay. *Journal of Speech, Language, and Hearing Research, 52*, 16-30.

Rescorla, L. A. (1990). Outcomes of expressive language delay. Paper presented at the Symposium for Research in Child Language Disorders, University of Wisconsin, Madison, WI.

Rescorla, L. A. (2013). Late-talking toddlers: A 15-year follow up. In L. A. Rescorla & P. S. Dale (Eds.), *Late talkers*. Baltimore, MD: Paul H. Brookers Publishing Co.

Rescorla, L., & Fechnay, T. (1996). Mother-child synchrony and communicative reciprocity in late-talking toddlers. *Journal of Speech and Hearing Research, 39*, 200-208.

Retherford, K. (1993). *Guide to analysis of language transcripts* (2nd ed.). Eau Claire, WI: Thinking Publications.

Retherford, K., Schwartz, B., & Chapman, R. (1977). The changing relationship between semantic relations in mother and child speech. Paper presented at the Second Annual Boston University Conference on language Acquisition.

Retherford, K., Schwartz, B., & Chapman, R. (1981). Semantic roles in mother and child speech: Who tunes into whom? *Journal of Child Language, 8*, 583-608.

Reynell, J., & Gruber, C. (1990). *Reynell Development Language Scale* (American Edition). Los Angeles, CA: Western Psychological Corporation.

Rice, M. L., & Bode, J. V. (1993). GAPS in the verb lexicons of children with specific language impairment. *First Language, 13*, 113-131.

Rice, M. L., Buhr, J., & Nemeth, J. (1990). Fast mapping word learning abilities of language delayed preschoolers. *Journal of Speech and Hearing Disorders, 55*, 33-42.

Rice, M. L., Buhr, J., & Oetting, J. (1992). Specific-language-impaired children's quick incidental learning of words: The effects of a pause. *Journal of Speech and Hearing Research, 35*, 1040-1048.

Rice, M., & Oetting, J. (1993). Morphological deficits in children with SLI: Evaluation of number marking and agreement. *Journal of Speech and Hearing Research, 36*, 1249-1257.

Rice, M. L., Redmond, S. M., & Hoffman, L. (2006). MLU in children with SLI and younger control children shows concurrent validity, stable and parallel growth trajectories. *Journal of Speech, Language, and Hearing Research, 49*, 793-808.

Rice, M. L., Smolik, F., Perpich, D., Thompson, T., Rytting, N., & Blossom, M. (2010). Mean Length of Utterance Levels in 6-Month Intervals for Children. *Journal of Speech, Language, and Hearing Research, 53*, 333-349.

Rice, M., & Wexler, K. (1995). Tense over time: The persistence of optional infinitives in English in children with SLI. Paper presented at the Boston University Conference on Language Development, Boston.

Rice, M. L., & Wexler, K. (1996). Toward tense as a clinical marker of specific language impairment in English-speaking children. *Journal of Speech and Hearing Research, 39*, 1239-1257.

Rice, M. L., & Wexler, K. (2001). *Rice/Wexler Test of Early Grammar Impairment*. Harcourt Assessment.

Rice, M. L., Wexler, K., & Cleave, P. L. (1995). Specific language impairment as a period of extended optional infinitive. *Journal of Speech and Hearing Research, 38*, 850-863.

Richard, G. J., & Hanner, M. A. (2005). *Language Processing Test 3: Elementary (LPT 3: Elementary)*. LinguiSystems

Richards, M. M. (1978). Adjective ordering in the language of young children: an experimental investigation. *Journal of Child Language, 6*(2), 253-277.

Riches, N. G., Tomasello, M., & Conti-Ramsden, G. (2005). Verb learning in children with SLI: Frequency and spacing effects. *Journal of Speech, Language, and Hearing Research, 48*, 1397-1411.

Ricks, D. M. (1975). Vocal communication in pre-verbal normal and autistic children. In N. O'Connor (Ed.), Language, cognition deficits, and retardation. London: Butterworths.

Ricks, D., & Wing, L. (1975). Language, communication, and the use of symbols in normal and autistic children. *Journal of Autism and Childhood Schizophrenia, 5*, 191-221.

Riverside Publishing Company. (2002). *Basic Early Assessment of Reading (BEAR)*. Riverside Publishing.

Roberts, J. E., Hennon, E. A., Price, J. R., Dear, E., Anderson, K., & Vandergrift, N. (2007). Expressive language during conversational speech in boys with fragile X syndrome. *American Journal on Mental Retaration, 112*, 1-17.

Roberts, J., Long, S. H., Malkin, C., Barnes, E., Skinner, M., Hennon, E. A., & Anderson, K. (2005). A comparison of phonological skills of boys with fragile X syndrome and Down syndrome. *Journal of Speech, Language and Hearing Research, 48*(5), 980-995.

Robertson, G. J. (2004). *Early Reading Assessment (ERA)*. Wide Range.

Robertson, S. B., & Ellis-Weismer, S. (1999). Effects of treatment on linguistic and social in toddlers with delayed language development. *Journal of Speech, Language, and Hearing Research, 42*, 1234-1248.

Roe, B. D., & Burns, P. C. (2002). *Burns/Roe Informal Reading Inventory: Preprimer to Twelfth Grade* (6th ed.). Boston: Houghton Mifflin.

Roessingh, H., Kover, P., & Watt, D. (2005). Developing cognitive academic language proficiency: The journey. *TESL Canada Journal, 23*(1), 1-27.

Rogers, S. J., Hayden, D., Hepburn, S., Charliefue-Smith, R., Hall, T., & Hayes, A. (2006). Teaching young nonverbal children with autism useful speech: A pilot study of the Denver model and PROMPT interventions. *Journal of Autism and Developmental Disorders, 36*(8), 1007-1024.

Rogers, S. J., Hayden, D., Hepburn, S., C-Smith, R., Hall, T., Hayes, A. (2006). Teaching young nonverbal children with autism useful speech: A pilot study of the Denver Model and PROMPT interventions. *Journal of Autism Developmental Disorders, 36*(8), 1-56.

Rogers-Warren, A., & Warren, S. (1980). Mands for verbalization: Facilitating the display of newly trained language in children. *Behavior Modification, 4*, 361-382.

Roh, J., & Yim, D. (2013). Relationships between reading comprehension and mind-reading in children with Cochlear implants from fourth through sixth grades. *Communication Sciences & Disorders, 18*(2), 183-193.

Romski, M. A., & Sevcik, R. A. (1996). *Breaking the speech barrier: Language development through augmented means*. Baltimore, MD: Paul H. Brookes.

Romski, M. A., Sevcik, R., Adamson, L., Cheslock, M., Smith, A., Barker, R. M., & Bakeman, R. (2010). Randomized comparison of augmented and nonaugmented language interventions for toddlers with developmental delays and their parents. *Journal of Speech, Language, and Hearing Research, 53*, 350-364.

Ronald, J. A., & Defays, D. (1978). Reliability of mean length of utterance as a function of sample size in early language development. *Journal of General Psychology, 133*, 305-306.

Rondal, J. A. (1978). Maternal speech to normal and Down' s syndrome children matched for mean length of utterance. In C. Meyers (Ed.), *Quality of life in severely and profoundly mentally retarded people: Research foundation for improvement*. Washington, DC: American Association on Mental Deficiency.

Rondal, J. A., Ghiotto, M., Bredart, S., & Bacheler, J. (1987). Age-relation, reliability and grammatical validity of measures of utterance length. *Journal of Child Language, 14*, 433-446.

Roseberry-McKibbin, C. (2007). *Language Disorders in Children; A Multicultural and Case Perspective*. Boston, MA: Allyn & Bacon.

Roseberry-McKibbin, C., & Hegde, M. N. (2011). *An Advanced Review of Speech-Language Pathology* (3rd ed.). Austin, TX: Pro-Ed.

Rowan, L., Leonard, L., Chapman, K., & Weiss, A. (1983). Performative and presuppositional skills in language-disordered and normal children. *Journal of Speech and Hearing Research, 26*, 97-106.

Rubin, H., Bernstein, S., & Katz, R. G. (1989). Effect of cues on object naming in first-grade good and poor readers. *Annals of Dyslexia, 39*, 116-124.

Ruggirello, C., & Mayer, C. (2010). Language Development in a Hearing and a Deaf Twin With Simultaneous Bilateral Cochlear Implants. *Journal of Deaf Studies and Deaf Education, 15*(3), 274-286.

Rummelhart, D., & McClelland, J. (1987). Learning the past tense of English verbs: Implicit rules or parallel distributed processing. In B.

MacWhinney (Ed.), *Mechanisms of language acquitision* (pp. 195-248). Hillsdale, NJ: Erlbaum.

Rutter, M., & Lockyer, L. (1967). A five to fifteen year follow-up study of infantile psychosis. I: Description of sample. *British Journal Psychiatry, 113*, 1169-1182.

Rutter, M., Bailey, A., & Lord, C. (2003). *Social Communication Questionnaire (SCQ)*. Los Angeles: Western Psychological Services.

Rutter, M., Bartak, L., & Newman, S. (1971). Autism: A central disorder of cognition and language? In M. Rutter (Ed.), *Infantile Autism. Concepts Characteristics and Treatment*. Edinburgh: Churchill Livingstone.

Rvachew, S., Grawburg, M. (2006). Correlates of Phonological Awareness in Preschoolers With Speech Sound Disorders. *Journal of speech, language, and hearing research, 49*(1), 74-87.

Sachs, J., Bard, B., & Johnson, M. L. (1981). Language learning with restricted input: Case studies of two hearing children of deaf parents. *Applied Psycholinguistics, 2*, 33-54.

Sacks, H., Schegloff, E. A., & Jefferson, G. (1974). A Simplest Systematics for the Organization of Turn-Taking for Conversation. *Language, 50*(4), 696-735.

Sansosti, F. J. (2010). Teaching social skills to children with autism spectrum disorders using tiers of support: A guide for school-based professionals. *Psychology in the Schools, 47*, 257-281.

Sansosti, F. J., Powell-Smith, K. A., Cowan, R. J. (2010). *High-functioning autism/ Asperger syndrome in schools: assessment and intervention*. NY: Guilford Press.

Sarant, J. A., Holt, C. M., Dowell, R. C., Rickards, F. W., & Blamey, P. (2009). Spoken langauge development in oral preschool children with permanent childhood deafness. *Journal of Deaf Studies and Deaf Education, 14*, 205-217.

Sarant, J. Z., Blamey, P. J., Dowell, R. C., Clark, G. M., & Gibson, W. P. R. (2001). Variation in speech perception scores among children with Cochlear implants. *Ear and Hearing, 22*(1), 18-28.

Scarborough, H. S. (1998). Early identification of children at risk for reading disabilities: Phonological awareness and some other promising predictors. In Shapiro, B. K., Accardo, P. J., & Capute, A. J. (Eds.), *Specific reading disability: A view of the spectrum*. Timonium, MD: York Press.

Schank, R. C., & Abelson, R. P. (1977). *Scripts, plans, goals and understanding*. Hillsdale, NJ: Lawrence Erlbaum.

Schery, T., & Glover, A. (1982). *The Initial Communication Processes Scale*. Monterey, CA: Publishers Test Service.

Schiff, N. B., & Ventry, I. M. (1976). Communication problems in hearing children of deaf parents. *Journal of Speech and Hearing Disorders, 41*, 348-358.

Schiff-myers, N. B., & Klein, H. B. (1985). Some phonological characteristics of the speech of normal-hearing children of deaf parents. *Journal of Speech and Hearing Research, 28*, 466-474.

Schirmer, B. (1985). An analysis of the language of young hearing-impaired children in terms of syntax, semantics and use. *American Annals of the Deaf, 130*, 15-19.

Schlanger, B. B., & Gottsleben, R. H. (1957). Analysis of speech defects among the institutionalized mentally retarded. *Journal of Speech and Hearing Disorders, 22*, 98-103.

Schlesinger, H. S. (1978). The acquisition of signed and spoken language. In L. S. Loben (Ed.), *Deaf children: Developmental perspectives*. New York: Academic Press.

Schlesinger, H. S., & Meadow, K. P. (1972). *Sound and sign: Childhood deafness and mental health*. Berkeley: University of California Press.

Schlosser, R. W. (Ed.). (2003). Outcomes measurement in AAC. In J. C. Light, D. R. Beukelman, & J. Reichle (Eds.), *Communicative competence for individuals who use AAC: From research to effective practice* (pp. 479–513). Baltimore, MD: Paul H. Brookes.

Schlosser, R., Sigafoos, J., & Koul, R. (2009). Speech output and speech-generating devices in autism spectrum disorders, In P. Mirenda & T. Iacono (Eds.), *Autism spectrum disorders and AAC* (pp. 141–169). Baltimore, MD: Paul H. Brookes.

Schneider, P. (1996). Effects of pictures versus oral presentation of stories on story retellings by children with language impairment. *American Journal of Speech-Language Pathology, 5*(1), 86–96.

Schow, R. L., & Nerbonne, M. A. (1996). Introduction to audiologic rehabilitation. Boston, MA: Allyn & Bacon.

Schow, R. L., & Newbonne, M. A. (1996). Introduction to Audiologic Rehabilitation (3rd ed.). Needham Heights, Massachusetts: A Simon & Schuster Company.

Schuele, C. M., & Dykes, J. (2005). A longitudinal study of complex syntax development in a child with specific language impairment. *Clinical Linguistics and Phonetics, 19*, 295–318.

Schuele, C. M., & Nicholls, L. M. (2000). Relative clause: Evidence of continued linguistic vulnerability in children with specific languag eimpairment. *Clinical Linguistics and Phonetics, 14*, 563–585.

Schuele, C. M., & Tolbert, L. (2001). Omissions of obligatory relative markers in children with specific language impairment. *Clinical Linguistics and Phonetics, 15*, 257–274.

Schuler, A. L. (1979). Echolalia: Issues and clinical applications. *Journal of Speech Hearing Disorders, 44*, 411–434.

Schuler, R. S. (1979). Managing stress means managing time. *Personnel Journal, 58*, 851–854.

Scinto, L. F. M. (1983). The development of text production. In J. Fine & R. O. Freedle (Eds.), *Advances in discourse processes. Vol. 10. Developmental issues in discourse* (pp. 225–268). Norwood, NJ: Ablex.

Scott, C. M., & Windsor, J. (2000). General language performance measures in spoken and written narrative and expository discourse of school-age children with language learning disabilities. *Journal of Speech, Language, and Hearing Research, 43*, 324–339.

Seal, B. C., & Hammett, L. A. (1995). Language Intervention With a Child With Hearing Whose Parents Are Deaf. *American Journal of Speech-Language Pathology, 4*(4), 15–21.

Segal, D., & Wolf, M. (1993). Automaticity, word-retrieval, and vocabulary development in reading disabled children. In L. Meltzer (Ed.), *Strategy assessment and instruction for students with learning disabilities: From theory to practice* (pp. 141–165). Austin, TX: PRO-ED.

Selinker, L. (1972). "Interlanguage". International Review of Applied Linguistics, 10, 209–31. Print.

Semel, E., Wiig, E. H., & Secord, W. A. (2000). *Clinical Evaluation of Language Fundamentals -Fourth Edition, Spanish (CELF-4 Spanish).* Pearson.

Semel, E., Wiig, E. H., & Secord, W. A. (2003). *Clinical Evaluation of Language Fundamentals* (4th ed.). New York: The Psychological Corporation.

Semel, E., Wiig, E. H., & Secord, W. A. (2004a). *Clinical Evaluation of Language Fundamentals-Fourth Edition Screening Test (CELF-4 Screening Test).* The Psychological Corporation.

Semel, E., Wiig, E. H., & Secord, W. A. (2004b). *Clinical Evaluation of Language Fundamentals-Preschool, Second Edition (CELF-Preschool 2).* Pearson.

Seymour, H. N., Roeper, T. W., & de Villiers, J.

(2003). *The Diagnostic Evaluation of Language Variation: Screening Test.* San Antonio, TX: The Psychological Corporation.

Seymour, H. N., Roeper, T. W., & de Villiers, J. (2005). *Diagnostic Evaluation of Language Variation (DELV): Norm Referenced.* San Antonio, TX: The Psychological Corporation.

Seymour, P. H. (1986). *Cognitive analysis of dyslexia.* Routledge.

Shadden, B. B. (1992). *Discourse analysis procedures used with adults.* Papper presented at the Conference on Pragmatics: From Theory to Therapy, State University of New York, Buffalo.

Shapiro, T. (1977). The quest for a linguistic model to study the speech of autistic children. *Journal of the American Academy of Child Psychiatry, 16,* 548–565.

Sheehan, R., & Sites, J. (1989). Implications of P. L. 99–457 for assessment. *Topics in Early Childhood Special Education, 8,* 103–115.

Shirley, M. M. (1933). The first two years: A study of twenty-five babies (Vol. 2). Intellectual Development. *Institute of Child Welfare Monograph* (Series, No. 7). Minneapolis: University of Minnesota Press.

Shriberg, L., & Widder, C. (1990). Speech and prosody characteristics of adults with mental retardation. *Journal of Speech and Hearing Research, 33,* 627–653.

Sigafoos, J., & Pennell, D. (1995). Parent and teacher assessment of receptive and expressive language in preschool children with developmental disabilities. *Education and Training in Mental Retardation and Developmental Disabilities, 30,* 329–335.

Sigafoos, J., Didden, R., Schlosser, R., Green, V., O' Reilly, M., & Lancioni, G. (2008). A review of intervention studies on teaching AAC to individuals who are deaf and blind. *Journal of Developmental and Physical Disabilities, 20,* 71–99.

Simmons, A. A. (1962). A comparison of type-token ratios of spoken and written language of deaf and hearing children. *Volta Review, 64,* 417–421.

Simmons, J. Q., & Baltaxe, C. A. M. (1975). Language patterns of adolescent autistics. *Journal of Autism and Childhood Schizophrenia, 5,* 331–351.

Simon, N. (1975). Echolalic speech in childhood autism. *Archives of General Psychiatry, 32,* 1439–1446.

Singleton, J. L., & Tittle, M. D. (2000). Deaf parents and their hearing children. *Journal of Deaf Studies and Deaf Education, 5*(3), 221–236.

Skarakis, E., & Prutting, C. (1977). Early communication: Semantic function and communicative interactions in the communications of the preschool child with impaired hearing. *Amenrican Annals of the Deaf, 122,* 382–391.

Skarakis-Doyle, E., & Mentis, M. (1991). A discourse approach to language disorders: Investigating complex sentence production. In T. M. Gallagher (Ed.), *Pragmatics of language: Clinical practice issues.* San Diego: Singular Publishing Group.

Skinner, B. F. (1957). Verbal of categorization. In E. Rosch & B. Lloyd (Eds.), *Cognition and categorization* (pp. 27–48). Hillsdale, New Jersey: Erlbaum.

Slobin, D. I. (1973). Cognitive prerequisites for the development of grammar. In D. I. Slobin & C. Ferguson (Eds.), *Studies of child language development.* New York: Holt, Rinehart & Winston.

Slobin, D. I., & Bever, T. G. (1982). Children use canonical sentence schemas: A cross linguistic study of word order and inflections. *Cognition, 12,* 229–265.

Smith, M. M., & Grove, N. C. (2003). Asymmetry in input and output for individuals who use AAC. In J. C. Light, D. R. Beukelman, & J. Reichle (Eds.), *Communicative competence for individuals who use AAC: From research to effective practice* (pp. 163–195). Baltimore, MD: Paul H. Brookes.

Snow, C. E., & Goldfield, B. A. (1983). Turn the page please: Situation-specific language acquisition. *Journal of Child Language, 10,* 551–569.

Snow, C. E., Perman, R., & Nathan, D. (1986). Why routines are different: Toward a multiple factors model of the relation between input and language acquisition. In K. Nelson (Ed.), *Children's Language* (Vol. 6). New York: Gardner Press.

Snowling, M. J. (2000). *Dyslexia.* Malden: Blackwell Publishing.

Snowling, M., Bishop, D. V. M., & Stothard, S. E. (2000). Is preschool language impairment a risk factor for dyslexia in adolescence?. *Journal of Child Psychology and Psychiatry, 41*(5), 587–600.

Snyder, L. (1982). Communicative competence in children with delayed language development. In R. Schiefelbusch & J. Pickar (Eds.). *Communicative Competence: Acqusition and Intervention.* Baltimore: University Park Press.

Snyder, L., Bates, E., & Bretherton, I. (1981). Content and context in early lexical development. *Journal of Child Language, 8,* 565–582.

Sokolov, J. L. (1992). Linguistic imitation in chidlren with Down syndrome. *American Journal on Mental Retardation, 97,* 209–221.

Sonnenschein, S., & Whitehurst, G. J. (1984a). Developing referential communication skills: the interaction of role-switching and difference rule training. *Journal of Experimental Child Psychology, 38,* 191–207.

Soto, G. (1999). Understanding the impact of graphic sign use on the message structure. In F. T. Loncke, J. Clibbens, H. Arvidson, & L. L. Lloyd (Eds.), *Augmentative and alternative communication: New directions in research and practice* (pp. 40–48). London, UK: Whurr.

Soto, G., & Toro-Zambrana, W. (1995). Investigation of Blissymbol use from a language research paradigm. *Augmentative and Alternative Communication, 11,* 118–130.

Spencer, L. J., & Tomblin, J. B. (2009). Evaluation phonological processing skills in children with prelingual deafness who use Cochlear implants. *Journal of Deaf Studies and Deaf Education, 14*(1), 1–21.

Spencer, L. J., Gantz, B. J., & Knutson, J. F. (2004). Outcomes and Achievement of Students who grew up with Access to Cochlear Implants. *The Laryngoscope, 114*(9), 1576–1581.

Stabb, C. (1983). Language functions elicited by meaningful activities: A new dimension in language programs. *Language, Speech and Hearing Services in Schools, 14,* 164–170.

Stampe, D. (1972). A dissertation of natural phonology. Unpublished doctoral dissertation. University of Chicago.

Stanovich, K. E. (1991). Discrepancy definitions of reading disability: Has intelligence led us astray? *Reading Research Quarterly, 26,* 7–29.

Stanovich, K. E. (1991a). Changing models of reading and reading acquisition. In L. Rieben & C. Perfetti (Eds.), *Learning to read: Basic research and its implications* (pp. 19–31). Hillsdale, NJ: Erlbaum. Citation.

Steckol, K., & Leonard, L. (1979). The use of grammatical morphemes by normal and language impaired children. *Journal of Communication Disorders, 12,* 291–302.

Steffens, M. L., Oller, D., Lynch, M., & Urbano, R. C. (1992). Vocal development in infants with Down syndrome who are developing normally. *American Journal of Mental Retardation, 97,* 235–246.

Stein, N. L., & Glenn, C. (1979). An analysis of story comprehension in elementary school children. In R. Freedle (Ed.), *New Directions in Discourse Processing.* NJ: Ablex.

Stern, D. (1985). *The interpersonal world of the*

infant. New York, NY: Basic Books.

Stevens, N. (2004). *Test of Morpheme Usage*. Speechmark Publishing.

Stickler, K. R. (1987). *Guide to analysis of language transcripts*. Eau Claire, WI: Thinking Publications.

Stickler, K. R., de Villiers, J. G., & de Villiers, P. A. (1973). A cross-sectional study of the acquisition of grammatical morphemes in child speech. *Journal of Psycholinguistic Research, 2*, 267-278.

Stillman, R. D., & Battle, C. W. (1984). Developing prelanguage communication in the severely handicapped: An interpretation of the Van Dijk method. *Seminars in Speech and Language* (Vol. 5). New York: Thieme-Stratton.

Stles, D. J., Bentler, R. A., & McGregor, K. (2012). The speech intelligibility index and the pure-tone average as predictors of lexical ability in chidlren fit with hearing aids. *Journal of Speech, Language, and Hearing Research, 55*, 764-778.

Stockman, I. J., & Vaughn-Cooke, F. (1982). Semantic categories in the language of working-class black children. In C. Johnson & C. Thew (Eds.). *Proceedings from the Second International Congress for the study of child language* (Vol. 1, pp. 312-327). Washington DC: City University Press of America.

Stockman, I. J., & Vaughn-Cooke, F. (1986). Implications of semantic category re-search for the language assessment of nonstandard speakers. *Topics in Language Disorders, 6*(4), 15-25.

Stoel-Gammon, C. (1980). Phonological analysis of four Down's syndrome children. *Applied Psycholinguistics, 1*, 31-48.

Stoel-Gammon, C. (1997). Phonological development in Down syndrome. *Mental Retardation and developmental Disabilities Reviews, 3*, 300-306.

Stoel-Gammon, C., & Dunn, C. (1985). *Normal and Disordered Phonology in Children*. Baltimore, MD: University Park Press.

Stokoe, W. C. (1978). Sign language structure: the first linguistic analysis of American Sign Language. Linstok Press.

Storkel, H. L. (2009). Developmental differences in the effects of phonological, lexical and semantic variables on word learning by infants. *Journal of chid Language, 36*, 291-321.

Storkel, H. L., Armbrüster, J., & Hogan, T. P. (2006). Differentiating phonotactic probability and neighborhood density in adult word learning, *Journal of Speech, Language, and Hearing Research, 49*, 1175-1192.

Strong, M., & Prinz, P. (1997). A study of the relationship between ASL and English literacy. *Journal of Deaf Studies and Deaf Education, 2*(1), 37-46.

Sudhalter, V., & Belser, R. C. (2001). Conversational characteristics of children with fragile X syndrome: Tangential language. *American Journal on Mental Retardation, 106*, 389-400.

Sudhalter, V., Cohen, I., Silverman, W., & Wolf-Schein, E. (1990). Conversational analysis of males with Fragile X, Down syndrome, and autism: Comparison of the emergence of deviant language. *American Journal of Mental Retardation, 99*, 431-441.

Sutton, A., Soto, G., & Blockberger, S. (2002). Grammatical issues in graphic symbol communication. *Augmentative and Alternative Communication, 18*, 192-204.

Svirsky, M. A., Robbins, A. M., Kirk, K. I., Pisoni, D. B., & Miyamoto, R. T. (2000). Language development in profound deaf children with Cochlear implant. *Psychol Sci, 11*, 153-158.

Svirsky, M. A., Teoh, S. W., & Neuburger, H. (2004). Development of language and speech perception in congenitally, profoundly deaf children as a function of age at Cochlear implantation. *Audiology and Neurotology, 9*(4), 224-233.

Swan, D., & Goswami, U. (1997). Picture naming deficits in developmental dyslexia: The phonological representations hypothesis. *Brain and Language, 56*(3), 334-353.

Swank, L. K., & Catts, H. W. (1994). Phonological Awareness and Written Word Decoding. *Language, Speech, and Hearing Services in Schools, 25*(1), 9-14.

Swisher, L., & Demetras, M. J. (1985). The expressive language characteristics of autistic children compared with mentally retarded or specific language-impaired children. In Schopler, E., & Mesibov, G. E. (Eds.), *Communication problems in autism* (pp. 147-162). New York: Plenum.

Tager-Flusberg, H. (1981). On the nature of linguistic functioning in early infantile autism. *Journal of Autism and Developmental Disorders, 11*, 45-54.

Tager-Flusberg, H. (1993). What language reveals about the understanding of minds in children with autism. In S. Baron-Cohen, H. Tager-Flusberg, & D. J. Cohen (Eds.), *Understanding other minds: Perspectives from autism.* Oxford: Oxford University Press.

Tager-Flusberg, H. (1985). Basic level and superordinate level categorization in autistic, mentally retarded and normal children. *Journal of Experimental Child Psychology, 40*, 450-469.

Tager-Flusberg, H., & Baumberger, T. (1987). The acquisition of past tense morphology in autistic, Down syndrome and normal children. Unpublished manuscript. University of Massachusetts at Boston.

Tager-Flusberg, H., & Joseph, R. (2003). Identifying neurocognitive phenotypes in autism. Philosophical Transactions of the Royal Society B, 358, 303-314.

Tager-Flusberg, H., & Thruber, C. (1993). Pauses in the narratives produced by autistic, mentally retarded, and normal children as an index of cognitive demand. *Journal of Autism and Developmental Disorders, 23*, 309-322.

Tager-Flusberg, H., Joseph, R., & Folstein, S. (2001). Current direction in research on autism. Mental Retardation and Developmental Disabilities Research Reviews, 7, 21-29.

Tager-Flusberg, H., Rogers, S., Cooper, J., Landa, R., Lord, C., Paul, R., Rice, M., Stoel-Gammon, C., Wetherby, A., & Yoder, P. (2009). Defining spoken language benchmarks and selecting measures of expressive language development for young children with autism spectrum disorders. *Journal of Speech, Language, and Hearing Research, 52*(3), 643-652.

Tardif, T. (1996). Nouns are not always learned before verbs: evidence from Mandarin speakers' early vocabularies. *Developmental Psychology, 32*, 492-504.

Templin, M. (1957). *Certain language skills in children.* Minneapolis: University of Minnesota Press.

Thal, D. J. (1989). Language and gestures in late talkers, Papers presented at the Biennial Meeting of the Society for Research in Child Development, Kansas City, MO.

Thal, D. J. (1991). Language and cognition in normal and late-talking toddlers. *Topics in Language Disorders, 11*(4), 33-42.

Thal, D. J., & Tobias, S. (1992). Communicative gestures in children with delayed onset of oral expressive vocabulary. *Journal of Speech and Hearing Research, 35*, 1281-1289.

Thal, D. J., & Tobias, S. (1992). Communicative gestures in children with delayed onset of oral expressive vocabulary. *Journal of Speech and Hearing Research, 35*, 1281-1289.

Thal, D. J., & Tobias, S. (1994). Relationships between language and gesture in normally developing and late-talking toddlers. *Journal of Speech and Hearing Research, 37*, 157-170.

Thal, D. J., Tobias, S., & Morrison, D. (1991). Language and gesture in late talkers: A one year follow-up. *Journal of Speech and Hearing Disorders, 34*, 604-612.

Thal, D., & Bates, E. (1988). Language and gesture

in late talkers. *Journal of Speech and Hearing Research, 31*, 115-123.

Thal, D., Jackson-Maldonado, D., & Acosta, D. (2000). Validity of a parent-report measure of vocabulary and grammar for Spanish-speaking toddlers. *Journal of Speech, Language and Hearing Research, 43*, 1087-1100.

Thal, D., O'Hanlon, L., Clemmons, M., & Fralin, L. (1999). Validity of a parent report measure of vocabulary and syntax for preschool children with language impairment. *Journal of Speech and Hearing Research, 42*, 482-496.

Tharpe, A. M. (2008). Unilateral and mild bilateral hearing loss in chidlren: Past and current perspectives. *Trends in Amplification, 12*, 7-15.

Thomblin, B., Shonrock, M., & Hardy, C. (1989). The concurrent validity of the Minnesota Child Development Inventory as a measure of young children's language development, *Journal of Speech, Language and Hearing Research, 54*, 101-105.

Thordardottir, E. T., & Ellis Weismer, S. (2001). High frequency verbs and verb diversity in the spontaneous speech of school-age children with specific language impairment. *International Journal of Language and Communication Disorders, 36*, 221-244.

Thordardottir, E., Rothenberg, A., Rivard, M., & Naves, R. (2006). Bilingual assessment: Can overall proficiency be estimated from separate measurement of two languages? *Journal of Multilingual Communication Disorders, 4*(1), 1-21.

Thorn, A. S. C., & Gathercole, S. E. (1999). Language-specific knowledge and short-term memory in bilingual and non-bilingual children. *The Quarterly Journal of Experimental Psychology, 52*, 303-324.

Tobey, E. A., Thal, D., Niparko, J. K., Eisenberg, L. S., Quittner, A. L., & Wang, N. Y. (2013). The CDaCI investigative team: Influence of implantation age on school-age language performance in pediatric Cochlear implant users. International Journal of Audiology, 52, 219-229.

Todd, P., & Aitchison, J. (1980). Learning language the hard way. *First Language, 1*, 122-140.

Tomasello, M. (1992). First verbs: A case study of early grammatical development. Cambridge University Press.

Tomasello, M., & Kruger, A. C. (1992). Joint attention on actions: Acquiring verbs in ostensive and non-ostensive contexts. *Journal of Child Language, 19*, 311-333.

Tomblin, J. B., Barker, B. A., Spencer, L. J., Zhang, X., & Gantz, B. J. (2005). The effect of age at Cochlear implant initial stimulation on expressive language growth in infants and toddlers. *Journal of Speech, Language and Hearing Research, 48*(4), 853-867.

Tomblin, J. B., Spencer, L. Y., & Gantz, B. J. (2000). Language and Reading Acquisition in Children with and without Cochlear Implants. *Advances in oto-rhino-laryngology, 57*, 300-304.

Tomblin, J. B., Spencer, L. Y., Flock, S., Tyler, R., & Ganzt, B. (1999). A comparison of language achievement in children with Cochlear implants and children using hearing aids. *Journal of Speech, Language and Hearing Research, 42*(2), 497-509.

Tomblin, J. B., Zhang, X., Buckwalter, P., & O'Brien, M. (2003). The stability of primary language disorder: Four years after kindergarten diagnosis. *Journal of Speech, Language and Hearing Research, 46*, 1283-1296.

Tough, J. (1977). *The Development of Meaning*. New York: Halsted Press.

Translated and adapted by Jackson-Maldonado, D., Bates, E., & Thal, D. J. (2003). MacArthur Inventarios del Desarrollo de Habilidades Comunicativas (CDI-Spanish Edition). Paul H. Brookes Publishing

Trauner, D., Wulfeck, B., Tallal, T., & Hesselink, J. (1995). Neurologic and MRI profiles of language impaired children. Technical Report CND-9513, Center for Research in Language, University of California at San Diego.

Trottier, N., Kamp, L., & Mirenda, P. (2011). Effects of peer-mediated instruction to teach use of speech-generating devices to students with autism in social game routines. *on Augmentative and Alternative communication, 27*, 26-39.

Trudeau, N., Morford, J., & Sutton, A. (2010). The role of word order in the interpretation of canonical and non-canonical graphic symbols utterances: A developmental study. *Augmentative and Alternative Communication, 26*, 108-121.

Turner, M. (1997). Towards an executive dysfunction account of repetitive behavior in autism. In J. Russell (Ed.), *Autism as an executive disorder.* Oxford, UK: Oxford University Press.

Tyler, A. A., Edwards, M. L., & Saxman, J. H. (1987). Clinical application of two phonologically based treatment procedures. *Journal of Speech and Hearing Disorders, 52*, 393-409.

Ukoumunne, O. C., Wake, M., Carlin, J., Bavin, E. L., Lum, J., Skeat, J., ... Reilly, S. (2012). Profiles of language development in pre-school children: A longitudinal latent class analysis of data from the Early Language in Victoria Study. *Child: Care, Health and Development, 38*, 341-349.

Van Borsel, J. (1988). An analysis of the speech of five Down' s syndrome adolescents. *Journal of Communication Disorders, 21*, 409-421.

Van den Bogaerde, B., & Baker, A. E., (2005). Code mixing in mother-child interaction in deaf families. *Sign Language & Linguistics 8*(1/2), 151-174.

Van der Lely, H., & Harris, M. (1990). Comprehension of reversible sentences in specifically language impaired children. *Journal of Speech and Hearing Disorders, 55*, 101-117.

Van der Lely, H., & Ullman, M. (1995). The computation and representation of past-tense morphology in specifically language impaired and normally developing children. Paper presented at the Boston University Conference on Language Development, Boston.

Vanderheiden, G., & Kelso, D. (1987). Comparative analysis of fixed-vocabulary communication acceleration techniques. *Augmentative and Alternative Communication, 3*, 196-206.

Vicker, B. (2002). *Wh-Question Comprehension Test.* Indiana Resource Center for Autism.

Vygotsky, L. S. (1934). *Thought and language.* Cambridge: MIT Press.

Vygotsky, L. S. (1962). *Thoughts and language.* Cambridge, MA: MIT Press (Org. Pub. 1934).

Wagner, R. K., & Torgesen, J. K. (1987). The Nature of Phonological Processing and its Casual Role in the Acquisition of Reading Skills. *Psychological Bulletin, 101*, 192-212.

Wagner, R. K., Torgesen, J. K., Laughon, P., Simmons, K., & Rashotte, C. A. (1993). Development of young leaders' phonological processing abilities. *Journal of Educational Psychology, 85*(1), 83-103.

Wagner, R. K., Torgesen, J. K., Rashotte, C. A., & Pearson, N. A. (2010). *Test of Silent Reading Efficiency and Comprehension.* Austin, TX: PRO-ED.

Wake, M., Puolakis, Z., Hughes, E. K., Carey-Sargeant, C., & Rickards, F. W. (2005). Hearing impairment: A population study of age at diagnosis, severity, and language outcomes at 7-8 years. *Archives of Disease in Childhood, 90*, 238-244.

Wallace, G., & Hammill, D. D. (2002). *Comprehensive Receptive and Expressive Vocabulary Test* (2nd ed.). Austin, TX: PRO-ED, Inc.

Waltzman, S. B., Cohen, N. L., Gomolin, R. H., Green, J. E., Shapiro, W. Hoffman, R. A. et al. (1997). Open-set speech perception in congenitally deaf children using Cochlear implants. *American Journal of Otology, 18*, 342-349.

Warren, S. F., & Yoder, P. J. (1998). Facilitating the transition from preintentional to intentional communication. In A. M. Wetherby, S. F. Warren, & J. Reichle (Eds.), *Transition in Prelinguistic Communication*. Baltimore: Paul H. Brookes Publishing Co.

Waterhouse, L., & Fein, P. (1982). Language skills in developmentally disabled children. *Brain and Language, 15*, 307-333.

Watkins, R. V., Kelly, D. J., Harbers, H. M., & Hollis, W. (1995). Measuring children's lexical diversity: Differentiating typical and impaired language learners. *Journal of Speech and Hearing Research, 38*, 1349-1355.

Watkins, R., & Rice, M. (1991). Verb particle and preposition acquisition in language impaired preschoolers. *Journal of Speech and Hearing Research, 34*, 1130-1141.

Watkins, R., Rice, M., & Moltz, C. (1993). Verb use by language-impaired and normally developing children. *First Language, 37*, 133-143.

Watson, L. (1977). Conversational participation by language deficient and normal children. Paper presented at the Convention of the American Speech-Language-Hearing Association, Chicago.

Weiss, A. (2001). *Preschool language disorders resource guide: specific language impairment*. San Diego, CA: Singular/Thomson Learning.

Weiss, B., Weisz, J., & Bromfield, R. (1986). Performance of retarded and non-retarded persons on information-processing tasks: Further tests of the similar structure hypothesis. *Psychological Bulletin, 100*, 157-175.

Werner, H., & Kaplan, B. (1963). *Symbol formation*. New York: John Wiley & Sons.

Wertsh, J. (1984). The zone of proximal development: Some conceptual issues. In B. Rogoff & J. Wertsch (Eds.), *Children's learning in the "zone of proximal development"* (pp. 7-18). San Francisco: Jossey-Bass.

Wetherby, A. M. (2006). Understanding and measuring social communication in children with autism spectrum disorders. In T. Charman & W. Stone (Eds.), Social and communication development in autism spectrum disorders (pp. 3-34). New York: Guilford Press.

Wetherby, A. M., & Prizant, B, M. (2000). *Autism spectrum disorders: A transactional developmental perspective*. Baltimore, MD: Paul H. Brookes Publishing Co.

Wetherby, A. M., & Prizant, B. M. (2002). *Communication and Symbolic Behavior Scales Developmental Profile-First Normed Edition*. Baltimore: Paul H Brookes.

Wetherby, A. M., & Prutting, C. (1984). Profiles of communicative and cognitive-social abilities in autistic children. *Journal of Speech and Hearing Research, 27*, 364-377.

Wetherby, A. M., Cain, D. H., Yonclas, D. G., & Walker, V. G. (1988). Analysis of intentional communication of normal children from the prelinguistic to the multiword stage. *Journal of Speech and Hearing Research, 31*, 240-252.

Wetherby, A. M., Reichle, J., & Piece, P. L. (1998). The Transition to Symbolic Communication. In A. M. Wetherby, S. F. Warren & J. Reichle (Eds.), *Transitions in Prelinguistic Communication*. Baltimore, Maryland: Paul Brookes.

Wetherby, A., & Prizant, B., (1990). *Communication and symbolic behavior scales* (research edition). Chicago: Riverside.

Whitehurst, G. J., & Lonigan, C. (2001). *Get Ready to Read!*. Pearson.

Whitehurst, G. J., Fischel, J. E., Arnold, D. S., & Lonigan, C. J. (1992). Evaluating outcomes with children with expressive language delay. In S. F. Warren & J. Reichle (Eds.), *Causes and effects in communication and language intervention*. Baltimore, MD: Paul H. Brookes publishing Co.

Wiederholt, J. L,, & Blalock, G. (2000). *Gray Silent Reading Tests (GSRT)*. Austin, Texas: PRO-ED.

Wiederholt, J. L., & Bryant, B. R. (2001). *Gray Oral Reading Tests-Fourth Edition (GORT-4)*. Austin, TX: PRO-ED.

Wiig, E. (2004). *Wiig Assessment of Basic Concepts*

(WABC). Greenville, SC: Super Duper Publications.

Wiig, E. (2008). *Social Emotional Evaluation (SEE)*. Super Duper Publications.

Wiig, E., & Secord, W. (2006). *Emerging literacy and language assessmentÆ(ELLAÆ)*. Greenville, SC: Super Duper Publications.

Wilkinson, K., & Albert, A. (2001). Adaptations of fast mapping for vocabulary intervention with augmented language users. *Augmentative and Alternative Communication, 17*, 120.

Wilkinson, K., & Green, G. (1998). Implications of fast mapping for vocabulary expansion in individuals with mental retardation. *Augmentative and Alternative Communication, 14*, 162-170.

Wilkinson, L., Hiebert, E., & Rembold, K. (1981). Parents' and peer' communication to toddlers. *Journal of Speech and Hearing Research, 24*, 383-388.

Williams, A. L., & Elbert, M. (2003). A prospective longitudinal study of phonological development in late talkers. *Language, Speech & Hearing Services in Schools, 34*, 138-154.

Williams, D., Botting, N., & Boucher, J. (2008). Language in Autism and Specific language impairment: Where are the links? *Psychological Bulletin, 134*, 944-963.

Williams, K. T. (2007). *Expressive Vocabulary Test (2nd ed.)*. Circle Pines, MN: AGS Publishing.

Wilson, B., & Felton, R. (2004). *Word Identification and Spelling Test (WIST)*. PRO-ED.

Wilson, M. S. (2000). *The Wilson Syntax Screening Test*. Psychological Corporation.

Wimmer, H. (1996). The nonword reading deficit in developmental dyslexia: Evidence from children learning to read. *Journal of experimental child psychology, 61*(1), 80-90.

Windfuhr, K., Faragher, B., & Conti-Ramsden, G. (2002). Lexical learning skills in young children with specific languag eimpairment (SLI). *International Journal of Language and Communication Disorders, 37*, 415-432.

Windsor, J., & Kohnert, K. (2004). The search for common ground: Part I. Lexical performance by linguistically diverse learners. *Journal of Speech, Language, and Hearing Research, 47*, 877-890.

Windsor, J., Glaze, L. E., Koga, S. F., & The Bucharest Early Intervention Project Core Group. (2007). Language acquisition with limited input: Romanian institution and foster care. *Journal of Speech, Language, and Hearing Research, 50*(5), 1365-1381.

Windsor, J., Kohnert, K., Lobitz, K. F., & Pham, G. T. (2010). Cross-Language Nonword Repetition by Bilingual and Monolingual Children. *American Journal of Speech-Language Pathology, 19*, 298-310.

Windsor, J., Kohnert, K., Loxtercamp, A. L., & Kan, K. (2008). Performance on nonlinguistic visual tasks by children with language impairment. *Applied Psycholinguistics, 29*, 237-268.

Wing, C. (1990). Defective infant formulas and expressive language delay: A cause study. *Language, Speech and Hearing Services in Schools, 21*, 22-27.

Wolf, L., & Goldberg, B. (1986). Autistic children grow up: An eight to twenty-four year follow-up study. *Canadian Journal of Psychiatry, 31*, 550-556.

Wolf, M., & Denckla, M. B. (2005). *RAN/RAS: Rapid Automatized Naming and Rapid Alternating Stimulus Tests*. Austin, TX: Pro-Ed.

Wolf, M., & Obregon, M. (1992). Early naming deficits, developmental dyslexia, and a specific deficit hypothesis. *Brain and Language, 42*, 219-247.

Wolf-Schein, E., Sudhalter, V., Cohen, I., Fisch, G., Hansen, D., Pfadt, A., Hagerman, R., Jenkins, E., & Brown, W. (1987). Speech-language and Fragile X syndrome. *ASHA, 29*, 35-38.

Wood, B. S. (1981). *Children and communication: Verbal and nonverbal language development* (2nd ed.). Englewood Cliffs, NJ: Prentice-Hall.

Woodcock, R. W., Munoz-Sanoval, A., Ruef, M., & Alvarado, C. G. (2004). *Woodcock-Munoz Language Survey-Revised*. Riverside Publishing Company.

Woods, L. M., & Moe, J. L. (2003). *Analytical Reading Inventory: Comprehensive assessment for all students including gifted and remedial* (7th ed.). Upper Saddle River, NJ: Pearson.

Wright, S. H. (1993). Teaching word-finding strategies to severely language-impaired children. *European Journal of Disorders of Communication, 28*, 165-175.

Yim, D. (2011). Usage of Statistical Learning for Clinical Marker for Bilingual Children, *Communication Sciences and Disorders, 16*(1), 13-22.

Yim, D. (2012). Spanish and English Language Performance in Bilingual Children With Cochlear Implants. *Otology & Neurotology, 33*(1), 20-25.

Yim, D., & Rudoy, J. (2013). Implicit Statistical Learning and Language Skills in Bilingual Children. *Journal of Speech, Language, and Hearing Research, 56*, 310-322.

Yim, D., & Windsor, J. (2010). The Roles of Nonlinguistic Statistical Learning and Memory in Language Skill, *Communication Sciences and Disorders, 15*(3), 381-396.

Yi-Wei, H. (2007). *Effects of phonological awareness instruction on pre-reading skills of preschool children at-risk for reading disabilities*. Needham Height, MA: Allyn & Bacon.

Yoshinaga-Itano, C. (2003). From screening to early identification and intervention: Discovering predictors to successful outcomes for chidlren with significant hearing loss. *Journal of Deaf Studies and Deaf Education, 8*, 11-30.

Yoshinaga-Itano, C., Sedey, A. L., Coulter, D. K., & Mehl, A. L. (1998). Language of Early- and later-identified chidlren with hearing loss. *Pediatrics, 102*, 1161-1171.

Zimmerman, I. L., Steiner, V. G., & Pond, R. E. (2011). *Preschool Language Scales, Fifth Edition*. San Antonio, TX: The Psychological Corporation.

Zimmerman, I. L., Steiner, V. G., & Pond, R. E. (2012). *Preschool Language Scale, Fifth Edition (PLS-5), Spanish Edition*. Bloomington, MN: Pearson.

찾아보기

〈인명〉

〈내용〉

저자 소개

김영태(Kim, Young Tae)
성균관대학교 가정대학 졸업
University of Florida 대학원 졸업(언어병리학 석사, 박사)
전 대구대학교 언어치료학과 교수
이화여자대학교 발달장애아동센터 소장
한국언어청각임상학회 회장
현 이화여자대학교 언어병리학과 교수

〈주요 연구〉
『교육 및 임상현장 적용을 위한 단일대상연구』(공저, 학지사, 2000)
취학전 아동의 수용언어 및 표현언어척도(PRES) 개발 연구(2001)
영유아 언어발달 선별검사(SELSI) 개발 연구(2002)
우리말 조음 · 음운 평가(U-TAP) 개발 연구(2004)
한국형 진단 프로토콜을 이용한 3~5세 한국 아동의 초기읽기 발달 연구(2005)
멀티미디어를 활용한 언어훈련 프로그램 개발 연구(2007)
수용 · 표현 어휘력 검사(REVT) 개발 연구(2009)
『의사소통장애의 이해』(2판, 공저, 학지사, 2010)
언어환경 결핍요인 유형에 따른 아동의 어휘발달 특성 및 습득 책략 연구(2010)
GT 5: 자폐범주성장애(ASD) in Ewha(공동연구, 2012)
보완대체의사소통(AAC) 중재서비스 개발 연구(공동연구, 2012)
휴머노이드 로봇 활용 의사소통 중재 접근법 모색 및 적용 연구(2012)
BK21 플러스 미래형 언어치료 전문인력 양성 연구(2013)

아동언어장애의 진단 및 치료(2판)
Assessment and Treatment of Language Disorders in Children (2nd ed.)

2002년 9월 20일 1판 1쇄 발행
2014년 3월 10일 1판 21쇄 발행
2014년 8월 19일 2판 1쇄 발행
2024년 8월 20일 2판 17쇄 발행

지은이 • 김 영 태
펴낸이 • 김 진 환
펴낸곳 • (주) 학지사
04031 서울특별시 마포구 양화로 15길 20 마인드월드빌딩 5층
대표전화 • 02) 330-5114 팩스 • 02) 324-2345
등록번호 • 제313-2006-000265호

홈페이지 • http://www.hakjisa.co.kr
인스타그램 • https://www.instagram.com/hakjisabook

ISBN 978-89-997-0451-2 93370

정가 23,000원